全本点校

太平御覽

（三）

〔北宋〕李昉 等编著
谦德书院 点校

團結出版社

图书在版编目(CIP)数据

太平御览 / (北宋) 李昉等编著 ; 谦德书院点校

. -- 北京 : 团结出版社 , 2024.3

ISBN 978-7-5234-0257-3

Ⅰ . ①太… Ⅱ . ①李… ②谦… Ⅲ . ①百科全书-中国-北宋 Ⅳ . ① Z222

中国国家版本馆 CIP 数据核字 (2023) 第 135958 号

出版: 团结出版社

(北京市东城区东皇城根南街 84 号 邮编: 100006)

电话: (010) 65228880 65244790 (传真)

网址: www.tjpress.com

Email: zb65244790@vip.163.com

经销: 全国新华书店

印刷: 易阳印刷河北有限公司

开本: 145×210 1/32

印张: 238

字数: 5883 千字

版次: 2024 年 3 月 第 1 版

印次: 2025 年 5 月 第 2 次印刷

书号: 978-7-5234-0257-3

定价: 980.00 元 (全九册)

目 录

卷第二百七十五　兵部六

卷第二百七十六　兵部七

卷第二百七十七　兵部八

卷第二百七十八　兵部九

卷第二百七十九　兵部十

卷第二百八十　兵部十一

卷第二百八十一　兵部十二

卷第二百八十二　兵部十三

卷第二百八十三　兵部十四

卷第二百八十四　兵部十五

卷第二百八十五　兵部十六

卷第二百八十六　兵部十七

卷第二百八十七　兵部十八

卷第二百八十八　兵部十九

卷第二百八十九　兵部二十

卷第二百九十　兵部二十一

卷第二百九十一　兵部二十二

卷第二百九十二　兵部二十三

太平御览卷第二百 封建部三

以公相封

《汉书》曰：高祖拨乱诛暴，庶事草创，行赏授位，以能为次叙。至于孝武，元功宿将略尽，上亦兴文学，进拔幽隐。公孙弘自海滨而登丞相。自是之后，宰臣毕侯。

又曰：汉帝以列侯为丞相，唯公孙弘无爵为丞相，上于是下诏封丞相平津侯。其后以为故事，封侯自弘始也。

又曰：武帝时，车千秋为高庙郎，上书讼卫太子冤。上亦颇知太子惶恐，感悟，召千秋曰："父子之间，人所难言。此高庙神灵使公教我，当遂为吾辅。"拜千秋为大鸿胪。数月，为丞相，封富民侯。

又曰：朱博以丞相封二千五百户，上书："故事不过千户。"还千五百户。

《魏志》曰：王朗，字景兴。文帝即位，授司空，进封平乡侯。子肃嗣。初，文帝分朗邑封一子列侯，朗乞封兄子详。

又曰：崔林为司空，封阳安亭侯，邑六百户。三公封列侯，自林始也。臣松之有郎汉封丞相，已为荀悦所讥。魏封三公，其末同也。

又曰：曹爽以大将军辅政，封武安侯，邑万二千户。

又曰：陈群以镇军，录尚书受遗诏，进封颍阴侯。

又曰：何夔，字叔龙，为太子少傅、太仆。文帝践祚，封阳亭侯，三百户。病，乞逊位，诏曰："以亲则君有辅弼之勋，以贤则君有淳固之茂。"

又曰：刘放，字子弃，为中书监，掌机密，进封魏寿亭侯。孙资为中书令，封乐阳亭侯；太和末，资决策伐公孙渊，进左乡侯。辽东平定，又以参谋之功各封大县，放方城侯，资中郡侯。齐王即位，以决定大谋，并增邑，子一人亭侯。

又曰：卫凯为汉侍中，劝赞禅代之义，为文诰之命。文帝践祚，封阳告亭侯。明帝即位，进阌乡侯。

又曰：桓楷为尚书令，封亭乡侯。及病，文帝自临省，谓之曰："吾方托六尺之孤，寄天下之命，卿勉之。"徙封安乐乡侯。

又曰：胡质薨，家无余财，唯赐衣、书箧而已，追封阳陵亭侯。

又曰：卢毓、卫臻、徐宣、陈矫、和洽、常林、杜袭、裴潜、韩暨、高文惠、王观、辛毗、刘靖、王基，并以列卿、尚书封侯。

又曰：汉制，凡人君特所宠念，皆赐之封邑。及丞相初拜，亦锡茅土，号曰恩泽。出自私情，非至公之封也，中兴以来无有封者。

功臣封

《周礼·夏官》曰：司勋，掌六乡赏地之法，以等其功。王功曰勋，国功曰功，民功曰庸，事功曰劳，治功曰力，战功曰多。克敌出奇，若韩信、陈平者。凡有功者，铭书于王之太常。

《史记》曰：古之人臣功有五品，以德立宗庙定社稷曰勋，以言曰劳，用力曰功，明其等曰阀，积功曰阅。

又曰：太公望，文王立以为师。文王作酆邑，天下三分有其二。及武王克纣，太公之谋居多，于是武王封尚父于齐营丘。成王时，及管、蔡作乱，淮夷叛周，乃使邵康公封太公曰："东至海，西至河，南至穆陵，北至无棣，五侯九伯，汝实征之。"齐由此得专征伐，为大国二十八世。

又曰：邵公奭，与周同姓。武王之灭殷，封邵公于燕。其在成王时，自陕以西，邵公主之；自陕以东，周公主之。四十三世，秦始皇灭之。

又曰：楚出自帝颛顼高阳。后吴回居火正，为祝融。吴回生陆终。陆终子六人，少曰季连。季连之苗胤曰鬻子。鬻子事周文王，早卒。当成王之时，举文、武勤劳之嗣，乃封其后熊绎于楚，以子男之国。三十世，至负刍而秦灭楚。

又曰：魏者，毕公高之后。毕公高与周同姓，武王封之于毕。其后曰毕万，事晋献公。伐霍、耿、魏，灭之。因以魏封毕万为大夫。卜偃曰："毕万之后必大。万，盈数也；魏，大名也。以是始赏，天启之矣。"其后魏献子并为晋卿。至魏文侯，为诸侯。子武立，与韩、赵共灭晋而三分其地。又七世至王假，秦灭魏。

又曰：韩与周同姓，其后世事晋，得封于韩原，曰韩武子。武子三世有韩厥，从封姓为韩氏。六世至景侯虔，始列为诸侯。及孙哀侯，与赵、魏共灭晋，三分其地。八世至王安，而秦灭韩。

又曰：赵氏之先，与秦共祖。造父事周穆王。攻徐，破之。乃赐以赵城。七世叔带去周入晋。赵氏五世而至赵夙，夙生襄。襄生盾，并为大夫。其后赵鞅，是为简子，始大。又四世而至列侯籍，始立为诸侯。三世至敬，与韩、魏共灭晋，分其地。又七世至幽王缪，降秦而赵亡。

又曰：陈完者，陈厉公他之子。完后奔齐，为田氏。齐懿氏欲妻之，卜之，曰："是谓凤凰于飞，和鸣锵锵；有妫之后，将育于姜。八世之后，莫之与京。"卒妻之。完卒，谥为敬仲。六世而至田常，田常杀齐简公，立简公弟平公，乃割齐安平以东为己封，封邑大于齐。至曾孙和，遂迁齐康公于海上，而田和立为齐侯。五世至王建，为秦所灭。

又曰：西戎与申侯伐周，杀幽王骊山下。为秦襄公将兵救周。周避戎难，东徙雒邑，襄公以兵送周平王。平王封襄公为诸侯，赐之岐以西之地。于是始国，与诸侯通。

又曰：乐毅并赵、楚、韩、魏、燕之兵以伐齐，破之。追至于临淄，齐湣王走，保于莒。乐毅独留徇齐，攻入临淄，尽以宝货、财物、祭器输之燕。昭王大悦，亲至济上劳军，行赏飨士，封毅于昌国，号为昌国君。

《汉书》曰：项羽佯尊怀王为义帝，实不用其命。二月，羽自立为西楚霸王，王梁、楚地九郡，都彭城。背约，更立沛公为汉王，王巴、蜀、汉中四十一县，都南郑。三分关中，立秦三将：章邯为雍王，都废丘；县名，今槐里是。司马欣为塞王，韦昭曰：在长安东，名桃林塞也。都栎阳；董翳为翟王，文颖曰：本上郡，秦所置，项羽更名为翟也。都高奴。楚将瑕丘申阳为河南王，都雒阳。赵将司马卬为殷王，都朝歌。当阳君英布为九江王，都六。怀王柱国共敖为临江王，本南郡，改为临江国。都江陵。藩君吴芮为衡山王，都邾。文颖曰：邾音朱，县名。故齐王建孙田安为济北王。徙魏王豹为西魏王，都平阳。徙燕王韩广为辽王。燕将臧荼为燕王，都蓟。徙齐王田市为胶东王。齐将田都为齐王。赵歇为代王。赵相张耳为常山王也。

又曰：汉四年，立韩信为齐王，后徙为楚王。五年，以九江王英布为淮南王，卢绾为燕王，韩王信为代王，彭越为梁王。

又曰：克项八载，天下乃平，始论功，侯者四十有三人。时人民散亡，大侯不过万家。封爵之誓曰："使黄河如带，太山如砺。"于是申以丹书之信，重以白马之盟，藏诸宗庙，副在有司。迨文、景四五世间，流民既归，户口亦息，列侯大者三四万户，小国自倍。其后子孙骄恣，忘其先祖之艰难，多陷法禁。讫于孝武后元之年，靡有孑遗。

又曰：汉封功臣，张良未尝有战斗功，高帝曰："运筹策帷幄之中，决胜千里外，子房功也。"乃封良为留侯，与萧何等俱封。六年，上已封大功臣二十余人，其余日夜争功未决，未得行封。上在雒阳南宫，从复道如淳曰：上下有道，故谓之复也。韦昭曰：间道也。望见诸将往往相与坐沙中语。上曰："此何语？"留侯曰："此谋反耳。"上曰："为将奈何？"留侯曰："上平生所憎，群臣所其知，谁最甚者？"上曰："雍齿，数尝窘辱我。"留侯曰："今急先封雍齿，以示群臣。"于是上置酒，封雍齿为什方侯。皆曰："雍齿且侯，我属无患矣。"

又曰：高祖以萧何功最盛，封为酂侯，所食邑多。功臣皆曰："萧何未尝有汗马之劳，反居臣等上，何也？"帝曰："诸君知猎乎？追杀兽者，狗也；而发踪指示兽处者，人也。今诸君徒能得兽耳，功狗也；至如萧何发踪，功人也。且诸君独以随我，多者两三人；何举宗数十人皆随我，功不可忘也！"皆曰："平阳侯曹参身被七十创，攻城略地，功最多，宜第一。"鄂君进曰："群臣议皆误。陛下虽亡山东，何常全关中以待陛下，此万世之功。奈何以一旦之功而加万世之功哉！萧何第一，曹参次之。”上曰：“吾闻进贤受上赏，萧何功虽高，得鄂君乃益明。”封鄂君故所食关内侯邑，封为安平侯。

又曰：高祖封项伯等四人为列侯，赐姓刘氏。

又曰：项羽被十余疮，顾见汉骑司马吕马童曰：“若非吾故人乎？”马童面之，指王翳曰：“此项王也。”羽乃曰：“吾闻汉购我头千金，邑万户，吾为公得之。”乃自刭。王翳取其头，乱相蹂蹈争羽相杀者数十人。最后杨喜、吕马童、吕胜、杨武各得一体。故分其地以封五人，皆为列侯。

又曰：陈豨反。上自至邯郸，喜曰：“豨不南据邯郸，北阻漳水，吾知其无能为矣。”上令周昌选赵壮士可令将者，因见四人，上嫚骂曰：“竖子能为将乎！”四人惭，皆伏地。上封各千户，以为将。

又曰：淮阴侯韩信舍人乐说告信反，封顺阳侯。

又曰：文帝诏曰：“方大臣诛诸吕迎朕，朕狐疑，皆止朕，唯中尉宋昌劝朕，朕已得保守宗庙。已尊昌为卫将军，其封昌为壮武侯。”

又曰：韩王信入匈奴，与太子俱，至颓当城，生子，因名颓当。至孝文时，降，封弓高侯。颓当孽孙嫣贵幸，显当时世。嫣弟说以校尉攻匈奴，封龙额侯。

又曰：景帝封功臣卫绾、直不疑等十九人，绾封建陵侯，不疑塞侯。

又曰：张贺为掖庭令，而宣帝以皇曾孙时收养掖庭，恩甚密焉。及宣帝即位，而贺已死。宣帝追恩，乃封其家为恩德侯，置守蒙二百人。

《东观汉记》曰：光武功臣邓禹等二十八人皆为侯，封余功臣一百八十九人。

又曰：李通上司空印绶，以特进奉朝请。久之，有司奏请封诸皇子，上感通首创大谋，因封通少子雄为邵陵侯。

又曰：建武二年，定封景丹栎阳侯，上谓丹曰：“今关东故王，国虽数县，不过栎阳万户。富贵不归故乡，如衣锦夜行，故以封卿。”

又：诏封窦融曰：“行河西五郡大将军、凉州牧、张掖属国都尉窦融，执志忠孝，扶微救危，仇疾反虏隗嚣，率厉五郡精兵，羌胡毕集，兵不血刃，而虏土崩瓦解，功既大矣。笃意分明，断之不疑。吾甚嘉之，其以六安、安丰、阳原、蓼安凡四县，封融为安丰侯。”

又曰：三辅豪杰入长安，攻未央宫，杜虞杀莽于渐台，东海公宾就得其首，传诣宛，封猾侯。

又曰：申屠志以功封汝阴王，上书以非刘氏，还玉玺。改为赪阳侯。

又曰：班超定西域五十余国，乃诏封超为定远侯。

《后汉书》曰：单超、左绾、徐璜、具瑗、唐衡，桓帝时共诛梁冀，同日封侯，谓之五侯。于是朝庭日乱。超薨之后，四侯转横，天下为之语曰：“左回天，具独坐，徐卧虎，唐两堕。”

《魏志》曰：夏侯渊，字妙才，以功封博昌亭侯。

大祖下令曰：“夏侯渊虎步关右，所向无前。仲尼有言：吾与尔俱不如也。”后战死。黄初、太和中，赐渊子五人皆关内侯。

又：太祖令曰：“吾起义兵，诛暴乱，于今十九年，所征必克，岂吾功哉？乃贤士大夫之力也。天下虽未悉定，吾要与贤士大夫共定之，而专飨其劳，苦何以安焉！其保定功行封。”于是大封功臣，二十余人皆为列侯，其余各以次受封，及复死事之孤，轻重各有差。

又曰：曹洪，字子廉，以功封野王侯。文帝时，坐事削。明帝即位，更封乐成侯。

又曰：曹休，字文烈，自荆州北归。太祖曰：“此吾家千里驹也。”文帝录前后功，封为东亭侯。

又曰：曹真，字子丹，以功封邵陵侯。真少与宗人尊、乡人朱赞并事太祖。遵、赞早亡，真愍之，乞分食邑封尊子等。诏曰：“大司马有叔向抚孤之仁，晏平久要之分。听分赐遵等子爵关内侯。”及真薨，明帝悉封真五子皆列侯。

又曰：太祖自柳城还，称荀攸前后谋谟，曰：“昔高祖使张子房自择齐三万户，今孤亦欲君自择所封。”

又曰：太祖见贾诩，执手曰：“使我信重于天下者，子也。”表为执金吾，封都亭侯。文帝即位，又封诩小子访为列侯。

又曰：郭嘉，字奉孝。冀州平，封齐阳亭侯。及薨，太祖表曰：“臣策未决，嘉辅成之；平定天下，谋功为最。”增邑，并前千户。

又曰：张既，字德容。诏曰：“卿勋非但破胡，乃永宁河右，使吾长无西顾之念。”徙封西乡侯。

又曰：任峻，字伯远。为典农中郎，大兴屯田，军国致饶。太祖以峻功高，表封都亭侯。

又曰：张辽，字文远。为荡寇将军，以功封都亭侯。又讨陈兰、梅成等入灊山中，兰等壁其上，辽力战，平之。太祖论诸将功曰：“登天山，以取兰、成，荡寇功也。”乃增邑。文帝，又分封兄泛及一子列侯。帝践祚，进封晋阳侯。及薨，诏曰：“合肥之役，辽以步卒八百，破贼十万，自古未之有也。其分辽邑，赐一子爵关内侯。”

又曰：太祖表封荀攸曰：“前克敌，皆攸之谋也。”于是封攸陵树亭侯。

又曰：太祖谓于禁曰：“淯水之难，吾焉能也？将军在乱能整，虽古之名将，何以加之！”乃录前后功，封寿亭侯。

又曰：文帝践祚，进张郃为郑侯。明帝诏曰：“贼亮以巴、蜀之众，将军所向克定。乃益户，并前四千三百户。”郃前后有功，明帝分郃户，封四子列侯。

又曰：朱灵，字文博。先封鄃侯，文帝诏曰：“将军佐命先帝，威过方、邵。平生所志，愿勿难色。”灵谢曰：“高唐，宿所镇。”乃更封高唐侯。

又曰：庞德以众降，太祖闻其骁勇，封关内亭侯。为关羽所得，骂羽而死。太祖悲之，封其二子为列侯。

又曰：徐邈，字景山。西域流通，荒戎入贡，皆邈勋也。以功封都亭侯。

又曰：王昶，字文舒。讨诸葛诞，诞诛。诏曰：“昔孙膑佐赵，直凑大梁。兵骤进，亦所以成兵势也。”增邑，四千七百户矣。

《吴志》曰：骆统，字公绪。初，曹仁攻濡须，使别将常雕等袭中洲，统与严圭共拒，破之，封新阳亭侯。

《晋书》曰：苻坚南寇，桓伊与冠军将军谢玄、辅国将军谢琰俱，破坚于肥水。以功封永循县侯，进号右军将军，赐钱百万，袍表千端。

王隐《晋书》曰：封宣帝为武平侯。公孙渊平，又增封舞阳、昆阳二县。

又曰：封文帝为高都侯，太始元年诏曰："昔唐虞三代之盛，暨于汉魏创制，褒崇元勋，班爵行赏，与国同礼，施禄逮下，万邦咸乂，朕以寡德，登于天位，托于王公之上。腹心股肱，文武之臣，光齐帝业，余嘉乃勋。庆赏之行，其用宜速。"

又曰《张华传》曰：华以建策，加华右光禄大夫、开府仪同三司，固辞不受府。诏听。乃更论平吴之功，封华郡公，三千户；王者择近郡平土，详依典制施行。华让，前后十余，频繁恳诚。诏不听，遂受封。

《晋中兴书》曰：元帝以佐命功，封周玘乌程公，又封王敦武昌公。

又：孔愉，字敬康，以讨华轶功，封馀不亭侯。初，愉少时，尝得一龟，放于馀不溪中流，左顾者数过。及铸侯印，龟左顾；更铸，犹然。印工以闻，愉悟，遂佩焉。

又曰：明帝以平钱凤功，封始兴公温峤建宁公，庾亮永昌公，郗鉴南平公，卞壶建兴公，苏峻邵陵侯，刘泉泉陵侯，应詹观宁侯，卞郭益阳侯，赵胤湘南侯。

又曰：成帝以平苏峻公，封公者三人，侯者八人。又以讨郭默功封者三人。穆帝以平蜀功，封桓温临贺公。

又曰：哀帝以平关、洛功，封桓冲丰城公。海西公以平袁真功，赐桓温子伟为西昌公。

又曰：安帝以兴复功，封刘裕等二十三人。裕唱谋，封豫章公，万户；刘毅南平公，五千户；何无忌安成公；刘道规华容公。

《晋起居注》曰：太康元年诏曰："张华前与故太傅创谋大计，部分方算，有谋谟之勋，封广武侯，邑万户。"

又曰：惠帝追封卫瓘为郡公。

《会稽典录》曰：郑吉既破车师，降日逐，威震西域。日遂并护车以北道。故号都护之置，自吉始焉。上嘉其效，乃下诏曰："都护西域骑都尉郑吉，抚循外蛮，宣明威信，功效茂著，其封吉为安远侯。"

《华阳国志》曰：汉高帝灭秦，为汉王，王巴、蜀。阆中人范自有恩信方略，为帝募发賨民，西与定秦地。既定，封自为长安建章郡侯。帝将征关东，賨民皆思归。嘉其功，难伤其意，遂听还。谓曰："富贵不归故乡，如衣绣夜行，可徙封自阆中慈乡侯。"自固辞，乃封度汗县侯。

太平御览卷第二百一 封建部四

德行封《汉书》在恩泽表

《汉书》曰：宣帝以刘德谨重，封为阳城侯。

又曰：邴吉有阴德于孝宣帝微时，帝即位，众莫知，吉亦不言。吉从大将军长史转迁御史大夫。帝闻，将封之，会吉病甚，将使人加绅而封之，及其生存也。太子太傅夏侯胜曰："此未死也。臣闻有阴德者，必飨其乐以及子孙。今未获其乐而病甚，非死也。"后愈，封为博阳侯。

《东观汉记》曰：建武元年，诏曰："故密令卓茂，束身自修，执节淳固，断断无他，其心休休焉。夫士，诚能为人所不能为，则名冠天下，当受天下重赏。故武王诛纣，封比干之墓，表商容之闾。今以茂为太傅，封褒德侯，赐安车一乘，衣一袭，金五百斤。"

讨乱定策封《汉书》在《恩泽表》

《汉书》曰：莽何罗与弟重合侯通谋逆，时霍光、金日磾、上官桀等共诛之，功未录。武帝病，封玺书曰："帝崩发书以从事。"遗诏封金日磾为秺丁固切侯，上官桀为安阳侯，光为博陆侯，文颖曰：博，大；陆，平。取其嘉名，无此县也。食邑北海之河间。臣瓒案：渔阳有博陆城也。皆以前捕反者功封。时卫尉王莽子男忽侍中，扬语曰："帝崩，忽常在左右，安得遗诏封三子事？群儿自相贵耳。"光闻之，切让王莽，莽鸩杀忽。

奉使封

《史记》曰：高祖使刘敬使匈奴，还报曰："匈奴不可击，此必见短，伏奇兵以争利。"上怒，械系敬。必往而厄于白登，七日乃得解。还至广武，赦敬，封千户，号建信君。

《汉书》曰：武帝以校尉张骞从大将军击匈奴，知水草处，军得以无饥渴；因前使外国功，封骞博望侯。

又：昭帝以平乐厩监傅介子诛楼兰王，封宜阳侯。

又：元帝以甘延寿使西域郅支单于，封义成侯。

《蜀志》曰：陈震，字孝起。使吴贺孙权践祚。及到武昌，权与震升坛歃血。还，封阳亭侯。

尊贤继绝封

《尚书大传》曰：武王胜殷，箕子走，之朝鲜，因以封之。

《礼记·郊特牲》曰：天子存二代之后，由尊贤。不过二代。

又《礼记》曰：武王克殷，未及下车而封黄帝之后于蓟，封帝尧之后于祝，封帝舜之后于陈；下车而封夏后氏之后于杞，封殷之后于宋。

《史记》曰：武王克纣，以纣子武庚禄父续殷祀，使管、蔡相之。武王崩，成王少，管、蔡疑周公，乃与武庚作乱。周公以王命诛之，命微子开为殷后，奉其先祀，国于宋。至宋王偃立，于是齐、魏、楚伐宋，灭之，而三分其地。

《汉书》：自古受命及中兴之君，必兴灭继绝，修废举逸，然后天下归仁，四方之政行。高祖拨乱，日不暇给，然犹修祀六国，来聘四皓，过魏则垅无忌之墓，适赵则封乐毅之后。

又曰：武帝元狩中，复诏御史："以酂二千四百户封萧何曾孙庆为酂侯，布告天下，令明知朕报萧相国德厚也。"

又曰：武帝过洛阳，下诏以三十里地封周后为周子南君。

又曰：封周公后公孙相如为褒鲁侯。

又曰：元始四年，靳翕、夏侯婴、陈平、张良、周勃等一百一十八人后，诏爵复家。

《东观汉记》曰：建武二年，封殷绍嘉公为宋公，周承休公为卫公。十四年，封孔子后孔志为褒成侯。

《魏志》曰：文帝以议郎孔羡为崇圣侯，奉孔子祀。

《晋中兴书》曰：元帝封孔亭为崇圣侯，不食户邑。

又曰：元帝诏封魏后曹励为陈留王。

《吕氏春秋》曰：武王胜殷，封帝尧之后于犁丘，成汤之后于宋，以奉桑林。

死王事子孙封

《左传·哀下》曰：晋荀瑶率师伐郑，次于桐丘。郑驷弘请救于齐。齐师将兴，陈成子属孤子，属，会也。孤子，死事者之子也。三日朝。设乘车两马，系五邑焉。乘车两马，大夫车服也。系五邑，加之五邑也。一曰两饰也。召颜涿聚之子晋，曰："隰之役，而父死焉。隰役在哀二十三年。国之多难，未汝恤也。今君命汝以是邑也，服车而朝，无废前劳。"

《汉书》曰：周苛以内史守荥阳，骂项羽死。高帝封苛子成为高景侯。

又曰：郦食其使约诸侯，至齐，死事。高祖封食其子疾为高梁侯。

又曰：赵王反，内史王捍、相建德谏不听，遂烧杀捍等。景帝封捍子乘之、建德子横皆为侯。楚王反，太傅赵夷吾、相张尚并谏不听，死。景帝封夷吾子周、尚子居皆为侯。

《魏志》曰：鲍信为济北相，协视太祖，身以遇害。太祖追录信功，封子邵为新都亭侯。

《说苑》曰：邯郸传舍吏子李谈说平原君，令尽散家财以飨士，攻秦国。平原从其计。勇敢三千人皆出，从谈赴秦军，秦军为却三十里；会楚、魏救至，秦军遂罢。李谈死，封其父为李侯。

异域降封

《汉书》曰：匈奴王徐卢等五人降汉，景帝欲侯之以劝后。亚夫曰："彼背其王降陛下，陛下侯之，即何以责人臣不守节者乎！"上曰："丞相议不可用。"乃悉封徐卢等为列侯。亚夫因谢病。免相。

又曰：武帝时，匈奴王及太子、相、都尉以下，赵信、南越王兄建德等，凡三十五人来降，并封侯。

又曰：宣帝时，匈奴单于先贤禅等二人降，并封侯。

《魏志》曰：鲜卑轲比能，明帝时将其部众降，拜归义侯。

杂恩泽封

《汉书》曰：高后以大谒者张泽劝王诸吕，封为建阳侯。

又曰：孝武以方术封栾大为乐通侯。

又曰：宣帝掖庭令张贺有旧恩，封贺子彭祖为都阳侯。

又曰：王莽居摄，安众侯刘崇与张绍攻宛而败。绍从兄竦、崇父嘉诣阙自归，竦因嘉作奏莽，莽大悦。太后下诏："惟嘉父子兄弟，虽有属，不敢阿私。以千户封嘉为师礼侯，嘉子七人皆赐爵关内侯。"后又封竦为淑德侯。长安人为语曰："欲求封，过张伯松；力战斗，不如巧为奏。"

《东观汉记》曰：马防子钜为常从小侯，上欲冠之，夜拜为黄门侍郎。

华峤《后汉书》曰：元和元年，遂置鸿都学，画孔子及七十二弟子像。其诸生皆敕州郡、三公举用辟召，或出刺史、太守，入为尚书、侍中，乃有封侯拜爵者，士君子皆耻与为列。

《鲁国先贤志》曰：汶阳鲍氏起于鲍吉，吉字利主。桓帝初为蠡吾侯，吉为书师。及桓帝立，历位至河南尹。诏曰："吉与朕有龙潜之旧，其封西乡侯。"宗族以吉势力，至刺史二千石者五。

杂名号封

《汉书》曰：高祖微时，尝避事，时与宾客过其丘嫂食。应劭曰：丘氏女也。孟康曰：西方谓上女婿立为婿，立空也，上有嫂也。晋灼曰：丘，大也。大妇为冢妇也。嫂厌叔与客来，佯为羹尽，轹釜，客以故去。已而视釜中有羹，由是怨嫂。及立齐、岱等王，而伯子独不得侯。太上皇以为言，高祖曰:“某非敢忘封之也,为其母不长者。”七年十月,封其子信为颉羹侯。

又曰:霍去病以校尉伐匈奴,乃封为冠军侯。

又曰:赵破奴以司马再从骠骑将军击匈奴,封为从骠骑侯。

《东观汉记》曰:彭宠奴子密杀宠,诣阙降,封为不义侯。

《魏志》曰:初平二十年,置名号,侯爵十八级,关中侯爵十七级,皆金印紫绶。又置关内外侯十六级,铜印龟钮墨绶。五大夫十五级,铜印环纽,亦墨绶。皆不食租。与旧列侯、关内侯凡六等。注曰:臣松之以为:今之虚封,盖自此始也。

《搜神记》曰:张颢为梁相。天新雨后,有鸟如山鹊飞翔,堕地,市人擿之,随地化为石。颢椎破之,得一金印,文曰忠孝侯,颢藏之秘府。后校书东观,奏言曰:“尧、舜时,朝有此官。今落印,宜可复置。”

宦者封

《汉书》曰:高后大谒者寺人张泽劝王诸吕,封建阳侯。

《东观汉记》曰:孙程为中黄门。安帝崩,初江京等谮诬太子,废为济阴王,居西钟下,征北乡侯为嗣。程等十八人杀江京、阎显等,立阴济王为帝。以功封程为浮阳侯,万户。又封中黄门王康华容侯,王国为郦侯。

《续汉书》曰:吕强为中黄门。灵帝例封宦者,以强为都乡侯,强辞让恳恻,帝乃听之。数上书谏诤,为中常侍赵忠等所谮,死。

《晋起居注》曰:惠帝永平元年,诏曰:“中常侍董猛固让封邑,其封为武安侯。猛前求余户封三兄,今皆封为亭侯。”

逊让

《史记》曰:晋文公赏从亡者,未至隐者介之推,推亦不言禄。使人召之,则亡。遂求所在,闻其入绵上山中,于是文公环绵山而封之,以为介推田,号曰介山,“以记吾过,以旌善人”。旌,表之也。

又曰:鲁连说魏人新垣衍以帝秦之害,秦军为却。平原君欲封鲁连，鲁连辞谢者三，曰："吾与富贵而屈于人，宁贫贱而肆意。"

《战国策》曰：赵王以武城封孟尝君，择舍人以为武城吏，而进之曰："鄙说，借车者驰之，借衣者被之。夫借衣车者，非亲即兄弟也。夫驰亲友之车，被兄弟之衣，文以为不可。今赵王不以文不肖，封之以武城，愿大夫之往也，无伐树木，无废室屋，然赵王悟而知文也，谨可使全而归之。"

《汉书》曰：初，武帝遗诏以讨莽何罗功封金日磾为秺侯，日磾以帝少，不受。

又曰：武帝诏曰："匈奴逆天理，乱人伦。车骑将军青度西河至高阙，斩轻锐之卒，执讯获丑，驱马牛羊百有余万，全甲兵而还。益封三千户，以千户封青三子皆为侯。"青固谢云："皆诸校尉之力。臣青子在襁褓中，未有勤劳而受之封，非臣待罪行间以劝士力战之意。"

又曰：张延寿历位九卿，国在陈留，别邑在魏郡，租入岁千余万。延寿自以身无功德，何以久堪，数上书减户邑。天子以为有让，乃封平原，并一国，户口如故而租税减半。

又曰：张贺为掖庭令，收养皇曾孙，恩甚密。皇曾孙即位，是为宣帝，而贺已死，欲封其冢为恩德侯。其子彭祖，小与上同席研书，欲封之，先赐爵关内侯。贺弟安世深辞让，上曰："吾自为掖庭令，不为将军也。"安世乃不敢言。

《东观汉记》曰：窦融数辞爵位，曰："臣有一子，质性顽钝，何况乃当传以连城广土享诸侯之国也！"因会见，诏曰："公欲让职还土，今相见，不宜论也。"

又曰：永元元年，以定策功增封邓骘三千户，让，不获，遂逃避使者，上疏自陈。

又曰：刘恺，字伯预，以当袭父爵封居崇侯，让于弟宪。有司奏之，侍中贾逵上书陈之，和帝诏："恺致国于弟，遁亡，所守弥固。"乃拜为郎。

又曰：丁綝拜河南太守。及封功臣，上令各言所乐，綝曰："昔孙敖教其子，受必求硗确之地。綝德薄功微，乡亭可矣。”上从之，封为定陵谢安乡侯，食千户。

又曰：帝欲封樊兴，置印绶于前，固让曰：“臣未有先登陷阵之功，一家数人并受爵土，令天下觖望。”上嘉兴之让，不夺其志。

又曰：封朱祐为高侯，邑七千三百户，祐自陈功薄而国大，愿受南阳五百户足矣。上不许也。

又曰：翟歆，字敬子。父于以功封临沮侯。歆当嗣爵，以母年老国远，上书辞让。诏许，乃赐关内侯。

又曰：丁綝卒，子鸿上书，让国于弟盛。既葬，乃挂縗结冢庐而逃。

又曰：大将军窦宪封舞阳侯，食邑二万户，窦固辞封，诏曰：“大将军宪前岁出征，克灭北狄，朝加封赏，固辞不受；舅氏旧典，并蒙爵土，其封宪冠军侯，邑二万户。”

《魏志》曰：田畴从太祖入卢龙塞，太祖犹欲侯之。畴素与夏侯惇善，太祖语惇曰：“且往以情喻之。”答曰：“畴，负义逃窜之人耳，蒙恩令活，已为多矣。岂可卖卢龙塞以易赏禄哉？独不愧于心乎？”太祖知不可屈，乃拜为议郎。

《魏志》曰：王基拔寿春，进封东武侯，上疏固辞，归功参佐。由是长史、司马等七人皆侯。

又曰：司马宣王诛曹爽，进蒋济封都乡侯，上疏固辞，不许。孙盛曰：“蒋济之辞邑，可谓不负心矣。”

蔡邕《独断》曰：汉总名诸侯王，子弟封者为诸侯；异姓者为彻侯，避武帝讳，曰通侯。法律家皆曰：列侯功德优，朝廷所异者，赐位在三公下；其次诸侯，在九卿下；其小国侯，以肺腑宿卫、亲、公主子孙，坟墓于京师者，亦随会见，猥诸侯。

诛贬

《汉书》曰：高帝子淮南厉王长，孝文六年谋反，徙蜀，至雍死。赵王如意、赵王恢、赵王友为吕后所杀。孝景子胶东王自杀。孝武子燕王旦、广陵王胥，并自杀。齐王肥子济北王兴居、济南王辟光、胶西王卯、胶东王雄渠、高帝兄子吴王濞、弟孙楚并反，伏诛。淮南王长子安、衡山王赐、江都王非子建并谋反，诛。楚王六世孙延寿、淮南王曾孙宽并谋反，死。武帝子孙侯者，凡坐酎金等失侯及诛、免者一百九人。

又曰：陈平薨，子何代立。坐略人妻弃市，国除。始平曰："我多阴谋，道家所禁。吾世即废，亦已矣，终不能复兴。"

又曰：平阳侯曹参六世孙宗坐阑入宫掖门，配城旦。留侯张良子不疑坐谋杀楚内史，赎为城旦，封绝；其余功臣子孙皆罪诛、免，辄复立嗣。

又曰：高后封诸吕五人为侯，八年九月并诛，张泽一人免。孝文元年，轵侯薄昭自杀。景帝魏其侯窦婴有罪弃市。武帝乐通侯栾大斩。昭帝安阳侯上官桀、桑乐侯安反，诛。宣帝平丘侯王迁自杀。昌永侯田广明自杀。阳成侯田延年盗都内钱，自杀。元帝乐安侯匡衡，免。成陵侯淳于长大逆诛。宜乡侯冯参自杀。商阳侯薛宣坐不忠孝，免。哀帝丁明、傅晏、丁满、朱博、王嘉、傅商、郑崇、董贤、孙宠、息夫躬并诛、免。平帝甄丰、刘歆为王莽所杀。高陵侯翟方进子卢坐弟举兵，为王莽所杀。

《东观汉记》曰：光武子楚王英谋反，自杀。广陵王荆谊自杀。

又曰：成德侯朱鲔玄孙朱祀坐杀人，国除。昌成侯桓公孙述坐与楚谋反，国除。

又曰：魏成、曾纯坐讦讪，国除。山桑侯王常孙广坐楚事，国除。利取侯毕寻玄孙守坐奸人妻，国除。首卿侯段普曾孙胜坐杀婢，国除。夕阳侯邢崇孙之为贼所盗，亡印绶，国除。广平侯吴汉无后，国除。颍阳侯祭遵无子，国除。

华峤《后汉书》曰：傅俊子昌徙封芜湖侯，建初中遭母忧，因上书，以国贫不之封，乞钱五万，为关内侯。肃宗贬为关内侯，竟不赐钱。

《魏志》曰：曹洪性吝，文帝少时求假不称，恨之。后犯罪当死，太后谓郭后曰："今曹洪犯死，吾敕帝废后。"后泣涕请，乃得免前官削爵土。

又曰：彭城王据坐私遣人诣中尚方作禁物，削户二千。申王衮、楚王彪并入朝，犯京都禁，削县户。

又曰：楚王彪坐王陵同谋延彪都许昌，遣御史案验收治，使自图，乃自杀。

又曰：黄初三年，临淄侯植监国；谒者灌均希旨，奏植酒悖，劫胁使者。有司奏治罪，帝以太后故，贬为安都侯。

太平御览卷第二百二 封建部五

妇人封

《左传·成公上》曰：晋败齐师，齐侯遂自徐关入，见保者，曰："勉之，齐师败矣。"避女子，使避君也。齐侯单还，妇人不知之也。女子曰："君免乎？"曰："免矣。"曰："锐司徒免乎？"曰："免矣。"曰："苟君与吾父免矣，可若何！"乃奔。齐侯以为有礼，既而问之，辟司徒之妻也。辟司徒，主垒壁。予之石窌。石窌，邑名。济北卢县东，有地名石窌。

《陈留风俗传》曰：高祖与项氏战，厄于延乡，有翟母者免其难。故以延乡为封丘县，以封翟母焉。

夫人

《后汉书》曰：崔篆母师氏能通经学、百家之言，王莽宠以殊礼，赐号义成夫人，金印紫绶，文轩丹毂，显于新代。

《唐书》曰：魏衡妻王氏，梓州郪人也。武德初，薛仁果旧将房企地侵略梁部，因获王氏，逼而妻之。后企地渐强盛，衡谋以城应贼，企地领众将趋梁州，未至数十里，饮酒醉卧，王氏取其佩刀斩之，携其首入城，贼众乃散。高祖大悦，封为崇义夫人。

又曰：咸亨中，燕山道总管右领军大将军李谨行大破高丽叛徒于瓠芦河之西，俘获数千人。自是平壤馀众走投新罗。时谨行妻刘氏留在代奴城，高丽引靺鞨攻之，刘氏擐甲率众守城，久之，贼乃退。上嘉其功，特封为燕郡夫人。

又曰：邹保英妻奚氏，不知何许人也。万岁通天年中，契丹贼李尽忠来寇平州，保英时任刺史，领兵讨击。既而城孤援寡，势将欲陷。奚氏乃率家僮及城内女丁相助固守，贼退。所司以闻，优制封为诚节夫人。

又曰：王君，上尝于广达楼引君及妻夏氏设宴，赐以帛。夏氏亦有战功，故特赏之，封为武威郡夫人。

《五代史·晋史》曰：镇州节度使安重荣妻彭城郡夫人刘氏，封鲁国夫人；南阳郡夫人韩氏，封陈国夫人。重荣立二嫡妻，非礼也。朝廷并命之，亦非制也。

郡君

《汉书》曰：武帝尊王太后母臧儿为平原君。

《后汉书》曰：弘农人宰宣素性佞邪，欲取媚于梁冀，乃上言大将军有周公之功，今既封诸子，则其妻宜为邑君。诏遂封冀妻孙寿为襄城君，兼食阳翟租，岁入五千万，加赐赤绂，比长公主。长公子仪服同藩王。

又曰：安思阎皇后，追尊后母宗为荥阳君。

《晋中兴书》曰：肃祖太妃豫章恭惠君荀氏，初以微入宫，生肃祖。中宗以母贱，命虞妃母养肃祖，而出嫁荀为马氏妻。太宁元年，马氏无疾而卒，肃祖迎母还宫养，称建安君。追赐豫章君，谥曰恭惠。

《后魏书》曰：景明初世，追舅氏，封外祖母盖氏为清河郡君。

又曰：灵太后临朝，以元乂妹，封乂妻新平君。后迁冯翊君。

县君

《汉书》曰：王太后微时为金王孙妇，妇生，在民间，盖讳之也。武帝始立，韩嫣白之。帝曰："何为不蚤言？"乃车驾自往迎之。其家在长陵小市，直至其门，使左右入求之。家人惊恐，女逃匿床下，扶持出拜。帝下车立曰："大姊，何藏之深也？"载至长乐宫，与俱谒太后，太后垂涕，女亦悲泣。帝奉酒，前为寿。钱千万，奴婢三百人，公田百顷，甲第，以赐姊。太后谢曰："为帝费。"因赐汤沐邑，号修成君。

又曰：宣帝赐外祖母号为博平君，以博平、蠡吾两县户万一千为汤沐邑。

范晔《后汉书》曰：灵思何皇后，追封父真为车骑将军、舞阳宣德侯，后母兴为舞阳君。

《魏志》曰：文德郭皇后，安平广宗人也。母董为郡君。追改封父永为灌津敬侯，世妇董为常阳君。

又曰：青龙二年春，追谥后兄俨曰安城郭穆侯，封俨世妇刘为东乡君，又追封逸世妇张为安嘉君。

又曰：明元郭皇后，西平人也。齐王即位，尊后皇太后，封太后母杜为郃阳君。

又曰：明悼毛皇后，河内人。黄初中，以选入东宫，明帝时为平原王进御有宠，出入与同舆辇。追封后母夏氏为野王君。

又曰：太始三年，诏曰："汉文追崇灵文之号，武、宣有平原、博平之封，咸所以奉尊尊之敬，广亲亲之恩。宜追封故卫将军景侯夫人羊氏为平阳君也。"

臧荣绪《晋书》曰：武悼杨皇后废在金墉城，与母高都君庞氏共止。高都君临刑，后抱持号叫，不食而崩。

《晋中兴书》曰：穆皇后庾氏，字文君，左将军琛第三女。赠琛为车骑将军，母丘氏封安阳县君，从母荀氏永宣县君。

又曰：简文顺皇后王氏，字兰始，骠骑将军述之再从妹。追赠前夫人成氏东丰县君，后夫人成氏东兴君。

沈约《宋书》曰：孝穆赵皇后，讳安宗，下邳僮人也。父裔。永初二年，有司奏裔命妇孙可建昌县君。

又曰：孝穆萧皇后，名文寿，兰陵人。父卓，初与裔俱赠金紫光禄大夫；妻下邳赵氏，封吴郡寿昌县君。

《唐书》曰：古玄应妻高氏，固守飞狐县城，卒免为突厥所陷。下诏曰："顷属默啜攻城，咸忧陷没，丈夫固守，犹不能坚，妇人怀忠，不惮流矢，由兹感激，危城重安。如不褒升，何以奖劝。古玄应妻可封为徇忠县君。"

又曰：衡方厚妻程氏。方厚，太和中任邕州都督府录事参军，为招讨使董昌龄诬枉杀之。方厚妻程氏力不能免，乃抑其哀，如非冤者，昌龄雅不疑虑，听其归丧。程氏故得以徒行诣阙，截耳于右银台门，告夫被杀之冤。御史台鞫之得实，谏官亦有章疏，故昌龄再授谴逐。程氏，开成元年降敕曰："乃者吏为不道，虐杀尔夫。诣阙申冤，徒行万里，崎岖逼畏，滨于危亡。血诚既昭，幽愤果雪，虽古之烈妇，何以加焉。如闻孤孀无依，昼哭待尽，俾荣禄养，仍锡疏封，可武昌县君。"

《英雄记》曰：董卓孙女名白，时尚未笄，封为渭阳君，于郿城起坛，从广二丈余，高五六尺。使白乘金华青盖车，都尉、中郎将、刺史二千石在郿者，各令乘轩簪笔，为白导从之坛，上使兄子横为使者授印绶也。

潘岳《宜城宣君诔》曰：行成于己，名生于人，考终定谥，实曰宣君。祝宗莅事，卿相奉引，轻车整驾，介士列阵，鸾辂依容，辒车升椂。

乡君

《魏志》曰：卞隆以后父封睢阳乡侯，隆妻王氏为显阳君。追封隆前妻刘氏为仁慎乡君，后亲母故也。

又曰：甄俨孙女为齐王皇后，后父已没，封后母为广阳乡君。

《晋书》曰：立皇后杨氏母太原庞氏为安昌乡君，追外曾祖母故司徒王郎夫人夏氏为荥阳乡君。

《晋中兴书》曰：哀靖皇后王氏，字穆之，司徒左长史濛之女也。初为琅琊王妃，哀帝即位，拜为皇后。追赠父濛金紫光禄大夫，封晋安县侯，母爰氏为安国乡君也。

又曰：元敬皇后虞氏，字孟母，济阳外黄人也。祖寿，抚军大将军掾。父豫，太傅参军。中宗之为琅琊王，纳后为妃。豫妻王氏为邢阳县君，从母散骑常侍新野王罕妻为平阳乡君。

又曰：康献皇后褚氏，太傅裒之女。封母谢氏为浔阳县君。

又曰：成帝皇后杜氏，陵阳京兆人也。母裴氏为广德县高安乡君，赐钱百万，布二百匹。

又曰：穆章皇后何氏，字法倪，司空充之女。追赠父充光禄大夫，封晋兴侯；母孔氏长乐乡君。

又曰：王蕴以后父徵拜金紫光禄大夫，封建昌侯；母刘氏平乐君。

沈约《宋书》曰：武敬臧皇后，讳受，东莞人也。父儁，追赠金紫光禄大夫，妻高密叔孙氏迁永平乡君。

《唐书》曰：独孤武都谋叛王世充归国，事觉，诛死。武都子师仁年始三岁，世充以其年幼不杀，使禁掌之。乳母王氏，号兰英，请髡钳，求入保养，世充许之。兰英抚育提携，备尽筋力。时丧乱年饥，人多饿死，兰英扶路乞丐捃拾，遇有所得，便归与师仁，兰英唯啖土饮水而已。后诈采拾，乃窃师仁归于京师，高祖嘉其义，下诏曰："师仁乳母王氏，慈惠有闻，抚鞠无倦，提携遗幼，背逆归朝。宜有褒隆，以锡其号。可封永寿乡君。"

锡命

《尚书》曰：平王锡晋文侯秬鬯、圭瓒，作《文侯之命》。

《左传》曰：王命尹氏策命晋文公为侯伯。锡之大路之服、戎路之服、彤弓一、彤矢百、玈弓矢千、秬鬯一卣、虎贲三百人。

《左传》曰：文元年，天王使荣叔来锡公命。杜预注曰：诸侯即位，天子锡以命珪合瑞为信。若僖十一年，"王赐晋侯命"，亦其比也。

又曰：襄十四年，王使刘定公赐齐灵公命，曰："昔伯舅太公，佑我先王，股肱周室，师保万民，世胙太师，以表东海。王室之不坏，繄伯舅是赖。余今命汝环！环，齐灵公名也。兹帅舅氏之典，纂乃祖考，无忝乃旧勋。敬之哉！无废朕命。"纂，继也。因昏而加褒显。传言王室不能命有功。

《国语》曰：襄王使邵伯过及内史过赐晋惠公命，吕甥、郤芮相晋侯不敬，晋侯执玉卑，拜不稽首。内史过归，以告王曰："晋不亡，其君必无后。且吕、郤将不免。"王曰："何故？"对曰："《夏书》有之曰：众非元后，何戴？后非众，无以守邑。邑，国。在《汤誓》曰：余一人有罪，无以尔万方；万方有罪，在予一人。在予一人，乃我教道之过。在

《盘庚》曰：国之臧，则维汝众；今《商书盘庚》是也。臧，善，国俗之善，则维汝众，归功于下也。国之不臧，则维余一人，是有逸罚。逸、过，罚，罪也。国俗之不善，则惟一人，是我有过，其罪当在我也。如是则长众使人，不可不慎。人之所急在大事，大事，戎、祀也。先王知大事之必以众济，故祓除其心，被，拂也。以和惠人。考中度衷以莅之，莅，临，考中省己之中心，以度人人之心，恕以临之也。昭明物则以训之，制义庶孚以行之。义宜庶众孚信，当制立事，宜为众所信也。祓除其心，精也；精，洁。考中度衷，忠也；忠，恕也。昭明物则，礼也；制义庶孚，信也。然则长众使人之道，非精不和，非忠不立，非礼不顺，非信不行。今晋侯即位而背内外之赂，背外，不与秦也，背内，不与里丕田也。虐其处者，杀里丕之党。弃其信；不敬王命，弃其礼；施其所恶，弃其忠；己所不欲，勿施于人。所恶于下，无以事上。今晋侯皆施之于人，故曰弃其忠也。以恶实心，弃其精。实，满。四者皆弃，精、忠、礼、信。则远不至而近不和矣，将何以守国？古者先王既有天下，又崇立上帝明神而敬事之，于是乎有朝日月以敬人事。礼，天子以春分朝日，以秋分夕月。诸侯春秋受职于王以临其人，大夫、士曰恪位著中庭之左右曰位。门屏之间曰著也。以儆其官，庶人、工、商各守其业以共其上。犹恐有坠失也，故为车服、旗章以旌之，为班爵、贵贱以别之，为令闻嘉誉以声之。犹有散、迁、懈慢而著在刑辟，流在裔土，于是乎有蛮夷之国，有斧钺、刀墨之人，而况可以淫纵其身乎？夫晋侯非嗣也，嗣，适嗣也。而得其位，亹亹怵惕，保位戒惧，犹曰未也。若将广其心而远其邻，凌其人而卑其上，将何以固守？夫执玉卑，替其挚；拜不稽首，诬其王。挚替无镇，诬王无人。夫天事恒象，任重享大者必速及，故晋侯诬王，人亦将诬之；欲替其镇，人亦将替之。大臣享其禄，不谏而阿之，亦必及焉。”襄王三年而立晋侯，八年而陨于韩，十六年而晋人杀怀公，无胄；秦人杀子金、子公。子金，吕甥。子公，郤芮之子。

又曰：襄王使太宰文公及内史兴锡晋文公命，上卿逆于境，晋侯郊劳，馆诸宗庙，馈九牢，设庭燎。及期，命于武宫，设桑主，布机筵，太宰莅之，晋侯端委以入。太宰以王命冕服，内史赞之，三命而后即冕服。既毕，宾、飨、赠、饯，如公命侯伯之礼，而加之以宴好。内史兴归，以告王曰："晋，不可不善也。其君必霸，逆王命敬，奉礼义成。敬王命，顺之道；成礼义，德之则。德以道诸侯，必归之。且礼之所以观忠、信、仁、义，忠所以分也，仁所以行也，信所以守也，义所以节也。忠分则均，仁行则报，信守则固，义节则度。分均无怨，行报无匮，守固不偷，节度不携，若人不怨而财不匮，令不偷而动不携，其何事不济！中能应外，忠也；施三服义，仁也；守法不淫，信也；行礼不疚，义也。臣入晋境，四者不失，臣故曰：晋侯其能礼矣，王其善之！树于有礼，艾人必丰。"王从之，使于晋者，道相逮。及惠后之难，王出在郑，惠后，惠王□之后。襄王继母陈妫有宠，生子带将立，子带未及而卒。子带奔。齐王复之。又通于襄王之后隗氏，王废隗氏。周大夫颓叔、姚子奉、子带以翟师伐周，王出适郑，居于汜。事在鲁僖二十四年。晋侯纳之。襄王十六年，立晋文公。二十一年，以诸侯朝于衡雍，且献楚捷，遂为践土之盟，于是乎始霸。

范晔《后汉书》曰：董昭等欲共进曹操爵国公，九锡备物，密以访荀彧。彧曰："曹公本兴义兵以匡振汉朝，虽勋庸崇著，犹禀忠贞之节。君子爱人以德，不宜如此。"事遂寝。操心不能平。会南征孙权，彧劳军于谯，表留彧。

《晋中兴书》曰：烈宗冲幼，桓温威震内外，人情噂沓，牙生同异。谢安与王坦之尽忠匡翼。温讽朝廷欲为九锡，使骁骑将军袁宏具草。时温已病笃，宏以呈安。安视，辄云不好，更改之，使弥历旬日。至于温薨，锡命遂寝。

太平御览卷第二百三 职官部一

总叙官

《礼记》曰：有虞氏官五十，夏后氏官百，殷二百，周三百，天子立六官、三公、九卿、二十七大夫、八十一元士，以听天下之外治，以明章天下之男教。

又《王制》曰：天子百里之内以共官，千里之内以为御。谓此地之田税所给也。千里之外设方伯。五国以为属，属有长；十国以为连，连有帅；三十国以为卒，卒有正；二百一十国以为州，州有伯。八州八伯，五十六正，百六十八帅，三百三十六长。八伯各以其属，属于天子之老二人，分天下以为左右，曰二伯。

《春秋》曰：昭十七年，郯子来朝，公与之宴。昭公问焉，曰："少皞氏以鸟名官，何故？"少皞金天氏，黄帝子，巳姓之祖也。问何故以鸟为官也。郯子曰："吾祖也，我知之。昔黄帝氏以云纪，故为云师而云名。黄帝轩辕氏姬姓之祖也。黄帝受命有云瑞，故以云纪事。百官师长皆以云为名号也。炎帝氏以火纪，故为火师而火名。神农姜姓之祖也，有火瑞，故以火纪事名官也。共工氏以水纪，故为水师而水名。共工以诸侯霸九州者，在神农前、太昊后，亦受水瑞，以水名官也。太皞氏以龙纪，故为龙师而龙名。太皞伏羲氏，风姓之祖也，有龙瑞，故以龙名官司也。我高祖少皞挚之立也，凤鸟适至，故纪于鸟，为鸟师而鸟名。……自颛顼以来，不能纪远，乃纪于近，为民之师而命以民事，则不能故也。

又曰：国家之败，由官邪也。官之失德，宠赂彰也。

《尚书·尧典》曰：乃命羲和，钦若昊天，历象日月星辰，敬授人时。羲氏和氏世掌天地四时之官，使敬顺天地以授人也。分命羲仲，宅嵎夷，曰旸谷。羲仲居治东方之官。宅，居也。东表之地称嵎夷。寅宾出日，平秩东作。使敬导出日，平均次序，东作之事以务农也。申命羲叔，宅南交。羲叔居治南方之官。南交言夏与春交。平秩南讹，敬致。讹，化也。平序南方化育之事。敬行其教，以致其功。分命和仲，宅西，曰昧谷。居治西方之官。寅饯纳日，平秩西成。饯，送也。西方万物成，平序其攻，助成物也。申命和叔，宅朔方，曰幽都。平在朔易。都，谓所聚也。易谓岁，改易于北方，平均在察其政，以顺天常。允厘百工，庶绩咸熙。定四时成岁，以告时授事，则众功皆广。

又舜典曰：咨，四岳！有能奋庸熙帝之载，奋，起也。有能起发其功广尧之事也。使宅百揆，亮采惠畴？亮，信惠顺也。使居百揆之官，信立其功顺其事者，谁乎？佥曰："伯禹作司空。"禹入为天子，司空治水有功，言可用也。帝曰："俞，咨！禹，汝平水土，惟时懋哉！"称禹前功以命之，惟居是百揆勉行之。禹拜稽首，让于稷、契暨皋陶。帝曰："俞，汝往哉！"不许其让，使往宅百揆。

又曰：成王既黜殷命，灭淮夷，还归在丰，作《周官》。王曰：若昔大猷，顺古大道。制治于未乱，保邦于未危。曰唐虞稽古，建官惟百。内有百揆四岳，外有州牧侯伯。庶政惟和，万国咸宁。夏商官倍，亦克用乂。汤禹建官二百，亦能用治。言不及唐虞之清。今予小子祗勤于德，夙夜不逮。立太师、太傅、太保，兹惟三公。论道经邦，燮理阴阳。少师、少傅、少保，曰三孤。贰公弘化，寅亮天地，敬信天地之教。弼予一人。冢宰掌邦治，统百官，均四海。司徒掌邦教，敷五典，扰兆民。扰，安也。宗伯掌邦礼，治神人，和上下。司马掌邦政，统六师，平邦国。司寇掌邦禁，诘奸慝，刑暴乱。司空掌邦土，居四民，时地利。士农工商，使顺天时。六卿分职，各率其属，以倡九牧，阜成兆民。以倡导九州牧伯为政大成兆民之性命。

又曰：俊乂在官俊德治能之士皆在官，百僚师师，百工惟时，僚工皆官也，师师相师法。百官皆是，言政无非。抚于五辰，庶绩其凝。言五官皆顺五行之时，众功皆成。

又曰：无旷庶官。天上，人其代之。位非其人为空官，言人代天理官，不可以天官私非其才。

又曰：任官惟贤材，左右惟其人。臣为上为德，为下为民。言奉上布德，顺下训民，不可官所私，任非其人。

又曰：官不及私昵，惟其能。不加私昵，惟能是官。爵罔及恶德，惟其贤。非贤不爵。

《周礼》曰：惟王建国，辨方正位，体国经野，设官分职，以为民极。极，中也。令天下之人，各得其中。

又《周官》曰：宗伯以九仪之命，正邦国之位，一命受职，受职，治职事。再命受服，受服，受祭衣服为上士。三命受位，列位于王臣也，王之上士亦三命也。四命受器，受祭器为上大夫也。五命赐则，则，法也。六命赐官，此王六命之卿赐官者，使得自置其臣，治家如诸侯也。七命赐国，出就候伯之国。八命作牧，谓候伯有功德者，加命得专征伐于诸侯。九命作伯。上公有功德者，加命为二伯，得征伐五候九伯也。郑司农云：长诸侯为方伯也。

《尚书大传》曰：古者天子三公，每一公三卿佐之，每一卿三大夫佐之，每一大夫三元士佐之，故有三公、九卿、二十七大夫、八十一元士。所与为天下者，若此而已。自公至元士凡百二十，此夏时之官也。

《家语》曰：古之御天下者，以六官总治焉。冢宰之官以成道，治官所以成道。司徒之官以成德，教官所以成德。宗伯之官以成仁，礼官所以成仁。司马之官以成圣，政官所以成圣。圣通官正，所以平通天下。司寇之官以成义刑官所以成义。司空之官以成礼，事官所以成礼也。非事不立也。六官在手以为辔。

《东观汉记》曰：更始所置官爵多群小，长安为之语曰："灶下养，中郎将；烂羊胃，骑都尉；烂羊头，关内侯。"

《后汉书》曰：建武六年，诏曰："百姓遭难，户口耗少，而官吏尚繁。"于是司隶州牧条奏并省，有四百馀县吏职减损，十置其一。

《汉旧仪》曰：古法虽圣犹试，故设四科之辟。一科曰德行高妙，志节清白；二科曰学通行修，经中博士；三科曰明晓法令，足以决疑，能案章覆问文中御史；四科曰刚毅多略，遭事不惑，明足以照奸，勇足以决断，才任三辅。令皆试以其能，然后官之。

《后魏书》曰：天兴元年，置八部大夫、散骑常侍、待诏等官。其八部大夫，于皇城四维面置一人，以拟八坐，谓之八国。常侍侍直左右，出入王命。三年，置仙人博士官，典煮炼百药。天锡元年八月，初置六谒官，准古六卿，其秩五品。属官有大夫，秩六品。大夫属官有元士，秩七品。元士属官有署令长，秩八品。令长属官有署丞，秩九品。九月，又减五等之爵，始分为四，曰王、公、侯、子，除伯、男二号。初，帝欲法古纯质，每于制定官号，多不依周、汉旧名，或取诸身，或取诸物，或以民事，皆拟远古云鸟之义。诸曹走使谓之凫鸭，取飞之迅疾也。以伺察候占官谓之白鹭，亦取其延颈远望也。自馀之官，义皆类此。神瑞元年春，置八大人官，大人下置三属官，总理万机，故世号八公。太常二年夏，置六部大人官，有天、地、东、西、南、北部，皆以诸公为之。大人置三属官。自太祖至高祖，其内外百官，屡有减置。或事出当时，不为常目，如万骑、飞鸿、常忠、直意将军之徒是也。

贾谊《新书》曰：王者，官人有六等：一曰师，二曰友，三曰大臣，四曰左右，五曰侍御，六曰厮役。知足以为源泉，行足以为仪表，问焉则应，求焉则得者，谓之师；智足以为礲砺，行足以为辅助，明于进贤，敢于退不肖，内相匡正，外相扬美，谓之友。智足以谋国事，行足以为民率，仁足以合上下之忻，国有法则退而守之，君有难则能死之者，大臣也。修身正行不愆于乡曲，言语谈说不怍于朝廷，智能不困于事业，服一介之使能合两君之忻，执戟居前能举君之过失，不难以死持之者，左右之臣也。不贪于财，不淫于色，事君不敢有二心，居则不敢泄君之谋，君有过失虽不能正谏，以其死持之而愁悴有忧色者，侍御之臣也。唯谀之行，唯言之听，以睚眦之间事君者，厮役也。

《通典》曰：唐开元中刊定职次，著之为格。盖尚书省，以统会众务、举持纲目；门下省以侍从献替，规驳非宜；中书省，以献纳制册，敷扬宣劳；秘书省以监录图书；殿中省以供修膳服；内侍省以承旨奉引；尚书、门下、中书、秘书、殿中、内侍凡六省。御史台以肃清僚庶。九等，太常、光禄、卫尉、宗正、太仆、大理、鸿胪、司农、太府为九寺。五监，少府、将作、国子、军器、都水为五监。以分理群司，六军、左右羽林、左右龙武、左右神武为六军。十六卫，左右卫、左右骁、左右武、左右威、左右领军、左右金吾、左右监门、左右千牛为十六卫。以严其禁御。一詹事府、二春坊、有左右春坊，又有内坊掌治内事。三寺、守令，率更、太仆等三寺。十率，左右卫、左右司御、左右清道、左右监门、左右内，凡十率府。俾又储宫、牧守、督护，分临畿服。京府置牧，余府州置都督、都护、太守。

《说苑》曰：应侯与贾子坐，闻有鼓琴之声。应侯曰："今之琴一何悲也？"贾子曰："夫张急调下，故使之悲耳！急张者，良材也，调下者，官卑也。取夫良才而官卑之，安能无悲乎？"应侯曰："善！"

仲长子《昌言》曰：官之有级，犹阶之有等，升阶越等，其步也乱。乱登朝级，败礼伤法。是以古人之初仕也，虽有贤才皆以级次进焉。贾生有言："治国取人，务在求能。故裁国之无利器，犹镂以铅刀而望其切，不亦疏乎！

杨泉《物理论》曰：吏者，理也，所以理万机、平百揆也。武士宰民物，犹使狼牧羊、鹰养雏也。是以人主务在审官择人。

《李重集杂奏议》曰：古之圣王建官垂制，所以体国经治，而功在简易。自帝王而下，世有增损。舜命九官，周分六职，秦采古制，汉仍秦旧，倚丞相，任九卿。虽置五曹尚书令仆之职，始于掌封奏以宣内外，事任尚轻；而郡守牧民官，故汉宣称"所与为治，唯良二千石"。其有殊效者，辄玺书勉励，或赐爵进秩，礼遇丰厚，得为治大体，所以远踪三代也。及至东京，虽渐优显，令仆出为郡守，锺离意、黄香、胡广是也。郡守入为三公，虞延、第五伦、鲍昱是也。自魏朝名守杜畿、满宠、田预、胡质等郡，或二十年，或秩中二千石，假节犹不去郡，或还不易方。此亦古人"苟善其事，虽没世不徙官"之义也。汉魏以来，内官之贵于今最隆。太始以前，多以散官补台郎，亦径补黄门中书郎，而今皆数等而后至，众职率亦如此。陵迟之俗未久，笃尚之风未洽，百事等级遂多，迁补转徙如流，能否无以著，黜陟不得彰，此为治之大弊也。汉法，官人不得真秩，京房为魏郡太守，以八百石居之。魏初用轻贫，先亦试守，不称，则继以左迁。然则俊才登进，无能降退，此则所谓有知必试而使人以器者也。臣以为今宜大并郡守等级，使同古者，明试守左迁之例，官人之理尽，则士必量能而受爵矣。

《桓温集·略表》曰：今天下分崩，丧乱殄瘁，虽道隆中兴，而户口凋寡，近方汉时不当一郡之民。民户既少，则势不多而当必同古制。百官备职，实非大易；随时之宜，且设官以理务。务寡则官省，官省以国治，则职显而人清。故光武初兴，多所并省；诸葛亮相蜀，简才并官。此皆达治之成规，今日之所先也。宜从权制，并官省职。愚谓门下三省、秘书、著作，通可减半。古以九卿综事，不专尚书，故重九棘也。今事归内台，则九卿为虚设之位，唯太常、廷尉职不可阙。其诸员外散官及军府参佐职无所掌者，皆并若车驾、郊庙、籍田之属。凡诸大事于礼宜置者，临时权兼，事讫则罢职。既并则官少而才精，职理则无害民而治道康矣。

太平御览卷第二百四 职官部二

丞相上

《尚书》曰：成汤居亳，初置二相，以伊尹、仲虺为之。

又《君奭》曰：我闻在昔，成汤既受命，则有伊尹格于皇天。又《说命》曰：高宗梦得说，使百工营，求诸野。说筑傅岩之野。爰立作相，置诸左右。命之曰："若金，用汝作砺；若济巨川，用汝作舟楫；若岁大旱，用汝作霖雨。启乃心，沃朕心。若药不瞑眩，厥疾弗瘳。"

《韩诗外传》曰：田饶事鲁哀公而不见察，田饶谓哀公曰："臣将去，若黄鹄举矣。"哀公曰："何谓也？"饶曰："君独不见鸡乎？虽有五德，君犹日瀹而食之者，何以其所从来者近也？夫黄鹄一举千里，止君园池，食君鱼鳖，啄君黍粱，无此五德犹贵之，以其所从来者远也。臣将去，若黄鹄举矣。"哀公曰："止！吾将书子之言也。"饶曰："臣闻食其食者，不毁其器；荫其树者，不折其枝。有臣不用，何书其言！"遂去，之燕，燕用为相。三年，燕政大治，哀公喟然太息，为之避寝。

《左传》曰：仲虺居薛，为汤左相。

又曰：齐桓公置射钩而使管仲相。

《国语》曰：季文子相宣公、成公，无衣帛之妾，无食粟之马。仲孙他谏曰："子为鲁上卿，相二君矣，妾无衣帛，马不食粟，人其以子为爱，且不华国乎！"文子曰："吾亦愿之。然吾观国人，其父兄之食粗衣恶者犹多矣，而我美妾与马，无乃非相人乎？且吾闻之以德荣为华，不闻以妾与马。"文子以告孟献子，献子囚之七日。自是，子服之妾衣不过七升之布，马饩不过稂莠。饩，米也。稂，童粮。

《史记》曰：黄帝得六相而天地治，神明至。黄帝得蚩尤而明天道，得太常而察地利，得奢龙而辨东方，得祝融而辨南方，得风后而辨西方，得后土而辨北方，谓之六相。

又曰：尧举八凯，仓舒、隤敳、梼戭、大临、龙降、庭坚、仲容、叔达为八凯。即垂盖禹皋陶之伦也。庭坚即皋陶也。使主后土，后土，地官也。以揆百事，莫不时叙，地平天成。揆，度。成，亦平也。举八元，伯奋、仲堪、叔献、季仲、伯虎、仲熊、叔豹、季狸，为八元也。使布五教于四方，内平外成。内诸夏，外夷狄。谓之十六相。亦曰十六族。

又曰：秦悼武王二年始置丞相，官樗里疾、甘茂为左右丞相。

又曰：郑以子产为相一年，竖子不戏狎，班白不提挈，童子不犁畔。二年，市不豫贾；三年，门不夜闭，道不拾遗；四年，田器不归；五年，士无尺籍，丧期不令而治。郑二十六年而死，丁壮号哭，老人儿啼："子产去我死乎！民将安归？"

又曰：公仪休为鲁相，客有遗鱼者，不受。客曰："闻君嗜鱼，何故不受？"相曰："以嗜鱼故，今为相，能自给鱼，今受而鱼，谁复给我鱼？故不受。"食茹，拔其园葵而弃之；见布好而出其家妇，燔其机。云："欲令农士工女安其所，岂可害其货乎！"

又曰：石奢，楚昭王相也，坚直廉士，无所避行。县道有杀人者，相追之，乃其父也。纵其父还，自系，使人言之于王曰："杀人者臣之父也。夫以父立政不孝也，废法纵罪非忠也，臣罪当死。"王曰："追而不及，不当伏罪。"奢曰："不私其父非孝也，不奉王法非忠也。王赦罪上惠也，伏诛而死臣职也。"遂不受令，自刎而死。

又曰：五羖大夫之相秦也，劳不坐乘，暑不张盖，行国中不驱车乘、不操干戈，功名藏于府库，德行施于后世。五羖大夫死，国中男女流涕，童子不歌谣，舂者不相杵。

又曰：秦庄襄王薨，太子政立，尊吕不韦为相国，号称"仲父"。

又曰：二世亡，诛李斯，乃拜赵高为中丞相，事无大小皆决之。

又曰：赵高为丞相，欲为乱，恐群臣不听，乃先设验。持鹿献于二世，曰："马也。"二世笑曰："丞相误耶，谓鹿为马。"问左右，或默，或言马以阿顺赵高，或言鹿，高因阴中诸言鹿者以法。

又曰：韦丞相贤者，鲁人，以读书术为吏，至大鸿胪。有相工相之，当至丞相。有男四人，相之至第二子，名玄成，相工曰："此子贵，当封侯。"丞相曰："我为丞相，有长子，是安从得之？"后贤竟为丞相，病死。而长子有罪，论不得嗣，而立玄成。

又曰：魏相者，济阴人，以文吏至丞相。其人好武，令诸吏带剑前奏事。或有不带剑者，当入奏事，乃借剑而敢入。

又曰：匡衡为御史大夫，岁馀，韦丞相死，代为丞相，封乐安侯。衡十年之间不出长安城门，至丞相，岂非遇时而合也。

《汉书》曰：陈平，阳武人；周勃，沛人。高帝即位，以勃为右丞相，以平为左丞相。帝问勃曰："一岁决狱，钱谷出入几何？"勃不知，汗出浃背。上问平，平曰："有主者。"上曰："主者谁？"曰："决狱责廷尉，钱谷责治粟内史。"上曰："君所主何事？"平曰："臣主佐天子，理阴阳，调四时，理万物，抚四夷。"上曰："善！"于是出，勃语平曰："君独不早教我乎？"

又曰：萧何，沛人。陈豨反，上自将。闻吕后用何计诛韩信，拜何相国。何病，惠帝自临视何疾，因问："君百岁后谁可代君？"对曰："知臣莫若主。"帝曰："曹参何如？"何曰："帝得之矣。臣虽死无恨矣。"

又曰：曹参，沛人。闻萧何薨，告舍人："趋治装，吾当入相。"使者果召参为相。择郡国长史，讷文辞谨厚者为丞相史。参日夜饮酒，宾客见参不事事，皆欲有言；至者，参辄饮以醇酒，醉而后去，终莫得开说。

又曰：萧何拜相国，益封五千户，卒五百人为卫。众人皆贺，邵平独吊，谓何曰："祸自此始也。"何乃让封，悉以家财佐军，上喜。

又曰：张苍免相，文帝以皇后弟窦广国贤有行，欲相之，恐天下以吾私广国，久念不可。而高帝时，大臣馀见无可者，乃以御史大夫申屠嘉为丞相。嘉为人廉直，门不受私谒。时大中大夫邓通方爱幸，赏赐累钜万，文帝常燕饮通家。是时，嘉入朝，而通居上旁，有怠慢之礼。嘉奏事毕，因言曰："陛下幸爱其臣，则富贵之至，于朝廷之礼，不可以不肃。"朝罢，嘉为檄召通，通至，诣丞相府，免冠，徒跣，顿首谢嘉。嘉坐自如，弗为礼，责曰："夫朝廷者，高皇帝之朝廷，通小臣，戏殿上，大不敬，当斩！"使吏令行斩之。如淳曰：嘉语其吏曰："今便行斩之。"上度丞相已困通，使使持节召通，而谢丞相："此吾弄臣，君释之。"

又曰：公孙弘，颍川人。武帝以弘为丞相，掌列侯，惟弘无爵。诏封平津乡侯，六百五十户。丞相封侯，自弘始也。弘食一肉，脱粟饭，故人宾客仰衣食，家无馀财。

又曰：公孙贺，字子叔，北地人。引拜为丞相，不受印绶，泣涕曰："臣本边鄙鞍马骑射，不任宰相。"

又曰：车千秋，本姓田，为高寝郎，讼太子冤曰："子弄父兵，罪当笞。天子之子，过误杀人，何罪哉！臣尝梦见白头公教臣言。"于是上召见千秋，千秋体貌甚严，帝说之，曰："高庙神灵，使公教我，公当遂为吾辅相。"数月为丞相，封富民侯。千秋一言寤主，旬月至宰相，世未尝有。

又曰：蔡义，河内人。诏求能为韩诗者，征义。待诏，久不进见，义上疏曰："臣行能无所比，容貌不及众，而不弃人伦者，窃以闻于先师，自托于经术，愿赐清间之燕，尽精思于前。"上召见，说诗，悦之，擢为光禄大夫，代杨敞为丞相。时年八十馀，短小无须，眉貌类老妪，行步伛偻，常两吏扶乃能行。

又曰：邴吉为丞相，宽大好礼让，掾史有罪，辄予长休。吉终无所案验。客或谓吉："侯为汉相，奸吏成其私。"吉曰："夫以三公之府有案吏之名，吾窃陋焉。"后人代吉，公府不案吏，自吉始也。吉驭吏嗜酒，数逋荡，尝从吉出，醉呕丞相车茵上，西曹主吏白欲斥之，吉曰："以醉饱之失去士，使此人将复何所容？西曹忍之。此不过污丞相茵耳。"遂不去也。

又曰：王商，字子威，涿郡人，为丞相有威重，长八尺馀，身体鸿大，容貌过人。河平四年，单于来朝，引见白虎殿。丞相商坐未央庭中，单于前拜谒商，商起离席与言。单于仰视商貌，大畏之，迁延却退。天子闻而叹曰："此真汉相也！"

又曰：邴吉为丞相，常出，逢斗者，死伤横道，吉不问。又逢人逐牛，牛喘息吐舌。吉止驻，使骑吏问："逐牛行几里？"吏怪之。吉曰："人斗杀伤，长安令、京兆尹所当禁，吾备宰相，不亲小事。方春少阳用事，未可大热，恐牛近行。此时气失节，三公典调阴阳，职所忧也。"

又曰：薛宣为丞相，相府辞讼，例不满万钱不为移书。后皆遵用薛侯故事，然官属讥其烦碎，无大体，不称贤相也。

又曰：韦贤，字长孺。为丞相，年七十馀，乞罢归，赐第。丞相致仕，自贤始也。

又曰：田蚡为丞相，绌黄老刑名百家之言，延文学儒者数百人，儒由是兴。

又曰：丞相有病，皇帝法驾亲至问疾，及瘳视事，则赐以养牛上尊酒。如淳曰：律稻米一斗得酒一斗为上尊，稷米一斗得酒一斗为中尊，粟米一斗得酒一斗为下尊。师古曰：稷即粟也。中尊者宜为黍米，不当言稷。且作酒自有淳浇异，为上中下耳，非必系于米也。

又曰：有天地大变，天下大过，皇帝使侍中持节，乘四白马，赐上尊酒十斛、牛一头。策告殃咎使者去半道，丞相追上病。使者还，未白事，尚书以丞相不起病闻。若丞相不胜任，使者策书驾骆马，即时布衣步出府，免为庶人。若丞相有他过，使者奉策书骓駹马，即时步出府，乘栈车牝马，归田里思过。

又曰：大司空朱博奏曰："帝王之道，不必相袭。高帝置御史大夫，次丞相，典政度，以职相参，历载二百，天下安宁。今更大司空与丞相同。故事，选中二千石为御史大夫，任职者为丞相，位次有叙，所以尊圣德重国相也。今中二千石未更御史而为丞相，非所以重国政也。臣愿罢大司空，以御史大夫为百僚师。"哀帝从之。

又曰：相国、丞相皆秦官，金印紫绶，掌承天子，助理万机。秦有左右丞相，高帝更名相国，萧何、曹参并为之，哀帝更名大司徒。

《后汉书》曰：李通自为宰相，谢病不视事，连年乞骸骨。帝每优宠之，令以公位归第养疾。

《汉旧仪》曰：丞相车两黑轓骑者，戈绛，掾史见礼如师，白录不拜朝，示不臣也。听事阁，曰黄阁，无钟铃。

《汉杂事》曰：田蚡为丞相，中二千石拜谒，蚡不为礼。汲黯为主爵都尉，见蚡，未尝拜，揖之而已。

《汉旧仪》曰：丞相有病，皇帝法驾亲至问疾；薨，即移于第中，赐棺赙葬地；葬日，公卿以下会送。

应劭《汉官》曰：丞相有疾，御史大夫日一问起居，百官亦如之。

《魏志》曰：曹公初平十三年，汉罢三公官，置丞相、御史大夫。夏六月，以公为丞相。

又曰：锺繇，字元常。魏国初建为大理，迁相国。文帝在东宫，赐繇五熟釜，为之铭曰："於赫有魏，作汉藩辅。厥相惟锺，实干心膂。靖恭夙夜，匪遑安处。百僚师师，楷兹度矩。"

《蜀志》曰：诸葛亮率诸军攻祁山，魏明帝使张郃距亮。亮使马谡督诸军在前，马谡违亮节度，为所破，戮谡以谢众，上疏自贬，以右将军行丞相事。

《吴志》曰：张昭，字子布。初，孙权当置丞相，众议归昭，权曰："方今事职冗者，贵重非所以优也。"后孙劭卒，百僚复举昭，权曰："孤岂为子布爱乎？顾丞相事烦而此公性刚，所言不从，怨咎将至，非所以益之。"

又曰：顾雍为丞相，孙权常遣中书郎诣雍有所咨访。若合雍意，事可施行，雍即与相反覆究而论之，为设酒食；如有不合，雍即正色改容，默然不言，无所施设，即退告权。权曰："顾公欢悦，是事合宜也；其不言者，是意未平也。孤当重思之。"其见敬信如此。

又曰：万彧为右丞相，王蕃嘲彧曰："鱼潜于渊，出水吹沫，何则？物有本性，不可横处非分也。彧出自溪谷，羊质虎皮，虚受光赫之宠，跨越三九之位，犬马犹能识养，将何以报厚施乎？"彧曰："唐虞之朝无谬举之才，造父之门无驽蹇之质。蕃上诬明选，下讪桢干，亦何伤于日月？多见其不知量耳。"

又曰：顾雍，字元欢，吴郡人也。代孙邵为丞相平尚书事，其所选用文武将吏随能所任，心无适莫。时访逮民间及政职所宜，辄密以闻。若见纳用，则归之于上；不用，终不宣泄。权以此重之。

又曰：步骘，字子山。代陆逊为丞相，犹诲育门生，手不释书，被服居处有如儒生。然门内妻妾服饰奢绮，颇以此见讥。

又曰：陆凯迁丞相。孙皓性不好人视己，群臣侍见，睛莫敢迕。凯说皓曰："夫君臣，无不相识之道，若卒有不虞，不知所赴。"皓听凯自视。

《晋书》曰：东海王越为太傅，问王尼何以独不拜？尼数越事，事非宰相，以是不拜。

又曰：山涛薨，魏舒领司徒，有顷即真。舒居位持重，为任职，不显人之短。咸推有宰相望。禄赐散之九族，家无馀财。

《齐书》曰：褚渊，美仪貌，善容止，俯仰进退，盛有风则。每朝会，百僚远国莫不延首目送之。宋明帝常叹曰："褚渊能迟行缓步，便持此得宰相矣。

又曰：明帝顾命江佑兄弟及始安王遥光，尚书令徐孝嗣，领军萧坦之，更日帖敕，时呼为六贵，皆宰相也。"

《齐职仪》曰：相国绿綟绶衮冕服，汤以伊尹为宰相，仲虺为右相，高宗得傅说，立为相，魏襄王以公孙衍为相邦，赵孝成王以廉颇为相国。

太平御览卷第二百五 职官部三

丞相下

《唐书》曰：贞观二年，太宗谓侍臣曰："中书门下机要之司，擢才而居，任委实重，诏敕如有不便，皆须执论。比来唯觉阿旨顺情，遂无一言谏诤者，岂是道理！若惟署敕行文书而已，人谁不堪！何须拣择以相委付？自今以后，诏敕疑有不稳，必须执之。"

又曰：来恒及弟济，相次知政事，时以为荣。初，济父护儿在隋为猛将，而恒、济俱以学行见称。时虞世南子昶，既无才术，历将作少匠、工部侍郎，累居工作之司。济初升相位，许敬宗叹曰："士之登庸不系世业，履道则为衣冠，失绪则为匹庶。来护儿儿作宰相，虞世南男作木匠，忠贤文武固无种也。"

又曰：杜景俭为相，则天常以季秋内出梨花一枝示宰臣曰："是何祥也？"诸宰臣曰："陛下德及草木，故能秋木再花。虽周文德及行苇，无以过也。"景俭独曰："谨按《洪范五行传》阴阳不相夺伦，渎之即为灾。又《春秋》云：冬无愆阳，夏无伏阴，春无凄风，秋无苦雨。今已秋矣，草木黄落而忽生此花，渎阴阳也。臣虑陛下，布教施令有亏礼典。又臣等忝为宰臣，助天理物，理而不和，臣之罪也。"于是再拜谢罪。则天曰："卿真宰相也。"

又曰：武太后尝召陆元方问以外事，对曰："臣备位宰相，有大事即奏，人间碎务，不敢以烦圣览。"

又曰：苏味道迁凤阁侍郎，同凤阁鸾台，三品。味道善敷奏，多识台阁故事，然而前后居相位数载，竟不能有所发明，但脂韦其间，苟度取容而已。故时人号为模棱手，以为口实。

又曰：宇文融既居相位，欲以天下为己任，谓人曰："使吾居此数月，庶令海内无事矣。"于是荐宋璟为右丞相，裴耀卿为户部侍郎，许景先为工部侍郎，甚允朝廷之望。

又曰：牛仙客既居相位，独洁其身，唯诺而已。所有锡赉皆缄封，不敢费之。百司或有所咨决，辄对曰："但依令式即可。若不依文，非所知也。"

又曰：开元二十二年十一月制宰相兼官者，并两给俸禄。

又曰：杨绾，素以德行著闻，质性贞廉，车服俭朴，居庙堂未数日，人心自化。御史中丞崔宽，剑南西川节度使宁之弟，家富于财，有别墅在皇城之南，池馆台榭当时第一。宽即日潜遣毁拆。中书令郭子仪在邠州行营，闻绾拜相，座内音乐咸散五分之四。京兆尹黎干以承恩，每出入，驺驭百馀，亦即日减损车马，唯留十骑而已。其馀望风变奢从俭者不可胜数，其镇俗移风若此。

又曰：肃宗时，天下事殷而宰相不减，三四员更直掌事。若休沐，各在第。有诏旨出入，非大事不欲历抵诸第。肃宗许令直事者一人，假署同列之名以进，遂为故事。

又曰：李岘为黄门侍郎，同中书门下平章事，宰臣不于政事堂邀客。时海内多务，宰相元载等见中官宣传恩诏至中书者，引之政事堂上，仍置榻坐焉。岘至，叱左右去其榻。

又曰：柳浑与张延赏同在相位，延赏怙权矜己而嫉浑守正，俾其所厚谓浑曰："相公旧德，但节言于庙堂，则重位可久。"答曰："为吾谢张相公：柳浑头可断也，言不可绝。"自是竟为延赏所挤，寻除右散骑常侍，罢知政事。

又曰：柳浑为相，而韩滉自浙西入觐，朝廷委政待之，至于调兵、食笼、盐铁、勾官吏赃罚、锄豪强，兼并上委仗焉。每奏事，或日旰，他相充位而已。公卿救过不能暇，无敢枝梧者。滉于省中榜吏至死。浑虽滉所引，心恶其专政，正色让之曰："先相公狷察，为相不满岁而罢。今相公榜吏于省中至死，况省闼且非刑人之地，相公柰何蹈前非，行于今朝，专立威福？岂尊主卑臣之义也！"滉感悟，愧悔为霁威焉。

又曰：李晟之在凤翔也，谓宾介曰："魏征能直言极谏，致太宗于尧舜之上，真忠臣也，仆所慕之。”行军司马李叔度对曰：“此搢绅儒者之事，非勋德所宜。”晟敛容曰：“行军失言！传称：邦有道，危言危行。今休明之期，晟幸得备位将相，必有不可忍而不言，岂所谓有犯无隐知而不为者耶！是非在人主所择耳。”叔度惭而退。故晟为相，每当上所顾问，必极言匪躬尽大臣之节。性沈默，未尝泄于所亲。

又曰：阎立本为右相，与左相姜恪对掌枢密。恪既历任将军，立功塞外；立本惟善于图画，非宰辅之器。故时人以《千字文》为之语曰：左相宣威沙漠，右相驰誉丹青。

又曰：皇甫镈阴结权幸，以求宰相，崔群累疏其奸邪，尝因对面论语及天宝开元中事。群曰：“安危在出令，存亡系所任。玄宗用姚崇、宋璟，张九龄、韩休。李元纮，杜暹则理，用李林甫、杨国忠则乱。人皆以天宝十五年禄山自范阳起兵，是理乱分时；臣以为开元二十年罢贤相张九龄，专任奸臣李林甫，理乱自此已分矣。用人得失，所系非小。”词意激切，左右为之感动。镈深衔之，而宪宗终用镈为宰相。

又曰：李绛为相，同列李吉甫便僻，善逢迎上意。绛梗直，多所规谏，故与吉甫不协。时议者以吉甫通于承璀，故绛尤恶之。绛性刚讦，每与吉甫争论，人多直绛。宪宗察绛忠正自立，故绛论奏多所允从。

又曰：贞元九年，诏宰相以旬秉笔决事。初，至德中，宰相迭秉笔处断，每十月一易，及贾耽、赵憬、陆贽、卢迈同平章政事，百寮其所关白，更相让不言。于是奏议请旬秉笔者出应之，其后又请每日更秉其笔，迭以应事，皆从之。

又曰：李藩拜门下侍郎时，王锷领太原，用钱千万赂贵幸，求兼相。藩与权德舆在中书，有密旨曰：“王锷可兼宰相，宜即拟来。”藩遂以笔涂兼相字，却奏上云“不可”。德舆失色曰：“纵不可，宜别作奏，岂有以笔涂诏耶！”曰：“势迫矣！出今日，便不可止。日又暮，何暇别作奏！”事果寝。

又曰：韩弘入朝，以宣武旧事，人多流言。其子公武以家财厚赂权幸及多言者，班列之中悉受其遗。俄而，父子俱卒，孤孙幼小。穆宗恐为厮养窃盗，乃令中使至其家，阅其宅簿以付家老，而簿上具有纳赂之所。唯于牛僧孺官侧朱书曰：某月日送牛侍郎物若干，不受，即付讫。穆宗按簿甚悦。居无何，议命相，帝首可僧孺之名。

又曰：李程为相，敬宗冲幼，好治宫室，畋游无度。欲于宫中营新殿，程谏曰："自古圣帝明王以慈俭化天下，陛下在谅暗之中不宜兴作，愿以瓦木回奉园陵。"上欣然从之。

又曰：文宗问宰相曰："天下何由太平，卿等有意于此乎？"牛僧孺奏曰："臣等待罪辅弼，无能康济，然思太平亦无象。今四夷不至交侵，百姓不至流散，上无淫虐，下无怨讟，私室无强家，公议无壅滞，虽未及至理，亦谓小康。陛下若别求太平，非臣等所及。"既退，至中书，谓同列曰："吾辈为宰相，天子责成如是，安可久处兹地邪！"旬日间，三上章请退，不许。

又曰：韦处厚为相时，文宗勤于听政，然浮于决断，宰臣奏事得请，往往中变。处厚常独论奏曰："陛下不以臣等不肖，用为宰相，参议大政。凡有奏请，初蒙听纳，寻易圣怀。若出自宸衷，即示臣等不信；若出于横议，臣等何名鼎司。且裴度元勋宿德，历辅四朝，孜孜竭诚，人望所属，陛下固宜亲重，窦易直良，厚忠事先朝，陛下固当委信。微臣才薄，首蒙陛下擢用，非出他门。言既不从，臣宜先退。"即趋下再拜陈乞。上矍然曰："何至此耶？卿之志业，朕素自知，登庸作辅，百职斯举，纵朕有所失，安可遽辞以彰吾薄德！"处厚谢之而去，出延英门，复令召还，谓曰："凡卿所欲言，并宜启谕。"处厚因对，彰善瘅恶，归之法制，凡数百言。又言裴度勋高望重，为人尽心切直，宜久任，可以壮国威。帝皆听纳。自是宰臣敷奏，人不敢横议。

又曰：文宗朝宰臣杨嗣复因对奏曰："使府判官，令人数猥多，徒有縻费，臣欲条疏。"上曰："莫限及才人否。"嗣复曰："有才人自别，但澄去滓弊者，菁华自出。"上曰："萧复为相，难言者必言，贞元之名相也，卿其志之。"

又曰：宋申锡为相，尤以公廉为己任，四方问遗，悉无受者。既被罪，为有司验劾，多获其四方受领所还问遗之状，朝野为之叹息。

又曰：宋申锡以漳王事。申锡既被罪，怡然不以为意，自中书归私第，止于外厅，素服以俟命。其妻出，谓之曰："公为宰相，人臣位极于此，何负天子反乎？"申锡对曰："吾自书生被厚恩，擢相位，不能锄去奸乱，反为所罗网，夫人察申锡岂反者乎？"因相与泣下数行。

又曰：李德裕父吉甫，年五十一出镇淮南，五十四自淮南复相。今德裕自镇南复入相，一如父之年。

又曰：会昌元年，中书奏请依姚璹故事，宰臣每月修《时政记》送史馆，从之。

又曰：宣宗时，魏谟为相，奏曰："臣无夔契之才，骤叨夔契之任，将何以仰报鸿私？今边戍粗安，海内宁息，臣愚所切，陛下未立东宫，俾正人傅导以存副贰之重。"因泣下，上感而听之。先是，累朝人君不欲人言立储贰，若非人主己欲，臣下不敢献言。宣宗春秋高，嫡嗣未辨，谟作相之日，率先启奏，人士重之。

又曰：曹確与毕諴俱以儒术进用，并居相位，廉洁贞苦，君子多之，称为曹毕。

又曰：萧遘与王铎并居相位，帝常召宰相，铎年高，升阶足跌，蹈勾陈中，遘旁掖起。帝目之，喜曰："辅弼之臣和，予之幸也。"谓遘曰："适见卿扶王铎子，喜卿善事长矣。"遘对曰："臣扶王铎，不独司长。臣应举岁，铎为主司，以臣中选门生也。"上笑曰："王铎选进士，朕选宰相，于卿无负矣！"遘谢之而退。

太平御览卷第二百六 职官部四

总叙三师

《六典》曰：三师，训导之官也。盖天子所师法，大抵无所统职，然非道德崇重则不居其位，无其人则阙之。

《尚书》云：成王黜殷，灭淮夷，归酆，作《周官》。立太师、太傅、太保，兹惟三公，论道经邦，燮理阴阳。孔安国曰："师，天子所师法；傅，傅相天子；保，保安天子于德义。"

《礼记》云：设四辅及三公，不必备，唯其人。语使能也。

《六典》云：汉承秦制，不置三公。汉末，以大司马、大司徒、大司空为三公。师傅之官，位在三公上。后汉因之，师、傅尊号曰上公，置府僚。魏、晋、江左皆然。后魏太师、太傅、太保尊号曰三师，后周又为三公。隋氏又为三师。

太师

《毛诗》曰：尹氏太师，维周之氐，秉国之均，四方是维，天子是毗，俾民不迷。笺云：毗，辅也。言尹氏居太师之官，持国政之平，维制四方。

又曰：维师尚父，时惟鹰扬，谅彼武王，肆伐大商。

《大戴礼》曰：天子不论于先圣王之德，不知君国畜民之道，不见礼义之正，不察应事之理，不博古之典传，不闲威仪之数，礼乐无经，学业不法，凡是其属太师之任也。

《逸礼》曰：太公为太师，周公为太傅，召公为太保

《史记》曰：周文王得吕尚于磻溪，以为师，谓之太公；武王嗣位，号曰师尚父；成王即政，尊为太师

《汉书音义》曰：师，训也。

应劭《汉官仪》曰：孝平皇帝元始元年，太后诏曰："太师光，今

年老有疾，俊乂大臣，惟国之重。《书》曰：无遗老成，国之将兴。尊师重傅，其令太师无朝，十日一赐餐，赐以灵寿杖。黄门令为太师于省中施坐置几，太师入省用杖焉。”

《续汉书》曰：赵典笃学博闻，宜备国师，即太师也。

《献帝春秋》曰：董卓自号太师，御史中丞以下皆拜。皇甫嵩与卓争权，后嵩为中丞，见卓拜。卓曰：“可以服未？”嵩曰：“安知明公乃至于是。”卓曰：“鸿鹄固有远志，但燕雀不知耳。”嵩曰：“昔与明公俱为鸿鹄，但公今日变为凤凰。”卓笑曰：“卿早服，何得不拜！”

《晋书·载记》曰：蜀李寿以安车束帛聘龚牡为太师，牡固辞，特听缟巾素带，居师友之位。

《宋书》曰：太师、太傅、太保、为三公，训护人主，导以德义，天子加拜，待以不臣之礼，非人则阙矣。汉制保傅在三公上，号曰上公，自后常然。

《隋书》曰：高祖受禅，李穆来朝，高祖降座礼之，拜太师，赞拜不名，真食成安县三千户。于是穆子孙虽在襁褓，拜仪同。其一门执象笏者百馀人。穆之贵盛，当时无比。

《唐书》曰：太宗降手诏曰：“朕观前代，明王圣主曷常无师傅哉？况朕钟百王之末，智不周物，其无师傅何以匡朕之不逮！《诗》不云乎：不愆不忘，率由旧章。宜依古道，置三师位也。”

《通典》曰：太师古官，殷纣时箕子，周武王时太公，成王时周公，并为太师。周公薨，毕公代之。秦及汉初并无，至平帝元始元年初置，以孔光居焉。金印紫绶，位在太傅上。

大傅

《大戴礼》曰：傅，傅之德义也。天子无恩于父母，不惠于庶人，无礼于大臣，不中于折狱，不哀于丧，不敬于祭，不信于诸侯，不议于戎事，不厚于德，不强于行，不从太师之言。凡是之属，太傅之任也。

《汉书》曰：王莽权日盛，孔光忧惧，不知所出，上书乞骸骨。莽白太后："帝幼小，宜师傅。"领宿卫，明年，徙为太师。莽为太傅，光常称疾，不敢与莽并。

《汉书音义》曰：傅，覆也。

《东观汉记》曰：诏云，行太尉事卫尉赵喜，三叶在位，为国元老，其以喜为太傅。

又曰：胡广为太傅，总录尚书事。时年八十而心力克壮，继母在堂，朝夕瞻省，傍无几杖，言不称老，达练事体，明解朝章，虽无謇直之风，屡有补缺之益。

又曰：卓茂，字子康。世祖即位，求茂谒见。年七十馀，拜太傅，封宣德侯，赐几杖。

又曰：邓禹，字仲华，以元功拜太傅，进见东向，甚见尊宠。

《后汉书》曰：张禹迁为太傅，邓太后以殇帝初育，育，生也。欲令重臣居禁内，乃诏禹舍宫中，给帷帐床褥，太官朝夕进食，五日一归府。每朝见，特赞与三公绝席。

《续汉书》曰：太傅掌以善道，无常职。每帝即位，辄置一人录尚书事，薨，辄省之。

华峤《后汉书》曰：邓彪，字智伯，为太傅，赐爵关内侯。百官总己以听于彪，恩宠之异，莫与为比焉。

应劭《汉官》曰：太傅，古官也。周成王时，康叔为之。高后元年初，用王陵，金印紫绶。

又曰：和帝册故太尉邓彪曰："元功之族，三让弥高，今以彪为太傅。"

《魏志》曰：锺繇迁太傅。繇有膝疾，拜起不便。时华歆亦以高年疾病，朝见皆使载舆车，虎贲舁上殿就坐。是后三公有疾，遂以为故事。

《晋书》曰：何曾为太傅，乞逊位，诏会朝剑履乘舆上殿，如汉相国萧何、田千秋，魏太傅锺繇故事。

《宋书》曰：晋宣帝为魏太傅，诛曹爽，后置左右长史、掾属、舍人各十人，事既非常，加又领兵，非准例也。

《齐职仪》曰：太傅，品秩冠服同太宰。成王即位，周公为太傅，迁太师，秦无其职。汉惠帝崩，吕后以丞相王陵为少帝太傅，位在三公上。

《后魏书》：淮阳王欣，大统中为太傅，文帝谓欣曰："王三为太傅，再为太师，自古人臣未闻此例。"欣逊谢而已。

《北齐书》曰：高归彦作乱冀州，诏段韶与东安王娄睿率众讨平之，迁太傅，赐女乐十人并归彦果园一千亩。

《后周书》曰：王盟为太傅。盟姿度弘雅，仁而泛爱，虽位居师傅，礼冠群后而谦恭自处，未尝以势位骄人。魏文帝甚尊重之。

贾谊《新书》曰：昔周文王使太公望傅太子发，嗜鲍大何反。鱼而公弗予。文王曰："发嗜鲍鱼，何为弗予？"太公曰："礼鲍鱼不登乎俎豆，岂有非礼而可以养太子哉！"

《语林》曰：太傅府有三才：裴邈清才，潘阳仲大才，刘庆孙长才。

曹植《辅臣论》曰：盖精微听察，理析毫分，规矩可则，阿保不倾，群言系于口，而研核是非；典诰总乎心，而唯所用之者，锺太傅也。

王廙之《保傅箴》曰：保傅之贤明。宗国用宁；辅弼之不忠，祸及于躬。无曰父子无间，昔有潘崇；无曰至亲无二，或容江充。

太保

《周礼》曰：保氏掌谏王恶。谏者，以礼义正之也。

《大戴礼》曰：天子处位不端，受业不敬，言语不序，声音不中律，进退升降不以礼，俯仰周旋无节，凡此之属，太保之任也。

《尚书·大传》曰：成王在丰，欲宅洛邑，使召公先相宅。六日乙未，王朝步自周则至于丰。惟太保先周公相宅。太保召公先周公视洛邑也。

应邵《汉宫》曰：太保，古官也。保，养也。

《晋书》曰：王祥，字休征。泰始元年拜太保。三年，御史中丞侯史光上言："祥久以疾病缺废朝会，应免官。"诏曰："太保耆艾元老，高行清粹，朕所毗倚，以隆道弘治者也。前后逊让不从所执，此非有司所得议也。其寝光奏。”

《晋起居注》曰：太保卫瓘明允笃诚，有匪躬之志，其给千兵，骑百人。

《齐职仪》：殷太甲时，伊尹为太保。周成王时，召公为太保。

崔鸿《十六国春秋·蜀李雄录》曰：雄异母兄始，字伯敬，为太保，善抚士众，众多归之，时人为之语曰：欲养老，属太保。

《吕氏春秋》曰：荆文王得如黄之狗、宛路之矰，以田于云梦，三月不反，得丹阳之姬，期年不听朝。保申曰：“先王卜，以臣为保吉，今王期年不听朝，王之罪当笞。王伏，臣将笞王。”王曰：“不谷免于襁褓而齿于诸侯矣。愿请变更而无笞。”保申曰：“臣承先王之令，不敢废也；王不受笞，是废先王之令也。臣宁抵罪于先王。”王曰：“敬诺。”引席，王伏，保申束细箭五十，跪而加之于背，如此者再。谓曰：“王起。”王乃变更，召保申杀如黄之狗，折宛路之矰，放丹阳之姬，兼国三十九，保申之力也。

太宰

《周礼·天官上》曰：太宰之职，掌建邦之六典，佐王治邦国。

又曰：太宰以九两系邦国之民。两，耦合之。言系者以维持其情性，使不离散也。

《尚书·伊训》曰：百官总己，以听冢宰。伊尹乃明言烈祖之成德，以训于王。汤有功烈之祖，故称为王，即太甲也。

又曰：冢宰统百官，均四海。

《家语》曰：官属不治，分职不明，法政不一，百事失纪曰乱。乱则饬冢宰。饬谓整摄。

《晋书》曰：武帝时，何曾屡上书逊位，诏以“司徒所掌烦务，不可以久劳耆艾，其进位太宰，朝会乘舆，剑履上殿，以汉萧何，魏钟繇故事。”

又曰：何曾为太宰，年老礼优，每召见，敕以常所饮食服物自随，令二子侍从。

又曰：太宰羕与王导同受顾命辅成帝时，帝幼冲，诏羕依安平献王孚故事，设床帐于殿上，帝亲迎拜。

又曰：安帝以太宰瑯琊王德文不宜婴拂事务，以纡论道之重；可衮冕之服，绿盭绶，羽葆鼓吹。盭，音戾。盭，绿也。以线为质。又曰：盭，草名也，出瑯琊平昌县。似艾，可染绶，因以为绶名也。

《晋公卿礼秩》曰：安平王孚，朗陵公何曾，汝南王亮，皆为太宰。

《齐职仪》曰：太宰品第一，金章紫绶，佩山玄玉。尧命羲和，使主阴阳之职。羲伯司天，即天官也。后稷伏事虞夏，敬授民时，尊稷为天官。夏衰，稷后不窋失官，由是废稷。殷以其官为冢宰。周公在丰为太宰，邵公又居之。秦汉魏无其职。晋武以从祖安平王孚为太宰，安平薨，省；咸宁四年又置。或谓本太师之职。避景皇讳，改为太宰。或谓太宰，周之卿位。晋武依周置职以尊安平，非避讳也。元兴中，恭帝为太宰，桓玄都督中外，博士徐豁议："太宰非武官不应都督。"遂从豁议。

《后周书》曰：文帝依《周礼》，建六官，遂置天官大冢宰卿一人，掌邦理，以建邦之六典佐皇帝，理邦国。

《通典》曰：太宰于殷为六太，于周为六卿，亦曰冢宰。周武王时，周公始居之，掌建邦之理。秦、汉、魏并不置。晋初，依《周礼》备三公。三公之职，太师居首。景帝名师，故置太宰以代之，而以安平献王孚居焉。

仲长统《昌言》曰：冢宰，尧官也，《尚书》曰冢宰。一曰掌邦治官府以纪万民；二曰教典，以安邦国，以教官府，以扰万民；三曰礼典，以统百官，以和邦国，以谐万民；四曰政典，以平邦国，以正百官，以均万民；五曰刑典，以诘邦国，以任百官，以生万民。

魏温子升《为上党王穆让太宰表》曰：臣闻策蹇长途，终惭一日之致；悬缕层台，难任千钧之重。固知才弱不可自强，力微难以企及。智小谋大，恐贻折足之忧；才轻任重，惧有绝膑之悔。既虑铄金，固陈匪石。

总叙三公

《六典》曰：三公，论道之官也。盖以佐天子，理阴阳，平邦国，无所不统。故不以一职名其官。

《尚书》曰：惟兹三公，论道经邦，燮理阴阳。

《周礼》曰：三槐，三公位焉。

《公羊》曰：三公者何？天子之相。

《春秋汉含孳》曰：三公在天为三台，九卿为北斗。三公象五岳，九卿法河海，二十七大夫法山陵，八十一元士法谷阜，合为帝佐以匡纲纪。

《史记》曰：公孙弘，以《春秋》白衣为天子三公。汉初，因秦置丞相，而弘为之，则丞相为三公矣。

《汉书》曰：六符。孟康曰：泰阶三台也，凡六星也。六符，星之符验也。

《晋书》曰：文帝为晋王，何曾与高柔、郑冲俱为三公。将入见，曾独致拜尽敬，二人犹揖而已。

《晋官品令》曰：三公，绿綟绶也。綟，音戾。

《宋志》曰：三公黄閤，前史无其义，按《礼记》，士，韠音毕与天子同，公侯、大夫则异。郑玄注云：士贱与君同，不嫌也。夫朱门洞启，当阳之正色也。三公之与天子礼秩相亚，故黄其閤以示谦，不敢斥天子，宜是汉来制也。

《通典》曰：隋置太尉、司徒、司空以为三公，参议国之大事。依北齐置府寮，无其人则阙。祭祀则太尉亚献，司徒奉俎，司空行扫除，其位多旷，行事则摄。

《天文录》曰：三台星，一名三能，一名天柱。三公之位也。在人曰三公，在天曰三台。

陶氏《职官要录》曰：三台，拟三公。黄帝以风后配上台，天老配中台，五圣配下台。

《韩子》曰：背私曰公。三象鼎足，数三，法三光。

《傅子》曰：三公者，佐天子理阴阳。

《环济要略》曰：三公者，象鼎三足，共承其上也。

《说苑》曰：三公，正天下，调阴阳，节风雨。

《古今通语》曰：异官同爵，共位别职，兴仁隆化、幽赞神明者，谓之太尉；和五教、理人伦，使风行俗平、万国咸宁者，谓之司徒；使国无枉理，法错刑清、事均民聚者，谓之司空。若仁义之路开，和平之气通，则五星顺行，庶绩咸熙。

李固《奏记》曰：汤问伊尹，公卿大夫其相何如？伊尹对曰：三公，智通大道，应变不穷者也。其言足以调阴阳、正四时、节风雨，非大罪不逊位。

太平御览卷第二百七 职官部五

太尉

《礼记·月令》曰：孟夏之月，命太尉赞杰俊。蔡邕《章句》曰：太尉，卿官。

《春秋运斗枢》曰：赤龙负图以出河，见尧与太尉舜等百二十臣集发藏大麓。

《春秋合诚图》曰：尧坐中舟，与太尉舜临观凤皇授图。

《史记》曰：孝惠帝六年，置太尉官。

《汉书》曰：太尉，秦官也，掌武事。

又曰：高祖言周勃重厚而少文，然安刘氏者必勃也。可为太尉。

《东观汉记》曰：刘彪，字智伯，为太尉，在位清白廉让以率下。

又曰：张辅，字孟侯。为太尉，父尚在。辅每迁转，乃一到雒，父来，适会正腊，公卿罢朝，俱贺岁，奉酒上辅父寿，极欣燕，莫不嘉其荣也。

《后汉书》曰：杨震，字伯起，尝客于湖外，不答州郡礼命数十年，众人谓之晚暮，而震励志逾笃。后有鹳雀衔三鳣鱼飞集讲堂前，都讲取鱼进曰："凡鳣者，卿大夫之服象也。数三者，法三台也。先生自此升矣。"后果位至太尉。

又曰：刘宽为太尉，灵帝颇好学艺，每引见宽，令讲经，宽尝于坐被酒睡伏。被，加也。为酒所加也。帝问："太尉醉耶？"宽仰对曰："臣不敢醉，但任重责大，忧心如醉。"

又曰：张禹为太尉，时连岁灾荒，府藏空虚。禹上疏求入三岁租税，以助郡国禀假。禀，给也。假，贷也。许之。

又曰：杨震代刘恺为太尉，帝舅大鸿胪耿宝荐中常侍李闰兄于震，震不从，宝乃自往候震曰："李常侍，国家所重，欲令公辟其兄，宝唯传上意耳。”言非已本心传在上之意。震曰：“如朝廷欲令三府辟召，固宜有尚书敕。遂拒不许，宝大恨而去。

又《宦者传》曰：曹嵩，灵帝时货赂中官及输西园钱一亿万，故位至太尉。

《续汉书·百官志》曰：太尉一人，掌方岳事物、功课，岁尽则奏其殿最而行赏罚。世祖即位为大司马。

又曰：太尉，郊庙掌亚献、大丧，告谥南郊。

又曰：王龚为太尉，在位恭慎。自非公事，不通州郡书记；其所辟命，皆海内长者。

谢承《后汉书》曰：郑弘为临淮太守，行春，有二白鹿随车夹毂而行，弘怪，问主簿黄国，鹿为吉凶，贺曰：“闻三公车轓画作鹿，明府当为宰相。”弘后果为太尉。

又曰：陈蕃拜太尉，临朝叹曰：“黄宪若在，不敢先佩印绶。”

又曰：郑弘，字巨君，为太尉，举将第五伦为司空，班位在下，每正朝见弘，曲躬自卑。帝知，遂置云母屏风分隔之，由此以为故事。

又曰：京兆朱宠，字仲威。为太尉，家贫，食脱粟饭，卧布被，朝廷赐锦被粱肉，皆不敢当。

华峤《后汉书》曰：安帝即位，太尉徐防以灾异寇贼策免就国。凡三公以灾免，自防始也。

袁山松《后汉书》曰：太尉刘虞让位于羊续。灵帝时为三公者，皆输礼钱千万，续举緼袍以示之曰：“臣之所有，唯此而已。”遂不代虞。

张璠《汉记》曰：杨秉，字叔卿，为太尉，常曰：“我有三不惑：酒、色、财也。”天下称为名公。

《汉书·百官表》曰：太尉，秦官，金印紫绶，掌武事，周勃、灌婴、周亚夫等为之。

又《百官表注》曰：太尉，古官也。自上安下曰尉，故官以为号。

应劭《汉官仪》曰：章帝诏曰：“司空牟融典职六年，勤劳不怠，其以融为太尉，录尚书事。”

又曰：《冲帝册书》曰：太尉赵峻，贰掌枢衡，有匪石不贰之心。

又曰：三公，国之桢干，朝廷取正，以成断金。大司农李固，公侯之苗，忠正不挠，有史鱼之风，其以固为太尉。

又曰：河间相张衡说明帝，以为司徒、司空府已荣，欲更治太尉府，府公南阳赵喜也。西曹掾安众郑均素好名节，以为朝廷新造北宫，整饬官寺。今府本馆陶公主第舍，员职鲜少，自足相授喜，表陈之，即见听许。其冬，帝幸辟雍，历二府，光观壮丽，而太尉府独卑陋。显宗东顾叹息曰："屠牛纵酒，勿令乞儿为宰。"

《汉官典职》曰：太尉，孝文三年置，七年省。武帝建元二年置，五年复省，更名大司马。建武二十七年复置太尉。

《魏志》曰：文帝践祚，锺繇迁太尉。时华歆、王朗并先世名臣，帝罢朝，谓左右曰："此三公者，乃一代之伟人也，后日殆难继矣。"

又曰：华歆拜太尉。歆疾，乞退，让位于管宁，文帝不许。临当大会，乃遣散骑常侍缪袭奉诏谕旨曰："朕新莅庶事，一日万机，惧听断之不明，赖有德之臣，左右朕躬。君其力疾就会，以惠予一人。"将立几筵，命百官总己，以须君到，然后御坐。

又曰：邓艾，字士载。既平刘禅，诏曰："艾曜威奋武，深入虏庭，斩将搴旗，枭斩鲸鲵，使僭号之主稽首系颈，历世逋诛，一朝而平。兵不逾时，战不终日，云彻席卷，荡定巴蜀。虽白起破强楚，韩信克劲赵，吴汉擒子阳，亚夫灭七国，计功论美，不足比勋，其以艾为太尉，增邑二万户。"

又〔晋书〕曰：王祥，字休征，为太尉。司马文王进爵为王，祥与司徒何曾、司空荀顗并诣王。顗曰："相王尊重，今可相率而拜。"祥曰："相国势位诚为尊贵，然乃是魏之宰相，吾等魏之三公，公王相去，一阶而已，班列大同，安有天子三司可辄拜人者耶！损魏朝之美，亏晋王之德，君子爱人以礼，吾不为也。"及入，荀顗遂拜，祥独长揖。文王谓祥曰："然后知君子见顾之重。"

《吴志》曰：孙皓诏曰："范慎勋德俱茂，朕所敬凭，宜登上公以副众望，可为太尉。”

《晋中兴书》曰：郄鉴为太尉，虽在公位，冲心愈约，劳谦日仄，诵玩坟索，自少及长，身无择行。家本书生，后因丧乱，解巾从戎，非其本愿，常怀慨然。咸康五年秋寝疾，上疏逊位，优诏不许。

又曰：桓温授侍中、太尉，固让不受。旬月之中，使者八至，轺轩相望于道，温遂亲职。

谢灵运《晋书》曰：秦有太尉掌兵，汉仍修之，或置或省。是故司马之官，主九伐之职。

《齐职仪》曰：魏文黄初二年，日蚀，奏免太尉贾诩。诏：天地灾害，责在朕躬，勿贬三公，遂为永制。

《五代史·后唐书》：庄宗御文明殿，册齐王张全义为守，太尉如常。仪礼毕，全义于尚书都省领事，宰臣群官在列，左谏议窦专不降阶，为御史所劾。专援引旧典以对。时宰臣不记故事，无能诘责，寝而不行。

《汝南先贤传》曰：陈蕃拜太尉，让曰：“齐七政、训五兵，臣不如议郎王畅。”

《天文录》曰：三公星在北斗杓南，主宣德化，和阴阳，若今之太尉、司空之象也。

挚虞《册陇王太尉文》曰：朕惟君行为时表，亲则宗臣，论道经邦，保乂皇家，是用进登上台。

司徒上

《尚书·舜典》：帝曰：“契！百姓不亲，五品不逊。五品，五常。逊，顺也。汝作司徒而敬敷五教在宽。五常之教，务在宽也。

《礼记·王制》曰：司徒修六礼以节民性，明七教以兴民德，齐八政以防民淫，一道德以同俗，养耆老以致孝，恤孤独以逮不足，上贤以崇德，简不肖以黜恶。司徒，地官，卿掌邦教也。

又《月令》曰：孟夏之月，司徒行县鄙。蔡邕《月令章句》曰：司徒，教官也。

又曰：契为司徒而民成，谓知五教之礼也。

《毛诗·缁衣》曰：缁衣，美武公也。父子并为周司徒，善于其职，国人宜之，故美其德以明有国善善之功焉。

《周礼》曰：乃立地官司徒，使帅其属而掌邦教，以佐王安扰邦国。扰，亦安也。

又曰：大司徒之职，掌建邦之土地之图与其人民之数，以佐王安扰邦国。以天下土地之图，周知九州之域广轮之数，辨其山林、川泽、丘陵、坟衍、原隰之名物。

又《地官》曰：大司徒之职，凡建邦国以土圭之法，土其地而制其域。土其地，犹言度其地也。

又曰：大司徒之职，以五礼防万民之伪，而教之中；礼所以节止民之侈伪，使其行得中。以六乐防万民之情，而教之和。乐所以荡正民情思，使其心应和也。

又《地官》曰：大司徒之职，以保息六养万民：一曰慈幼，保息，谓安之也。慈幼，谓爱幼少也。二曰养老，三曰振穷，四曰恤贫，五曰宽疾，六曰安富。安富，谓平其徭役，不专取。

《春秋传》曰：祝鸠氏，司徒也。

《尚书·大传》曰：百姓不亲，五品不训，则责司徒。

《韩诗外传》曰：君臣不正，人道不和，国多盗贼，人怨其上，则责之司徒。

《论语摘辅像》曰：仲尼为素王，颜渊为司徒。

《家语》曰：地宜不殖，则物不蓄，万民饥寒，教训不行，风俗淫僻，人民流散，曰危。危则饬司徒。饬，谓整摄。

《汉书》曰：祝良，字仲子，东海人，为大司徒。鲍恢为长史，以事至东海，过其家，见良妻布衣徒跣，曳柴从田中归。恢告曰："我司徒史也，故来授书，欲见夫人。"妻曰："妾是也。若掾耶？"恢下拜之，叹息而归。

《东观汉记》曰：邓禹为司徒，讨赤眉不以时进，光武与书曰：司徒，尧也；赤眉，桀也。今长安饥民，孰不延望？

又曰：袁安为司徒，每朝会忧念王室，未尝不流涕。

又曰：郭丹为司徒，在朝，名清廉公正。

《后汉书》曰：蔡茂，字子礼。代戴涉为司徒，在职清俭匪懈。茂初在广汉，梦在大殿之极，上有三穗禾，茂跳取之，得其中穗，辄复失之。主簿郭贺离席庆曰："大殿者，官府之形像也。极而有禾，人臣之上禄也。取其中穗，中台之位也。于字禾失为秩，虽曰失之，乃以得禄秩也。衮职有缺，君其补之。"旬月而茂征焉，辟贺为掾。

又曰：光武即位高邑，使使者持节拜，邓禹为大司徒，策曰："前将军禹，深执忠孝，与朕谋谟帷幄，决胜千里。孔子曰：自吾有回，门人日亲。斩将破军，平定山西，功效尤著。百姓不亲，五品不训，汝作司徒，敬敷五教，五教在宽。今遣奉车骑都尉授印绶封为酂侯，邑万户，其敬之哉！"禹时年二十四。

又曰：范迁为司徒，有宅数亩，田不过一顷，复推与兄子。其妻常谓曰：君有四子而无立锥之地。

又曰：张湛称疾不朝，后大司徒戴涉被诛，涉字叔平，冀州清河人也。坐所举人盗金下狱。帝强起湛以代之。湛至朝堂，遗失溲便，溲，小便也。溲音所流反。因自陈疾笃，不能复任朝事。遂罢之。

又曰：冯勤迁司徒。先是，三公多见罪退，帝贤勤，欲令以善自终。因宴见从容戒之曰："朱浮，上不忠于君，下陵轹同列，竟以中伤至今。"朱浮为大司空，坐卖弄国恩免。又为陵轹同列，帝衔之，惜其功，不忍加罪。

死生吉凶未可知，岂不惜哉！人臣放逐受诛，虽复追加赏赐赙祭，不足以偿不訾之身。訾，量也。言无量可比之，贵重之极也。訾与资同。忠臣孝子，览照前代以为鉴诫，能尽忠于国，事君无二，则爵赏光乎当代，功名列于不朽，可不勉哉！"勤愈恭约尽忠，号称任职。

又曰：宣秉，字巨公，拜大司徒，所得俸禄以收养亲族，自无担石之储。

又曰：鲍昱代王敏为司徒，赐钱帛什器帷帐。

又曰：司徒公一人，掌人民事，凡教民孝悌、逊顺、谦俭、养生送死事，则议其制建其度。凡四方民事功课，岁尽则奉其殿最而行赏；凡郊祀之事，掌牲视濯。

谢承《后汉书》曰：刘宠为司徒，卧粗布被。

《汉官典职》曰：司徒，本丞相官，哀帝改为大司徒，主司徒众，驯五品，府与苍龙阙对。厌于尊者，不敢称府也。

《魏志》曰：华歆，字子鱼。拜司徒。歆素贫，禄赐以赈施亲戚故人，家无担石之储。公卿尝并赐没入生口，唯歆出而嫁之。帝叹息，下诏曰："司徒，国之俊老，所与和阴阳、理庶事也。今太官重膳，而司徒蔬食，甚无谓也。特赐御衣，及为其妻子男女皆作衣服。"

又曰：黄初元年，改相国为司徒，御史大夫为司空，奉常郎中令为大司农。

《魏名臣奏》曰：黄门杜恕奏曰：汉故事，人民病疾，责之司徒。

《蜀志》曰：许靖，字文休。及先主即尊号，策靖曰："朕获奉洪业，君临万国，夙宵徨徨，惧不能绥，百姓不亲，五品不逊。汝作司徒，其敬敷五教，五教在宽，君其勖哉！秉哉无怠，称朕意焉。"靖虽年逾七十，爱乐人物，纳诱后进，清谈不倦，丞相诸葛亮皆为之拜。

《吴录》曰：丁固为司徒，初为尚书，梦松树生其腹上，谓人曰："松字十八公也，后十年，吾当为公乎？"遂如梦焉。

太平御览卷第二百八 职官部六

司徒下

《晋书》曰：王浑，字玄冲，迁司徒仍加兵。浑以司徒文官主吏不持兵，持兵乃吏属；绛衣自以非是旧典，皆令皂服。论者美其谦而识体。

又曰：石苞为司徒，奏州郡农桑未有赏罚之制，宜遣掾属循行，皆当均其土，宜举其殿最然后黜陟焉。诏曰："农殖者，为政之本，有国之大务也。虽欲安民兴化，不先富而教之，其道无由而至。今四海多事，军国用广，加承征役之后，属有水旱之患，仓库不充，百姓无积。稼穑树艺，司徒掌之。今虽登论道，然经国立政唯时所急，故陶唐之世稷官为重。今司徒位当其任，有毁家纾国乾乾匪躬之志。其使司徒督察州郡播殖，其增置掾属十人，听取王官更练事业者。"苞在位称为忠勤，帝每委任焉。

又曰：何邵，曾之子也。永康初迁司徒。赵王伦篡位，及三王交争，邵以轩冕而游其间，无怨之者。

又曰：何曾，字颖考。以太保侍中领司徒，曾固让。诏曰："司徒，旧丞相之职，自古及今，总论人物，化治之本，以君弘道，故选于众而复盘桓，非所闻也。"

又曰：魏舒为司徒，不持激厉，不课人短。陈留周震为诸府所辟，书既下，公辄亡，佥号震曰："杀公掾，舒辟之。"果无患。

又曰：王戎代王浑为司徒，高选长史西曹掾委任责成。戎形状短陋，而目明彻，威仪不足。常畜马舆，无日不出，亲类之亡无不吊也。常以象牙筭昼夜筭计家财，远及田牧。性又至俭，不能善自奉养，财不出外，天下之人谓之膏肓之病。

又曰：山涛为司徒，固辞。敕断表，卧加章绶。涛曰："岂可以垂没之年污宦乎？"迳出归家。

又曰：魏舒，字阳元，为司徒，年过致仕，有逊让意而无居宅，乃渐以俸秩之馀为第一所。舒素为人，先行而后言，故未曾语亲疏言当逊位。九年正月，整法服入殿，朝会罢，迳还。奉送章绶，内外莫有知舒此情者。

曹嘉之《晋记》曰：王戎再至司徒，委事掾属，乘小马从便门出，见者不知是台司也。

《晋诸公赞》曰：司徒傅祗疾，逊位，不许，板舆上殿。

《晋中兴书》曰：刘隗从兄畴，字王乔，有重名。司空蔡谟每叹曰："若使刘王乔得南渡，司徒公之美选也。"

又曰：蔡谟，字道明，迁司徒。谟固让曰："若我作司徒，将为后代哂，义不敢拜。"诏数十下，谟章表十余上，陈以疾笃。帝临轩自朝至申而征不至。公卿以蔡公傲，无人臣之礼，奏送谟廷尉。谟率子弟诣阙稽颡，诏免为庶人。

《齐职仪》曰：司徒，品秩冠服同丞相，郊庙服冕同太尉。汉哀帝从朱博议，始置三司，改丞相为大司徒，以孔光为之。魏以华歆为之。

《北齐书》曰：孔腾。初，北境乱，腾亡一女。及贵，推访不得，疑其为人婢。及为司徒，婢诉良者皆免之，愿免千人，冀得其女。神武知之，大怒，遂解司徒。

《隋书》曰：王谊为大司徒，苏威立议，以为户口滋多，民田不赡，欲减功臣之地以给民。谊奏曰："百官者，历世勋贤，方蒙爵土，一旦削之，未见其可。如臣所虑，正恐朝臣功德不建，何患民田有不足？"上然之，竟寝威议。

《唐书》曰：大和四年，守司徒裴度上表辞册命，言臣此官已三度受册，有靦颜目。从之。

《九州春秋》曰：灵帝卖官，廷尉崔烈入钱五百万以买司徒。烈子均亦有时名，烈问曰："吾作公，天下人谓何如？"对曰："大人少有高名，不谓不当为公。今登其位，海内嫌其铜臭。"烈举杖击之，均走。烈曰："子授父挝而走，可谓孝乎？"均曰："舜之事父，少杖则受，大杖而走，不陷父于不义。”烈曰：“尔以吾为瞽叟耶？”

《华阳国志》曰：自建武之后，群儒修业开案图纬，汉之宰相当出坤乡。于是司徒李公屡登七政，太傅于坚弈代论道。

《荀氏家传》曰：组字大章，中宗为晋王时，将征为司徒，问太常贺循，循曰：“组旧望清重，勤劳显著，迁训五品，以统人伦，实充人望。”诏以组为司徒。

《江氏家传》曰：江统字应元。时太傅从事中郎庾子嵩以风韵见重，亦雅敬君德，每云：“当今可以居司徒、充民望者，江生其人也。”

《管子》曰：昔者，黄帝得祝融，辨南方，故使为司徒。

《符子》曰：鲁侯欲以孔子为司徒，将召三桓而议之，乃谓左丘明曰：“寡人欲以孔丘为司徒，而授以鲁政焉。寡人将欲询诸三子。”左丘明曰：“孔丘，圣人与！夫圣人在政，过者离位焉。君虽欲谋，其罪弗合乎？”鲁侯曰：“吾子奚以知之？”丘明曰：“周人有爱裘而好珍羞，欲为千金之裘而与狐谋其皮，欲具少牢之珍而与羊谋其羞。言未卒，狐相率逃于重丘之下，羊相呼藏于深林之中，故周人十年不制一裘，五年不具一牢。何者？周人之谋失之矣。今君欲以孔丘为司徒，召三桓而议之，亦与狐谋裘与羊谋羞哉！”于是，鲁侯遂不与桓谋，而召孔丘为司徒。

《典略》曰：契为司徒，百姓和亲；夔主宾客，远人毕至。

蔡邕《申鼎铭序》曰：惟建宁四年春三月，进公登于王前廷，乃制诏曰：“其以司空桥玄为司徒。”公拜稽首，三让，然后受命。

曹植《辅臣论》曰：辨博通幽，见传异度。德实充塞于内，知谋从横于外。解疑释滞，剖散盘结者，主司徒。

荀勖答诏曰：咸宁四年，司徒何曾迁太宰，诏问勖：“司徒处当得人，副远近之望并治事见才，谁可也？”勖表“三公具瞻之望，诚不可用，非其人。昔魏文帝用贾诩为公，孙权笑之；尚书令李胤忠亮高洁；应处台辅。”

宋谢庄《为北中郎谢兼司徒章》曰：臣闻燮理阴阳，禽亮天地，弗惟其官，无人则缺。司徒掌敷五典，职扰兆民，岂悟乾灵罔遗光渥，方阐不次之任？殊绝蕃岳，岂可权尸三事，假备六符，惭震周回，顾步交悸。

司空

《尚书》曰：舜曰："咨，四岳！有能奋庸熙帝之载。"奋，明也。载，成也。佥曰："伯禹作司空。"帝曰："俞，咨！禹，女平水土，惟时懋哉！"帝曰：然，嗟！禹，女有平水灾之功。惟是勉之哉。遂委以政也。

又曰：司空掌邦土，居四民，时地利。冬官卿主国空亡以居士农工商四民，使顺天时，分地利也。

《礼记·王制》曰：司空执度度地。司空冬官卿掌邦事者也。度，丈尺也。量地远近，兴事任力。事谓筑邑宿市。

《春秋·昭四年》曰：爽鸠氏，司空也。

《续汉志》曰：司空为冬官，掌邦事。凡营城起邑、复沟洫、修坟防之事，则议其利，建其功。四方水土、功课，岁尽则奏其殿最而行赏罚。凡国有大造大疑，谏诤与大尉同。

《春秋元命苞》曰：危东六星，两两而比，曰司空。主水，金木守之，天下忧水。

《韩诗外诗》曰：山陵崩陁，川谷不通，五谷不殖，草木不茂，则责之司空。

《尚书大传》曰：沟渎拥遏，水为民害，田广不垦，则责之司空。

《尚书形德放》曰：禹长于地理水泉，九州得括象图，故尧以为司空。

《家语》曰：度量不审，举事失理，都鄙不修，财物失所曰贫。贫则饬司空。饬谓整摄。

又曰：鲁定公以孔子为司空，乃别五土之性，五土：山林、川泽、丘陵、坟衍、原隰也。而物其所生之宜，咸得厥所。

《汉书》曰：成帝绥和元年，始更名御史大夫曰大司空。初改为司空，议者又以县道官有狱司空，故复加为大司空，亦所以别大小之文。

又曰：彭宣，字子佩，为大司空，而王莽为大司马专权。宣上书曰："三公鼎足承君，一足不任则覆，乱美质。臣老病，愿上印绶。"

又曰：何武字君卿，为司空，事后母不笃。诏以其举措烦碎，不合众心，孝声不闻，恶名流行，其上大司空印绶，遂册免之。

《东观汉记》曰：杜林代张纯为大司空，务于无为，第五伦为司空，奉公不挠，言事无所依违。

《后汉书》曰：王梁初为野王令，世祖议选大司空，而赤伏符曰："王梁主卫，作玄武。"帝以野王，卫之所徙；《史记》曰：卫文君自濮阳徙于野王。玄武，水神之名；司空，水土之官也。于是，擢拜梁为大司空。

又曰：窦融拜冀州牧，十馀日，又迁大司空。融自以非旧臣，一旦入朝，在功臣之右。召会进见，容貌辞气卑恭已甚，帝以此愈亲厚之。

又曰：陈宠为司空，府故事以计吏至时，自以下皆属籍不通宾客，以防交关。宠去籍通客以明无所不受。论者大之。

又曰：张奋，字稚通，父纯。临终敕家丞曰："司空无功于时，猥蒙爵土，身死之后勿议传国。"奋兄根，少被病。光武诏奋嗣爵，奋称纯遗敕，固不肯受，帝以奋违诏敕收下狱。奋惶怖，乃袭。

又曰：第五伦，章帝立，征拜司空。奉公不挠，言议果决，后自陈老病，以二千石禄俸终厥身。

《续汉书》曰：张奋为司空时，岁灾旱，祈雨不应。乃上表，即时引见，复口陈时政之宜。帝召太尉、司徒幸洛阳狱录囚徒，大雨三日。

华峤《后汉书》曰：第五伦虽峭直，然常以中兴已来，二主好吏化俗尚苛刻。政化之本，宜先以宽和。及为三公，值章帝长者多恕，屡有善政，伦上疏褒称盛美，因以劝成德风也。

又曰：伏恭为太仆，帝临辟雍于行礼中，拜恭为司空，儒者以为荣。

袁宏《后汉纪》曰：第五伦为司空，有人与伦千里马者，伦虽不取，每三公有所选举，伦心不忘也，然亦终不用。

《汉官解诂》曰：下理坤道，上和乾光，谓之司空。

《魏志》曰：景初元年，司徒司空并缺，散骑侍郎孟康曰："夫宰相者，天下之所瞻效，诚宜得秉忠履正、本德伏义之士，足为海内所师表者。窃见司隶校尉崔林，禀自然之正性，体高雅之弘量。论其所长以比古之人，忠直不回，则史鱼之俦也；清俭守约，则季文之匹也。”遂为司空，封安阳亭侯。三公封列侯，自林始也。

又曰：徐邈拜司空，叹曰：“三公，论道之官，无其人则缺，岂可以老病忝之哉！”固辞不受。

《晋书》曰：裴秀为司空，删定官制，损益多善。当禅代之际，总纳言之要；其所裁当礼无违者。又案《禹贡》山川地名古有今无者，皆随事注列，作《禹贡地域图》十八篇，事成奏上，藏于秘府。秀在位四年，为当世名公。

又曰：郑袤字林叔，为司空，天子临轩，遣就第拜授，袤谓使曰：“魏以徐景山为司空。徐公曰：三公上应天心，苟非其人，实伤和气。”固辞，见许。

《晋起居注》曰：武帝太始七年，诏光禄大夫郑袤体行纯正，履道冲粹，退有清和之风，进有素丝之节，宜齐三阶之耀，补衮职之缺，明弼朕躬，匡其不逮，其以袤为司空。

《晋中兴书》：虞玩，字士瑶。王道、郄鉴、庾亮相继薨，迁玩为司空，给羽林四十人。玩比陈让，不听。既拜，叹息谓宾客曰：“以我为三公，是天下无人矣！”谈者以玩为知言。

《齐职仪》曰：司空，品秩、官服同太宰。舜以禹为司空。成王以毛公为司空。宋以武公之讳，改司空为莫敖。秦置御史大夫，省司空。

《后魏书》曰：伊馥拜司空。及为三公，清约自守，为政举大纲而已，不为苛碎。

《后周书》曰：冬官谓之大司空卿，掌邦事，以五材九范之徒，佐皇帝，富邦国，大祭祀，行洒扫，庙社四望则奉豕牲。

《唐书》曰：天宝十三载，册杨国忠为司空，其日雨土。

《五代史·唐书》曰：清泰二年，制以前同州节度使冯道为守司空。时议以自隋唐已来，三公无职事，自非亲王不恒置，于宰臣为加官，无单置者。道在相位时带司空，及罢镇，未命官，议者不练故事，率意行之。及制出，言议纷然。或云便可综中书门下事，或云须册开府。及就列，无故事，乃不就。朝堂叙班，台官两省官入就列，方入宰臣，退踵后先退。及晋天福中，以李鳞为司徒；周广顺初，以窦贞固为司徒，苏禹珪为司空，遂以为例。议者不复有云。

《华阳国志》曰：赵瑶字元珪，拜扶风太守。未之郡，司空张温谓曰："第五伯鱼从蜀郡为司空，今扫吾第以待足下。"

《荀氏家传》曰：荀爽，字慈明。董卓征公，公到府三日，策拜司空。爽起岩穴，九十五日而为台司，世人号为白衣登三公。

又曰：荀顗为司空，文帝平蜀，议复五等表魏朝，使公定礼仪，中护军贾充正法律，尚书仆射裴秀议官制。公遂删定旧文，行正式为一代之典。书成，奏藏于秘府。其服色旗帜法驾之式，礼乐牺牲柴燎之典，祫禘迁毁配食之制，及于明堂辟雍之仪，皆公所议定，朝廷归其美。公既为台辅，德望清重，加以留心礼教，以年耆多疾，不便朝见，诏使侍中任恺咨问政化所宜行否。

又曰：荀蕃字大坚，为司空。刘琨表于太子曰："司空荀蕃，朝廷之旧臣，奕世忠勤，乃心皇家，具瞻之望，唯蕃而已。宜增位号，授分陕之重，永令臣等有所凭准。

《白虎通》曰：司空主土，不言土而言空。空尚主之，况于实乎？

《环济要略》曰：冬官司空，掌邦事，营城郭都邑，立社稷宗庙，造宫宅器械，监百工。

《典略》曰：禹为司空，披九山，通九泽，决九川，定九州，使各以其职来贡。

《傅子》曰：荀仲豫称禹十二为司空。

《世论》曰：诸葛诞为镇东将军，都督扬州。司马文王秉政，征诞为司空。书至，诞曰："我当在王文舒后，今便为司空，不遣使者。出赍书，使以兵付乐綝，此必綝所为。"乃将左右数百人至扬州，州人欲闭门，诞叱之曰："卿非我故吏耶？"迳入，綝逃上楼，就斩之。

齐孔稚珪《为王敬则让司空表》曰：故李通豪赡以亲宠登用，王基才勇以声华入选。先帝擢臣以荣华，陛下申臣以富贵，遂得北带五州，东跨六郡，内亚三鼎，外齐四岳。蝉佩之映，则左右交晖；龟组之华，则纵横吐耀；轻轮徐动，则剑骑如云；飞盖暂停，则歌钟成列。枞金龙，吹郁其前；鸣笳凤，管叠其后。邓禹若不遭汉光则南阳之掾史，微臣若不逢明圣则孤城之戍客，岂可加以正台之席，登以论道之寄，启黄扉而燮五纬，蹑青帷而调四序。

梁刘孝仪《为临川王解司空表》曰：臣以庸薄，谬窃隆重，职班三事，任总六条。衣衮坐槐，既阙论道驼传憩棠，尤惭为政而俯司土地，仰燮阴阳。折挠之讥已彰，愆伏之咎爰著。今水蜧不跃，旱魃为灾，山无荟蔚，云成烟火，陛下曲私，未垂策免，臣职是当，于何逃责？乞责降兹台步，协此天人。

太平御览卷第二百九 职官部七

大司马

韦昭《辩释名》曰：大司马：马，武也，大总武事也。大司马掌军，古者兵车，一车四马，故以马名官。

《周礼·夏官》曰：太司马之职，掌建邦国之九法，以佐王平邦国。平，成也。制畿封国，以正邦国。封为立封立疆为界。设仪辨位，以等邦国。仪谓诸侯之仪也，别尊卑之位。进贤兴功，以作邦国。作，起也。起其劝善乐业之心，使不废也。建牧立监，以维邦国。牧，州牧也。监，监一国，谓君也。维，联结也。制军诘禁，以均邦国。诘，犹穷治也。均，犹正也。施贡分职，以任邦国。职，谓赋税也。任，犹事，事以其力之所堪也。简稽乡民，以同邦国。简谓比数之以稽，犹训也。均守平则，以安邦国。均之者尊者守大，卑者守小也。则，法也。比小事大，以和邦国。比，犹亲也。使大国亲小国，小国事大国，相合和也。以九伐之法正邦国。诸侯有违王命，则出兵以征伐，所以正之。

《尚书》曰：司马掌邦政，统六师，平邦国也。

《毛诗》曰：圻父，圻父，司马也。予王之爪牙。

《春秋运斗枢》曰：黄帝与大司马容光观凤皇衔图置黄帝前。

《尚书中候》曰：稷为大司马，舜为太尉。

《尚书大传》曰：蛮夷猾夏，寇贼奸宄，则责之司马。

《韩诗外传》曰：故阴阳不和，四时不节，星辰失度，灾变非常，则责之司马。

《河图录运法》曰：黄帝坐玄扈阁上，与大司马容光、左右辅将周昌等百二十人观凤皇衔书。

《家语》曰：贤能而失官爵，功劳而失赏禄，士卒疾怨，兵弱不用曰不平。不平则饬司马。饬谓整摄。

《史记》曰：楚大司马景舍帅军伐蔡，蔡侯奉社稷而归之。楚发其赏，舍辞曰：“发诚布令而敌退，是王威也；相攻而敌退，是将威也；战而敌退，是众威也。臣不宜以众威受赏。

《汉书》曰：元狩四年，上命大将军卫青、骠骑将军霍去病各兵五万，骑数十万出塞，斩首捕虏有功，乃置大司马。

又曰：董贤为大司马。是时，贤年二十二。虽为三公，常给事中，领尚书，百官因贤奏事。单于来朝宴见，群臣上前。单于怪贤年少，以问译，上令报曰：“大司马年少，以大贤居位。”单于乃起拜，贺汉得贤臣。

又曰：孝元王皇后，成帝母也。家凡十侯、五大司马，外戚莫盛焉。

又曰：成帝绥和元年，赐大司马金印紫绶，置官属，禄比丞相。

《东观汉记》曰：更始欲以近亲巡行河北，大司徒赐言上弟秀可用。更始以上为大司马，遣之河北。

又曰：谶云：“孙咸征狄，命以平狄将军。”孙咸行大司马事。

《后汉书》曰：世祖北击群贼，吴汉常将突骑五千为军锋，数先登陷阵。及河北平，汉与诸将奉图书上尊号。世祖即位，拜汉为大司马。

又曰：上疾瘳，召见阴兴，欲以代吴汉为大司马。兴叩头流涕固让，曰：“臣不敢惜身，诚亏损圣德，不可苟冒。”至诚发中，感动左右，帝遂听之。

《汉官序》曰：三司之职，司马主兵，汉承秦曰太尉，武帝改曰大司马。无印绶，官兼加而已。世祖改曰太尉。

《吴志》曰：赤乌九年秋九月，以车骑朱然为左大司马，卫将军全琮为右大司马。

《晋书》曰：石苞，泰始之初拜大司马。旧参军于都督无敬，故孙楚抗衡于苞。苞以楚傲，更相表礼。故参军有敬，自楚始也。

又曰：齐王冏之盛也，有一妇人诣大司马府求寄产，吏诘之，妇人曰：“我截脐便去耳！”识者闻而恶之。

又曰：陈骞，咸宁初转大司马。骞因入朝言于帝曰：“胡列、牵弘皆勇而无谋，强于自用，非绥边之材，将为国耻，愿陛下详之。”时弘为扬州刺史，不承顺骞命，帝以为不协相构，于是征弘。既至，复以为凉州刺史。骞窃叹息，以为必败，二人后果失羌戎之和，皆被寇丧没。征讨连岁，仅而得定，帝乃悔之。

《晋武帝太始官名》曰：大司马石苞，开通爽悟，秉意不碎。

《晋公卿礼秩》曰：司马，兵官也。魏氏大司马、大将军各自为官，在三司上；晋以石苞为大司马，次三司下。

《晋诸公赞》曰：义阳王为大司马时，父孚为太宰。父子居上公，中代以来未之有也。

《晋中兴书》曰：王猛少贫贱，鬻畚为事，常至洛阳货畚。有人于市贵买其畚云："家近在此，可随我取直。"猛随去，忽至深山，此人曰："且住，当先启道君。"须臾，猛进，见一公踞胡床，头白，侍从十许人，有一人引猛，云："大司马公可进。"猛因拜老公，公曰："王公何缘拜？"即十倍售畚直，遣人送猛出山。顾视，乃嵩高山也。

《齐职仪》曰：大司马，品第一，秩中二千石，金章紫绶，武冠绛服朝，佩山玄玉。其在少昊，则雎鸠氏之任；颛顼以司马主火；尧命羲叔为司马，夏官也。虞夏二代以司夏官，弃居其职。周成王以毕公高为司马。楚汉之际，曹参、周勃始居其职。

又曰：大司马府，旧为阙，王莽篡位，故贬去阙焉。

《后魏书》曰：安定王休领大司马，高祖亲行诸军，遇休以三盗人徇于六军，将斩之，有诏赦之。休执曰："陛下将远亲衡、霍，故亲御六师，跋涉野次。军行始尔，已有奸窃，如其不斩，何以息盗？"诏曰："大司马执宪诚如是，但因缘会朕，王者之体，亦时有非常之泽，虽违军法，可特原之。"乃奉诏。高祖谓司徒冯诞曰："大司马严而秉法，君不可不慎。"于是六军肃然。

《后周书》曰：夏官谓之大司马。卿掌邦政，以建邦国之九法。佐皇帝平邦国，大祭祀掌其宿卫，庙社列奉牺牲。

《管子》曰：昔黄帝得大封，辨乎四方，故使为司马。

又曰：凉风至，白露下，天子命左右司马全组甲、厉士众。

《傅子》曰：曹大司马之勇，贲育弗如也。曹仁。

《博物志》曰：太公望为灌坛令，文王梦见妇人当道哭，问其故，曰："吾泰山之神，嫁为西海妇，灌坛令当吾道。"梦觉，召太公，三日，果疾风暴雨。文王乃拜太公为大司马。

《班彪上事》曰：元狩六年罢太尉，置司马。时议以北军中候有千人，司马故加之为大司马，所以别大小司马之号也。

三公府掾属

太尉长史

应劭《汉官仪》曰：太尉、司徒、司空长史，秩比千石，号为毗佐三台，助和鼎味。

太尉掾

《汝南先贤传》曰：李宣字公休，为太尉黄琼所辟。时寒暑不和，琼见掾属曰："是太尉无德，愿诸掾有以匡之。"次乃宣，宣曰："明公被日月之衣，居上司之位，辅弼天子，处谏诤之职，未有对扬謇謇之言；其所旌命，不授岩谷之士，小掾私所以于邑。"

《广州先贤传》曰：邓盛字伯真，苍梧人，为太尉诸曹掾。彭城相左尚以赃获罪，三府掾属拷验，逾年不竟。更选盛覆拷，盛至狱，洗沐尚，解械赐席，乃谓尚曰："君受国重恩，而所坐事理如此，今遇君子不可以小人道相待。"尚感盛至意，对曰："今使君相于如此，尚独何心敢不以死相归乎？"即引笔具对。

《卫玠别传》曰：玠，字叔宝。陈留阮千里有令闻，当年太尉王君见而问曰："老庄与圣教同异？"阮曰："将无同。"太尉善其言而辟之为掾，世号曰"三语掾。"君见而嘲之曰："一言可辟，何假三？"阮曰："苟是天下民望，可无言而辟，复何假于一言！"

崔寔《政论》曰：且三公，天子之股肱掾属，则三公之喉舌。天子当恭己南面于三公，三公亦委策掾属以答天子。

太尉从事中郎

《后魏书》曰：郭景尚，字思和，涉历书传，迁太尉从事中郎，善事权宠，世呼为“郭尖”。

干宝《司徒议》曰：从事中郎之职，各掌其所治之曹而纪纲其事，维正大体，参辅谋议。

太尉主簿

《后魏书》曰：元庆智性贪鄙，为太尉主簿，事无大小，得物然后判，或十钱二十钱，得便取之，府中号曰十钱主簿。

《广州先贤传》曰：邓盛字伯直，为秭归令，闻母病，解印绶决去。太尉马公嘉其所履，服竟，辟之。初入府，为主簿。

司徒长史

《东观汉记》曰：吴梁为司徒长史，以清白方正称。

干宝《晋记》曰：傅咸为司徒长史，多所执正。

《齐书》曰：到㧑为司徒左长史。宋世，上数游会㧑家，同从明帝射雉郊野，渴倦，㧑得早青瓜，与上对剖食之。上怀其旧德，意眄良厚。至是一岁三迁。

《梁书》曰：褚球，字仲宝，为司徒左长史。加貂，自球始也。

干宝《司徒仪》曰：左长史，职掌检其法宪，明其分职。

司徒掾

《汉书》曰：武帝时，司徒奏州郡农桑未有赏罚制，宜遣掾属循行，诏遂使司徒督察州郡播殖，有所循者增掾属十人。

谢承《后汉书》曰：虞延辟司徒侯霸府，正旦，百官朝贺，上望见延在公府掾属中，驰小黄门问曰：“故陈留督邮虞延非耶？”对曰：“是。”遂前召见。

《汉杂事》曰：陈宠为司徒掾。先是，公府掾多不亲事，但以交接为务。宠常独亲事。

《魏书》曰：王粲，字仲宣，年十八，司徒掾辟迁黄门，不就。

《晋书》曰：魏舒为司徒时，陈留周震累为诸府所辟。辟书既下，公辄丧亡，佥号震曰：“杀公掾，莫有辟者。”舒固辟之，而竟无患，识者以此称其达命。

又曰：周馥迁司徒左曹掾，司徒王浑奏曰："馥理识清正，有才干，主定九品，检括精详，臣委任责成，褒贬允当，请补尚书郎。"许之。

干宝《司徒仪》曰：掾属之职，敦明教义，肃厉清风，非礼不言，非法不行，以训群吏，以贵朝望，各掌其所治之曹。

《锺离意别传》曰：司徒侯霸辟意署议曹掾，以诏书送徒三百馀人到河北，遭遇隆冬盛寒，徒衣被单，手足不能复行。到弘农县，使令出见钱为徒作襦裤，令曰："不被诏。"意曰："使者奉诏命，宁私行耶？"出钱便上尚书，使者亦当上之。光武皇帝得上状，见霸曰："所使掾何仁恕为国用心乎！诚良吏也。"

司徒属

《东观汉记》曰：司徒侯霸辟闵仲叔，到与相见，劳问之，不及政事。仲叔曰："始被明公辟，且喜且惧。及奉见明公，喜惧皆去。所望明公问属，何以为政，美俗成化，以仲叔为不足问耶？不当辟也！如以为任用而不使陈之，则为失人，是以喜惧皆去。"便辞而出。

《晋中兴书》曰：殷融，字洪远，司徒王导以为左西属。融饮酒善舞，终日啸咏，未尝以事务自婴。导甚相亲悦焉。

司徒从事中郎

《晋中兴书》曰：颍川荀组，字大章，司徒王浑表曰："左西属荀组，文义、贞素、清识见称，宜转从事中郎。"

《陶氏家传》曰：回字恭渊，为大司徒王导从事中郎，为人正直不挠。导亦以此重焉。每言曰："陶中郎有辅佐之才，真国器也。"

司徒谘议参军

《晋中兴书》曰：庐江何充，字次道，为司徒王导谘议参军。

《后魏书》曰：李系为主客郎，齐文襄王摄选，以系为司徒咨议参军，因谓之曰："自郎署此，所谓不次，以卿人才，故有此举耳。"

司徒主簿

《三国典略》曰：齐许，惇护之子也，性识敏速，达于从政。尝为司徒主簿，以能判，时人号为入铁主簿。

司空掾

《魏志》曰：国渊字子尼，太祖辟为司空掾属。每于公朝论议，常直言正色，退无私宴。

又曰：太祖为司空丞相，毛玠常为东曹掾，与崔琰并典选举，其所举用皆清正之士。虽时有盛名，而行不由本者，终莫得进，务以俭率人。由是天下之士，莫不以廉节自励。虽贵宠之臣，舆服不敢过度。太祖叹曰："用人如此，使天下自治，吾复何忧哉！"

《邴吉别传》曰：邴原，字根矩。魏武皇帝初，为司空辟，署议曹掾。请见，礼毕，上送至门中，原辞，直去不顾。上还，语左右："孤甚敬此人。与其辞，远送之，谓其尚顾而终不顾，此人诚高士也。"人谓曰："君宜谢公，公望君一日，辞不顾揖。"原勃然曰："夫何谢哉？夫揖让者，谓其敌耳。吾，人臣也；公，人君也。君尊臣卑，揖让何施？且孔子反命曰：宾不顾矣。吾何谢哉！"人以语上，上曰："快乎斯言也！夫有斯名而岂徒哉！"

太平御览卷第二百十　职官部八

录尚书

《汉书》曰：张安世领尚书事，职典枢机，以谨慎周密自著。每言大政，已决辄移病出；闻有诏令，乃惊使吏之丞相府问焉。自朝廷大臣，莫知其与议也。

又曰：孔光字子夏，领尚书事，凡典枢机十馀年，守法度，修政事，不希苟合。或问："温室省中树皆何木也？"光答以他语，其慎密也如此。

应劭《汉官仪》曰：章帝诏曰："司空牟融典职六年，勤劳不怠，其以融为太尉，录尚书事。"

又曰：和帝策书曰："故太尉邓彪，元公之族，三让弥高，海内归仁，为群贤首。其以彪为太傅，录尚书事，百官总己以听。"

又曰：灵帝策书曰："故太尉陈蕃，忠亮謇谔，有不吐茹之心。司徒胡广敦德允元，五世从政。今以蕃为太傅，与广参录尚书事。"

又曰：冲帝策书曰：太尉赵峻，二世掌典机衡，有匪石不二之节。大司农李固，公族之苗，忠直不回。余以峻为太傅，固为太尉，参录尚书事。

《晋书》曰：元康元年，诛杨骏诏曰："司徒王浑秉德忠正，器量弘远，历位内外，文武勋庸，著在方策，宜参弼机衡以亮天工，其令录尚书事。"

又曰：贾充为太尉，录尚书事，及伐吴为大都督。吴平，遣侍中程咸犒劳，增邑八千户。

又曰：会稽王道子元显，并录尚书事。时谓道子为东录，元显为西录。

《晋中兴书》曰：泰和元年，诏会稽王体道冲虚，理识明允。阿衡李文，有保乂之规；辅弼哀皇，尽翼亮之道。朕承洪绪，仍闻善诱，慎徽五教，仪形具瞻，登贤显亲，国之典也。其以为丞相，录尚书事。入朝不趋，赞拜不名，剑履上殿，给羽葆鼓吹班剑六十人。

又曰：元兴元年八月庚子，尚书下舍火。是时桓玄用事，出镇姑熟，名虽在外，实遥录尚书，故天火示不复用也。

又曰：明帝后庾氏为皇太后，九月癸卯，皇太后临朝称制，司徒王导录尚书事。

傅畅《晋故事》曰：何劭、王戎、张华、裴楷、杨济、和峤为愍怀太傅，通省尚书事。张华为光禄大夫，尚书七条事皆咨而后行。惠帝之世，太保卫瓘、太宰河间王颙、太傅东海王越，皆录三省尚书秘书事。

沈约《宋书》曰：高武永初三年，尚书令扬州刺史徐羡之为司空，录尚书事。

又曰：孝武帝即位，以大将军江夏王义恭为太尉，录尚书事。

又曰：诸公录尚书事，古制也。王肃解《尚书》"纳于大麓"曰："尧纳舜于尊显之官，使大录万机之政。"案：汉氏诸吏平尚书奏事，后霍光以大司马大将军平尚书事。

《齐书》曰：明帝为宣城王，录尚书事。废帝昭业思蒸鱼，太官以无录公命，不与。

《后魏书》曰：北海王祥，初迁大将军，录尚书事。祥之命，其夜暴风云电拔其庭中桐树，大十围，倒立本处。天威如此，识者知其不终。

《三国典略》曰：齐以并省，尚书令高阿那肱为录尚书事。那肱才伎庸劣，不涉文史，尚书郎中源师常白那肱云："龙见当雩。"那肱问曰："何处龙见？作何颜色？"师答曰："此是龙星，须雩祭也，非是真有龙见。"那肱曰："汉儿多事，强知星宿。"

《唐书官品志》曰：录尚书一人，位在令上，掌与令同，但不纠察。今则纠弹见事，与御史中丞更相廉察。

陶氏《职官要录》曰：后汉章帝以太傅赵喜、太尉牟融并录尚书事。尚书有六名，自此始也。因斯以来，每帝幼即位，辄置太傅录尚书事。

尚书令

《六典》曰：尚书令，掌总领百官，仪形端揆，其属有六尚书：一曰吏部，二曰户部，三曰礼部，四曰兵部，五曰刑部，六曰工部。凡庶务皆会而决之。

《汉官仪》曰：尚书令主赞奏，总典纲纪，无所不统，秩千石；故公为之者，朝会不陛奏事，增秩二千石。天子所服五时衣赐尚书令。其三公、列卿、将军、大夫、五营校尉行复道中，遇尚书令、仆射、左右丞，皆回车豫避。卫士传呼，不得纡台官；台官过，乃得去。汉尚书称台，魏晋以来为省。

《汉书》曰：张安世，字子孺，少以父任为郎。用善书给事尚书，精力于职，休沐未尝出。上行幸河东，亡书三箧，诏问莫能知，唯安世识之，具作其事。后购求得书，以相校无所遗失。上奇其才，擢为尚书令。

《东观汉记》曰：陈忠为尚书令，数进忠言，辞旨弘丽，前后所奏，悉条于宫上阁以为故事。

又曰：侯霸为尚书令，深见任用；樊准为尚书令，明习汉家故事，周密畏慎；申屠刚为尚书令，謇謇多直言，无所屈挠。

《后汉书》曰：宋均拜尚书令，每有驳议，多合上旨。均尝删翦疑事，帝以为有奸，大怒。收郎缚格之。诸尚书惶恐，皆叩头谢罪。均顾厉色曰："盖忠臣执义，无有二心，若畏威失正，均虽死不易！"小黄门在傍，入具以闻。帝善其不挠，即令贷郎。

又曰：申屠刚迁尚书令。光武尝欲出游，刚以陇蜀未平，不宜晏安逸豫。谏不见听，遂以头轫乘舆轮，帝遂为止。

又曰：郭贺字乔卿，为尚书令，百姓歌之曰："厥德仁明郭乔卿，忠正朝廷上下平。"

又曰：侯霸拜尚书令，条撰善政有便于民者，除其烦苛。时令立春下宽大诏书，由霸始，建言多施用。

又曰：陈蕃出为豫章太守，性方峻，不接宾客。征为尚书令，送者不出郭门。

华峤《后汉书》曰：申屠刚为尚书令，时内外群官，多帝自迁举；加以法理严察，职事过苦，尚书近臣乃至棰扑牵曳于前。群臣莫敢言，唯刚每极谏。

张璠《汉记》曰：左雄为尚书令，在位者各肃清，时称曰："左伯豪为尚书令，天下皆慎选举。"伯豪，雄字也。

《汉官》曰：尚书令，秦官，铜印墨绶，与司隶校尉、御史中丞皆专席坐，京师号曰"三独坐"，言其尊重如此。

《魏志》曰：陈矫，字季弼，尚书令。魏明帝尝至尚书门，矫跪问："何之？"帝曰："欲案行文书耳。"矫对曰："此臣职分，非陛下所宜临也。若不称，则请就黜。"帝惭，回车。

又曰：荀彧自为尚书令，常以书陈事。临薨，皆焚毁，故奇策密谋不得尽闻。又非正道不用心，名重天下，莫不以为仪表，海内英俊咸宗焉。

《魏氏春秋》曰：荀攸字公达，为尚书令。从太祖征伐，常谋谟帷幄，时人及子弟莫知其所言。太祖每称之曰："公达外愚内智，外怯内勇，外弱内强，不伐善，无施劳，知可及，愚不可及，虽颜回、宁武子不能过。"文帝在东宫，太祖谓曰："荀公达，人之师表也。汝当尽礼敬之。"攸曾病，世子问疾，独拜床下，其见尊异如此。始，攸入尚书，太祖闻名，与语，大悦，谓荀彧、锺繇曰："公达非常人也，吾得与之计事，天下当何忧哉！"

《蜀志》曰：费祎代蒋琬为尚书令，于时战军多事，众务烦猥。祎识寤过人，每省读书记，粗举目暂视，究其意旨，其速数倍于人，终亦不忘。常以朝晡听事，其间接纳宾客，饮食嬉戏，加之博奕，每尽人之欢，事亦不废。后迁大将军，录尚书事。董允代祎为尚书令，旬日之中，事多停滞，允叹曰："人才力相悬若此，非吾所及。"

又曰：蒋琬，字公琰。诸葛亮每言："公琰托志忠雅，当与吾共赞王业也。"密表后主："臣若不幸，后事宜以付琬。"亮卒，琬为尚书令。时新丧元帅，远近危悚。琬出类拔萃，处群僚之右，既无戚容，又无喜色，神守举止，有如平常，由是众望渐服。

又曰：刘巴字子初，代法正为尚书令。躬履清俭，不治产业。又自以归附非素，惧见猜嫌，恭默守靖，退无私交，非公事不言。

又曰：吕乂字季阳，代董允为尚书令，庶事无留，门无停宾。又历职内外，治身俭约，谦静少言，为政不烦，号为清能。然持法刻深，好用文俗吏，故居大官，名声损于郡县。

《晋书》曰：乐广为尚书令，所在无当时功誉，然为后人所思。

又曰：裴秀为尚书令。秀创制朝仪，广陈刑政，朝廷多遵用之，以为故事。在位四载，为当世名公。

又曰：李胤为尚书令，虽历职内外，而在公退食，家至贫俭，儿病无以市药，上赐钱十万。

又曰：荀勖守尚书令，课试令史以下核其才能，有暗于文法不能决疑处事者，即时遣出。帝尝谓曰："魏武帝言荀文若之进善，不进不止；荀公达之退恶，不退不休。二令君之美亦望于君也。"

又曰：会稽王道子，尝集朝士，置酒于东府；尚书令谢石，因醉为委巷之歌。王恭正色曰："居端右之重，集藩王之第，而肆淫声，欲令群下何所取则！"石深衔之。

又曰：王彪之字叔虎，为尚书令，与谢安共掌朝政。安每称曰："朝之大事，众不能决者，咨之王公，无不得判。"

又曰：大熙元年，诏曰："夫总百揆之得失、管王政之开塞者，端右之职也。是以自汉代以来，每选此官，必慎其人。议郎王戎可为尚书令。"

又曰：卫瓘字伯玉，拜尚书令，性严整，以法御下，视参佐尚书郎若掾属。

又曰：熊远启曰："伏见吏部以太尉荀组为尚书令，复领荆州牧，自三代以来，未闻以纳言之官而出领牧伯者。"

《晋中兴书》曰：卞壶为尚书令，司徒王导称疾不朝。壶奏导专任不敬，事寝不行，举朝惮壶。

又曰：万协迁尚书令，诏曰："尚书令协抗志高亮，才鉴博雅，朕甚嘉之。

《晋书》曰：《百官表》注：尚书令一人，唐虞官也。是谓文昌天府，铜印墨绶，五时朝服，纳言帻，进贤两梁冠，佩水苍玉；官品第三；俸，月四十五斛；领都总摄诸曹，出纳王命。

《晋公卿礼秩》曰：尚书令拜受命皆策命，薨则于朝堂发哀，古之家宰以在端右故也。

《晋故事》曰：贾充为尚书令，以目疾表置省事，于是遂置省事吏四人，品职章服与诸曹令史同。

《宋书》曰：王僧虔为尚书令，尝为飞白书题尚书壁曰："圆行方止，物之定质，修之不已则溢，高之不已则蹶，引之不已则遗，是故去之宜疾。"当时嗟赏，以比座右铭。

又曰：武帝践祚，王莹迁尚书令。时有猛兽入郭，上意不悦，以问群臣，皆莫能对。莹在御筵，乃敛板答曰："昔击石拊石，百兽率舞，陛下应箓御图，武象来格。"帝大悦，众咸服焉。

《齐书》曰：谢朏字敬冲，征为司徒尚书令。朏辞脚疾不堪，谒，乃角巾肩舆诣云龙门。谢既见，乘小车就席。

《齐职仪》曰：秦汉之世，委政公卿。尚书之职，掌封奏令，赞文书；仆射主开闭，令不在，则仆射奏下其事。魏氏重内职，八座尚书任同六卿；舜举八元八凯，以隆唐朝。今号八座为元凯，谓贤能用事，义如昔也。

《梁书》曰：何敬容为尚书令，贪吝为时所嗤。鄙其署名，敬字则大作苟、小为文，容字大为父、小为口。陆倕戏之曰："公家苟既奇，大父亦不小。"敬容遂不能答。

又曰：漏禁中语故嘲诮日至。尝有客姓吉，问卿与邴吉远近，曰："如明公之与萧何。"

《唐书》曰：太宗在藩，尝为尚书令。其后，人臣莫敢为，遂废其官。广德元年，代宗以亲贤有大勋，遂特拜尚书令。

又曰：广德二年冬，诏郭子仪于尚书省视尚书令事，命宰臣已下，特遣射生五百骑执戟翼从，自朝堂至于省，赐以教坊音乐。

《五代史·梁书》：开平三年，诏升尚书令为正一品。按《唐典》，尚书令正二品，至是以将授赵王镕此官，故升之。

《会稽先贤传》曰：沈勋征诣南宫，赐酒拜尚书令，持节临辟，雍名冠百僚。

《襄阳耆旧传》曰：刘季和曰："荀令君至人家，坐处三日香。"

徐广《军服仪制》曰：尚书令轺车，黑耳后户。

《通典》曰：大唐尚书令，朝服、鷩冕、八旒、七章、三梁冠。鷩，雉也，可为冠也。武德初，太宗为秦王时，尝居之，其后人臣莫敢当。故自龙朔二年，制废尚书令。

又曰：旧尚书令，有大厅当省之中，今谓之都堂。

《世说》曰：崇礼闼在东掖门内，路西即尚书省；崇礼门东、建礼门内，即是尚书令下舍之门。

太平御览卷第二百一十一 职官部九

左右仆射

《汉书·百官表》曰：仆射，秦官也。古者重武官，有主射以督课之。自待中、尚书、博士及驺宰、永巷，皆有仆射。取所领之事以为号，若尚书，则名曰尚书仆射。

《东观汉记》曰：鲍永字君长，拜仆射，行将军事，将兵安集河东。永好文德，行军常皂襜，路称"鲍尚书兵"。

《后汉书》曰：郅寿为尚书仆射，是时，大将军窦宪以外戚之宠，威倾天下。宪常使门生赍书诣寿，有所请托，寿即送诏狱。前后上书陈宪骄恣，引王莽以诫国家。

又曰：郑崇字子游，为尚书仆射，数见谏净，上笑曰："我识郑尚书履声。"

《续汉书》曰：尚书仆射一人，六百石。令不在则奏下众事。

《魏志》曰：毛玠字孝先，为尚书仆射。时太子未定立，临淄王植有宠。玠谏曰："近袁绍以嫡庶不分，覆宗灭国；废立大事，非所宜闻。"会玠起更衣，太祖谓左右曰："国之司直，我之周昌。"

又曰：徐宣为左仆射，后加侍中。车驾幸许昌，宣总统留事。帝还，主者奏呈文书。诏曰："朕省与仆射何异？"竟不视。

又曰：文帝时，欲以贾诩为仆射。诩曰："尚书仆射，官之师长，天下所望。诩名不素重，非以服人；诩纵昧于荣利，奈国朝何？"

《魏略》曰：李丰字安国，为侍中仆射，在台阁，常多托疾。时台制满百日当解禄，丰未满百日暂起，已而复卧，如是数岁。及太傅宣王久病，曹爽摄政，丰依违二公间，故时人有谤书曰："曹爽之势热如汤，太傅父子冷如浆，李丰兄弟如游光。"其意以为丰虽外示清净，而内图事机有似游光。

《吴志》曰：诸葛恪既定山越，孙权使尚书仆射薛综劳军曰："故遣中台近官，迎致犒赐。"

《晋书》曰：荀顗代陈泰为仆射，吏部四辞而后受。

又曰：太康元年，以山涛清虚恬简，转为左仆射。

又曰：魏舒太康初拜右仆射，舒与卫瓘、山涛、张华等以六合混一，宜同古典，封禅东岳。前后累陈其事，帝谦让不许。

《晋起居注》曰：武帝太康四年，诏曰："吏部掌叙人伦，治化之本也，宜得忠正旧德。尚书右仆射魏舒，宽泰弘毅，潜通有才识，其以舒为左右仆射，领选曹。"

又曰：永昌元年诏曰："尚书分置左右仆射，所以广登贤俊，经始万机。护军周顗可左仆射，领军王遂可右仆射。"

又曰：尚书高阳王圭，忠允善政，思量弘济，莅官尽心，所居著称，其以珪为右仆射。"

又曰："太康元年诏曰：尚书置左右仆射，所以恢演治典，协宣庶政。"

谢灵运《晋书》曰：古者重武事，贵射御，取其捷御如仆，各置一人，尚书六人，谓之八座。参摄百揆，出纳王命，古元凯之任也。

干宝《晋记》曰：武帝诏曰："散骑常侍、中军将军羊祜，秉德清劲，经纬文武，虽处腹心之任，不总枢机之重，非垂拱无为，委任责成之意也。以祜为尚书左仆射卫将军。"

《晋诸公赞》曰：司马珪少时有令望，早历显职，晋受禅为尚书左仆射，时年三十七，众论以为美。

《晋书百官注》曰：仆射一人，铜印、墨绶，五时朝服，纳言帻，进贤冠，佩水苍玉。官品第三，俸月四十五石。

《晋公卿礼秩》曰：尚书仆射，魏晋以来或置左右，或不置。

《晋中兴书》曰：顾和，康帝即位为尚书仆射，以母老固辞。诏敕特谕，暮出朝还，其优遇如此。

又曰：纪瞻字士远，为右仆射。肃祖尝内殿慨然忧天下曰："社稷之臣，欲无复十人如何？”因数之云：“君便是一人。”瞻谢曰：“臣不敢闻命。”肃祖曰：“方欲与君善语，云何复崇谦让耶。”瞻以年在悬车，自陈告老。诏曰：“岂朕德薄，不足以为治乎？”

又曰：王珣拜尚书左仆射，领吏部，时烈宗雅好典籍，深钦爱之，与殷仲堪、徐邈并以才学文章为上所昵。桓玄《答道子笺》云：“王珣明悟疏彻风流之美，虽逼于同异，才用不尽，然君子在朝，所益自多也。”

又曰：刁协字玄亮，除左仆射，时中兴草创，制度未立，朝臣无练习旧仪者。唯协以久在中朝，加性聪朗，多谙故事，朝廷宪体、出入威仪、唱赞一皆禀于协，当时称为强记。

《宋书》曰：刘延孙为尚书左仆射。延孙疾病，不任拜起，上使乘船自清溪至平昌门，仍入尚书下舍。

又曰：汉制，御史中丞遇尚书令，仆、丞郎车，皆预相回避，台官过乃得去。令尚书令上朝及下，禁断行人，犹其制也。尚书，汉称台，魏晋已降，方号曰省。

又王弘为仆射，奏弹康乐侯谢灵运：淫其孽女、杀兴湖江涘，请免官削爵，付大理内台。旧体不得用，风声举弹，此事彰赫，暴之朝野，不敢拱默。武帝令免官而已。

又曰：王裕之，字敬弘，元嘉三年为尚书仆射，所署文案，初不省读。尝豫听讼，上问疑狱，敬宏不对。上变色问左右，何故不以讯牒副仆射，敬弘曰：“臣乃得讯牒读之，正自不解。”上甚不悦。

《齐书》曰：王延之转左仆射。宗德既衰，太祖辅政，朝野之情，人怀彼此。延之与尚书令王僧虔中立无所去就，时人为之语曰：“二王持平，不送不迎。”太祖以此善之。

又曰：张绪，帝欲用绪为右仆射，以问王俭，俭曰：“绪少有清望，诚美选也，南士由来少居此职。”褚彦回曰：“俭少年，或未忆耳。江左用陆玩、顾和，皆南人也。”俭曰：“晋昏衰政，不可为则。”

《齐职仪》曰：魏朝以尚书仆射毛玠领选曹，晋武以仆射领吏曹，后依拟至今，或领焉。

《南燕书》曰：慕容德以右仆射封嵩为左仆射，尚书韩谆为右仆射。时嵩、谆并年三十，又以嵩弟蝠为西中郎将，谆弟轨为中郎将，嵩等俱拜，帝临轩诏令四人同入，嵩等升殿方谢，帝顾曰："跃二龙于长衢，骋双骥于千里。"朝野荣之。

《后魏书》曰：郭祚为右仆射，时议定新令，诏祚与侍中、门下参议刊正。故事，令、仆射、中丞驺唱而入宫，至于驰道。及祚为仆射，以为非尽敬之宜，言于帝，纳之，下诏："御在太极，驺唱至止车门；御在朝堂，至司马门。"驺唱不入宫，自此始也。

又曰：赵善为尚书右仆射，性温恭有器局，虽位居端右而愈自谦退其职。务克举则曰："某官之力。"有罪责则曰："善之咎也。"时人称其有公辅之量。

又曰：元顺除吏部尚书右仆射，及上省登阶向榻，见榻甚故，问都令史徐仵，仵起曰："此榻曾经先王坐。"顺即哽塞，涕泗交流，久而不能言，遂令换之。

又曰：阳平王新成之子钦，字思若，累迁尚书右仆射。钦色黑，故时人号为黑面仆射。

《三国典略》曰：东魏以孙腾兼尚书左仆射，府库关钥，一以委之。

又曰：北齐王晋明，豪侈有气侠，留心经史，招引宾客。尝为尚书右仆射，百馀日便谢病而退。告人云："废人饮酒，安能作刀笔吏，披故纸乎？"

《北齐书》曰：高隆之为尚书右仆射，时初给民田，贵势皆占良美，贫弱咸受瘠薄。隆之启高祖，悉更反易，乃得均平。

《后周书》曰：周惠达为右仆射，自关右草创，礼乐缺然，惠达与礼乐官损益旧章，至是仪轨稍备。魏文帝因朝奏乐，顾谓惠达曰："此卿之功也。"

又曰：李远除尚书左仆射，远白太祖曰："远秦陇匹夫，才艺俱缺，平生念望不过一郡守耳。遭逢际会，得奉圣明，主贵臣迁，以至于此。今位居上列，爵迈通侯，受委方面，生杀在手，非直荣宠一时，亦足光华身世。但尚书仆射，任居端揆，今以赐授，适所以重其罪责。明主若欲全之，乞寝此授。”太祖曰：“公勋德兼美，朝廷敬肃，选众而举，何足为辞！且孤之于公，义等骨肉，岂容于官位之间便致退让？深乖所望也。”远不得已，方拜职。

《陈书》曰：袁宪迁右仆射，参掌选军事。先是，宪长兄简懿为左仆射，至是宪为右仆射，台省目简懿为大仆射，宪为小仆射，朝廷荣之。

《隋书》曰：杨素为右仆射，与高颎专掌朝政，后文帝渐疏忌素，诏曰：“仆射，国之宰辅，不可躬亲细务，但三五日一度，向省平论大事。”外示崇重，实夺其权。

《唐书》曰：太宗谓房玄龄、杜如晦曰：“为仆射，当须广开耳目，求访贤哲。有武艺谋略、才堪抚众者，任以边事；有经明德行，性理通悟者，任以侍臣；有明干清悫、处事公平者，任以剧务；有学通今古，识达政术者，任以理人。此乃宰相之弘益也。比闻听受辞讼，日不暇给，安能助朕求贤哉？”因敕：尚书细务属左右丞，唯枉屈大事合闻奏者关于仆射。

又曰：戴至德为仆射，时与刘仁轨更日受词讼。尝有老母经省陈词，至德已收牒省视，老母前曰：“本谓是解事仆射，所以来诉；公乃是不解事仆射，请却付牒来也。”至德笑而还之，议者尤称其长者焉。

又曰：元和中，裴均为仆射，于尚书省都堂上事，其送印及呈孔目、唱案、授案，皆使尚书郎为之。又三品已上官升阶列坐，四品、五品及郎官、御史拜于厅下，然后召御史中丞、左右丞升阶答拜。初，开元中张说为右丞相，因制仪注自极尊大，自非中书门下及诸三品已上官，是日皆坐受拜。或征其所从来，答曰：“圣历中王及善、豆卢钦望同日拜文昌左右丞，亦同此仪。当时以说方承恩宠，不敢复诘，因为故事，非旧典也。均交结权幸而得贵位，在班列尝逾位而立，御史中丞卢坦请退之，均不受。坦曰：“姚南仲为仆射例如此。”曰：“南仲何人?"坦曰:"南仲,是守正而不交权幸者也。"寻罢坦为右庶子,时人归咎于均。

又曰:宝历中,左仆射李绛与御史中丞王璠相遇于道,璠车不为之却,因上言:"故事云,左右仆射,师长庶僚,开元中以为左右丞相,其后虽去三事机务,犹总百司之权,表状之中不署其姓。尚书已下,每月合衙上日,百寮列班,宰相送上,中丞御史列位于庭。礼数之崇,中外特异,所以自武帝贞观已来,圣君贤臣布政除弊,不革此礼,谓为合宜。苟有不安,寻亦合废。近年缘有才不当职、恩加特拜者,遂从权便,不用旧仪,酌于群情,事实非当。今或有仆射初除就中丞院门相见者,即与就参何殊?或中丞新授,亦无见仆射之处。又参贺处,或仆射先至,中丞后来,宪度乖宜,尊卑倒置。倘人才忝位,自合别授贤良;若朝命守官,岂得有亏法制!伏望下百僚,重详定事体,使永可遵行。"奉敕宜令左右常侍、谏议大夫、给事中、中书舍人详议闻奏。元和中,太常博士韦谦举奏削去旧仪,今绛上论于体甚当。然其时,璠党方盛,致绛改官,共寝其仪。

又曰:李程,太和中为左仆射、中谢,日奏曰:"臣所忝官上礼,前后仪注不同。在元和、长庆中,仆射数人,上日不受四品已下官拜。近日再定仪注,四品已下官悉许受拜,王涯窦易直已行之于前。今御史云已闻奏太常寺,定取十五日上,臣进退未知所据。"时中丞李汉以为受四品已下拜太重,敕曰:"仆射上仪近已详定,所缘拜礼皆约令文,已经施行,不合更改,宜准大和四年十一月十六日敕处分。"

《锺离意别传》曰:意为尚书仆射,其年匈奴来降,诏赐缣三百疋,尚书侍郎暨酆受诏,误以三千疋赐匈奴。诏大怒,鞭酆欲死,意独排省阁入谏,明帝以合大义。恚损怒消,帝谓意曰:"非锺离尚书,朕几降威于此郎。"

《世说》曰:周伯仁过江,积年恒大饮酒,尝经三日醒,时人谓为三日仆射。

《唐书官品志》曰:仆射为执法,置二,则为左右仆射,皆与令同。左纠弹而右不纠弹。

《唐新语》曰：自武德至长安四年已前，仆射并是正宰相，故太宗谓房玄龄等曰："公为宰相，当须大开耳目，求访贤哲。"即其事也。神龙初，豆卢钦望为仆射，不带同中书门下三品，不敢参议政事，后加知军国事。韦安石为仆射，东都留守，自后仆射不知政事。

太平御览卷第二百一十二 职官部十

总叙尚书

韦昭《辩释名》曰：尚，上也。言最在上，总领之也。辩云：尚，犹奉也。百官言事，当省案平处奉之，故曰尚书。尚食、尚方亦然。

《周礼》曰：司会，中大夫二人。注：司会主天下之大计，计官之长，若今之尚书。

《汉书·百官表》曰：成帝初，置尚书员五人。如淳曰：主天子书、主天子物皆曰尚，如主婿曰尚主者也。

《东观汉记》曰：章帝东巡过任城，乃幸郑均舍，敕赐尚书禄以终其身，故时人号为白衣尚书。

又曰：章帝赐尚书剑各一，手署姓名：韩棱，楚龙泉；郅寿，蜀汉文剑；陈宠，济南锻成。一室丙两刃，其馀皆平剑。其时，论者以为棱渊深有谋，故得龙泉；寿明达有文章，故得蜀汉文剑；宠敦朴，有善于内，不见于外，故得锻成剑。皆因名而表意。

《后汉书》曰：杨乔为尚书，容仪伟丽，数上言政事。桓帝爱其才貌，诏妻以公主。乔固辞，不听。遂闭口不食，七日而死。

《续汉书·百官志》曰：尚书，秩六百硕。成帝建始四年，罢中书宦官，置尚书。员五人，一人为仆射，分为四曹，通掌图书、秘记、章奏，各有曹任常侍，主丞相、御史、公卿事。二千石曹主刺史郡国事，民曹主吏民上书事，客曹主外国夷狄事。而成帝又置三公曹，主断狱，共为五曹。世祖又分增三公为二曹，其一曹主岁尽课州郡事，改常侍曹为吏曹，主选举祠祀；民曹主缮治、攻作、盐池、苑囿；客曹主护驾、羌胡朝贺；二千石曹主辞讼；中都官主水火盗贼。与三公为六曹。

又曰：李固上疏云："陛下之有尚书，犹天之有北斗，北斗为天喉舌，尚书为陛下喉舌。"

谢承《后汉书》曰：陈禁字子雅，拜尚书。公卿朝，日晏无诏。禁问台上：“故事何时可罢？”对言：“已食辄有诏罢，今已宴。”禁曰：“宁可白耶！”尚书郎以上方宴乐，不敢白，禁使罢。公卿既罢，上问左右：“今未有诏而罢朝，何也？”尚书直对曰：“陈禁命罢。”上曰：“勿复问也。”禁在台二年，尝病，令仆射数奏，久病满百日，请辄免。有诏赐金帛医药。

又曰：张陵字处仲，为尚书。首岁朝，梁冀带剑入省，陵叱冀令出，敕虎贲夺其剑，冀跪谢。陵劾之，诏以岁俸赎罪，百僚肃然。冀弟不疑曾举陵，后疾冀。不疑谓曰：“昔举君所以自罚也。”陵曰：“明府不以陵不肖，误见擢序陵申公宪，非报私恩耳！”不疑有惭色。

又曰：翟酺字子广，为侍中。时尚书有缺，诏将军大夫六百石以上，试对政事、天文、道术，以高第者补之。由是，酺对第一，拜尚书。

又曰：魏朗字少英，入为尚书，再升紫微，謇谔禁省，不屈豪右，为百僚所服。以党事免。朗性矜严，闭门整法，长吏希见，动有礼序，室家相待如宾，子孙如事严君焉。

又曰：蔡邕字伯喈，以持书御史迁尚书，三月之间，周历三台。

又曰：锺离意，字子阿，明帝征为尚书。交阯太守坐赃伏法，以资物簿入大司农。诏颁赐群臣，意得珠玑，悉以委地而不拜。帝怪，问其故，对曰：“臣闻孔子忍渴于盗泉之水，曾参回车于胜母之乡，恶其名也。赃秽之宝不敢拜。”帝笑曰：“清乎，尚书！”赐钱三十万。

又曰：荀绲字伯条，拜尚书。绲性明亮，敏于众职，以勖群僚，秉机平正，直而行之。是时，内外公卿大夫莫不敬惮焉。

又曰：韦彪上疏曰：“欲急世所务，当先除其患，其源在尚书。尚书典枢机，天下事一决之，不可不察。”

《汉官解诂》曰：士之权贵不过尚书。

又曰：唐虞曰：“纳言，周官为内史，机事所总，号令攸发。

《汉官仪》曰：尚书，唐虞官也。《书》曰：“龙作纳言。”《诗》云：“仲山甫，王之喉舌。”秦改称尚书，汉亦尊此官典机密也。

应劭《汉官》：汉明帝诏曰："尚书，盖古之纳言，出纳朕命，机事不密则害成，可不慎欤？"

张璠《汉记》曰：朱穆党事禁固，征拜尚书。正月，百官朝贺毕，虎贲当陛置弓于地，谓群僚曰："此天子弓，谁敢干越！"百僚皆回避，不敢当。穆乃呵之曰："天子弓当载之于肩首之上，乃敢置地，大不谨不敬！"即收虎贲付诏狱治罪。莫不肃然，服其忠烈。

《魏志》曰：陈群为尚书，制九品为官人之法，群所建也。

又曰：许混字子劭，清淳有鉴识，明帝时为尚书。

又曰：丁谧字彦静，曹爽宿与相亲，拔为散骑常侍，转为尚书。在台阁，数有所弹驳，以势屈于爽，爽亦敬之。时谤书谓台中有三狗：二狗崖柴不可当，一狗凭点作疽囊。三狗谓何、邓、丁也。点者，爽小字也。意言三狗皆欲啮人而谧尤疽囊也。

又曰：孔礼字德远，为尚书。明帝方修台署，节气不和，天下少谷。礼固争，因罢役，制曰敬纳谠言。

《魏略》曰：帝游晏在内，选女子知书可付信者六人为女尚书，使典省外奏事，处当书可云也。

《吴志》曰：尚书熊睦见孙皓酷虐，微有谏，皓使人以刃环撞杀之，身无完肌也。

《晋书》曰：杜预为尚书，损益万机，不可胜数，朝野服焉。号曰杜武库，言其无所不有。

又曰：山涛转尚书，表辞年老。诏曰："方今多事，嘉谋良图委以老成也。"

又曰：刘颂为尚书，孙秀等推崇赵伦功宜加九锡，百僚莫敢异议。颂独曰："昔汉之锡魏、魏之锡晋，皆一时之用，非可通行。今宗庙乂安，虽嬖后被退，势臣受诛，用周勃诛诸吕而尊孝文，霍光废昌邑而奉孝宣，并无九锡之命。乱旧典而习权变，非先王之制。九锡之议，谓无所施。"

《晋康帝起居注》：诏曰："尚书，万事之本，朕所责成也。而廪秩俭薄，甚非治体。今虽军国多费，不为元凯惜禄，其依令、仆给尚书各亲信五十人廪赐。”

《晋中兴书》曰：蔡谟为尚书，上疏曰：“八座之任，非贤莫居。前后选用，名资有常。孔愉、诸葛恢，并以清节令才，素有名望。昔愉为御史中丞，臣尚为司徒长史；恢为会稽太守，臣为尚书郎；恢尹丹阳，臣守小郡。名辈不同，阶级殊悬。今猥以轻鄙，超逾等匹，上乱圣朝贯鱼之次，下违群士准平之论，岂唯微臣斯亡之诫，实贻圣政维尘之累。”

《宋书》曰：凡尚书官，大罪则免，小罪则出，出者百日无代人，听还本职。

《宋志》曰：今朝士诣三公，尚书丞郎诣令仆射尚书，并门外下车履，度门阃乃纳履。

《齐职仪》曰：尚书六人，品第三，秩六百户，进贤两梁冠，纳言帻，绛朝服，佩水苍玉，执笏负荷。

《梁书》曰：陆杲迁尚书，殿中曹郎拜日，八座丞、郎并到上省交礼，而杲至晚，不及时刻，坐免官也。

又曰：周舍问刘杳：“尚书官著紫荷，相传云挈囊，竟何所出？”答曰：“张安世传云：持橐簪笔事孝武帝数十年。注云：囊，囊，也，近臣簪笔以待顾问也。”

《后魏书》曰：肃宗灵太后，曾宴于华林园，举觞谓群臣曰：“袁尚书朕之杜预，欲以此杯敬属元凯，今为尽之。”侍座者莫不羡仰。翻名位俱重当时，贤达咸推与之。

《隋书》曰：于仲文，上以尚书文簿繁杂，吏多奸计，令仲文勘录省中事，其所发擿甚多。上嘉其明断，厚加劳赏焉。

《唐新语》曰：玄宗欲以牛仙客为尚书，张九龄谏曰：“不可。尚书古之纳言，有唐已来多用旧相居之。不然，历践内外清贵之地，妙有德望者充之。仙客本河湟一使典耳，拔升清流，齿班常伯，此官邪也。”

《益都耆旧传》曰：太尉李固荐杨淮累世服事台阁，既闲练旧典，且有干用，宜在机密，特拜尚书。固薨，免官。尚书令陈蕃表行状，复征为尚书。

《会稽典录》曰：郑弘拜尚书。《旧典》：科郎满，补县长令史为丞尉。弘奏以为台职尊而赏薄，人无乐者，请使郎补县令史为长。上从其议。自此为始。

《通典》曰：尚书，出纳王命，敷奏万机，盖王政之所由宣，选举之所由定，罪赏之所由正。斯乃文昌天府，众务泉薮，内外所折衷，远近所禀仰。故李固云："陛下之有尚书，犹天之有北斗，斟酌元气，运平四时，是为喉舌。"

郭子曰：王公有幸妾，姓雷，颇预政事、纳货，蔡公谓之雷尚书。

又曰：傅嘏字兰石，为尚书，大小无不总。

桓子《新论》曰：昔尧试舜于大麓。麓者，领录天下事，如今之尚书官矣。宜得大贤智，乃可使处议持平。

王昶《考课事》曰：尚书侍中考课：一曰掌建六材以考官人，二曰综理万机以考庶绩，三曰：进视惟允以考谠言，四曰出纳王命以考赋政，五曰罚法以考典刑。

应璩书曰：知杨生翻然遂登纳言，虽有所越，亦其宜也。傅说弃板筑而为殷相，吕望投渭竿而为周师，卓茂起闾里而为汉宰。若此翁者，乃奇耳。琐琐尚书，执宪之吏，曷以为异哉！

太平御览卷第二百一十三 职官部十一

左丞

《六典》曰：左右丞掌管辖省事，纠举宪章，以辨六官之仪制，而正其文法，分而视焉。

《汉官典职》曰：尚书左右丞，典台事，绳纠，无所不总。

《续汉书·百官志》曰：左丞掌录尚书，吏人上章，百官威仪。

《汉官仪》曰：汉制：八座、丞、郎初拜，并集都堂交礼，迁，又解交。

《晋书·百官表志注》曰：左右丞，俸月三十斛，左丞主台内禁令、宗庙祠祀、朝仪射制、弹案选用署吏，稽近道文书，给假。

《晋书》曰：刘暾字长叔，为尚书左丞，正色在朝，三台清肃。

又曰：郄诜为尚书左丞，推奏吏部尚书崔洪，洪曰："举诜丞而还奏我，此谓挽弩自射。"诜曰："赵宣子任韩厥为司马，而厥以军法戮宣子；崔侯为国举才，我以才见举，唯官是视，各明至公，何故其言乃至于此？"洪闻而悦服之。

又曰：傅咸为尚书左丞。时尚书郭奕，咸故将也。累辞病疾不起，复不上朝。又自表妹葬，乞出临丧，诏书听许，咸举奏之。

又曰：郄弘始为尚书郎，转左右丞，在朝为百僚所惮，后坐泄事免。

《晋诸公赞》曰：许奇为尚书左丞，有准绳操。

又曰：傅咸字长虞，为左丞，台阁小大，望风自肃。

《晋中兴书》曰：荀蕤字令远，迁左丞。时桓温平蜀，朝廷欲以豫章封温，蕤谓太宗曰："若温复假主威平定河洛，修复山陵，将复何以加之？"遂止。

沈约《宋书》曰：何承天为中丞，与尚书左丞谢元素不相善，二人竞伺二台之违，累相纠奏。

《宋书·百官志》曰：晋宋之世，左丞主台内禁令、宗庙祠祀、朝仪礼制、选用署吏，纠诸不法，无所回避。

《三国典略》曰：北齐张耀尝为尚书左丞，文宣近出，令耀居守。文宣夜还，耀不开门，勒兵严备，火至，看面然后开迎。文宣笑曰："卿欲学郅君章也。"赐以锦袍，以其忠勤，深见亲待。

《梁书》曰：贺琛迁尚书左丞，并参礼仪事。琛前后居职，凡郊庙诸议，多所创定。每见高祖，与语，常移晷刻，故省中为之语曰："上殿不下有贺雅。"琛容止都雅，故时人呼之。

又曰：刘孺弟览除尚书左丞。性聪敏，尚书令史七百人，一见并记姓名。当官清正，无所私。姊夫御史中丞褚湮，从兄吏部郎李绰，在职颇通赃货，览劾奏，并免官。李绰怨之，常谓人曰："犬啮行路，览噬家人。"

《北史》曰：郎茂，炀帝即位为尚书左丞。时工部尚书宇文恺、右翊卫大将军于仲文竟河东银窟，茂奏劾："恺位已隆，禄赐优厚，拔葵去织，寂尔无闻，求利下交，曾无愧色。仲文大将军宿卫近臣，趋侍阶庭，朝夕闻道，虞芮之风，抑而不慕，分诛之利，知而必争，何以贻范庶僚、示人轨物？"恺与仲文竟坐得罪。

《隋书》曰：杨汪字元度。高祖尝谓谏议大夫王达曰："卿为我觅一好左丞。"达遂私于汪曰："我当荐君为左丞，若事果，当以良田相报也。"汪以达所言奏之，达竟以获罪。卒拜汪为尚书左丞。汪明习法令，果于剖断，当时号为称职。

《唐书》曰：赵涓，永泰初为监察御史。时禁中失火，焚室数十间，火起处与东宫稍近，代宗深疑之。涓为巡使，俾令即讯，涓周历壖囿，按据迹状，乃上直中官遗火所致也。推鞫明审，颇尽事情。既奏，代宗称赏焉。德宗时在东宫，常感涓之究理详细。及刺衢州年考既深，又与观察使韩滉不相得，滉奏免涓官。德宗见其名，谓宰相曰："岂非永泰初御史赵涓乎？"对曰："然"。即日拜尚书左丞。

《唐新语》曰：杨昉为左丞，时宇文化及子孙理资荫朝廷，以事隔两朝，且其家亲族亦众多，为言者所司。理之至于左司，昉未详其案状，诉者以道理已成，无复凝滞，勃然逼昉。昉曰："适朝退未食，食毕当详案。"诉者曰："公云未食，亦知天下有累年羁旅诉者乎？"昉遽命案，立批之曰："父杀隋主，子诉隋资，生者犹配远方，死者无宜更叙。"时人深赏之。

《傅咸表》曰：左丞职轻事重，以贱制贵，所以难居。臣以暗劣，猥忝斯任，愧于不称，惧罪之及，夙夜惶恐，寝食无宁。

《卞壶弹尚书丞郎事》曰：旧丞、郎取急及属出，皆尚有对，使职局不废，而昨左右二丞及诸郎皆出，唯次直二郎在，设使有兵火警急，便为无复行事者。二丞顿行，无印可以封符疏。此之逋慢，莫斯之甚！

《傅咸答辛旷诗序》曰：尚书左丞弹八座以下，居万机之会。斯乃皇朝之司直，天台之管辖。余前为右丞，具知此职之要；后忝此任，僶俛从事，日慎一日。

右丞

《续汉书·百官志》曰：尚书右丞一人，四百石，掌录文书、期会、假署印绶及笔墨诸材用。

《汉官仪》曰：尚书左右丞，秩各四百石，迁刺史。

《晋书百官表注》曰：右丞主台内库藏、廨舍、量物用多少及廪赐、民户、租布、刑狱、兵器，稽远道文书、章表、奏事。

《晋中兴书》曰：王国宝因酒坐怒右丞祖台之，攘袂唤呼，以盘盏乐器掷台之，复为有司所弹。烈宗诏曰："国宝纵肆情性，其不可长；台之懦弱非监司体，其免官。"

沈约《宋书》曰：晋西朝八座丞、郎，朝晡诣都座朝；江左唯旦朝而已。八座丞郎初拜，并集都座交礼，迁又解交，汉旧制也。今唯八座解交，丞、郎不复解交。

《宋书·百官志》曰：右丞掌台内库藏，凡诸器物、廨舍、刑狱、兵器。

《唐书》曰：宇文节为尚书右丞，明习法令，以干局见称。时江夏王道宗，尝以私事托于节，遂奏之。太宗大悦，赐绢二百匹，仍劳之曰："朕所以不置左右仆射者，正以卿在省耳。"

又曰：韦温为尚书右丞，吏部员外张文规父弘靖，长庆初在幽州为朱克融所囚，文规不时省赴。人士喧然，罪之。温居纲辖，首纠其事，出文规为安州刺史。

《五代史·后唐书》曰：梁开平二年，改左右丞为左右司侍郎，避庙讳也。至同光年十月复旧为左右丞，长兴元年九月诏曰："台辖之司，官资并设左右貂，素来相类，左右揆不至相悬。以此比方，岂宜各别。自此宜升尚书右丞官品，与左丞并为正四品。"

左司郎中 左司员外郎

《六典》曰：左、右司郎中、员外郎各掌付十有二司之事，以举正稽违，省署符目焉。凡都省掌举诸司之纲纪与其百僚之程式，以正邦理，以宣邦教。

《隋书》曰：炀帝三年，尚书都司始置左右司，郎各一人，品同诸曹郎从五品。掌都省之职。

《唐职员令》曰：左右司郎中，掌副左右丞所管诸司事。署抄目，举稽失，知台内宿直。若本司郎中不在并行之。

右司郎中 右司员外郎

《隋书》曰：骨仪迁尚书右司郎。于时政渐乱浊，货赂公行，凡当枢要之职，无问贵贱，并家累金宝。天下士大夫莫不变节，而仪励志守常，介然独立。

令史

《汉官仪》曰：能通苍颉史篇，补兰台令史；满岁，补尚书令史；满岁，为尚书郎。出亦与郎同，宰百里，郎与令史分职受书。令史见仆射、尚书，执板拜；见丞、郎，执板揖。

《续汉书·百官志》曰：尚书令史十八人，人二百石。曹有三人主书，后增列曹三人，合二十一人。

华峤《后汉书》：韦彪上疏曰："有楚狱事繁，故置尚书令史以助郎。"

《晋书》曰：陈寿少仕蜀，在观阁为令史，又为郎。宦人黄皓专弄朝政，大将军阎宇等皆曲躬事皓以营时务，寿独峻然，皓乃自禅与杖。

又曰：赵孟字长舒，入补尚书郎令史，善于清谈，有国士之风。其面有疵点，诸事不决，皆言当问疵面。

《齐职仪》曰：自魏晋宋齐，正令史、书令史皆有品秩，朱衣执板，进贤一梁冠。

杨楞伽《北齐邺都故事》曰：尚书郎判事，正令史侧坐，书令史过事。

《典略》曰：边让字文礼，陈留人，将军何进闻其名，欲以礼辟。恐不肯来，乃托以军事召之，到署令史。进以礼见之，让占对闲叙，声气如流。其时，坐席宾客有百数，皆高慕之。

太平御览卷第二百一十四 职官部十二

吏部尚书

《六典》曰：吏部尚书、侍郎之职，掌天下官吏选授、勋封、考课之政令。其属有四：一曰吏部，二曰司封，三曰司勋，四曰考功，总其职务而行其制命。凡中外百司之事，由于所属，皆质正焉。

《后汉书》曰：光武改常侍曹为吏部曹，主举选、斋祀事。

《魏志》曰：卢毓为侍中，在职三年，多所驳易。诏曰："官人秩才，圣帝所难，必须良佐，进可替否。侍中毓禀性贞固，心平体正，可谓明试有功、不懈于位者也。其以毓为吏部尚书。"使毓自选代，曰："得如卿者乃可。"毓举常侍郑冲，帝曰："文和，吾自知之，更举吾所未闻者。"乃举阮武、孙邕，帝于是用邕。

《吴志》注曰：李肃字伟恭，南阳人。少以才闻，善论议，臧否得中，甄奇录异，荐述后进，题目品藻，曲有条贯，众人以此服之。权擢为选曹尚书，选举号为得才。

又曰：暨艳字子休，为选曹尚书。性峭厉，好清议。当时郎署混浊，多非其人，欲区别贤愚，弹指百僚，核选三署，皆贬高就下，降损数等。其居位贪鄙、志节污卑者，皆以为军吏，置营府以处之。故怨愤声积，竞言艳用私情，爱憎不由公理，艳坐自杀。

又曰：陆喜字文仲，颇涉文籍，好人伦。孙皓时为选曹尚书。

又曰：薛综为选部尚书，固让顾谭曰："谭心精体密，贯道达微，才照人物，德服众望，诚非臣所右越先。"后遂代综。

《晋书》曰：山涛为吏部尚书。涛用人皆先密启，然后公奏。

又曰：邓攸为吏部尚书，当时清静，内外肃然。后牧马于家庭，妻息素食，不受一钱。

又曰：嵇绍字延祖，裴頠亦深器之。每曰："使延祖为吏部尚书，可使天下无复遗才矣。”

又曰：王戎为左仆射，领吏部尚书。自戎居选，未尝进一寒素，退一虚名，理一冤枉，杀一疽嫉，随其沉浮，门调户选。好营生，广收八方，园田水碓周遍天下。聚敛积实，不知纪极。

又曰：吴隐之与太常韩康伯邻居。康伯母，殷浩之姊，贤明妇人也。每闻隐之哭声，辍餐投杼为之悲泣，既而谓康伯曰：“若居铨衡，当举此辈人。”及康伯为吏部尚书，隐之遂阶清级。

又曰：蔡克居选官，苟进之徒望风畏惮。初，克未仕时，河内山简尝与琅邪王衍书曰：“蔡子尼，今之正人。”衍以书示众曰：“山子以一字拔人，然未易可称。”后衍闻克在选官，曰：“山子正人之言，验于今矣。”

《晋起居注》曰：太康四年八月诏曰：“选曹铨管人才，宜得忠恪寡欲、抑华崇本者。尚书朱整、周慎，廉敬以道素自居，是其人也。其以整为吏部尚书。”

虞预《晋书》曰：卢钦字子若，少好学，为尚书仆射，领吏部。钦清实，选举称为廉平。

《晋阳秋》曰：陈群为吏部尚书，制九品格，登用皆由中正考之簿册，然后授任。

《晋书诸公赞》曰：李胤为吏部尚书，正身率职不挠，故能行其所见，遂刊定选例而著于今。

《宋书》曰：颜竣为吏部尚书，留心选举，自强不息，任遇既隆，奏无不可。后谢庄代竣，意多不行。竣容貌严毅；庄风姿甚美，宾客喧诉，常欢笑答之。时人语曰：“颜竣嗔而与人官，谢庄笑而不与人官。”

又曰：蔡廓为吏部尚书。廓因傅隆问傅亮，选事若悉以见付不论，不然不能拜。亮以语录尚书徐羡之，羡之曰：“黄门已下悉以委蔡，自此已上宜共参同异。”廓曰：“我不能为徐干木署纸尾。”遂不拜。干木，羡之小字也。选案录尚书与吏部尚书连名，故廓云纸尾。

又曰：王弘自领选，将加荣禄于人者，每先呵责谴辱之，然后施行。若美相盼、接语欣欢者，必无所谐。人问其故，答曰：“王爵既加于人，又相抚劳，便成与主分功，此所谓奸以事君者也。若求者绝官叙之分，既无以为惠，又不微借颜色，即大成怨府，亦鄙薄所不任。”问者悦伏。

又曰：江湛为吏部尚书，家甚贫，不营财利，饷馈盈门，一无所受，无兼衣馀食。尝为上所召，遇浣衣，称疾，经日衣成然后赴。

又曰：庾仲文，性好洁，为吏部尚书，用少府卿刘道锡为广州刺史，道锡至镇饷白檀牵车，常自乘焉。或以白文帝，帝见问曰：“道锡饷卿小车，装饰甚丽，有之乎？”仲文惧，起谢。

又曰：庾炳之为吏部尚书，通货贿。吏部令史钱泰能弹琵琶，主客令史周伯齐善歌，诣炳之宅咨事，因留宿。尚书旧制：令史咨事不得宿停外，虽有八座命亦不许。为所司奏，免官也。

又曰：少帝即位，以蔡廓为吏部尚书，不肯拜，乃以王惠代焉。惠被召即拜。未尝接客，人有与书求官者，得辄聚置阁上，及去职，其封如初。时谈者以廓之不拜、惠之即拜，虽事异而意同也。

《齐书》曰：褚彦回迁吏部尚书，有人求官，密袖中将一饼金，因求清闲，出金示之曰：“人无知者。”彦回曰：“卿自应得官，无假此物。若必见与，不得不相启。”此人大惧，收金而去。彦回叙其事而不言其名，时人莫之知也。

又曰：褚炫为吏部尚书。炫居身清立，非吊问不杂交游，论者以为美。及在选部，门庭萧索，宾客罕至。出行，左右常捧一黄纸帽，风吹纸剥殆尽。

《南史》曰：初，谢朓告王敬则，敬则女为朓妻，常怀刀欲报朓，朓不敢相见。及当拜吏部，谦挹尤甚，尚书郎范缜嘲之曰：“卿人才无惭小选，但恨不可刑于寡妻。”朓有愧色。

《南史》曰：蔡征拜吏部尚书，启后主借鼓吹，后主谓所司曰：“鼓吹军乐，有功乃授，蔡征不自量，揆紊我朝章。然其父景历既有缔构之功，宜且如启。”拜讫，即追还。

《梁书》曰：萧子明为吏部尚书，性凝简，负才气。见九流宾客，不与交言，但举扇一挥而已。衣冠窃恨之。

又曰：谢览字景涤，朏之弟、瀹之子也。自祖至孙三代居选部，时以为荣。

又曰：王泰字仲通，为都官尚书，能接人士，士皆愿其居选官。顷之，为吏部尚书。衣冠倾属。

又曰：谢举字言扬，迁掌吏部。举祖庄宋代再典选，至举又三为此职，前代未有也。

崔鸿《十六国春秋》曰：永宁伯郭抚，字仲安，金城人也。初，为吏部尚书，与郎姚范清心虚求，搜扬俊乂，内外称之，以拟魏之崔、毛。

《后魏书》曰：崔玄伯迁吏部尚书，命有司制官爵、撰朝仪、协音乐、定律令、申科禁，玄伯总而裁之，以为永式。及置八部大夫，拟八座，玄伯通署三十六曹，如令、仆统事。

又曰：崔亮迁吏部尚书，时羽楚新害张彝之后，灵太后令武官得依资入选。官员既少，应选者多，前尚书李韶循常擢人，百姓大为嗟怨。亮乃奏为格制，不问士之贤愚，专以停解日月为断。虽复官须此人，停日后者终于不得；庸才下品，年月久者灼然先用。沉滞者皆称其能。

又曰：郭祚为吏部。祚持身洁清，重惜官位，至于铨授，假令得人，必徘徊久之然后下笔，下笔即云："此人便以贵矣。"由是颇劳滞，当时每招怨言。然所用者，皆量才称职，时人以此归之。

又曰：元顺为吏部尚书，时三公曹令史朱晖，素事录尚书、高阳王雍，雍欲以为廷尉评，频频托顺，顺不为用。雍遂下命用之，顺投之于地。雍闻之，大怒，昧爽坐都厅，召尚书及丞郎毕集，欲待顺至，于众挫之。顺日高方至，雍攘袂抚几而言曰："身天子之子，天子之弟，天子之叔，天子之相，四海之内，亲尊莫二，元顺何人，以身成命投弃于地！"顺须眉俱张，仰面看屋，愤气奔涌，长嘘而不言。久之，摇一白羽扇，徐而谓雍曰："高祖迁宅中土，创定九流，官方清浊，轨仪万古。而朱晖小人，身为省史，何令为廷尉清官！殿下既先皇同气，宜遵成旨，自有短垣而复逾之。"雍曰："身为丞相、录尚书，如何不得用一人为官？”顺曰：“庖人虽不理庖，尸祝不得越樽俎而代之。未闻有别旨，令殿下参选事。”顺又厉声曰：“殿下必如是，顺当依事奏闻！”雍遂笑而言曰：“岂可以朱晖小人，便相忿恨。”遂起，呼顺入室，与之极饮。顺之亢毅不挠，皆此类也。

又曰：元脩义迁吏部尚书，及在铨衡，唯事货贿，授官大小，皆有定价。时中散大夫高居者，有旨先叙，上党郡缺，遂求之。脩义私已许人，抑居不与。居大言不逊。修义命左右台曳之。居对众大呼天唱贼。人问居曰：“白日公庭，安得有贼？”居指脩义曰：“此座上者，违天子明诏，物多者得官，京师白劫，此非大贼乎？”脩义失色。居行骂而出。

《三国典略》曰：东魏以杨愔典选，尝六十人为一甲。愔令其自叙讫，不省文簿，便次第呼之，呼误以“慕容”为“长孙”一人而已。有职人鲁漫汉，自言微贱不蒙记。愔曰：“卿前在元子思坊乘驴遥见我，不下，以方麹障面，我何不识卿耶？”漫汉惊服。愔又谓之曰：“名以定体，果自不虚。”令史唱名误以卢士深为士琛，深自言其名。愔曰：“卢郎朗润，所以加玉。”

《北齐书》曰：段孝言为吏部尚书。孝言既无深鉴，又待物不平，抽擢之徒，非贿则旧。有将作丞崔成，忽于众中抗言曰：“尚书，天下尚书，岂独段家尚书也！”孝言无辞以答，唯厉色遣下而已。

又曰：陈·孔奂为吏部尚书，太子叔宝欲以江总为太子詹事，令管记陆瑜言之于奂。奂谓瑜曰：“江有潘、陆之才，而无园、绮之实，辅弼储后，窃有所难。”瑜具以白太子，太子深以为恨。乃自言于陈主，将许之，奂乃启曰：“江总，文章之人，今太子文藻不少，无藉于总！如臣愚见，愿选敦重之才以居辅导。”陈主曰：“即如卿言，谁当居此？”奂曰：“尚书王廓，世有懿德，识性敦敏，可以居之。”太子时亦在侧，乃曰：“廓，王泰之子，不可为太子詹事。”奂又启曰：“宋朝范蔚宗即范泰之子，亦为太子詹事，前世不疑。”太子固争之，陈主卒以总，果共太子为长夜之饮，养良娣陈氏为女。太子微行游总家，陈主怒而免之。

《隋书》曰：牛弘为吏部尚书，其选举先德行而后文才，所进用多称职。吏部侍郎高世本鉴赏机晤，清慎绝伦，然爽俊有余，迹以轻薄。时宰多以此疑之，唯弘深识其真，推心委任。隋之选举，于斯为最。

又曰：牛弘拜吏部尚书，时高祖又令弘与杨素、苏威、薛道衡、许善心、虞世基、崔子发等并召诸儒论新礼，降杀轻重，弘所立议，众咸推服之。仁寿二年，献皇后崩，王公已下不能定其仪注，杨素谓弘曰："公旧学时贤所仰，今日之事决在于公。"弘了不辞让，斯须之间，仪注悉备，皆有故实。素叹曰："衣冠礼乐，尽在此矣，非吾所及也。"

又曰：韦世康拜吏部尚书，前后十余年间，多所进拔，朝廷称为廉平。尝因休暇而谓子弟曰："吾闻功遂身退，古人常道。今年将耳顺，志在悬车，汝辈以为云何？"子福嗣答曰："大人澡身浴德，名立宦成，盈满之诫，先哲所重，欲追踪二疏，伏奉尊命。"

《唐书》曰：韦思谦弱冠举进士，累补应城令。岁馀调选，思谦在官，坐公事微殿，旧制多不进官。吏部尚书高季辅曰："自居选部，今始得此一人，岂以小疵而弃大德。"特进超授监察御史，由是知名。

又曰：李巽为吏部尚书，病极，郎官相率省疾。巽初不言其病，与之考校程课，商榷公利，至其夕而终。

《唐新语》曰：裴光廷为吏部，始制循资格以一贤愚。遵平辙者，喜其循常；负材用者，受其抑屈。宋璟固争不得。及光廷卒，有司定谥，以其用"循资格"非奖劝之道，谥为克平。

《先贤行状》曰：崔琰委授铨衡，总齐清议十有馀年，文武群才多所明拔，朝廷归美，天下称平。

《袁子》曰：魏家置吏部尚书，专选天下百官。夫用人，人君之所司，不可以假人者也。使治乱之柄，制在一人之手，权重而人才难居此职，称此才者，未有一也。

《世说》曰：王浚冲、裴叔则，二人总角诣锺士季，须臾去。后客问锺曰："二童是谁？"锺曰："裴楷清通，王戎简要，后二十年，此二贤为吏部尚书。当尔时，天下无滞才。"

《世语》曰：安定梁鹄，善八分书，初为吏部尚书，太祖求为洛阳令，鹄以为北部尉。鹄避地荆州，太祖定荆州。太祖求鹄，鹄乞以书赎死，乃令书信幡、宫门题。

《语林》曰：袁贞为监运，范玄平作吏部尚书。大坐，语袁："卿此选还不失护军。"袁曰："卿何事人中作市井。"

《魏名臣奏》曰：羽林右监朱遗言："天下之任非吏部尚书所能独办，令长以下可专付吏部，守以上八座举。"

《傅咸集·表》曰：昔毛玠为吏部尚书，无敢好衣美食者。魏武叹曰："孤之法不如毛尚书令，使吏部用心如毛玠，风俗之易在不难矣。"

太平御览卷第二百一十五 职官部十三

吏部侍郎

《隋书》曰：陆彦师为吏部侍郎。隋承周制，官无清浊。彦师在职，凡所任人，颇甄别于士庶。论者美之。

又曰：高孝基为吏部侍郎，房玄龄、杜如晦与选，孝基特加赏异。后以为知人。

又曰：炀帝以尚书六曹：吏部、礼部、兵部、刑部、民部、工部各置侍郎一人，以贰尚书之职。

《唐书》曰：高季辅为吏部侍郎，凡所铨叙，时称允当。从幸翠微宫，太宗赐金背镜一面，以表其清鉴焉。

又曰：天后以许子儒为天官侍郎，儒不以藻饰为意。其补官悉委令史勾直，时谓勾直曰平配。后崔玄暐为之，介然自守，绝于请谒。为职政者所忌，转文昌左丞，选司令史乃设斋自庆。武太后闻之，复拜为天官侍郎。

又曰：席豫为吏部侍郎，玄宗谓之曰："以卿前为考功，职事平允，故有此授。"豫典选六年，复有令誉。

又曰：房颖叔拜天官侍郎，自其高祖景伯至颖叔，四代咸居选部，时论荣之。

又曰：韦陟为吏部侍郎，常病选人冒名，接脚窃授。缺员既少，取士良难。正调者被挤，伪集者冒进。陟刚肠嫉恶，风彩严正，见选人疑其有瑕，按声盘诘，无不首伏。每岁皆赎得数百员阙，以待淹滞。常谓所亲曰："使陟知铨衡一二年，则无人可选矣。"

又曰：崔群征拜吏部侍郎，穆宗召见别殿，谓群曰："我升储位，知卿为羽翼。"群曰："先帝意元在陛下，顷者授陛下淮西节度使，臣奉命草制，且曰：'能辨南阳之牍，允符东海之贤。'若不知先帝深旨，臣岂敢轻言。

又曰：崔郸为兵部侍郎，本管判吏部东铨事。文宗勤于政道，每苦选曹讹弊延英，谓宰臣曰："吏部殊不选才，安得摭实无滥，可厘革否？"李石对曰："令录可以商量，他官且宜循旧。"上曰："循旧如配官耳，贤不肖安能甄别？"乃召三铨，谓之曰："卿等比选令录，如何注拟？"郸对曰："资叙相当，问其为治之术，视可否而拟之。"帝曰："依资合得而才劣者何授？"对曰："与边远慢官。"帝曰："如以不肖之才治边，民则疾苦可知也。凡朝廷求理，远近皆须得人；苟非其才，人受其弊矣。"

又曰：杨纂除吏部侍郎，前后典选十馀载，铨叙人伦，称为允当。然而抑文雅，进黠吏，观时任数，颇为时论所讥。

又曰：邓玄挺为吏部侍郎，既不称职，甚为时谈所鄙。又时患消渴病，选人因目为"邓渴"，榜于衢路。自有唐已来，掌选之失，未有如玄挺者。坐此左迁澧州刺史。

《唐新语》曰：裴行俭为吏部侍郎，赏拔苏味道、王励，曰："二公后当相次掌钧衡之任。"卒如其言。

又曰：韦陟尝任吏部侍郎，有一致仕官，叙五品，陟判之曰："青坛展庆，曾不立班；朱绂承荣，无宜卧拜。"时人推其强直。

又曰：姜晦为吏部侍郎，性聪悟，识理体。旧制：史曹舍宇悉布棘，以防令史与选人交通。及晦领选事，尽除之，大开铨门，示无所禁。私引致者，晦辄知之。召问，莫不首伏。初，朝廷以晦改革前规，咸以为不可。竟铨综得所，贿赂不行，举朝叹伏。

又曰：马载为吏部侍郎。时考功员外刘思立子宪为河内尉，思立今日亡，明日选人有索宪缺者，载深咨嗟，以为名教所不容，乃书其无行注于集。朝廷咸曰："真铨综流品之司，可谓振理风俗也。"其人比出选门，为众目所视，众口所讦，趑趄失步。

总叙尚书郎

《汉书》曰：南宫二十五星，应台郎位，故明帝云："郎官上应列宿。"即此也。

又曰：主父偃诣阙上书，朝奏暮召。入见所言九事，其八事为律令，其一事谏匈奴，上谓曰："公等安在，何相见之晚？"乃拜偃为郎中。

又曰：韩信为项羽郎中，数干以策而弗用。

《东观汉记》曰：樊梵字文高，为郎。每尝直事，驻车待漏；虽在闲署，冠剑不解于身。每斋祠，恐失时，张灯俯伏。为郎二十三岁，未尝被奏，三署服其慎重。

又曰：黄香为尚书郎，尝独止宿台上，昼夜不离省闼。上闻，善之。

又曰：阳嘉二年，汝南童子谢廉、河南赵建，年十二，各通一经，以太学初缮，应化而至，皆除郎中。

又曰：黄香知古今记，群书无不涉猎，兼好图谶、天官、星气、钟律、历算，穷极道术。京师号曰："天下无双，江夏黄童。"京师贵戚慕其声名，更馈衣物，拜尚书郎。

《后汉书》曰：冯豹拜尚书郎，忠勤不懈，每事未报，常俯伏省阁，或从昏至明。肃宗闻而嘉之，使黄门持被覆豹，敕令勿惊，由是数加赏赐。

又曰：冯勤除为郎中、给事尚书，以图议军粮，在事精勤，遂见亲识。每引进，帝辄顾谓左右曰："佳乎吏也！"由是使典诸侯封事。勤差量功次轻重，国土远近，地势丰薄，不相逾越，莫不厌服焉。自是封爵之制，非勤不定。帝益以为能。

又曰：药崧天性朴忠，家贫。为郎，常独直台上，无被枕杫，杫，思渍反。谓俎几也。《方言》云：蜀汉之郊曰杫。食糟糠。帝每夜入台，辄见崧，问其故，甚嘉之。自此诏太官赐尚书以下，朝夕餐给，帷被皂袍。

又曰：桓彬拜尚书郎，时中常侍曹节女婿冯方亦为郎，彬厉志操，与左丞刘歆、右丞杜希同好交善，未尝与方共酒食之会。方深怨之，遂彰言彬等为酒党。事下尚书令刘猛，猛雅善彬等，不举正其事；节大怒，劾奏猛，以为阿党，请收下诏狱，在朝者为之寒心。猛意气自若，旬日得出，免官禁锢。彬遂见废。

又曰：王译为尚书侍郎，台阁议奏常依义据法，为三台之表。

又曰：陈忠疏曰："尚书为王喉舌，而诸郎多文俗，鲜有雅才，每为诏文宣示内外，转相求请也。"

《续汉书》曰：胡广字伯始，举孝廉试为天下第一，旬日拜尚书郎。

又曰：徐防为尚书郎，性周密畏慎，在台阁典职十年，奏事三世，未尝有过。

谢承《后汉书》曰：尚书郎，《旧典》秩满迁令长。郑弘为仆射，奏以台职任尊而赏薄，人无乐者，请使郎补二千石，自此始也。

又曰：方储为郎中，章帝使文郎居左，武郎居右，储正位中，曰："臣文武兼备，在所施用。"上嘉其才，以繁乱丝付储使理，储拔佩刀而断之曰："反经任势，临事宜然。"

又曰：何汤拜郎中，守关阳门。候上微行夜还，汤闭门不纳，更从中东门入。明旦召诣太官赐食，诸门候皆夺俸。

华峤《后汉书》曰：馆陶公主为子求郎，不许，赐钱千万。明帝谓群臣曰："郎官上应列宿，非其人则民受其殃。"

又曰：窦攸笃学，退居，举孝廉为郎。世祖会百僚于灵台，得鼠如豹文，问群臣，攸曰："鼮鼠。"诏曰："何以知？"曰："见《尔雅》。"诏：书如攸言，赐帛三百，更敕诸王子从攸受《尔雅》。

又曰：明帝性褊察，尝以事怒郎乐崧，崧迳入床下。上怒甚，疾呼曰："郎出！郎出！"崧曰："天子穆穆，诸侯皇皇，未闻人君自起撞郎。"上乃舍之。

《汉官仪》曰：尚书郎四人：一主匈奴单于营部，一主羌夷吏民，一主天下户口、土田垦作，一主钱帛、贡献、委输。

又曰：尚书郎主作文书起草，夜更直五日于建礼门内。

又曰：尚书郎给青缣白绫被，以锦被，帷帐，毡褥，通中枕。太官供食，汤官供饼饵、五熟果实，下天子一等级。尚书史二人、女侍史二人，皆选端正从直。女侍执香炉，烧薰，从入台，护衣。奏事明光殿。省中皆胡粉涂画古贤人、烈女。郎握兰含香，趣走丹墀奏事，黄门郎与对揖，天子五时赐服。若郎处曹二年，赐迁二千石刺史。

又曰：尚书郎，初上诣台称守，满岁称尚书郎中，三年称侍郎。

《续汉书·百官志》曰：尚书郎三十六人，四百石。

《魏志》曰：明帝太和四年诏曰："世之质文，随教而变。兵乱以来，经学废绝，后生进趣，不由谟典，岂朕训导未洽，将进用者不以德显乎？其郎吏学通一经，才任牧民，博士课试，擢其高第者亟用；其浮华不务道本者，皆罢退之。

又曰：贾诩字文和，武威姑臧人也。少时人莫知，唯汉阳阎忠异之，谓有良、平之计。察孝廉为郎。

《魏略》曰：韩宣字景然。为尚书郎，尝以职事当受罚，已缚束竟杖未行。文帝辇过，问："是谁？"左右以实对。帝曰："是子建所道韩宣耶！"特原之。

又曰：姜维字伯约，郡欲表维以为将。维家本衣冠，不愿为将，郡因表拜郎中。

《吴志》曰：张纯字元基，少厉操行，学博才秀，而切问捷对，容止可观，擢拜郎中。

又曰：士燮字威彦，苍梧广信人。少游学京师，事颍川刘子奇治《左氏春秋》，察孝廉补尚书郎。

又曰：孙皓降晋，赐号归命侯，诸子为王者皆拜郎中。

《晋书》曰：魏舒字阳元，为尚书郎，时选郎或有非其人，论者欲有沙汰之言。舒曰："吾即其人也。"乃幞被遥出，同僚素无清议者，咸有自愧之色，谈者莫不咏其高。

又曰：索靖，同郡张勃特表靖以才艺绝人，宜在台阁，不宜远出边塞。武帝纳之，擢为尚书郎。

又曰：乐广为尚书郎，与何晏、邓飏等谈讲，卫瓘见而奇之曰："常恐微言将绝，今复闻之。"命诸子造焉。谓曰："此人之水镜也。每见此人，莹然犹披云雾而睹青天也。”

又曰：索靖子綝，字巨秀，少有逸群之量。靖每曰：“綝，廊庙之材，非简札之用，州、郡吏不足污吾儿也。”举秀才，除郎中，尝报兄仇，手杀三十七人，时人壮之。

又曰：吴隐之兄坦之，为袁真功曹。真败，将及祸，隐之诣桓温乞代兄命，温矜而释之，遂为温所知赏，拜奉朝请尚书郎中。

又曰：嵇含言于长沙王乂曰：“昔魏武每有军事，增置掾属。尚书令陈矫以有军事，亦奏增郎。况今郎官中骑三曹昼出督战，夜还理事，一人两役，内外废乏。含谓之各有主师，委之大将，不宜复令台僚杂与其门。”乂从之，乃增郎及令史也。

又曰：贾充改为律令，以裴楷为定科郎。

《晋中兴书》曰：王彪之字叔虎，从伯遵谓曰：“选官欲以汝达，可作诸王佐郎。”彪曰：“位之多少既不足计，自当任之于时，至于超迁，是所不愿。”遂为郎。

又曰：王坦之字文度，选曹将拟为尚书郎。坦之闻曰：“自过江，尚书郎正用第二人，何得以此见拟！”其子国宝好倾侧，妇父谢安恶之，除尚书郎。国宝以为中兴膏腴之族，唯作吏部，不作馀曹郎，怨之，辞不拜。

《晋太康起居注》曰：故司空王基夙为先帝授任，基子冲尚书郎中虽在清途，犹未免楚挞。其以冲为治书侍御史。

《齐书》曰：陆惠晓除尚书殿中郎，邻族来相贺，惠晓举酒曰：“陆惠晓年逾三十，妇父领选始作尚书郎，卿辈乃复以为庆耶？”

《梁书》：天监元年诏曰：“自礼闱陵替，历兹永久。郎署备员，无取职事，糠秕文案，贵尚虚闲。空有趋墀之名，了无握兰之实。曹郎可依昔奏事。”自是始奏事。

又曰：王筠除尚书殿中郎。王氏过江以来未有居郎署者，或劝不就，筠曰：“陆平原东南之秀，王文度独步江东，吾得比踪昔人，何所多恨。”乃忻然就职。

又曰：刘洽为尚书殿中郎，洽兄弟群从递居此职，时人荣之。

又曰：殿中郎缺，武帝曰："此曹旧用文学，且居雁行之首，宜详择其人。"以张缅为之。

《后魏书》曰：高允为郎，二十七年不徙官。时百官无禄，允恒使诸子樵采自给。初，尚书窦瑾坐事诛，瑾子遵亡在山泽，遵母焦没入县官，后焦以老得免。瑾之亲故莫有恤者。允愍焦年老，保护在家，积六年，遵始蒙赦。其笃行如此。

《三国典略》曰：齐主命百司各列勤惰，尚书郎皇甫亮三日不上，齐主亲诘其故。亮对曰："一日雨，一日病酒。"齐主以其言实，遂优容之，令杖胫三十。

《唐书》曰：韦虚舟家有礼则，父子兄弟更践郎省，时称郎官家。

又曰：赵晔字云卿，邓州穰人。早擅高名，在宦途五十年，累经贬谪，蹇踬备至，入仕三十年方沾省官。身在郎署，子尝徒步，官既散曹，俸禄单寡，衣食不充，以至亡殁。服名捡者为之叹息。

《三辅决录》曰：田凤字季宗，为尚书郎，容仪端正。入奏事，灵帝目送之，因题柱曰："堂堂乎张，京兆田郎!

又曰：陈重与其友雷义俱拜尚书郎，义以左黜。重见义去官，亦以病免。

《汝南先贤传》曰：陈蕃上书云：昔明帝时，公主为子求郎，不许，赐钱千万。左右问之，帝曰："郎，天官也，以当叙德，何可妄与人耶!"今陛下以郎比一把菜，臣以为反侧也。

又曰：屈霸字子卿，拜尚书郎。当五侯之时，贵戚倾天下，在朝者莫不瞋睫承风，子卿终不屈挠。

《王处冲别传》曰：处冲为尚书郎，外望简纵若有遗漏，然事要机辄执其中，中外之间亡所辨明。台阁益归重之。

《通典》曰：故事，叔父兄弟不许同省为郎官，格令不载，亦无正敕。贞观二年十一月，韦叔谨除刑部员外；三年四月，韦季武除主爵郎中；其年七月，韦叔谐除库部郎中。太宗谓曰："知卿兄弟近在尚书省，故授卿此官，欲成一家之美，无辞稍屈阶资也。”其后同省者甚多。近日非特恩除拜，即须相回避。

《抱朴子》曰：汉末有祢衡者，年二十三。孔文举齿过知命，身居九列，才学冠群，名位殊绝，始友衡于布衣，又荐之于朝，以为宜使起家作台郎。

《世语》曰：青龙中石苞鬻铁于长安，得见司马宣王，知焉，擢为郎。

又曰：曹爽解印绶，将出，主簿杨综止之。爽不从，有司奏综导爽反，宣王曰“各为其主也”。宥之为郎。

桓谭《新论》曰：余年十七为奉车郎中，卫殿中小苑西门。

《魏武集·选举令》曰：国家旧法选尚书郎，取年未五十者，使文笔真草，有才能谨慎，典曹治事，起草立义，又以草呈示令、仆，讫乃付令史书之耳。书讫，共省读内之。事本来台郎统之，令史不行知也。书之不好，令史坐之；至于谬误，读省者之责。若郎不能为文书，当御令史，是为牵牛不可以服箱，而当取辩于茧角也。

《魏名臣奏·驸马都尉甄毅奏》曰：汉时公卿皆奏事选尚书郎，试，然后得为之。其在职，自赍所发书，诣天子前发省便处当，事轻重口自决定。或天子难问，据案处正，乃见郎之割断材伎。魏则不然。今尚书郎皆天下之选，材伎锋出，亦欲骋其能于万乘之前，宜如故事，令郎口自奏事，自处当。

《山涛启事》曰：雍州久无郎，前尚书傅祗坐事免官，在职日浅，其州人才无先之者，不审可复用否？

又曰：皇太子东宫，多用杂材为官属，宜令纯取清德。太子舍人夏侯孝若，有盛文德而不长理民，有益台阁，在东宫已久。殿中郎缺，宜得才学，不审孝若可迁此否？

陆机《谢吴王表》曰：殿中以臣为郎中，命转中兵郎，复以颇涉文学，见转为殿中郎。

太平御览卷第二百一十六 职官部十四

吏部郎中

《六典》曰：吏部郎中掌考天下文吏之班秩阶品。

《魏志》曰：诸葛诞，字公休，为吏部郎。人有所嘱托，辄显其言而亟用之，后有当否，则公议其得失以为褒贬。自是群僚莫不慎其所举。

《魏志》曰：袁侃论议清当，柔而不犯，善与人同。当废兴之间，人所趋务者，常谦退不为也，时人以是称之。历选部郎，号为清平。

《魏氏春秋》曰：许允为吏部郎，选郡守。明帝疑其所用非次，召入将加罪。允妻阮氏跣出，谓曰："明主可以理夺，难以情求。"允领之而入。帝怒诘之，允对曰："某郡守虽限满，文书先至，年限在后；某守虽后，日限在前。"帝取事视，乃释遣出。望其衣败，曰："清吏也。"

《蜀志》曰：赵戬字叔茂，京兆长陵人。质而好学，言称诗书；爱鄙于人，不论疏密。辟公府，入为尚书选部郎。董卓欲以所私并充台阁，戬拒不听。卓怒召戬，欲杀之。观者皆为戬惧，而戬自若。及见卓，列辞正色，陈说是非，卓虽凶戾，屈而谢之。

《晋书》曰：山涛为吏部郎，文帝与书曰："足下在事，明雅迈时，念多所乏，今致钱二十万、丝百斤、谷二百斛。"

又曰：李重字茂曾，选尚书吏部郎，询朝众而斥华竞，存公平而塞私谒，是以群才罔不毕举。

又曰：吏部郎缺，文帝问人于锺会，会曰："裴楷清通，王戎简要，皆其选也。"于是以楷为吏部郎。

又曰：徐宁，少未知名，为兴县令。时廷尉桓彝称有人伦鉴识，护军庾亮每属之访一佳吏部郎。彝尝去职，至广陵寻亲旧；还遇风，停浦中，累日忧悒。因上岸，见一室宇，有似廨署，访之，云是兴县。彝乃造之，宁清惠博涉，相遇欣然，因留数夕。彝大赏之，结交而别。至都，谓庾亮曰："吾为卿得一佳吏部郎。"亮问所在，彝曰："人所应有不必有，人所应无不必无，徐宁真海岱清士。"因为叙之，即迁吏部郎。

又曰：杜锡字世嘏，补吏部郎，不敢用乡曲一人。

又曰：王戎少颖悟，二十四为吏部郎。

又曰：李胤为吏部，清慎选举。号为廉平。

荀绰《晋后略》曰：武含字景纬，官历中庶子，散骑常侍。以母在日诲云："汝修其志，仕当为尚书郎。"惧进叙有违前言，乃辞常侍为吏部郎。

《晋中兴书》曰：阮放与从弟孚齐名，为吏部郎，铨管之任，甚有称誉。性清约，不理产业，为郎不免饥乏。王导、庾亮以其名士，供给衣食，放由是得立。

又曰：毕卓字茂世，新蔡人。少亦放达，泰兴末为吏部郎，常饮酒废职。比舍郎酿熟，卓因醉夜至其瓮间取酒饮之。掌酒者不察，执而缚之。郎往视，乃毕吏部也，遽释其缚。卓遂引主人宴于瓮侧，致醉而去。卓常谓人曰"右手持酒杯，左手持蟹螯，拍浮酒池中，便足了一生。"

《宋书》曰：王僧绰为吏部郎，参掌大选，究识流品，谙悉人物，拔才举能，咸得其分。

又曰：何尚之迁吏部郎，告休定省，倾朝廷送别于治渚。及至郡，叔度谓曰："闻汝来此，倾朝相送，可几客？"答曰："殆数百人。"叔度笑曰："此是送吏部郎耳，非关何彦德也。昔殷浩亦尝作豫章定省，送别者甚众，及废徙东阳，船泊征虏亭积日，乃至亲旧无复相窥者。"

又曰：王微字景玄，吏部尚书。江湛举微为吏部郎，微与湛书曰："君平生云：扬我名者杀我身。天爵且犹灭名，安用吏部郎哉！其举何陋，其事不经！非独搢绅者不道，仆妾皆笑之。"

又曰：王悦之为吏部郎，邻舍有会同者，遗悦之饼一瓯，辞不受，曰："此费诚小，然少来不愿当之。"

又曰：袁淑为吏部郎，其秋大举北伐，淑侍坐，从容曰："今者鸣銮中岳，席卷赵、魏，检玉岱宗，今其时也。臣逢千载之会，愿上《封禅书》一篇。"太祖笑曰："盛德之事，我何足以当之。"

《齐书》曰：陆慧晓迁吏部郎，尚书令王晏选门生补内外要局，慧晓为用数人而止，晏恨之。送女妓一人，欲与申好，慧晓不纳。吏曹都令史历政以来，谘执选事，慧晓任己独行，未尝与语。帝遣左右单景俊以事诮问，慧晓谓景俊曰："六十之年，不复能咨都令史。为吏部郎也，上若谓身不堪，便当拂衣而退。"帝甚惮之。

又曰：谢朓迁尚书吏部郎中，上表三让，中书疑朓官未及让，以问沈约，曰："宋元嘉中，范晔让吏部，朱循之让黄门，蔡兴宗让中书，并三表诏答，其事宛然。近代小官不让，遂成恒俗，恐此有乖让意。王蓝田、刘安西并贵重，初自不让，今岂可慕此不让耶？孙兴公、孔觊并让记室，今岂可三署皆让耶？谢吏部今授超阶，让别有意，岂关官之大小？"

《梁书》曰：顾宪之字士思，为吏部郎。初，其祖凯之尝为吏部，于庭列植嘉树，谓人曰："吾为宪之种耳！"至是，宪之果为此官。

又曰：王亮字奉叔，为吏部郎，铨序著称。及后为吏部尚书，拘资次而已，当代谓为不能。

《后魏书》曰：宋繇，沮渠蒙逊平酒泉，于繇室得书数千卷，盐米十斛而已。蒙逊叹曰："孤不喜克李歆，欣得宋繇耳。"拜尚书吏部郎中，委以铨衡之任。

又曰：邓渊博览经书，长于《易筮》。太祖定中原，擢为吏部郎。渊明解制度，多识故事，与崔玄伯参定朝仪、律令、音乐，及军国文记、诏策多渊所为。

又曰：孝文帝欲创革旧制，选置百官，谓群臣曰："为朕举一吏部郎，给卿三日假。"寻曰："朕已得之矣。"乃征崔亮为之。亮字敬儒。自参选事，垂将二十年，廉慎明决。尚书曰："非崔郎中，选事不办。"

又曰：韦玚为吏部郎，性贪婪，鬻卖官吏，皆有定价。

《王蕴别传》曰：蕴字叔仁，为吏部郎。欲使时无屈滞，曾下鼓急出，日暝乃至。家去台数里，高褰车帷先后与语，不得进也。一官缺，求者十辈，蕴连状呈宰录曰："某人有地，某人有才。"不得者，甘心无怨。

《晋怀帝永嘉官名》曰：吏部郎太原温畿字元甫，世论以其为人夷旷似玉。

《郭子》曰：刘道真少时，渔钓草泽，善歌啸，闻之者莫不留连。有一老妪识其非人，甚乐其歌啸，乃杀豚进之，道真食豚尽，了不谢。妪见其不饱，又进一豚，又食半，余半还之。后道真为吏部郎，妪儿为小令史，道真乃超用之。儿不知所由，问母而后知之。于是赍牛酒以诣道真，道真笑曰："去！去！无可复相报者。"

《世说》曰：山涛举阮咸为吏部郎，白曰：清直寡欲，万物不能移也。

《山涛启事》曰：人才既自难知，中人已下情伪又难，吏部郎以碎事日夜相接，非但当正己而已，乃当能正人。议郎杜默，德履亦佳，太子庶子崔谅、中郎陈淮皆有意，正又其次，不审有可用者不？

《袁宏与谢仆射书》曰："闻见拟为吏部郎，不知审尔？果当至此，诚相遇之过。"

梁·陆倕《拜吏部郎表》曰：铨衡庶品，历选宾实。阮咸真素，屡荐未登；陆亮忠心，裁居败职。自非季重清识，李毅恬正，何以区分管库，式鉴胥吏。

吏部员外郎

《六典》曰：吏部员外郎二人，一人掌判南曹，每岁选人有解状、簿书、资历、考课，必由之以覆其实，乃上三铨；其三铨进甲则署焉。一人掌判曹务，凡预太庙斋郎帖试，如贡举焉。

《唐书》曰：崔鄯为吏部员外，奸吏不敢欺，孤寒无援者未尝留滞。铨叙之美，为时所称。

《五代史·后唐书》曰：萧顷迁吏部员外郎。先是，张濬由中书出为右仆射，曲为朱温判官高劭使祖荫求一子出身，官省寺，皆称无例。濬指挥甚急，吏徒惶惧，顷乃判状云："仆射未集，郎官未赴省，上指挥吏曹公事，且非南宫旧仪。"濬闻之，惭悚致谢，顷由是名振。

司封郎中 司封员外郎

《六典》曰：司封郎中员外郎，掌邦之封爵。凡有九等：一曰王，正一品，食邑一万户。二曰郡王，从一品，食邑五千户。三曰国公，从一品，食邑三千户。四曰郡公，正二品，食邑二千户。五曰县公，从二品，食邑一千五百户。六曰县侯，从三品，食邑一千户。七曰县伯，正四品，食邑七百户。八曰县子，正五品，食邑五百户。九曰县男，从五品，食邑三百户。

《职员令》曰：司封郎中掌封玺，皇宗诸亲、内外命妇及国官、邑官，告身并选流外亲品等第等。

司勋郎中 司勋员外郎

《六典》曰：司勋郎中员外郎掌邦国官人之勋级。凡勋十有二等，十二转为上柱国，比正二品；十一转柱国，比从二品；十转为上护军，比正三品；九转为护军，比从三品；八转为上轻车都尉，比正四品；七转为轻车都尉，比从四品；六转为上骑都尉，比正五品；五转为骑都尉，比从五品；四转为骁骑尉，比正六品；三转为飞骑尉，比从六品；二转为云骑尉，比正七品；一转为武骑尉，比从七品。

考功郎中

《六典》曰：考功郎中，员外郎，掌内外文武官吏之考课。凡应考之官，皆具录当年功过、行能，本司及本州长官对众读，议其优劣，定为九等考第，各于其所由司准额校定，然后送省。

《唐书》曰：代宗幸陕，考功郎中裴谞步怀考功及南曹二印，赴行在，上见而谓之曰："疾风知劲草，果信矣。"

考功员外郎

《唐书》曰：席豫，襄阳人，周湖州刺史固七世孙，近徙家河南。豫进士及第，开元中累官至考功员外郎，典举得士，为时所称。

《唐书》曰：孙逖为考功员外郎。逖选贡士二年，多得俊才。初年则杜鸿渐至宰辅，颜真卿为尚书；后年拔李华、萧颖士、赵骅登上第。逖为人曰："此三人便堪掌纶诰。"

又曰：刘思立，宋州宁陵人也。迁考功员外郎，始奏请明经加帖，进士试杂文，自思立始也。

又曰：郑瀚为考功员外郎，刺史有驱迫人吏上言政绩请刊石纪政者，瀚探得其情，条责廉使，巧迹遂露，人服其敏识。

又曰：李渤，穆宗即位召为考功员外郎。十一月定京官考，不避权幸，皆行升黜，奏曰："宰臣萧俯、段文昌、崔植，是陛下君临之初用为辅弼，安危理乱，决在此时。况陛下思天下和平，敬大臣礼切，固未有昵比左右、侈满自贤之心。而宰相之权、宰相之事，陛下一以付之，实君义臣行，千载一遇之时也。此时若失，他更无时。而府等上不能推至公、申炯诫、陈先王道德以沃君心；又不能正色匪躬，振举旧法，复百司之本。如此则教化不立矣。臣闻政之兴废，在于赏罚。俛等作相已来，未闻奖一人德义，举守官奉公者，使天下在官之徒有所激劝；又不闻黜一人职事不理、持禄养交者，使尸禄之徒有所惧。如此则刑法不立矣。邪正莫辩，混然无章，教化不行，赏罚不设，天下之事，复何望哉！一昨陛下游幸骊山，宰相、翰林学士是陛下股肱心腹，宜皆知之。萧俛等不能先事未形，忘躯恳谏，而使陛下有忽谏之名流于史册，是陷君于过也。孔子曰：'所谓大臣者，以道事君，不可则止。'若俛等言行计从，不当如是！若言不行，计不从，须奉身速退，不宜尸素于化源。进退戾也，何所避辞。其萧府、段文昌、崔植三人，并翰林学士杜元颖等，并请考中下。御史大夫李绛、左散骑常侍张惟素、右散骑常侍李益等谏幸骊山，郑覃等谏畋游，是皆恐陛下行幸不息，恣情无度；又恐马有衔蹶不测之变、风寒生疾之忧，急奏无所诣，国玺委于妇人中幸之手。绛等能率御史谏官论列于朝，有恳激事君之礼。其李绛、张惟素、李益三人，伏请赐上下考外，特与迁官，以彰陛下优忠赏谏之美。其崔元略冠供奉之首，合考上下；缘与于翚，上下考，于翚以犯赃处死，准令须降，请赐考中中。大理卿许季同，任使于翚、韦道冲、韦正牧，皆以犯赃，或左降，或处死，合考中下；然顷者，陷刘辟之乱，弃家归朝，忠节明著，今宜以功补过，请赐考中中。少府监裴通，职事修举，合考中上；以其请追封所生母，而舍嫡母，是明罔于君，幽欺其先，请考中下。伏以昔在宰夫入寝，擅饭师旷、李调。今愚臣守官，请书宰相学士中下考。上爱圣运，下振颓纲，故臣惧不言之为罪，不惧言之为罪也。其三品官考，伏缘限在今月内进，辄先具如前。其四品已下官，续具条流闻奏。”状入，留中不下。议者以宰辅旷官，自宜上疏论列，而渤越职钓名，非尽事君之道。

《唐新语》曰：李回秀任考功员外，知贡举。有进士姓崔者，文笔非佳。回秀览之良久，谓曰：“清河崔郎，仪貌不恶，须眉如戟，精彩甚高，出身何处量？岂必须进士。”再三喻而遣之。闻者大噱。

太平御览卷第二百一十七 职官部十五

兵部尚书

《六典》曰：兵部尚书、侍郎之职，掌天下武官选授及地图、舆马、甲仗之政令。其属有四：一曰兵部，二曰职方，三曰驾部，四曰库部，总其职务而行其制命。凡中外百司之事，由于所属，咸质正焉。

《五代史·晋史》曰：王权转兵部尚书，高祖德契丹屈节以事之，驰驲乘轺，道路交织。一日，敕权为使，权以前世累为将相，未尝有称臣于戎虏者。谓人曰："我虽不才，年今耄矣，岂能稽颡于穹庐之长乎？违诏得罪，亦所甘心。"由是停任。

兵部侍郎

《唐书》曰：太宗以杨弘礼有文武材，擢拜兵部侍郎，专典兵机之务。弘礼每入参谋议，出则统众攻战。驻跸之阵领马步二十四军，出其不意以击之，所向摧破。太宗自山下见弘礼所统之众人皆尽力，杀获居多，甚壮之，谓许敬宗等曰："越公儿郎，故有家风矣。"

又曰：崔湜迁兵部侍郎，父挹为礼部侍郎，父子同为南省副贰，有唐以来未有其事。

兵部郎中 兵部员外郎

《六典》曰：兵部郎中二人，一人掌判帐及天下武官之阶品、卫府之名数；一人掌判簿，以总军戎差遣之名数。员外郎二人。

职方郎中 职方员外郎

《六典》曰：职方郎中、员外郎，掌天下之地图及城隍、镇戍、烽候之数，辨其邦国、都鄙之远近及四夷之归化者。外夷有每有蕃客至，委鸿胪訊其人本国山川风土，修图以进。

《周礼》曰：《夏官》职方氏，中大夫之职，掌天下地图，主四方之职贡。

驾部郎中 驾部员外郎

《六典》曰：驾部郎中、员外郎，掌邦国舆辇、车乘、传驿、厩牧官私马牛杂畜之簿籍，辨其出入，司其名数。

《北史》曰：冯子琮为尚书驾部郎中，摄库部。孝昭曾阅簿领试，令口陈，子琮暗对，无有遗失。

《隋书》曰：辛公义为驾部郎，勾检马牧，所获十馀万匹。帝喜曰："唯我公义，奉国竭心。"

库部郎中 库部员外郎

《六典》曰：库部郎中、员外郎，掌邦国军州戎器、仪仗，凡元正、冬至陈设，并祠祭、丧葬所供之物，皆辨其出入之数，量其缮造之功，以分给焉。

《宋书》：文帝宴会，有荒外归化人，帝问尚书库部顾琛曰："库中仗有几许？"琛跪对曰："有十万人仗，旧武库仗多，秘不言。"帝既问失言，及琛跪对，甚善之。

又曰：江智泉除尚书库部郎。时高流官序不为台郎，智泉问孤援寡独有此选，意甚不悦，固辞不拜。

《唐书》曰：孔若思迁库部郎中。若思常谓人仕至郎中足矣，至是持一石止水满于座右，以示有止足之意。

户部尚书

《六典》曰：户部尚书、侍郎之职，掌天下田户、均输钱谷之政令。其属有四：一曰户部，二曰度支，三曰金部，四曰仓部，总其职务而行其制命。凡中外百司之事，由于所属，皆质正焉。

《汉书》曰：成帝置尚书五人，其三曰民曹，主人吏上尚书事。

《吴志》曰：孙休初即位，户部尚书阶下读奏。

《梁书》曰：到溉为左民尚书。溉身长八尺，美风仪，善容止，所莅以清白自修。性又率俭，不好声色，虚室单床，傍无姬侍；自外车服，不事鲜华，冠履十年一易，朝服或至穿补。传呼清路，示有朝章而已。

又曰：何胤，字子季，为左人尚书，后辞官，隐于若邪山云门寺。敕给白衣尚书禄，胤固辞。

又曰：到洽为御史中丞，兄溉为左民尚书。旧制中丞不得入尚书下舍，洽引服亲不应有碍，刺省决乃许入溉省，亦以其兄弟素笃，不能相别也。

又曰：周弘正为左民尚书，夏月著犊鼻裈，衣朱衣，为有司所弹。其放达如此。

户部侍郎

《唐书》曰：李林甫引萧炅为户部侍郎，尝与何挺之同行庆吊。客次有《礼记》一卷，炅读之曰："蒸尝伏腊。"炅早从宦，无学术，不识"伏腊"之意，误读之。挺之戏问，炅对如初，挺之白张九龄曰："省中岂得有伏猎侍郎！"由是出为岐州刺史。

又曰：李绛为户部侍郎，尝因次对，宪宗曰："户部比有进献，至卿独无何也？"绛曰："将户部钱献入内藏，是用官物以结私恩。"上耸然，益嘉其直。

又曰：长庆中孟简代崔群为户部侍郎。是官有二员，其判使案者别居一署，谓之左户。元和以还号为清重之最，宰辅登用多由此而去。

又曰：张平叔长庆中为户部侍郎。平叔狡险大言，因王播以进。既掌财用，常屈公利，以便嬖幸多狎之。既有宠于上，进退便僻杂以优谐，或自称老奴，无复大臣之体。尝奏事毕，降阶复升。又有论奏佻荡轻脱，上每为笑容之，在班列间，玩狎郎吏，哗肆无忌。请变榷盐法，请宰相为之使，因以自求枢机之任。每有内制出，辄疑授己，整衣冠以俟，后人多笑之。

又曰：庾敬休字顺之，为户部侍郎，奏两川米价腾踊，百姓流亡，请粜两川阙官职田禄米以救贫人。从之。

户部郎中

《六典》曰：户部郎中、员外郎，掌分理户口、井田之事，凡天下十道，任土所出而为贡赋之差。

《隋书》曰：高构征拜比部侍郎，寻转民部。时内史侍郎晋平东与兄子长茂争嫡，尚书省不能断，朝臣三议不决。构断而合理，上以为能，召入内殿，劳之曰："我闻尚书郎上应列宿，观卿才识，方知古人之言信矣。嫡庶者，礼敬之所重，我读卿判数过，词理惬当，意所不能及也。"赐米百石。由是知名。

《唐书》曰：韦维少习儒业，博涉文史，举进士，自大理丞累至户部郎中，善于剖判。时员外郎宋之问工于诗，时人以为户部有二妙。

户部员外郎

《唐新语》曰：吕太一迁户部员外。户部与吏部邻司，吏部移牒户部，令墙宇悉竖棘以防令史交通。太一报牒曰："眷彼吏部铨综之司，当须简要清通，何必竖篱插棘？"省中赏其俊拔。

度支尚书

《晋书》曰：初，魏文帝置度支尚书，专掌军国支计，朝议以征讨未息，动须节量。及明帝嗣位，欲用安平王孚，问左右曰："有兄风不？"答曰："似兄。"帝曰："吾得司马懿二人，复何忧哉！"转为度支尚书。

又曰：当阳侯杜元凯为度支尚书，内以利人，外以救边，备物致用，以济当时之益者五十余条。

朱凤《晋书》曰：文帝立度支尚书，军粮计校一由之，以司马孚为之。

《晋起居注》曰：咸宁五年诏曰："一年不收，使公私俱匮；不唯天时，乃人事有不尽也。故总要者，正在度支尚书也。其以散骑常侍中书令张华为度支尚书。"

《后魏书》曰：阳平王子匡除度支尚书。匡与尚书令高肇不平，常无降下之色。时世宗委政于肇，朝廷倾惮，惟匡与肇抗衡。先自造棺置于厅事，意欲舆棺诣阙论肇罪恶。

《隋书》曰：长孙平，开皇三年征拜度支尚书。平见天下州县多罹水旱，百姓不给，奏令民间每秋家出粟麦一石已下，贫富为差等，储之闾里以备凶年，名曰义仓。

度支郎中

《唐书》曰：崔仁师为度支郎中，尝奏度支财物数千言，手不执本，太宗怪之。令黄门侍郎杜正伦赍本，仁师对唱，一无差殊。太宗大奇之。

《六典》曰：度支郎中、员外，掌判天下租赋少多之数、物产丰约之宜、水陆道路之利，每岁计其所出而支其所用。凡物之精与地之近者以供国，物之固与地之远者以供军，皆料其远近、时月、众寡、好恶而节制之。

度支员外郎

《唐书》曰：张濬为度支员外郎，黄巢将逼关辅。濬托疾，请告侍其母，挈族避乱商州。贼犯京师，僖宗出幸，途无供须，卫军不得食。汉阴令李康献糗饵数百骡纲，军士始得食。僖宗召康问之曰："卿为县令，安操心及此？"康对曰："臣为尘吏，安聚有此进献。张濬员外教臣也。"帝异之。

金部郎中 金部员外郎

《隋书》曰：卢昌衡字子均，为仆射祖孝征所荐，迁尚书金部郎。孝征每曰："吾用卢子均为尚书郎，自谓无愧幽明矣。"

《六典》曰：金部郎中、员外郎，掌判天下库藏钱帛出纳之事，颁其节制，而司其簿录。

仓部郎中

《六典》曰：仓部郎中、员外郎，掌判天下仓储，受纳租税，出给禄廪之事。凡中外文武官品秩有差，岁再给之。

《唐书》曰：毕諴历驾部员外郎、仓部郎中。故事，势门子弟鄙仓、驾二曹，居之者不悦，惟諴受命，恬然恭逊，口无异言，执政多之。

仓部员外郎

《唐书》曰：长庆中孟简迁仓部员外郎，属顺宗登极，王叔文窃政，骤为户部侍郎。简为其属，中立正色，挺然不附。叔文心忌而不敢退黜，言于宰相韦执谊，换刑部员外郎。

太平御览卷第二百一十八 职官部十六

刑部尚书

《六典》曰：刑部尚书、侍郎之职，掌天下刑法及徒隶勾覆、关禁之政令。其属有四：一曰刑部，二曰都官，三曰比部，四曰司门，总其职务而行其制命。凡中外百司之事，由于所属，咸质正焉。

《唐书》曰：柳公绰为刑部尚书。京兆人有姑鞭妇致死者，府断以偿死，公绰议曰："尊殴卑非斗，且其子在，以妻而戮其母，非教也。"竟减死。

又曰：李适之拜刑部尚书。适之雅好宾友，饮酒一斗不乱，夜则宴赏，昼决公务，庭无留事。

刑部侍郎

《唐书》曰：太宗谓侍臣曰："张亮有义儿五百，畜养此辈，将何为也？正欲反耳。"命百僚议其狱，多言亮当诛，唯将作少匠李道裕言亮反形未具，明其无罪。太宗既盛怒，竟斩于市，籍没其家。岁馀，刑部侍郎有缺，令执政者妙择其人，累奏皆不可。太宗曰："朕得其人也。往者李道裕议张亮云反形未具，此言当矣。当时虽不即从，至今追悔。"遂授道裕刑部侍郎。

又曰：刘瑑转刑部侍郎。瑑精于法律，选大中已前二百四十四年制敕可行用者二千八百六十五条，分为六百四十六门，议其轻重，别成一家法书，号"大中统类"奏行用之。

刑部郎中 刑部员外郎

《六典》曰：刑部郎中、员外郎各二员，掌举其典宪而辨其轻重。凡文法之名有四：一曰律，二曰令，三曰格，四曰式。凡律一十有二章，一曰名例，二曰卫禁，三曰职制，四曰户婚，五曰厩库，六曰擅兴，七曰盗贼，八曰斗讼，九曰诈伪，十曰杂律，十一曰捕亡，十二曰断狱，而大凡五百条焉。

《唐书》曰：长庆中刑部员外郎孙革奏准："京兆府云阳县人力张莅，欠羽林官骑康宪钱米。宪征之，莅乘醉拉宪，气息将绝。宪男买德，年十四，将救其父。以莅角觝力人，不敢扮解，遂持木锸击莅之首见血，后三日致死者。准律文："为人所殴，人往救，击其人折伤，减凡斗三等，致死，依常律。"即买德救父难，是性孝，非暴；击张莅是心切非凶。以髫丱之岁，正父子之亲，若非圣化所加，童子安能及此？《王制》称：五刑之理，必原父子之亲以权之，测浅深之量以别之。《春秋》之义，原心定罪。周书所训，诸罚有权。今买德生被皇风，幼符至孝，哀矜之宥，伏在圣慈。职当谳刑，合分善恶。先具事由陈奏，伏冀赐下中书门下商量。"敕旨："康买德尚在童年，得知子道，虽杀人当死，而为父可哀。若从沉命之科，是失原情之义，宜付法司，减死罪一等处分。"

都官尚书

《南史》曰：徐孝克为都官尚书。自晋已来，尚书官僚皆携家属居省，省在台城内下舍，门中有阁道，东西跨路通于朝堂。其第一即都官省，西抵阁道，年代久远，多有鬼怪。每夜昏之际，无故有声光，或见人着衣冠从井中出，须臾复没，或门阁自然开闭，居者多死云。尚书周确卒于此省，孝克代确，便即居之，经两载，妖变皆息。时人咸以为贞正所致。

《梁书》曰：羊侃迁都官尚书，时尚书令何敬容用事，与之并居，未尝游造。有宦者张僧胤候，侃曰："我床非阉人所坐。"竟不前之，时论美其贞正。

《后周书》曰：梁元帝以沈重领江陵，迁都官尚书，领羽林监察；又令重于合欢殿讲《周礼》。

比部郎中 比部员外郎

《六典》曰：比部郎中、员外郎，掌勾诸司百僚俸料、公廨、赃赎、调敛、徒役、课程、逋悬数物，以周知内外之经费而总勾之。凡内官料俸以品第高下为差，外官以州、县、府之上、中、下为差。

《魏志》曰：何贞奏《许都赋》，明帝奇之，擢为比部郎中。

李绰《尚书故实》曰：杜牧尝于宰执求小仪，不遂；请小秋，又不遂。尝梦人谓曰："辞春不及秋，昆脚与皆头。"后果得比部员外。

司门郎中 司门员外郎

《六典》曰：司门郎中、员外郎，掌天下诸门及关出入往来之籍赋，而审其政。凡关二十有六，而为上中下之差。所以限中外，隔华夷，设险作固，闲邪正禁者。

《周礼·司徒职·司门》：下大夫二人掌授管键，以启闭国门。几出入不物者，正其贿货。凡财物犯禁者举之，以财养死政之老与其孤。

礼部尚书

《六典》曰：礼部尚书、侍郎之职，掌天下礼仪、祭飨、贡举之政令。其属有四：一曰礼部，二曰祠部，三曰膳部，四曰主客，总其职务而行其制命。凡中外百司之事，由于所属，皆质正焉。

《尚书·尧典》帝曰："咨！四岳，有能典朕三礼？"佥曰："伯夷！"帝曰："俞，伯夷，汝作秩宗。"

《家语》曰：父子不亲，长幼失序，君臣上下乖离《异志》曰："不和，不和则饬宗伯。饬谓整摄。"

《后魏书》曰：孝文车驾征马圈，留宋弁以本官兼祠部尚书，摄七兵事。及行，执其手曰："国之大事在祀与戎，故令卿绾摄二曹。"弁顿首辞谢。东晋始置祠部尚书，宋、齐、梁、陈、后魏、北齐皆同。东晋至隋乃更为礼部尚书。

礼部侍郎

《唐书》曰：韦陟为礼部侍郎。陟好引接后辈，尤鉴于文，虽词人后生靡不谙练。曩者主司取与，皆以一场之善，登其科目，不尽其才。陟先责旧，乃令举人自通所工诗笔，先试一日，知其所长，然后依常式考核，片善无遗，美声盈路。

又曰：贾至转礼部侍郎，是岁至以时艰岁歉、举人赴省者，奏请两都分试，从之。两都试举人，自此始也。

又曰：高郢拜礼部侍郎时，应进士举者多务朋游，驰声名。每岁冬，州府荐送后唯追奉宴集，罕肄其业。郢性刚正，尤嫉其风。既领职，拒绝请托，虽同列通熟无敢言者。志在经艺，专考程试。凡掌贡部三岁，进幽独，抑浮华，朋滥之风翕然一变。

又曰：贬刘太真为信州刺史。太真为礼部侍郎，性惬懦诡随。其掌贡举，宰臣、姻族、方镇子弟先收擢之。又尝叙陈少游勋勣拟之桓文，大招物议，因斯贬。

礼部郎中

《六典》曰：礼部郎中、员外郎掌二尚书、侍郎，举其仪制而辨其名数。

《梁书》曰：武帝谓徐勉云："今帝业初构，须一人有学艺解朝仪者为尚书仪曹郎。"勉曰："孔休源识见清通，详练故事，自晋宋《起居注》略诵上口。"遂拜为仪曹郎。

礼部员外郎

《唐书》曰：韦叔夏授春官员外郎，则天将拜洛及享明堂，皆别受制，共当时大儒祝钦明、郭山恽撰定仪注。凡所立议，众咸推服之。

祠部郎中 祠部员外郎

《六典》曰：祠部郎中、员外郎，掌祠祀享祭、天文漏刻、国忌庙讳、卜筮医药、僧尼之事。凡祭祀之名有四：一曰祀天神，二曰祭地祇，三曰：享人鬼，四曰释奠于先圣先师。其差有三：若昊天上帝、五方帝、皇地祇、神州、宗庙为大祀，日、月、星、辰、社稷、先代帝王、岳镇、海渎、帝社、先蚕、孔宣父、齐太公、诸太子庙为中祀，司中、司命、风师、雨师、众星、山林、川泽、五龙祠等及州县社稷、释奠为小祀。

《梁书》曰：贺德基少游学都下，积年不归，衣资罄乏，又车服故弊，盛冬止衣夹襦裤。尝于白马寺前逢一妇人，容服甚盛，呼德基入寺门，脱白纶巾以赠之，乃谓曰："君方为重器，不久贫寒，故以此相遗耳。"问姓名，不答而去。德基于《礼记》称为精明，位尚书祠部郎，虽不至大官，而三世儒学俱为祠部郎，时论美其不坠。

主客郎中 主客员外郎

《六典》曰：主客郎中、员外郎，掌二王后及诸蕃朝聘之事。

《后汉书》何远少有美望，公府中十辟，一无所就。由是名重华夏，起家为尚书主客郎。

膳部郎中 膳部员外郎

《六典》曰：膳部郎中、员外掌邦之牲豆、酒膳，辨其品数。凡郊祀天地、日月、星辰、岳渎，享祀宗庙、百神。在京都者，用牛羊豕，涤养之数，省阅之仪，皆载于廪牺之职焉。

《五代史·后唐书》曰：膳部郎中郑餗先奏："诸司诸使职掌人吏，乘暖坐带银鱼席帽，轻衣肥马参杂，庭臣尊卑无别，污染时风，请下禁止。"上嘉其事，促行之；中书覆为"不可"；赵凤亟言于执政曰："此礼诫人，不可不切。"为权吏所庇，竟寝其事。

工部尚书 工部侍郎

《六典》曰：工部尚书、侍郎之职，掌天下百工、屯田、山泽之政令。其属有四：一曰工部，二曰屯田，三曰虞部，四曰水部；总其职务而行其制命。凡中外百司之事，由于所属，咸质正焉。

《隋书》曰：长孙平为工部尚书，名为称职。时有人告大都督邴绍非毁朝廷为愦愦者，上怒，将斩之。平进谏曰：“川泽纳污，所以成其深；山岳藏疾，所以就其大。臣不胜至愿，愿陛下弘山海之量，茂宽裕之德。鄙谚曰：不痴不聋，未堪作大家翁。此言虽小，可以喻大。邴绍之言不应闻奏，陛下又复诛之，臣恐百代之后，有亏圣德。”上于是赦绍。

《唐书》曰：阎立本代兄立德为工部尚书，兄弟相代为八座，时论荣之。

《五代史·晋书》曰：裴皞知贡举，擢桑维翰进士第。后维翰居相位，征拜皞工部尚书，舍于相国寺，维翰谒之，不迎不送。或问之，答曰：“皞见维翰于中书则庶僚也，维翰见皞于馆则门生也，何送迎之有？”人重其耿介。

《五代史·周书》曰：卢文纪，嗣业之子，为工部尚书。时新除工部郎中于邺公参文纪，文纪以父名同音，不见。或谓邺曰：“南宫故事：郎中入省，如本行尚书、侍郎，不容参，何以省上？”邺忧畏太过，一夕醉归，遂经于室。其甥郑镣以事闻，谪文纪为石州司马。

工部郎中 工部员外郎

《六典》曰：工部郎中、员外郎掌经营兴造之众务。凡城池之修浚，土木之缮葺，工匠之程式，咸经度之。凡兴建修筑，材木、工匠则下少府、将作，以奉其事。

屯田郎中 屯田员外郎

《六典》曰：屯田郎中、员外郎，掌天下屯田之政令。凡军州边防镇守，转运不给，则设屯田以益军储。其水陆腴瘠，播植地宜，功庸烦省，收率等咸取决焉。诸屯田役力，各有程数。

《三国典略》曰：裴让之十七举秀才，为屯田郎中，与祖班俱聘宋邢劭。省中语曰：“多奇多能祖孝征，能赋能诗裴让之。”让之弟谳之、谋之、纳之、谒之并清立，杨愔曰："河东士族，京官不少；裴让兄弟，都无乡音，裴文季为不亡也。"

《隋书》曰：柳彧为屯田郎。时三品以上门皆列戟。左仆射高颖子弘德封应国公，申牒请戟。彧判曰："仆射之子更不异居，父之戟槊已列外门。尊有厌卑之义，子有避父之礼，岂有外门既设，内阁又施！"事竟不行，颖闻而叹伏。

《唐书》曰：沈扶字云翔，太和初为屯田郎中。五年，充山南道宣抚使。至邓州奏："内乡县行市、黄涧两场仓督邓琬等，先主掌湖南江西运到糙米至浙川县，于荒野中囤贮。除支用外，六千九百四十五石裛烂成灰尘。度支牒征元掌所由，自贞元二年邓琬父子兄弟至玄孙，相承系二十八年，前后禁死九人。今琬孙及玄孙见在枷禁者。"敕曰："如闻。盐铁度支两使，此类极多。其邓琬等四人，资产全已卖纳。禁系三代，瘐音庾死狱中，实伤和气。邓琬等并疏放。天下州府监院，如有此类，不得禁经三年已上。速便疏理以闻，物议嘉扶，有宣抚之才。"

虞部郎中 虞部员外郎

《六典》曰：虞部郎中、员外郎，掌天下虞衡山泽之事，辨其时禁。凡采捕畋猎，必以其时。

水部郎中 水部员外郎

《六典》曰：水部郎中、员外掌天下川渎陂池之政令，以导达沟洫，堰坎河渠。凡舟楫溉灌之利，咸总而举。

《梁书》：刘孝绰兼尚书水部郎，奉启陈谢，手敕答曰："美锦未可便制，簿领亦宜稍习。"顷之即真。

太平御览卷第二百一十九 职官部十七

侍中

《六典》曰：侍中之职，掌出纳帝命，缉熙皇极，总典吏职，赞相礼仪，以和万邦，以弼庶务。盖以佐天子而统大政者也。凡军国之务，与中书令参而总焉，坐而论之，举而行之，此其大较也。

应劭《汉书》曰：侍中，周官也。金蝉有貂，金取坚刚，百炼不耗；蝉居高食洁，口在掖下；貂内劲悍，而外温润。侍中便蕃左右，与帝升降，卒思近对，拾遗补缺，百僚之中莫密于兹。秦始皇破赵得其冠，以赐侍中。

《史记》曰：二世用赵高计，不悉廷见大臣，居禁中。赵高常侍中用事。

《汉书》曰：张彭祖，宣帝时为侍中。少与帝微时同砚席书，以旧恩封侯，出常参乘。

又曰：史丹元帝世为侍中，出常陪乘，甚有宠，九男皆以丹任为侍中。

又曰：桑弘羊，洛阳贾人子。以心计，年十五为侍中。

又曰：霍去病，以皇后姊子。年十八为侍中，善骑射。

又曰：孝惠时侍中皆冠鵔鸃，贝带，傅脂粉。

又曰：张良子辟强，年十五为侍中。

又曰：上官桀，陇西人，为中厩令。上尝疾，及愈，见马多瘦，怒曰："汝以我不复见马邪？"桀顿首曰："臣闻圣体不安，日夜忧惶，意诚不在马。"言未卒，泣数行下。帝以为忠，亲近之，为侍中。

又曰：卫尉金敞疾甚，成帝拜子涉为侍中，绿车载送卫尉府。如淳曰：载以皇孙车，宠之也。

《东观汉记》曰：戴凭字次仲，为侍中。正旦朝贺，百僚毕会，帝令君臣能说经者更相难诘，义有不通辄夺其席以益通者。凭遂重坐五十馀席，故京师为之语曰："解经不穷戴侍中。"

又曰：冯鲂字孝孙，父子兄弟并带青紫，三代侍中。

《后汉书》曰：赵典再迁为侍中，时帝欲广开鸿池，典谏曰："鸿池泛溉已且百顷，犹复增而深之，非所以崇唐虞之约已、遵孝文之爱人也。"帝纳其言而止。

又曰：杨震孙奇灵帝时为侍中，帝常从容问奇曰："朕何如桓帝？"对曰："陛下之于桓帝，亦犹虞舜比德唐尧。"帝不悦曰："卿强项，真杨震子孙。"强项，言不低屈也。光武谓董宣为强项令也。

又曰：朱穆因进见，乃陈曰："闻汉家旧典，置侍中、常侍各一人，省尚书事；省，览。黄门侍郎一人，传发书奏，传，通。皆用姓族。引用士人有族望者。自和熹太后以女主称制，不接公卿，乃以阉人为常侍，小黄门通命两宫。自此以来，权倾人主，穷困天下。宜皆罢遣，博选耆儒宿德与参政事。"帝怒，不应。穆伏不肯起。左右传出，传声令出也。良久乃趋而去。

又曰：爰延为侍中，帝游上林苑，从容问延曰："朕何如主也？"对曰："陛下为汉中主。"帝曰："何以言之？"对曰："尚书令陈蕃任事则化，中常侍黄门豫政则乱，是以知陛下可与为善，可与为非。此中主之谓也。"帝曰："昔朱云廷折栏槛，今侍中面称朕违，敬闻命矣。"

又曰：桓帝末，侍中皇禅参乘，上问："貂珰何法？"不知所出；又问地震，云："不为灾。"还宫，乃左迁议郎。

又曰：王逸字叔师，南郡宜城人也。顺帝时为侍中，著《楚辞章句》行于代，其赋、诔、书、论及杂文，凡二十一篇；又作汉诗百二十三篇。

《续汉书》曰：侍中比二千石，无员。

《汉官仪》曰：侍中左蝉右貂，本秦丞相史。往来殿内，故谓之侍中。分掌乘舆服物，下至亵器虎子之属。武帝时，孔安国为侍中，以其儒者，特听掌御唾壶，朝廷荣之。至东京时属少府，亦无员。驾出则一人负传国玺、操斩蛇剑参乘，与中官俱止禁中。

谢承《后汉书》曰：公孙晔拜博士侍中，国有疑事，常使进见。问其得失，所陈皆据经依义，补益国家，深见省纳。

又曰：刘淑为侍中，朝夕建议，竭忠于朝，补政二百馀事，悉有篇章。朝廷有疑事，密诏问焉。

又曰：周举字宣光。时诏遣八使巡行风俗，皆选有威名者，乃拜举侍中，与杜乔、周翊、冯羡、栾巴、张纲、郭尊、太尉长史刘班分行天下，使同日而拜，号曰八俊。

应劭《汉官仪》曰：侍中迺存年耆口臭，上出鸡舌使含之。鸡舌香，颇小，辛螫，不敢咀咽。自嫌有过，得赐毒药，归舍辞决，欲就便宜。家人哀泣，不知其故。赖僚友诸贤问其愆失，求视其药及口香，共笑之。更为吞食，其意遂解。存鄙儒蔽于此耳。

《汉官》曰：侍中，殿下称制，出则参乘，佩玺抱剑。

又曰：史丹为侍中。元帝寝疾，丹以亲密近臣得视疾。候上间独寝时，丹直入卧内，顿首伏青蒲上。应昭曰：以青规地曰青蒲。

《汉官仪》曰：侍中，秩千石。黄门有画室署，玉堂署，各有长一人。

《汉旧仪》曰：侍中无员，或列侯将军、卫尉、光禄大夫为之，得举非法。

又曰：侍中，左右近臣，见皇后如见帝，见婕好，行则对壁，坐则伏茵。

《汉书典职》曰：侍中常伯选旧儒高德、博学洞达、仰瞻俯视、切问近对、喻指公卿，员八人，在尚书仆射下，尚书上。

《汉杂事》曰：金敞为元帝侍中，帝崩，故事，近臣皆随陵为园。敞世名忠孝，太后使侍成帝。

《魏志》曰：卢毓为侍中，先是，散骑常侍刘劭受诏定律，未就。毓上论曰："古今制律之意，以为法宜一正，不宜有两端，使奸吏得容情。"及侍中高堂隆数以宫室事切谏，帝不悦，毓进曰："臣闻君明臣直，古之圣王恐不闻其过，故有敢谏之鼓。近臣尽规，此乃臣等所以不及隆。隆诸生，名为狂直，陛下宜容之。”毓在职三年，多所驳易。

又曰：刘晔字子阳，为侍中。在朝，略不交接时人，或问其故，晔答曰：“魏室即祚尚新，智者知命，俗或未咸。仆在汉为支叶，于魏备腹心，寡偶少徒，于宜未失也。”

又曰：王粲字仲宣，山阳高平人，拜侍中，博物强识，问无不对。时旧仪弛废，方兴造制度，粲恒典之。

又曰：苏则拜侍中，与董昭同僚，尝枕则膝卧，则推下之曰：“苏则之膝，非佞人之枕也。”

又曰：辛毗迁侍中，于时，帝欲徙冀州户十万实于河南，毗曰：“陛下不以臣不肖，置之左右，安得不与臣议？”帝不答，起入内；毗随而引其裾，帝遂奋衣不还。

又曰：苏则与吉茂同隐于太白山，后则为侍中。侍中旧亲省起居，故俗谓之执虎子。茂见则，嘲曰：“仕进不止执虎子。”则笑曰：“诚不能效汝蹇蹇鹿车驱也。”

《蜀志》曰：宗预字德艳，南阳人也。预将命使吴，孙权问预曰：“东之与西，譬犹一家，而闻西更增白帝之守，何也？”预对曰：“臣以为东益巴丘之戍，西增白帝之守，皆事势宜然，俱不足以相问也。”权大笑，嘉其抗直，甚爱待之，见敬亚于邓芝、费祎，迁为侍中。

又曰：关兴字安国，少有令问，丞相诸葛亮深器异之。弱冠为侍中。

又曰：董扶字茂安。灵帝征扶，即拜侍中，在朝称为儒宗，甚见器用。

又曰：马良字季常，襄阳宜城人也。先主称尊号，以良为侍中。及东征吴，遣良入武陵招纳五溪蛮夷，蛮夷渠帅皆受印号，咸如意指。

《晋书》曰：王济字武子，累选侍中，与侍中孔恂、杨济同列，为一时秀彦。武帝常会公卿藩牧于式乾殿，顾济、恂而谓诸公曰：“朕左右可谓恂恂济济矣。”

又曰：沈演之为侍中、卫将军，文帝谓之曰：“侍中、领卫俱为优重，此盖宰相便座，卿其勉之！”

又曰：陆玩迁侍中。玩虽登公辅，谦不辟掾属。成帝闻而劝之，玩不得已而从命，所辟皆寒素有行之士。玩翼亮累世，常以弘重为人主所贵，加性通雅，不以名位格物，诱纳后进，谦若布衣，由是搢绅之徒莫不荫其德宇。

又曰：韦诞以能书留补侍中，魏氏宝器铭题皆诞书也。

又曰：安平王孚，初为魏太子中庶子。魏文帝初即位，选侍中常侍等官，太子左右旧人颇讽主者，便欲就用不调馀人。孚曰："虽尧舜必有稷契，今嗣王新立，当进用海内英贤，犹患不得，如何欲因际会自相荐举邪？官失其任，得者亦不足贵。"遂更他选。

又曰：王戎为侍中，南郡太守刘肇赂戎，筒中细布五十端，为司隶所纠，以知而未纳，故得不坐，然议者尤之。帝谓朝臣曰："戎之为行，岂怀私苟得，正当不欲为异耳！"帝虽以是言释之，然为清慎者所鄙。

又曰：褚翼字谋远，为侍中。苏峻作乱，王师败绩，火及宫室。翼手抱天子登太极殿，峻兵入，叱翼令下，翼不动，曰："苏冠军未觐至尊，军人岂得逼斥宫禁。"于是兵士不敢上太极。峻执政，犹以为侍中。

《宋书》曰：陆仲元者，晋太尉玩曾孙也，为侍中。自吴郡太守玩至仲元，四世为侍中，时人方之金、张二族。

又曰：刘湛为侍中。时王华、王昙首、殷景仁亦为侍中，文帝于六合殿与四人宴饮甚悦。华等出，帝目送良久，叹曰："此四贤一时之秀，同管喉舌，恐后世难继。"

又曰：殷景仁迁侍中，与王华、王昙首、刘湛四人并时为侍中，俱居门下，皆以风力局干，冠冕一时。同列之美，近代莫及。

又曰：王僧绰迁侍中。任以机密，时年二十九。始兴王濬尝问其年，僧绰自谦早达，逡巡良久乃答。其谦虚自退若此。

又曰：谢庄为侍中，领前将军。时孝武出行夜还，敕开门。庄居守，以棨信或虚，须墨诏乃开。上后因酒宴从容曰："卿欲效郅君章邪？"对曰："臣闻搜巡有度，郊祀有节，盘于游田，著之前诫。陛下今蒙犯尘露，晨往宵还，容致不郢之徒妄生矫诈，臣是以伏须神笔。”

又曰：孝武时，侍中何偃南郊陪乘，銮轺过白门阈，偃将匐，帝反手接之曰：“朕反陪卿也。”

又曰：王华等每与帝接膝共语，貂拂帝手，拔貂置案上。语毕，复手插之。

《齐书》曰：江淹累迁侍中。初，淹年十三，时孤贫，常采薪以养母，曾于樵所得貂蝉一具，鬻以供养，其母曰：“此故汝之休征也。汝才行若此，岂长贫贱耶！可留待得侍中着之。”至是，果如母言。

《南史》曰：谢朏音斐为侍中，及齐受禅，朏当日在直，百僚陪位。侍中当解玺，朏佯不知曰：“有何公事？”传诏云：“解玺授齐王。”朏曰：“齐自应有侍中。”乃引枕卧。传诏者惧，乃使称疾，欲取兼人，朏曰：“我无疾，何所道？”遂朝服步出东掖门，乃得车，仍还宅。是日遂以王俭为侍中，解玺。既而武帝请诛朏，高帝曰：“杀之则成其名，正应容之度外。”

《齐职仪》曰：魏，侍中掌傧赞。大驾出，则次直侍中护驾，正直侍中负玺陪乘，不带剑，皆骑从。御登殿，与散骑侍郎对挟帝，侍中居左，常侍居右。备切问近对，拾遗补缺也。

又曰：东汉侍中便蕃左右，与帝升降。法驾出，多识者一人参乘，兼负传国玺，操斩蛇剑。

《南史》曰：朱异居权要三十馀年，善承上旨，故特被宠。任历官自员外常侍至侍中，四官皆珥貂；自右卫率至领军，四职并驱卤簿，近代未之有也。

《梁书》曰：萧介，会侍中阙，选司举王筠等四人并不称旨。高祖曰：“我门中久无此职，宜用萧介为之。”介博物强识，应对左右，多所匡正，高祖甚重之。

又曰：王训字怀范，为侍中。武帝问何敬容曰：“褚彦回年几为宰相？”对曰：“少过三十。”帝曰：“今之王训，无谢彦回。”彦回，宋明帝时为侍郎。

又曰：柳庆远为侍中。尝失火，禁中惊惧。帝悉敛诸门钥，问“柳侍中何在”，即至，悉付之。

《后魏书》曰：罗结，世祖初迁侍中，外都大官，总三十六曹事。年一百七岁，精爽不衰。世祖以其忠悫，甚见信，待监典后宫，出入卧内。

又曰：甄琛拜侍中，以其衰老，诏赐御府杖，朝直杖以出入。

《五代史百官志》曰：北齐侍中，因后魏置六人，掌献纳谏正及进御之职，参与诸公论国政也。

《唐书》曰：魏征代王珪为侍中，尚书省滞讼有不决者，诏征评理之。征性非习法，但存大体，以情处断，无不悦服。

又曰：杨师道为侍中，性周慎谨密，未尝漏泄内事。亲友或问禁中之言，乃更对以他语。尝曰：“吾少窥汉史，至孔光不言温室之树，每钦其余风，可庶几也。”

《唐书·官品志》曰：侍中高功者，在职一年，诏加侍中祭酒，与侍郎高功者一人对掌禁令。

《华阳国志》曰：谯隆为上林令，武帝欲广上林苑。隆言：“尧舜至治，广德不务林苑。”帝后思其言，征为侍中。

《益部耆旧传》曰：蜀郡张宽，字叔文，汉武帝时为侍中。从祀甘泉至渭桥，有女人浴于渭水，乳长七尺。上怪其异，遣问之，女曰：“帝后第七车者知我所来。”时宽在第七车，对曰：“天星主祭祀者。斋戒不严，则女人见。”

又曰：李固字子坚，谏帝云：“臣一日会朝中，见诸侍中皆诸家年少，无一宿儒可顾问者。”乃进杨厚、黄琼。

《三辅故事》曰：金日磾字翁叔，封秺侯，有忠勤之节，七叶侍中。

《文士传》曰：张衡拜侍中，恒居帷幄，从容讽议，拾遗左右。

《竹林七贤传》曰：山涛，大始七年为侍中，诏书曰：“涛清风淳履，思心通远，宜侍帷幄，尽规左右。”

《颜含别传》曰：颜髦字君道，仪状严整，风貌端美。大司马桓公叹曰：“颜侍中廊庙之望，喉舌机要。”

魏明帝《先贤传》曰：卢植字子干，拜侍中。逆臣董卓议欲废帝，群僚之士唯卓是顺，独植正色。卓遂大怒，欲害植。议郎彭伯群与卓亲，入为卓议曰："夫善人者，天下之纪。卢侍中海内大儒，天下之望。今先害之，则天下怖。"卓遂止。

《孔丛子》曰：孔臧与子琳书：侍中安国特见崇礼，不供亵事，独得掌御唾壶。朝廷之士莫不荣之。此亲汝所见。

《环济要略》曰：侍中，古官也。或曰风后为黄帝侍中，周时号常伯。常者，言其道德可常遵也。秦始皇复故冠貂蝉，汉因而不改。侍帷幄，受顾问，拾遣于左右，出则负玺以从，秩二千石。

《语林》曰：晋孝武好与虞啸父饮酒，不醉不出。后临出拜，殆不复能起，帝因呼人扶上殿："扶虞侍中。"啸父答曰："臣位未及扶，醉未及乱，非分之赐，所不敢当。"帝美之，敕左右疏其语。

《续搜神记》曰：程咸字延休，其母始怀咸，梦老公授药与之，服此当生贵子。晋武帝时历位至侍中，有名于世。

挚虞《决疑要注》曰：晋武帝时彭权为侍中，帝问侍臣："旄头之义何谓邪？"权对曰："《秦纪》云：秦国有奇怪，触山截水，无不崩溃，唯畏旄头，故使虎士执之，以卫至尊。"

《山公启事》曰：侍中、太常、河南尹并缺，皆显职，宜必得其人。右军裴楷通理有才义，佥论以为侍中才。又启云："诏，侍中缺，当复得人，谁可者？"雍州刺史郭奕、左卫将军王济皆忠亮有美才，侍中之最高者也。

《傅咸诗序》曰：朗陵公何敬祖，咸之从兄也。国子祭酒王武子，咸从姑之外孙。何公既登侍中，武子俄而亦作。二贤相得甚欣，咸亦庆之，乃赋诗以申怀曰："吾兄既凤翔，王子亦龙飞。双鸾游兰渚，二难扬清辉。"

梁·王筠《为从兄让侍中表》曰：至如元勋旧儒之胄，积德累仁之基，九世七叶之华，相韩事汉之贵。不然则子骏之学洞古今，平子之思侔造化，仲宣之辩识无滞，次仲之解经不穷。然后可以喻旨公卿。问对帷扆，陪六尺之舆，通四方之意。求之微臣，此途顿隔。

梁丘迟《为范卫军让梁台侍中表》曰：是以怀铅早岁，不以陨获累心；蹑屩晚年，岂以充诎在念？易农伊泰，仕焉已幸，遂复分竹九疑，拥旄百越。值天地中开，神武再廓，麻丝是蓄，菅蒯靡遗。今霸运肇基。四海明目，枢机规献，实在得人，况在庸微，何用膺荷？

北齐·邢子才《为彭城王韶让侍中表》曰：貂鼲映首，日月在躬，冠盖庶寮，跨蹑多士。虽智惭量力明阙，自知在梁之讥，无待喧哗之议、素餐之责，岂须噂喈之口，何悟天情方眷，复延今宠？遂总录百揆，寅亮万机，文昌治本，得失所系。用才长短，隆替以之，何容以斯寡薄，用应兹忝！

太平御览卷第二百二十 职官部十八

中书令

《六典》曰：中书令之职，掌国之政令，缉熙帝载，统和天人。入则告之，出则奉之，以厘万邦，以度百揆，盖以佐天子而执大政者也。

《汉书》曰：司马迁既被刑之后为中书令，尊宠任职。

又曰：石君防与弘恭皆少坐腐刑，为黄门以选为中尚书。宣帝时任中书官，以恭为令，君防为仆射。恭死，君防代为令，贵幸倾朝，百寮皆敬事。

应劭《汉官仪》曰：左右曹受尚书事，前世文士以中书在右，因谓中书为右曹，又称西掖。

《吴录》曰：纪骘字子上。景皇时，骘父亮为尚书令，骘为中书令，每朝会，诏以屏风隔其坐。

《吴志》曰：胡冲平和有文干，天纪中为中书令。

又曰：张尚，有俊才，孙皓时为侍郎，以言语辩捷见知，擢为侍中、中书令。

吴录曰：蔡款字文德，历位内外，以清贞显于当世。后以卫尉领中书令。

《晋书》曰：王献之为中书令。少而标迈，不循常贯，文义并所不长而能撮其胜会，故为一时风流之冠。献之卒，以王珉代之，世谓之“大王令小王令”也。珉父洽，永和中尝为此官，至珉复居之，时人以为弈世令望。

又曰：王献之为中书令，启琅琊王为中书监表曰：“中书职掌诏命，固非轻才所能独任。自晋建国，常命宰相参领；中兴以来，益重其任，故能王言弥徽，德音四塞。”

又曰：和峤为中书令，荀勖为监，峤意抗直，鄙荀巧佞，以意气加之，专车而坐。自此监、令乃使异车。

臧荣绪《晋书》曰：潘尼性淡，退唯以著述为事。永兴末为中书令。

《晋阳秋》曰：王洽除中书令，时年二十九。将辞之，从兄朗之遗书曰："弟今二十九，便居清显要任，敢不敬以先旨，为弟启义让之路焉。若弟年至四五十之间，虽复超登公辅，亦非吾所豫，况降此以还者耶？"洽遂不拜。

又曰：温峤上疏曰："臣才短学浅，文义不通；中书之职，酬对无方；斟酌重轻，岂唯文疏而已！自非望士良才，何可妄居斯任。"累辞得止。

《晋中兴书》曰：肃祖以温峤为散骑常侍侍讲，大宁初手诏曰："卿既以令望忠允之怀著于周旋，且文清而旨远，宜居深密。今欲以卿为中书令，朝论咸以为宜。"

又曰：王洽字敬和。显宗时，王洽为中书令，帝曰："敬和清裁，昔为中书郎，吾尚小，数呼见，意甚亲之。今以为中书令，欲共讲文章之事也。"

又曰：褚裒授卫将军、中书令，裒以中书铨管诏命，不宜以亲居之，固让。

《晋令》曰：中书为诏令、记会时事、典作文书也。

《晋制》曰：中书令：铜印，墨绶，进贤两梁冠，绛朝服，佩水苍玉，乘轺车。

《晋诸公赞》曰：陈准为中书令，张华为监，准与华俱处机密而推崇之。每直日有诏书，无小大辄先示华，了不措意；华得诏书不以示准。省中号准为中书五郎，其从容如此。

又曰：怀帝以缪播为中书令，朝事莫不谘之。人君之所取信于臣下，无以尚也。

《宋书》曰：傅亮，永初元年为中书令，直中书省专典诏命。以亮任总国权，听于省，见客神虎门外，每旦车常数百两。

《宋泰始起居注》曰：王言之职，总司清要。中将军丹阳尹王景文夙尚弘简，情度淹粹，忠规茂绩，实宣国道，宜兼管内枢，以重其任。可中书令。

《齐书》曰：王延之代张绪为中书令，何点叹曰：“晋以子敬季琰为此职，今以王延之、张绪为之，可谓清官后接之者，实为未易。”

崔鸿《后赵录》曰：徐光字季武，顿丘人。幼有文才，年十三，王阳攻顿丘，掠之，而令主秣马，光但书柱作诗赋。左右以白石勒，勒令召光，付纸笔，光立为颂。赐衣服，迁为中书令。

《后魏书》曰：任城王澄为中书令，萧颐使庾华来朝，见澄音韵遒雅，风仪秀逸，谓主客郎张寻曰：“往魏任城以武著称，今魏任城乃以文见美也。”

又曰：高允，高宗礼敬甚重，晨入暮出，或积日居中，朝臣莫知所论。或有上书言得失者，高宗省而谓群臣曰：“君父一也，父有是非，子何为不能书谏之，使人知恶，而于家内隐处也？”岂不以父亲，恐恶彰于外也。今国家善恶不能面陈而上表显谏，此岂不彰君之短、明己之美？至如高允者，真忠臣矣。朕有非，恒正言面论，至朕所不用闻者，皆言说无避就。朕闻其过，而天下不知其谏，岂不忠乎？汝等在左右，曾不闻一正言，但伺朕喜时求官乞职。汝等把弓刀侍朕左右，徒立劳耳，皆至公王；此人把笔匡我国家，不过作郎。汝等不自愧乎？“于是拜允中书令。

又曰：高允字伯恭，为中书令，高宗重之，不名，恒呼为令公。

又曰：高允拜中书令，司徒陆丽曰：“高允虽蒙宠待，而家贫布衣，妻子不粒。”高宗怒曰：“何不先言！今见朕用之，方言其贫。”是日幸允第，惟草屋数间，布被缊袍，厨中盐菜而已。高宗叹息曰：“古人之清岂有此乎！”即赐帛五百匹、粟千斛。

《唐书》曰：武德年尝有敕，而中书门下不时宣行。高祖责其迟由，内史令萧瑀曰：“臣大业之日见内史宣敕或前后相乖者，百司行之，不知何所承用，所谓易虽在前，难必在后。臣在中书日久，备见其事。今皇阶初构，事涉安危，若远方有疑，恐失机会。比每受一敕，臣必审勘使与前敕不相乖背者，始敢宣行。迟晚之愆，实由于此。”上善之。

又曰：褚遂良拜中书令，太宗寝疾，召遂良及长孙无忌入卧内，谓之曰：“卿等忠烈，简在朕心。昔汉武寄霍光，刘备托葛亮，朕之后一以委卿。太子仁孝，卿之所悉，必须尽诚辅佐，永保宗社。”又顾谓太子曰：“无忌、遂良在，国家之事汝无忧矣。”

又曰：神龙元年改中书令曰紫微令。

又曰：开元二年，紫微令姚崇奏：“紫微舍人六员，每议事，诸舍人同押连署状进讫。凡事有是非，理均与夺，人心既异，所见或殊，抑使雷同，情有不尽。臣今商量其事，执见不同者，望请别作商量状，连本状同奏。若状语交牙，恐烦圣思，臣既是官长，望于两状后略言二理优劣，奏听进止，则人各尽能，官无留事。”敕曰：“可”。

又曰：张九龄为中书令，时天长节百寮上寿，多献珍异，唯九龄进《金镜录》五卷，言前古兴废之道。上赏异之。

《薛莹条列吴事》曰：胡冲意性调美，心趣解畅，有刀笔才，闲于时事。为中书令，虽不能匡矫，亦自守不苟求容媚。

《王珉别传》曰：珉字季琰。诏曰：“新除侍中王珉，才学广赡，理识清通，宜处机近以参时务。其以珉为长兼中书令。”

郭颁《魏晋世语》曰：刘放、孙资共典枢要，夏侯献、曹肇心内不平。殿中有鸡栖树，二人相谓“此亦久矣，其能复几？”指谓中书监刘放、中书令孙资。

又曰：司马景王令中书令虞松作表，辄不可意；令松更定，思竭不能改。锺会为定五字，松深悦服。

宋·谢庄《让中书令表》曰：伏惟陛下登驭震维，临齐璿政，泽与风翔，恩从云动。臣闻：璧门天邃，凤沼神深，丝纶王言，出纳帝命，自非望允，当时誉宣，庠塾未有，谬垂曲宠，空席兹荣。在于平壮，犹不可勉；况今绵痼，百志俱沦。

中书监

《魏志》曰：黄初中改秘书为中书，以刘放为监、孙资为令，遂并掌机密，历文、明、齐王三世。

又曰：蒋济字子通，时中书监、令号为专任，济上疏曰："大臣太重者国危，左右太亲者身蔽，古之至戒也。往者大臣秉事，外内扇动。陛下卓然自览万机，莫不祗肃。夫人臣匪不忠也，然威权在下，则众心慢上，势之常也。陛下既已察之于大臣，愿无忘于左右。"

《晋书》曰：荀勖守中书监，毗赞朝政，及迁尚书令。勖久在中书，专管机事，失之甚愠。人有贺者，勖恚曰："夺我凤皇池，诸公何贺焉！"

又曰：太安元年有胡人入云龙门，殿前再拜云："我当作中书监。"付都虞候斩之。

《晋阳秋》曰：朱整，少有名行，官至中书监。魏禅晋，使整与中书令刘良共为诏。世祖践祚，权即用之。

《晋中兴书》曰：肃宗欲使庾亮为中书监，亮上疏曰："陛下践祚，复以臣领中书，则示天下有私矣。"

《晋诸公赞》曰：华廙为中书监时，事多不泄。启世祖乞授子荟答诏：先时荀勖为中书监，末年亦使息组书诏草；傅祗为中书监，病风，复使息畅书启事。皆前后相承，以子弟管之。

《后魏书》曰：孝文时蠕蠕如兖反。国有丧，帝遣高闾为书与之，不叙凶事。孝文谓曰："卿为中书监，职典文词，若情思不至，应谢所任。

《环济要略》曰：中书掌内事，密诏下州郡及边将，不由尚书者也。后关百官事益重，有令、仆射、丞、郎、令史，秩与尚书同。

《陶氏职官要录》曰：中书监，旧视仆射，梁选簿书。自宋已来比尚书令，特进之流而无事任，清贵华重大位多领之。

王导《表》曰：臣乞得除中书监，持节，专壹所司，竭诚保傅，惟力是视。诏曰："昔者荀公曾从中书监为尚书令，人贺之，乃发恚云：夺我凤皇池，卿诸人何贺耶？愿足下处之勿疑。"

王敦《表》曰：中书令、领军庾亮，清雅履正，可中书监，领军如故。

中书侍郎

《六典》曰：中书侍郎掌贰令之职。凡邦国之庶务，朝廷之大政，皆参议焉。凡临轩册命大臣，令为之使，则持册书以授之。凡四夷来朝，临轩则授其表疏，升于西阶而奏之；若献贽币则受之，以授于所司。

《魏志》曰：明帝诏举中书郎，谓吏部尚书卢毓曰："得其人与不，在卢生耳。选举莫取有名，有名如画地作饼，不可啖也。"毓举韩暨敦笃至行，帝乃用之。

《吴志》曰：孙琳求中书两郎典知荆州诸事，主者奏中书不应外出，休特听之。其所请求，一皆给与也。

《晋书》曰：华廙字长俊，为人清简弘雅，加以名家子孙，以妇父卢毓典选，至年四十五为中书通事郎。

又曰：华表子简字奉骏，有智器文藻，官至中书郎。

又曰：卫瓘为中书郎，时权臣专政，瓘优游其间，无所亲疏，甚为傅嘏所重，谓之宁武子。

臧荣绪《晋书》曰：夏侯孝若为野王令，居邑累岁，朝野多叹其屈，除中书郎。

《晋起居注》曰：今之士大夫，多不乐出宰牧而好内官。今皆先经外官，治民著绩，然后入为常伯中书郎。

曹嘉之《晋纪》曰：汝南史曜，字季茂，为山涛所知，为征南府小吏。乡人周浚见曜而友之，配之妹，官至中书郎。

《晋中兴书》曰：孔演字元舒，晋国初建，与庾亮俱补中书侍郎。于时中兴肇建，庶事草创，演经学博通，又练识旧典，朝仪轨制多取正焉。由是元、明二帝并亲爱之。

又曰：顾荣，齐王冏召为主簿。冏自擅威权，荣知其必败，唯终日昏酒。冏以荣为中书郎。

又曰：范宁为临淮太守，征拜中书侍郎，专掌西省。以职在机近，固辞，不许。多以献替，有益治道。

又曰：范宁拜中书侍郎，时烈宗雅好文学，而宁明习五经，甚见亲爱。朝廷疑议，辄咨访之，宁指朝士，直言无讳。

又曰：王濛字仲祖，恬畅能言名理，善隶书，与刘恢为中书侍郎。太宗辅政，濛、恢并数侍接对号，为入室之宾。恢字真长，少清峻，时人以濛袁曜卿，以恢比荀奉倩。

《宋书》曰：王征与从弟僧绰书曰："阖门皆蒙时私吾，高卧家巷，遂至中书侍郎。此足以阖棺矣。"

又曰：裴瓒风神高迈，为中书侍郎。出入禁门，见者皆肃然改容。

《北史》曰：赵彦深讽朝廷子坚为中书侍郎，颇招物议。时冯子琮子慈明、祖珽子君信并相继居中书，故时语云："冯祖及赵，秽我凤池。"

《隋书》曰：元善拜内史侍郎，上每望之曰："人伦仪表也。"凡有敷奏，毅气抑扬，观者瞩目。

《唐书》曰：郭正一永淳二年除中书侍郎。正一在中书累年，明习旧事，兼有词学，制、敕多出其手，当时号为称职。

又曰：崔沔拜中书侍郎，或谓沔曰："今之中书皆是宰相，承宣制命；侍郎虽是副贰，但署位而已，甚无事也。"沔曰："不然。设官分职，上下相维，各申所见，方为济理，岂可俯默偷安而为怀禄士也。"自是，每有制、敕及曹事，沔多所异同。

《王濛别传》曰：濛为中书郎，在职四年无人对，对濛难与比肩故也。

《锺会母传》曰：嘉平元年，车驾朝高平陵，会为中书郎从行。宣王始举兵，众人恐惧，而夫人自若。

《嵇氏世家》曰：嵇含为中书侍郎，书檄云集，莫不立草。

《通典》曰：隋初为内史侍郎四员，炀帝减二员，改为内书侍郎。

陆士衡转中书传郎，齐王收士衡付廷尉，士衡出后谢表曰：臣以职在中书，制命所出。而臣本以笔札见知，虑逼迫不获已，乃诈发内妹丧，出就第，云哭泣受吊。片言只字，文不关其间。

梁·庾肩吾《为宁国公让中书郎表》曰：臣闻陟彼大行，伯后之车屡怠；望兹吴坂，少游之马难追。是知美非流水，立致摧辕，骏靡浮云，便其顿辔。起登天汉，宁陪九万之风；坐济星桥，非使千年之翼。

岂有幼称辩慧，足对元礼；弱标俊颖，能嘲子淑？玉重组长，空见休宠；深宫邃宇，孰知怀忧？

太平御览卷第二百二十一 职官部十九

黄门侍郎

《六典》曰：黄门侍郎，掌贰侍中之职。凡政之弛张，事之与夺，皆参议焉。若大祭祀，则从升坛以陪礼；皇帝盥手，则奉巾以进；既帨则奠巾于篚，奉匏爵以赞献。凡元正、冬至天子视朝，则以天下祥瑞奏闻。

《汉官仪》曰：给事黄门侍郎，次侍中，侍从左右，开通内外，给事于中，故曰给事中黄门侍郎。

《汉书》曰：王音荐杨雄待诏，岁馀，为给事黄门郎。成、哀、平三代不徙。

又曰：张禹为太傅，有疾，成帝临视，拜于床下，禹有少子在侧，数目之。帝知其意，于前拜黄门侍郎。

又曰：刘向字子政，宣帝时以中郎为给事黄门侍郎。

又曰：董贤字圣卿，云阳人，为太子舍人。贤待漏在殿下，为人美丽自喜，哀帝望见，悦其仪貌，识而问之曰："是舍人董贤耶？"因引上与语，拜为黄门侍郎。

《东观汉记》曰：邓阊，字秀昭，迁黄门侍郎。于时国家每有灾异水旱，阊侧身暴露，忧惧憔悴，形于颜色，公卿以下咸高尚焉。汉兴以来，为外戚仪表。

《后汉书》曰：马防子钜为常从小侯，正月当冠，特拜为黄门侍郎。肃宗亲御章台，下殿陈鼎俎，自临冠之。

《续汉书》曰：荀悦字仲豫，迁黄门侍郎。献帝颇好文学，悦与从弟彧、孔融，并侍讲禁中。

又《舆服志》曰：禁门曰黄闼，以中人主之，故号曰黄令。然则黄门郎给事黄闼之内，故曰黄门郎。本既无员，于此各置六人也。

又《百官志》曰：给事黄门侍郎，六百石，无员，侍从左右，给事中使，开通中外，诸王朝见于殿上，引王就位。

《献帝起居注》曰：自诛黄门后，侍中侍郎出入禁中，机事颇露。由是王允乃奏：侍中、黄门不得出入，不通宾客，自此始也。

《汉官》曰：尚书郎奏事于明光殿，省中皆胡粉涂壁，其边以丹漆地，故曰丹墀。尚书郎含鸡舌香伏其下奏事，黄门侍郎对揖跪受。

《汉旧仪》曰：黄门郎属黄门令，日暮入对青琐门拜，名曰夕郎。

《魏志》曰：王粲字仲宣，山阳人，年十七，司徒辟，诏除黄门侍郎，以西京扰乱，皆不就。

又曰：夏侯玄字太初，少知名，弱冠为黄门侍郎。尝进见，与皇后弟毛曾并坐，玄耻之，不悦，形之于色。明帝恨之，左迁为羽林监。

又曰：杜恕字矜伯，为散骑、黄门侍郎。恕推诚以质，不治饬，在朝不结交。每政有得失，常引纲维以正言。于是侍中辛毗等器重之。

又曰：夏侯尚字伯仁，渊从子也。文帝与之亲友，有筹画智略，从太祖定冀州，迁黄门侍郎。

又曰：锺毓字稚叔。年十四为散骑侍郎，机捷谈笑，有父风。太和初，蜀相诸葛亮围祁山，明帝欲亲西征，毓上疏曰："夫策贵庙胜，功尚帷幄，不下殿堂之上，而决胜千里之外。车驾宜镇守中土，以威四方。今者盛暑行师，诗人所重，实非至尊顺动之时也。"迁黄门侍郎。

《魏略》曰：董遇字季直。献帝时为黄门侍郎，旦夕侍讲，为天子所爱信。

《蜀志》曰：费祎字文伟，为黄门侍郎。丞相亮南征还，群僚于数十里逢迎，年位多在祎右，而亮命祎同载，由是众莫不易观。

《吴志》曰：孙承字显世。好学，有文章，作《萤火赋》行于世。为黄门侍郎，与顾荣俱为侍臣。归命世内侍多得罪，唯荣、承独获免。常使二人记事，承答顾问，乃下诏曰："自今已后用侍郎，皆当令如宗室承、顾荣俦也。"

又曰：孙皓每宴会群臣，无不咸令沉醉。置黄门郎十人，特不与酒，侍立终日，为司过之吏。宴罢之后，各奏其阙失，迕视之咎，谬言之愆，罔有不举。大者即加威刑，小者咸以为罪。

《晋书》曰：顾荣，少有珪璋，符采朗澈，仕吴，弱冠举贤良，为黄门侍郎。当时后进尽相推谢，称荣有天才令望。

又曰：张华为黄门侍郎，博览图籍，千门万户画地成图。

又曰：吴隐之，孝武帝欲以为黄门郎，以隐之貌类简文帝乃止。

又曰：嵇绍为给事黄门侍郎。时侍中贾谧以外戚之宠，年少居位，潘岳、杜裓等皆附托焉。谧求交于绍，绍拒而不答。及谧诛，绍时在省，以不阿比凶族，封弋阳子。

《晋书·载记》曰：秦黄门郎古成诜，风韵秀举，确然不群，每以天下是非为己任。时京兆韦高慕阮籍之为人，居母丧弹琴饮酒。诜闻而泣曰："吾当私刃斩之，以崇风教。"遂持剑求高，高惧逃匿，终身不敢见诜。

《齐职仪》曰：给事黄门侍郎，四人，秩六百石，武冠，绛朝服。汉有中黄门，给事黄门，位从诸大夫，秦制也。与侍中掌奏文案、赞相威仪，典署其事。

《后魏书》曰：崔光为黄门侍郎，未尝留心文案，唯从容论议、参赞文政而已。

又曰：阳平王之子匡，为黄门侍郎。茹皓始有宠，百寮微惮之。世宗曾于山陵还，诏匡陪乘乂命。皓登车褰裳将上，匡谏上，世宗推之命下，皓恨匡失色。当时壮其忠謇。

又曰：任城王之子顺，除给事黄门侍郎。时领军元乂威刑尤盛，凡有迁授，莫不造门谢谒。顺拜表而已，曾不诣乂，乂谓顺曰："卿何得不见我？"顺正色曰："天子富于春秋，委政宗辅。叔父宜至公为心，举士报国，如何卖恩，责人私谢，岂所望也！"

《北史》曰：卢诞拜给事黄门侍郎，魏帝诏曰："经典易求，人师难得，朕诸儿稍长，欲令卿为师。"于是亲幸晋王第，敕晋王以下皆拜之于帝前。

《隋书》曰：刘行本为黄门侍郎，文帝尝怒一郎，于殿前笞之。行本进谏，帝不顾，行本乃正当上前曰："陛下不以臣不肖，置臣左右。岂得轻臣而不顾也！"乃置笏于地而退，上谢之而原所笞者。

《唐书》曰：温大雅为黄门侍郎，弟彦将为中书侍郎，对居近侍，高祖谓曰："我起义晋阳，为卿一门耳。"

又曰：高宗总章元年十月，东天竺乌荼国长年婆罗门卢伽逸多受诏合丹，上将饵之。东台侍郎郝处俊谏曰："修短有天命，未闻万乘之主，轻服蕃夷之药。昔贞观末年，先帝令婆罗门僧那罗你娑婆寐依其本国仙方合长年神药。胡既有异术，征求灵草秘石，历年而成。先帝服之，竟无异效。大渐之际，名医莫知所为，欲归罪于胡人，将申大戮，又恐取笑夷狄。龟镜若是，惟陛下深察。"遂止。

又曰：天宝元年，改黄门侍郎为门下侍郎。

《五代史·晋书》曰：天福七年诏门下侍郎班在常侍之下，俸禄同常侍。

《三辅决录》曰：卓茂字子康，元帝时游学长安，以儒行为给事黄门郎。

又曰：杜恕字矜伯，拜黄门侍郎，每直省阁，威仪矜严。

又曰：马后志在克己辅上，不以私家干朝廷，弟为黄门郎，讫永平世不迁。

《英雄记》曰：曹纯字子和，年十六为黄门郎。

《王嘏别传》曰：嘏字昭先。魏文以嘏为黄门侍郎，每纳忠言，辄手坏本，自在禁省归书不封。帝嘉其淑慎如此。

《柏阶别传》曰：阶为尚书令，文帝行幸，见诸少子无裤，上搏手曰："长者子无裤。"是日拜三子为黄门郎。

《傅子》曰：王黎为黄门郎，轩轩然得志，煦煦然自乐。

刘向《七略》曰：孝宣皇帝重申不害《君臣篇》，使黄门郎张子乔正其字。

《刘向集·书·诫子歆》曰：今若年少得黄门侍郎，显处也。新拜皆谢贵人，叩头谨战战栗栗，乃可必免。

《唐中宗授韦嗣立黄门侍郎制》曰：绛衣近侍，秩亚貂蝉；青琐崇班，职参鸳鹭。实神化之有寄，信贤才之攸宜。通议大夫韦嗣立，忠规奕叶，孝绪蝉联，家匡玄燕之朝，人辅彤灵之代。芝兰并秀，见谢石之阶庭；骐骥齐驱，有刘山之昆季。入光振鹭，誉满三台；出据冯熊，声流十部。近者命兹，鸾渚已濯，雁行才出，公扃奄归蒿里；永言荆树，生折连枝；眷彼恒山，空馀一鸟。俾迁荣于皂盖，宜袭宠于黄枢。

给事中

《六典》曰：给事中，凡百司奏抄，侍中审定，则先读而署之，以驳正违失。凡制敕宣行，大事则称扬德泽，褒美功业，覆奏而请施行；小事则署而颁之。凡文武六品以下授职，所司奏拟，则校其仕历深浅，功状殿最，访其德行，量其才艺；若官非其人，理失其事，则白侍中而退量焉。

《汉仪注》曰：诸给事中，日上朝谒平尚书，奏事分为左、右，以有事殿中，故曰给事中。多名儒、国亲为之，掌左右顾问。

《汉书》曰：给事，秦官也，至汉因之，皆为加官，所加或大夫、博士、议郎。掌顾问、应对，位次中常侍。

又曰：元帝诏："萧望之傅朕八年，可赐爵关内侯、给事中。"

《后汉书》曰：郑众字仲师，以明经拜给事中。

《魏志》曰：秦朗字元明，明帝即位授以内官，为给事中。每车驾出入，朗常随从。时明帝喜发举，数有以轻微而致大辟者，朗终不能有所谏止，又未尝进一善人，帝亦以是亲爱；每顾问之，多呼其小字阿苏。

《晋书》曰：任熙字伯远，立德邈然，征拜给事中。

《晋起居注》曰：武帝太康七年诏曰："郎中张建，忠笃履素，为江表士大夫所称，宜在中朝，其以建为给事中。"

晋武帝诏曰：燕王师陈邵，清贞廉洁，博通六籍，宜在左右，以敦儒训，可给侍中。

《唐书》曰：卢粲，幽州范阳人也，京龙二年迁给事中。时节愍太子初立，韦庶人以非己所生，深加忌嫉，劝中宗下敕，令太子却取卫府封物，每年以供服用。粲驳奏曰："皇太子处继明之重，当主鬯之尊，岁时服用自可百司供拟。又据《周官》：'诸应用财器，岁终则会，唯王及太子应用物并不会。'此则储蓄之费，咸与王同。今与列国诸侯齐衡入封，岂所谓宪章在昔垂法将来者也。必谓青宫初启，服用所资自当广支库物，不可长存藩封。"诏从之。

又曰：卢粲迁给事中，时安乐公主婿武崇训为节愍太子所杀，特追封为鲁王，令司农少卿赵履温监护葬事。履温讽公主奏请依永泰公主故事，为崇训造陵，诏从其请。粲驳奏曰："伏寻陵之称谓，本属皇王及储君等。自皇家已来，诸王及公主墓无称陵者，唯永泰公主承恩特葬，事越常途，不应假永泰公主为名。请比贞观已来诸王旧例，足得丰厚。"手敕答曰："安乐公主与永泰公主无异，同穴之义，古今不殊，鲁王缘此，特为陵制，不烦固执。"粲又奏曰："臣闻陵之称谓，施于尊极，不属王公已下。且鲁王若欲论亲等第，则不亲于雍王守礼，雍王之墓尚不称陵，鲁王则不可因尚公主而加号。且君之举事则载于方册，或稽之往典，或考自前朝，臣历检贞观已来，驸马墓无得称陵者；且君人之礼服绝于傍期，盖为不独亲其亲，不独子其子。陛下以膝下之恩爱施及其夫，赠赗之仪，哀荣足备，岂得使上下无辩、君臣一贯者哉！"帝竟依粲所奏。

又曰：李藩为给侍中，制、敕有不可，遂于黄敕后批之，吏曰："宜别连白纸。"藩曰："别以白纸是文状，岂曰批敕耶！"裴垍言于帝，以为宰相器。

又曰：宪宗以同州刺史吕元膺复为给事中。初，元膺自给事中除同州，及入谢，上问以时政得失，元膺论奏，词甚激切，上嘉其刚正。翌日，谓宰臣曰："吕元膺谠言直气，今欲留在左右，使言得失，卿等以为何如？"李藩、裴垍进贺曰："陛下纳谏，超冠前王，乃宗社无疆之福。臣等不能广求直士，又不能数进直言，孤负圣心，合当罪责。今请以元膺复为给事中，以备顾问。"上悦而从之。

又曰：李逊为给事中，尝论时政，以为事君之义，有犯无隐，陈诚启沃，不必择辰。今君臣敷奏乃候只日，是毕岁臣下睹天颜，献可否，能几何？宪宗嘉之。

又曰：元和十四年，以抚州司马令狐通为右卫将军、给事中。崔植封还制书，言通前刺史寿州，用兵失律，前罪未塞，不宜遽加奖用。上命宰臣谕植，以通父彰有功，不忍弃其子。其制方行。

又曰：韦弘景为给事中，屡有封驳。时有刘士经以驸马交通邪幸，自检校官用为太仆卿，弘景执奏不可；中人宣谕再三，弘景不为之回。穆宗怒，乃令弘景使安南邕容宣慰，时论翕然推重。

又曰：郭承嘏为给事中。开成元年出为华州刺史，诏方下，两省迭诣中书，求承嘏出麾之由。给事中卢载封还诏书，奏曰："承嘏自居此官，继有封驳，能奉其职，宜在琐闱。牧守之才，易为推择。"文宗谓宰臣曰："承嘏久在黄扉，欲优其禄俸，暂令廉问近关，而谏列拜章，惜其称职，甚美事也。"乃复为给事中。

又曰：于敖迁给事中，昭愍初即位。李逢吉用事，与翰林学士李绅素不叶，遂诬绅，以不测之罪逐于岭外。绅同职驾部郎中知制诰庞严、司封员外郎知制诰蒋防坐绅党，左迁信、汀等州刺史。黜诏下，敖封还诏书，时人以为与严相善，诉其非罪，皆曰："于给事犯宰执之怒，伸庞、蒋之屈，不亦仁乎？"及驳奏出，乃是论庞严贬黜太轻，中外无不大噱。

《东方朔记》曰：东方朔为中郎，赐帛百匹，给事中。

荀绰《兖州记》曰：袁准字孝尼，有俊才，太始中拜为给事中。

《胡广集》曰：给事中掌侍从左右，无员，位次侍中、常侍，或名儒，或国亲。

《束皙集》曰：员外侍郎及给事、冗从皆是帝室茂亲，或贵游子弟。若悉从高品则非本意，若精乡议则必有降损。

太平御览卷第二百二十二 职官部二十

中书舍人

《六典》曰：中书舍人掌侍奉进奏，参议表章。凡诏旨、制敕及玺书、册命，皆按典故起章草进画，既下，则署而行之。其禁有四：一曰漏泄，二曰稽缓，三曰违失，四曰忘误，所以重王命也。制敕既行，有误则奏而正之。

《通典》曰：自永淳以来，天下文章道盛，台阁、髦彦无不以文章达，故中书舍人为文士之极任，朝廷之盛选，诸官莫比焉。

《晋中兴书》曰：刘超迁中书舍人，时台省初建，内外多事，出内书命以忠慎称。加以治身清苦，衣不重帛，每上所赐，皆固辞曰："凡陋小臣，横窃赏赐，无德而禄，殃咎必至。"上益嘉焉。

又曰：徐邈字仙民，东莞姑幕人也。少好学问，尤善经传。时烈宗始览典籍，招延礼学之士，谢安举选，补中书舍人。在西省撰正五经音训，学者宗之。每预顾问，辄有献替，多所补益。烈宗甚爱之。

《齐书》曰：永明元年，荧惑入紫微，时中书通事舍人四人各住一省，谓之曰四户。既总重权，势倾天下。会玄象失度，太史奏："宜修福禳之。"太尉王俭谓帝曰："天文乖忤，此由四户。"乃具舍人王文明等名奏之。

又曰：明帝践祚，引傅昭为中书舍人，时居此职者，皆权倾天下。昭独廉静，无所干预，器服率略，身安粗粝，常插烛板床。明帝闻之，赐漆合烛盘，敕曰："卿有古人之风，故赐卿古人之物。"

又曰：茹法亮久为中书通事舍人，后出为大司农中书。势利之职，法亮恋之，垂涕而去。

《梁书》曰：裴子野以中书侍郎鸿胪常兼中书通事舍人，别敕知诏诰。

《南史》曰：顾协为舍人，同官者皆润屋。协在省十六载，器服食饮不改于常。有门生始来事协，知其廉洁，不敢厚饷，止送钱二千。协发怒，杖二十，因此事者绝于馈遗。

《北齐书》曰：荀士逊，世祖时为中书舍人。状貌甚丑，以文辞见用。曾有事须奏，值世祖在后庭，因左右传通者不得士逊姓名。乃云："丑舍人。"世祖曰："必士逊也。"看封题，果是，内人莫不欣笑。

又曰：颜之推，天保末从显祖至天池以为中书舍人，令中书郎段孝信将敕书出示之推。之推营外饮酒，孝信还，以状言显祖，仍曰："且停。"由是遂寝。

《北史》曰：魏收兼中书舍人，与温子升、邢子才齐誉，世号三才。

《隋书》曰：虞世基拜内史舍人，炀帝即位，顾遇弥隆。秘书监河东柳顾言博学有才，罕所推谢，至是与世基相见，叹曰："海内当共推此一人，非吾侪所及也。"

《唐书》曰：贞观中，中书舍人高季辅上封章曰："时已平矣，功已成矣，然而刑典未措者，何哉？良由谋猷之臣，不弘简易之政。台阁之吏，昧于经远之道，执宪者以深刻为奉公，当官者以侵下为益国。未有坦平恕之怀，副圣明之旨，伏愿随方训诰，使各扬其职。人敦朴素，俗革浇浮，家识孝慈，人知廉耻，杜其利欲之心，载以清淳之化。自然家富国肥，祸乱何由而作？"太宗善之，特赐钟乳一剂，曰："卿进药石之言，故以药石报之也。"

又曰：颜师古迁中书舍人，专掌机密。于时军国多务，凡有制诰，皆成其手。师古达于政理，册奏之工，时无及者。

又曰：武后天授元年，寿春郡王成器兄弟五人初出阁，同日受册。有司撰仪注，忘载册文；及百寮在列，方知缺礼，宰臣相顾失色。中书舍人王剧立召小史五人，各令执笔，口授分写同时，须臾俱毕。词理典赡，时人叹伏。

又曰：景龙四年初定内难，唯中书舍人苏颋在太极殿后文诏填委，动以万计，手操口对，无毫厘差误。主书韩礼、谈子阳转书诏草，屡谓颋曰:“乞公稍迟!礼等书不及,恐手腕将废。”

又曰:杨炎为中书舍人,与常衮并掌纶诰,衮长于制书,炎善为德音。开元已来,言诏制之美者,号常、杨焉。

又曰:王徽曾祖择从,择从兄易从,天后朝登进士第;从弟朋从、言从睿宗朝并以进士擢第,昆仲四人开元中三至凤阁舍人,故时人号凤阁王家。

又曰:齐澣,开元中迁中书舍人。论驳书诏,润色王言,皆以古仪谟诰为准的。侍中宋璟、中书侍郎苏颋并重之。

又曰:薛元超,道衡孙也,为中书舍人。中书省有一盘石,初,道衡为内史侍郎,尝踞而草制。元超每见此石,未尝不泣然流涕。又曰:贾曾授中书舍人,曾以父名“忠”固辞,乃拜谏议大夫知制诰。至开元初,复拜中书舍人,又固辞。议者以为中书是曹司名,又与曾父音同字别。于礼无嫌,乃就职,与苏晋同掌制诰,皆以词学见知,时人称为“苏、贾”。

又曰:许景先转中书舍人,中书令张说常称曰:“许舍人之文,虽无峻峰激流崭绝之势,然属词丰美,得中和之气,实一时之秀也。”

又曰:郄高卿为中书舍人,处事不回,为宰相元载所忌。鱼朝恩署牙将李琮为两街功德使,琮暴横,于银台门毁辱京兆尹崔昭。高卿立诣元载,抗论以为国耻,请速论奏。载不从,高卿遂以疾辞。以前中书舍人居东洛,凡十年,自号伊川田父,清名高节,称于天下。

又曰:建中三年,诏中书舍人分署尚书六曹,复旧制也。

又曰:高郢掌诰累年,家无制草,或谓曰:“人皆留制集,公焚之,何也?”曰:“王言不可存私家。”时人重其慎密。又穆宗诏曰:“中书舍人,故事分押六司,佐宰臣判按。废革日久,顿复稍难,宜渐令条举。有须慎重者,便令参议;如关机密者,即且如旧。”

又曰:路随,敬宗初登极,拜中书舍人、翰林学士,仍锡金紫。有以金帛谢除制者,必叱而却之曰:“吾以公事接私财耶!”终无所纳。

又曰:太和四年敕,前行郎中知制诰者,约满一周年即与正,授从谏议大夫知者，亦宜准此。

又曰：封敖为学士，拜中书舍人。敖构思敏速，语近而理胜，不务奇涩，武宗深重之。尝草《赐阵伤边将诏》警句云："伤居尔体，痛在朕躬。"帝览而善之，赐之宫锦。

又曰：崔郾转中书舍人，入思政殿谢恩。郾奏曰："陛下用臣为侍讲，卒岁有馀，未尝问臣经义。今蒙转改，实惭尸素，有愧厚恩。"帝曰："俟朕机务稍闲，即当请益。"高釴曰："陛下意虽乐善，既未延接儒生，天下之人宁知重道？"帝深引咎，锡之锦采。

又曰：中书舍人郑居中，少有时名，扬历清贯，晚年尤薄名利，以疾辞官，恣游名山。一日，搦管为诗，才书五字曰："云山游已遍。"纸犹在手，笔忽堕地而终。

又曰：晋初，中书置舍人、通事各一人，东晋合为一职，晋代入直阁内宣诏命，而侍郎之任轻矣。梁秩四百石，品第八。梁用人殊重，简以才能，不限资地，多以它官兼领。其后，除"通事"，直曰中书舍人。

《五代史·后唐书》曰：明宗时，刘赞为中书舍人，与学士窦梦征同年登第，邻居友善。梦征早卒，赞与同年杨疑式缌麻为位而哭。其家无嫡长，与视丧，恤其孀稚，士人称之。

《五代史·晋史》曰：陈乂，长兴中自舍人衔命册公主于大原，公主即帝后也。帝深待之，但讶其高岸。人或有献可于乂，宜陈一讴颂，以称帝之美，可邀其异待耳。乂曰："人生贫富咸有定分，未有持天子命违礼以求利，既损国纲，且亏士行，乂今生所不为也。"闻者无不嘉之。

又曰：天福五年九月诏曰：《六典》云："中书舍人掌侍奉进奏，参议表章。凡诏旨、制敕、玺书、策命，皆按故事起草进画；既下，则署而行之。其禁有四：一曰漏泄，二曰稽缓，三曰违失，四曰忘误，所以重王命也。"古昔已来，典实斯在，爰从近代，别创新名。今运属兴，王事从师古，俾仍旧贯，以辉前规。其翰林学士院公事宜，并归中书舍人。

《五代史·汉史》曰：唐李昭以尚书郎出为苏州刺史，期岁，以中书舍人召还，不拜。谓宰辅曰："省郎拜舍人，以知制诰为次序；便由刺史玷纶闱，非敢闻命。”乃以兵部郎中知制诰，翌岁拜舍人，受之。

《五代史·周史》曰：王延为中书舍人，权知贡举。有崔颀者，协之子也。授偃师簿，薄其卑屑弃去，数年应进士。延将入贡院见旧相，吏部尚书卢文纪素与协不睦，谓延曰：“舍人以谨重闻于时，所以老夫去冬与诸相首以长者闻奏，然此一途取事者颇多面目，说者云：越人善泅，生子方晬，乳母浮之水上；或骇然止之。乳母曰：其父善泅，子必无溺。今若以名下取士，征泅之类也。舍人当求实才以副公望。”延退而嗤曰：“卢公之言为崔颀也。纵与其父不悦致意，何至此耶！”来春以颀登甲科，其仁而徇公皆此类也。

《百官志》曰：魏初，中书置通事一人，主呈奏。晋初，中书又置舍人一人。至东晋合通事及舍人二职，谓之通事舍人，犹掌呈奏。

《陶氏职官要录》曰：中书舍人，旧视给事中。

《梁选簿》云：梁天监用人务简英才，不限资次。

又曰：隋内史舍人八员，专掌诏诰。炀帝减四人，后改为内史舍人。

《荀勖集》曰：晋武帝时，门下启令史伊羡、赵咸为中书舍人，对掌文法。勖奏以为不可。

起居郎

《六典》曰：起居郎掌记天子之法度，以修记事之史。凡记事之制，以事系日，以日系月，以月系时，以时系年。必书其朔日甲乙以纪历数，典礼文物以考制度，迁拜旌赏以劝善，诛伐黜免以惩恶。季冬则授之于国史焉。

《唐书》曰：太和九年十二月，左右省起居郎赍笔砚及纸，于螭头下记言记事。

又曰：郑朗，开成中为起居郎。初，太和末风俗稍奢，文宗恭勤节俭，冀革其风。宰臣等言曰：“陛下躬俭节用，风俗已移，长裾大袂，渐以减损，若更令戚属绝其侈靡，不虑下不从教。”帝曰：“此事亦难户晓，但去其泰甚，自以俭德化之。朕闻前时，内库唯二锦袍饰以金乌，一袍玄宗幸温汤时御之，一与贵妃，当时贵重如此。今奢靡，岂复贵之邪？今富家往往皆有。左街副使张元昌便用金唾壶，昨因李训已诛之矣”。时朗执笔螭头下，宰臣退，上谓朗曰：“适所议论，卿记录未？吾试观之。”朗对曰：“臣执笔所记，便名为史，伏准故事，帝王不可取观。昔太宗欲览国史，谏议大夫朱子奢云：史官所述，不隐善恶，或主非上智，饰非护失，见之则致怨，所以义不可观。又褚遂良曰：今之起居郎，古之左右史也。记人君言行，善恶必书，庶几不为非法，不闻帝王躬自观史。”帝曰：“适来所记，无可否臧，见亦何爽？”乃宣谓宰臣曰：“郑朗引故事，不欲朕见起居注。夫人君之言，善恶必书，朕恐有平常闲话，不关理体，垂诸将来，窃以为耻。异日临朝，庶几稍改，何妨一见，以诫丑言。”朗遂进之。

又曰：开成二年十二月，阁门对左右史裴素等上自开成初复故事，每入阁左右史执笔立于螭头之下，君臣论奏得以备书，故开成政事最详于代。

起居舍人

《六典》曰：起居舍人掌修记言之史，录天子之制诏德音，如记事之制，以纪时政之损益。季冬则授之于国史。

《唐书》曰：邢文伟，滁州全椒人。时右史官缺，高宗谓侍臣曰：“邢文伟事我儿能减膳切谏，此正直人也。”遂擢拜右史。

又曰：李让夷字达心，为谏议大夫。开成元年，以本官兼知起居舍人事。时起居舍人李褒有痼疾，请罢官。宰臣李石奏阙官，上曰：“褚遂良为谏议大夫，尝兼此官，卿可尽言今谏议大夫姓名。”石遂奏李让夷、冯定、孙简俶。帝曰：“让夷可也。”李固言欲用崔球、张次宗。郑覃曰：“崔球游宗闵之门，赤墀下秉笔记注，为千古法，不可用朋党，如斐中孺、李让夷，臣不敢有纤芥异论。”其为人主、大臣知重如此。

又曰：魏謩转起居舍人，紫宸中谢，帝谓之曰：“以卿论事忠切，有文贞之风，故不循月限授卿此官。”又谓之曰：“卿家有何旧书诏？”对曰：“比多失坠，唯簪笏见在。”上令进来。郑覃曰：“在人不在笏。”上曰：“郑覃不会我意。此即甘棠之义，非在笏而已。”

又曰：魏謩，文宗时为起居舍人，紫宸入阁，遣中使取謩起居注，欲视之。謩执奏曰：“自古置史官，书事以明鉴诫。陛下但为善事，勿畏臣不书；如陛下所行错忤，臣纵不书，天下人书之。臣以陛下为文皇帝，陛下比臣如褚遂良。”帝又曰：“我尝取观之。”謩曰：“由史官不守职分，臣岂敢陷陛下为非法！陛下一览之后，自此书事须有回避。如此，善恶不直，非史也，遗后代何以取信？”乃止。

又曰：张次宗有文学，稽古厉行，开成中为起居舍人。文宗复故事，每入阁，左右史执笔立于螭头之下，宰相奏事得以备录，宰臣既退，上召左右史更质证所奏是非，故开成政事详于史氏。

太平御览卷第二百二十三　职官部二十一

谏议大夫

《六典》曰：谏议大夫掌侍从赞相，规谏讽谕。凡谏有五：一曰风谏，二曰顺谏，三曰规谏，四曰致谏，五曰直谏。

《汉书》曰：韦玄成字少翁，以父任为郎。少好修文业，尤谦逊，其接人贫贱者益加，由是名誉日广，以明经擢为谏议大夫。

又曰：刘辅以美才擢为谏议大夫。成帝欲立赵婕妤为皇后，辅上书曰："陛下乃触情纵欲，以卑贱之女母天下乎？里语曰：腐木不可以为柱，卑人不可以为主。臣辱谏诤之官，不敢不尽死言。"

又曰：贡禹字少翁。元帝征禹为谏议大夫，数虚己问以政事。是时年谷不登，禹奏言宫室制度宜从俭省，天子纳其善言。

又曰：夏侯胜，字长公，明《洪范·五行》，为谏议大夫。为人简易，无威仪，见时谓上为君，误相字于上前，上以此亲信之。

又曰：王褒字子渊，蜀人也。益州刺史王襄欲宣风化于众庶，闻褒有俊材，请与相见，使褒作《中和》、《乐职》、如淳曰：言王政中和，在官者乐其职也。《宣布》诗，如淳曰：《国语》所谓宣布哲人之令德也。苏林曰，歌之名也。选好事者令依《鹿鸣》之声习而歌之。时何武为童子，选在歌中。武歌于太学，宣帝召见，曰："此盛德之事，吾何足以当之！"益州刺史因奏言褒有轶材，上乃征褒，既至，诏褒为《圣主得贤臣颂》，擢为谏议大夫。

又曰：杨雄字子云，以耆老久次转为谏议大夫，疾免，复召为谏议大夫。家至贫，嗜酒，人稀至其门。时有好事者，载肴酒以从游学。

又曰：孔光字子夏，经学尤明，举止方正，为谏议大夫。

《东观汉记》曰：郭丹字少卿。从师长安，买符入函谷关，乃慨然而叹曰："丹不乘使者车，不出此关。"既至京师，尝为都讲，更始二年为谏议大夫。持节归南阳，自去家十三年，果乘高车出关。

《后汉书》曰：陈禅字纪山，为谏议大夫。西南禅国王献乐及幻人，能吐火，自支解，易牛马头。大会，作之于庭，禅离席举手曰："帝王之庭，不宜作夷狄之乐。"

又曰：韦彪字孟达，上疏曰："谏议之职，应用公直之士，通才謇正，有补益于朝者。今或从征试辈为大夫，动举州郡。并宜清选其任，责以言绩。其二千石视事虽久，而为吏人所便安者，宜增秩重赏，勿妄迁徙。惟留圣心。"

又曰：江革转谏议大夫，赐告归，天子思革笃行，诏齐相曰："谏议大夫江革，前以病归，今起居何如？夫孝者百行之冠，众善之始也。县以见谷千斛赐"巨孝"常以八月长吏存问，致羊酒，以终厥身。"

又曰：刘陶字子奇，拜谏议大夫。灵帝世，天下日危，陶上疏言天下乱皆由于宦竖，宦竖见事急共谗陶，诏收黄门北寺狱。陶自知必死，对使者曰："谗邪相求，考掠日深，臣恨不列稷卨伊周之踪，而与比干、龙逄为俦，事败乃悔，复何可及！"闭气而死。

《续汉书》曰：周举，字宣光。梁商表为从事中郎，商疾甚，帝问遗言，对曰："臣从事中郎周举，清慎高亮，可任谏议大夫。"

谢承《后汉书》曰：傅翻字君成，转谏议大夫，天性谅直，数陈谠言。武帝嘉之。

又曰：虞承字叔明。拜谏议大夫，雅性忠謇，在朝堂犯颜谏争，终不曲挠。散禄赈给诸生，言德无比。

《魏志》曰：贾逵字梁道，河东襄陵人也。自为儿童戏，常设部伍，祖父习异之，曰："汝大必为将帅。"口授兵法数万言。为丞相主簿，太祖善之，拜谏议大夫，与夏侯尚并掌军计。

又曰：贾逵，字梁道。太祖征刘备，先遣逵至斜谷观形势，道逢水衡载囚数十，逵以军事急，辄竟重者一人，皆放其馀。太祖善之，拜谏议大夫。

《蜀志》曰：尹默字思潜，以《左氏传》教授，后主践阼，拜谏议大夫。

《后汉书》曰：李尤字伯仁。侍中贾逵荐尤有杨雄之才，明帝召作《东壁雍德阳诸观铭》，拜谏议大夫。

《后魏书》曰：张普惠，字洪赈，常山九门人。为谏议大夫，任城王澄谓普惠曰："不喜得谏议，唯喜谏议得君。"

《唐书》曰：高祖尝嘲苏世长曰："名长意短，口正心邪。弃忠贞于郑国，忘信义于吾家。"世长对曰："名长意短，实如圣旨；口正心邪，未敢奉诏。昔窦融以河西降汉，十世封侯；臣以山南归国，唯蒙屯监。"于是拜为谏议大夫。

又曰：苏世长擢拜谏议大夫，从幸泾阳校猎，大获禽兽于旌门。高祖入御营，顾谓朝臣曰："今日畋，乐乎？"世长进曰："陛下游猎，薄废万机，不满十旬，未为大乐。"高祖色变，既而笑曰："狂态发耶！"世长曰："为臣私计则狂，为陛下国计则忠矣！"

又曰：王珪为谏议大夫，尝有论谏，太宗称善。遂诏："每宰相入内平章大计，必使谏官随入，与闻政事。"

又曰：太宗问谏议大夫褚遂良曰："舜造漆器，禹雕其俎，当时谏舜十有馀人。食器之间，苦谏何也？"遂良对曰："雕琢害农事，綦组伤女工。首创奢淫，危亡之渐，漆器不已，必金为之；金器不已，必玉为之。所以谏臣必谏其渐，及其满盈，无所复谏。"上然之。

又曰：萧钧迁谏议大夫。时有左武候、引驾卢文操逾垣盗左藏库物。高宗以引驾职在纠绳，身行盗窃，命有司杀之。钧进谏曰："文操所犯，情实难原，然恐天下闻之，必谓陛下轻法律，贱人命，任喜怒，贵财物。臣之所职以谏为名，愚衷所怀，不敢不奏。"帝谓曰："卿职在司谏，能尽忠规，遂特免其死罪。"顾谓侍臣曰："此乃真谏议也。"

又曰：武后临朝，置匭四区，共为一室，列于朝堂。东方春色青，有能告以养人及劝农，可投书于青匭，铭之曰："延恩"；南方夏色赤，有能正谏论时政之得失，可投书于丹匭，铭之曰："招谏；"西方秋色白，有能自陈抑屈，可投书于素匭，铭之曰："申冤"；北方水色玄，有谋智者可投书于玄匭，铭之曰"通玄"。宜令正谏大夫、补阙拾遗等一人，充使知匦事，每日所有投书，至暮即进。天宝九载三月，改匦为献纳。

又曰：李景伯迁谏议大夫。中宗尝宴侍臣，及朝集，使酒酣，令各为回波词，众皆为谄佞之词及自要荣位，次至景伯，曰："回波尔时酒卮，微臣职在箴规，侍宴既过三爵，喧哗窃恐非仪。"中宗不悦。中书令萧至忠称之曰："此真谏官也。"

又曰：至德元年，制"谏议大夫论事，自今已后不须令宰相先知。"

又曰：乾元二年四月，两省谏官十日一上封事，直论得失，无假文言。既成殿最，用存沮劝。

又曰：阳城为谏议大夫，裴延龄谗谮陆贽等坐贬黜，德宗怒不解，在朝无救者。城闻而起曰："吾谏官也，不可天子杀无罪人而信用奸臣。"即率拾遗王仲舒等数人，守延英门上疏，论延龄奸佞，贽等无罪状。德宗大怒，召宰相入语，将加城等罪。良久乃解，令宰相谕遣之。于是金吾将军张万福闻谏官伏阁谏，趋趍往至延英门，大言贺曰："朝廷有直臣，天下必太平矣！"遂遍拜城及王仲舒等曰："诸谏议能如此言事，天下安得不太平？"已而连呼："太平，太平！"万福武人，时八十馀，自此名重天下。

又曰：崔郾迁谏议大夫。穆宗即位，荒于禽酒，坐朝恒晚，郾与同列郑覃等延英切谏，穆宗甚嘉之，畋游稍简。

又曰：文宗尝于便殿召柳公权、周墀对。公权论事切直，忤旨，周墀为之惴栗。公权词气益坚，上徐谓公权曰："朕知舍人不合，却作谏议。以卿论事有争臣之风，今授卿谏议大夫。"

又曰：孔戣为谏议，上疏以事四条陈讽。后有李涉投匦，上言吐突承璀公忠，戣为匦使，览副状大怒，逐之。因上疏苦谏，遂贬涉，幸臣闻之侧目，人皆为危之。戣高步公卿间，以方严见惮。

又曰：冯定为谏议大夫。李训事败，伏诛，衣冠横罹其祸，中外危疑，及改元，御殿中尉仇士良请用神策仗卫在殿门。定抗疏论罢，人情危之。又请许左右史随宰臣入延英记事。

又曰：会昌元年，中书门下奏：“据《六典》，隋置谏议大夫七人，从四品上，大历二年升门下侍郎为正三品，两省遂阙四品，建官之道，有所未周。《诗》云：‘衮职有阙，仲山甫补之。’周、汉大臣愿入禁闼，补过拾遗。张衡为侍中，常居帷幄，从容讽谏，此皆大臣之任。故其秩峻，其任重，则君敬其言而行其道。况謇谔之地，宜有老成之人。秩未优崇，则难用耆德，其谏议大夫望依隋书旧制，升为从四品，分为左右，以备两省四品之缺。向后与丞、郎出入迭用，以重其选。”从之。

《五代史·周书》曰：显德五年，敕谏议大夫宜依旧正五品上，仍班位在给事中之下。按唐《六典》，谏议大夫四员，正五品上，皆隶门下省，班在给事中之下。会昌二年十一月，中书门下奏升为正四品下，仍分为左右，以备两省四品之缺，故其班亦升在给事中之上。近朝自谏议大夫拜给事中者，官虽序迁，位则降等，至是以其迁次不伦，故改正焉。

《三辅决录》曰：第五颉，字子陵，为谏议大夫。洛阳无主人，乡里无田宅，寄止灵台中，或十日不炊。

补阙

《六典》曰：补阙，唐垂拱中创立，四员，左右各二。天授年初，左右各加三员，通前为十员。其或才职相当，不待缺而授。言国家有过阙而补正之，故以名官焉。

又曰：左右补阙，掌供奉讽谏，扈从乘舆。凡发令举事有不便于时、不合于道，大则廷议，小则上封。若贤良之遗滞于下，忠孝之不闻于上，则条其事状而荐言之。

《唐书》曰：王源中字正蒙，早以文学知名，升进士第宏词科，累迁至左补阙。时典禁军者不循法度，至有台府人吏皆为追擒，源中上疏，其略曰：“夫台宪者，纪纲之地；府县者，责成之所。设有罪犯，宜归司存，安有北军势重于南衙，辇下权倾于仗内？乞还法司，庶守职分。”宪宗可其请。

又曰：裴垍在中书，有独孤郁、李正辞、严休复自拾遗转补阙，及参谢之际，垍廷语之曰："独孤与李二补阙，孜孜献纳，今之迁转可谓酬劳无愧矣。严补阙官业或异于斯。昨者进拟，不无疑缓。"休复悚恧而退。

又曰：文宗以魏谟为补阙，上尝言于宰臣曰："太宗皇帝得魏征，采拾缺失，弼成圣政。今我得魏谟，于疑似之间，必极匡谏；虽不敢希及贞观之政，庶几处于无过之地。"命授谟左补阙。于内状备述，谏疏激切，诏中书善为之词。

《唐书》曰：贞元中，韦渠牟为右补阙，内供奉，僚列初轻之。上在延英既对宰相，多使中贵人召渠牟于官次，同辈始注目矣。岁中，迁左谏议大夫。时延英对，秉政财赋之臣昼漏率下二三刻为常，渠牟奏御率下五六刻。上笑语款洽，往往外闻。

又曰：韦温为右补阙，忠鲠救时。宋申锡被诬，温昌言："宋公履行有素，身居台辅，不当有此，是奸人陷害也。吾辈谏官，岂避一时之雷电而致圣君贤相蒙蔽惑之咎耶！"因率同列伏阁切争之，由是知名。

拾遗

《六典》曰：拾遗，唐垂拱中创立，四员，左右各二。天授初左右各加二员，通前为十员。才可则登，不拘阶叙。言国家有遗事，拾而论之，故以名官焉。

又曰：左右拾遗，掌供奉讽谏，扈从乘舆。凡发令举事有不便于时、不合于道，大则廷议，小则上封。若贤良之遗滞于下，忠孝之不闻于上，则条其事状而荐言之。

《唐书》曰：李邕，少知名，长安初，内史李峤及监察御史张廷珪并荐邕词高行直，堪为谏诤之官，由是召拜左拾遗。

又曰：李邕为左拾遗，御史中丞宋璟奏侍臣张昌宗兄弟有不顺之言，请付法推断。则天初不应，邕在陛下进曰："臣观宋璟之言，事关社稷，望陛下可其奏。"则天色稍解，始允宋璟所请，既出，或谓邕曰：

“吾子名位尚卑，若不称旨，祸将不测，何为造次如是？”邕曰：“不颠不狂，其名不彰。若不如此，后代何以称也？”

又曰：李邕为左拾遗，及中宗即位，以妖人郑普思为秘书监。邕上书谏曰：“盖人感一飧之惠，殒七尺之身。况臣为陛下官，受陛下禄，而得目有所见，口不言之，是负恩矣。自陛下亲政日近，复在九重，所以未闻在外群下窃议，道路籍籍，皆云普思多行诡惑，妄说妖祥。唯陛下不知，尚见驱使。此道若行，必挠乱朝政。臣至愚至贱，不敢以胸臆对扬天庭，请以古事明证。孔丘云：《诗》三百，一言以蔽之，曰思无邪。陛下今若以普思有奇术，可致长生久视之道，则爽鸠氏久应得之，永有天下，非陛下今日可得而求！若以普思可致仙方，则秦皇、汉武久应得之，永有天下，亦非陛下今日可得而求！若以普思可致佛法，则汉明、梁武久应得之，永有天下，亦非陛下今日可得而求。若以普思可致鬼道，则墨翟、干宝各献于至尊矣，而二王得之，永为天下，亦非陛下今日可得而求。此皆事涉虚妄，历代无效。臣愚，不愿陛下复行之于明时。唯尧舜二帝，自古称圣。臣观所行，故在人事，敦睦九族，平章百姓，不闻以鬼神之道听理天下。伏愿陛下察之，则天下幸甚。”疏奏，不纳。

又曰：许景先，常州义兴人，后徙家洛阳，少举进士，授夏阳尉。神龙初，东都起圣善寺、报慈阁，景先诣阙，献《大像阁赋》，词甚美丽，擢拜左拾遗。

又曰：萧昕为左拾遗。昕常与布衣张镐为友，馆而礼之，表荐曰：“如镐者，用之为王者师，不用则幽谷一叟尔。”玄宗擢镐拾遗，不数年，出入将相。

又曰：元和中，以左拾遗杜从郁为秘书丞。从郁，司徒佑之子也。初，自司议郎为左补阙，崔群、韦贯之、左拾遗独孤郁等上疏，以为宰相之子不合为谏诤之官，于是降为左拾遗。群等又奏云：“拾遗与补阙虽资品不同，而皆是谏官。父为宰相而子为谏官，若政有得失，不可使子论父。”于是改授之。

又曰：元和中，延英宰臣对讫，左拾遗杨归厚次请对。时上坐久，宣令后坐日对来，归厚坚词固请，宰相谕之不退，上乃召见。归厚首论中官许遂振，次历诋宰辅，皆过激切；然而自衒求试，其词甚繁，逾刻而罢。

又曰：元稹除左拾遗。稹性锋锐，见事风生；既居谏垣，不欲碌碌自滞，事无不言，即日上疏论谏职。

又曰：宝历中，左拾遗李汉、右拾遗舒元褒、薛廷老等五人于阁内谏曰："臣伏见近日除授，往往不由中书进拟，或是宣出。臣恐自此纪纲寖坏，奸邪恣行，伏乞圣恩详察。上厉声曰："更有何事？"舒元褒进曰："陛下近日修造亦太多！"上色变曰："何处修造？"元褒俯首不能对。薛廷老奏曰："臣等是谏臣，有所闻即合论奏，亦岂知陛下修造之所？但见般辇瓦木绝多，即知修造不已，伏乞稍留圣虑。"上曰："所奏知。"然后各复位，议者以为不废其职。

又曰：太和三年，左拾遗舒元褒等论中丞温造凌供奉官事：今月四日，左补阙李虞与温造街中相逢，造怒，不回避，遂捉李虞祇承人禁身一宿，决脊杖十下者。臣等谨案国朝政故事，供奉官街中，除宰相外无所回避。今温造蔑朝廷典故，凌陛下近臣，恣行胸臆，曾无畏忌。伏以事有虽小而关分理者，即不可失也。分理一失，乱由之生。遗补官秩虽卑，乃陛下侍臣也。中丞虽高，乃法吏也。侍臣见凌，是不广敬；法吏坏法，何以持绳？前时，中书舍人李虞仲与造相逢，造乃曳去引马，知制诰崔咸与造相逢，又捉其从人。当时缘不上闻，所以强暴益甚。臣等又闻元和、长庆中，中丞行李不过半坊，今乃远至两坊，谓之笼街喝道。但以尊崇自处，不思僭拟之嫌。陛下若不因此特有惩革，伏恐从此供奉官辈，便须回避中丞，累朝制度失自陛下。臣等官忝谏列，实为陛下惜之。奉敕宪官之职在指佞触邪，不在行李自大；侍臣之职在献可替否，不在道途相高。并列通班，合知名分，如闻喧竞，亦以再三，既招人言，甚损朝体。其台官与供奉官同道，听先后而行；道途任祗揖而过。其参从人则各随本官之后，少相僻避，勿信冲突。

又闻近日已来，应合有导从官，手力多者，街衢之中，行李太过。自今传呼，前后不过三百步。

《唐书》曰：归登为右拾遗。裴延龄以奸佞有恩，欲为相。谏议大夫阳城上疏切直，德宗赫怒，右补阙熊执易等亦以危言忤旨。初，执易草疏成，示登，登惨然曰："愿寄一名。雷电之下安忍令足下独当。"自是同列切谏，登每联署其奏，无所回避，时人称重。

又曰：王仲舒字弘中，贞元十年策试贤良方正、能直言极谏等科，仲舒登乙第，超拜右拾遗，裴延龄领度支，矫诞大言，中伤良善，仲舒上疏极论之。

又曰：赵宗儒拜右拾遗、翰林学士，父骅改秘书少监，与父并命出于中旨，当时荣之。

太平御览卷第二百二十四 职官部二十二

散骑常侍

《六典》曰：唐贞观初置散骑常侍二员，隶门下省。明庆二年，又置二员，隶中书省，始有左、右之号。并金蝉、珥貂，左散骑与侍中为左貂；右散骑与中书令为右貂，谓之八貂。

又曰：散骑常侍，晋代此官选望甚重，时与黄门侍郎谓之黄、散。

《汉书·百官表》曰：散骑、中常侍皆加官，所加或列侯、将军、卿大夫，正员多至数十人。

应劭《汉官仪》曰：秦及前汉置散骑及中常侍各一人，散骑骑马并乘舆车，献可替否。

《魏志》曰：文帝延康元年，置散骑、常侍为一官。省中置四人，与侍中同掌规谏，不用宦者，宦者为官不过署令。

《魏略》曰：散骑常侍比于侍中，貂珰插右。黄初中始置四人。出入侍从与上谈议，不典事。

《蜀志》曰：魏文帝善孟达之姿才容观，以为散骑常侍。

《吴志》曰：薛莹既至洛阳，特先见叙，为散骑常侍，答问处当，皆有条理。

《晋书》曰：郑默字思元，为散骑常侍。武帝出南郊，侍中已陪乘，诏曰："使郑常侍参乘。"

又曰：阮孚为散骑常侍。尝以金貂换酒，复为所司弹劾，帝宥之。

又曰：华峤字叔骏，加散骑常侍，班同中书。寺为内台，中书、散骑、著作及理礼音律，天文数术，南省文章，门下撰集，皆典统之也。

又曰：何劭字敬祖，曾之子也。少与武帝同年，有总角之好，及帝即位，转散骑常侍，甚见亲重。

《晋起居注》曰：太康七年诏曰："尚书冯紞忠亮在公，历职内外，勤恪匪懈，而疾未差，屡求放退。其以紞为散骑常侍，赐钱二千万，床帐一具。”

又曰：升平五年诏曰：“前西中郎谢万，才义简亮，宜居献替，其以万为散骑常侍。”

《晋中兴书》曰：庾阐有文章才美，议者以为宜综国史，于是召为散骑常侍。

《晋诸公赞》曰：司马骏五六岁能书数，魏王为帝，骏八岁为散骑常侍，常侍讲。

《齐书》曰：周盘龙，自平北将军为散骑常侍，武帝戏之曰：“卿着貂蝉，何如兜鍪？”对曰：“此貂蝉从兜鍪中出耳。”

《齐职仪》曰：魏氏侍中皆骑从御，登殿与散骑常侍对挟帝，侍中居左，常侍居右。

《后魏书》曰：初，高祖以李彪为散骑常侍，郭祚因入见，高祖谓祚曰：“朕误授一人官禄。”对曰：“岂容圣诏一行而有差异？”高祖曰：“朕昨误。”沉吟曰：“此自应有让，朕欲别授一官。”须臾，彪有启云：“伯石辞卿，子产所恶，臣欲之已久，故不敢让。”高祖叹谓祚曰：“卿之忠谏，李彪正辞，使朕迟回不能复决。”遂不移官。

又曰：明亮为常侍，加武勇将军，进曰：“臣本官常侍，是第三清；今授武勇，其号至浊。”

又曰：荀颓，承明元年文明太后令百官举才堪干事、人足委仗者，于是公卿咸以颓应选，征拜散骑常侍。

又曰：孝文谓散骑常侍元景曰：“卿等自在集书合省逋堕，致使王言遗滞，起居不修。”

《北齐书》曰：宋弁为散骑常侍，迁右将军，领黄门。弁屡让，高祖曰：“散骑位在中书之右；常侍者，黄门之庶兄；领军者，二卫之假摄。不足空存推让而弃大委。”

又曰：朝贵多假常侍以取貂蝉之饰，高隆之自表解侍中，并陈诸假侍服者，亦请罢之。诏皆如表。

《三国典略》曰：齐遣散骑常侍崔瞻聘于陈。瞻辞韵温雅，南人钦服，乃谓之曰："常侍前朝何竟不来，今日谁相对者？"

又曰：贺琛为梁散骑常侍，梁主与语，常移晷刻，故省中语曰："上殿不下有贺雅。"琛容止都雅，故人呼之。

《隋书》曰：案汉官侍内金蝉左貂，金取刚固、蝉取高洁也。

《董巴志》曰：内常侍右貂金珰，银附蝉，内书今亦同此。今宦者去貂，内史金蝉右貂，纳言金蝉左貂。开皇时特加散骑常侍，在门下者貂蝉，至是罢之，唯加常侍。聘外国者特给貂蝉，还则输纳于内省。

《环济要略》曰：散骑常侍入侍左右，出则侍事于廊庑之下。

《华峤集》云：诏曰："散骑以从容侍从，承答顾问，掌赞诏命，平处文籍，故前世多参用文学之士。议郎华峤有论议著述之才，其以峤为散骑常侍兼与中书共参著作事。"峤表谢云："非臣典笔申辞所能陈谢。"

员外散骑常侍

《晋书》曰：吏部郎李重启：东莞太守曹嘉之，才翰学义先代之后，宜补员外常侍。

《晋起居注》曰：咸康八年，司徒王导表员外常侍孙朝，八年告老，弃身茨宇，永绝荣禄，宜给本官秩俸以终馀年。

《梁书》曰：贺琛，字国宝，迁员外散骑常侍。旧尚书南座无貂，貂自琛始也。

通直散骑常侍

陶氏《职官要录》曰：晋太始十年，诏东平王楙为员外常侍，通直殿中，与散骑常侍通直。通直之号，盖自此始也。

朱凤《晋书》曰：左军陈与骞之子以父老求去职，宿卫不宜旷，诏以为通直常侍。

《宋书》曰：通直散骑常侍，员四人，魏末散骑常侍又有在员外。

晋武帝使二人与散骑常侍通员直，故谓之通直散骑常侍。晋江左置四人。

《梁书》曰：鲍泉尝乘高幰车，从数十，左右伞盖，服玩甚精。道逢国子祭酒王承，承疑非旧贯，遣访之。泉从者答曰："鲍通直。"承怪焉，复欲辱之，遣逼车问："鲍通直复是何许人，而得如此！"都下少年，遂为口实，见尚豪华人相戏曰："鲍通直复是何许人，而得如此！"以之为笑谑。

《北齐书》曰：张景仁除通直散骑常侍，及奏，御笔点通直字，遂为正常侍也。

《隋书》曰：许善心加通直散骑常侍，聘于隋，遇高祖伐陈，礼成而不获反命，累表请辞，上不许，留絷宾馆。及陈亡，高祖遣使告之，善心素服，号哭于西阶之下，藉草东向，经三日，敕书唁焉。明日有诏就馆，拜通直散骑常侍，赐衣一袭。善心哭，尽哀，入房改服复出，北面立，垂涕再拜受诏。明日乃朝，伏泣于殿下，悲不能兴。上顾左右曰："我平陈国，唯复此人，既能怀其旧君，即是我诚臣也。"敕以本官直门下省，赐物千段，马二十匹。

散骑侍郎

《魏志》曰：文帝延康元年，置散骑常侍、侍郎各四人。

又曰：锺敏字雅叔，年十四为散骑侍郎，机捷谈笑，有父之风。

《魏略》曰：孟康字公休，安平人。黄初中，以於郭后有外属，并受九亲赐拜，遂转为散骑常侍。是时，散骑皆以高才英儒充其选，而康独缘妃嫱，杂在其间，故于时皆共轻之，号为阿九。康既才敏，因在冗官，博读书传，后遂有所弹驳，其文义雅而切要，众人乃更加意。

《晋阳秋》曰：荀顗，字景倩。帝见而奇之曰："荀令，君子也。"擢拜散骑侍郎。

干宝《晋纪》曰：处士冯恢，志行过人，以为散骑侍郎。张华曰："臣请观之，若不见臣，上也；见而有傲世之容，次也。敬而为宾主者，固俗士也。”及华至，恢待之恭，于是时人少之。

《唐书》曰：高祖初平长安，拜舞人安叱奴为散骑侍郎，既在朝列，咸陪游宴。礼部尚书李纲谏曰：“臣案《周礼》，均工乐胥，不得预于士伍。虽复才如子野，妙等师襄，皆终身继世，不易其业。故魏武帝欲使祢衡击鼓，先解朝服露体而击之，问其故，对曰：“不敢以先王法服而为伶人之衣也。”唯齐末高纬封曹妙达为王，安马驹为开府，有国家者以为殷监。今新定天下，开太平之基，起义功臣，行赏未遍，高才硕学，犹滞草莱，而先令舞胡致位五品，鸣玉曳组，趋驰廊庙，故非创规模贻子孙之道也。”高祖不纳。

《桓氏家传》曰：延康元年初，置散骑之官，皆选亲旧文武之才，以为宾宴之臣，迁桓范为散骑侍郎。

陶氏《职官要录》曰：案汉初有骑郎，常侍有资者得为骑郎，资满五万为常侍郎。张释之以资为常侍郎，盖此官也。

《华峤谱叙》曰：华歆有三子，表字伟容，年二十馀，为散骑侍郎。时同寮诸郎共平尚书事。年少并厉锋气，要名誉。尚书事至，或有不便，故遗漏不视，及传书者去，即深文论驳。唯表不然，事有不便，辄与尚书共论，尽其意，主者固执，不得已，然后共奏。司空陈恭等以此称之。

员外散骑侍郎

《晋起居注》曰：大兴四年诏曰：“今以前司空从事中郎卢谌为散骑侍郎，在员外。”

《晋中兴书》曰：苻坚青州刺史苻朗降，烈宗诏曰：“朗深识逆顺，望风归化，既嘉此诚，亦简其才，可员外散骑侍郎，并赐给之。”

《宋书》曰：员外散骑侍郎，置无员。

《后魏书》曰：梁三益，字敬安，于南阳内附，高祖与语，善之。曰：“三益，三益，殊不亚，拜员外散骑侍郎。

通直散骑侍郎

《晋大兴元年起居注》曰：置通直散骑侍郎四人。

沈约《宋书》曰：晋元帝使员外散骑侍郎二人与散骑通直，故谓之通直散骑侍郎。

《后魏书》曰：李瑾字道瑜，美容貌，颇有文才，迁通直散骑侍郎，与黄门王遵业、尚书郎卢观典修仪注。临淮王式谓瑾等三俊，共掌帝仪，可谓舅甥之国。王、卢，即瑾之外兄也。

太平御览卷第二百二十五 职官部二十三

御史大夫

《六典》曰：御史大夫之职，掌邦国刑宪、典章，以肃正朝列；中丞为之贰。凡天下之人有称冤而无告者，与三司诰之。三司即御史大夫、中书、门下也。凡中外百寮之事应弹劾者，御史言于大夫，大事则方幅奏弹之，小事但署名而已。

《汉书·公卿表》曰：御史大夫，秦官也。应劭曰："侍御之率，故称大夫。"

《史记》曰：赵尧者，少为符玺御史。赵人方兴公谓御史大夫周昌曰："君之史赵尧，年虽少，奇士也，君必异之，且代君位。"昌笑曰："尧，刀笔吏，何能至是乎？"居顷之，尧侍，高祖独不乐，悲歌，群臣不知所以然。尧进问："陛下所悲者，非为赵王年少而戚夫人与吕后有隙，万岁之后而赵王不能自全乎？"高祖曰："然。吾私忧之，不知所出。"尧曰："陛下独宜为赵王置强相，及吕后、太子、群臣所素敬惮者乃可。"高祖曰："然。谁可？"尧曰："御史大夫周昌，其人坚忍质直，且吕后，太子及大臣皆敬惮之。独昌可。"高祖乃召问昌，谓之曰："吾欲固烦公，公强为我相赵。"昌泣曰："臣初起从陛下，独奈何中道而弃之于诸侯？"高祖曰："吾极知其左迁，然吾私忧赵，念非公毋可者。"于是徙昌为赵王相。既行，高祖持御史大夫印弄之，曰："谁可为御史大夫者？"熟视赵尧，曰："毋以易尧。"遂拜尧为御史大夫。

《汉书》曰：元帝时，琅琊贡禹为御史大夫，而华阴守承嘉上封事言："治道在于得贤。御史之官，宰相之副，九卿之右，不可不选。平陵朱云兼资文武，中正有智略，可使以六百石秩，试守御史大夫，尽其能。"

又曰：朱博为御史大夫，府吏舍百馀区，井泉俱竭；又其府中列柏树常有野乌数千栖其上，晨去暮来，号曰朝夕乌。后去不来者数月，长老异之，果废焉。

又曰：汲黯谓上曰："公孙弘位在三公，奉禄甚多，然为布被，此诈也。"上问弘，弘谢曰："有之。夫三公为布被，诚饰诈以钓名，今臣弘位为御史大夫，九卿以下无差，诚如黯言。"

又曰：公孙弘为御史大夫时，又东置沧海，北置朔方之郡。弘谏以为罢弊中国以奉无用之地，愿罢沧海，专奉朔方，上许之。

又曰：张汤为御史大夫，舞文巧诋以辅法。

又曰：张欧为御史大夫，上具狱事可却之，不可者不得已而为之，涕泣对之。其爱人若此。年老请免，天子亦宠以上大夫禄归老于家。

又曰：杜周为御史大夫，后周子延年又为御史大夫，以居父官府，不敢当旧位，坐卧皆易其处。

又曰：倪宽为御史大夫，以称意任职，故久无所匡谏，官属易之。

又曰：张汤为御史大夫，每朝奏事，语国用，日旰、天子忘食。丞相充位而已。

又曰：晁错迁御史大夫，请诸侯之罪过则削其地，奏上，上令公卿列侯宗室集议，莫敢难错，独窦婴争之，由此与婴有隙。

又曰：哀帝建平二年，朱博奏请罢大司空，以御史大夫为百僚师，帝从之。

又曰：梁相褚大通五经，为博士，倪宽为弟子。及御史大夫缺，征褚大，大自以为得御史大夫。至洛阳，闻宽为大夫，褚大笑。及至与宽议封禅于上前，大不能及，退而服曰："诚知人。"

《汉书·百官志》曰：御史大夫，秦官，位上卿，银印青绶，掌副丞相事。

《汉杂记事》曰：故事，上书为二封，其一曰副，领尚书者先发之，有不善，屏去不奏。魏相为御史大夫，奏去副封以防拥蔽。

《汉旧仪》曰：御史大夫寺，在司马门内，门无塾，门署用梓板，不起檴色，题曰："御史大夫寺。"

北齐杨楞伽《邺都故事》云：御史台在宫阙西南，其门北开，取冬杀之义也。

《唐书》曰：韦挺。太宗尝谓挺曰："卿之任御史大夫，独朕意耳！左右大臣无为卿地者，卿勉之哉！"

又曰：薛谦光拜御史大夫时，僧惠范恃太平公主权势，逼夺百姓店肆，州县不能理。谦光将加弹奏，或请寝之。谦光曰："宪台理冤滞何所回避？朝弹暮黜亦可矣。"遂与殿中慕容珣奏弹之。

又曰：韦思谦除右肃政大夫，遂坐受拜，或以为言。谦曰："国家班列自有等差，奈何以姑息为事。"

又曰：崔隐甫为大夫，一切督责之事，无大小，悉令咨决，稍有忤意，列上其罪。前后贬黜者过半，群僚侧目。上常谓曰："卿为大夫，深副朕所委。"

又曰：肃宗幸灵武，李岘应召至行在，拜扶风郡太守兼御史大夫。既收京师，拜礼部尚书、守京兆尹，复兼御史大夫。时岘兄峘为户部尚书，兼成都尹。乾元初，玄宗还京，峘自蜀至，又兼御史大夫，兄弟俱判台事。自国初以来，兄弟并拜大夫，未有其比。时长安士庶，皆赋美之。

又曰：崔纵劝李怀光西至奉天，加右庶子充使，无几，拜京兆尹兼御史大夫。数奏怀光刚愎反覆，宜阴备之。及幸梁州，左右或短之，曰："纵素善怀光，必不来矣。"上曰："他人不知，纵吾可保。"不数日，纵至，拜御史大夫。

又曰：李元素征拜御史大夫。大夫自贞元中位缺，久难其人。至是，元素以名望召拜，中外耸听。及居位，无修举，但规求作相。久之，霈不得志。见客必曰："无以某官散相疏也。"见属官必先拜，脂韦在列，大失人情。

又曰：李景让转御史大夫。景让慷慨有大志，事母以孝闻，正色立朝，言无避忌。时宣宗皇舅郑光卒，诏赠司徒。罢朝三日，景让曰："国舅虽亲，朝典有素，无容过越。"乃上言曰："郑光是陛下亲舅，外族之爱，诚轸圣心；况皇太后哀切之时，理合加等，而赐之粟帛，降之吊问。自家刑国，允谓合宜，今以辍朝之数，比于亲王公主，即前例所无，纵有亦不可施用。何者？先王制礼，所贵防微。大凡人情，于外族则深，于宗属则薄。所以先王制礼，割爱厚亲，士庶犹然，况当万乘。亲王公主，宗属也；舅氏，外族也。今朝廷公卿以至庶人，据《开元礼》，外祖父母及亲舅丧，止服小功五月；若亲伯叔、亲兄弟，即服齐缞周年，所以疏其外而密于内也。有天下者，尤不可使外戚强盛。故西汉有吕氏之侈，几灭刘氏；国朝有则天之篡，殆革唐命。盖非一朝一夕，其所由来渐也。今郑光辍朝日数，与亲王公主同，设使陛下速改诏命，辍朝一日或两日，示其升降有差，恩礼无僭，使四方见陛下钦明之德，青史传陛下制度之文，垂之百王，永播芳烈。臣愚不肖，谬窃恩私，实愿陛下处于尧、舜之上，羲、轩之列，所以甘心鼎镬，伏进危言。”优诏报之，乃罢朝两日。

又曰：田令孜军败，沙陀逼京师，帝移幸凤翔，邠帅朱玫引兵来迎驾。令孜挟帝幸山南。时中夜出幸，百官不及扈从，而随驾者黄门卫士数百人而已。帝驻宝鸡候馆，诏授孔纬御史大夫，遣中使传诏，令纬率百僚赴行在。时京师急变，从驾官属至盩厔，并为乱兵所剽，资装殆尽。纬承令见宰相论事，萧遘以田令孜在帝左右，意不欲行，辞疾不见。纬遣台吏促百官上路，皆以袍笏不具为词。纬无如之何，乃召三院御史，谓之曰：“吾辈世荷国恩，身居宪秩，虽六骓奔道，而咫尺天颜，累诏追征，皆无承禀，非臣子之义也。凡布衣交旧，缓急犹相救恤，况在君亲？策名委质，安可背耶！”言竟泣下。三院曰：“夫岂不怀，但盩厔剽剥之馀，乞食不给，今若首途聊营一日之费，俟信宿继行可也。”纬拂衣而起曰：“吾妻危疾，旦不得夕，丈夫岂以妻子之故，怠君父之急耶？公辈善自为谋，吾行决矣。”即日见李昌符告曰：“主上再有诏命，令促百寮前进。观群公之意，未有发期，仆忝宪闱，不宜居后。道途多梗，明公幸假五十骑，送至陈仓。”昌符嘉之，谓纬曰：“路无顿递，裹粮办耶？”乃送钱五十缗，令骑士援纬达散关。纬知朱玫必蓄异志，奏曰：“关城小邑，不足以驻六师，请速幸梁州。”翌日，车驾离陈仓，才入关，而邠、岐之兵围宝鸡，攻散关。微纬之言，几危矣。

《五代史·后唐史》曰：天成元年夏六月，以李琪为御史大夫，自后不复除。

《通典》曰：汉御史大夫，副丞相事，若今之同平章及参知机务之类。所以《汉书》云："薛、贡、直匡迭为宰相。"薛宣、韦贤、匡衡则是丞相，而贡禹但为御史大夫。

又曰：武后时，改御史台为肃政台，凡置左、右肃政二台，别置大夫、中丞各一人，侍御史、殿中、监察各二十人。

《汉武帝集》曰：武帝作柏梁台，诏群臣二千石，有能为七言诗者乃得上坐，御史大夫曰："刀笔之吏臣执之。"

《唐中宗授杨再思检校左台大夫制》曰：避车要秩，非德靡升；专席雄班，惟贤是属。侍中杨再思，衣冠旧齿，廊庙宏材，寒暑不易其心，始终弗亏其度。在明时而有立，居暗室以无欺。投水陈谟，迈汉朝之三杰；沾砂作相，掩虞日之五臣。森乎抱松柏之主，凛若负冰霜之气。伫因献替，兼肃权豪。宜分务于鸾局，俾效能于乌署。

又《苏珦授右台大夫制》曰：乌台峻秩，望总铁冠，苍珮崇班，威高石室。诚副相之荣级，实次卿之通任。前岐州苏珦，词吞楚泽，量湛黄陂。既光大厦之材，堪入巨川之用。西京展骥，道掩题舆；右辅凭熊，风超露冕。朱幡雾撤，初停州县之劳；白简霜凝，宜屏权豪之气。

御史中丞上

韦昭《辨释名》曰：御史中丞，居中丞相者也。辨云：此中丞自御史大夫下丞有二，其一别居殿中，举不法，故曰中丞。

《周礼》曰：天官，小宰之职，掌建邦之宫刑，以理王宫政令，凡宫之纠禁。注曰：若汉之御史中丞。

《史记》曰：臧宣为御史及中丞者几三十年，以微文深诋、杀者甚众，称为敢决。

《汉书》曰：陈咸字子康，沛郡人。为中丞总领州郡奏事，课第诸刺史，执法殿中。公卿已下，皆敬惮之。

又曰：鲍宣字贡君，为中丞，执法殿中，外总部刺史、郡国二千石所贬退称进，白黑分明，由是知名。

又曰：中丞有石室，以藏秘书图谶之属，以其居殿中，故曰中丞。

又曰：张汤为御史大夫，丞上旨，请造白金与五铢钱，笼天下盐铁，排富商大贾。

《东观汉记》曰：樊准字幼陵，为御史中丞，举正非法，百僚震悚。

又曰：宣秉，建武元年拜御史中丞，上特诏御史中丞与司隶校尉尚书令会同并专席而坐，故京师号曰三独坐。

《后魏书》曰：高恭之字道穆，为御史中丞。帝姊寿阳公主行犯清路，执赤棒卒呵之不止，道穆令卒棒破其车，公主深以为恨，泣以诉帝。帝谓公主曰："高中尉清直之人，彼所行者公事，岂可以私恨责之耶！"道穆后见帝，帝曰："一日家姊行路相犯，极以为愧！"道穆免冠谢曰："臣蒙陛下恩，奉陛下法，不敢独于公主亏朝廷典章。"

谢承《后汉书》曰：陈谦字伯让，拜御史中丞，执宪奉法，多所纠正，为百僚所敬。尚书选举，序位旌贤，常咨问谦。自陈蕃虽尊为宰相，论议褒贬，每往质疑，皆服其清识高亮。

《续汉书》曰：马严字威卿，拜御史中丞，赐冠、帻、衣服、车马。严举劾案章，申明旧典，奉法按举，无所回避，百寮惮之。

《汉官仪》曰：御史中丞二人，本御史大夫之丞。其一别在殿中兼典兰台秘书，外督部刺史，内领侍御史，受公卿章奏，纠察百僚。

《汉旧仪》曰：御史中丞，督司隶，司隶督司直，司直督刺史，刺史督二千石以下。

《汉官解诂注》曰：建武以来，省御史大夫官属入侍兰台。兰台有十五人，特置中丞一人以总之。此官得举非法，其权次尚书。

《魏志》曰：鲍勋字叔业。黄初四年，尚书令陈群、仆射司马宣王并举勋为官正，官正即御史中丞也。帝不得已而用之，百寮严惮，罔不肃然。

《魏氏春秋》曰：故事，御史中丞与洛阳令相遇，则分路而行，以土主多逐捕，不欲稽留也。

太平御览卷第二百二十六　职官部二十四

御史中丞下

《晋书》曰：熊远字孝文。迁御史中丞，中宗每叹其公忠，谓远曰："卿在朝政正色，不茹柔吐刚，忠亮至劲，可谓王臣。"

又曰：庾峻字山甫，为御史中丞，优而不克。

又曰：周处字子隐，为御史中丞，奏征虏将军石崇、大将军梁王肜等，正绳直笔，权豪震肃。

又曰：刘暾他昆切字长升，兼中丞，奏免尚书仆射等十馀人，朝廷嘉之，遂以即真。

谢灵运《晋书》曰：汉官，尚书为中台，御史为宪台，谒者为外台，是为三台。自汉罢御史大夫而宪台犹置，以丞为台主，中丞是也。

《晋中兴书》曰：王恬字元逾音俞。为御史中丞，值海西公废，太宗即位，未解严，大司马桓温屯中堂，夜吹警角。恬奏劾温大不敬，请理罪。明日，温见奏事叹曰："此儿乃敢弹我，真可畏也。"

又曰：熊远迁御史中丞，尚书郎卢綝入直，逢尚书令刁协于大司马门外。协醉，使綝避之。綝以当直不肯回，协令人牵綝堕马，至协车前而后释。远奏请免协官。诏令白衣领职。

又曰：刘瑀音雨迁御史中丞。瑀气尚人，为宪司，甚得志。弹萧惠开云："非才，非望，非勋，非地。"弹王僧远云："荫籍高华，人品冗末。"朝士莫不畏其笔端。

又曰：萧惠开拜御史中丞。世祖与刘季之诏曰："今以萧惠开为宪司，冀当称职。但往一服。额已自殊。有所震及。"在任百寮畏惮之。八年入为侍中，诏曰："惠开前任宪，奉法直绳，不阿权戚，朕甚嘉之，可更授御史中丞。"

又曰：郑鲜之迁御史中丞，明宪直绳，甚得直司之体。外甥毅权重

当时，朝廷莫不归附。鲜之尽心，高祖独不屈意，毅甚恨焉。“

又曰：“荀伯子为御史中丞，莅职勤恪，有匪躬之称。立朝正色，内外惮之。凡所奏劾，莫不深相呵毁，或延及祖宗，其言切直。又颇杂嘲戏，故世人以此非之。

《齐书》曰：王僧处迁御史中丞，甲族由来多不居宪职，王氏分枝居乌衣者位宦微减。僧处为此官，乃曰：“此是乌衣诸郎坐处，我亦可试为耳！”

又曰：江淹为御史中丞，明帝作相谓淹曰：“君昔在尚书中，非公事不妄行，在官宽猛能折衷，今为南司，足以震肃百寮也。”曰：“今日之事，可谓当官而行，更恐不足仰称明旨耳！”于是弹中书令谢朏、音斐。司徒左长史王績音茜、护军长史庾弘远，并以托疾不预山陵公事。又奏收前益州刺史刘悛、梁州刺史阴智伯并赃货巨万，辄收付廷尉。临海太守沈昭略、永嘉太守庾昙隆及诸郡二千石，并大县官长多被劾，内外肃然。明帝谓曰：“自宋已来不复有严明中丞，君今日可谓近世独步。”

《梁书》曰：乐蔼迁御史中丞。初，蔼发江陵，无故于舡得八车辐，如中丞健步避道者。至是果迁焉。

又曰：王僧孺兼御史中丞。僧孺幼贫，其母鬻纱布以自业，携僧孺至市，道遇中丞卤簿驱迫坠沟中。及是拜日引驺清道，悲感不自胜，顷之即真。

《后魏书》曰：李彪为中尉，号为严酷。以奸款难得，乃为木手击其胁腋，气绝而后属者时有。汾州叛胡，得其凶渠，皆鞭面煞之。及彪之病也，体上疮溃，痛毒备极。

又曰：李彪迁御史中尉。彪为高祖所宠，性又刚直，遂多所弹纠，远近畏之，豪右屏气。高祖尝呼为李生，又从容谓群臣曰：“吾之有李生，犹汉之有汲黯。”

《北齐书》曰：齐王高澄用崔暹为御史中尉，宋游道为尚书左丞，谓之曰：“卿一人处南台，一人处北省，当使天下肃然。”

又曰：琅邪王俨，字仁威，武成第三子，累为御史中丞。魏氏旧制，中丞出，清道，与皇太子分路行，王公皆迳住车去牛，顿车于地，以待中丞过，其或违迟，则赤棒棒之。自都邺后，此仪寝绝。武成欲雄宠俨，乃使一依旧制。初，从北宫出，将上宫丞，凡京畿步骑，领军之官属，中丞之威仪，司徒之卤簿，莫不毕备。时俨总领四职，帝与胡后在华林园东门外张幕，隔青纱步幛观之。遣中使骤马趣仗，不得入，自言奉敕，赤棒应声碎其鞍，马惊人坠。帝大笑，以为善。更敕令驻车，传语良久，观者倾京邑。

《陈书》曰：徐陵除散骑常侍、御史中丞。时安成王为司空，以帝弟之尊，势倾朝野。直兵鲍僧叡假王威权，抑塞辞讼，大臣莫敢言者。陵闻之，乃为奏弹，导从南台官属，引奏案而入。世祖见陵服章严肃，若不可犯，为敛容正色坐。陵进读奏状时，安成王殿上侍立，仰视世祖，流汗失色。陵遣殿中御史引王下殿，遂劾免侍中、中书监。自此朝廷肃然。

《隋书》曰：后魏延昌中，王显有宠于宣武，御史中丞请革选御史，此后踵其事，每一殿中更置御史。自开皇后，始自吏部选用，依旧直入禁中。

《唐书官品志》曰：中丞一人，掌督司百僚。皇太子已下，其在营门行，行马内违法者，皆纠弹之。虽在马外而监司不纠，亦得奏之。专道而行，逢尚书丞、郎，亦得停驻。

又曰：张易之纵恣益横，尝私引相工李引泰占吉凶，言涉不顺。御史丞宋璟音同。请穷究其状，武太后曰："易之等已上闻。"璟曰："谋反大逆，无容首免。易之等分外承恩，臣知言出祸从，然义激于心，虽死不恨。"太后不悦。内史姚璹音孰。恐忤旨，遽宣敕令出。璟曰："天颜咫尺，亲奉德音，不烦宰相擅宣王命。"太后意解，及收易之等就狱，寻诏原之，命就宅谢罪。璟拒而不见，曰："公事当公言之，若私见，法无私也。"

又曰：御史中丞姚庭筠奏称："律令格式，悬之象魏，奉而行之，事无不理。比见诸司寮宷，不能遵守章程，事无大小，皆悉闻奏。臣闻为君者任臣，为臣者奉法，故云汝为君目，将司明也。则知万机务综，不可遍览也。所以设官分职者，委任责成，百工惟时，以成垂拱之化。比者，或修一水窗，或伐一枯木，并皆上闻。旒扆取断宸衷，岂代天理物，至公之道也。自今已后，若缘军国大事及牒式无文者，任奏取进旨。自馀据章程合行者，各令准法处分。其故生疑滞致有稽失者，请令御史随事纠弹。”上从之。

又曰：卢奕，怀慎之少子也。与兄奂音唤。齐名，天宝十一年为御史中丞。始怀慎及奂并为此官，父子三人为中丞，清节不易，时人美之。

又曰：齐映为御史中丞，从德宗幸梁州，每遇险，映尝执辔，会上马惊，跳奔益甚。上惧伤映，令舍辔，映坚执，久之乃止。问其故，对曰：“马奔踶，音弟。不过伤臣；如舍之，或犯清尘。虽臣万死，何以塞责？”上嘉叹无已。

又曰：御史中丞武元衡奏：“贞元二年御史中丞窦参所奏，凡诸使兼宪官者，除元帅、都统、节度、观察、都团练、防御等使，馀并在本官之位。其后苏弁音卞、于頔以度支郎中兼御史中丞，邓求以易州刺史兼御史大夫，皆奉进旨，令在同类之上。伏以前后异同，遵守不一，臣谨议伏请，自今常参官兼御史大夫中丞者，惟检校省官，立在本品同类之上。”从之。

又曰：元和中御史中丞王播奏：“监察御史，旧例在任二十五月转准具员，不加，今请仍旧。殿中侍御史，旧例在十三月转准具员，加至十八月，今请减至十五月。侍御史，旧例在任六月转准具员，加十三月，今请减至十月。”从之。

又曰：文宗开成初，中丞狄兼谟谢官，上曰：“御史中丞，朝廷纪纲，一台理则朝廷理，朝廷理则天下理。无旷厥职。”兼謩奏曰：“凡天下有碍法不得中道事，臣尽得以弹奏。”上曰：“大抵以顾望畏忌为心者，自失职业。卿梁公之后，将嗣家声，不可不留意。”

又曰：文宗谓宰臣曰：“丁居晦作中丞何如？”因悉数大臣而品第

之，叹曰："宋申锡堪任此官，惜哉！"

又曰：牛僧孺可为大夫，宰臣郑覃曰："顷为中丞，未尝搏击，恐无风望。"上曰："不然，鸾凤与鹰隼事异。"

又曰：居晦作此官，朕曾以时谚谓杜甫、李白辈为四绝问。居晦曰："此非君上要知之事。"常以此记得居晦，今所以擢为中丞。

又曰：会昌元年，中书门下奏："御史中丞为大夫之贰，缘大夫秩崇，官不常置，中丞常为宪台之长。今寺监、少卿、少监、司业、少尹并为寺置之贰，皆为四品。中丞，官名至重，见秩未崇，望升为从四品。"从之。

又曰：薛存诚为给事中。琼林库使奏召工徒太广，存诚以为此者奸人窜名以避征徭，不可许。咸阳尉袁儋都干切与军镇相竞，军人无理，遂肆侵诬，儋反受罚。二敕继至，存诚皆执之。上闻甚悦，命中使嘉劳。由是选拜御史中丞。

又曰：孔纬为御史中丞。纬器志方雅，嫉恶如仇。既总宪纲，中外不绳而自肃。

又曰：卢坦为御史中丞，裴均为仆射，左班逾位请退之，均不受。坦曰："姚南仲为仆射，例如此。"均曰："南仲何人？"坦曰："南仲是守正而不交权幸者。"寻罢为右庶子，时人归咎于均。

《三国典略》曰：梁张绾，字孝卿，雍州刺史缵之弟也。梁主策其百事，绾对阙其六，乃号为百六公。常为御史中丞，兄缵为仆射。元日朝会，及百司就列，兄弟并导驺两途，前世未有，时人荣之。

崔鸿《十六国春秋前录》曰：段凯骁勇善射，好读书，为御史中丞，明笔直绳，无所阿避，号曰老虎。

《傅咸集》：奏曰：司隶中丞得纠太子而不得纠尚书。臣所未譬，朝廷无亦易之。梅陶自叙曰："余居中丞，曾以法鞭皇太子傅，亲友莫不致谏。余笑而应之。堂高由陛下，太子所以崇于上，由吾奉王者法，吾岂枉道曲媚？后皇太子特见延请，赐以请宴礼之，如师。"袁淑《谢中丞章》曰："窃惟此职，昭赞实预损益，必须廉明威正。刺骨穷文，使权家勋族不敢藉强而侮物；戚门右姓不得称雄以掩众。昔傅咸卧治，僚辟戢惧；孙宝移疾，卿尹皆怠。”

持书御史

《汉书》曰：宣皇帝元凤中，路温舒上书宜尚德缓刑，帝深采览之。季秋后谳时，谳，鱼列反，又音巘。帝幸宣室齐宫而决事，命侍御史二人持书，遂置持书御史。

《通典》曰：御史中丞，旧持书御史也。国讳改焉，后历代皆同。

《风俗通》曰：顷者，廷尉多墙面而苟充兹位，持书侍御史不复平议谳，当纠纷，岂一事哉！里语曰：“县官漫漫，冤死者半。”

《后汉书》曰：蔡邕以侍御史转持书御史，迁尚书，三日之间，周迁三台。

《续后汉书·百官志》曰：持书御史，秩百石，掌选明法律者为之。天子疑狱，以法律谳是非，纠六品已下。桓帝以后不治狱，充位而已。

《魏志》曰：王观字伟台，东郡廪丘人也。明帝幸许昌，召观为治音持，下同。书侍御史，典行台狱。时多仓卒喜怒，而观不阿音顺旨。

《晋书》曰：杜预为镇南，入辞，口启陈寿才史通博，宜补黄散也。黄，黄门侍郎。散，散骑常侍。上曰：“寿可作治书否？”预对曰：“唯在圣诏。”即手诏用之。

又曰：太始四年置黄沙狱、持书御史一人，秩与中丞同，掌诏狱及廷尉不当，皆理之。

《梁书》曰：谢几卿，天监初除征虏，鄱阳王记室，尚书三公侍郎，寻为治书侍御史。旧郎官转为此职者，世谓为南奔。几卿颇失志，多陈疾，台事略不复理。徙为散骑侍郎。

《后魏书》曰：高道悦拜治书御史，正已当官，亡惮强御，奏举任城王王澄等免官。高祖诏褒美之。

《隋书》曰：柳彧迁治书侍御史。于时刺史多任武将，类不称职。彧上表曰：“方今天下太平，四海清谧，共治百姓，须任其才。昔汉光武一代明哲，超自布衣，备知情伪，与二十八将，披荆棘，定天下，及功成之后，无所职任。伏见诏书以上柱国和干子为杞州刺史，其人年垂八十，钟鸣漏尽。前任赵州，暗于职务，政由群小，贿赂公行，百姓吁嗟，歌谣满道。乃云：老禾不早杀，馀种秽良田。古人有云：耕当问奴，织当问婢。此言各有所能也。干子弓马武用，是其所长，治民莅职，非其所解。至尊思治，无忘兴寝，如谓优老尚年，自可厚赐金帛，若令刺举，所损殊大。臣死而后已，敢不竭诚！"上善之，干子竟免。

又曰：梁毗为持书御史。时京师饥，上令禁酒，刘昉使妾任屋当炉酤酒，任，纵也。毗劾奏昉曰："臣闻处贵则戒之以奢，持满则守之以约。昉既位列郡公，秩高庶尹，縻爵稍久，厚禄已淹，正当戒满归盈，监斯止足。何乃规曲蘖之润，竞锥刀之末，身昵酒徒，家为逋薮？若不纠绳，何以肃厉！"有诏不治，昉郁郁不得志。

又曰：柳彧为治书御史，右仆射杨素当涂显贵，百寮慑惮，无敢忤者。尝以少谴，敕送南台。素恃贵，坐彧床。彧从外来，见素如此，于阶下端笏整容，谓素曰："奉敕治公之罪。"素遽下，彧据案而坐，立素于廷，辨诘事状。素由是衔之。

《唐书》曰：孙伏伽初以三事上谏，高祖大悦，擢拜治书侍御史，兼赐帛三百匹。时军国多事，赋敛繁重，伏伽屡奏请改革旧政，高祖并纳之，因谓裴寂曰："隋末无道，上下相蒙，主则骄矜，臣唯谄佞，上不闻过，下不尽忠，使社稷倾危，身死匹夫之手。朕拨乱反正，志在安人，平乱任武臣，官方委文吏，庶得各展器能，以匡不逮。此每虚心接待，冀闻谠言。然惟李纲差尽忠款，孙伏伽可谓诚直，馀人犹踵弊风，俯首而已，岂朕所望哉？"

江总《赠孔中丞诗》曰：我行五岭表，辞乡二十年，闻鹦欲动咏，披雾即依然。畴昔同寮寀，今随年代改。借问藏书处，唯君故人在。故人名宦高，清简肃权豪。谁知怀九叹，徒然泣二毛。

傅咸《御史中丞箴叙》曰：百官之箴，以箴王阙。余承先君之踪，窃位宪台，惧有忝累垂翼之责，且造斯箴以自勖励。不云自箴，而云御史中丞箴者，凡为御史中丞，欲通以箴之也。词曰："煌煌天文，众星是环。爰立执法，其晖有焕。执宪之纲，秉国之宪。鹰扬虎视，肃清违慢。蹇蹇匪躬，是曰王臣。既直其道，奚顾其身？身之不顾，孰有弗震？邦国若否，惟仲山甫是明。焉用彼相，莫扶其倾。淮南构逆，实惮汲生。赫赫有国，可无忠贞！忧责有在，绳亦必直。良农耘秽，勿使能植。无礼是逐，安惜翅翼？喏尔庶寮，各敬乃职。无为罚先，无怙厥力。怨及朋友，无惭于色。得之天子，内省有恧。恧，音匿，惭也。是用作箴，惟以自敕。"

太平御览卷第二百二十七 职官部二十五

侍御史

《六典》曰：侍御史掌纠举百僚，推鞫狱讼。凡有别付者，则按其实状以奏。若寻常之狱，推讫，断于大理。凡事非大夫、中丞所劾而合弹奏者，则具其事为状；大夫、中丞押大事，则豸冠、朱衣、纁裳、白纱、中单以弹之，小事常服而已。

《续汉书·百官志》曰：侍御史，员五人，秩六百石。以公府掾属高第补之，或牧守、议郎、郎中为之。掌察非法，受公卿群吏奏事，有违失者举劾之。凡郊庙及大拜则一人监威仪，有违失者则劾奏。

《汉官仪·侍臣下》曰：御史，秦官也。案问有御史，掌邦国都鄙及万民之治，今以赞冢宰。

应劭《汉官仪》曰：侍御史，周官也。为柱下史，冠法冠一名曰“柱后”，以铁为之，言其审固不挠也。或说古有獬豸兽，主触邪佞，故执宪者以其角形为冠耳。余览《秦事》云：“始皇灭楚，以其君冠赐御史。”汉兴袭秦，因而不改。

《汉书仪》曰：御史员四十五人，皆是六百石。其十五人衣绛，给事殿中为御史。宿庐在石渠门外，二人尚玺，四人持书，给事二人侍前，中丞一人领馀三十人留寺，理百官事也。

《史记》曰：赵禹者，鄠人。武帝即位，禹以刀笔吏积劳迁为侍御史，与张汤论定律令。

又曰：下杜人程邈为御史，得罪始皇，幽系云阳十年。从狱中作大篆，少者增益，多者减损，方者使员，员者使方，奏之，始皇善之，出为御史。

又曰：张苍好旧历，秦时为御史，主柱下方书。

《汉书》曰：江充拜直指绣衣，使督三辅盗贼，禁察逾侈。时近臣多奢僭，充皆举劾，请没入车马，令身从北军击匈奴。奏闻，贵戚惶恐。

又曰：王驾字翁孺，武帝时为绣衣御史，逐捕群盗，皆纵而不诛。

又曰：严延年迁御史，劾霍光专废立。

《东观汉记》曰：陈宠，曾祖父咸哀平间以明律为侍御史。王莽篡位，父子相将归乡里，闭门不出，乃收家中律令、文书壁藏之，以俟圣主。咸常戒子孙为人议法当依轻，虽有百金之利，无与人重。

《后汉书》曰：桓典为侍御史，执政无所避，常乘骢马，京师畏之。语曰："行行且止，避骢马御史。"

又曰：杜诗为御史，安集洛阳。时将军萧广放纵兵士，暴横民间，百姓惶扰。诗敕晓不改，遂格杀广，还以状闻。世祖召见，赐以棨戟焉。

又曰：李恂拜侍御史，持节使幽州，宣布恩泽，慰抚北狄，所过皆图写山川、屯田，聚落百馀卷，悉封奏上，肃宗嘉之。

又曰：光武闻杜林还三辅，乃征拜侍御史。引见，问以经书、故旧及西州事，甚悦之，赐以车马衣被。

又曰：陈翔字子麟，拜侍御史。元日朝贺，大将军梁冀威仪不整，翔奏请收冀理罪，时人奇之。

又曰：杨秉字叔节，拜侍御史，京畿咸称其宰相之才。

又曰：谯玄为绣衣使者，持节分行天下，观览风俗，所至专行诛赏。

《续后汉书》曰：种暠字景伯。顺帝时为侍御史，监护太子于承光宫。中常侍高梵受敕迎太子，不赍诏书，以衣车载太子欲出，太子太傅高褒不知所以，力不能止，开门临去。暠至，横剑当车曰："御史受诏监护太子。太子国之储副，人命所系。常侍来，无一尺诏书，安知非挟奸耶？今日之事，有死而已。"梵不敢争。

又曰：张纲字文纪，迁侍御史。汉初，遣八使巡行风俗，八使同日拜，谓之八彦，皆宿儒要位，唯纲年少官微，受命各之所部，而纲独埋车轮于洛阳都亭，曰："豺狼当路，安问狐狸？"遂奏大将军梁冀兄弟罪恶，京师震悚。

《魏志》曰：袁绍字本初，有姿貌威容，能折节下士，士多附之。

太祖少与交，以大将军掾为侍御史。

又曰：帝尝大会殿中，御史簪白笔侧阶而坐，上问左右："此为何官何主？"左右不对。辛毗曰："谓御史。旧时簪笔以奏不法，今者直备官但珥笔耳。"

《吴志》曰：吕岱亲近吴郡徐原，慷忾有才志，岱知其可成，赐巾褠，居侯切，丹衣。与共言论，后遂荐拔，官至侍御史。原性忠壮，好直言。岱时有得失，原辄谏争，又公论之，人或以告岱，岱笑："是我所以贵德渊德渊，岱字。者也。"及原死，岱哭之甚哀，曰："德渊，吕岱之益友，今不幸，岱复于何闻过？"谈者美之。

又曰：张纮字子纲，广陵人也。孙策遣纮奏章至许宫，留为侍御史，少府孔融等皆与亲善。

又曰：朱据字子范，吴郡人也，补侍御史。是时选曹尚书暨艳疾贪污在位，欲沙汰之。据以为天下未定，宜以功覆过，弃瑕取用，举清励浊，足以沮劝，若一时贬黜，惧有后咎。艳不听，卒败。

《晋书》曰：庾峻字山甫。长安大狱久不决，转峻御史往断，朝野称当。

又曰：刘毅子暾它昆切。正直有父风，为御史。库失火，尚书郭彰率百人自卫而不救火，暾正色诘之。彰怒曰："我能截卿角也！"暾勃然谓彰曰："君何时敢恃宠作威作福，天子法冠而欲截角！"呼命纸笔奏之，彰伏不敢言。众人皆释，乃止。

《隋书》曰：柳调转侍御史，左仆射杨素尝于朝堂见调，因独言曰："柳调通体弱，独摇不须风。"调敛板正色曰："调信无取者，公不当以为侍御史；调信有可取，不应发此言！公当具瞻之秋，枢机何可轻发？"素甚奇之。

又曰：游元为侍御史，奉使于黎阳督运，会杨玄感作逆，乃谓元曰："独夫肆虐天下，士大夫肝脑涂地，以陷身绝域之所，军粮断绝，此亦天亡之时，我今亲率义兵诛无道，卿意如何？"元正色答曰："尊公荷国宠灵，功参佐命，高官重禄，近古莫俦，公之兄弟青紫交映，当谓竭诚尽节，上答鸿恩，岂意坟土未干，亲图反噬，深为明公不取，愿思祸福之端。仆有死而已，不敢闻命。”玄感怒而囚之，屡胁以兵，竟不屈节，于是害之。

又曰：陈孝意，大业初为鲁郡司法书佐，郡内号为廉平。太守苏威尝欲杀一囚，孝意固谏，至于再三，威不许。孝意因解衣，请先受死。良久，威意乃解，谢遣之。渐加礼敬。及威为纳言，奏孝意侍御史。

又曰：獬豸冠，案《礼图》曰：“法，冠也。一曰柱后惠文。”如淳注《汉官》云：“惠，蝉也。细如蝉翼，今御史服之礼图也。”

又曰：獬豸冠，高五寸，秦制也。法官服之。案《董巴志》云：“獬豸，神羊也。”蔡邕云：“如麟一角。”应劭曰：“古有此兽，主触不直，故执宪者为冠以象之。秦灭楚，以其冠赐御史。”

《唐书》：李素立丁忧，高祖令所司夺情授七品清要官，所司权拟雍州刺史录参军。高祖曰：“此官要而不清。”又拟秘书郎，高祖曰：“此官清而不要。”遂擢授侍御史。

又曰：柳范为侍御史，时吴王恪好畋猎，损居人田苗，范奏惮之。太宗因谓侍臣曰：“权万纪事我儿，不能匡正，其罪合死。”范进曰：“房玄龄事陛下，犹不能谏止畋猎，岂可独罪万纪？”太宗大怒，拂衣而去。久之，独引范曰：“何得逆折我？”范曰：“臣闻主圣臣直，陛下仁明，臣敢不尽愚直？”太宗意乃解。

又曰：高宗尝问群臣求可为御史者，佥举万年尉杨子失其名。居数月，复问之，群臣又举焉。上曰：“吾闻斯人常亵服居公堂视事，其可为准绳司乎？”由是百司群僚必表而视事。

又曰：乾封中韦仁约除侍御史，与公卿相见，未尝行拜礼。或勉之，仁约曰：“雕鹗鹰鹯岂众禽之偶，奈何设拜以狎之？”且耳目之官，故当特立乃曰御史。衔命出使，不能动摇山岳，震慑州县，诚旷职耳。”

又曰：贾言忠，河南洛阳人也。乾封中为侍御史，时朝廷有事辽东，言忠奉使往支军粮，及还，高宗问以军事。言忠画其山川地势，具陈辽东可平之状。高宗悦。又问诸将优劣。言忠曰：“李勣先朝旧臣，圣鉴所悉；庞同善虽非斗将，而持军严整；薛仁贵勇冠三军，名可振敌；高侃俭素自处，忠果有谋；契苾何力沉毅持重，有统御之才，然颇有忌前之癖。诸将夙夜小心，忘身忧国，莫逮于李勣者。”高宗深然之。

又曰：刘思立，宋州宁陵人也。高宗时为侍御史。属河南河北旱俭，遣御史中丞崔谧等分道存问赈给。思立上疏谏曰：“今麦序方秋，蚕功未毕；三时之务，万姓所先；敕使抚巡，人皆竦抃；忘其家业，翼此天恩，踊跃参迎，必难抑止；集聚既广，妨废亦多。加以途程往还，兼之晨夕停滞。既缘赈给，须立簿书；本欲安存，却成烦扰。又无驿之处，骑马稍难。简择公私，须臾追集。雨后农务，特切常情，暂废须臾，即亏岁计。每为一马，遂劳数家，从此相乘，恐更滋甚。望且委州县赈给，待秋后闲时出使褒贬。”疏奏，谧等遂不行。

又曰：李义府恃宠用事。妇人淳于氏，有美色，坐事系大理，乃讽丞毕正义枉法出之。将纳为妾，会有密言其状者。上令给事中刘仲轨鞫之。义府恐泄其谋，逼正义自缢于狱中。上知，而特原义府之罪。侍御史王义方奏：“义府擅杀寺丞，陛下虽已释放，然天子置三公、九卿、二十七大夫、八十一元士，本欲水火相济，盐梅相成，然后庶绩咸熙，风雨交泰，则知人主不得独是非。昔唐尧至圣，失之于四凶；汉祖深仁，失之于陈狶；光武聪明宽恕，失之于逢萌；魏武勇略英雄，失之于张邈。此英杰之主，莫不失之于前，得之于后。今陛下继圣，抚有万邦，蛮陬夷落，犹惧刑纲，况辇毂咫尺，奸臣肆虐。杀一六品寺丞，足使忠臣抗愤；纵令正义自缢，此事弥不可容。便是畏义府之权势，能杀身以灭口。此则生杀之威，已非主出；赏罚之柄，下移奸佞。请乞重勘，当正义死之由，雪冤气于幽泉，诛奸臣于白日。”对仗叱义府，令下；义府视，不退；义方三叱。上既无言，义府趋出。

又曰：王志愔，博州聊城人也。少以进士擢第，神龙年累除左台御史。执法刚正，百寮畏惮，时人呼“皂雕”言其顾瞻人吏如雕鹗之视燕雀也。

又曰：苏瓌案问郑普思，其妻有宠于韦庶人，特敕令对御辨折，上屡抑瓌而伸普思。侍御史范献忠历阶而前曰："臣请先罪苏瓌。"上问其故。献忠曰："苏瓌国之大夫，荷荣贵久矣，不斩逆贼而后闻奏，今使眩惑天聪，摇动刑柄。而普思反状昭露，陛下曲为申理，此则王者不死。今圣躬万福，岂有两天子耶？臣请先死，终不能事普思。"上意乃解，狱遂定。

又曰：御史遭长官于途，皆免帽降乘，长官戢辔，辞而上马。乾封中王本立为御史，意气颇高，途逢长官，端揖而已，自是诸人或降而立，或足至地，或侧鞭弛镫，轻重无恒。开元以来，但举鞭耸揖而已也。

又曰：刘藏器为侍御史，时卫卿尉迟宝琳抑人为妾，藏器奏请还其父母。上既可其奏，宝琳私奏乞之，上又从之。藏器复执奏，上又可之。宝琳又请，如是三。藏器进言曰："法者，海内之悬衡，上下之所共，若刑罚不中，则人无所措手足。陛下若用舍恣情，爱憎由己，则国之刑宪何所施陈。今宝琳请，陛下从之；臣执奏，陛下亦从之。今日从之，明日又改之，欲令下人何以遵奉？夫人无信不立，匹夫匹妇尚不可失信，况为天子，安可戏言？今陛下二三其言？处分不定，臣恐四海之内，无所适从。"上竟从藏器所奏。

又曰：王播为侍御史。贞元末，华臣李实为京兆尹，恃恩颇横，尝遇播于途不避。故事，尹避台官。播移文诋之。

又曰：温造拜侍御史，请复置弹事朱衣、豸冠于外廊，大臣阻而不行。李祐自夏州入拜金吾，违制进马一百五十匹，造正衙弹奏，祐股战汗流。祐私谓人曰：吾逾蔡州城擒吴元济，未尝心动，今日胆落于温御史，吁可畏哉！"

《英雄记》曰：袁绍辟大将军府，不得已，起从命，举高第，迁侍御史。弟术为尚书，绍不欲为台下，告疾求退。

《三辅决录》曰：韦约字季明。司徒刘恺甚敬重之，谓曰："君以轻去就，故大位不跻，今岁垂尽，选御史实欲烦君。"约曰："犬马齿尽，既无膂力，又无考课；所以踌躇恋慕者，以明公礼遇隆崇，未能自割。"因称素有风疾，眩冒不堪久侍，遂徒跣趋出，公追不及。

《陈留耆旧传》曰：杨仁字文义，明帝引见，问当代政治之事，仁对，上大奇之，拜侍御史。明帝崩，是时，诸马贵贱各争入宫，仁被甲持戟遮敕宫门不得令入。章帝既立，诸马贵更赞仁刻峻，于是上善之。

《通典》曰：侍御史之职四。谓推、推，有掌推鞠。弹掌弹举、公廨知公廨事、杂事台中事悉总之，定殿中监察以下职事及进名改转，台内之事悉主之，号为台端，它人称之曰"端公"。其知杂事者谓之杂端，最为雄极。食座之南设横榻谓之南床，殿中监察不得坐。亦谓之痴床，言处其上者，皆骄傲自得，使人如痴，故谓之痴床也。凡侍御史之例，不出累月则迁登南省，故号为南床。百日察其行止、出入、揖让、去就。殿中已下，皆禀而随之先后，亏失者有罚。

又曰：二汉侍御史所掌，凡有五曹：一曰令曹，掌律令。二曰印曹，掌劾日。三曰供曹，掌齐祀。四曰尉马曹，掌厩马。五曰乘曹，掌获驾。豹尾之内便为禁省。

又曰：旧例御史台不受诉讼，有通辞状者即于台门候，御史竞往门外收采，知可弹者，略其姓名。皆云风闻访知。永徽中崔义玄为大夫，劾状题告人姓名。

《黄石公阴谋秘法》曰：荧惑，火之精，御史之象，主禁令、刑罚、收捕、纠正。

殿中侍御史

《六典》曰：殿中侍御史掌殿庭供奉之仪式。凡冬至、元正大朝会，则具服升殿。若郊祀、巡省则具服从，于旌门检察，视其文物有亏缺则纠之。凡两京城内则分知左、右巡，各察其所巡之内有不法之事。

《三国典略》曰：齐宋世良，字元友，魏孝庄时为殿中侍御史。诣河北括户，大获游惰；至汲郡旁见有骸骨，移书瘗之。其夜有雨滂沱，孝庄劳之曰："卿所括得丁，倍于本帐，若官人皆如此，便是更生出一天下也。"

《唐书·官品志》曰：殿中侍御史四人，掌殿中禁卫内事。

又曰：张行成为殿中侍御史，纠劾不避权戚，太宗以为能，谓房玄龄曰："观古今用人，必因媒介，若行成者，朕自举之，无先容也。"

又曰：王无竞自监察御史转殿中侍御史。旧例，每日更直于殿前正班。宰相宗楚客、杨再思尝离班偶语，无竞前曰："朝礼至敬，公等大臣，不宜轻易以慢恒典。"楚客等大怒，转无竞为太子舍人。

又曰：殿中侍御史郭震，劾刑部尚书赵彦昭、太子宾客韦嗣立、青州刺史韦安石曰："彦昭以女巫赵五娘左道乱常，托为诸姑，潜相影援。既因提挈，遂践台阶，或驱车造门施妇人之服，或携妻就谒申犹子之情，同恶相济，一至于此！又张易之兄弟，势倾朝野，嗣立此际结为舅甥，神龙之初已合诛死，天网疏漏，腰领误全，与安石托附阿韦，编诸属籍。中宗晏驾，削太皇辅正之制，定阿韦临朝之策。此时朝野危惧，人神怨愤。臣忝司清宪，敢不纠弹，彦照等并请准法处分。"于是并贬官。

《山公启事》曰：中书属通事令史孙琳限满，久习内事，才宜殿中侍御史，须空补之，不审可否？诏曰："可！。"

《曹氏传》曰：左拥起于碎吏，武帝以为能，擢为殿中侍御史。

监察御史

《六典》曰：监察御史掌分察百僚，巡按郡县，纠视刑狱，肃整朝仪。朝廷有不肃敬及斗失者，则纠而劾之。

《唐书》曰：李素立武德初为监察御史，时有犯法不至死者，高祖将令杀之，素立谏曰："三尺之法与天下共之，法一动摇，则人无所措手足。陛下甫创鸿业，遐荒尚阻，奈何辇毂之下，便弃刑书？臣忝法司，不敢奉旨。"高祖从之。

又曰：张嘉贞，蒲州猗氏人也，坐事免归乡里，居长安。侍御史张循宪为河东采访使，荐嘉贞才堪宪官，请以己之官秩授之。则天召见，垂帘与之言，嘉贞奏曰："臣以草莱而得谒九重，是千载一遇也。咫尺之间，如隔云雾，竟不睹日月，恐君臣之道有所未尽。"则天遽令卷帘与语，大悦，擢拜监察御史。

又曰：纪履忠为监察御史，劾奏御史中丞来俊臣犯状有五：一专擅国权，二谋害忠善，三赃贿贪浊，四失仪勃礼，五淫昏很戾。论兹五罪，合至万诛，请下狱理罪。

又曰：萧至忠为监察御史，弹凤阁侍郎同凤阁鸾台三品苏味道赃污贬官。御史大夫李承嘉尝召诸御史责之曰："近日弹事不咨大夫，礼乎？"众不敢对，至忠进曰："故事，台中无长官，御史人君耳目，比肩事主，得各自弹，事不相关，或先白大夫而许弹事，如弹大夫不知白谁也？"承嘉默然，而惮其刚正。

又曰：崔琬为监察御史，弹奏宰相宗楚客、纪处讷等骄恣跋扈，请收劾之。旧制，大臣有被御史弹者，皆俯偻趋出，待罪朝省。楚客瞋目作色，称以忠鲠被诬。中宗令琬与楚客约为兄弟，人窃叹焉。

又曰：齐澣，定州义丰人。少以词学称，弱冠制科登第。景云二年，中书令姚崇用为监察御史。弹劾违犯，先于风教，当时以为称职。

又曰：开元五年，监察御史杜暹往碛西覆屯会郭处瓘与史献等不叶，更相执奏，诏暹案其事实。史献以金遗暹，固辞。左右曰："公远使绝域，不可失蕃人情。"暹不得已受之，埋于幕下。既去，出境，乃移牒令收取之。

又曰：李勉拜监察御史，属朝廷右武，勋臣恃宠，多不知礼。大将荣崇嗣于行在朝堂背阙而坐，言笑自若。勉劾之，拘于省司，肃宗特原之，叹曰："吾有李勉，始知朝廷尊矣。"

又曰：御史台奏准：旧例监察御史从下六人，各察尚书省一司；又准：兴元元年十月敕令监察从上第一人，察吏部礼部第二人，察兵部、工部第三人，察户部，刑部第四人者。伏以监察第一第二人已充监察及馆驿等，使新人除出使外，并无以观其能否。今请守旧制，新人分察。从之。

又曰：元稹拜监察御史，奉使东蜀，劾奏东川节度使严砺违制擅赋，又籍没涂山甫等吏民八十八户田宅奴婢。时砺已死，七州刺史皆责罚。稹虽举职，而执政有与砺厚者恶之。

又曰：杨收兄假自浙西观察判官入为监察御史，兄弟并居宪府，特为新例。

又曰：李憕，音澄。太原人也。宇文融为御史，括田户，奏知名之士崔希逸、咸廙业、宇文顺、于孺卿、李宙及憕为判官，摄监察御史，分路检察以课，并迁监察御史。

又曰：柳浑拜监察御史，台中执法之地，动限仪矩，浑性放旷，不甚检束。察长拘局，忿其疏纵。浑不乐，乞外任，执政惜其才，奏为左补阙。

太平御览卷第二百二十八 职官部二十六

叙卿

韦昭《辨释名》曰：卿，庆也。言万国皆庆赖之也。

《帝王世纪》曰：九卿者，所以参三公也。

《白虎通》曰：卿，章也，善明理也。

韦昭《辨释名》曰：汉置十二卿：一曰太常，二曰太仆，三曰太卫尉，四曰光禄，五曰宗正，六曰执金吾，七曰大司农，八曰少府，九曰大鸿胪，十曰廷尉，十一曰大长秋，十二曰将作大匠。辨云：汉正卿九：一曰太常，二曰光禄勋，三曰卫尉，四曰太仆，五曰廷尉，六曰鸿胪，七曰宗正，八曰司农，九曰少府，是为九卿。

《通典》曰：后汉九卿而分属三司：太常、光禄勋、卫尉，三卿并太常所部；太仆卿、廷尉、大鸿胪，三卿并司徒所部；宗正、大司农，少府，三卿并司空所部。

《尚书·周官》曰：六卿分职，各帅其属，以倡九牧，阜成兆民。六卿各帅其属官，大夫止治其所分之职，倡导九州牧伯，为政大成兆民之性命。

《汉官仪》曰：卿，中秩二千石，绶青，地桃花，三采。

又曰：衣裳：公侯华虫，卿大夫藻火。

《左传》曰：齐侯使敬仲为卿。辞曰："羁旅之臣，幸若获宥，宥赤。及于宽政，赦其不闲于教训而免于罪戾，弛于负担，君之惠也，所获多矣。敢辱高位，以速官谤。请以死告。"以死为誓。

又曰：卿非君命不越境。

又曰：晋蒐于被庐。命赵衰为卿，让于先轸。杜预曰：先轸，晋下军之佐原轸。

《周礼》曰：朝士掌外朝之法，左九棘，孤卿大夫位焉。树棘以为位者，取其赤心而外刺，象赤心三刺。

《春秋汉含孳》曰：故三公象五岳，九卿法河海。三公在天法三台，九卿法北斗。

《国语》曰：晋悼公使张老为卿，辞曰："臣不如魏绛。夫绛之智能治大官，其仁可以利公室。若在卿位，外内必平。"

《汉官》曰：司马安巧宦，四至九卿。

谢承《后汉书》曰：李叔谏更始曰："夫三公，上应台宿；九卿，下括河内。"

《梁书》曰：武帝天监七年，以太常卿加置宗正卿，以司农为司农卿，三卿是为春卿。加置太府卿，以少府为少府卿，加置太仆卿，三卿是为夏卿。以卫尉为卫尉卿，廷尉为廷尉卿，将作大匠为大匠卿，三卿是为秋卿。以光禄勋为光禄卿，大鸿胪为鸿胪卿，都水使者为大舟卿，三卿是为冬卿。凡十二卿皆置丞及功曹主簿。

《北齐书》曰：以太常、光禄、卫尉、宗正、太仆、大理、鸿胪、司农、太府，是为九寺。

《庄子》曰：楚昭王迎屠羊说，以珪之位。马彪曰：诸侯三卿皆执圭。

《说苑》曰：秦缪公使贾人载盐于卫，贾人买百里奚，使将车至秦。缪公观盐，见百里奚牛肥，公问之，对曰："臣牛食之以时，使之不暴，是以肥也。"公知其君子，以为上卿。

又曰：九卿者，不失四时，通于沟渠，补堤防，种树木，美五谷。如是举以为九卿之事，常在于德。

又曰：齐桓公使管仲治国，对曰："贱不能临贵。"桓公以为上卿而国不治。对曰："贫不能使富。"桓公赐之齐市租一年而国不治。桓公曰："何故？"对曰："疏不能成近。"桓公立以为仲父，国大安。孔子曰："管仲之贵，不得此权者，亦不能使其君面南而伯矣。"

太常卿

《六典》曰：太常卿之职，掌邦国礼乐、郊庙、社稷之事，以八署分而理焉。一曰郊社，二曰太庙，三曰诸陵，四曰太极，五曰鼓吹，六曰大医，七曰太卜，八曰廪牺，总其属，行其政令。

《尚书·尧典》曰：伯夷，汝作秩宗，典朕三礼。

《周礼·春官》曰：大宗伯一人，掌天地、神祇、人鬼之礼。

《史记》曰：高祖灭秦，登尊号，群臣饮酒争功，醉或怨妄呼，拔剑击柱，上患之。于是，叔孙通进说。遂为绵蕞子悦切野外，习之月馀，通曰："可试观。"上使行礼。帝辇出房，百官执职传警，引诸侯王以下次奉贺。莫不震恐肃敬。诸侯侍坐殿上，皆伏抑首，以尊卑起上寿。觞九行，谒者言："罢"。御史执法与不仪者趣辄引去。竟朝置酒，无敢喧哗失礼者。于是高祖曰："吾今日乃知为皇帝之贵也。"拜通太常，赐金五百斤。通因进言曰："诸弟子儒生随臣久矣，与共为仪，愿陛下官之。"高帝悉以为郎。通出，皆以五百斤金赐诸生。诸生曰："叔孙生圣人也，知当世务。"

《汉书》曰：太常，古官云：伯夷秩宗，典三礼，欲令国家盛大，社稷常存，故称太常。

又曰：奉常官掌宗庙礼仪，有丞。景帝六年更名太常。

又曰：杜业有才能，选为太常，数言得失，不事权贵。

又曰：宣帝地节四年，任官为太常，坐盗茂陵园中物，免。

又曰：武帝元鼎四年，酂侯萧寿成为太常，坐牺牲不如令，论。

又：孝武帝元朔元年，孔臧为太常，坐南陵桥坏，衣冠道绝，免。

《东观汉记》曰：周泽少修高节，耿介特立，好学问，治《严氏春秋》，门徒数百人。隐居山野，不汲汲于时俗。拜太常，果敢，数有直言，朝廷嘉其清廉。

《后汉书》曰：桓荣拜太常。荣初遭仓卒，与族人桓元卿同饥厄，而荣讲诵不息。元卿嗤荣曰："但自苦气力，何时复施用乎？"荣笑不应。及为太常，元卿叹曰："我农家子，岂意学之为利乃若是哉！"乘舆尝幸太常府，令荣坐，东西设几杖，会百官骠骑将军东平王苍以下及荣门生数百人，天子亲自执业。既罢，悉以太官供具赐太常家。其恩礼若此。

又曰：桓荣及子郁，皆为太常。初，荣受学章句，减其烦辞；后郁又删之。由是有桓君大小太常章句。

又曰：灵帝欲以羊续为太尉。时拜三公者，皆输东园礼钱千万，令中使督之，名为“左驺”。驺，骑士也。其所之往，辄迎致礼敬，厚加赠赂。续乃坐使人于单席，举缊袍以示之，曰：“臣之所资，唯斯而已。”左驺白之，帝不悦，以此故不登位。而征为太常。

又曰：杨赐以病罢，居无何，拜太常，诏赐御府衣一袭，衣单服具曰袭。所服冠、帻、绶、玉壶、革带，金错钩佩。金错，以金间错其文。

《续后汉书》曰：张奂字然明，拜太常卿。奂有清节，可否之间，强御不敢夺也。该览群籍，古今详备。

又《百官志》曰：太常卿，每祭祀先奏礼仪；及行事，则赞天子。大射、养老、丧，皆奏其礼仪。秩比中二千石。

华峤《后汉书》曰：刘恺为太常，论议常弘正大义，诸儒为之语曰：“难经伉伉刘太常。”

《魏志》曰：和洽字士阳，汝南西平人。转为太常，清贫守约，至卖田宅以自给。明帝闻之，加赐谷帛。

又曰：常林从光禄勋为太常，晋宣王以林乡邑耆老，每为之拜，或谓林曰：“司马公贵重，君宜且止之。”林曰：“司马公自欲敦长幼之序，以为后生之法，贵非吾之所制也。”言者惭而踧踖。

又曰：邢颙字子升，时人称“德行堂堂邢子升”，文帝以为太常。

《晋书》曰：郑默字思元，迁太常。山涛欲举一亲为博士，见默语曰：“卿尹翁归，令吾不敢复言。”谓其柔而能整也。

又曰：张华为太常。以太庙屋栋折，免官。

臧荣绪《晋书》曰：咸熙五年诏曰：“华表字伟容，清贤履道，内贞外顺，历位忠恪，言行不玷。其以表为太常卿。”

《晋起居注》曰：安帝三年，太常临川王宝启：“府舍窄狭，不足移家，母锺年高，违离靡宁，乞还第摄事。”诏听之。

《晋中兴书》曰：蔡谟字道明，拜太常，咸康四年，临轩，门下奏非祭祀宴飨则无设乐，谟奏宜有金石，显宗纳焉。临轩作乐，自此始也。

又曰：建元元年诏曰：太常职典天地，兼掌宗庙，其为任也，谓重矣。是以古今选建，未尝不妙简时望，兼之儒雅。会稽王叔履尚清虚，志道无倦，优游讽议，朕所咨仰。其以王领太常，本官如故。"

又曰：贺循字彦先，为散骑常侍。元帝以贺循为太常，而散骑常侍如故。循以九卿旧不如官，唯拜太常而已。中宗践祚，下令曰："循冰清玉洁，行为俗表，加以位处上卿，服物盖身而已，屋裁庇风雨。孤常造其庐，特以为赐以六尺床、席、褥并钱二十万，以表至德。"

《齐书》曰：张环以雍州刺史拜太常，自谓闲职。武帝曰："卿辈未富贵，谓人不与，既富贵，复欲委去之。"环曰："陛下，御臣等若养马，无事就闲厩，有事复牵来。"帝犹怒，遂以为散骑常侍。

《北齐书》曰：赵彦深五岁，母傅氏谓之曰："家贫儿小，何以能济？"彦深泣而立曰："若天哀矜，儿大当仰报。"傅感其意，对之流涕。及彦深拜太常卿，还，不脱朝服，先入见母，跪陈幼小孤露，蒙训得至于此，母子相泣久之，然后改服。

《后周书》曰：长孙绍远为太常，广召工人制乐器，土木丝竹，各得其宜。唯黄钟不调，绍远每以为意。常因退朝，经韩使君佛寺前过，浮图三层之上，有鸣铎焉。忽闻其音，雅合宫调，取而配奏，方始克谐。

又曰：斛斯征迁太常卿。自魏孝武西迁，雅乐废缺，征博采遗逸，稽诸典故，创改旧方，始备焉。又乐有錞音淳于者，近代绝无此器，或有自蜀得之，皆莫之识。征见之曰："此錞于也。"众弗之言。征遂依干宝《周礼注》以芒筒将之，其声极振，众乃叹服。征乃取以合乐焉。

又曰：建六官，置太宗伯卿一人，掌邦礼以佑皇帝，和邦国，是为春官。

《唐书》曰：赵宗儒，长庆初为太常。有《师子乐》，备五色之方，非会朝聘享不作。幼君荒诞，伶官纵肆，中人掌教坊者移牒取之。宰相以宗儒懦怯不事，改太子少师。

又曰：崔邠拜太常卿。故事，太常卿初上，大阅《四部乐》于官署，观者纵焉。邠自私第去帽亲导母舆，公卿避之。又曰：文宗以乐府之音，郑、卫太甚，欲开古乐，命王涯询于旧工，取开元时重按之，名曰《云韶乐》。乐曲成，涯与太常丞李廓、少府监庾丞宪押乐工，献于黎园亭。帝按之于会昌殿，上悦，赐涯等锦彩。

又曰：窦诞为太常，奏用音声博士，皆为太乐鼓吹。官僚于后弹胡琵琶，胡人白胡达、竹伯夷积劳计考，并至太官。自是以声伎入流品者，盖以百数。

应劭《汉官》曰：北海周泽为太常，恒斋，其妻怜其年老瘦弱，窥内问之，泽大怒，以为干斋。掾吏扣头争之，不听，遂收送诏狱，并自劾。论者非其激发，谚曰："居代不谐为太常妻，一岁三百六十日；三百五十九日斋，一日不斋醉如泥。既作事，复低迷。"

《汉官典职》曰：惠帝改太常为奉常，景帝复为太常，盖周官宗伯也。

《汉官解诂》曰：太常，社稷、郊祀，事重职尊，故在九卿之首。

卫宏曰：太常主导赞助祭，皆平冕，七旒，玄上纁下，华虫七章，汉陵属三辅，太常月一行。

《汉书》注颜师古曰："太常者，王之旌也，画日月焉。王有大事，则建以行，礼官主奉持之，故曰奉常。后改曰太，尊大之义也。"

《齐职仪》曰：太常卿一人，品第三，秩中二千石，银章、青绶、进贤两梁冠，绛朝服，佩水苍玉。王朗云："西京太常行陵，赤车千乘。"

《益部耆旧传》曰：赵典字仲经，为太常，虽身处上卿而布被瓦器。

梁·陆倕《为光禄让太常表》曰：昔者楚德方盛，叔敖濯衣；汉道克昌，王阳结绶。故拜命无辞，受爵不让。况宗卿清重，历选所难，汉晋已降，莫非素、范，辞爵则桓郁、张奋，让封则丁鸿、刘恺。潘尼音夷之文雅纯深，华表之从容退默。自此迄兹，风流继轨，以臣况之，曾无等级。

陈·沈炯《为周弘正让太常表》曰：臣闻玉舄雕楹，不取材于蟠木；丹朱绣黼，岂袭冕于薜萝。何则？适用各有其宜，朝野不可一指。

叔孙之野外定礼，倍资典实；刁协之躬为唱引，岂易其仪？倘九宾阙相，对禅失仪，责以司存，云谁之咎？况南史执简，转见违才，君举必书，尤难妄冒。

太平御览卷第二百二十九 职官部二十七

太常少卿

《六典》曰：凡有事于宗庙，少卿帅太祝、斋郎入荐香烛，整拂神幄，出入神主，将享，则与良醖令实鐏罍。

《后魏书》曰：太和十五年，置少卿官，太常少卿一人，第三品上，至二十二年降为正四品。

又曰：景明初班职，令太常少卿，第四品上，第一清选，明礼兼天文阴阳者为之。

又曰：元顺为太常少卿，以父忧去职，哭泣呕血，身自负土。时年二十五，便有白发，免丧抽去，不复更生，世人以为孝思所致。

《三国典略》曰：齐太常少卿袁聿修巡省河南诸州，兖州刺史邢邵与聿修故旧，尝于省中盛呼聿修为清郎，至是遣送白绸为信，聿修不受，与邵书曰："瓜田李下，古人所慎。多言可畏，譬之防川。愿表此心，不贻厚责。"邵亦欣然报书曰："一日之赠，率尔不思。老夫忽忽，意不及此。敬丞来旨，吾无间然。弟昔为清郎，今作清卿矣。"

《唐书》曰：冯定为太常少卿。文宗每听乐，鄙郑、卫声，诏奉常习开元中《霓裳羽衣舞》，以《云韶乐》和之。舞曲成，定总乐工阅于庭，定立于其间。文宗以其端凝若植，问其姓氏，翰林学士李珏对曰："此冯定也。"文宗喜，问曰："岂非能为古章句者耶？"乃召升阶，文宗自吟定《送客西江诗》。吟罢益喜，因锡禁中瑞锦，仍令大录所著古体诗以献。

太常丞

《六典》曰：太常丞二人，以五品上，秦有奉常丞，汉因之，比千石。魏、晋、宋，皆置一人。

《汉书》曰：韦弘为太常丞，职掌陵庙，烦剧多过，父贤敕令自免。弘怀嫌不去官，及贤疾笃，果坐庙事系狱。

《宋百官春秋》曰：太常丞视尚书郎，铜印、黄绶，一梁冠，品第七，掌举陵庙非法。

《陶氏家传》曰：覆之字孙宗，为太常丞。凡宗庙疑义，多所决定，时人为之语曰："定礼决疑，问陶覆之。"

《陶氏职官要录》曰：晋、宋九卿丞，皆进贤一梁冠，介帻，皂衣，铜印，黄绶。齐、梁墨绶。

太常博士

《六典》曰：太常博士掌辨五礼之仪式，本先王之法制适变，随时而损益焉。凡大祭祀及有大礼，则与卿导赞其仪。凡王公已下拟谥，皆迹其功德而为之褒贬。

《通典》曰：博士，魏官也。魏文帝初置，晋因之，事掌引道乘舆。王公已下应追谥者，则博士议定之。

《晋中兴书》曰：博士之职，端委佩玉。朝之大典必于询度，当以正道，克厌人望，然后为可。

《唐书》曰：王彦威太原人，世儒家，少孤贫苦学，尤通三礼，无由自达。元和中游京师，求为太常散吏，部卿知其书生，补为检讨官。彦威于礼阁掇拾，自隋已来朝廷沿革，吉凶五礼，以类区分成三十卷，献之，号曰"元和新礼"，繇是知名。特授太常博士。

又曰：陆亘为太常博士。寺有礼生孟真，久于其事，凡吉凶大仪，官不能达，率访真，真亦赖是须姑息。元和七年，册皇太子，将撰仪注，真亦欲参预，亘笞之。由是，礼仪不专于胥吏。

《郭子》曰：张凭举孝廉，诣刘真长，还船，须臾，真长至，遣觅张孝廉，船同旅愕然。即同载，俱诣抚军刘前进，谓抚军曰："今日为公得一士，太常博士之选。"既前，抚军与之言，咨嗟称善，乃曰："张凭勃倅为理窟。"即用为太常博士。

太祝

《六典》曰：太祝掌出纳神主于太庙之九室，而奉享荐禘祫之仪。

《周礼》曰：太祝掌六祝之辞以事鬼神；祇祈福祥，求永贞。一曰顺祝，二曰年祝，三曰吉祝，四曰化祝，五曰瑞祝，六曰策祝。郑司农曰："顺祝，顺农年也；年祝，求永贞也；吉祝，祈福祥也；化祝，弭灾兵也；瑞祝，逆时雨、宁风旱也；策祝，远罪疾也。"

《汉书·百官表》曰：太常属官，有太祝令、丞，景帝六年更名为祝祀，武帝太初元年更曰庙祝。

《东观汉记》曰：阴猛好学温良，称于儒林，以郎迁为太祝令。

《续汉书》曰：太祝令秩六百石，掌祠赞祝，近臣神巫主祝小祝。

协律郎

《六典》曰：协律郎掌知六律、六吕，以辨四时之风气，八风五音之节。

《汉书》曰：武帝时，李延年善新声，以为协律都尉。

《魏志》曰：武帝平荆州，得杜夔，知音识旧乐，故以为协律郎。

太庙令

《汉书·百官表》曰：太常属官有诸庙令、长、丞。

《续汉书》曰：高庙令一人，六百石；主守宗庙，掌按行扫除。无丞。世祖庙令一人。

《宋书》曰：太庙令一人，主守宗庙，案行洒扫众事，领斋郎二十四人。

《齐职仪》曰：周有守祧之官，掌先王庙令。

陵令

《六典》曰：陵令掌先帝山陵，率户守卫之事；丞为之贰。凡朔望、元正、冬至、寒食，皆修飨于诸陵。若桥陵，则日献羞焉。凡功臣、密戚请陪陵葬者听之，以文武分为左右而列。若父、祖陵陪子孙从葬者亦如之。

《周礼》曰：冢人，下大夫二人，中士四人，掌公墓之地，辨其兆域。先王之葬居中，以昭穆为左右。

《汉书》曰：太常属官有诸陵令。元光二年，分诸陵邑属三辅。

又曰：司马相如为茂陵令。

《续汉书》曰：太常职掌先帝陵，每园令各一人，秩六百石。掌守园陵，按行扫除。丞及校长各一人。校长主戒贼盗。

《齐职仪》曰：周有墓大夫、冢人之职，掌先王之墓。

又曰：每陵令一人，品第七，秩四百石，铜印、墨绶、进贤一梁冠、绛朝服。

《唐书·官品志》曰：梁天监七年，又诏以为陵监之名，不出前诰；且宗庙宪章，既备典礼，园寝职司，理不容异，诸正陵先立监者改为令，于是陵置令矣。

胡广《陵令箴》曰：昔在广叶葬野衣薪，礼非极哀，不树不封，瓦棺塈周聚。夏攸谓："壤不毁肤，贿不害生，是谓皇极。"百王此经，故厚不可皇，薄不可王，乃眷西顾，爰矩孝文陵。臣司墓，敢告守人。

太乐令

《六典》曰：太乐令掌教乐人，词合钟律，以供邦国之祭祀、飨宴，丞为之贰。

《汉书·百官表》曰：太常属官，有太乐令、丞。

《续汉书》曰：明帝永平十三年，曹褒奏《尚书璇玑钤》曰："有帝汉德，合作乐名。"天子下诏，改太乐令丞，以应图谶。

又曰：太乐令，秩六百石，掌伎乐人。凡国祭祀，掌奏乐及大司乐，掌其陈序。

《晋起居注》曰：成帝咸和中诏："太乐令载绥教官伎乐勤劳，赐米百石，布二十四。”

太医令

《六典》曰：太医令掌诸医疗之法，丞为之贰。其属有四：曰医师、针师、按摩师、咒禁师，皆有博士以教之。考试登用，如国子监之法。

《汉书》曰：《百官表》曰：“少府属官，有太医令，丞无员，多至数十人。”

《续汉书》曰：太医一人，秩六百石，有药丞、主药方丞。

《魏略》曰：脂习字元升，除太医令，与孔融亲善，融被诛，习独往哭之。黄初中以习有栾布之节，赐拜中散大夫。

应劭《汉官注》曰：太医，周官也。两梁冠，秩千石。

《典论》曰：中常侍张让子奉为太医令，与人饮酒，辄掣引衣裳，发露形体，乱其舄履，使小大无不倾倒。

崔寔《太医令箴》曰：动不肆勤，静不宴逸，有疾归天，医无能恤。晋平好内，四时是一，非鬼非食，惑以自失。虽有秦和，焉所施术？太上防疾，其次萌牙，腠理不蠲，骨髓奈何！

廪牺令

《六典》曰：廪牺令掌荐牺牲及粢盛之事，丞为之贰。凡三祀之牲牢，各有名数。昊天上帝以苍，地皇祇以黄，神州以黝，五帝之牲各以方色。

韦昭《辨释名》曰：释云：廪牺。牺，戏也；廪，养之也。辨云：六牲，取其纯毛者，别养之以奉祭祀。纯色者少，故名牺。牺，希也。

《周礼》曰：牧人：下士，掌牧六牲，以供祭祀。

《汉书·百官表》曰：内史属官，有廪牺令、丞、尉，后属司农。

《齐职仪》曰：周牧人之职也，掌六牲。阳祀用骍，阴祀用黝，取纯毛者。光武中兴，属河南，秩六百石。

光禄卿

《六典》曰：光禄卿之职，掌邦国醪醴膳羞之事，总太官、珍羞、良组，掌醢四署之官属，修其储备，谨其出纳；少卿为之贰。有大祭祀，则省牲镬，视濯溉。

《汉官解诂》曰：士之权贵，不过尚书，其次诸吏。诸吏，光禄勋是也。

应邵《汉官仪》曰：光，明也；禄，爵也；勋，功也。言光禄典郎，谒诸虎贲羽林，举不妄得，赏不失劳，故曰光禄勋。

《唐书·官品志》曰：光禄卿位视太子中庶子，掌宫尉门户，统守黄门、华林园、暴室等令。

《汉书》曰：郎中令，秦官。武帝太初元年更名光禄勋，掌中殿门户，秩中二千石。

又曰：石建为郎中令，奏事下建省读，惊曰："书马者与尾而五，今乃不足一，获谴死矣。"其谨慎如此。

又曰：周仁，景帝时为郎中令，为人阴重不泄。服虔曰："质重不泄人之阴谋也。"师古曰："阴，密也。言为性密重，不泄人言也。"以是得幸，出入卧内，于宫秘戏，仁常在傍，终无所言。

又曰：张安世字孺子，为光禄勋。郎有醉小便殿上，主事白行法，安世曰："何以知其不覆水耶？"郎有淫官婢，婢兄自言，安世怒，以奴淫污衣冠告署挞奴。其隐人过，皆此类也。

《东观汉记》曰：孙堪字子雅，为光禄勋，以清廉称，与周泽相类。泽字雅都，京师号之为"二雅"。

又曰：刘昆字桓公，为光禄勋，授皇太子及诸王小侯五十人经。昆老退位，以二千石禄终其身。

又曰：邵训字伯春，乡里号之曰："德行恂恂邵伯春。"章和中为光禄勋。

《后汉书》曰：杜林字伯山，扶风人也。林少沉审，博学多闻，世称通儒。为光禄勋，内奉宿卫，外总三署。郎有好学者，辄见引进，朝夕满堂。

又曰：马防字公平，林风人也。防贵宠最盛，与九卿绝席，拜光禄卿。

又曰：张湛字子孝，拜光禄勋。光武临朝，或有惰容，辄陈谏。常乘白马，上后见湛，辄曰："白马生，且复谏矣。"

又曰：袁彭，顺帝初为光禄勋，行至清，为吏粗袍粝食。

《续汉书》曰：荀爽字慈明，为光禄勋。视事三月，策拜司空。

谢承《后汉书》曰：杨赐字伯钦，拜为光禄勋。嘉德殿前有青赤气，诏特进，遣中使问赐祥异祸福，吉凶所在。以赐博学头儒，故密咨问。其极陈其意，尝上疏陈，请案《春秋谶》"天投霓，海内乱。"今妄嬖阉尹，共专国朝之所致也。

《魏志》曰：郑袤为光禄勋，毋丘俭作乱，帝自征之，百官祖送。时袤疾不任会，上谓王肃："唯不见郑光禄为恨。"袤闻，白舆追上，上笑曰："知生必来。"遂与同载，问以计谋，帝甚重之。

又曰：王肃字子雍，为光禄勋，时有二鱼长尺，集武库之屋，有司以为吉祥。肃辨之曰："鱼生于泉而见于屋，鳞介之物失其所也。边将其殆有弃甲之变乎？"其后果有东关之败。

又曰：袁涣字曜卿，为中郎令。时言刘备死，群臣皆贺；涣以尝为备吏，独不贺。卒官，太祖为之流涕。

《吴志》曰：石伟字公操，南郡人。少好学，修节不殆，介然独立，有不可夺之志。举茂才、贤良方正，皆不就。孙休即位，特征伟，累迁至光禄勋。及皓即位，朝政昏乱，伟乃辞老耄固疾乞身。

又曰：薛莹字道言。以时法政多谬，举措烦苛，莹每上，便宜陈缓刑简役，以济育百姓，颇或施行。迁光禄勋。

《晋中兴书》曰：郑默字思元，转光禄勋，宽冲博受，不以声色矜人，虽卒，徒厮养皆遇之以恩。

《宋书》曰：王惠。宋国初建，当置郎中令，高祖难其人，谓傅亮曰："今用郎中令，不可令减袁曜卿也。"既而曰："吾得其人矣。"乃以惠居之。

《孟宗别传》曰：宗为光禄勋，大会，宗先少酒，偶有强者，饮一杯便吐。传诏司察宗吐麦饭，察者以闻，上乃叹息曰："至德清纯如此。"

光禄少卿

《后魏职令》曰：光禄少卿，第四品上，第二清用肃勤明敏，兼职古典者。

《唐书》曰：柳亨拜光禄少卿，太宗每诫之曰："与卿旧亲，情素兼宿。卿为人交游过多，今授此职，宜存简静。"亨性好射猎，有饕湎之名。此后颇自勖励，杜绝宾客，约身节俭，勤于职事。太宗亦以此称之也。

太官令

《六典》曰：太官令，供膳食之事；丞为之贰。凡祭之日，则白卿诸厨省牲、镬取明水于阴鉴，取明火于阳燧，帅宰人以銮刀割牲，取其毛、血，实之于豆，遂烹牲焉。又帅进馔者实簠、簋，设于馔幕之内。

《汉书·百官表》曰：少府属官有太官令一人，丞一人。

应劭《汉官仪》曰：太官令，两梁冠，秩千石，丞四人。郡孝廉，年五十清修聪明者，光禄上名乃召拜，皆秩四百石。三岁为令，以供养劳苦，迁左丞。有汤官丞，掌诸甘肥；有果丞，掌果瓜菜茹薪炭。

《汉旧仪》曰：太官，主饭、肉、汤、官酒。皆令丞治，太官、汤官、奴婢三千，大置酒，皆缇褠，音沟。蔽膝、缘帻。

又曰：太官上食黄扣音口，金饰器。器，中官私官上食用白银扣器，如祠庙器云。

谢承《后汉书》曰：鲁国陈政，字叔方，为太官令。黄门郎与政有隙，因进御食以发贯炙，光武见发，敕斩政，政曰："臣有当死者三：黑山出炭，增治吐炎，燋肤烂肉而发不消，臣罪一也；陕出佩刀，砥砺五石，亏肌截骨，曾不能断发，臣罪二也；臣朗月书章奏，侧光读经书，旦临食与丞及庖人六目齐视，不及黄门一人，臣罪三也。"诏赦之。

《魏略》曰：时苗为寿春令，迁为太官令。

《后魏书》曰：毛循之能为南人饮食，手自煎调，多所适意。世祖亲侍之，进太官尚书，赐爵南郡公，加冠军将军，常在太官，主进御膳。

杨雄《太官令箴》曰：时惟膳夫，实司王饔；祁祁庶羞，口实是供。群物百品，八珍清觞，以御宾客，以膳于王。

《王朗集》曰：朗为大理时上："主簿赵郡张登，昔为本县主簿，值黑山贼围郡，登与县长王携帅吏兵七十二人俱往赴救，与贼交战。吏兵散走，携殆见害，登手格二贼，以全携命。又守长夏逸为督邮所枉，登身授拷掠，理逸之罪。义济二君，宜加显异。"黄初，诏曰："登忠义彰著，在职功勤，名位虽卑，直亮宜显。饔膳近任，当得此吏。今以登为太官令。"

太平御览卷第二百三十 职官部二十八

卫尉卿

《六典》曰：卫卿之职，掌邦国器械、文物之事，总武库、武器、守宫三署之官属；少卿为之贰。凡大祭祀、大朝会，则供具羽仪、节钺、金戟、帷帟、茵席之属。

《汉书·百官表》曰：卫尉，秦官也，掌宫门卫屯兵。汉因之。景帝初，更名中大夫，后元年改为卫尉。

《东观汉记》曰：光武二十三年，太尉鲍昱兼卫尉。永元三年，司徒丁鸿兼卫尉。

《后汉书》曰：铫，音遥。期字次况，颍川人也。拜卫尉卿，期重于信义，忧国忧主，其有不得于心，必犯颜谏诤。

《续汉书》曰：阴兴为卫尉，每诸将出征伐，身行劳问，无所爱惜。

又曰：马光字叔山，为卫尉卿。上以光谨敕小心，周密畏慎，特亲异之。

又曰：窦固字孟孙，为卫尉卿。两宫宿卫见重当时，仁厚谦恭，甚有名称。

又曰：赵喜字伯阳，为卫尉，尽心事上，夙夜匪懈。母没，上疏乞守服，不许，遣使释服。

又《百官志》曰：卫尉卿，秩中二千石，掌官服、卫士、公车令、百官卫士、左右都虞候、宫掖门司马皆属焉。

《魏志》曰：辛毗为卫尉，清平。与徐邈、胡质，皆以忧国忘私，不营产业，赐谷二千斛、钱三十万，布告天下。

又曰：田预为并州刺史。征为卫尉。屡乞逊位，司马宣王以预克壮，书谕未听。预书答曰："年过七十而以居位，譬犹钟鸣漏尽而夜行不休，是罪人也。"遂因称疾。

又曰：辛毗字佐治，为卫尉卿。帝方修殿舍，毗谏曰："诗云：民亦劳止，汔可小康。"

《吴志》曰：严畯为孙权立吴及称尊号。畯尝为卫尉，禄赐皆散之亲戚知故，家常不充。

《晋书》曰：石崇拜卫尉，与潘岳谄事贾谧。谧与之亲善，号"二十四友。"广成君每出，崇降车路左，望尘而拜，其佞如此。

《宋书》曰：南郡王义宣子恢为侍中，领卫尉。晋氏过江不置卫尉，世祖欲重城禁，故复置卫尉，自恢为始也。

《唐书·官品志》曰：卫尉卿位视侍中，掌宫门屯兵，卿每月、丞每旬行宫徼，纠察不法，统武库令、公车司马令。

《汉官解诂》曰：卫尉主宫阙之内，卫士于垣下为庐，各有员部。凡居宫中者，皆置籍于门，按其姓名，有医巫僦人当入者，本官长吏为封启，传审其印信，然后内之。人有籍者，皆复有符，用木长二寸，以所长官两字为铁印分符。当出入者，案籍毕，复齿符乃引内之也。其有官位得出入者，令执御者各传呼，前后以相通，从昏至晨分部行夜。夜有行者辄前曰："谁！谁！"若此不懈，终岁更始，所以重慎宿卫也。

《汉书旧仪》曰：卫尉寺在京内，胡广云："宫阙之内，卫士于周垣下为庐者，若今之伏宿屋矣。"

武库令

《六典》曰：武库令掌藏邦国之兵仗器械，辨其名数，以备国用；丞为之贰。

《汉书·百官表》曰：执金吾属官，有武库令。

又曰：杜钦为大将军，武库令职闲无事，钦所好也。

又曰：武库令一人。昔武王伐纣，散牛放马，倒载干戈，韬以虎皮而藏诸武库。武库之职，由来尚矣。

《续汉书》曰：武库令一人，秩六百石，主兵器。

《晋书》曰：乐广欲会荆杨士人，武库令黄庆进陶侃于广。人或非之，庆曰：“此子终当远到，复何疑也。”

守宫令

《六典》曰：守宫令掌邦国供帐之属，辨其名物，会其出入。凡大祭祀、大朝会及巡幸，则设王公、百官位于正殿南门外。

《续汉书》曰：少府属官有守宫令、丞，主御纸笔墨及财物诸用，并封书泥之事。

《魏志》曰：荀彧字文若，年少时，南阳何颙异之，曰：“王佐才也。”举孝廉，拜守宫令。

董巴《汉中官传》曰：守宫，禁内署令，秩千石，在省内用中人，省外士人。

《齐职仪》曰：守宫，周掌舍之职，王行为帷宫，即其任也。

公车令

《汉书》曰：张释之为公车令。

《续汉书》曰：公车司马令，掌宫南门。凡吏民上书、四方贡献及征诣公车者，皆掌之。

又曰：周垂字子居，拜侍御史、公车司马令，不畏强御，以是见怨于幸臣。

应劭《汉官仪》曰：公车司马令，周官也，秩六百石，冠一梁，掌殿司马门。徼夜宫中，天下上事及阙下凡所征召，皆总领之。李郃以公车司马入为侍。

宗正卿

《六典》曰：宗正卿之职，掌九族、六亲之属籍，以别昭穆之序，并领崇玄署；少卿为之贰。

《汉书》曰：宗正，秦官也。应劭曰：周成王时，彤伯入为正。掌亲属。

又曰：刘德字路叔，修黄老术，有智略，少时数言时事，召见甘泉宫。武帝谓之“千里驹”。昭帝初为宗正丞，后为宗正卿。德妻死，大将军欲以女妻之，德不敢，畏盛满也。

又曰：刘向字子政，元帝时萧望之、周堪荐向宗室，忠直明经有行，为宗正。

《东观汉记》曰：刘般字伯兴，迁宗正。在朝廷竭忠尽节，勤身忧国，夙夜不怠，数纳嘉谋，州郡便宜，清净畏慎，受职修治，振施宗族。

又曰：刘平字公子，以仁孝著闻。永平三年，为宗正卿。

《后汉书》曰：刘轸字君文，梁孝王胤为宗正，卒官，遂代掌宗正焉。

《续汉书》曰：宗正卿一人，秩二千石，掌序录王国嫡庶之次，及诸宗室亲属远近，郡国岁计，上宗室名籍。

《晋起居注》曰：咸宁元年，以太中大夫王览为宗正卿。

又曰：太始二年，以侍中中书监朱整为宗正卿。

《后魏书》曰：杜铨。初，密太后父豹丧在濮阳，世祖欲命迎葬于邺，谓司徒崔浩曰：“天下诸杜，何处望高？”浩对京兆为美。世祖曰：“朕今方改葬外祖，意欲取京兆杜中长老一人，以为宗正，命营护凶事。”浩曰：“中书博士杜铨，其家今在赵郡，是杜预 之后，于今为诸杜最。”即命诏之。及见，铨器貌瓌雅，世祖感悦，谓浩曰：“此真吾所欲也。”以为宗正。

《唐书·官品志》曰：宗正卿，位视列曹尚书，主皇室外戚之籍，以宗室为之。

《石氏星经》曰：宗正二星，在帝座东南。

《山公启事》曰：羊祜忠笃宽厚，然不长理剧，宗正卿缺，不审可转作否？

宗正少卿

《后魏职令》曰：宗正卿第四品上，第二清用懿清和识参教典者，先尽皇宗，无则用庶姓。

宗正丞

《六典》曰：宗正丞，掌判寺事。

太仆卿

《六典》曰：太仆卿掌邦国厩牧、车舆之政令，总乘黄、典厩、典牧、章府四署及诸监、牧之官属；少卿为之贰。凡国有大礼及大驾行幸，则供其五辂属车之属。

《尚书·冏命》曰：穆王命伯冏为周太仆正，伯冏戍名为太仆，作大御中大夫也。作《冏命》曰："昔在文武，聪明齐圣，小大之臣，咸怀忠良。今予命汝作太仆正，正于群仆侍御之臣。"

《周礼》曰：太仆正，掌正王之服位，出入王之大命，掌诸侯之复逆。王视朝，前正位而退，入亦如之。建路鼓于大寝之门外而掌其政，以待达穷者与遽令；闻鼓声则速逆御仆与御庶子。祭祀、宾客、丧纪，正王之服位，诏法仪，赞王牲事。王出入，则自在左驭而前驱。

《汉书》曰：夏侯婴自上初起沛，常为太仆，竟高祖世以太仆事惠帝，惠帝崩，以太仆事高后。高后崩，代王之来，婴与东牟侯入清宫，以天子驾迎代王，共立文帝，复为太仆。

又曰：《百官表》曰："太仆掌舆马。属官有大厩、未央厩、象马三令。又车府、路軨音灵、骑马、骏马四令丞；又龙马、闲驹、橐泉騊駼、承华五监长丞；又边郡六牧苑令，各三丞；又牧橐、昆蹄令、丞皆属焉。

《东观汉记》曰：祭侧界切彤膂力过人，常贯三百斤弓，入为太仆；从帝过孔子讲堂，帝指子路室曰："太仆，吾之御侮也。"

《后汉书》曰：征祭彤为太仆。彤在辽东几三十年，衣无兼副。显宗既嘉其功，又美彤清约，拜日赐钱一百万、马三匹、衣被、刀剑下至居屋什物，大小无不悉备。

《续汉书》曰：赵岐字台卿，献帝以为太仆，持节安慰天下。

又《百官志》曰：太仆秩中二千石，掌车马。天子出，奉驾；大驾则驭。

《魏志》曰：国渊字子尼，迁太仆。居列卿位，布衣蔬食，禄赐散之旧故宗族，以恭俭自守。

又曰：潘尼字正叔，侍中为太仆，造《乘舆箴》。

《汉旧仪》曰：太仆牧师诸苑三十六所，分布北边，以郎为苑监官。奴婢三万人，分养三十万头，择取给六厩，牛羊无数，以给牲牺。

《汉杂事》曰：石庆为太仆御出，上问车中几马，庆以策数马毕，举手曰："六马！"庆于兄弟中最为简易，而犹如此。

又曰：公孙贺以太仆为丞相，子敬声代为太仆。

《晋诸公赞》曰：郭展为太仆，留心于养生，是以厩马充牣；其后征吴，得以济事。

《唐书·官品志》曰：太仆卿位视黄门侍郎，统南马牧、左右牧、龙厩、内外厩丞。

乘黄令

《六典》曰：乘黄令掌天子车辂，辨其名数与驯驭之法；丞为之贰。

《宋书》曰：乘黄令，晋官也。主乘舆金根车及安车、追锋诸众车马。

《齐职仪》曰：乘黄令，兽名也。龙翼马身，黄帝乘之而仙，后人以名厩。

厩令

《六典》曰：典厩令掌系饲马牛，给养杂畜之事；丞为之贰。

《汉书》曰：太仆属官有大厩、未央厩、象马三令，各五丞一尉。又车府、辂軨、骑马、骏马四令、丞；晋约曰：汉仪注，大厩，名也，主马万匹也。又龙马、闲驹、橐泉、如淳曰：厩在橐泉宫下。騊駼、承革五监长、丞；牧橐、昆蹄令丞。应劭曰：橐，橐驼。昆蹄，好马名也。如淳曰：因以名厩也。武帝太初元年，更名象马为桐马。应劭曰：主乳马取其汁，桐洛之味酢可饮，因以名官相动。

又曰：苏武为栘中监。栘中，厩名，音移。

又曰：上官桀迁未央厩，上体不安，及愈，见马瘦，上怒曰："汝以我不复见马耶！”桀曰：“圣体不安，日夜忧惧，意诚不在马。”言未卒，泣数行下，上以为忠。

《齐职仪》曰：诸厩有圉师、牧人，养马之官；校人，掌王之马正也。

车府令

《六典》曰：车府令掌王公已下车辂，辨其名数及驯驭之法，丞为之贰。

《史记》曰：赵高为秦车府令。

《汉书·百官表》曰：太仆属官，有车府令一人，六百石；丞一人。

《东观汉记》曰：永平中，车驾出，信阳侯阴就干车骑突卤簿，车府令齐国徐匡就车收御者送狱，诏书谴匡，匡自系不出。吴良上书言：“信阳侯骄慢，干突车骑，无人臣礼，大不敬。匡执法守正而下狱，臣恐陛下政化由是隳矣。”于是诏出匡，左迁为即丘长。

《齐职仪》曰：车府署，周有巾车典辂之职，辨五辂之制。

太平御览卷第二百三十一 职官部二十九

大理卿

《六典》曰：大理卿之职，掌邦国折狱详刑之事。以五听察其情：一曰气听，二曰色听，三曰视听，四曰声听，五曰词听。以三虑尽其理：一曰明慎以谳疑狱，二曰哀矜以雪冤狱，三曰公平以鞫庶狱。少卿为之贰。

韦昭《辨释名》曰：廷尉，县尉，皆古尉也。以尉尉人也。凡掌贼及司察之官皆曰尉。尉，罚也。言以罪罚奸非也。

《尚书》曰：帝曰："皋繇，汝作士，明于五刑，以弼五教。"

《论语》曰：孟氏使阳肤为士师，士师，典狱之官。问于曾子，曾子曰："上失其道，民散久矣。如得其情，则哀矜而勿喜。"

《韩诗外传》曰：晋文公使李离为理，过听杀人，自拘于廷，请死于君。君曰："官有贵贱，罚有轻重，下吏有罪，非子之罪也！"离曰："法失则刑失，刑失则在臣。居为长，不与下吏让位；爵为多，不与下吏分利。君以为能听微决疑，故使臣为理。今过听杀无罪，罪当死，臣不能以虚自诬。"遂伏剑死。君子曰："忠矣，仁矣！"

《家语》曰：季羔为卫士师，刖人之足。俄而卫有乱，季羔逃，刖者守门，谓羔曰："彼有缺。"羔曰："君子不隧。"又曰：此有室，季羔入焉。既罢，羔问曰："吾亲刖子之足，而子逃我，何也？"刖者曰："曩者，君理人以法令，先君后臣，欲臣之免也，臣知之；临当论刑，君愀然不乐，见于颜色，臣又知之；君岂私臣哉？天生君子，其道故然，此臣之所以脱君也。"孔子闻之曰："善哉，为吏！其用法一。思仁恕则树德，加严暴则树怨。公以行之，其子羔乎！"

《史记·天官书》曰：斗魁四星，贵人之牢，曰"大理"。

《汉书》曰：廷尉，秦官，掌刑辟。有正、右、左监。景帝中六年，更名大理。武帝建元四年，复为廷尉。

又曰：于定国为廷尉，为人卑恭，尤重经术。其决狱平法，务在哀鳏，罪疑从轻，加审慎之心。朝廷称之曰："张释之为廷尉，天下无冤人；于定国为廷尉，人自以不冤。"

又曰：朱博迁廷尉，恐为官属所轻，召见正监典法掾吏，谓曰："廷尉本起于武吏，不明法律，幸有众贤，亦何忧？然廷尉化部断狱以来二十年，亦独耳剽目久，剽，劫也。匹妙反。三尺律令，人事出其中。试与正监共撰前代决事吏议难知者数十事持问，廷尉将为诸君覆之。"正监条目，博皆召掾吏，为平处其轻重，十中八九。官属咸服。

又曰：张释之为廷尉，文帝尝行，有人从渭桥下出，乘舆马惊。捕之，属廷尉。释之奏其犯跸，当罚金。上怒。释之曰："法者，所与天下公共也。方以其时诛之则已，今已下廷尉；廷尉，天下之平也，一倾，天下用法皆为之轻重，人安所措其手足乎？"后有盗高庙座前玉环者，文帝令族之。释之奏当弃市，上大怒。释之曰："法如是也。今盗宗庙器而族之，如令愚人取长陵一抔土，陛下何以加其法乎？"

又曰：张汤为廷尉，决大狱，欲傅古义，乃请博士弟子理《尚书》、《春秋》，补廷尉史平亭疑法，奏谳疑事，必先为上分别其原，以扬主之明。言此自天子意，非由有司也。奏事有善则让曰："监掾史某所为也。"亭者，平也，均也。

又曰：杜周为廷尉。其治大效张汤，而善候伺上所欲，客谓周曰："君为天下决平，不循三尺法以三尺竹简书法令律，专以主意为狱，狱者固如是乎？"周曰："三尺安出哉？前主所是著为律，后主所是疏为令；当时为是，何古之法乎！"至周为廷尉，狱亦益多矣。二千石系者新故相因，不减百馀人。

又曰：王生者，善黄老言，处士也。张释之召居廷中，王生年老，与释之及公卿会，廷中立，王生袜解，顾谓释之："为我系袜！"释之前跪而系之。既退，或让王生曰："何辱张廷尉乎？"王生曰："廷尉方为天下名臣，吾聊使系袜，欲重之。"诸公闻之，贤王生而重张廷尉。

又曰：下邽翟公为廷尉，宾客填门；及免官，门外可设雀罗，复为廷尉，乃署其门曰："一死一生，乃知交情；一贵一贱，交情乃见。"

又曰：文帝初立，闻河南守吴公治为天下第一，故与李斯同邑，乃征吴公为廷尉。

又曰：孔光为廷尉。时定陵侯淳于长坐大逆诛，长少妻乃始等六人皆以长事未发觉时弃去，或更嫁。及长事发，丞相翟方进等议，乃始等于法无以解论。光以为夫妇之道，有义则合，无义则离。乃始或嫁，义已绝，而欲以为妻论杀之，名不正，不当坐。有诏以光议定。

《东观汉记》曰：陈宠为廷尉，有疑狱，辄手笔作议，所活者甚多。

《后汉书》曰：郭躬为廷尉。躬家代掌法，务在宽平，乃条诸重文可从轻者四十一事奏之，事皆施行，著于令。

又曰：郭躬字仲孙。为廷尉正，迁廷尉，家代掌法；子镇自廷尉左监迁廷尉。凡郭氏为廷尉者七人。

《后汉书》曰：杨赐迁廷尉，乃叹曰："昔三后成功，惟殷于人，而咎繇不与焉，盖吝之也。"吝，耻也。遂以代非法家固辞。

谢承《后汉书》曰：范延寿，宣帝时为廷尉。时燕赵之间，有三男共娶一妻，生四子，长各求离别；争财分子，至闻于县，县不能决断，谳之于廷尉。于是延寿决之，以为悖逆人伦，比之禽兽生子属其母，以子并付母。尸三男于市，奏免郡太守、令长等无师化之道，天子遂可其言。

又曰：傅贤迁廷尉，素廉正，自掌法，官无私门，宾客公卿宴会，要请不往。自以为贫无以报答其施，常垂念刑法，务从轻；比至断狱，迟回流涕。在位四年，治狱称平。

华峤《后汉书》曰：吴雄字季高，以明法律，断狱平，桓帝时为廷尉。雄子䜣，孙恭，三世相承为廷尉，为法名家。

《汉官仪》曰：光武时，有疑狱，见廷尉曹史张禹，所问辄对，处当详衷，于是册免廷尉，以禹代之。虽越次而授，亦足以厉其臣节也。

《魏志》曰：高柔字文惠，陈留圉人，迁廷尉。顷之，护军营士窦礼近出不还。营以为亡，表言逐捕，没其妻盈及男女为官奴婢。盈连至州府称冤自讼，莫有省者，乃辞诣廷尉。柔问曰："汝何以知夫不亡？"盈垂泣对曰："夫少单，特养一老妪为母，事甚恭谨，又哀儿女，抚视不离，非是轻狡不顾室家者也。"柔重问曰："汝夫不与人怨仇乎？"对曰："夫良善，与人无仇。"又曰："汝夫不与人交钱财乎？"对曰："尝出钱与同营士焦子文，久求不得。"时子文适坐小事系狱，柔乃见子文，问所坐。言次，曰："汝颇曾举人钱否？"子文曰："自以单贫，初不敢举人钱物也。"柔察子文色动，遂曰："汝昔举窦礼钱，何言不举耶？"子文怪之，知事露，应对不次。柔曰："汝已杀礼，便宜早服。"子文于是叩头，具首杀礼本末，埋藏所。柔便遣吏卒丞子文辞往掘，即得尸。诏书复盈母子为平民。班示天下，以礼为戒。

又曰：高柔字文惠，迁廷尉。时猎法甚峻，而宜阳典农刘龟窃于禁内射兔，其功曹张京诣校事言之。帝匿名收龟付狱。柔请告者名，帝大怒曰："刘龟当死，乃敢猎吾禁地，送龟廷尉，廷尉便当考掠，何复请告者名，吾岂妄收龟耶？"柔曰："廷尉，天下之平也，安得以至尊喜怒而毁法乎？"重复为奏，辞旨深切。帝意寤，乃下张京名。即还讯，各当其罪。

又曰：锺毓迁廷尉，听君父已没，臣子得为理谤，及士为侯，其妻不复改嫁，毓所创也。

《晋书》曰：孔坦字君平，迁侍中廷尉，多平正当法，合人情，而时势要自以爱憎为断，坦意不得皆行也。

《晋中兴书》曰：范坚字子常，为廷尉，奏主典吏邵广盗官幔合布四十匹，依律弃市。广息云、宗二人，自没为官奴婢，以赎父。尚书议可，特听。坚驳之曰："此为施一恩于今，开万怨于后。"显宗从之，正广刑。

又曰：王彪之迁廷尉，时永嘉太守谢毅赦后杀郡人周矫，矫从兄球诣州诉冤，扬州刺史殷浩遣从事收毅付廷尉。彪之以球为狱主，身无主爵，非廷尉所料，不肯受，与州相反覆，穆帝发诏令受之，彪之又上疏执据。时人云，张释之以来，复见斯事。

《后魏书》曰：崔光韶迁廷尉卿，时秘书监祖莹以赃罪被劾，光韶欲致之重法。太尉城阳王徽、尚书令临淮王彧、吏部尚书李神儁、侍中李彧并势望当时，皆为莹求宽。光韶正色曰："朝贤执事于舜之功，未闻有一，如何反为罪人言乎！"其执意不回如此。

《隋书》曰：文帝时议置六卿，将除大理。卢思道奏曰："省有驾部，寺留太仆；省有刑部，寺除大理，斯则重畜产而贱刑名也。"

又曰：杨注字元度，守大理卿。注视事二日，帝将亲省囚徒。其时系囚二百馀人，注通宵究审，诘朝而奏，曲尽事情，一无遗误，帝甚嘉之。

《唐书·官品志》曰：廷尉卿，梁国初建曰大理。天监元年复改为廷尉，有正、监平三人。元会，廷尉三官与建康三官皆法冠、玄衣、朝服，以监东西中华门；手执方木，长三尺，方一寸，谓之执方。

又曰：郎楚之，武德初为大理卿，与太子少保李纲、侍中陈叔达撰定律令。

又曰：刘德威授大理卿，太宗尝问之曰："近来刑纲稍密，其过安在？"德威奏言："诚在主上，不由臣下。人主好宽则宽，好急则急。律文失入减三等，失出减五等；今则反是，失入则无辜，失出获大罪，所以吏各自爱，竞执深文，非有教使之然，畏罪之所致耳。陛下但舍所急，则宁失不经复行于今日矣。"太宗深然之。

又曰：高宗问大理唐临狱系囚之数，临对曰："见囚五十馀人，惟二人合死。"上闻囚数不多，怡然形于颜色，谓临曰："昔东宫，卿已事朕，朕承大位，卿又居近职。以畴日相委，故授卿此任。然为国之要，在于刑法，刑急则人残，法宽则失罪，务令折中，称朕意焉。"

又曰：张文瓘为大理卿，旬日决遣疑狱四百馀条，其得罪者皆无怨言。文瓘尝有疾，系囚相与设斋以祷焉。寻拜侍中兼太子宾客，大理囚一时恸哭，其得人心如此。

又曰：大理卿袁仁敬暴卒，系囚闻之，皆恸哭悲歌，曰："天不恤冤人兮，何夺我慈亲兮！有理无申兮，痛哉安诉陈兮！"

又曰：龙朔二年，改大理卿为详刑寺正卿。

《唐新语》曰：唐临为大理卿，初莅职，断一死囚。先时坐死者十馀人，皆它官所断。会太宗幸寺，亲录囚徒，它官所断囚皆称冤不已；临所断者，默而无言。太宗怪之，问其故，囚对曰："唐卿断臣必不枉滥，所以绝意。"太宗叹息久之曰："为狱固当若是。"因遂见原。

《五代史·后唐书》曰：长兴二年八月，敕令后大理寺官员宜同台省官例升进，其法直官比礼直官任使。

《会稽典录》曰：盛吉字君达，为廷尉。性多哀怜，其妻谓吉曰："君为天下执法，不可使人一滥罪殃及子孙。"其囚无胤嗣者，令其妻妾得入，使有遗类。视事十二年，天下称有恩。

又曰：董昆字文通，馀姚人也。迁廷尉卿，持法清峻，不发私书。

又曰：盛吉拜迁尉，吉性多仁恩，务在哀矜。每至冬日，罪囚当断，其妻执烛，吉手执丹笔，夫妻相向垂泣。

《会稽后贤记》曰：孔坦迁廷尉卿，狱多囚系，坦到官，躬执辞状，口辨曲直，小大以情，不加楚挞。每台司录狱，无所顾问，皆面决当时之事。

《天文录》曰：平星主建廷，平主天下之狱事，若今廷尉之象。故《星赞》曰："平星执法，正纲纪也。"

《文子》曰：皋陶喑为大理，天下无虐刑，有贵乎言者也。

《说苑》曰：楚令尹子文之族有干法者，廷理拘之，闻其令尹之族也而释之，子文召廷理而责之，遂致其族人于廷理曰："不是刑，吾将死！"廷理惧，遂刑其族人。成王闻之，不及履而至于子文之室，曰："寡人幼小，置廷理其人，以违夫子之意。"于是黜廷理而尊子文之意，反内政。

《新序》曰：楚昭王时，石奢为理，有杀人者，奢追之，则其父也。奢曰："以父成政，不孝也。不行君法，非忠也。"遂刎颈而死。

挚虞《新礼仪》曰：故事，祀皋陶于廷尉寺，祀以社日，新礼改以孟秋之月，以应秋。

大理少卿

《后魏职令》曰：廷尉少卿第四品上，第二清，用思理平断、明刑识法者。

《北齐书》曰：宋世轨为廷尉少卿，时大理正苏珍之亦以平干知名，寺中为之语曰："决定嫌疑苏珍之，视表见里宋世轨。"谓之寺中二绝。卒官廷尉御史，诸囚皆哭曰："宋廷尉死，我等岂有生路也？"

《隋书》曰：赵绰为大理少卿，侍郎辛亶尝衣绯裩，俗云利于官，文帝以为厌蛊，将斩之。绰曰："据法不当死，臣不敢奉诏。"上怒甚，令斩绰。绰解衣当斩，上使人问曰："竟如何？"绰曰："执法不敢惜死！"上良久乃释之。他日又令斩二人，绰曰："此人坐当杖，杀之非法。"上曰："不关卿事。"绰曰："陛下置臣法司，欲误杀人，岂得不关臣事！"上曰："撼大木不动者，当退。"绰曰："臣冀感天心，何论大木！"上乃止。时薛胄为大理卿，胄断狱以情，而绰守法，俱为称职。

又曰：源师，炀帝即位，拜大理少卿。帝在显仁宫，敕宫外卫士不得辄离所守。有一主帅，私令卫士出外，帝付大理绳之。师据律奏徒，帝令斩之，师奏曰："此人罪诚难恕，若陛下初便杀之，自可不问文墨，既付有司，议归恒典，脱宿卫近侍者更有此犯，将何以加之？"帝乃止。

《唐新语》曰：太宗尝谓侍臣曰："大理之职，人命所悬，当须妙选正人，用心存法，无过戴胄者，乃以为大理少卿。"

又曰：徐有功迁司刑少卿，时周兴、来俊臣等罗告天下，衣冠遇族者数千百家。有功居司刑，平反者不可胜纪，时人方之于定国。

大理正

《六典》曰：大理正掌参议刑狱、详正科条之事。凡六丞断罪不当，则以法正之。

《礼记》曰：成狱辞史以狱成告于正，正听之。郑玄注云：于《周礼》乡师之属，今汉有正、平、丞，秦所置也。

《东观汉记》曰：何敞字比干，迁廷尉正。张汤为廷尉，以残酷见任，增饰法律，敞尝争之，存者千数。

《后汉书》曰：黄霸字次公。宣帝在人间时，知百姓苦。吏闻霸理法平，召为廷尉正。及夏侯胜非议下廷尉狱，霸从胜受《尚书》。

谢承《后汉书》曰：陈琳字伯真。桥玄表琳明律令，征拜廷尉正。

《魏志》曰：司马芝，字子华，迁大理正。有盗官练置都厕上者，吏疑女工，收以付狱。芝曰："夫刑罪之失，失在苛暴。今赃物先得而后讯其辞，若不胜掠，或至诬服。诬服之情，不可以折狱。且简而易从，大人之化也。不失有罪，庸世之治耳。今宥所疑，以隆易从之义，不亦可乎！"太祖从其议。

《晋书》曰：江统字元应，为廷尉正，作三刑议。

又曰：廷尉三官通视南台，持书旧尚书郎下迁，梁制，服獬豸冠、介帻、皂衣、铜印、墨绶。

《晋中兴书》曰：顾荣字彦先，入洛以南土秀望，累迁廷尉正。

《南史》曰：顾协少清介，有志操。初为廷尉正，冬服单薄，寺卿蔡法度欲解褐与之，惮其清严，不敢发口，谓人曰："我愿解身上襦与顾郎，顾郎难衣食者，竟不敢以遗之。"

大理丞

《六典》曰：大理丞掌分判寺事。凡有犯，皆据其本状以正刑名。徒已上，各呼囚与其家属，告以罪名，问其伏款；不伏，则听自理。

《唐书》曰：杜景佺、徐有功为司刑丞，与来俊臣、侯思止同理狱，人称之曰："遇徐、杜必生，遇来、侯必死。"

《唐新语》曰：李日知为司刑丞，尝免一死囚；少卿胡元礼异判杀之，与日知往复至于再三。元礼怒，遣府史谓日知曰："元礼不离刑曹，此囚无不死法。"竟以两闻，日知果直。

廷尉监

《汉书》曰：邴吉字少卿，稍迁廷尉监，治巫蛊。

谢承《后汉书》曰：陈咸字子威，为廷尉监，执狱多恩，议人常从轻，比多所全活，皆称其恩。

《晋起居注》曰：迁尉监陆鸾上表求增筑讯堂，图画先贤像，诏许之。

廷尉评

《六典》曰：大理评事掌出使推按。凡承制而出推长吏，据状合停务及禁锢者，先请鱼书以往，据所受之状鞫而尽之。若词有反覆，不能首实者，则依法栲之。凡大理断狱，皆连署焉。

《汉书》曰：宣帝诏曰："今遣廷吏与郡鞫狱，任轻禄薄，其为置廷平，员四人，其务平之！"涿郡太守郑昌上言曰："圣王立法明刑者，非以为理，救衰乱之起也。今明主躬垂明听，不置廷平，狱将自正；若开后嗣，不若删定律令。律令一定，愚人知所避就，奸吏无弄。今不正其本，而置廷平以理其末，政衰德怠，则廷平将摇权而为乱首也。"宣帝始置左右平。而《三辅决录》注云："何比于汉武时为廷尉右平，谬矣！"

又曰：马宫字游卿，行能高洁，迁廷尉平。

又《百官表》曰：宣帝地节三年初，置左右平四人，秩六百石。

《晋中兴书》曰：顾荣字彦先，迁廷尉平。时赵王伦欲诛淮南王允官属，下廷尉议罪。荣具明刑理，不宜广滥。伦意解，赖荣济者甚众。

《隋书》曰：廷尉平，置一人，第六品下。后改为评事。

《唐新语》曰：敬昭道为大理评事。时沂州有反者，诖误坐者四百馀人，将隶于司农。未即路，系在州狱，昭道援赦文判而免之。时宰相责大理"奈何免反人家口？"大理群官失色，引昭道以见，执政怒而责之，昭道曰："赦云：见禁囚徒，反者家口系在州狱，此即见禁也。"反覆诘对，至于五六执政无以夺之，诖误者悉免。

《三辅决录注》曰：茂陵何比于汉武时，丞相公孙弘举为廷尉右平，狱无冤民，号曰何公。

太平御览卷第二百三十二 职官部三十

鸿胪卿

《六典》曰：鸿胪卿之职，掌宾客及凶仪之事，领典客、司仪二署，以率其官属，而供其职务；少卿为之贰。凡四方夷狄君长朝见者，辨其等位，以宾待之。凡二王 之后及夷狄君长之子袭官爵者，皆辨其嫡庶，详其可否。若诸蕃大酋渠有封礼命，则受册而往其国。

韦昭《辨释名》曰：腹前肥者胪，言以京师为心腹，王侯外国为四体以养之也。辩云：鸿胪，本故典客，掌宾礼。鸿，大也；胪，陈序也。欲以大礼陈序宾客也。

《汉书》曰：田序字子公，连擒大奸，征为大鸿胪。

又曰：典客，秦官，掌诸侯、归义蛮夷，有丞。景帝中六年，更名大行令。武帝太初元年，更名大鸿胪。

《东观汉记》曰：大鸿胪，汉旧官，建武元年复置，属官有丞一人、大行丞一人，有理礼员四十七人，主斋祠、傧赞九宾之礼。

《续汉书》曰：大鸿胪卿一人，中二千石。诸王入，当郊迎，典其礼仪，及郡国上计并属焉。皇子拜王，赞授印绶；及拜诸侯嗣子及四方夷狄封者，鸿胪召拜之。

谢承《后汉书》曰：陈纪字元方，遭父太丘长实忧，呕血绝气。豫州嘉其至行，表上尚书，图画百城，以励风俗。袁绍以太尉让纪，纪不受；拜大鸿胪。卒官，子群为三公。天下以为公惭卿，卿惭长。

又曰：白嵩字季山，为济南相。甘露降于郡，安帝嘉其致瑞，征拜大鸿胪。

《汉官解诂》曰：鸿，声也；胪，传也。所以传声，赞导九宾也。

又曰：昔唐虞宾于四门，此则礼宾之制与鸿胪之任亦同。

《汉杂事》曰：萧由为陈留太守，入为鸿胪，不任宾赞，还官。

《魏志》曰：崔林字德儒，清河东武城人也。迁大鸿胪。龟兹王遣侍子来朝，朝廷嘉其远至，褒赏其王甚厚。余国各遣子来朝，问使连属，林恐所遣或非真的，权取疏属贾胡，因通使命，利得印绶，而道路护送，所损滋多。劳所养之民，资无益之事，为夷狄所笑，此曩时之所患也。乃移书敦煌谕旨，并录前世待遇诸国丰约故事，使有恒常。

《魏略》曰：韩宣字景然，为大鸿胪。始南阳曲阜韩暨以宿德，在宣前为大鸿胪。及宣在官，亦称职，故鸿胪中为之语曰："大鸿胪，小鸿胪，前后治行相曷如。"

《蜀志》曰：杜琼字伯瑜，后主立为大鸿胪。为人静默少言，阖门自守，不与世事。

《吴志》曰：张俨字子节，吴人也。弱冠知名，早历显位，以博闻多识拜大鸿胪。使于晋，皓谓俨曰：南北通好，以君有出境之才，故相屈行。"对曰"皇皇者华，臣蒙其荣，惧无古人延誉之美，磨厉锋锷，思不辱命。"既至，车骑将军贾充、尚书令裴秀、侍中荀勖等欲傲以所不知而不能屈。尚书仆射羊祜、尚书何祯并结缟带之好。

《唐书·官品志》曰：鸿胪卿位视尚书右丞，掌导护赞拜。

《山涛启事》曰：鸿胪，职主胡事，前后为之者率多不善了。今缺，当选御史中丞刁攸，不审可尔不?

鸿胪少卿

《后魏职令》曰：鸿胪少卿第四品上，第二清，用雅学详当、明枢达理者。

《隋书》曰：炀帝时，蛮夷朝贡，前后相属。帝从容谓宇文述、虞世基等曰："四夷率服，观礼华夏，鸿胪之职，须归令望。宁有多才艺、美容仪可以接对宾客者为之乎？"咸以苏夔对，帝然之，即日拜鸿胪少卿。

典属国

《汉书》曰：武帝以移中监苏武为典属国。

又曰：宣帝甘露二年，以常惠为典属国。

又曰：典属国，秦官，掌蛮夷降者。成帝河平元年，省并大鸿胪。

司农卿

《六典》曰：司家卿之职，掌邦国仓储委积之事，总上林、太仓、钩盾、导官四署与诸监之官属，谨其出纳而修其职务；少卿为之贰。凡京都百司官吏禄廪，皆仰给焉。

《周礼》曰：冢宰有大府下大夫。郑玄注曰："大府为王治藏之长，若今司农矣。"

《史记》曰：韩信归汉，汉以为治粟内史。

《汉书》曰：治粟内史，秦官，掌谷货。景帝更名大农令，武帝更名大司农。

又曰：郑当时，字庄，为司农。戒门下："客至，无贵贱无留门者。"执宾礼以下人。山东诸公翕然称庄曰："吾闻郑庄行，千里不赍粮。"

又曰：朱邑为北海太守，以治行第一，入为大司农。身为列卿，居处节俭，性公正，不可交以私，天子器之，朝廷敬焉。及卒，诏称扬其节行，赐邑子黄金百斤，以奉其祭祀。

又曰：田延年为大司农，坐盗都内钱三千万，自杀。

又曰：平帝元始元年，改大司农曰羲和，以刘歆为之。

《东观汉记》曰：刘据为大司农，以职事被谴，召诣尚书，将加捶挞，尚书左雄谏帝曰："九卿位亚三公，行则鸣玉，孝明永平始加扑罚，非古制也。"帝从之，卿于是始免扑捶。

又曰：高诩字季回，以儒学征拜大司农。在朝以清白方正称。

又曰：辛融字子优，为大司农，性明达，称为名卿。

《续汉书》曰：李固为大司农。上信阉官，天下牧守多其宗亲旧故。及受货贿，有诏特拜，不由选试，乱生弥甚。固乃上表具陈盗贼所以兴，由官非其人也。

又曰：大司农卿一人，中二千石，掌诸钱谷金帛。

又曰：赵典字仲经，为大司农，闭门却扫，非德不交。

又曰：耿国字叔虑，为大司农，晓边事，能论议，数上便宜事，天子器之。

又曰：郑玄，公车征为大司农，给安车一乘，所过长吏送迎。

张璠《汉记》曰：陈宠为广汉太守，风声大行，入为大司农。

应劭《汉官仪》曰：大司农，古官也。唐虞分命羲和，四子敬授民时。高祖受命，惩秦之弊，与民休息。逮至文景，国家无事，家给人足，京师之钱，累百巨万，贯朽而不可校。太仓之粟，陈陈相因，充溢露积，腐败而不可食。

《魏志》曰：梁习为并州二十馀年，政治为天下最，乃征拜大司农。

《吴志》曰：楼玄为大司农。玄从九卿持刀侍卫，正身率众，奉法而行，应对切直，数迕皓意，渐见责怒。后人诬白玄与贺劭相逢，驻共耳语大笑，谤讪政事，遂被诏诘责，送付广州。

《晋阳秋》曰：司农桓范，字元则，出奔，曹爽云："大司农印在吾手中，所在得开仓而食。"

《宋书》曰：大司农卿一人，《书》称弃，后稷其职也。

《齐职仪》曰：司农卿耕籍则掌其礼仪。

《隋书》曰：赵元淑转颍川太守，甚有惠政，因入朝，会司农不时纳诸郡租谷，元淑奏之。帝谓元淑曰："如卿意者，几日当了？"元淑曰："如臣意，不过十日。"帝即日拜元淑为司农卿，纳天下租，如言而了，帝悦焉。

《唐书·官品志》曰：司农卿，位视散骑常侍，主农功、仓廪，统太仓、导官、籍田、上林令。

韩扬《天文要集》曰：天仓者，大司农也。

《异苑》曰：吴郡岑渊为吴郡，时大司农卿碑注在江乘湖西。太元中，村人见龟载从田中出，还其先处，萍藻犹着腹下。

史游《急就篇》曰：司农少府，国之泉也。

司农少卿

《后魏职令》曰：司农少卿第三清，用堪勤有干能者。

《唐书》曰：韦弘机为司农少卿，受诏检校东都营田、园苑之事。高宗谓之曰："两都是朕东西二宅也。今之宫馆，隋代所造，岁序既淹，渐将颓顿，欲有修造，又费财力，如何？"弘机奏曰："臣任司农，向已十年，前后省费，今见贮钱三千万贯；若以供葺理，可不劳而就也。"上大悦。

上林苑令

《汉书·百官表》曰：水衡属官有上林令。

《续汉书》曰：上林苑令六百石，主苑中禽兽；有民居，皆主之；捕得兽，送太官。

《李郃别传》曰：郃以郎谒者，为上林苑令。

扬雄《上林苑令箴》曰：芒芒天田，芃芃作谷。山有陵陆，野有林麓。夷原污薮，禽兽攸伏。鱼鳖以时，刍荛咸植。国以殷富，民以家给。

太仓令

《六典》曰：太仓署令，掌九谷廪藏之事；丞为之贰。凡凿窖、置屋，皆铭砖为庾斛之数，与其年月，受领粟官吏姓名。又立碑如其铭焉。

《汉书》曰：淳于意为太仓令。

《续汉书》曰：太仓令一人，秩六百石。主受郡国转漕谷。

《梁冀别传》曰：太仓令秦宫，出入冀妻寿所，语言、饮食独往独来，屏去御者。宫，冀仓头。寿姊夫宗欣不知书，因寿气力起家，拜太仓令。

《齐职仪》曰：太仓令，周司徒属官，有廪人、仓人则其职也。

导官令

《六典》曰：导官令掌导择米麦之事。凡有九谷之用，皆随其精粗，差其耗损而供之。

《汉书·百官表》曰：少府属官有导官。如淳曰：太官之别主酒也。

《续汉书》曰：导官令一人，主舂御米及作干糒导择也。

太府卿

《六典》曰：太府卿之职，掌邦国赋货之事，总京都四市、平准、左右藏、常平八署之官属，举其纲目，修其职务；少卿为之贰。以二法平物：一曰度量，二曰权衡。

《周礼》曰：天官属有太府下大夫，掌贡赋，受其货贿之入。

《梁书》曰：天监七年，置太府，班第十三，掌金帛，府帑，统右藏令、上库丞、太市、南市、北市令、关津亦皆属焉。

《后魏书》曰：杨播字延庆，弘农华阴人也。播少修敕，奉亲尽礼。累迁右卫将军，从车驾南巡，到悬瓠除太府卿。

《唐书》曰：杨崇礼为太府少卿，虽钱帛充仞，丈尺间皆躬自省阅，时议以为称职。擢拜太府卿，每岁勾剥省便常出数百万贯。在职二十年，公清如一。时太平日久，御府财物山积，以为经杨卿者，无不精好。

《唐书·官品志》曰：太府卿位视宗正，掌金帛府帑，统右藏令。

太府少卿

《后魏职令》曰：太府少卿第四品上，士人官上用勤笃有干，细务无滞者。

《新唐语》曰：狄光嗣，仁杰长子也。睿宗朝起复除太府少卿，光嗣频表不起，乃降敕："朕念卿家门忠于王室，夺卿情理，以答殊恩。

卿屡表固陈，词理恳至，循环省览，有足可矜。令遂所请，用劝浮薄，待卿情礼云毕，更候后命，仍编入史。”

市令

《六典》曰：京都、诸市令，掌百族交易之事；丞为之贰。凡建标立候，陈肆辨物，以二物平市，谓秤以格，斗以概也。以三贾均平市。精为上贾，次为中贾，粗为下贾。凡卖买不和而擢固，擢谓专略其利，固谓障，固其市。及更出开闭共限一价，谓卖物以贱为贵，买物以贵为贱也。若参市而规自入者并禁之。谓在旁高下其价以相惑乱。

《史记》曰：司马谈祖为汉市长。

《汉书·百官表》曰：内史，属官有长安市长，又长安西市令长、丞，属左冯翊。

《东观汉记》曰：祭遵从征河北，为军市令，舍中儿犯法，遵格杀之。上怒，命收遵。时主簿陈副谏曰：“明公常欲众军整齐，今遵奉法不避，是教令行也。”上乃贷之，以为刺奸将军，语诸将曰：“当备祭遵，吾舍中儿犯令尚杀之，必不私诸卿也。”

《晋书》曰：石苞卖铁于邺市，市长沛国赵元儒名知人，见而异之，便与结交。叹其远量，当至公辅。

《齐职仪》曰：市令，周有司、廛、肆、师、司、市、皆其任也。

平准令

《六典》曰：平准令掌供官市易之事；丞为之贰。凡百司不任用之物，则以时出货；其没官物者，亦如之。

韦昭《辨释名》曰：释云：平准令，主染色。色有常平之法，准的之也。辩云：主平物价，使相依准。

《史记》曰：桑弘羊以物多腾跃，请置平准于京师，受天下委输，尽笼天下之货物，贵则卖之，贱则买之，如此则富商大贾无所牟大利矣。始置平准焉。

《汉书·百官表》曰：司农属官有平准令、丞。

《汉书》曰：赵广汉清洁下士，有名誉。州举茂才，拜平准令。

《续汉书》曰：平准令，秩六百石。

《齐职仪》曰：染署，掌染缯色。少昊置五雉为工正，翚雉氏设五色之工。周有染人之职，掌丝帛以为服。

左右藏令

《六典》曰：左藏令掌邦国库藏之事；丞为之贰。凡天下赋调，先于输场阅其合尺度斤两者。卿及御史监阅，然后纳于库藏，皆题以州县、年月，以别粗良，辨新旧也。

又曰：右藏置令掌邦国宝货之事；丞为之贰。凡四方所献金玉、珠贝、玩好之物皆藏之，出纳禁令，如左藏之职。

《齐职仪》曰：右藏库，周天府内府之任。天府，物所藏也。内府，掌邦市之出入，以待王用。后汉中藏府令、丞，掌币帛、金银诸物；晋置中黄左右藏。

太平御览卷第二百三十三 职官部三十一

秘书监

《六典》曰：秘书监之职，掌邦国经籍图书之事。有二局：一曰著作，二曰太史，皆率其属而修其职：少监为之贰。

《东观汉记》曰：桓帝延熹二年初，置秘书监，掌典图书、古今文字，考合异同。

华峤《后汉书》曰：学者称东观为老氏藏室，道家蓬莱山。王融《曲水诗序》曰："记言事于仙室。"谓藏室也。

《魏志》曰：王象字羲伯，散骑常侍领秘书监，撰《皇览》。

鱼豢《魏略》曰：兰台，台也。而秘书署耳。

王隐《晋书》曰：王沉为秘书监，著《魏书》，多为时讳而善序事。

又曰：羊祐为黄门郎，陈留王立，以少帝，不愿为侍臣，徙为秘书监。

又曰：惠帝永平元年，诏云："秘书监综理经籍，考校古今，课试署吏，领有四百人，宜专其事。"

邓粲《晋纪》：华谭为秘书，自负宿名，意每怏怏，尝从容谓上曰："臣老于秘阁矣。汲暗之言，复存今日。"上不悦。

《晋诸公赞》曰：荀勖领秘书监。太康二年，汲郡冢中得竹书，勖躬自撰次注写，以为中经，列于秘书，经传阙文多所证明。

又赞曰：庾峻自司空长史迁秘书监，幽赞、符命、天文、地理，因有述焉。

何法盛《晋中兴书》曰：孙盛字安国，为秘书监，笃尚好学。自少及长，常手不释卷。既居史官，乃著《三国阳秋》

沈约《宋书·百官志》曰：秘书监、丞各一人，郎四人。魏武建国有秘书令，左、右丞。黄初中，分秘书，立中书，而秘书之局不废。昔汉武帝建藏书之册，置写书之官，于是天下文籍皆在天禄、石渠、延阁、广内秘府之室，谓之秘书。至成、哀世，使刘向父子以本官典其事。至于后则图籍在东观，有校书郎，又有著作郎。傅毅、马融之徒多为校书郎。又蔡邕从尚书选入东观著作，邕既已为尚书郎而入东观著作，复拜议郎，知是著作郎也。又硕学达官，往往典校秘书，如向、歆故事。或但校书东观，或有兼撰《汉记》也。

《梁书》曰：任昉字彦升，为秘书监。自齐永元以来，秘阁四部篇卷纷杂，昉手自雠校，由是篇目定焉。

《后魏书》：伊馥，世祖欲拜馥为尚书、郡公。馥辞曰："尚书务殷，公爵至重，非臣年少愚近所宜荷任，请收过恩。"世祖问其所欲，馥曰："中、秘二省多诸文士，若恩矜不已，请参其次。"世祖贤之，遂拜为中护将军，秘书监。

《隋书》曰：柳䛒，炀帝嗣位，拜秘书监，封汉南县公。帝退朝之后，便命入阁，言宴讽读，终日而罢。帝每与嫔后对酒，时逢与会，辄遣命之，至与同榻共席，恩若友朋。帝犹恨不能夜召，于是命匠刻木偶人，施机关，能坐起拜伏，以像于䛒。帝每在月下对酒，辄令宫人置之于座，与相酬酢，而为欢笑。

《唐书》曰：魏征为秘书监，奏引学者校定四部书，自是秘府图籍，粲然毕备。

刘歆《七略》曰：武帝广献书之路，百年之间，书积如丘山，故外有太常、史、博士之藏，内则延阁、广内、秘室之府。

鱼豢《魏略》曰：芸台香辟纸鱼蠹，故藏书台称芸台。

《三辅黄图》曰：未央宫东有麒麟殿，藏秘书，即扬雄校书之处也。

王充《论衡》曰：兰台之官，监国得失也。

《通典》曰：秘书省，但主书写、勘校而已，虽非要剧，然好学君子亦多求为之。

温峤《举荀崧为秘书监表》曰：夫国史之兴，将以明失得之迹，谓之实录，使一代之典，焕然可观。散骑常侍崧文质彬彬，思义通博，历位先朝，莅事以穆，宜掌秘奥，宣明史籍。

王肃《表》曰：青龙之末，主者启选秘书监，诏秘书驺吏以上三百馀人，非但学问义理，当闻有威严能检下者，诏肃以常侍领焉。

又王肃《论秘书不应属少府表》曰：魏之秘书即汉之东观，郡国称敢言之上东观，且自大魏分秘书而为中书以来，传绪相继，于今三监未有隶名于少府者也。今欲使臣编名于驺隶，言事于外府，不亦隳朝章而辱国典乎？太和中，兰台、秘书争议，三府奏议秘书司先王之载籍，掌制书之典谟，与中书相亚，宜与中书为官联。

《华峤集》诏曰："尚书峤体素弘简，文雅该通，经览古今，博闻多识，属书实录，有良史之志，故转为秘书监，其加散骑常侍。使中书、散骑、著作及治礼音律，天文，数术，南省文章，门下撰集，皆典领之。峤表曰："伏见诏书以臣为秘书监，加位常伯。昔刘向父子，世典史籍；马融通博，三入东观，非臣肤浅所敢投迹。"

《唐书》：太宗正授颜师古秘书监，制曰："秘书望华，史官任重，选众而举，历代攸难。守秘书监颜师古，体业淹和，器用详敏，学该流略，词兼典丽。职司图书，亟经岁序，朱紫既辨，著述有成。宜正名器，允兹望实可秘书监。

秘书少监

《唐书》：周思茂者，贝州漳南人。少与弟思钧俱早知名，自右史转太子舍人，与范履冰在禁，最蒙亲遇，至于政事损益多参预焉。累迁麟台少监、崇文馆学士。垂拱四年下狱死。

又曰：王绍宗，扬州江都人也。迁秘书少监，仍侍皇太子读书。绍宗性淡雅，以儒素见称。当时朝廷之士咸敬慕之，张易之兄弟亦厚之；易之伏诛，绍宗坐以交往见废。

又曰：德宗以左谏议大夫、史馆修撰张荐为秘书少监，修撰如故。时裴延龄贵，欲异同宰府，乃言于上曰："谏议大夫，论朝廷得失之官，史馆修撰，书朝廷得失之事，则领史职者不宜为谏官。"故有其命。

秘书丞

《魏志》曰：武帝置秘书左、右丞，以刘放为秘书左丞，孙资为秘书右丞。

《魏略》曰：薛夏字宣声，天水人也，博学有才华。天水旧有姜、任、阎、赵四姓常推于郡中，而夏为单家，不为降屈，四姓欲治之。夏乃游逸，东诣京师。太祖宿闻其名，甚礼遇之。文帝又嘉其才，黄初中为秘书丞。帝常与夏推论书传，未尝不终日也。每呼之不名而谓之薛君。夏居甚贫，帝又顾其衣薄，解御袍赐之。其后，征东将军曹休来朝，时帝方与夏有所咨论，而外启休到，帝引入坐定。帝顾夏目之于休曰："此君秘书丞，天水薛宣声也，宜共谈。"其见遇如此。

鱼豢《魏略》曰：薛夏为秘书丞，时秘书尝公事移兰台，兰台自以台也，秘书丞时为署耳，谓夏不得仪当有坐者。夏报曰："兰台为外台，秘书为内阁。台也、阁也何不相移之有？"兰台无以折之。

又曰：严苞以高才，黄初中入为秘书丞，数奏文赋，帝甚异之。

《晋书》：嵇绍以父得罪，靖居私门。山涛领选，启武帝曰："《康诰》有言：父子罪不相及。嵇绍贤侔郄缺，宜加旌命，请为秘书郎。"帝谓涛曰："如卿所言，乃堪为丞，何但郎也。"乃发诏征之，起家为秘书丞。

王隐《晋书》曰：庾峻字山甫，博学有才。为秘书丞，遍观古今，闻见益优。

虞预《晋书》曰：何桢字元干，庐江人也。为尚书郎，特诏参秘书丞。秘书本有一丞，时尚未转，遂以桢为右丞。右丞之置，自桢始也。

檀道论《晋阳秋》曰：太元十八年，王谧为秘书丞，乃表前尚书殷允、中书郎张敞、太子后率郄俭之、故太常桓石秀是多书之家，请秘书郎分局采借。

《齐书》曰：王俭字仲宝，为秘书丞。上表求校坟籍，依《七略》撰《七志》四十卷献之。

又曰：张率字士简，吴郡人，迁秘书丞。高祖曰："秘书丞，天下清官，东南冑绪未有为之，今以相处，为卿定名誉。”

《齐职仪》云：秘书丞，铜印墨绶。

《南史》：刘孝绰迁秘书丞。武帝谓舍人周舍云：第一官当用第一人，故以孝绰居此职。“

《后魏书》：李彪字道固，迁秘书丞，分领著作事。自文、成帝已来至于大和，崔浩、高允著述国书，编年序录，为春秋之体，遗落时事，一二无存。彪与秘书令高祐始奏从迁、固之体，创为纪传表志之目焉。

又曰：李辅字伯尚，少有重名，高祖每云此李氏之千里驹，敕撰《太宗起居注》，寻迁秘书丞。

《后周书》曰：柳虬为秘书丞，时秘书虽领著作，不参吏事，自虬为丞，始令监掌焉。

王肃《论秘书表》云：青龙中议秘书丞、郎与博士议郎同职，近日月，宜在三台上。

又曰：秘书丞、郎宜比尚书郎，侍御史，今侍御史乘犊车奏事，用尺一；秘书丞、郎乘鹿车，犹用尺奏，恐非陛下崇儒之本意也。

秘书郎

《六典》曰：秘书郎四人，从六品上。

《晋起居注》云：“武帝遣秘书，图书分为甲、乙、景、丁四部，使秘书郎各掌其一焉。”

《魏志》曰：王基字伯舆，东莱人也。时青土初定，刺史王凌特表请基为别驾，后召为秘书郎，凌复请还。顷之，司徒王朗辟基，凌又不遣。朗书却州曰：“取宿卫之臣，留秘阁之吏，所希闻也。”凌犹不遣。凌流称青土，盖亦由基协和之辅也。

又曰：锺会字士季，敏惠夙成。时蒋济著论谓观其眸子可以知人，会年五岁见济，济大奇之。正始中以赐官郎中，为秘书郎。

《蜀志》曰：郄正字令先，安贫好学，博涉坟籍。弱冠能属文，入为秘书史，转令史，迁秘书郎。性淡于荣利，尤耽文章，自司马、王、杨、班、傅、张、蔡之俦遗文篇赋，及当世美书善论，益部有者，则钻凿推求，略皆寓目。

王隐《晋书》曰：郑默，字思元。为秘书郎，删省旧文，除其浮秽。时陈留虞松为中书令，谓默曰："而今而后，朱紫别矣。"

又曰：左思，专思《三都赋》，杜绝人事。自以所见不博，求为秘书郎。

虞预《晋书》曰：司马彪，少笃学不倦，好色薄行，不交人事，专精学问。泰始中为秘书郎，后转为丞。

《晋太康起居注》曰：秘书丞桓石绥启校定四部书，诏郎中四人各掌一部。

《晋令》云：秘书郎掌外三阁经书，覆省校阅。正定脱误。

沈约《宋书》曰：秘书郎四人，后汉校书郎也。

又曰：萧惠开虽贵戚而车服简素，初为秘书郎，秘书、著作并名家年少，惠开意趣与之多不同，比肩或三年不共语。

《宋书》曰：王敬弘子恢之为秘书郎，使求为奉朝请，与恢之书曰："秘书有限，故有竞。朝请无限，故无竞。吾欲使汝处无竞之地。"文帝许之。

《梁书》曰：张缵，字伯绪，为秘书郎。固求不迁，欲遍观阁内图籍。

《后魏书》：高谧，字安平，有文武才度。天安中，以功臣子召入禁中，除秘书郎，典秘阁。谧以坟典残缺，奏广访郡邑，大加缮写。由是代京图籍，莫不审正。

《通典》曰：宋、齐秘书郎皆四员，尤为美职，皆为甲族起家之选，待次入补，其居职例十月便迁。

又曰：秘书郎有自齐梁之末多以贵游子弟为之，无其才实，故当时谚曰："上车不落则著作，体中何如则秘书。"

王肃《表》曰：臣以为秘书职于三台为近密，中书郎在尚书丞、郎上，秘书丞、郎宜次尚书郎下，不然则宜次侍御史下。秘书丞、郎俱四百石，迁宜比尚书郎，出亦宜为郡。此陛下崇儒术之盛旨也。尚书郎、侍御史，皆乘犊车，而秘书丞、郎独鹿车不得朝服。又恐非陛下转台郎以为秘书丞、郎之本意也。

太平御览卷第二百三十四　职官部三十二

著作郎

《续汉书》曰：弘农杨彪，字文先，多识博闻，与诸郎著作东观。

王隐《晋书》曰：陈寿为著作佐郎，迁大著作。

又曰：陆士衡以文学为秘书监虞濬所请为著作郎，议《晋书》限断。

又曰：何嵩善《史》《汉》，为著作。

《晋书》曰：元康元年诏：著作郎旧隶中书，而秘书既典司文籍，今改中书著作郎为秘书著作郎。

《晋中兴书》曰：孙盛历散骑常侍、秘书监，常领著作。

又曰：孙绰为散骑常侍，领大著作。于时才笔之士，绰为其冠。

又曰：李充为大著作。于时典籍混乱，充删除烦重，以类分作四部，秘阁以为永制。

又曰：谢沈为祠部郎，何充、庾冰以沈有史才，迁大著作。

《晋太兴起居注》曰：元帝依故事召陈郡王隐待诏著作，单衣、介帻，朔望朝著作之省。

沈约《宋书》曰：何丞天除著作郎，撰国史。丞天时年已老，而诸佐郎并名家年少，荀伯子嘲之，常呼为奶母。丞天曰："卿当云凤皇将九子，奶母何言耶！"

又曰：著作郎，后汉官。后汉已来，太史但掌天文律历而已，其国记撰述悉在著作。江左王导表著作为史官是也。后汉东观有著作郎。

《后魏书》：崔浩好文学，时人莫及。天兴中，给事秘书，转著作郎。太祖以其工书，常置左右。太祖季年，威风严峻，宦者左右多以微过得罪，莫不逃隐，浩独恭勤不怠，或终日不归。太祖知之，辄命赐以御粥。其砥直任时，不为穷通改节，皆此类也。

又曰：程骏拜著作郎。显祖屡引与论《易》、《老》之义，顾谓群臣曰："朕与此人言，意甚闲畅。"又问骏曰："卿年几何？"对曰："臣六十有一。"显祖曰："昔太公既老而遭文王。卿今遇朕，岂非早也？"骏曰："臣虽才谢吕望，而陛下尊过西伯。觊天假馀年，竭《六韬》之效。"

又曰：韩显宗除著作郎，高祖曾谓显宗及程灵虬曰："著作之任，国言是司。卿等之才，朕自委悉，中省之品，卿等所闻。若欲取古人班、马之徒，固自辽阔。若求之当代文学之能，卿等应推崔孝伯。"

又曰：赵逸为赫连屈丐著作郎。世祖平统万，见逸所书，曰："此竖无道，安得为此言乎！作者谁也？其速推之。"司徒崔浩进曰："彼之谬述，亦犹子云之美新，皇王之道，固宜容之。"世祖乃止。

《三国典略》曰：齐主以其著作郎祖珽数上密启，命中书门下二省断珽奏事。初，珽为秘书郎，用芳林遍略质樗蒲钱。又陈元康被伤将死，凭珽作书属家累，并云祖喜边有少许物，宜早索取，珽不通此书，唤喜私问，得金二十五锭，唯与喜二锭，馀并自入。祖喜告元康二弟叔谌、季璩等，叔谌以语杨愔，愔颦眉答曰："恐不益亡者。"因此得停。其后齐文宣以珽为秘书丞，盗遍略事发，付平阳王淹，令录珽付禁。淹遣使收珽，珽便私逃。黄门侍郎高德正谋云：但宣命向秘书称奉并州进止，须经史各部仰丞亲自检校，催遣，如此则珽意自安，夜当还宅，然后掩捉之。果如德正所图，遂缚送廷尉。据犯当死，文宣以其伏事先代，除名为民；爱其才伎，令直中书，普选劳旧，迁为著作。

《唐书》曰：著作郎邓隆上表请编录御制诗集，太宗冲让不许。隆好学多伎。王充兄子太之守河阳也，引隆为宾客，大见亲遇。及太宗攻洛阳，遣书谕太；隆为太复书，言辞不逊。洛阳平后，隆惧罪，变姓名，自号隐玄先生，窜于白鹿山，黄冠野服，不接人事。贞观初，征授国子主簿，与博陵崔仁师、昌黎慕容善行、弘农刘顗、新野康安礼、河东敬播俱为修史学士。隆负宿罪，犹不自安，太宗闻之，遣房玄龄谓之曰："尔为王太作书，诚合重责，但各为其主，于朕何有恶哉？朕今为天子，何能追责匹夫之过尔，宜怛然，勿怀危惧也。"擢授著作郎。及修史成，寻卒。撰《东都记》三十卷，为学者所重。

又曰：龙朔二年改著作郎为司文郎中，佐郎为司文郎。

又曰：《刘允济传》，垂拱四年，明堂初成，允济奏上《明堂赋》以讽，则天甚嘉叹之，手制褒美，拜著作郎。

陶氏《职官要录》曰：著作郎旧视通直郎，史才富博者为之。

《应亨集·让著作表》曰：自司隶校尉奉至臣五叶著作，不绝乡族，以为美谈。

著作佐郎

王隐《晋书》曰：武帝欲以郭琦为佐著作郎，问尚书郭彰。彰憎琦不附已，答诏“不识。”上曰：“若如卿言，乌丸家儿能事卿，即堪为郎矣。”及赵王伦篡，又欲用琦，琦曰：“我已为武帝吏，不能复为今世吏。”终于家。

又曰：华峤《汉书》十典未成，秘书监缪征奏峤少子畅为著作佐郎，卒成十典。

《晋中兴书》曰：郭璞奏《南郊赋》，中宗见赋，嘉其才，以为著作佐郎。

又曰：华谭为秘书监，时晋陵朱凤、吴郡吴震等，以单族有史才白首衡门，谭荐二人擢补著作佐郎，并皆称职。

沈约《宋书》曰：谢裕字景仁，陈郡阳夏人也。会稽王世子元显嬖人张法顺，权倾一时，内外无不造门者，唯景仁不至，年三十方为著作佐郎。桓玄诛元显，见景仁谓四坐曰：“司马庶人父子云何不败？遂令谢景仁三十方作著作佐郎。”

《后魏书》曰：宋弁字义和，为著作佐郎，寻除尚书殿中郎中。高祖曾因朝会之次，历访治道，弁年少官微，自下而对，声姿清亮，进止可观，高祖称善者久之。因是大被知遇，赐名为弁，意取弁和献玉，楚之不知宝之理也。

《后周书》曰：黎景熙，字季明。正定古今文字于东阁，大统末，除安西将军，寻拜著作佐郎。于时伦辈皆位兼常、伯，车服华盛，唯季明独以贫素居之，而无愧色；又勤于所职，著述不怠；然性尤专固，不合于时，是以一为史官，十年不调。

《张华别传》曰：陈寿好学，善著述，论著作佐郎。当时，夏侯湛等多欲作《魏书》，见寿所作，即坏已书。

《文士传》曰：束皙晚应司空辟，入府六日，除著作佐郎。著作西观，撰《晋书》，草创三《帝纪》及《十志》。

又曰：张载作《濛汜赋》，太仆傅玄见赋叹息称善，以车迎载，言谈终日。玄深贵重载，遂知名，起家征为佐著作郎。

校书郎

《六典》曰：校书郎八人，正九品上，掌雠校典籍、刊正文字。

《汉书》曰：刘歆，字子骏，少以通《诗书》能属文召见，成帝时待诏宦者署，为黄门郎。河平中，受诏与父向领校秘书，讲六艺传记，诸子无所不究。

又曰：王莽、刘棻时杨雄校书天禄阁上，治狱使者来欲收雄，雄恐不能自免，乃从阁上自投下，几死，莽曰："雄素不与事，何故在此？"问其故。乃刘棻尝从雄学作奇字，雄不知情，有诏勿问。

《后汉书》曰：马融字季长，博通经籍。永初二年，大将军邓骘闻融名，召为舍人。四年，拜为校书郎中，诣东观典校秘书。是时邓太后临朝，骘兄弟秉政。以为文德可兴，武功宜废，遂寝蒐狩之礼，息战阵之法，故使猾贼纵横，乘此无备。融乃感激，以为文武之道，圣贤不坠，五才并用，无或可废。乃上《广成颂》以讽谏。

王隐《晋书》曰：郑默，字思元。为秘书郎，删省旧文，除其浮秽，著《魏中经》。中书令虞松谓默曰："而今而后，朱紫别矣。"

《晋令》曰：秘书郎掌中外三阁经书，覆校阙遗，正定脱误。

《晋太元起居注》曰：秘书丞桓绥启校定四部书，诏遣郎中四人，各掌一部。

《唐书》曰：杨炯，华阴人。幼聪敏博学，善属文，神童举，拜校书郎，为崇文馆学士。

正字

《六典》曰：正字四人，正九品下，掌定典籍，刊正文字。

《唐书》曰：陈子昂苦节读书，尤善属文。高宗灵驾将还长安，子昂诣阙上书，陈东都形胜可以安置山陵，关中险旱，西行不便。则天召见，奇其对，拜麟台正字。

又曰：吴通玄、道瓘为太子诸王授经，而通玄兄弟出入禁掖，恒侍太子游。通玄与兄通微俱博学善属文，文采绮丽。通玄幼应神童，释褐秘书省正字。

又曰：苏弁字元容，京兆武功人也。弁少有文学，举进士，授秘书省正字。

《唐明皇杂录》曰：刘晏以神童为秘书、秘书省正字。上问晏曰："正字正得几字？"晏曰："天下字皆正，唯朋字未正。"玄宗大奇之。

太平御览卷第二百三十五 职官部三十三

太史令

《春秋元命苞》云：屈中挟一而起者为史，史之为言纪也，天度文法以此起也。

《尚书·酒诰》曰：太史友，内史友。太史，内史掌国典法所宾友者也。

《周书》曰：维正月，王在成周，昧爽召三公右史、戎夫曰："今夕朕寤遂事其惊，余乃取，遂事之，要戒申戎夫王之朔望以闻也。"

《礼记·曲礼下》曰：天子建六太，曰太宰，太宗、太史、太祝、太士、太卜、典司六典。

又《玉藻》曰：动则左史书之，言则右史书之。

《春秋·宣上》曰：赵穿攻灵公于桃园。宣子未出山而复。太史书曰"赵盾弑其君"以示于朝。宣子曰："不然。"对曰："子为正卿，亡不越境，返不讨贼，非子而谁？"宣子曰："呜呼！我之怀矣，自贻伊戚，其我之谓矣！"孔子曰："董狐，古之良史也。书法不隐。"

又《襄四》曰：太史书："崔杼杀其君。"崔子杀之。其弟嗣书而死者二人，嗣续。其弟又书，乃舍之。南史氏闻太史尽死，执简以往。闻既书矣，乃还。

又曰：鲁昭公二年，晋韩宣子聘鲁，观书于太史氏，见《易·象》与《鲁春秋》曰："周礼尽在鲁矣。"

《周礼·春官下》曰：太史掌建国之六典。太史，日官也。《春秋传》曰：天子有日官，诸侯有日卿。

《大戴礼》曰：太子既冠，成人免于保傅则有司过之史。

《春秋文耀钩》曰：楚立唐氏以为史官，苍云如霓，围轸七蟠，中有荷斧之人，向轸而蹲，蟠，犹周也。蹲，踞也。楚惊。

《唐史》曰：君慢命，又简宗庙，命，天命也。轸，于天文楚之分也。向之而踞，是慢命踞简宗庙。于是昼遗炎烟，耀于苍云，精消无文。轸火精云水气围轸水也。昼，日阳也，炎火亦阳也。遗之者象蟠所也。水难胜火，三阳并气，且火炎上宜消灭也。文则觇也。唐史之册，上灭苍云。告神以史功也。

《韩诗外传》曰：据法守职而不敢为非者，太史也。

《毛诗序》曰：国史明乎得失之迹，伤人伦之废，哀刑政之苛，吟咏情性以讽其上，达于事变而怀其旧俗者也。

《春秋后语》曰：晋太史屠黍见晋之乱，以其国法归周。

《国语》曰：郑桓公为司徒，问于史伯曰："王室多故，史伯，周太史也。余惧及之焉。"

《汉书》曰：司马喜生谈，谈为太史公。如淳曰：《汉仪注》，太史公，武帝置位在丞相上。天下计书先上太史公，副上丞相，序事如古《春秋》。迁死，宣帝以其官为令，行太史公文书而已。臣瓒案：《百官表》无太史公。茂陵中书司马谈为太史令。迁仕，为郎中，使西征巴蜀，以南略卬筰音昨、昆明，还报命。是岁天子始建汉家之封，而太史公留滞周南，如淳云：周南，洛阳也。不得与从事，发愤且卒，而子迁适反，见父于河洛之间。太史公执迁手而泣曰："予先周室之太史也。自上世尝显功名，虞夏典天官事，后世中衰，绝于予乎？汝复为太史，则续吾祖矣。今天子接千岁之绪，封泰山而予不得行，是命也夫！是命也夫！予死，汝必为太史，为太史无忘吾所欲论著矣。"迁俯首流涕曰："小子不敏，请述论先人所次旧闻，不敢阙。"卒三岁，而迁为太史令。

又《艺文志》曰：古之王者，世有史官，君举必书，所以慎言行、昭法式也。

又曰：青史子注，古史官记事也。

又曰：孔甲《盘盂》篇。黄帝史官。

又曰：史籀。周宣王大史，作大篆。

又曰：秦太史令胡母敬作《博学》章。

《东观汉记》曰：阴猛以博通古今为太史令。

司马彪《续汉书》曰：张衡字平子，以郎中迁太史令。妙善玑衡之正，作浑天仪，复造候风地动仪。以精铜铸成，员径八尺，合盖隆起，形如酒杯。如有地动，樽则震，寻其方面，知震所在。验之以事，合契若神。

张璠《汉纪》曰：初，王师败于曹阳，欲浮河东下，侍御史、太史令王立曰：“去春，太白犯镇星于斗，过天津荧惑，又逆行守河，北不可犯也。”由是遂不北渡河，将自轵关东出。立又谓宗正刘艾曰：“前太白守天关，与荧惑会，金火交会，革命之象也，汉祚终矣，晋魏必有兴者。”后立数言于帝曰：“天命有去就，五行不常盛，代者土也。承汉，魏也，能安天下者曹姓，唯委任曹氏而已。”曹公闻之，使人语立曰：“知公忠于朝廷，天道深远，幸勿多言。”

应劭曰：太史令，秩六百石，掌天时星历。凡岁奏新年历，凡国祭祀、丧娶之事，奏良日；国有瑞应、灾异，记之。

又曰：太史令秩六百石。望郎三十人，掌故三十人。昔在颛顼，南正重司天，火正黎司地。唐虞之际，分命羲和历象日月、星辰，敬授民时。至于夏后、殷、周，世叙其官皆精研术数，穷神知化。当春秋时，鲁有梓慎，晋有卜偃，宋有子韦，郑有裨灶，观乎天文以察时变，其言屡中，有备无害。汉兴，甘石、唐都、司马父子抑亦次焉。末涂偷进，苟忝兹阶，既暗候望，竞饰邪伪，以凶为吉，莫之惩纠。

《汉旧仪》曰：承周史官，至武帝置太史公。司马迁父谈，世为太史。迁年十三，使乘传行天下，求古诸侯之史记。

《魏志》曰：黄龙见谯桥，桓玄问太史令单飏，飏曰：“其国当有王者。”

《吴志》曰：吴范字文则，会稽上虞人也。刘盛兵西陵，范曰：“后当和亲。”终皆如言。其占验明审如此。权以范为骑都尉，领太史令，数从访问，欲知其诀。范秘惜其术，不以至要语权。权由是恨也。

又曰：韦曜字弘嗣。孙亮即位，诸葛恪辅政，表曜为太史令，撰《吴书》。

沈约《宋书》曰：太史掌历数、灵台，专候日月星气焉。

《世本》曰：沮诵，苍颉作书。宋衷注曰：沮诵、苍颉，黄帝之史。

《唐书》曰：乾元元年改太史局为司天台，掌天文、历数、风云、气色有异则密封以闻。其小史有司历、保章正、灵台郎、挈壶正等，官各有差。

《吕氏春秋》曰：夏太史令终古见夏桀惑乱，载其图法而泣，乃出奔商；商太史高势见纣之迷乱，载其图法出，之周；晋太史屠乘见晋之乱，以其图法归周。

《帝王世纪》曰：黄帝使苍颉取象鸟迹，始作文字之篆，史官之作，盖自此始。记其言行，册而藏之。

《文士传》曰：张衡性精微，有巧艺，特留意于天文、阴阳、算数，由是迁太史令。

《环济要略》曰：太史令取善纪述者，使记时事，天子图书计最典籍皆副焉。

《贾谊书》曰：不知日月之时节，不知先王之讳与国之忌，不知风雨雷电之眚，凡此属太史之任也。

扬雄《太史令箴》曰：昔在太古，爰初肇记。天地之纪，重离是司。降及唐虞，乃命羲和，钦若昊天，百政攸宜。夏帝不慎，羲和不令，湎时乱日，帝旅爰征，庶尞至殷，唯天为难，夏氏黩德面明神不蠲。

荀悦《申鉴》曰：古者，天子诸侯有事必告庙，左右二史臧否成败无不存焉。得失一朝，荣辱千载，善人劝焉，悖人惧焉。故先王重之，以副赏罚，以辅法教。宜于今者，官以其方，各书其事，岁尽则集之于尚书。

殿中监六尚附

《六典》曰：殿中监掌服御之事，总尚食、尚药、尚衣、尚乘、尚舍、尚辇六局之官属，备其礼物而供其职事。少监为之贰。尚食奉御掌常谨其储供，辨其名数；直长为之贰。尚药奉御掌合和药物，辨药上中下之三品；直长为之贰。尚衣奉御掌衣服，详其制度，辨其名数。

尚乘奉御掌内外闲厩之马，辨其粗良，而率其习驭；直长为之贰。尚舍奉御掌殿庭张设、汤沐，而洁其洒扫；直长为之贰。尚辇奉御掌舆辇、伞扇之事，分其次序，而辨其名数；直长为之贰。

大长秋

《天官书》：有宦者四星，在帝座之西：周官有宫正、宫伯、皆主王宫中官之长。宫人掌王之六寝也、内宰、理王内之政令、以阴礼教六宫。阴礼，妇礼也。阍人、寺人官。战国时有宦者令，秦有将作、尉卫、少府各一人。并皇后卿也。汉景帝中六年改将作为大长秋，颜师古曰：秋，收成之时；长，恒久之义。故以为皇后官名。或用中人，中人，阉人也。或用士人。成帝加置太仆一人，掌太后舆马，通谓之皇太后卿，皆随太后宫为官号，无太后则缺。至后汉复增置丞、中宫谒者令、中宫尚书、中宫私府令、中宫永巷令、中宫黄门冗从仆射，虎贲官骑、中宫官署令、药长并隶大长秋。历魏、晋、宋、梁、陈、后魏皆有长秋之号，而官属省置不同。北齐有长秋寺，置卿、中尹各一人，掌诸宫门掖庭等，并用宦者。隋改曰内侍省，炀帝改为长秋监，置令一人、丞二人，并用士人。唐武德初复为内侍省，皆用宦者。

《后汉书》曰：郑众字季产，南阳犨人也。为人谨敏有心，永平中，初给事太子家。肃宗即位，拜小黄门，迁中常侍。和帝初，窦太后秉政，后兄大将军宪等并窃威权，朝臣上下莫不附之，而众独一心王室，不事豪党，帝亲信焉。又宪兄弟图作不轨，众遂首谟诛之，以功迁大长秋。

又曰：良贺位为大长秋，清俭退厚。阳嘉中诏九卿举武猛，贺独无所荐，帝引问其故，对曰："臣生自草茅，长于宫掖，既无知人之明，又未尝交加士类。昔卫鞅因景监以见，有识知其不终。今得臣举者，匪荣伊辱。"固辞之。

又曰：曹腾字季兴。顺帝在东宫，邓太后以腾年少谨厚，使侍皇太子书，特见亲爱。及即位，腾为小黄门，迁中常侍。桓帝得立，腾与长乐太仆州辅等七人，以定册功，皆封亭侯，腾迁大长秋。用事省闼三十馀年，奉事四帝，未尝有过。其所进达，皆海内名人。

又曰：曹节字汉丰，南阳新野人也。灵帝即位，以定册功封长安乡侯。时窦太后临朝，后父大将军武与太傅陈蕃谋诛中官，节等与长乐五官史朱瑀等，矫诏诛武、蕃等，节迁长乐卫尉，后转大长秋。

太平御览卷第二百三十六 职官部三十四

国子祭酒

《六典》曰：国子祭酒、司业之职，掌邦国儒学训导之政令，有六焉：一曰国子，二曰太学，三曰四门，四曰律学，五曰书学，六曰算学。

韦昭《辩释名》曰：祭酒者，谓祭六神以酒醊之也。辩云：凡会同飨宴，必尊长先用，以酒祭先，故曰祭酒。汉时吴王年长，以为刘氏祭酒是也。

徐广《释祭酒》云：古主人具馔，则宾中长者一人举酒祭地，是则长者为祭酒也。

《汉书》曰：吴王赐号为刘氏祭酒。应劭曰：礼，饮酒必祭，示有先也，故称祭酒。饮时，唯尊长者，以酒沃酹也。

又曰：张安世荐苏武明习故事，奉使不辱君命。宣帝以武壮节老臣，令朝朔望，号称祭酒，甚优宠之。

《续汉书·百官表》曰：建武初，置五经博士，太常差次有聪明威重者一人为祭酒，总领纲纪。

《汉书·百官表》注：博士祭酒一人，掌国子学，每朝，服进贤两梁冠，佩水苍玉。

《蜀志》曰：先主既定益州，广汉太守夏纂请秦宓为师友祭酒。

《晋书》曰：袁瓌字山甫，为国子祭酒。时属经丧乱，礼教陵迟，瓌上疏，求立学徒，帝从之。国学之兴，自瓌始也。

又曰：裴頠为祭酒，奏立太学，讲堂筑门阙，刻石写五经。

《晋中兴书》曰：杜夷字行齐，以儒学称。中宗以夷为丞相祭酒。中兴初，皇太子凡三至夷舍，执经问义。

沈约《宋书》曰：博士，秦官也。掌通古今，员多至数十人，有仆射。光武增为十五人，益一经有数家之学故也。皆教弟子。光武改仆射曰祭酒。祭酒者。一位之元长也。

《齐书》曰：张绪。竟陵王子良领国子祭酒，武帝敕王晏曰："吾欲令司徒辞祭酒以授张绪，物议以为云何？"子良竟不拜。以绪领国子祭酒。

《齐职仪》曰：晋令博士祭酒掌国子学，而国子生师事祭酒，执经，葛巾单衣，终身致敬。

《梁书》曰：王承字安期，为国子祭酒。承祖俭父暕并居此职，三代为国师，前代未有，当时以为荣。

崔鸿《十六国春秋·前秦录》曰：建元七年，高平苏通、长乐刘祥并以硕学耆儒，尤精二礼。坚以通为《礼记》祭酒，居于东庠；祥为《仪礼》祭酒，处于西亭。坚每月朔旦率百僚亲临讲论。

《后魏书》曰：韩子熙累迁国子祭酒。子熙俭素安贫，常好退静。迁邺之始，百司并给兵力，时以祭酒闲豫，止给二人。或有令其陈谒者，子熙曰："朝廷不与祭酒兵，何关韩子熙事？"论者称之。

《后周书》曰：卢诞本名恭祖，拜给事黄门侍郎，魏帝诏曰："经师易求，人师难得。朕诸儿稍长，欲命卿为师。"于是亲幸晋王第，敕晋王以下皆拜之于帝前，因赐名曰诞。又以诞儒宗学府，为当世所推，乃拜国子祭酒。

《隋书》曰：杨汪字元度，拜国子祭酒。帝令百僚就学，与汪讲论，天下通儒硕学多萃焉。论难锋起，皆不能屈。帝令御史书其问答奏之，省而大悦，赐良马一匹。

又曰：元善迁国子祭酒。上尝亲临释奠，命善讲《孝经》；于是敷陈义理，兼之以讽谏。上大悦，曰："闻江阳之说，更起朕心。"赍绢百匹，衣一袭。

《唐书》曰：许后胤尝侍太宗讲，后为睦州刺史，因入朝乞骸骨，太宗召问曰："朕与卿刺史，资以自养，何谓即求致仕。"后胤对曰："年老筋力不逮，望得私第，时见阙庭。"太宗曰："卿气力犹强，欲何官也？"后胤陈谢不敢，太宗曰："朕昔从卿读书，卿今日从朕求官，但言所欲，不相违也。”时国子祭酒缺，后胤奏言之，因授国子祭酒。

《风俗通》曰：孙卿有秀才，善为《诗》、《礼》、《易》、《春秋》，至齐襄王时而孙卿最老师，三为祭酒。

齐王融《为王俭让国子祭酒表》曰：窃以成均义重，振古所崇，资师道尊，有来攸尚。匪由兰芷，畴变入室之情；不自朱蓝，何迁素丝之质？

司业

《唐书》曰：韦叔夏迁成均司业，久视元年特下制曰：“吉凶礼仪，国家所重，司礼博士，未甚详明。成均司业韦叔夏、太子率更令祝钦明等，博涉礼经，多所该练，委以参掌，冀弘典式。自今司礼所修仪注，并委叔夏等刊定讫，然后进奏。”

又曰：归崇敬上言：“司业者，义在《礼记》，云乐正司业。正，长也，言乐官之长，司主此业。《尔雅》云：大板谓之业。按《诗·周颂》：设业设虡，崇牙树羽，则业是悬钟磬之簨虡也。今太学既不教乐，于义则无所取，请改司业一为左师，一为右师，位正四品上。”

博士

《六典》曰：博士掌教文武官三品已上及国公子、孙。

应劭《汉官仪》曰：博士，秦官也。博者，通博古今；士者，辩于然否。孝武帝建元五年初，置五经博士，秩六百石，太常差次有聪明威重者一人为祭酒，总领纲纪。

《汉旧仪》曰：武帝初置博士，取学通行修、博识多艺，晓古文、《尔雅》能属文章者为之。朝贺，位次中都官，吏称先生不得言君，其弟子称门人也。

《汉书》曰：贾谊，文帝召为博士，时年二十许，最为少，每诏令议下，诸老生未能言，谊尽为之对，人人各如其意所出。

又曰：韦贤字长孺，为人质朴少欲，笃志于学，兼通《礼》、《尚书》，以《诗》教授，时人号称邹鲁大儒，征为博士。

又曰：公孙弘对策，时百馀人，太常奏第居下。天子擢之对为第一，召入见，容貌甚严，拜为博士，待诏金马门也。

又曰：元鼎中，徐偃为博士，使行风俗。偃矫制使胶东鲁国鼓铸盐铁。还奏事，张汤劾偃矫制，法死，偃以为《春秋》之义，大夫出疆，有可以安社稷利万人，专之可也。汤不能诎。

《东观汉记》曰：甄宇拜博士，每腊诏赐博士羊，人一羊，有大小肥瘦，时议欲杀羊分肉，又欲投钩。宇因取瘦者，自是不复争。后召会，诏问"瘦羊博士"所在，京师因以为号。

又曰：欧阳歙，其先和伯从伏生受《尚书》，至于歙，七世皆为博士，敦于经学，恭俭好礼。

《后汉书》曰：光武每朝会辄令桓荣于公卿前说经书，帝称善，曰："得生几晚！"会博士缺，帝欲用荣，荣叩头让曰："臣经术浅薄，不如同门生郎中彭闳、扬州从事皋弘。"帝曰："俞，往，汝谐。"因拜荣为博士。

又曰：董钧，永初为博士，时草创五郊祭祀及宗庙礼乐、威仪章服，辄令钧参议，多见从用，当世称通儒。

华峤《后汉书》曰：初，欲立《左氏传》博士，范叔以为左氏浅末，不宜立。陈元闻之，乃诣阙上疏争之，更相辩对，凡十馀上，帝卒立左氏学也。

《汉旧仪》曰：孝文皇帝时博士七十馀人，朝服，玄章甫冠。

《魏志》曰：乐祇字文载。少好学，黄初中征拜博士。于时太学初立，博士十馀人，学多偏僻，不敢亲教，备员而已。唯文载五业并授。

又曰：文帝黄初五年，太学制五经课试之法，置《春秋谷梁》博士。

又曰：明帝太和二年，诏曰："尊儒贵学，王教之本也。自顷儒官或非其人，将何以宣明圣道！其高选博士才任中常侍者。

《吴志》诏曰：古者建国，教学为先，所以道世治性为时养器也。自建兴已来，时事多故，吏民颇以目前趋务，去本就末，不循古道。夫所尚不淳则伤化败俗。其案古置学官，立五经博士，核取应选，加其宠禄，科见吏之中及将吏子弟有志好学者各令就业，一岁课试，差其品第加以位赏。使见之者乐其荣，闻之者羡其誉，以敦王化，以隆风俗。

《晋令》曰：博士皆取履行清淳，通明典义，若散骑、中书侍郎、太子中庶子以上乃得。召试诸生有法度者及白衣试在高第，拜郎中。

《晋书·载记》曰：姚泓受经于博士淳于岐。岐病，亲诣省病，拜于床下。自是，公侯见师傅皆拜焉。

《后魏书》曰：崔逸字景儁，好古博涉，为国子博士。每因公事，逸常被诏独进，博士特命，自逸始也。

《后周书》曰：卢辩字景宣。为太学博士，以《大戴礼》未有解诂，辩乃注之。其兄景裕为当时硕儒，谓辩曰："昔侍中注《小戴》，今尔注《大戴》，庶纂前修矣。"

《隋书》曰：马光，开皇初，高祖征山东义学之士，光与张仲让、孔笼、窦士荣、张黑奴、刘祖仁等俱至，并授太学博士，时人号为六儒。

又曰：马光为太学博士，尝因释奠，高祖亲幸国子学，王公以下毕集。光升座讲礼，启发章门。已而诸儒生以次论难者十馀人，皆当时硕学，光剖析疑滞，虽辞非俊辩，而理义弘赡，论者莫测其浅深，咸共推服，上嘉而劳焉。

又曰：王颇授著作佐郎，寻令于国子讲授。会高祖亲临释奠，国子祭酒元善讲《孝经》，颇与相论难，词义锋起，善往往见屈。高祖大奇之，超授国子博士。

又曰：何妥授太学博士。帝初欲立五后，以问儒者辛彦之，对曰："后与天子匹体齐尊，不宜有五。"妥驳曰："帝喾四妃，舜又二妃，亦何常数？"由是封襄城县伯。

又曰：房晖远为国子博士。会上令国子生通一经者，并悉荐举，将擢用之。既策问讫，博士不能时定臧否。祭酒元善怪问之，晖远曰："江南，河北，义例不同，博士不能遍涉。学生皆持其所短，称已所长，博士各各自疑，所以久而不决也。"祭酒因令晖远考定之，晖远览笔便下，初无疑滞。或有不服者，晖远问其所传义疏，辄为始末诵之，然后出其所短，自是无敢饰非者。所试四五百人，数日便决，诸儒莫不推其通博。

《鲁国先贤传》曰：汉文帝时，闻申公为《诗》最精，以为博士。申公为《诗》传，号曰《鲁诗》。

《李郃别传》曰：郃上书太后，数陈忠言，其辞虽不能尽施用，辄有策诏褒赞焉。博士著两梁冠，朝会宜随士大夫例。时贱经学博士，乃在市长下，公奏以为非所以敬儒德、明国体也。上善公言，正月大朝引博士公府长史前。

《殷氏世传》曰：殷亮，建武中征拜博士，迁讲学大夫。诸儒讲论，胜者赐席，亮重席至八九，帝嘉之，曰："讲学不当如是耶！"

《典略》曰：公仪休者，鲁博士也。为鲁相，无所变更，百官自正，使食禄者不得与下民争利。

《论衡》曰：王莽之时，省五经章句，博士弟子郭略，夜定旧说，死于烛下。

少府监

《六典》曰：少府监之职、掌百工技巧之政令，总中书尚、左尚、右尚职治，掌治五署之官属，正其工徒，谨其缮作；少监为之贰。

《汉官·宰尹下》曰：少府，言别为小藏，故曰少府。

《汉书》曰：少府，秦官。掌山海池泽之税，以给供养。

又曰：欧阳地馀，字长宾。为少府，诫其子曰："我死，官属送汝财物慎无受。汝九卿儒者子孙，以廉洁著，可以自成。"及卒，少府官属送数百万，其子不受。天子闻而嘉焉，赐钱百万。

《后汉书》曰：东平王苍为骠骑。正月朔朝，苍当入贺，故事少府给璧。时阴就为少府，贵傲不奉法，漏将尽，求璧不得。苍掾朱晖遥见少府主簿持璧，乃往，绐曰："试请观之。"既得而驰奉之，就复以他璧朝。

张璠《汉记》曰：太常种拂与李傕战而死，子劭征为少府、鸿胪皆不受，曰："我父尽忠于朝，而为时所妒，父以身殉国，为贼臣所害，为臣子不能除贼，何面目复觐明主！"三辅闻之，为之感动。

应劭《汉官仪》曰：少府掌山泽、陂池之税，名曰禁钱，以给私养，自别为藏。少者小也，故称少府。

《魏志》曰：王观徙少府，大将军曹爽使材官张达斫屋材及诸私用之物，观闻之，皆录夺以没官。少府统三尚方御府内藏珍玩之宝，爽等奢放，多有干求，惮观守法，乃徙为太仆。

又曰：杨阜字义山，为少府卿，然以天下为己任。

《吴志》曰：先主遣少府徐详至魏，魏太祖谓详曰："孤比者若越横江之津，与孙将军游姑苏之台，猎长洲之苑，吾志足矣。"详对曰："大王欲奉至尊以合诸侯，若越横江而游姑苏，是踵亡秦而蹈夫差，恐天下事去矣。"太祖曰："徐生得无逆诈耶！"

臧荣绪《晋书》曰：陈眕字国镇，过江为少府卿。时大旱经久，大兴四年四月始雨，有司奏应报赛宗庙山川。中宗诏曰："祈庙云报赛，非奉尊上辞也，吾意有疑。"眕以为旧山川有祈报，故雨应赛，非大事不应告庙；子无要君亲之道，读祭称赛，于义有违。从之。

《唐书·官品志》曰：少府卿位视尚书左丞，置材官将军、左中尚方、甄官、平水、中署、南塘、邸税库、东西冶、中黄、细作、炭库、纸官、染署等令、丞。

将作监

《六典》曰：将作大匠之职，掌供邦国修建土木工匠之政令，总四署、三监、百工之官属，以供其职事；少匠贰焉。

《汉书》曰：将作少府，秦官，掌治宫室。

范晔《后汉书》曰：魏霸征拜将作大匠。明年，和帝崩，典作顺陵。时盛冬地冻，中使督促，数罚掾吏以厉霸。霸抚循而已，初不切责，而反劳之曰："令诸卿被辱，大匠过也。"吏皆怀恩，力作功倍。

《续汉书》曰：曹褒字叔通，迁将作大匠。时有疾疫，褒巡行病徒，自省医药糜粥，死者减少。又《百官志》曰：将作，秩二千石，掌作宗庙、路、寝、宫室。丞一人，六百石。左右校令，左右工徒，掌木工之功，并树桐梓之类，列于道侧。

又曰：李固字子坚，迁大匠，常推贤士孔融，以将作大匠迁少府也。

华峤《后汉书》曰：应顺字仲华，为将作大匠，发擿众奸，皆极其刑，豪猾之吏敛迹。视事五年，省费以亿万。

应劭《汉官仪》曰：世祖中兴，以谒者领其官，章帝建初元年乃置真，位次河南尹。永元七年大匠应慎上言："百郡计吏，观国之光，而舍逆旅，崎岖私馆，贡篚之物，朽湿曝露。昔晋霸之盟主耳，舍诸侯于隶人，郑子产以为大讥，况今四海之大而可无乎？"和帝嘉纳之。

《魏志》曰：杨阜字义山，为将作大匠。明帝时初治宫室，发美女充后庭，阜上疏欲省宫人诸不见幸者，乃召御府吏问后宫人数。吏守旧令，对曰："禁密，不得宣露。"阜怒，杖吏一百，数之曰："国家不与九卿为密，反与小吏密乎？"帝闻之而愈敬惮。

《晋书》曰：将作大匠陈勰掘地得古文《尚书》，奏今文长于古文，宜以古文为正；潘岳以为习用已久，不宜复改。

《唐书·官品志》曰：大匠卿位视太仆，掌土木之工，统左、右校诸署。

《汝南先贤传》曰：应仲华迁大匠，除藻饰之无用，割有损之浮费，凡所省息七亿馀万。

太平御览卷第二百三十七 职官部三十五

总叙将军

石氏《中官占》曰：河鼓星主军鼓，一曰三星主天子三将军。中央大星为大将军，左星为左将军，右星为右将军，所以备关梁而距难也。

《周礼·夏官上·大司马》曰：凡制军，万有二千五百人为军。一乡之民也。凡起从役家一人也。王六军，六乡之数也。卿治文教，军定武功。其道皆兼三才而两之，故数俱六也。大国三军，公侯之封也。成国不过半天子之一军。次国二军，诸伯之封。小国一军。子男之封。军将皆命卿。位视六事之人，司于六军之大夫。春秋之时，列国有正卿为将军，又以亚卿一人为佐，犹执政者贪其权，遂以陵迟，皆非周公之旧也。

《左传·襄公十三年》曰：晋蒐于绵上以治兵，使士匄将中军，辞曰："伯游长。昔臣习于知氏以佐之，非能贤也。请从伯游。"使荀偃将中军，士匄佐之。使韩起将上军，辞以赵武。

《孝经左契》曰：将军顺虎衔珠，大夫正海出鱼。

《史记》曰：齐景公召穰苴与语，大悦，以为将军，将兵捍燕。

又曰：孝文后六年，匈奴入上郡，周亚夫为将军，居灞上，祝兹侯徐广曰：表作松兹。姓徐名悍也。徐厉为将军，军棘门，以备胡。

《汉书》曰：楚王召宋义计事，而悦之，因以为将军。

范晔《后汉书》曰：灵帝时，望气者以为京师当有大兵，两宫流血。大将军司马许源说何进曰："《太公六韬》有天子亲于兵事，可以威压四方。"诏进大发兵，讲武于平观。下起大坛，上建十二重五采华盖，高十丈，坛东北有小坛，复九重华盖，高九丈，引步兵骑士数万人，结营为阵。天子亲出监军，住大华盖下，进住小华盖下，礼毕，帝躬擐甲上马，称"无上将军"，行阵三匝而还。

《魏志》云：太祖令曰：《司马法》："将军死绥。"《魏书》曰：绥，却也。有前一尺，无却一寸也。《尸子》曰："十万之军无将军，必乱。"

左右卫将军诸卫将军附

《六典》曰：左右卫将军之职，掌统领宫庭巡警、冲卫之法令，以督其属之队仗，而总诸曹之职务焉。其左右骁卫、左右武卫、左右威卫、左右领军卫将军所掌之职皆如之。

《晋书》曰：羊琇为晋台左卫将军。

又曰：吴隐之迁左卫将军。虽居清显，禄赐皆班亲族，冬月无被，尝浣衣乃披絮，勤苦同于贫庶。

何法盛《晋中兴书》曰：南顿王宗字延祖，拜左卫将军，为肃祖所昵，委以禁旅。

又曰：王坦之字文度，领左卫，少有风格，尚刑名之学，尝著《废庄论》。

又曰：虞谭、陈略、曹毗、毛安之并为左卫将军。

沈约《宋书》曰：左、右卫将军，晋文建国所置。

《隋书》曰：薛世雄，性廉谨，凡所行军破敌之处，秋毫无犯，帝由是嘉之。帝尝从容谓群臣曰："我欲举好人，未知诸君识否？"群臣咸曰："臣等何能测圣心？"帝曰："我欲举者薛世雄。"群臣皆称善。帝复曰："世雄廉正节概，有古人之风。"于是超拜右翊卫将军。炀帝改左右卫为之。

《唐书》曰：元和中，以前灵盐等节度使王佖为右卫将军。佖在镇，无智略以驭下，居常猜忌及多杀人以惧之，众亦不附。及召至，逾月而授以卫将军。凡将相出入，皆翰林草制，谓之白麻，佖始以责罢中书草制。

《隋书》曰：来护儿，炀帝即位，迁右骁卫大将军，帝甚亲重之。大业六年从驾江都，赐物千段。令上先人冢，宴父老，州里荣之。

《魏志》曰：许褚从太祖战，大破马超等，乃迁武卫中郎将，武卫之号自此始也。文帝践阼，迁武卫将军。

又曰：曹爽自散骑常侍转武卫将军。爽秉政，又以弟训为武卫将军。

《王敦别传》曰：敦子应，字安期，官至武卫将军。

《隋书》曰：独孤盛为左屯卫将军。宇文化及之作乱也，裴虔通引兵至成象殿，宿卫者皆释仗而走。盛谓虔通曰："何物兵？形势太异也！"虔通曰："事势已然，不预将军事。将军慎无动。"盛大骂曰："老贼是何物语！"不及被甲，与左右十馀人逆拒之，为乱兵所杀。

《唐书》曰：咸通中以伶官李可及为威卫将军，曹确执奏曰："臣览贞观故事，太宗初定官品令，文武官共六百四十三员。顾谓房玄龄曰：'朕设此官员以待贤士，工商杂色之流假令术逾侪类，止可厚给财物，必不可超授官秩，与朝贤君子比肩而立、同坐而食。'太和中文宗欲以乐官尉迟璋为王府率拾遗，窦询直极谏，乃改授光州长史。伏乞以两朝故事，别授可及之官。"帝不之听。

又曰：高祖以李粲为左监门大将军，礼高年也。初，高祖问粲年几，对曰八十，高祖曰："公清干之誉闻于隋日，今年齿虽迈，筋力未衰，但监门之职，非公莫可，意欲相委如何？"粲以年老辞让，高祖曰："藉公处分耳，岂欲烦公筋力耶！"于是诏粲自非殿庭，皆乘蜀马，论者荣之。

又曰：王及善除右千牛卫将军，高宗谓曰："朕以卿忠敬，故与卿三品要职。他人非搜辟不得至朕所，卿佩大横刀在朕侧，知此官贵否？"

又曰：李听，元和中为羽林将军，有名马，穆宗在东宫令近侍讽听献之。听以职总亲军，不敢从。及即位之始，幽冀不廷，太原与二镇接境，方议易帅。宰臣进拟，上皆不允，谓宰臣曰："李听为羽林将军，不与朕马，是必可任。"

《五代史》云：周广顺二年十二月，诏改左右威卫复为左右屯卫，避太祖讳也。

左右金吾卫将军

《六典》曰：左右金吾卫大将军之职，掌宫中及京城昼夜巡警之法，以执御非违。

《百官表》云：秦有中尉，掌徼循京师。如淳曰：所谓游徼，徼循禁备盗贼也。颜师古曰：徼，谓遮绕之也。音工钓反。汉武帝太初元年更名执金吾，应劭曰：吾者，御也。掌执金革以御非常也。颜师古曰：金吾，鸟名也，主辟不祥。天子出，职主先导，以备非常，故执此鸟之象，因以名官也。缇骑二百人，舆服导从，车骑满路，群僚之中，斯最壮矣。旧掌京师盗贼，考按疑事。汉郅都、宁成、王温舒、咸宣等皆截理横噬虎而冠者也，止切理辨亦旋诛黜。又置执金吾丞。后汉掌宫外戒司非常水火之事，卫尉巡行宫中，金吾徼循宫外，为表里以擒奸讨猾。日三绕行宫外，及主兵器。自中兴但专徼循，不与他政。又有执金吾吏、文学执金吾佐、执金吾员吏。魏武秉政，复为中尉。晋初罢直，至后周置武环率、武候率，下大夫各二人。隋置左、右武候府，大将军一人、将军三人，掌车驾出入，先驱后殿；昼夜巡察，执捕奸非；烽候、道路、水草所宜。巡狩田师则掌其营禁。炀帝大业三年改为左、右武候卫，所领军事名佽飞。《汉宫表》曰：汉有左戈令。武帝太初元年，更名佽飞，掌戈射，属少府。光武省之，隋代采旧名。唐初又为左、右武候府，贞观十年十二月，马周奏：京城诸街置鼓，罢传呼。龙朔二年改为左、右金吾卫，置大将军一人，所掌与隋同；将军二人副其事。领官属并。隋置，大唐因之。

《后汉书》曰：初，光武适新野，闻阴后美，心悦之。后至长安见执金吾车骑甚盛，因叹曰："仕宦当作执金吾，娶妻当得阴丽华。"

《汉官·宰尹下》曰：吾，御也，常执金革以御非常。缇骑二百人，持戟五百二十人。舆马导从，充满于路，世祖微时，叹曰："仕宦当作执金吾"是也。

《汉书·百官公卿表》曰：秦名曰中尉，掌徼循京师。有两丞、候、司马，兵千人。武帝太初元年更名执金吾。

又曰：毋将隆为执金吾。时侍中董贤方贵，上使中黄门发武库兵，前后十辈，送贤及上乳母王阿舍。隆奏："武库兵器，天下公用，国家武备，缮治造作，皆度大司农钱。苏林曰：用度皆出大司农。大司农钱自非乘舆不以给，供养劳赐，一出少府。盖不以本藏给末用，不以民力供浮费，别公私，示正路也。"

又曰：郅都为中尉，丞相条候至贵倨也，而都揖丞相。是时民朴，畏罪自重，而都独先严酷，行法不避贵戚，列侯宗室见都侧目而视，号曰"苍鹰"也。

《东观汉记》曰：马防字孝孙。拜执金吾，性矜严公正，上事处议多见用。

《续汉书》曰：阴识拜执金吾，位特进，入则极言正谏。至与宾客语，不及国事，常慕仲山甫匪躬之节，所用掾史皆得天下俊哲。虞诩、传贤等是也。

又曰：朱浮字叔元，为执金吾。帝以二千石长吏多不堪任，时有纤微之过者，必见斥罢，交易纷扰，百姓不宁。六年，有日蚀之异，浮因上疏切谏，自是州郡奏长吏二千石不任位者，事皆先下三公遣掾史案验，然后黜退。

又曰：秩中二千石，掌外司非常水灾之事，旦三绕行宫外，及主兵器，丞一人，比千石。

华峤《后汉书》曰：贾复为执金吾。更始，郾王尹尊及诸将反，上召诸将议，以檄叩地曰："郾最强，宛次之。"复率尔对曰："臣请击郾。"上笑曰："执金吾击郾，吾复何忧耶？"

又曰：耿秉为人威重，有谋略，拜执金吾。每行幸，秉恒领宿卫。

谢承《后汉书》曰：梁冀为执金吾，岁朝，托疾不朝，司隶扬雄治之，诏以二月俸赎罪。

《汉杂事》曰：辛庆忌明略威重，任国柱石，为执金吾。

《魏书》曰：臧霸与曹休讨吴，破贼吕范于洞浦，征为执金吾。每有军事，帝咨访焉。

又曰：崔琰迁中尉。琰声姿高畅，眉目疏朗，须长四尺七寸，有威重，朝士瞻望，太祖亦严惮焉。

又曰：徐奕，太祖以为中尉，手令曰："昔楚有子玉，文公为之侧席；汲黯在朝，淮南为之折谋。《诗》称‘邦之司直’君之谓也。”

《唐书》曰：高祖以徐世勣为右武候大将军，隋大业三年及唐初并为左右武候，至龙朔二年复为左右金吾。诏曰：“念功褒善，哲王彝训；纪德亲贤，有国通典。黎州总管曹国公世勣本自黎阳，拥徒归顺，任以藩岳，诚效克彰，节义不渝，夷险无变，信同金石，操拟松筠，宜加宠命，用超恒序，可赐姓李氏。”

又曰：赵道兴，贞观初历迁左武候中郎将，明闲宿卫，号为称职。太祖尝谓之曰：“卿父为隋武候将军，甚有当官之誉。卿今克传弓冶，可谓不坠家声。”因授右武候将军。其父时廨宇，仍旧不改，时人以为荣。

又曰：裴谞为右金吾将军。建中初，上以刑名理天下，百吏震悚。时十月禁屠杀，以甫近山陵，禁益严。尚父、汾阳王郭子仪隶人杀羊以入，门者觉之，谞列奏状，上以为不畏强御，累遣宣喻。或谓谞曰：“郭公有社稷功，岂不为盖之？”谞笑曰：“非尔所解。且郭公威仪权太盛，上新即位，必谓党附者众。今发其细过，以明不弄权耳。吾上以尽事君之道，下以安大臣，不亦可乎？”

又曰：臧希让为金吾大将军。肮脏好谈时政，屡以理体上于公卿，诏令集贤院待制。希让无学术，及处近地，从容公卿间，强引文言以自贤，而所闻知多道途得之，每发必差谬，颇为士子所笑。

诸卫上将军

《唐通典》曰：魏黄初中，始有上大将军，以曹真为之。吴亦以陆逊为上大将军。后周建德四年，增置上大将军；隋并以为武散官，不理事。上大将军从二品。

又曰：唐武德初，秦王既平王世充及窦建德，高祖以秦王功殊古今，自昔位号不足以为称，乃特置天策上将军以拜焉，位在王公上。

又曰：贞元二年九月诏曰：“六军先已各置统军一人，今十六卫，宜各置上将军一人，秩从其品。”繇是上将军之官始列于品位。

太平御览卷第二百三十八 职官部三十六

大将军

《史记》曰：武帝伐匈奴以卫青为大将军，位在诸公上。公卿皆拜，唯汲黯独揖。有言大将军尊贵不宜尔，黯曰："大将军有揖客，独不贵耶?"青闻之，愈重黯。

《汉书》曰：武帝以霍光为大将军，辅昭帝，田千秋为丞相，及昭帝初即位，未任听政事，一决大将军光。千秋居相位，谨厚有重名。光谓千秋曰："始与君侯俱受先帝遗诏，令光治内，君侯治外，宜有以教，督使光无负天下。"千秋曰："唯将军留意，即天下幸甚。"终不肯有所言。

《后汉书》曰：窦宪为大将军，威震天下，复出屯武威。会帝西祠园陵，诏宪与车驾会长安。及宪至，尚书以下议欲拜之，伏称万岁。韩稜正色曰："夫上交不谄，下交不黩，礼无为人臣称万岁之制。"议者皆惭而止。

又曰：诏邓骘班师。朝廷以太后故，遣五官中郎将迎拜骘为大将军。军到河南，使大鸿胪亲迎，中常侍赍牛酒郊劳，王、主以下候望于道。既至，大会群臣，赐束帛焉。

应劭《汉官仪》曰：和帝以窦宪为大将军，乃冠三公。

又曰：梁冀为大将军，以三世姻媾援立之功，公卿希旨，上比周、霍，举高第茂才，官属皆倍馀府。

《魏志》曰：文帝以孙权为大将军，吴王，加九锡。

又曰：太傅司马宣王奏免曹爽，皇太后诏召高文惠假节行大将军事，据爽营。太傅谓之曰："君为周勃矣。"

《后魏书》曰：莫题有谋策，为大将军，平慕容麟，赐爵东宛侯。后太祖欲广宫宇，规度平城四方数十里，将模邺、洛、长安之制，运材数百万，以题机巧，令监定焉。

陈思王《辅臣论》曰：知虑深奥，渊然难测；恭以奉上，爱以接下；纳言左右，为帝喉舌：曹大将军也。

大将军寮属附

《魏志》曰：王谦，为大将军何进长史。进以谦名公之胄，欲与为婚，见其二子，使择焉。谦弗许，以疾免。

臧荣绪《晋书》曰：鲁芝字世英。耽思坟籍，研精稽古，自三代之奥典，圣人之微言皆该览焉。大将军曹爽辅政，高选贤明以为官属，延之为司马。

《续汉书》曰：李固字子坚，拜议郎，为洛阳令，大将军梁冀请为从事中郎。

《晋书》曰：郑冲字文和，以儒雅为业，箪食瓢饮，布衾缊袍，不以为忧。大将军曹爽以为从事中郎。

又曰：李喜，景帝辅政命喜为大将军从事中郎。喜到，引见，谓喜曰："昔先公辟君而不应，今孤命君而至，何也？"对曰："先公以礼见待，喜得以礼进退；明公以法见绳，喜畏法而至。"帝甚重之。

何法盛《晋中兴书》曰：郭舒，大将军王敦以为从事中郎。会敦讨刘隗，切谏，敦大怒曰："人中间言卿痴，故炙卿眉头，今疾复发耶！勿复语也。"舒曰："明公听舒一言。舒闻古之狂也直，周昌、汲黯、朱云皆不痴也。昔尧立诽谤之木，舜悬敢谏之鼓，公为胜尧舜耶？而乃折舒使不得言！"敦默然也。

《竹林七贤传》曰：阮籍字嗣宗，为太傅司马宣王参军，迁景王大将军从事中郎。

《通典》曰：从事中郎，汉末官也。陈阳为大将军，王凤从事中郎是也。在主簿上，所掌与长史同。

华峤《后汉书》曰：崔骃字亭伯，辟大将军窦宪府掾。宪新辅政，贵重掾三十人，皆故刺史二千石，唯骃以处士年少擢在其间。宪擅权骄恣，驷数谏之，出为长岑长，不得意，不之官而归。

华峤《后汉书》曰：马融字季长，为大将军邓骘舍人。

《晋阳秋》曰：义兴周延为左率转尚书，迁大将军咨议参军。

车骑将军

《汉书》曰：元光二年，以中尉程不识为车骑将军，屯雁门。

应劭《汉官仪》曰：帝以元舅马防为车骑将军，银印、青绶。

《吴志》曰：孙壹奔魏，以壹为车骑将军，仪同三司，封吴侯，以故王芳贵人邢氏妻之。邢美色，妒忌，下不堪命，遂共杀壹及邢氏。

《蜀志》曰：邓芝字伯苗，义阳新野人。益州从事张裕善相，芝往从之，谓芝曰："君年过七十，位至大将军，封侯。"为车骑将军，赏罚明，善恤卒伍。身之衣食资仰于官，不苟素俭，然终不治私产，妻子不免饥寒，死之日家无馀财。

《后魏书》曰：王衍字文舒，出为散骑常侍、征东将军、西兖州刺史。衍届治未几，属尔朱仲远称兵内向，州既路冲，为其攻逼。衍不能守，为仲远所擒，以其名望不害也，令骑牛从军，久乃见释。还洛，除车骑将军。

《隋书》曰：长孙览，周武帝在藩，与览亲善，及即位，弥加礼焉，超拜车骑大将军。每公卿上奏，必令省读。览有口辩，声气雄壮，凡所宣传，百僚属目。帝每嘉叹之，览初名善，帝谓之曰："朕以万机，委卿先览。"遂赐名焉。

骠骑将军

《汉书》曰：武帝以霍去病为嫖姚校尉，征匈奴，累有功，宠冠群臣，置骠骑将军，秩与大将军同。

又曰：明帝即位，以东平王苍为骠骑辅政，开东阁延英雄。及苍归国，有骠骑时吏丁牧、周相，以苍敬贤下士，不忍去之，遂为王家大夫，数十年事祖及孙。帝闻，褒美。

又曰：骠骑将军，汉官也，长史、司马各一人，金璋、紫绶，五时朝服，武冠，佩山玄玉。光武中兴诸将皆称大，后天下既定，武官悉省。

《东观汉记》明帝诏曰：东平王苍，宽博有谋，可以托六尺之孤，临大节而不可夺其名，以苍为骠骑将军。

又曰：张意拜骠骑将军，讨东瓯，备水战之具。一战大破，所向无前。

又曰：其将军不常置，比公者又有骠骑将军。建武二十年复置骠骑将军，位次公，有长史一人。

《后汉书》曰：刘隆为骠骑将军，行大司马事。隆奉法自守，视事八岁，上将军印绶，罢，赐养牛，上樽酒十斛。

应劭《汉官仪》曰：汉兴，置骠骑将军，位次丞相。

《隋书》曰：崔彭转骠骑，恒典宿卫。性谨密，在省闼二十馀年，每当上在仗，危坐终日，未尝有怠惰之容，上甚嘉之。上每谓彭曰："卿当上日，我寝处自安。"又尝曰："卿弓马固以绝人，颇知学不？"彭曰："臣少爱《周礼》《尚书》，每于休沐之暇，不敢废也。"上曰："试为我言之。"彭因说君臣戒慎之义，上称善。

韦昭《辨释名》曰：骠骑将军、车骑将军，秩比三公。辨云：此二将军，秩本二千石。

《世说》曰：何骠骑弟第五以高情逊避，而骠骑令仕，对曰："然第五之称，何必减之骠骑！"

陈思王《辅臣论》曰：魁杰雄特，秉心平直；威严足惮，风行草靡；戎昭果毅，折冲厌难者：司马骠骑。

梁·简文帝《让骠骑扬州刺史表》曰：常愿侯服就列，希同特进之班；角巾还第，不竞龙骧之贵。而天泽无涯，名器总集。窃以骠骑之官，既为上将；神州之重，实号中士。故以弹压六戎，冠冕九牧。岂止司隶绛节，金吾缇骑！况复任总皇畿，位重连率；何则骠骑之号，历选为重。元狩之中始自去病，永平之建特授刘苍。齐献为公主所申，吴汉因群臣之举。

骁骑将军

《汉书》曰：李广为骁骑将军，后出雁门击匈奴。匈奴生得广，广时伤，阳死，睨傍胡儿善马，暂腾而上，南驰得脱。广亡失多，当斩，赎为庶人。

《东观汉记》曰：光武以刘桓为骁骑将军，攻中山。

又曰：建武九年，以刘喜为骁骑将军，攻涿郡。

华峤《后汉书》曰：马成字君迁，拜骁骑将军，北屯常山。积数年，上以其勤劳，征归京师，边民多上书请之，上复以成镇抚之。

《魏志》曰：任城威王彰，字子文。性勇而须黄，为骁骑将军。北出塞，为寇所要，彰独与麾下数百骑突虏，王闻之曰："我黄须儿定可用也。"

又曰：董卓立献帝，表太祖为骁骑将军，欲与计事。太祖乃变姓名，间行东归。

《齐书》曰：江敩为侍中，转都官尚书，领骁骑将军。王晏启武帝曰："江敩今重登礼阁，兼掌六军，慈渥所覃，实有优忝。但语其事任，殆同闲辈。天旨既欲升其名位，愚谓以侍中领骁骑，望实清显，有殊纳言。"上曰："敩常启吾，为其鼻中恶。今既以何胤、王莹还门下，故有此回换耳。"

卫将军

《汉书》曰：文帝至渭桥，群臣奉天子法驾，迎代邸。皇帝即日夕入未央宫，夜拜宋昌为卫将军，领南北军。

又曰：文帝三年，遣灌婴击匈奴，发中尉材官兵属卫将军，军长安。

《晋书》曰：虞潜字思奥，为卫将军，貌如不武，内实坚明。

前将军

《汉书》曰：前、后、左、右将军，皆周末官，秦因之，位亚上卿，金印、紫绶。

又曰：武帝征西夷，有前、后、左、右将军。宣元以后，杂错更置，或为前，或为后，或为左，或为右，虽不出征，犹有其官，在诸卿上，为国爪牙，所以扬示威灵于四远，折冲万人，如虎如罴。

又曰：左、右、前、后将军，皆周官也，秦汉因置以征四夷。后虽不征伐，其官常存。

又曰：傅喜为右将军。傅太后与政，喜数谏，后不悦，上印绶，病在家。何武等上疏固请，乃拜前将军。

《魏志》曰：张辽字文远，雁门马邑人也。聂壹之后，以避冤变姓。少为郡吏，武力过人。文帝即位转前将军。又黄初二年，辽至洛阳宫，文帝引辽，会建始殿，亲问破吴意状。帝叹息顾左右曰："此亦古之劭虎也。"

《蜀志》曰：先主为汉中王，遣费诗拜关羽为前将军，羽闻黄忠为后将军，怒曰："大丈夫终不与老兵同列！"不肯拜受。诗谓羽曰："夫立王业者，所用非一。昔萧、曹与高祖少小亲旧，而陈、韩亡命后至，论在班列，韩最居上，未闻萧、曹以为怨也。今汉中王以一时之功，隆崇于汉叔，然意之轻重，宁当与君侯齐乎！王与君譬犹一体，同休等戚，祸福共之，愚谓君侯不宜计官号之高下、爵位之多少也。仆一介之使，衔命之臣，君侯不受拜，如是便还，但相谓惜此举动，恐有后悔耳！"羽大感悟，即受拜。汉叔，黄忠字也。

《后魏书》曰：谷楷，昌黎人，濮阳公浑曾孙也。称有干局，迁前军将军。楷眇一目，而性甚严忍，时人号为瞎虎。

后将军

《汉书》曰：赵充国为后将军，西羌反，上命御史大夫邴吉问："谁可将者？"充国时年已七十馀，对曰："无逾于老臣者矣。"遣问焉，曰："将军度羌虏何如，当用几人？"充国曰："百闻不如一见。兵难逾度，逾，远也。臣愿驰至金城，图上方略。然羌戎小夷，逆天背叛，灭亡不久，愿陛下以属老臣，勿以为忧。"

《东观汉记》曰：邳彤字玮君，信都人也，为曲阳卒正。更始即位，上以大司马平河北，至曲阳，彤举城降，为后大将军。

《魏志》曰：曹洪为文帝所废，明帝即位，拜后将军。

《蜀志》曰：黄忠字汉叔，先主为汉中王，欲用忠为后将军，诸葛亮说先主曰："忠之名望，素非关、马之伦，而今使令同列。马、张在近，亲见其功，尚可喻指，关羽遥闻之，恐必不悦，得无不可乎！"先主曰："吾当解之。"遂与羽等同位，赐爵关内侯。

《晋中兴书》曰：应詹字思远，太兴三年为后军将军。

《晋起居注》曰：太始八年，置后军将军，掌宿卫。

左将军

《汉书》曰：公孙贺封南窌侯，窌，音芳孝反。以左将军出定襄，无功，失侯。

又曰：辛庆忌，字子真，为左将军，为国虎臣，匈奴、西域亲附，敬其威信。

《东观汉记》曰：贾复字君文。治《尚书》，事舞阴李生，李生奇之，谓门人曰："贾生容貌志意如是，而勤于学，此将相之器。"征诣洛阳，拜左将军。南击赤眉、新城，转西入关，击盆子于渑池，破之。

《魏志》曰：文帝即位，以李郃为左将军。诏郃与曹真讨安定卢水胡及东羌。

《晋书·百官名臣》曰：王济字武子，起家中书郎，迁左军将军。

山涛《启事》曰：左将军裴楷，通理有才义。

右将军

《汉书》曰：常惠以明习外国事，勤劳数有功，为右将军。

又曰：何武荐辛庆忌宜在爪牙，乃拜为右将军。

《魏志》曰：徐晃字公明，为右将军，性俭约畏慎，为将常远斥候，叹曰："古人患不遭明君，今我遇之，当以功自效。"

《蜀志》曰：诸葛亮上疏曰："臣以弱才，叨窃非据，亲秉旄钺以厉三军，不能训章明法，临事而惧，至有街亭违命之阙，箕谷不戒之失，咎皆在臣授任无方。臣明不知人，恤事多暗，《春秋》责帅，臣职是当。请自贬三等，以督厥咎。"于是以亮为右将军，行丞相事，所总统如前。

何法盛《晋中兴书》曰：郭默为右军将军。默既远人，乐为边将，不愿内转，谓刘胤曰："我能御胡而不用，更用虚名者；且右军主禁兵，禁兵不妄出，有急方始配给，兵将无素，是谓弃之，安得不乱？"

又曰：王羲之字逸少，导之从子也。幼讷于言，人未之知。年十三，尝见周顗，异之。时重牛心炙，座客未啖，先割啖之羲之，于是闻名。及长，尤善草、隶书，为今古冠绝。累迁为右将军。不乐京师，遂往会稽与谢安、孙绰等游处山阴。有道士养群鹅，羲之意甚悦。道士云："为写《黄庭经》，当举群相赠。"乃为写讫，笼鹅而去。

太平御览卷第二百三十九 职官部三十七

四征将军

征东将军

《魏志》曰：张辽字文远，为征东将军。征孙权，被甲持戟先登陷阵，冲垒入，至权麾下。

又曰：满宠字伯宁，为征东将军。诏曰："君典兵在外，专心忧公，赐田十顷、谷五百斛、钱二十万，以明清忠俭约之节。"

《晋书》：王浑平吴，转征东大将军，复镇寿阳。浑不尚刑名，处断明允。时吴人新附，颇怀畏惧。浑抚循羁旅，虚怀绥纳，座无空席，门不停宾。于是江东之士，莫不悦附。

征西将军

《东观汉记》曰：冯异为征西将军，入关征赤眉。

又曰：耿秉为征西将军，领抚单于。及薨，南单于举国发丧，犁面流血。

《魏志》曰：夏侯渊字妙才，为征西将军，守汉中。

《后魏书》曰：陆真，代人也。少善骑射，数从征伐，所在摧锋陷阵。前后以功为征西将军。

征南将军

《魏志》曰：夏侯尚字仁伯，渊从子也。文帝与之亲友，太祖定冀州，尚为军司马，常从征讨，迁征南将军。

又曰：曹仁为征南将军，鄢陵侯彰北征乌丸，文帝在东宫，为书戒彰曰："为将奉法，不当如征南耶！"

《晋书》曰：羊祜为征南将军，寝疾，求入朝。既至洛阳，会景献梓宫在殡，哀恸至笃。中诏申谕，扶疾引见，命乘辇入殿，无下拜，甚见优礼。

《后魏书》曰：司马景之，字洪略，晋汝南王亮之后。太宗时，归封苍梧公，加征南大将军。

征北将军

《魏志》曰：杜恕为幽州刺史，时征北将军程嘉屯蓟，尚书袁侃等戒恕曰："程申伯处先帝之世，倾田国让于青州。足下今俱杖节，共屯一城，宜深有以礼之。"

沈约《宋书》曰：衡阳王义季为征北将军、徐州刺史。

四镇将军

镇东将军

《魏志》曰：臧霸字宣高，太山华阴人也。亡命东海，以壮勇闻。太祖募索，得霸，见而悦之，以为琅琊相。文帝即位，迁镇东将军。

镇西将军

《魏志》曰：曹真字子丹。文帝即位，以真为镇西将军。

《蜀志》曰：马超，父腾，灵帝末与边章、韩遂等俱起事于西州。初平三年，遂、腾率众诣长安。汉朝以遂为镇西将军，遣还金城，腾为征西将军屯郿邬。

镇南将军

《蜀志》曰：黄权字公衡，伐吴败于白帝。既附魏，文帝曰："君舍逆顺，欲追踪陈、韩耶？"权曰："臣降吴不可，归蜀无路，是以归命。败军之将，免死为幸，何古人之可慕！帝善之，拜镇南将军。

《吴志》曰：吕岱既定交州，进讨九真，斩获万数。又遣从事南宣国化，及徼外扶南、林邑、堂明诸王，各遣使奉贡。权嘉其功，进拜镇南将军。

《晋书》曰：杜预为镇南将军，缮兵甲，曜威武，乃简精锐，袭吴西陵督张政，大破之，以功增封三百六十五户。政，吴之名将也，据要害之地，耻以无备取败，不以所丧之实告于孙皓。预欲间吴边将，乃表还所获之众于皓。皓果召政，遣武昌监刘宪代之。故大军临至，使其将帅移易，以成倾荡之势。预处分既定，乃启请伐吴之期。

《后魏书》曰：唐和诣阙，世祖优之，待以上客。高宗以和归诚先朝，拜镇南将军。

镇北将军

《魏氏春秋》曰：许元字士宗，为镇北将军，都督河北诸军事。

《蜀志》：魏延字文长。先主大会群臣，问延曰："今委卿以重任，卿居之，欲云何？"延对曰："若曹操举天下而来，请为大王距之；偏将十万之众至，请为大王吞之。"先主称善，众咸壮其言。先主践尊号，进拜镇北将军。

《晋书》曰：何曾为镇北将军。文帝使武帝、齐王攸送之，帝又过其子劭。曾先敕劭曰："客必过汝，汝当预严。"劭不冠带，停帝良久，曾深以为谴劭。曾见崇重如此。

四安将军

安东将军

王隐《晋书》曰：武帝伐吴，以王浑为安东将军。

《晋公卿礼秩》曰：世祖以扶风王骏为安东大将军。

安西将军

《魏志》曰：曹仁字子孝，太祖从弟也。少好弓马弋猎。俊豪并起，仁亦阴结少年，周游淮泗之间，遂从太祖为别部司马。太祖讨马超，以仁行安西将军。

安南将军

谢承《后汉书》曰：光武以岑彭为安南将军。

安北将军

沈约《宋书》曰：刘秀之，东莞莒人。少孤贫，有志操。为安北将军、雍州刺史。上车马幸新亭，视秀之发引。

四平将军

平东将军

王隐《晋书》曰：武帝伐吴，以王濬为平东将军。

平西将军

《蜀志》曰：马超闻先主围刘璋于成都，密书请降。先主遣人迎超，超将兵径到城下。城中震怖，璋即稽首，以超为平西将军。

沈约《宋书》曰：临川王义庆为平西将军。

平南将军

王隐《晋书》曰：武帝伐吴，以胡奋为平南将军。

平北将军

《魏志》曰：太祖征冀州，张燕求佐军，拜平北将军。

杂号将军上

镇军将军

《魏志》曰：黄初七年，魏文以陈群为镇军大将军，录尚书事，受顾命。

又曰：甘露元年，以石苞为镇军将军。

沈约《宋书》曰：齐王攸为镇军将军。

抚军将军

《魏志》曰：黄初四年，以司马宣王为抚军大将军辅政。

又曰：齐王嘉平三年，以司马景王为抚军大将军辅政。

《语林》曰：简文为抚军时，坐床上生尘，不听左右拂去，见鼠行迹，视以为嘉。有参军见鼠，以手板格煞之，抚军谓曰："无乃不可乎？"

征虏将军

《东观汉记》曰：祭遵为征虏将军，廉洁奉公，光武叹曰："安得忧国奉公如祭征虏者乎？"

《魏志》曰：太祖以临淄侯植为征虏将军，遣救曹仁，呼有所敕而植醉，于是罢之。

又曰：南阳周太好立功，善用兵，以为征虏将军。

沈约《宋书》曰：征虏将军，世号金紫将军。

冠军将军

《史记》曰：楚义帝，以宋义为卿子冠军。

《汉书》曰：武帝以霍去病征匈奴，功冠三军，封冠军侯。

《魏志》曰：正始中，以文钦为冠军将军、扬州刺史。

《晋起居注》曰：武帝泰始七年，诏曰：议郎胡奋开爽忠亮，有文武才干，历位外内，涉练戎事，威略之声著于方外，其以奋为冠军将军。

《齐书》曰：刘悛尝从驾登蒋山，上数叹曰："贫贱之交不可忘，糟糠之妻不下堂。"顾谓悛曰："此况卿也。世言富贵好改其素情，吾虽有四海，今日与卿尽布衣之适。"悛起，拜谢，迁冠军将军。

《晋书·载记》曰：符坚寇晋，以姚苌为龙骧将军，督益、梁州诸军事，谓苌曰："朕本以龙骧建业，龙骧之号，未曾假人，今特以相授。山南之事，一以委卿。"坚左将窦冲进曰："王者无戏言。此将不祥之征也，惟陛下察之。坚默然。

车频《秦书》曰：苻坚与符健西入关。坚时年十二，未有军号，健梦有天神遣使者，朱衣武冠，拜坚为龙骧将军。后加此官，以应神梦。

《羊祜别传》曰：先时吴童谣云："阿童复阿童，衔刀浮渡江。不畏岸上虎，但畏水中龙。"祜闻之曰："此必水军有功。"即表王濬为龙骧将军，谋伐吴。

辅国将军

《晋书》：王导为辅国将军。导上笺曰："昔魏武，达政之主也；荀文若，功臣之最也，封不过亭侯。仓舒，爱子之宠，赠不过别部司马。以此格万物，得不局迹乎！今者临郡，不问贤愚豪贱，皆加重号，辄有鼓盖。时有不得者，或为耻辱。天官混杂，朝望颓毁。导忝荷重任，不能崇浚山海，而开创乱源，饕窃名位，取紊彝典，谨送鼓盖加崇之物，请从导始。庶令雅俗区别，群望无惑。"

王隐《晋书》曰：王濬为辅国将军。

又曰：羊琇以辅国将军、开府仪同三司。

领军将军

《魏志》曰：文帝即位，拜曹休为领军将军。

《晋书》曰：纪瞻转领军将军，当时服其严毅。虽恒疾病，六军敬惮之。瞻以久病，请去官，不听，复加散骑常侍。及王敦之逆，帝使谓瞻曰："卿虽病，但为朕卧护六军，所益多矣。"

《晋阳秋》曰：韩康伯年四十九，拜领军。疾病，占候者云"不宜此官"，固请，徙之。

何法盛《晋中兴书》曰：陶回拜领军将军，加散骑常侍。性方范，不畏强御。丹阳尹桓景颇以佞事司徒王导，导甚昵之。回常慷慨谓景非正人，不宜亲狎。会荧惑守南斗经旬，王公语回曰："南斗，扬州分，而荧惑守之，吾当逊位以厌此谪。"回答曰："公以明德作镇，辅弼圣主，当亲忠贞，远邪佞；与桓景造膝，荧惑何由退舍！"导深愧之。

《梁书》曰：胡曾祐拜领军将军，厚自封植，以所加鼓吹恒置斋中，对之自娱，人曰："此是羽仪，公名望隆重，不宜若此。"答曰："我性爱之，恒须见耳。"或出游，亦以自随。人士笑之。

《唐书》曰：贞元十一年，以前太子宾客李愿为左领军大将军，李凭为右威卫大将军。依前兼中丞，皆太尉晟之子，以免丧故，晟诸子同日授官者凡九人。

护军将军

王隐《晋书》曰：王敦将复作逆，明帝问曰："何如？"应詹厉然慷慨答诏，曰："陛下宜奋赫斯之威，臣等当负戈从戎，以顺讨逆，诚社稷之计也。"即以詹为护军将军，同心灭敦。

中军将军

《汉书》曰：冯奉世字子明。元帝以为中军将军，屯首阳。

《魏志》曰：曹真持节，都督中外诸军事，以中军将军受顾命。

王隐《晋书》曰：太始元年，以羊祜为中军将军，总宿卫。

游击将军

《史记》曰：汉高祖以陈豨为游击将军。

《汉书》曰：太祖太初元年，以苏建、韩说为游击将军。

袁宏《汉纪》曰：建武二年，以邓隆为游击将军，助朱浮攻彭宠。

《魏志》曰：卞阑，少有才学，为游击将军，加散骑常侍。

《山涛启事》曰：游击将军诸葛冲精果有文武才，拟补兖州。诏答曰："冲领兵未？"欲出之。

积射将军

《后周书》曰：于谨除积射将军，又随广阳王元深征鲜于修礼。停军中山，侍中元晏言于灵太后曰："广阳王以宗室之重，受律专征，今乃盘桓不进，坐图非望。"又有于谨者，智略过人，为其谋主。风尘之隙，恐非陛下纯臣矣。"灵太后诏，于尚书省门外立榜，募能获谨者，许重赏。谨闻之，乃谓广阳王曰："今女主临朝，取信谗佞，脱不明白殿下素心，便恐祸至无日。谨请束身诣阙，归罪有司，披露心腹。"深遂许之。谨遂到榜下曰："吾知此人。"众共诘之。谨曰："我即是也。"有司以闻。灵后引见之，大怒。谨备述广阳忠款，兼陈停军之状。灵后意解，舍之。

《世语》曰：积射将军樊震对武帝称邓艾之忠。

积弩将军

沈约《宋书》曰：积弩将军，晋官也。

《齐职仪》曰：积弩将军，品第四，银章、青绶、武冠、绛朝服、佩水苍玉。

晋太康十年，立积弩、积射营各二千五百人，并以将军领之。

强弩将军

《汉书》曰：元狩元年，以李沮为强弩将军，伐匈奴。

又曰：太初二年，以路博德为强弩将军。

又曰：神雀二年，以许延寿为强弩将军迁大司马。

傅畅《晋赞》曰：晋文王，晋台置强弩将军，掌宿卫。

殿中将军

《玄中记》曰：汉桓帝时，出游河上，忽有一青牛从河中出，直走荡桓帝边，人皆走，太尉何公为殿中将军，有勇力，辄走逆之。牛见公往，乃反，走还河，未至河，公及牛，乃以手拔牛，左足脱，以右手持斧斫牛头，杀之。此青牛者，是万年木精也。

《语林》曰：庾公欲伐王公，先书与郄公曰："老贱贼转欲辀张，殿中将军旧用才学士，以广视听，而顷悉内面墙人，是欲蔽主之明。便欲勒数州之众，以除君侧之恶。今年之举，蔑不济矣。"

员外将军

《后魏官氏志》曰：员外将军从第八品。

直阁将军

《后魏书》曰：杨晔字延季，弘农华阴人也。性雅厚，颇有文学，起家奉朝请，稍迁直阁将军。

萧子显《齐书》曰：王敬则，晋陵南沙人也。生而紫胞，年长而腋下生乳，各长数寸，梦骑五色狮子。明帝即位，为直阁将军。

《齐书》曰：刘善明为直阁将军。五年，青州没虏，善明母陷北虏，移置桑乾。善明布衣蔬食，哀戚如持丧。明帝每见，为之叹息，时人称之。

太平御览卷第二百四十　职官部三十八

杂号将军下

建威将军

《东观汉记》曰：光武以耿弇为建威大将军，从攻睢阳。

奋威将军

《魏志》曰：吕布杀董卓，王允以布为奋威大将军，仪比三司。

又曰：沮授说袁绍，绍即表为奋威将军。

奋武将军

《吴志》曰：贺齐传豫章，东部民彭材、李玉、王海等起为贼乱，众万馀人。齐讨平之，诛其首恶，馀皆降服。拣其精健为兵，次为县户。迁奋武将军。

振威将军

《魏志》曰：太祖以程昱为振威大将军，破袁谭、尚。

扬威将军

《魏志》曰：臧霸字宣高，太山人也。从太祖讨孙权于濡须口，与张辽为前锋，行遇霖雨，大军先反，水遂长，贼船稍近，将士皆不安。辽欲去，霸止之曰："公明于利钝，宁肯捐吾等耶？"明日果有令。辽至，以语太祖。太祖善之，拜霸扬威将军。

建武将军

《魏志》曰：太祖以夏侯惇为建武将军。

又曰：文帝善孟达姿才容观，以为建武将军。

轻车将军

《汉书》曰：武帝元光七年，以公孙贺为轻车将军，屯马邑。

伏波将军

《环济要略》曰：伏波，船涉江海，欲浪伏息也。

《汉书》曰：武帝元鼎五年，以路博德为伏波将军，伐南越吕嘉。

《东观汉记》曰：光武以马援为伏波将军。

《魏志》曰：夏侯惇为伏波将军，领河南尹，使得以便宜从事，不拘科制。太祖常与同载，特见亲重，出入卧内，诸将莫得比也。

王隐《晋书》曰：武帝以孙琇为伏波将军。

材官将军

《汉书》曰：武帝以李息为材官将军，军马邑。

折冲将军

《魏书》曰：武帝以乐进为折冲将军。

虎威将军

《魏志》曰：于禁字文则，太山人。将军王朗异之，荐禁才任大将。太祖召见与语，拜军司马，后拜虎威将军。

《吴志》曰：朱然字义封。从孙权讨关羽，别与潘璋到临沮擒羽，迁昭武将军，封西安乡侯。虎威将军吕蒙病笃，权问曰："卿如不起，谁可代者？"蒙对曰："朱然胆守有余，愚以为可任。"蒙卒，权假然节，镇江陵。

《齐书》曰：柳世隆，元景子也，出为虎威将军、上庸太守。帝谓元景曰："卿昔以虎威之号为隋郡，今复以授世隆，使卿门世不绝公也。"

偏将军

《后汉书》曰：吴汉字子颜，南阳宛人，家贫，以贩马自业。素闻世祖长者，独欲归心。及世祖于广阿，拜汉为偏将军。

又曰：臧宫字君翁，颍川人也。从世祖征战，诸将多称勇。世祖察宫勤力少言，甚亲纳之。及至河北，以为偏将军。

《吴志》曰：陈武字子列，庐江人。孙策在寿春，武往修谒，时年十八，长七尺七寸。及权统事，尤为权所爱，拜为偏将军。

又曰：董袭字元伐，会稽人。长八尺，武力过人，拜偏将军。

裨将军

《魏志》曰：李通字文达，江夏平春人。以游侠闻于江、汝之间。

属连岁大饥，通倾家振施，与士分糟糠。建安初，通举众诣太祖于许。太祖讨张绣，通为先登，大破绣军，拜裨将军。

虎牙将军

《汉书》曰：宣帝以云中太守田顺为虎牙将军，伐匈奴。

范晔《后汉书》曰：盖延字巨卿，渔阳人也。身长八尺。边俗尚勇力而延以气闻延。与吴汉同归世祖，从平河北；世祖即位，拜虎牙将军。

汉臣将军

《东观汉记》曰：上于大会中指王常谓群臣曰："此家率下江诸将，辅翼汉室，心如金石，真忠臣也。"是日以常为汉臣将军，与诸将绝席。

讨虏将军

《东观汉记》曰：光武以王霸为讨虏将军，击董宪。

破虏将军

《魏志》曰：李典字曼成，山阳巨野人。为破虏将军。典好学问，贵儒雅，不与诸将争功。敬贤士大夫，恂恂若不及，军中称其长者。

建义将军

《东观汉书》曰：光武以朱祐为建义将军，攻朱鲔。

刺奸将军

《东观汉记》曰：光武以军市令祭遵为刺奸将军。

范晔《后汉书》曰：岑彭字君然，南阳棘阳人也。后世祖拜为刺奸大将军，使督察众营，授以常所持节。

辅威将军

《东观汉记》曰：光武以臧宫为辅威将军。

扬化将军

《东观汉记》曰：光武以坚镡为扬化将军。

安汉将军

《蜀志》曰：麋竺，字子仲。益州既定，拜为安汉将军，班在军师将军之右。竺雍容敦雅，而翰翮非所长。是以待之上宾之礼，未曾有所统御。然赏赐优宠，无与为比。

又曰：王平字子均。诸葛亮卒于武功，军退还，魏延作乱，一战而败，平之功也。迁安汉将军。

辅汉将军

《东观汉记》曰：光武以邓奉为辅汉将军。

都护将军

《魏志》曰：曹洪累从征讨，为都护将军。

立义将军

《魏志》曰：庞德以众降，太祖闻其骁勇，拜立义将军。

中坚将军

《魏志》曰：太祖以许褚为中坚将军，又以张辽为行中坚将军。

厉威将军

《魏志》曰：太祖征荆州，还，留满宠行厉威将军。

荡寇将军

《蜀志》曰：张嶷字伯岐。自越嶲征诣成都，民夷恋慕泣涕，过旄牛邑，邑君襁负来迎反，追寻至蜀郡界，其督率随嶷朝贡者百余人。嶷至，拜荡寇将军，慷慨壮烈，人多贵之。

讨逆将军

《吴志》曰：曹公表孙策为讨逆将军，封吴侯。

辅吴将军

《吴志》曰：孙权以张昭为辅吴将军。

沈约《宋书》曰：吴置辅吴将军，班亚三司。

荡魏将军

《吴志》曰：吕据，太元元年，大风，江水盛溢泛流，渐淹城门，权使视水，独见据使人取大船以备害，权嘉之，拜荡魏将军。

鹰扬将军

《晋书》曰：郭奕，咸宁初迁雍州刺史、鹰扬将军，寻假赤幢、曲盖、鼓吹。

牙门将军

《蜀志》曰：魏延字文长，义阳人也。以部曲将随先主入蜀，数有战功，迁牙门将军。

中将军

《北齐书》曰：沙苑之败，崔仲文持马尾以渡河，波中乍没乍出。高祖望见之，曰："崔掾也"。遽遣船赴接，既济，劳之曰："卿为亲为君，不顾万死，可谓家之孝子、国之忠臣。"加中将军。

中领军

《魏略》曰：中领军，延康中置，故汉北军中候之官。

又曰：太祖以史涣忠勇，为中领军，领禁军。

又曰：太祖还长安，以曹休为中领军。

又曰：文帝征孙权，以尚书令陈群为中领军。

《晋书》曰：吴隐之为中领军，清俭不华，每月初得禄，裁留身粮，其馀悉分赈亲族。家人绩纺以供朝夕，时有困绝，或并日而食，恒布衣不完。妻子不沾寸禄。

《晋中兴书》曰：羊祜字叔子，迁中领军，悉统宿卫，入直殿中，执兵之要，事兼内外。

《齐书》曰：萧景先。武帝少年，与景先共车，行泥路，车久故坏，至领军府西门，车辕折，俱狼狈。景先谓帝曰："两人脱作领军，亦不得忘，今日艰辛。"及武帝践祚，诏以景先为领军。拜日，羽仪甚盛，倾朝观属。拜还，未至府门，中诏相闻领军今日故当无折辕事耶？景先奉谢。

《梁书》曰：臧盾迁中领军。领军管天下兵要，监局事多。盾为人敏赡，有风力，长于拨繁，职事甚理。天监中，吴平侯萧景居此职，著声称，至是盾复继之。

《三国典略》曰：齐左仆射祖珽附陆令萱，求为领军，齐主许之。侍中斛律孝卿谓上洛王元海、侯吕芬等云："珽是汉儿，两眼盲，岂合作领军也。"无海遂入启之。珽言于齐主云："元海与臣素有隙，必是元海谮臣。”齐主曰：“然。”珽列元海共太府少卿李叔元、平准令张叔略等结朋树党，陆令萱又唱和之，遂除元海为郑州刺史、叔元为襄城郡守、叔略为南营州录事参军。珽遂独处机衡，总知兵事。齐王亦令中要人扶侍出入，每同御榻论决朝政。

《高堂隆集》曰：己巳诏书：中领军、游击皆清玉佩。

中护军

《史记》曰：汉高帝以陈平为护军中尉，尽护诸将。

《汉书》曰：护军都尉，秦官。元狩四年属大司马，元寿元年更名司寇，元始元年更名护军。

《魏志》曰：韩浩字元嗣。以忠勇显，为中护军，掌禁兵，置长史、司马。从太祖讨张鲁，鲁降。议者以浩智略足以绥边，欲留使都督诸军镇汉中，太祖曰：“吾安可以无护军？”乃与俱还，其见亲如此。

王隐《晋书》曰：邓攸迁吏部尚书。牧马于家庭，妻子素食，当时清净，内外肃然，迁为中护军。

《晋起居注》曰：武帝太始七年，诏曰：“中护军职典武选，宜得堪干其事者。左卫将军羊琇有明赡才见，乃心在公，其以琇为中护军。”

《晋中兴书》曰：司徒王导将以赵冰为中护军，孔愉谓导曰：“中兴以来处此官者，用周伯仁、应思远，今诚乏才，岂可以赵冰居之！”其秉正不挠，皆此类也。

《世语》曰：夏侯玄，世名知人。为中护军，拔用武官，无非俊杰，多牧州典郡。

《皇甫谧集》云：护军，武士之官。

《晋王羲之临护军教》曰：今所任要，在于公役均平。其差大史，忠谨在公者，覆行诸营，家至人告，畅吾乃心。其有老落笃癃、不堪从役，或有饥寒之色、不能自存者，区分处别，自当参详其宜，

北军中候

《汉书》曰：武帝置中垒校尉，掌北军垒门外内。

《续汉书》曰：光武中兴中，省垒置中候五尉校营。

又曰：孔文举拜北军中候。

王隐《晋书》曰：荀晞字道将，为北军中候。

又曰：太祖永昌元年，以锺雅为北军中候，五年，省并领军。

《晋中兴书》曰：陶回字恭之。王导以回有器干，擢拜北军中候。回性不畏强御。

朱衣直阁

《后魏书》曰：元文景，大司农卿康之次子，除员外郎、冠军将军、朱衣直阁。

直寝

《后魏书》曰：于忠字思贤。弱冠拜侍御史。文明太后临朝，刑政颇峻，忠朴直少言，终无过误。寻除左中郎将，领直寝。

又曰：杨津字罗汉，弘农华阴人也。本字延祚，高祖赐名焉。少端谨，以器度见称，为直寝。

直后

《后魏书》曰：元天穆，性和厚，美形貌。年二十，起家员外郎，领直后。

萧子显《齐书》曰：临海亡命田流，自号东海王，逃窜会稽鄮县边海山谷中，立屯营，官军不能讨。明帝遣直后闻人袭，说降之。

直斋

《后魏书·官氏志》曰：大和九年十月初，置直斋。

监军

《史记》曰：穰苴将兵捍燕、晋之师，苴曰："臣素贱，君擢之闾伍之中，加之大夫之上，大微权轻愿得君之宠臣，国之所尊，以监军乃可。"景公使庄贾往，苴与贾约曰："会日中于军门。"苴先驰至军，立表下漏待贾，贾素骄贵夕时乃至，苴遂斩贾以徇三军。军士皆震栗，服之。

《东观汉记》曰：光武使来歙监诸将。

范晔《后汉书》曰：宋均字叔庠，为监军。时伏波将军马援征武溪，南临沅水，军士多病。均惧众军疾疫，矫诏追降之，诸将莫应。均乃勒兵围贼城，诈为诏而降之，为置长吏而归，自劾矫诏之罪。帝善之。

《魏志》曰：司马文王征寿春，使监军石苞统卒为游军。

《晋武帝起居注》曰：豫州刺史胡威，忠素质直，思谋深奥，其以威为监军，刺史如故。

沈约《宋书》曰：监军，盖诸将出征，大将监领之。

太平御览卷第二百四十一 职官部三十九

中郎将

《汉书》曰：武帝拜张骞为中郎将，使西域。

又曰：宣帝即位，诏曰："朕微眇时，故掖庭令张贺辅导朕躬，贺有孤孙霸七岁，拜为中郎将。"

又曰：宣帝时，杨恽为中郎将。郎官故事，郎出钱市财用，给文书，乃得出，名曰"山郎。"山郎，以资财为郎也。山之所出财用，故取名焉。恽罢山郎，皆以法令从事。有罪过，辄奏免。郎官化之，莫不自励。

又曰：司马相如为中郎将，持节过蜀，县令负弩前导，蜀人以为荣。

又曰：卫绾为中郎将，醇谨无他。孝景幸上林，诏中郎将参乘，还，问曰："君知所以得参乘乎？"绾曰："臣代戏车士，幸得功次迁，待罪中郎将，不知也。"

又曰：张安世长子千秋与霍光子禹俱为中郎将，将兵随渡辽将军范明友击乌桓。还，谒大将军光，问千秋战斗方略、山川形势。千秋口对兵事，画地成图，无所忘失。问禹，禹不能记，曰：皆有文书。光由是贤千秋，以禹为不才，叹曰："霍氏世衰，张氏兴矣？"后霍禹诛灭，安世子相继为侍中、中常侍，列校十馀人。

又曰：卜式为中郎。初，式不愿为郎，上曰："吾有羊在上林，欲令子牧之。"式即为郎而牧羊，岁馀肥息，上善之。式曰："非独羊也，治民亦犹是矣。以时起居，恶者辄去，无令败群。"上奇其言。

《东观汉记》曰：更始入长安，多用群小，时人为之语曰："灶下养，中郎将。"

《后汉书》曰：董卓以吕布为骑都尉，誓为父子，甚爱信之，迁至中郎将。卓自知凶恣，每怀猜畏，行止常以布自卫。尝小失卓意，卓拔手戟掷之。布拳捷得免，而改容顾谢。卓意亦解。布由是阴怨于卓。

《蜀志》曰：霍峻字仲邈，南郡支江人也。兄笃于乡里，合部曲数百人。笃卒，荆州牧刘表令峻摄其众。表卒，峻率众归先主，先主以峻为中郎将。

又曰：刘焉字君郎，江夏竟陵人。少仕州郡，以宗室拜中郎，后以师祝公丧去官。

又曰：张飞字翼德，涿郡人也。少与关羽俱事先主，羽年长数岁，兄事之。先主从曹公破吕布，还许昌，曹公拜羽、飞为中郎将。

五官中郎将

《续汉书》曰：五官中郎将一人，比二千石；主五官郎也。五官中郎，比六百石；无员。五官侍郎，比三百石。无员，凡官皆主更直，执戟宿卫诸殿门。

《东观汉记》曰：江革字次翁。拜五官中郎将。每朝会，天子使虎贲扶持，帝自礼之。有疾不会，辄遣太官送飡醪，恩宠莫比。

《续汉书》曰：张纯字伯仁，迁五官中郎将。纯在朝历世，明习故事。建武初，旧章多阙，每有疑议辄以访纯，自郊庙婚冠丧纪、礼仪，多所正定。帝甚重之，一日或数四引见。

谢沈《汉书》曰：樊英字秀齐，顺帝备礼征拜五官中郎将。数月，以病逊位归。

应劭《汉官仪》曰：五官中郎将，秦官也。秩比二千石，三署，郎属焉。

《魏武令》曰：告子文：汝等悉为侯，而子桓独不封，而为五官郎将，此是太子可知矣。《魏志》：建安十五年为五官中郎将，副丞相者也。

左中郎将

《天文录》曰：郎将星，若今之左右郎将也。故《星赞》曰："郎将星，主阅具，为武备。"

《汉书》曰：辛庆忌字子贡，从光禄大夫，迁左曹中郎将。

《后汉书》曰：左宫为左中郎将，击武陵贼，降，凡将兵二十馀年，以信谨质朴，故常见用。

《续汉书》曰：丞宫迁左中郎将，数进忠谏，论议守正，不希世遇，朝臣惮其节，名称闻于匈奴。单于遣使来贡，求见宫，诏敕宫自整顿，宫曰："夷狄眩名，非识实也。闻臣虚称，故欲见臣。臣丑陋形寝，见必轻贱，不如选长大有威容者。"时以大鸿胪魏应示之。

又曰：杨秉字叔节，以尚书侍讲；蔡雍字伯喈，以侍中并为左中郎将。

又曰：皇甫嵩为左中郎将，击匈奴。

《汉旧仪》曰：左中郎将，秩比二千石，主谒者。

右中郎将

《汉书》曰：段会宗字子松，为右中郎将。

《续汉书》曰：朱儁为右中郎将，持节击颍川长社贼。

《汉旧仪》曰：右中郎将，秩比二千石，主常侍侍郎。

《蜀志》曰：宗预为右中郎将，将命使吴。

虎贲中郎将

应劭《汉官仪》曰：虎贲中郎将，古官也。《书》称武王伐纣，戎车三百两，虎贲三百人，擒纣于牧之野。言其猛怒，如虎之奔赴。平帝元始元年，更名虎贲郎。古有勇者孟贲，改奔为贲。中郎将，冠两鹖尾。鹖，鸷鸟中之异劲者也。每所攫取，应爪摧碎。鹖尾，上党所贡。

《周礼·夏官下虎贲氏》曰："虎贲掌先后王而趋以卒伍。军旅会同，亦如之。舍则守王闲。闲，梐枑也。

《尚书·牧誓》曰：戎车三百两，虎贲三百人，与受战于牧野，作《牧誓》。

《周书》曰：古有虎贲士千人，以牛投牛，以马投马，以车捧车。

《汉书·百官表》曰：期门仆射，秩比千石。平帝元始元年，更名虎贲郎，置中郎将，秩比二千石。

《东观汉记》曰：马援从陇西太守，迁虎贲中郎将。

又曰：马后不以私家干朝廷，兄为虎贲中郎将，讫永平世不转。

又曰：明德太后姊子夏寿等，私呼虎贲张鸣与敖戏争斗，上特诏曰："尔虎贲将军，蒙国厚恩，位在中臣，宿卫禁门，当进人不避仇雠，举罚不避亲戚。今者反于殿中，交通轻薄，虎贲兰内所使，至命欲相杀于殿下，不避门内，畏懦恣纵，故不逐捕，此皆生于不学之门所致也。"

又曰：马廖、任隗皆从羽林监迁虎贲中郎将。

《续汉书》曰：鲁国孔融为北军中候，三日，迁虎贲中郎将。

又曰：虎贲中郎将，比二千石。主虎贲宿卫也。左右仆射、左右陛长各一人。仆射主虎贲郎将，陛长主直，虎贲朝会在殿之下。

又曰：虎贲武骑皆鹖冠、虎文单衣，襄邑岁献织成虎文云。鹖者，勇雉也，其斗死乃止。

又曰：虎贲中郎将，秩比二千石。虎贲中郎，比六百石。虎贲侍郎，比四百石。虎贲郎中，比三百石。节从虎贲，比二百石。皆无员数，掌宿卫侍从。虎贲武骑皆鹖冠，虎文单衣。

谢承《后汉书》曰：建武十八年，夏旱，公卿皆暴露请雨。洛阳令着车盖出，门候何汤将卫士钩令车，收案。有诏免令官，拜汤虎贲中郎将。上常叹曰："赳赳武夫，公侯干城。何汤之谓也。"

《汉官典职》曰：虎贲中郎将，主虎贲千五百人，郎多至千人。

《汉名臣奏》曰：丞相薛宣奏："汉兴以来，深考古义，推万变之备，于是制宣室出入之义，正轻重之罚。故司马殿省阙至五六里，周卫击刀斗禁门。自近臣侍侧尚不得著剑入，防未然也。陛下圣德纯备，海内晏然。此国家之明制，必前后备虎贲。"

《汉旧仪》曰：期门骑者，陇西工射猎人。及能用五兵，材力二百人。王莽以为虎贲郎。

刘谦之《晋纪》曰：桓玄欲复虎贲中郎将，疑应直与不。访之僚佐，咸莫能定。参军刘兰之对曰："昔潘岳为《秋兴赋》，序云：'兼虎贲中郎将，寓直于散骑之省。'以此言之，是直官也。"

《后魏书》曰：韩茂膂力绝人，尤善骑射。太宗曾亲征丁零翟猛，茂为中军，执幢。时大风，诸军旌旗皆偃仆，茂于马上持幢，初不倾倒。太宗异而问之，征茂所属，具以状对。太宗谓左右曰："记之。"寻征诣行在所，试以骑射，太宗深奇之，以茂为虎贲中郎将。

《九州春秋》曰：袁术为虎贲中郎将。张让杀何进，术斫阁起火。《魏志》曰：术烧南宫嘉得青门也。

《环济要略》曰：汉武帝好微行，因置期门郎，与之期于殿门。平帝改为虎贲中郎。

《张纯别传》曰：纯字伯仁，郊庙、冠婚、丧纪礼仪多所正定。上甚重之，以纯兼虎贲中郎将，一日数见。

东中郎将

《魏志》曰：蒋济字子通。文帝即位，为东中郎将。济请留，诏曰："高祖歌曰：安得猛士守四方！天下未宁，要须良臣以镇边境。如其无事，乃还鸣玉，未为后也。"后曹仁薨，复以济为东中郎将，代领其兵。诏曰："卿兼资文武，志节慷慨，常有超越江湖吞吴会之志，故复授将帅之任。"

西中郎将

沈约《宋书》曰：西中郎将，南、北、东、西中郎将，后汉号也。

南中郎将

《魏志》曰：鄢陵侯彰为南中郎将。

又曰：临淄侯植为南中郎将。

《晋诸公赞》曰：石崇为南中郎将。

北中郎将

《续汉书》曰：卢植为北中郎将，征黄巾。

《魏志》曰：代郡乌丸反，以曹彰为北中郎将。临发，太祖诫之曰：

“居家为父子，受事为君臣。”

王隐《晋书》曰：山涛为北中郎将，守邺。

《晋起居注》曰：武帝太始二年诏：邺城守事宜速有人，又当得亲亲有文武器任者。高阳王珪，今来之国，虽当出为藩辅，以才干事，亦古之制也。其以珪为督邺城守事、北中郎将。

《晋中兴书》曰：荀羡为北中郎将、徐州刺史，时年二十八。

《郭泰别传》曰：王叔优问才之所宜，泰曰：“当以武官显。”叔优后至北中郎将。

杂中郎将凡五

匈奴中郎将

《续汉书》曰：张奂字然明，与段纪明、皇甫威明俱显，京师号为凉州三明，并为匈奴中郎将。

司金中郎将

《魏略》曰：河北始开冶，遂以王修为司金中郎将。修奏记曰：“修闻枳棘之材，无柱梁之质；涓流之水，无洪波之势。是以在职七年，忠谨不昭于时，功业不见于事，力少任重，不堪为擢。

典农中郎将

《魏志》曰：任峻字伯远，为典农中郎将数年，所在积粟仓廪皆盈。

又曰：毌丘俭字仲恭，河东闻喜人，为洛阳典农。时取农民以治宫室，俭上疏曰：“臣愚以为天下所急除者二贼，所急务者衣食。诚使二贼不灭，士民饥冻，虽崇美宫室，犹无益也。”

《魏略》曰：上以农殖大事，将选典农，以徐邈为颍川典农中郎将，所在著称。

武卫中郎将

《魏志》曰：许褚字仲康。太祖与遂、超等单马会语，左右皆不得从，唯褚在。超负其力，阴欲突太祖，素闻褚勇，疑从骑是褚。乃问太祖曰：“公有虎侯者安在？”太祖顾指褚，褚瞋目眄之，超不动，乃各罢。后数日会战，大破超等，褚身斩首级，迁武卫中郎将。武卫之号，自此始也。

建义中郎将

《后汉书》曰：《袁绍传》：魏郡兵反，贼有陶升者，自号平汉将军，《英雄记》曰：升故为内黄小吏。独反诸贼，将部众逾西城入，闭府门，具车重，重，辎重也。载绍家及诸衣冠在州内者，身自捍卫，送至斥丘。斥丘县属钜鹿郡。故城今相州成安县东南。《十三州志》云：地斥卤，故曰斥丘也。绍还，因屯斥丘，以陶升为建义中郎将。

都尉

《史记》曰：宁成居家，上欲以为郡守。御史大夫公孙弘曰："臣居山东为小吏时，宁成为济南都尉，其治如狼牧羊，诚不可令治民。"上乃拜成为关中都尉。

又曰：汲黯字长孺。为东海太守，岁馀大治，上闻召为主爵都尉。治务在无为而已，弘大体，不拘文法。

《汉书》曰：主爵中尉，秦官，掌列侯。景帝中元六年，更名都尉。武帝太初元年，更名右扶风，治内史右地。与左冯翊、京兆是为三辅，皆有两丞。

又曰：韩信数以策干项羽，羽弗用，亡楚归汉，未得知名，为连敖。楚官。坐法当斩，信乃仰视滕公，曰："上不欲就天下乎？而斩壮士！"滕公奇壮之，与语，大说，言于汉王，以为治粟都尉。

《东观汉记》曰：樊晔与世祖有旧，世祖常于新野坐文书事被拘。时晔为市吏，馈饵一笥，上德之，后拜为河东尉。临发，之官，引见云台，赐御食衣被，上嘲晔曰："一笥饵得都尉，何如？"晔顿首曰："小臣蒙恩，特见拔擢，陛下不忘往旧，臣得竭死自效。"

又曰：任延字长孙，南宛人，更始拜为西部都尉，年十九，迎吏见其少，皆惊。及到，淡泊无为，下车遣吏以中牢具祠延陵季子。时天下新定，道路不通，诸避世江南者皆未还。会稽多士，延到皆礼之，卑请高行俊乂董子仪、严子陵等，待以师友之礼。行县所到，辄使劳孝子，崇礼养善如此。建武之初，上书言：臣赞拜不由王庭，愿收骸骨。诏书征延，民攀持毂涕泣。

《汉官解诂》云：都尉将兵，副佐太守，备盗贼也。

《魏略》曰：积弩都尉，秩比二千石。后更为典弩都尉。又有典铠都尉，秩与弩同，皆属积弩。

又曰：抚军都尉，秩比二千石，本校事官。始太祖欲广耳目，使卢洪、赵达二人主刺举，洪、达多所陷入，故于时军中为之语曰："不畏曹公，但畏卢洪；卢洪尚可，赵达杀我。"后达竟为人迫死。

《魏志》曰：韩暨为监冶谒者，在职七年，器用充实。诏书褒叹，就加司金都尉，班亚九卿。

《吴志》曰：孙桓字叔武，仪容端正，器怀聪朗，博学强记，能论议应对。权常称为宗室颜渊，擢为武卫都尉。从讨关羽于华容，诱羽馀党得五千人，牛马器械甚众。

《临海记》曰：汉元鼎五年，立都尉府于侯官，以镇抚二越，所谓东南一尉者也。

《黄帝占军气决》曰：都尉气如合抱之榆。

周绍《新论》曰：散骑侍郎、武卫都尉孙奇，字仲容。年十七，以秀才入侍帷幄。余作诗一篇美而风之："恂恂周公，美妙无已。诞姿既丰，世胄有纪。平南之孙，奋威之子。"

《湖广边都尉箴》曰：巍巍上圣，光被八埏。矧惟内外，罔不来宾。季末陵迟，王泽壅隔。戎狄作难，鬼方骚逖。桓桓猛将，是攘是辟。殷宗周宣，用显其绩。大汉龙兴，念存治平。荡荡率土，来同门并。守抚其民，尉典其戎。五才并用，文武程功。

奉车都尉

韦昭《辩释名》曰：奉车都尉，奉天子乘舆。辩云：奉车都尉，主乘舆乘车，尊不敢言主，故言奉。

《汉书》曰：奉车都尉，掌御乘舆车。

骑都尉

《魏略》曰：李丰字安国。年十七，在邺下，名为清白，识别人物。明帝时得吴降人，问江东闻中国名士为谁？降人云："闻有李安国者。"是时，丰为黄门郎。上曰："丰名乃播于吴越耶！"后转拜骑都尉。

又曰：毕轨字昭先。明帝在东宫时，轨在文学中；及即位，入为黄门郎，拜骑都尉。

《魏志》曰：徐晃字公明，河内东阳人也。为郡吏，从车骑将军杨奉讨贼有功，拜骑都尉。

《吴志》曰：骆统字公绪，会稽乌阳人。时饥荒，多有困乏，统为饮食衰少。其姊仁爱，寡妇无子，见统甚哀之，数问其故。统曰："士大夫糟糠不足，我何心独饱！"姊曰："诚如是，何不告我，而自苦若此？"乃自以私粟与统，又以告母。母亦贤之，遂使分施，由是显名。孙权以将军领会稽太守，统年二十，试为乌程相，民户过万，咸叹其惠理。权嘉之，召为功曹，行骑都尉。

又曰：孙权遣骑都尉赵咨使魏。魏帝问曰："吴王何等主也？"咨对曰："聪明仁智，雄略之主也。"帝问其状，咨曰："纳鲁肃于凡器，是其聪也；拔吕蒙于行阵，是其明也；获于禁而不害，是其仁也；取荆州而不血刃，是其智也；据三州而虎视天下，是其雄也；屈身于陛下，是其略也。"

又曰：顾承字子直。嘉禾中，与舅陆瑁俱以礼征。权赐丞相雍书曰："贵孙子直，令问休休，至与相见，过于所闻，为君嘉之。"拜骑都尉。

《吴志》曰：诸葛恪字元逊，瑾长子也。少知名，弱冠拜骑都尉。

太平御览卷第二百四十二 职官部四十

诸校尉凡三十

屯骑校尉

陶氏《职官要录》曰：屯骑、越骑、步兵、长水、射声，五校尉。案：晋官，晋承汉置，以为宿卫官，各领千兵。兴宁三年，桓温奏省五校尉。永初元年复置，以叙勋旧。

《东观汉记》曰：刘磐字仲兴，兼屯骑校尉。时五校官显职闲，府寺宽敞，舆服光丽，伎巧毕给，故多宗室肺腑居之。

《后汉书》曰：邓阊妻耿氏，有节操，痛邓氏诛废，子忠早卒，乃养河南尹豹子，嗣为阊后。耿氏教之书学，遂以通博称。永寿中，与伏无忌、延笃著书东观，官至屯骑校尉。

《蜀志》曰：宗预字德艳，为屯骑校尉。邓芝自江州来朝，谓预曰："礼，六十不服戎，而卿甫受兵，何也？"预答曰："卿七十不还兵，我六十何为不受耶？"复东聘吴，孙权捉预手，涕泣，遗大珠一斛。

《晋书》曰：濮阳王允为屯骑校尉，给千人营，置长史。

《司马无忌让屯骑校尉表》曰：屯骑之任，职典禁旅，御卫事重，必宜其人，岂臣微弱所可克堪？

越骑校尉

《汉书·百官表》曰：越骑校尉掌越骑。如淳曰："越人内附，以为骑也。"晋灼曰："其才力超越。"

《后汉书》曰：越骑校尉邓康，以太后久临朝政，宗门盛满，数上书长乐宫，谏争宜崇公室，自损私权。言甚切至，太后不从。康心怀畏惧，永宁元年遂谢病不朝。

又曰：桓郁迁越骑校尉。诏敕太子、诸王各奉贺致礼。郁数进忠言，多见纳录。

又曰：《董卓传》：越骑校尉汝南伍孚忿卓凶毒，志手刃之，乃朝服怀佩刀以见卓。孚语毕辞去，卓起送至阁，以手抚其背，孚因出刀刺之，不中。卓自奋得免，急呼左右执杀孚，而大诟曰："虏欲反耶？"孚大言曰："恨不得磔裂奸贼于都市，以谢天地！"言未毕而毙。

谢承《后汉书》曰：曹节弟破石为越骑校尉。越骑营伍伯妻有美色，破石从求之，伍伯不敢违。妻执意不肯行，遂自杀。破石淫暴无道，多此类也。

步兵校尉

《汉书》曰：步兵校尉，掌上林苑门。

《东观汉记》曰：崔篆，王莽时为郡文学，以明经征诣公车，太保甄丰举为步兵校尉。篆辞曰："吾闻伐国不问仁人，战阵不访儒士，此举奚至哉？"遂投劾归。

又曰：梁不疑拜步兵校尉，上书曰："刊校之职，上应天工，下厌群望，实非过少所任。"

《梁史》曰：韦粲长八尺，容观甚伟。初为云麾晋安王参军，后为外兵参军，兼中兵。时颍川庾仲容、吴郡张率前辈，才名与粲同府，并忘年交好。及王为皇太子，粲自记室迁步兵校尉。

《后魏春秋》曰：阮籍以世多故，禄仕而已。闻步兵校尉缺，厨多美酒，营人善酿，求为校尉，遂纵酒昏酣，遗落世事。

长水校尉

《释名》曰：长水校尉，长于水战、用船之事。韦昭辩云："长水校尉，典胡骑，不主水战也。其厩近水，故以为名。"

《东观汉记》曰：贾宗字武孺。为长水校尉，数言便宜，赏赐殊特，上美宗既有武节，又兼经术，每燕会，令与当世大儒司徒丁鸿问难经传。

《蜀志》曰：秦密为长水校尉。吴遣张温来聘，百官皆往饯，而密后往。既至，温曰："彼何人也？"亮曰："益州学者也。"及至，温问密曰："君学乎？"答曰："五尺童子皆学，何必小人？"……答问如响，应声而出。温大敬服之。

王隐《晋书》曰：下邳王晃，起家为长水校尉，给千人营，置长史司马。

射声校尉

《汉书》曰：射声校尉，掌待诏射声。应劭曰：士工射者冥中闻声射之则中，因以名也。须待所命而射，故曰待诏射声。

《东观汉记》曰：班超在西域三十一岁，还洛阳，拜为射声校尉。

《续汉书》曰：曹褒迁射声校尉。案行营舍，不葬者悉为买空地葬之，设祭，吏士咸称其仁。

王隐《晋书》曰：武帝诏曰："射声校尉胡奋，外掌方任，内参九列，不宜同之常例，勿使入直。"

何法盛《晋中兴书》曰：刘超字世逾，中书郎迁为射声校尉。时军校无兵，义兴人多义随，超因领之，号为君子营，以实宿卫。

中垒校尉

《汉书》曰：中垒校尉武帝置。世祖中兴省更置北军中候掌兵官。掌北军垒门内外。

胡骑校尉

《汉书》曰：胡骑校尉，掌池阳胡骑，不常置。

虎贲校尉

《汉书》：虎贲校尉掌轻车，武帝初置，有丞、司马，秩二千石。

城门校尉

《后汉书》曰：赤眉与李松战，生得松。时松弟汎为城门校尉，赤眉使使谓之曰："开城门，活汝兄。"汎即开门。

《环济要略》曰：城门校尉，高帝置，秩二千石，出从缇骑百二十人。

嫖姚校尉《汉书》为嫖姚。服虔音剽摇。师古曰：劲疾之貌。

《汉书》曰：霍去病以皇后姊子，年十八为侍中，善骑射，为嫖姚校尉。

护羌校尉

《东观汉记》曰：邓训为护羌校尉，诸胡皆喜，义从。羌胡俗耻病死，每疾临困，辄以刀自刺。训闻其困者，辄拘持缠束，不与兵刀，使医药疗理，愈者非一，小大莫不感悦。及训病卒官，吏人羌胡爱惜，旦夕临者数千人。

护乌桓校尉

《续汉书》曰：护乌桓校尉一人，主乌桓校尉，比二千石。

应劭《汉官仪》曰：护乌桓校尉，孝武帝时，乌桓属汉，始于幽州置之，拥节、监领，秩比二千石。

《魏略》曰：毌丘俭，字仲恭，为荆、幽二州刺史，持节，领护乌桓校尉。

戊己校尉

《东观汉记》曰：耿恭，字伯宗。永平中始置西域都护戊己校尉，乃以恭为戊己校尉。

南蛮校尉

傅畅《晋诸公赞》曰：王戎为荆州刺史、扬烈将军，领南蛮校尉。

南夷校尉

沈约《宋书》曰：护南夷校尉，晋武帝立，领治宁州，江左改曰镇蛮校尉。

西夷校尉

沈约《宋书》曰：护西夷校尉，晋武帝立，治宁州，江左平蜀后治涪城，终晋世。晋太康三年置。永嘉中益州刺史领西夷校尉。太元末殷荆州表复之，又治涪城也。

西域校尉

沈约《宋书》曰：护西域校尉，晋武帝立，治雍州。江左废，安帝元兴中又置，寄治西阳。

宁蛮校尉

沈约《宋书》曰：宁蛮校尉，晋安帝置，治襄阳郡，以授鲁宗之。

三巴校尉

《齐职仪》曰：三巴校尉，银印、青绶、虎冠、绛朝服，宋太始五年置，以巴东、巴西、梓橦、建平四郡隶焉。建元二年省校尉，改置巴州刺史。

忠义校尉

《吴志》曰：是仪从孙权讨关羽，拜忠义校尉。仪上表陈谢，权令曰：“孤虽非赵简子，卿安得不自屈为周舍耶？”

怀义校尉

《吴志》曰：太傅马日磾仗节案兵集东关，在寿春以礼辟孙策，表拜怀义校尉。

折冲校尉

《吴志》曰：袁术表孙策为折冲校尉，行殊寇将军。

翊军校尉

王隐《晋书》曰：太康中伐吴还，欲以王濬为五官校尉而无缺，始置翊军校尉，班同长水步兵，以梁、益所省兵为营。

材官校尉

《魏略》曰：材官校尉，黄初中置，秩比二千石，主天下材官，属少府。

骁骑校尉

《魏略》曰：董卓表太祖为骁骑校尉，又被征为典军校尉。

典农校尉

《魏略》曰：典农校尉，太祖置，秩比二千石。

司农度支校尉

《魏略》曰：司农度支校尉，黄初四年置，比二千石，掌诸军兵田。

建义校尉

《吴志》曰：《朱据传》：孙权咨嗟将帅，追思吕蒙、张温，以为据才兼文武，可以继之，由是拜建义校尉，领兵屯姑熟。

武卫校尉

《吴志》曰：朱才字君业。为人精敏，善骑射，权爱异之，常侍从游戏。少以父任为武卫校尉。

灭虏校尉

《吴志》曰：贺景为灭虏校尉，御众严而有恩，兵器精饰。

西园八校尉

范晔《后汉书》曰：中平五年初，置西园八校尉。

东宫三校尉

沈约《宋书》曰：武帝永初二年，置东宫屯骑、步兵、翊军三校尉。

羽林监

《汉书·百官表》曰：羽林掌送从，佽飞期门，武帝太初元年置，名曰建章营骑，后更名羽林，取从军死事之子孙，教以五兵，号曰羽林孤儿。

又曰：甘延寿字君况，以良家子，善骑射，为羽林。投石、拔距，绝于等伦，超逾羽林亭楼，由是迁为郎。

《续汉书》曰：羽林左右监，皆冠鹖冠。

应劭《汉官仪》曰：羽林者，言其为国羽翼如林盛也。一名为严郎，言其御侮严厉。其后简取五营高才，别为左右监，监羽林左右骑，父死子继，与虎贲同。

《汉杂事》曰：窦固以羽林监为中郎将，征西羌，还中郎印绶，复为羽林监。

《汉名臣奏》曰：曹褒上疏"王者莫不制礼乐"，诏褒即先序礼乐，以帝新制一篇冠首，擢褒监羽林左骑。

《魏略》曰：桓范字元则，为羽林左监，以才学与王象等典集《皇览》。

《魏志》曰：夏侯玄字太初，弱冠为黄门侍郎。尝进见，与皇后弟毛曾并坐，玄耻之，不悦，形于色。明帝恨，左迁羽林监。

《梁冀别传》曰：冀妻孙寿从弟安，以童幼拜黄门侍郎、羽林监。

期门仆射

《汉书》曰：建元三年，上微行始出，北至池阳，西至黄山，南猎长杨，东游宜春。微行常用饮酎，八九月中与侍中、常侍、武骑及待诏陇西北地良家子能射者，期诸殿门，故有期门之号，自此始也。

《后汉书》曰：阴兴守期门仆射，典将武骑，从征伐，平定郡国。兴每从出入，常操持小盖，障翳风雨，躬履涂泥，率先期门。光武所幸之处，辄先入清宫，甚见亲信。

冗从仆射

《续汉志》曰：冗从仆射，秩比六百石。武帝置期门郎，有仆射。常从游猎，或以宦者为之，号冗从黄门仆射，居则直门户，行则骑从。桓帝永寿三年置冗从仆射。

《续汉志》曰：先腊一日，大傩逐疫鬼，冗从仆射将之，逐恶鬼于禁中。

《魏志》曰：冗从仆射毕轨表尚书仆射王思精勤旧吏，忠亮计略不及辛毗，宜以毗代思。

《晋武起居注》曰：东莞王世子瑾贞固和详，有识见才干，以为冗从仆射。

傅畅《晋诸公赞》曰：司马滕字元迈，文献王泰之第三子也。性沉壮，起家为冗从仆射。滕意欲业官以自显，出为郡守。

太平御览卷第二百四十三 职官部四十一

仪同

《东观汉记》曰：邓骘字昭伯，延平元年拜为车骑将军，仪同三司。仪同三司，始自骘也。

《蜀志》曰：黄权降，魏文帝善之，景初三年拜车骑将军，仪同三司。

王隐《晋书》曰：太始七年，以郑袤为司空。天子临轩，遣使就第拜授。袤遣息称疾，上送印绶，至于十数。久之见许，以疾就第，拜仪同三司，置舍人官骑，赐床帐、簟褥、钱五十万。

又曰：华廙为太子少傅，甚得辅导之义。河南尹韩寿，贾后之妹夫，欲以女配廙，不许，由是有恨，故不正三司。疾笃，乃拜仪同三司。

《晋起居注》曰：太始八年诏曰："卫将军羊祜，历文、武，有佐命之勋，其为车骑将军，开府，如三司之仪。

又曰：元年诏曰："中书监光禄大夫张华，历世腹心，情所凭赖，故畴其勋绩，使仪同三司而虚冲挹损，难违高尚。其以光禄大夫仪同三司，本职如故。又给亲信满百人。

又曰：元康元年诏曰："光禄大夫王戎、光禄大夫裴楷，开府辟召，仪同三司。

《晋中兴书》曰：郗愔，咸安元年拜都督浙江东五都诸军事，进位镇军，开府仪同三司，辞不受。

又曰：蔡谟免，皇太后诏以谟为左光禄大夫，开府仪同三司，遣谒者孟洪就加册命。谟上疏陈谢，遂以疾笃不朝。赐机杖，门施行马。

《齐书》曰：徐孝嗣加开府仪同三司。孝嗣闻有诏，敛容谓左右曰："吾德惭古人，位登衮职，将何以堪之？明君可以理夺，必当死请。若不获命，正当角巾丘园，待罪家巷耳。"故让不受。

《齐职仪》曰：开府仪同三司，置舍人官骑。建初三年，马防为车骑将军，仪同三司。魏以黄权为车骑开府，此后甚众，将军开府，依大司马，朱服；光禄大夫开府，依司徒，皂服。

《北史》曰：裴文举，武成二年就加使持节骠骑大将军，仪同三司。蜀土沃饶，商贩百倍，或有劝文举规利。文举答之曰："利之为贵，莫若安身，身安道隆，非货之谓。是以不为，非恶财也。"

《后周书》曰：李贤迁骠骑大将军，开府仪同三司。太祖之奉魏太子西巡也，至原州遂幸贤第，让齿而坐，行乡饮酒礼焉。其后太祖又至原州，令贤乘辂备仪服，以诸侯会遇礼相见。然后幸贤第，欢宴终日，凡是亲族，颁赐有差。

《陈书》：章昭达以平留异功授镇前将军，开府仪同三司。初，文帝尝梦昭达升台铉，及旦，以梦告之。至是侍宴，酒酣，顾昭达曰："卿忆梦不？何以偿梦？"昭达对曰："当效犬马之用，以尽臣节，自馀无以奉偿。"

《隋书》曰：何稠安集岭南，有钦州刺史宁猛力帅众迎军。初，猛力掘山洞，欲图为逆，至是惶惧，请身入朝。稠以其疾笃，因示无猜贰，遂放还州，与之约曰："八九月间，可诣师京相见。"稠还奏状，上意不怿。其年十月，猛力卒。上谓稠曰："汝前不将猛力来，今竟死矣。"稠曰："猛力共臣为约，假令身死，当遣子入侍。越人性直，其子必来。"初，猛力临终，诫其子长真曰："我与天使为约，不可失信于国士。汝葬我讫，即宜上路。"长真如言入朝，上大悦，曰："何稠著信蛮夷，乃至于此。"以勋授开府。

齐王俭《拜仪同三司章》曰：臣闻日中则昃，盈虚之定分；器满必倾，往覆之常理。遂乃班同衮章，燮和台曜，外参论道，内总百司，物议惟尘，自识非据。

梁庾肩吾《为武陵王拜仪同章》曰：臣宅庆紫霄，联休皇极，地均西月。既无迹而成高仕，若乘风故不行而自远。今者四郊无垒，天下同文。都尉春田，犹居塞外；单于冬猎，不入渔阳。臣坐牧三边，非劳七战，岂能屯兵大夏，封万里之侯；飞箭聊城，受千金之寿？论其才望，有惧茂弘；先佩印绶，常羞叔度。

隋江总太保萧公《谢仪同三司表》曰：阪泉野战，曾无汗马之劳；代邸运筹，又阙前驱之勇。薄伐专征，早游边外。执玉奉酎，又亏朝则。王人降止，朝册远临。奉述敕书，曲停表奏。沧波阻夐，既杜敬仲之辞；关路攸长，致绝赵衰之让。心驰紫路，登文石而莫由；目送白云，拜承明之未果。

特进

《东观汉记》曰：邓禹右将军官罢，以特进奉朝请。

《汉杂事》曰：诸侯公德优盛，朝廷所敬异者，赐位特进在三公上，无秩。

《后汉书》曰：梁商以女立为皇后，妹为贵人，加商位特进，更增国土，赐安车驷马。

谢承《后汉书》曰：赵典道懿，尊为国师，位特进，七为列卿，寝布被，瓦器食也。

《晋书·百官表》曰：特进，官品第二。汉制，皇后之父率为此官。

傅咸奏曰：公，品第一，执圭坐侍臣之上；特进，品第二，执皮帛坐侍臣之下，今启特进宜执璧继公。

沈约《宋书》曰：特进。魏世骠骑将军刘放、卫将军孙资等逊位，以侯就第，并位特进。其诸官加特进者，从本官供给。特进但为班位而已，不别有吏、卒、车、服也。

《齐职仪》曰：特进，以功德特进见之。

《后魏书》曰：刁雍拜特进。皇兴中，雍与陇西王源贺及中书监高允等，并以耆年特见优礼，锡雍几杖、剑履上殿，日致珍羞焉。

《北史》曰：穆绍加特进。时侍中元顺与绍同官，顺常因醉入寝所，绍拥被而起，正色让顺曰："老身二十年侍中，与卿先君亟连职事，纵卿后进，何置相排突也。"遂谢事还家，诏谕乃起。

《唐书·官品志》曰：特进、左右光禄、金紫、银青等光禄大夫。用人俱以旧德，就闲者居之。

总叙大夫

《白虎通》曰：大夫，为言大扶进人也。

《毛诗·卫·硕人》曰：大夫夙退，无使君劳。大夫未退，君听朝于路寝，夫人听内事于正寝。大夫退，然后罢也。笺云：庄姜始来，时卫诸大夫朝夕者皆早退，无使我君之劳倦，以君夫人新为配偶，宜亲亲之也。

《毛诗·雨无正》：大夫离居，莫知我勚。则，劳也。笺云：正，长也。官长之大夫。厉王流于彘而皆散处，无复知我民之见疲劳也。三事大夫，莫肯夙夜。邦君诸侯，莫肯朝夕。笺云：王流在外，三公及诸侯随而行者，皆无君臣之礼，不肯晨夜朝暮省王也。

《周礼·秋官下》：朝大夫掌邦家之国治。邦家，王子弟公聊及大夫之采地也。凡邦家之治于国者，必因其朝大夫，然后听之。

《礼记·曲礼上》曰：大夫七十而致事，若不得谢，谢，去也。君贪其德而留之。则必赐之几杖。行役以妇人，适四方，乘安车。自称曰："老夫"，于其国则称名。越国而问焉，必告之以其制。他国问其老者，必以制度告之。

金紫光禄大夫

干宝《晋纪》曰：尚书仆谢李胤母丧，拜金紫光禄大夫，给吏卒，门施行马。

《三国典略》曰：房谟本姓屋氏高。渤海王入洛，授金紫光禄大夫。累赐奴婢，率多放免。王后赐生口，黥面为"房"字而付之。

光禄大夫

《汉书·百官表》曰：光禄勋属官有大夫，掌议论。

《汉书》曰：谷永既为大将军王凤擢为光禄大夫。永奏书谢凤曰：

"永，斗筲之材，质薄学朽，无一日之雅，左右之方，将军悦其狂言，擢之皂衣之吏，厕之争臣之末。"

又曰：金日磾为光禄大夫，亲近未尝有过，上信爱之。

又曰：贡禹上书云："贫老，家资不满万钱，拜光禄大夫，赐益多，家益富。伏自念无报厚德，日夜惭愧。"

又曰：杜陵王仲翁，霍光以为光禄大夫。仲翁出入，苍头庐儿传呼，甚尊宠。

又曰：蔡义上书云："臣山东草莱之人，行能无所比，容貌不及众，然而不弃人伦者，以闻道于先师。愿赐清间之宴，得舒精思于前。"上即见，说《诗》，甚悦，擢为光禄大夫。"

《东观汉记》曰：张堪字子孝，为光禄大夫。数谏。堪常乘白马，光武每有异政，辄曰："白马生且复谏矣。"

又曰：樊宏字靡卿，为光禄大夫。为人谦素畏慎，每朝会，迎期先到，俯伏待事，时至乃起。帝闻之，敕临朝乃告，勿令豫到。

《后汉书》曰：邓太后从樊准议，悉以公田赋与贫人，即擢准与议郎吕仓并守光禄大夫。准使冀州，仓使兖州。准到部开仓廪食，禀给。慰安生业，流人咸得苏息。

又曰：魏文帝受禅，欲以杨彪为太尉，先遣使示旨，彪辞曰："彪备汉三公，遭代倾乱，不能有所补益，耄年被病，岂可赞惟新之朝。"遂固辞。乃授光禄大夫，赐几杖、衣袍。因朝会引见，令彪着布单衣、鹿皮冠而入，待以宾客之礼。

华峤《后汉书》曰：邓彪遭后母忧，毁瘠过礼，因疾乞身，以光禄大夫行服。

《汉书解诂》曰：武帝以中大夫为光禄大夫，与博士俱以儒雅之选。异官通职，《周官》所谓官联者也。温故知新，率由旧章，皆能明古今、辨章旧闻者也。

《汉书·百官表》注曰：光禄大夫，古官也。银章、青绶。

《汉官仪》曰：光禄大夫，秩比二千石。掌议论，属光禄勋，门外特施行马，以旌别之。

《魏志》曰：常林字伯槐，河内温人也。时论林节操清峻，欲致之公辅，而林遂称疾笃，拜光禄大夫。

又曰：黄初四年，诏给光禄大夫杨彪吏卒，门施行马。

《吴志》曰：八月，遣光禄大夫周奕、石伟巡行风俗，察将吏清浊、民所疾苦，为黜陟之诏。

王隐《晋书》曰：刘毅字仲雄，年七十告老，以光禄大夫致仕，门施行马，赐钱百三十万。

《晋书》曰：王览为宗正卿致仕，诏遣殿中医疗疾给药，后转光禄大夫，门施行马。

又曰：郑褒，魏景元初，疾病失明，屡乞骸骨，不许，拜光禄大夫。

又曰：华表字伟容，歆子也。太始中为太中大夫，禄赐与聊同，门施行马。

《晋阳秋》曰：李喜乞老，以为光禄大夫，门施行马。

《晋中兴书》曰：王蕴字叔仁修。烈宗将纳后，访于公卿，仆射谢安曰："王蕴地望，可与国婚。"定后既立，征拜金紫光禄大夫。

又曰：祖纳字士言。少持操行，能言名理，迁右光禄大夫。

又曰：荀组字太章，颍川人也。弱冠，太尉王夷甫见而称之，为光禄大夫。

又曰：荀松字景猷，组族子也。弱冠，太原王济甚相器重，拜右光禄大夫。

又曰：贺循字彦士，会稽人也。节操高厉，童龀不群；言行举动，必以礼让。行有馀力则精书学。由是博览群书，尤明《三礼》，为江表儒宗，拜右光禄大夫。

又曰：顾和字君季，荣族子也。和二岁失父，总角便有清操，弱冠知名。族父荣雅器之曰："此吾家千里驹也。兴吾宗者，必此子矣。"康帝即位，为尚书仆射，更拜银青光禄大夫，又迁左光禄大夫。

《晋诸公赞》：卫尉傅祗以风疾逊位，加光禄大夫，门施行马。

《齐书》云：周盘龙，世祖讲武，令盘龙领军校尉，骋稍，后以疾为光禄大夫。

《后魏书》曰：李茂字中宗，为光禄大夫。茂性谦慎，以弟仲宠盛，惧于盈满，遂托以老疾固请逊位，高祖从之，听食大夫禄，还私第。

《汝南先贤传》曰：郭宪为光禄大夫。上欲到三辅，宪谏曰："天下初定，车驾未可以巡。"上遂行，宪当车，拔佩刀以断车靷。上不止，到弘农，兵起颍川，上曰："恨不用光禄之言。"于是乃还。

《樊英别传》曰：诏书告南阳太守、五官中郎将樊英委荣辞禄，不降其节，志不可夺。今以英为光禄，赐还家，在所县给谷千斛，常以八月存高年，给羊一头，酒三斛。

《荀氏家传》曰：闿字道明，性清静，善谈论，迁光禄大夫。以君面似胡，明帝谓为神明胡子。

太中大夫

韦昭《辨释名》曰：太中大夫，大夫之中最高大也。

《汉书》曰：陆贾，楚人也。以客从高祖定天下，又以口辨居左右，常使诸侯。中国初定，尉佗平南越，因王之。高祖使贾赐佗印，为南越王。贾说佗，令称臣，奉汉约。归报，高帝大悦，拜贾为太中大夫。

又曰：东方朔字曼倩，平原厌次人也。拜太中大夫，观察颜色，直言切谏，上常用之。

《东观汉记》曰：来歙字君叔，南阳新野人也。歙有大志，慷慨，治《春秋左氏》。东诣洛阳，见上，大喜曰："君叔独劳苦。"即解被襜襦以衣歙，拜太中大夫。

《后汉书》：征郭伋为太中大夫，赐宅一区，及帷帐钱谷以充其家。伋辄散与宗亲九族，无所遗馀。

司马彪《续汉书》曰：张湛拜太中大夫。病居东门候舍，故时人号之为中东门君。上数存问、赏赐。

《魏志》曰：管宁字幼安，北海朱虚人也。年十六丧父，中表愍其孤贫，咸共赠赙，悉辞不受。长八尺，美须眉。与平原华歆、同县邴原相友。黄初四年，诏公卿举独行君子，司徒华歆荐宁，文帝以宁为太中大夫，固辞不受。

又曰：韩暨字公至。明帝诏曰："太中大夫暨，澡身浴德，志节高洁，年逾七十，守道弥固，可谓纯笃老而益劭者也，其以暨为司徒。"

《吴志》曰：裴玄字彦黄，下邳人也。少有学行，官至太中太夫。

《梁书》曰：顾宪之字士思。风疾求还，吴天监二年，授太中大夫。虽累年宰郡，资无担石，及归环堵，不免饥寒。

中大夫

《汉书》曰：晁错对策，书百馀人，唯错为高最，乃迁为中大夫。

又曰：倪宽以侍御史见上，语经学，从问《尚书》一篇，擢为中大夫。

中散大夫

《东观汉记》曰：牟长字君高。少笃学，治《欧阳尚书》，诸生著录，前后万人。建武十四年，征为中散大夫。

《后汉书》曰：鲁丕字叔陵，迁中散大夫。时贾逵荐丕，道艺深明，宜见任因和帝朝会，召见诸儒，丕与侍中贾逵、尚书令黄香等相难数事，帝善丕说，罢朝，特赐冠帻、履、袜、衣一袭。

《续汉书》曰：谯玄字君黄，能说《春秋》，迁中散大夫。

柱国

《北史》曰：李敏，美姿容，善骑射。开皇初，周宣后乐平公主有女娥英，妙择婚对，敕贵公子弟集弘圣宫者，日以百数。公主选取敏，礼仪如尚帝女。后将侍宴，公主谓敏曰："我以天下与至尊唯一女夫，当为汝求柱国，若授馀官慎无谢。"及进见，上亲御琵琶，敏舞，大悦，谓公主曰："敏何官？"对曰："一白丁耳。"上谓敏可授仪同，敏不答。上曰："不满尔意耶？"令授开府，又不谢。上曰："公主有大功于我，今授卿柱国。"敏乃拜，蹈舞。遂于坐发诏授柱国。

《五代史》：后唐天成三年五月诏曰："开府仪同三司，阶之极；太师，官之极；封王，爵之极；上柱国，勋之极。近代已来，文臣官阶稍高便授柱国，岁月未深便转上柱国，武资不计何人，初官便授上柱国。官爵非无次第，阶勋备有等差，宜自此时重修旧制。今后凡是加勋，先自武骑尉经十二转，乃授上柱国。永作成规，不令逾越。"虽有是命，竟不革前例。

奉朝请

《汉书》曰：王陵为太傅，杜门谢疾，竟不朝请。

《续汉书》曰：前汉列侯，奉朝请在长安，位次三公。汉武时，宣帝为皇曾孙，令奉朝请。

《东观汉记》曰：建武中，邓禹失司徒，特进奉朝请。

《汉官解诂》曰：三辅职如郡守，独奉朝请。成帝丞相张禹逊位，特进奉朝请。又以关内侯萧望之奉朝请。奉朝请之号则非为官。如淳曰："诸侯春朝天子曰朝，秋曰请。虽国戚及勋门子弟为之，但预朝请会而已。"

《晋起居注》曰：孝武宁康三年，诏陇西王世子越、驸马都尉杨邈并可奉朝请，侍从左右，与太子游处。

沈约《宋书》曰：奉朝请，无员外，本不为官。汉东京罢省三公，外戚、宗室，多奉朝请。奉朝请者，奉会朝请召而已。

又曰：王敬弘子恢之被召为秘书郎，敬弘求为奉朝请，与恢之书曰："秘书有限，故有竞。朝请无限，故无竞。吾欲使汝处于不竞之地。"太祖嘉而许之。

《北齐书》曰：祖鸿勋为州主簿，仆射临淮王彧表荐鸿勋有文学，宜试以一官，敕除奉朝请。人谓之曰："临淮举卿，便以得调，竟不相谢，恐非其宜。"鸿勋曰："为国举才，临淮之务，祖鸿勋何事从而谢之？”彧闻而喜曰：“吾得其人矣。”

《后魏书》曰：崔光韶事亲以孝闻，初除奉朝请。光韶与弟光伯双生，操业相侔，特相友爱。遂经吏部尚书李冲，让官于光伯，辞色恳至。冲为奏闻，高祖嘉而许之。

又曰：裴询字敬叔。美仪貌，多艺能，音律博奕，咸所开解。起家奉朝请。

又曰：梁景伯生于桑乾，少丧父，以孝闻。家贫，佣书自给，养母甚谨。尚书卢渊称之于李冲，冲时典选，拔为奉朝请。

致仕官

《晋书》曰：王祥致仕，诏赐几杖、床帐、簟蓐，以舍人六人为睢陵公舍人。

又曰：郑冲致仕，诏赐安车、驷马、床帐、簟蓐。

《五代史》曰：郑韬以户部尚书致仕，自襁褓迨于悬车，事真伪十一君，凡七十载，所任无官谤，无私过，三持使节，不辱君命。士无贤不肖皆恭已接纳。晚年背伛，时人咸曰郑伛不迁。平生交友之中无隙怨，亲族之间无爱僧，恬和自如，性尚闲简。及致政归洛，甚惬终焉之旨。

太平御览卷第二百四十四 职官部四十二

太子太师

《六典》曰：太子三师，以道德辅教太子者也，止于动静、起居、言语、视听，皆有以师焉。

《礼记·文王世子》曰：教世子必以礼乐。乐所以修内也，礼所以修外也。礼乐交错于中，发形于外，是故其成也怿。出则有师，是以教喻而德成也。师也者，教之以事而谕诸德也。

《大戴礼》曰：昔者周成王幼在襁褓之中，太公为太师。

《唐书·官品志》曰：太子太师、太傅、太保，是为三师，常师范、训导、辅翊。

太子太傅

《礼记》曰：三王教太子，立太傅、少傅以养之，太傅在前，少傅在后。

《史记》曰：万石君姓石，名奋。无文学，恭谨无比，迁为太子太傅。

又曰：夏侯胜为太子太傅，受业，诏撰《尚书》、《论语》，赐黄金百斤。年九十卒官，赐冢茔，葬平陵。太子赐钱二百万，为胜素服五日，以报师傅之恩。儒者以为荣。

《汉书》曰：景帝栗太子以窦婴为太傅。十年，栗太子废，婴争不能得，谢病屏居蓝田山下。数月，诸窦宾客辨士说清，遂起朝。

又曰：萧望之，字长倩，为太子太傅，以《论语》授太子。

又曰：叔孙通为太傅。高帝欲立赵王，废太子，通谏曰："昔晋献公以骊姬故，废立太子，晋国乱者数十年；秦不早定扶苏，终使灭祀。今太子仁孝，陛下必废嫡立庶，臣愿先伏诛，以颈血污地。"上曰："公罢，吾戏耳。"通曰："太子天下本，本一摇，天下振动，奈何以天下戏乎？”

又曰：疏广字仲翁，为太傅，兄子受为少傅，朝廷以为荣。皆请免归乡里，公卿祖饯东都门外，百姓观者叹曰：“贤哉二大夫！”初，太子外祖许伯以太子少，请使其弟舜监护太子家。广曰：“太子国储副君，师友必天下英俊，不宜独亲外家。今官属以备，若亲昵外家，非所以广太子德于天下也。”上善之。

《东观汉记》曰：建安二十八年，大会百官，诏问谁可傅太子者，群臣承意皆言太子舅执金吾阴识可，博士张佚正色曰：“今陛下立太子，为阴氏乎？”为天下乎？即为阴氏，则阴侯可；为天下，则固宜用天下之贤才。“上称善，曰：“欲置傅者以辅太子也。今博士不难正朕，况太子乎？”即拜为太子太傅。

又曰：张湛字子孝，为太子太傅。及郭后废，因称疾，拜太中大夫。病居东门候舍，故时人号中东门君。帝数存问，赏赐。后大司徒戴涉被诛，帝强起湛以代之，至朝堂遗失溲，因自陈疾笃，不能复任朝事，遂罢之。

《后汉书》曰：明帝以邓禹先帝名臣，拜太子太傅也。

应劭《汉官仪》曰：太子太傅，日就月将，琢磨玉质。言太子有玉之质，琢磨以道也。

《魏志》曰：何夔代凉茂为太子太傅，每月朔，太傅入见，太子正法服而礼焉。

《吴志》曰：吴粲迁太子太傅，遭二宫之变，抗言执正，明嫡庶之分，欲使鲁王出住夏口，遣杨竺不得令在都邑。又数以消息语陆逊，逊时驻武昌，连表谏争。由此为竺等所谮害。

又曰：孙权寝疾，征大将军诸葛恪为太子太傅，会稽太守滕胤为太常，并受诏辅太子。

又曰：阚泽字德闰，会稽山阴人，拜太子太傅，领中书。孙权尝问：“书传篇赋，何者为美？”泽欲讽谕以明治乱，因对贾祖《过秦论》最美，权览读焉。

又曰：程秉字德枢，汝南南顿人也。秉事郑玄，避乱交州，与刘熙考论大义，遂博通五经。士燮命为长史。权闻其名儒，以礼征；秉既到，拜太子太傅。

又曰：张温字惠恕，吴郡吴人也。温少修节操，容貌奇伟。权闻之，以问公卿曰："温当今与为谁比？"大司农刘基曰："可与全琮为辈。"太常顾雍曰："基未详其为人也。今无辈。"权曰："如是，张允不死也。"征到廷见，文辞占对，观者倾竦。权改容加礼。罢出，张昭执其手曰："老夫托意，君宜明之。"拜议郎，选曹尚书，寻迁太子太傅。

《晋起居注》曰：武帝太始三年始置太子二傅。是时官事大小皆由二傅，太傅立草，少傅写之。

《晋中兴书》曰：贺循字彦先，为太子太傅。诏曰："循清直履道，秉尚贞贵，居身以冲约为本，立德以仁让为行，可躬训储宫，默而成化。"

《唐书·官品志》曰：太子太傅一人，位视尚书令；少傅一人，位视左仆射。

《魏故事》曰：太傅于太子不称臣，少傅称臣。

太子太保

《礼记》曰：保也者，慎其身以辅翼之，而归诸道者也。

《晋书》曰：刘实字子真，以特进开府，加太子太保。

《晋中兴书》曰：怀帝以荀组为侍中，特进，行太子太保。

傅畅《晋赞》曰：贾充为太尉，行太子太保，以公位重，其为保、傅，或行或领，各随其时。

《后魏书》曰：显祖将禅位于京兆郡王子推，任城王云、陇西王源贺并固谏。陆馛抗言曰："皇太子圣德承基，四海属望，不可横议，干国之纪。臣请刎颈殿廷，有死无二。"久之，帝意乃解，诏曰："馛，直臣也，其能保吾子乎！"遂以馛为太保。

太子少师

《六典》曰：太子三少，掌奉皇太子以观三师之道德而教谕焉。

《晋书》曰：惠帝以卫尉裴楷为太子少师。

《宋书》曰：太子少师、少保，并晋置。

《后魏书》曰：郭祚领太子少师，曾从世宗幸东宫，肃宗幼弱，祚怀一黄觚出奉肃宗。时应诏左右赵桃弓与御史王显迭相唇齿深，为世宗所信，祚私事之。时人谤祚者，以为桃弓仆射、黄觚少师。

《唐书·官品志》曰：太子少师、少傅、少保，是为三少，各一人，掌皇太子以观三师之德。出则三师在前，三少在后。

又曰：李纲拜太子少师。纲有脚疾，不堪践履。太宗特赐步舆，令纲乘至阁下，数引禁中，问以政道。又令舆入东宫，皇太子引上殿，亲拜之，纲于是陈君臣父子之道，问寝视膳之方，理顺词直，听者忘倦。

又曰：贞观十三年，以左仆射房玄龄为太子少师。玄龄上表逊位，诏不许。太宗因谓侍臣曰："太子师保，古难其选。若成王幼小，以周公为傅，左右皆贤，日闻雅训，自幼及长，便为圣君。秦之胡亥，赵高傅之，教以刑法；及其立也，诛功臣，杀亲族，酷烈不已，旋踵而亡。以此言之，善恶由于习近。"

又曰：唐休璟，年力虽衰，进取弥锐。时宫人贺娄氏用事，而休璟为男取其养女，因以自达，拜太子少师。时议讥之。

又曰：长庆中，以兼太常卿赵宗儒为太子少师。太常有师子乐，备五方之色，非会朝聘享不作焉。至是，中人掌教坊之乐者，移牒取之。宗儒不敢违，以状白宰相，以为事在有司执守，不合关白，而宗儒忧恐不已。宰相责以懦怯不任事，故换此散秩。

陶氏《职官录》曰：三少旧视左仆射，冠服同三太也。

太子少傅

《汉书》曰：上谓张良曰："子房虽疾，强起傅太子。"时叔孙通已为太傅，以良行少傅事。

又曰：匡衡字稚圭，为太子少傅，数上书陈便宜。少好学，家贫，佣力以供资用。

《东观汉记》曰：建兴二十八年，以桓荣为少傅，赐以辎车乘马。荣大会诸生，陈车马印绶曰："今日所蒙，稽古之力也，可不勉乎！"

《后汉书》曰：征王丹为太子少傅。时大司徒侯霸欲与交友，及丹被征，遣子昱候于道，昱迎拜车下，丹下，答之。昱曰："家公欲与君结交，何为见拜？"丹曰："君房有是言，丹未之许也。"

《续汉书》曰：王丹字仲回，为太子少傅，謇谔正直，名德重于时。

《魏志》曰：邢颙，字子昂。初，太子未定而临淄侯植有宠，丁仪等并赞翼其美。太祖问颙，颙对曰："以庶代宗，先世之戒也。愿殿下深重察之！"太祖识其意，后遂以为太子少傅。

《吴志》曰：薛综、综子莹、莹子兼，三世并为太子少傅，谈者美之。

《晋书》曰：山涛转太子少傅。在东宫，年已七十，病疾求退，手诏不听，寻讲武于宣武场。有诏，涛乘步辇，导皇太子入。时尚书仆射卢钦与涛言及孙武用兵本意，武帝欣然而言曰："山少傅故是天下谈士也。"举坐倾心。

又曰：何曾议太子少傅当称臣拜，荀顗曰："太之与少，自二傅之名次耳，非于太子有轻重也。"诏曰："秦汉已来，旧章废灭，随时改作，其故事不可依用，宜远准古义，定二傅不臣拜。"

又曰：王雅为太子少傅。时朝望属王珣，珣亦颇以自许。及诏用雅，众遂赴雅焉。将拜，遇雨，请以伞入。王珣不许之，因冒雨而拜。雅既贵幸，威权甚振，门下车骑常数百，而善应接，倾心礼之。

《晋中兴书》曰：周顗字伯仁，拜太子少傅。顗上疏曰："臣退自忖省，学不通一经，智不效一官，止足良难，未能守分。不悟天监忘臣顽蔽，乃欲使臣内管铨衡，外忝傅训，质轻蝉翼，事重千钧，此之不可，不待识而明矣。

《后周书》曰：萧圆肃，武帝建德三年，授太子少傅，增邑九百户。肃氏以任当师傅，调护是职。乃作《少傅箴》曰："惟王建国，辨方正位。左史记言，右史书事。莫不援立太子，为皇之贰。是以《易》称明两，《礼》云上嗣。东序养德，震方主器。束发就学，《宵雅》便隶。朝读百篇，已夜乃寐。爱日惜力，寸阴无弃。视膳再饭，寝门三至。小心翼翼，大孝烝烝。询谋计虑，问对疑承。安乐必敬，无忘战兢。夫天道益谦，人道恶盈。汉嗣不绝乎驰道，魏储回还乎邺城。前史攸载，后世扬名。三善既备，万国以贞。姬周长久，实赖元良。嬴秦短祚，诚由少阳。虽卜年七百，有德至历而昌；数世一万，无德不及而亡。敬之敬之，天惟显思。光副皇极，永固洪基。观德审谕，敢告职司。”太子见而悦之，致书劳问。

《陈书》曰：孝明帝在东宫，宣武皇帝欲以崔光为太子师傅。光固辞，帝令太子南面再拜，宫官皆从太子拜；光北面立，不敢答拜，惟西面拜谢而出。乃授光太子少傅。

傅玄《太子少傅箴》曰：夫金木无常，方员应形，亦有隐括，习以性成。故近墨者黑，声和则响清，形正则影直。正人在侧，德义盈堂；鲍肆先入，兰蕙不芳。傅臣司训，敢告君王。

太子少保

《晋书》曰：怀帝以光禄刘蕃为太子少保。

《晋诸公赞》曰：惠帝以吏部尚书和峤为太子少保。

《唐书》曰：李纲字文纪，为太子少保。高祖以纲隋代名臣，甚加优礼，每手敕未尝称名，其见重如此。

《唐新语》曰：李适之为右相，李林甫密奏其好酒，颇妨政事。玄宗惑焉，乃除太子少保。适之遽命亲故欢会，赋诗曰：“避贤初罢相，乐圣且衔杯。为问门前客，今朝几个来？”举朝服其度量。

太平御览卷第二百四十五 职官部四十三

太子宾客

《六典》曰：太子宾客掌侍从规谏，赞相礼仪，而先后焉。凡皇太子有宾客宴会，则为之上齿。

《汉书》曰：高祖欲废太子，吕后用张良计，致商山四皓，以为宾客。又孝武帝为太子，立博望苑以使通宾客，则其义也。

太子詹事

《六典》曰：太子詹事之职，掌统东宫三寺、十率府之政令，辨其纲纪而修其职务；少詹事为之贰。凡太子立官之典制，皆视其事而承受焉。

《俗说》曰：江夷为右仆射，主上欲用其领詹事，语王淮："卿可觅比例。"淮对曰："臣当出外寻访。"淮后见主上，问："近所道事，卿已得比例未？"淮曰："唯谢琰右仆射领詹事。"琰即谢公之子。恐夷非其例，事遂不行。

应劭《汉官仪》曰：詹事，秦官。詹，省也，给也。秩比二千石。

《汉书》曰：窦婴字王孙，孝景即位，为詹事。帝弟梁孝王，母窦太后爱之。孝王朝，酒酣，上从容曰："千秋万岁后传王。"太后欢。婴引卮酒进上曰："天下者，高帝天下，父子相传，汉之约也，上何以得传梁王！"太后由是憎婴。

又曰：孔光父霸，字次孺。宣帝时，以授太子经为詹事。

又曰：詹事，掌皇后、太子，家有丞属，诸官皆属焉。成帝鸿嘉三年，帝省詹事，属大长秋。

《晋书》曰：卞壶为詹事，世称卞壶裁断切直，敦实，忠于事上也。

《晋起居注》曰：武帝以王恭丹阳尹领詹事，恭让表曰："今皇储始建，四方是式，总司之任，崇替所由。宜妙简才贤，尽一时之胜，岂臣最庸所可叨忝！”

《晋公卿礼秩》曰：太始中立詹事，掌宫事。

沈约《宋书》曰：詹事一人，初领官属。成帝时悉属少傅，魏氏置詹事总众职，晋初又属二傅，咸宁复置詹事。

《齐职仪》曰：詹事品第三，茂陵书，秩二千石，银章、青绶。局拟尚书令，位视领护将军。

《陈书》曰：后主欲以江总为太子詹事，令管记陆瑜言之于孔奂，奂谓瑜曰：“江有潘、陆之华，而无园绮之实，辅弼储宫，窃有所难。”瑜具以白后主，后主深以为恨，乃自言于高宗。高宗将许之，奂乃奏曰：“江总，文华之人，今皇太子文华不少，无藉于总。如臣愚见，顾选敦重之才，以居辅导。”帝曰：“即如卿言，谁当居此？”奂曰：“都官尚书王廓，世有懿德，识性敦敏，可以居太子詹事。”奂又奏曰：“宋朝范晔，即范泰之子，亦为太子詹事，前代不疑。”后主固争之，帝卒以总为詹事。

《唐书》曰：苏弁改太子詹事。弁初入朝，班位失序，殿中侍御史邹儒立对仗弹之。弁于金吾待罪数刻，特释放。旧制：太子詹事班次太常、宗正卿之下。贞元三年，御史中丞窦参叙定班位，移詹事在河南、太原尹之下。弁乃引旧班制立，台官诘之，乃绐云：“已白宰相，请依旧制。”故为儒立弹之。

又曰：龙朔二年，改詹事为端尹，詹事府为端尹府。

王珉《答徐邈书》曰：詹事弹一官，如尚书左丞矣。

太子少詹事

《唐书》曰：张行成转太子少詹事。太宗东征，皇太子于定州监国，即行成本邑也。太子谓行成曰：“今者送公衣锦还乡。”于是令有司祀其先人墓。

太子中庶子

《汉书·百官表》曰：太子中庶子，职侍中。

《汉书》曰：王商字子威，涿郡蠡吾人。商少为太子中庶子，以肃敬见称。

又曰：欧阳地馀，字长宾，为中庶子，授皇太子经。

又曰：冯野王通《诗》，以父任为太子中庶子。

《魏志》曰：鲍勋字叔业，清白有高节，知名当世，为中庶子。在东宫，正色不挠。

《蜀志》曰：后主立太子璿，以霍弋为中庶子。璿好驰射，出入无度，弋援引古事，尽言规谏，甚得切磋之体。

《吴志》曰：孙登为太子。时太傅张温言于权曰："夫中庶子官最亲密，切问近对，宜用俊彦。"于是乃用陈表等为中庶子。后又以庶子礼拘，复令敕中侍坐。

又曰：羊音道初为中庶子，年二十。时廷尉监隐蕃结交豪杰，自卫将军全琮等皆倾心敬待，惟道及宣诏郎杨迪拒绝不与通，时人怪之。而蕃后叛逆，众乃服之。

《晋书》曰：安平王孚，初为魏太子中庶子。魏武帝崩，太子号哭过甚，孚谏曰："大行晏驾，天下恃殿下为命。当上为宗庙，下为万国，奈何效匹夫之孝！"太子良久乃止，曰："卿言是也。"时群臣初闻帝崩，相聚号哭，无复行列。孚厉声于朝曰："今大行晏驾，天下震动，当早拜嗣君，以镇海内，而但哭耶！"孚与尚书和洽奉太子以即位，是为文帝。

又曰：温峤为中庶子，献《侍臣箴》，甚见补益。

又曰：王恂启以桓谦为中庶子，曰东宫之选中庶子管总门下，尤不可不得其才也。

《晋起居注》曰：武帝咸宁元年诏曰："男子皇甫谧沉静履素，守学好古，与流俗异趣，其以谧为太子中庶子。"

《晋中兴书》曰：殷仲堪，少好学，能清言，善属文，人士咸钦爱之，以孝行称。烈宗闻其名，召为太子中庶子，甚相知悦。

又曰：温峤拜太子中庶子。峤在东宫，特见嘉宠，僚属莫与为比。峤与阮放等共劝太子游谈老庄，不教以经史，太子甚爱之，数规谏讽议。

又曰：肃宗之在东宫，孔演领太子中庶子。于时中兴肇构，庶事草创。演经学渊博，该识旧典，朝仪轨制多取正焉。由是元、明二帝并亲爱之。

沈约《宋书》曰：中庶子，汉置。古者世禄，卿大夫之子，即为副倅，谓之国子。天子、诸侯世子，必有庶子官以掌教之。

《齐书》曰：袁粲言于帝曰："臣观张绪有正始遗风，宜为宫职，复转中庶子。

《陈书》曰：王玚父冲尝为玚辞领中庶子，世祖顾谓冲曰："所以久留玚于承华，正欲使太子微有玚风法耳。"

《唐书·官品志》曰：中庶子四人，功高者一人为祭酒，行则负玺，前后部护驾。

《陶氏家传》曰：侃迁太子中庶子。君少而好学，善谈玄理，尤明《诗》、《易》，以孝行闻于时。储选殊难其人，特召君焉。

《山公启事》曰：中庶子缺，宜得俊茂者，以济阴太守留伻、城阳太守石崇参选。

晋齐王攸《与山涛书》曰：太子中庶子，东宫显职，加侍接左右，诚宜得笃粹有行检之人，必允众望。

太子左右庶子

《六典》曰：左庶子之职，掌侍从、赞相、驳正启奏，中允为之二。凡皇太子从祀朝会，出则版奏外办中严，入则解严焉。凡令书下左春坊，则与中允、司议郎等覆启以画诺。右庶子之职，掌侍从左右，献纳启奏；中舍人为之二。凡皇太子监国，于宫内下令书，太子亲画日至春坊，则宣传之。

《礼记》曰：古者天子有庶子之官职，诸侯、卿大夫之庶子，掌其戒令，与其教理。别其等，正其位。国有大事则帅国子而致于太子，唯所用之。若有甲兵事，则授之车甲，合其卒伍，置于有司。

《汉书》曰：成帝以傅喜有志行，为太子庶子。

《魏志》曰：鲍勋字叔业，为庶子，在东宫正色不挠。

《魏氏春秋》曰：阮浑字长威，籍之子也，少知名，为太子庶子。

《吴志》注曰：华融字德蕤，广陵江都人。祖父避乱，居山阴。时皇象亦寓居山阴，吴郡张温来就象学，欲得所舍。或告温曰："有华德蕤者，虽年少，美有令志，可舍也。"温遂止融家，朝夕谈讲。俄而温为选部尚书，乃推擢融为太子庶子，遂知名显达。

《晋书》曰：郑默，武帝时与太原郭奕俱为庶子。朝廷以太子官属宜称陪臣，默上言："皇太子体皇极之尊，无私于天下。宫臣皆受命天朝，不同藩国。"事遂不施行。

《晋起居注》曰：太康十年诏："尚书郎王琛，每所陈论，意在忠说。其以为太子庶子。"

《隋书》曰：刘行本为太子左庶子。时左卫率长史夏侯福为太子所昵，尝于阁内与太子戏。福大笑，声闻于外。行本时在阁下闻之，待其出，行本数之曰："殿下宽容，赐汝颜色。汝何物小人，敢为亵慢！"因付执法者治之。数日，太子为福致请，乃释之。

《隋书》曰：刘行本为左庶子。太子尝得良马，令夏侯福乘而观之。太子甚悦，因欲令行本乘。行本不从，正色而进曰："至尊置臣于庶子之位者，欲令辅导殿下以正道，非为殿下作弄臣也。"太子惭而止。

又曰：刘行本拜太子左庶子，领治书如故。皇太子虚襟敬惮。时唐令则亦为左庶子，太子昵狎之，每令以弦歌教内人。行本责之曰："庶子当匡太子以正道，何有嬖昵房帷之间哉！"令则甚惭而不能改。

又曰：刘行本为左庶子。卒后而太子勇废，文帝曰："若使刘行本在，勇当不及于此。"

《唐书·官品志》曰：庶子四人，掌侍从左右、献纳得失。高功者一人。与舍人共掌其坊之禁令。

又曰：贞观中诏曰："皇太子与百官书疏，未有制式。近代已来，例皆名白，无以别贵贱。今凡处分论事之书，皇太子并画令，左右庶子已下署名，宣奉行书案画日，其馀与诸子亲及师傅等书下不在此限。

又曰：于志宁为太子右庶子，撰《谏苑》二十卷，以进于太子承乾也。

又曰：杜正伦为太子左庶子。太宗谓曰："国之储副，自古所重，必择善人为之辅佐。今太子年在幼冲，志意未定。朕若朝夕见之，可得随事诫约。今既委以监国，不在目前，知卿志怀贞悫，能执直道，故辍卿于朕以匡太子，宜知委任轻重也。"

又曰：太宗谓太子左庶子于志宁曰："古者太子既生，卜士负之，即置辅弼。昔成王幼小，周、邵为傅，日闻正道，习以成性。今皇太子既幼，卿当辅之正道，无使邪僻开其心。勉之无怠，当称所委，官赏可不次而得也。"

又曰：李百药授太子右庶子。时太子颇留意典坟，然闲宴 之后，嬉戏过度，百药作《赞道赋》以讽焉，词多不载。太宗见而遣使谓百药曰："朕于皇太子处见卿所献赋，悉述古来储二事以诫太子，甚是典要。朕选卿以辅弼太子，正为此事，大称所委，但须善始令终耳。"因赐彩物三百段。

又曰：李义琰为太子右庶子，同中书门下三品。义琰博学，多识典故。上每有顾问，言多切直。章怀太子之废也，上慰勉官寮，尽舍罪，令复其位。薛元超等皆舞蹈谢恩，义琰独引罪涕泣，时论美之。

《山涛启事》曰：东宫官属宜得高茂者，庶子贾模缺，宜补刘粹、周蔚，惟加所裁。诏用粹。

《环济要略》曰：庶子主宫中，并诸吏之適子，及支庶在版籍者也。行其秩序，作其徒役，授八次八舍之职，以徼候。

太平御览卷第二百四十六 职官部四十四

太子左右赞善大夫

《六典》曰：左赞善大夫，掌翊赞太子以规讽也。皇太子出入动静，苟非其德义，则必陈古以箴焉。右赞善大夫，掌如其左。凡皇太子朝，宫臣则列于右阶之下。

《唐书》曰：贞元十六年，以山人崔芊为右赞善大夫，充太子侍直，新名也。

太子洗马

《六典》曰：洗马掌四库图籍缮写刊缉之事，立正本、副本，以备供进。凡天下之图书上于东宫者，皆受而藏之。

《国语》曰：夫差为勾践洗马。

《续汉书·百官志》曰：洗马，员十六人，秩六百石，职如谒者。太子出，则当直，一人在前导威仪，盖洗马之义也。

《汉书》曰：司马安，少与汲黯为太子洗马，安为人深巧善官，四至九卿。

《魏略》曰：颜裴字文林，以才学为太子洗马。

《晋书》曰：江统为洗马，太子颇好游宴，或阙朝侍，统以五事谏之。

又曰：解系兄弟少连、叔连，各清身洁己，仕皆为洗马。

《梁书》曰：庾於陵拜太子洗马。旧东宫官属，通为清选，洗马掌文翰，尤其清者。近世用人，皆取甲族有才望者，时於陵与周舍并擢充职，高祖曰："官以人而清，岂限以甲族。"时论以为美。

《唐书》曰：李纲字文纪。隋开皇末，为太子洗马。皇太子勇尝以岁首宴宫臣，左庶子唐令则自请奏琵琶，又歌《武媚娘》之曲。纲白勇曰:“令则身任公卿,职当调护,乃于宴座自比倡优,进淫声,秽视听。事若上闻,罪不在测,岂不累于殿下?臣请遽正其罪。”勇曰:“我欲为乐耳,君勿多事。”纲趋而出。及勇废黜,文帝召东宫官属切让之,无敢对者。纲对曰:“今日之事,乃陛下之过,非太子罪也。太子才非上品,性是常人,若得贤明之士辅道之,足堪继嗣皇业。方今多士盈朝,当择贤居任,奈何以弦歌鹰犬之才日在其侧,致令至此,乃陛下诫道不足,岂太子之罪耶!”辞气凛然,左右皆为之失色。文帝曰:“令汝在彼,岂非择人。”

《文士传》曰:江统字应元。召补洗马,每有疑滞大事、章表奏议,辄为同官所推,常为之作草。

《韩子》曰:勾践入宦于吴,执干戈为吴王洗马,故能杀夫差于姑苏。

傅咸《申怀赋·序》曰:余自无施,谬为众论所许,补太子洗马,才不称职,意常默然。

傅咸《感别赋·序》曰:有人鲁庶叔,雅量弘济,思心邃远。余自少与之相长,情相亲爱,有如同生。其后迁太子洗马。俄而谬蒙朝私,猥忝斯职,虽惧不称,而喜得与此子同班共事。天下之遇,未有若此。周旋三载,鲁生迁尚书郎,虽别不远,而情甚怅恨,退作兹赋云尔。

徐邈《问王珉》曰:汉法制:洗马,冠高山冠,职如谒者。中朝新制:洗马,进贤冠,出则在马前清道,故曰洗马。

太子司议郎

《六典》曰:司议郎掌侍从规谏,驳正启奏。凡皇太子出入朝谒、从享及释奠于先圣先师,讲学、齿胄、抚军、监国之命可传于史册者,并录为记注。若宫坊之内祥瑞、灾眚,宫长除拜、薨卒,亦皆记之。每岁终,则送史馆。

《唐书》曰:敬播以撰《实录》功,迁太子司议郎。时此官初置,极为清望。中书令马周叹曰:“所恨资品望高,不获历居此职。”

又曰:贞观中皇太子上表曰:“臣闻直笔记言,谏司箴过,盖绝代之通训，乃垂裕于当今。臣以暇日遐览前志，窃惟古之养德，咸有史官，所以补缺拾遗，为砥为砺，彰善瘅恶，如切如磋，譬立准而端形，犹琢玉而成器，故《大戴礼》曰：太子免于保傅之严，则有司过之史。《汉书》云：太子既冠成人，乃有记过之史。是知姬诵登两，肇建此官；刘启升储，宪章斯义。故能道温玉裕，声闻宸宫。上有慰于皇情，下无亏于物议。臣地居问寝，齿在横经，越以幼年，夙蒙天奖。趋紫宸以遵礼，仰黄屋以承欢；怙圣慈而益骄，恃钟心而取恣。肃恭驰道，恐或乖方；晨昏视膳，虑有违舛。蒙泉始道，必俟后乘之规；离光未融，惧寝前星之耀。是以夙兴夜寐，内省非忧，延首谠言，冀匡童昧。而魏晋已降，不置此员，杜绝箴规，何期甚谬！伏惟陛下穷神稽古，尚择刍荛之言；玄览文明，犹开登石之路。况臣冲藐，未涉艺文。出自深宫，便亲监抚之重；罕从鼓箧，畴识弦诵之宜。一德有惭，贻忧睿念；三朝登俊，何以胜任？所以冒敢陈闻，请遵故实，愿开史职，故司箴诫。是使绵载坠典，复在圣朝；资此正人，少匡不逮。”于是门下坊置太子司议郎四人，妙选名行之士为之。正六品上，掌侍从、规谏、驳正、启奏，并录东宫记注，分判坊事。

又曰：元让有孝行。则天朝，中宗居东宫，复征拜司议郎。及谒见，则天谓曰：“卿既孝于家，必能忠于国。今授此职，须知朕意，宜以孝道辅我儿也。”

又曰：王元感，濮州鄄城人也。长安三年，上表其所撰《尚书纠缪》十卷、《春秋振滞》二十卷，《礼记绳愆》三十卷，并所注《孝经》、《史记》稿草，请官给纸笔写上秘阁。诏曰：“王元感质性温敏，博闻强记，手不释卷，老而弥笃。掎前达之失，究先圣之旨。是谓儒宗，不可多得。可太子司议郎兼崇贤馆学士。”魏知古尝称其所撰书曰：“信可谓五经之指南也。”

太子中舍人

《晋书》曰：杜锡，预之子也。累迁太子中舍人。性亮直忠烈，屡谏愍怀太子，言辞恳切，太子患之。后置针著锡常所坐处毡中，刺足流血。他日，太子问锡："向者何事？"锡曰："醉不知。"太子诘之曰："君喜责人，何自作过也。"

《晋中兴书》曰：顾荣清操，南士秀望，累迁太子中舍人。

又曰：顾荣字彦先。时吴朝士人入洛者，唯陆机、陆云及荣三人。而机、云虽有才藻，清望不及荣也。选补吴王郎中令，累迁太子中舍人。

太子舍人

《六典》曰：太子舍人掌侍从，行令书、令旨及表、启之事。皇太子通表如诸臣之礼。诸臣及宫臣上皇太子，大事以笺，小事以启，其封题皆曰："上于右春坊"，通事舍人开封以进。其事可施行者，皆下于舍人，与庶子参详之，然后进；不可者则否。

《续汉书·百官志》曰：舍人秩二百石，无员，更直宿卫，如三署郎中。

《汉书》曰：文帝使晁错诣伏生受《尚书》，还拜太子舍人。

《东观汉记》曰：侯霸字君房，为人严而有威，为太子舍人。

《汉杂事》曰：郑当时为太子舍人。每伍日洗沐，常置驿马长安诸郊，请谢宾客，以夜继日，常恐不遍；然其交知皆天下名士也。

《魏志》曰：张茂上便宜，擢为太子舍人。

《晋书》曰：王衍以名问，超为太子舍人。

又曰：元帝太兴元年，以太子绍舅虞胤为舍人。太子奏曰："舅，甥宜崇敬，降舅氏之亲为侍臣，非所安也。"诏乃转胤为常侍。

沈约《宋书》曰：王僧达，琅琊临沂人。太保弘之少子也。太祖闻僧达早慧，召于德阳殿，问其书学及家事，应对闲敏。上甚嘉之，以为太子舍人。

《齐书》曰：张率，建武三年举秀才，除太子舍人。与同郡陆倕、陆厥幼相友狎，尝同载诣左卫将军沈约，遇任昉在焉。约谓昉曰："此三子后进秀才，皆南金也，卿可与交。"由此与昉友。

《梁书》曰：刘杳字士深，为舍人。及昭明太子薨，新宫建，旧人例无住者，敕特留查焉。

《后魏书》曰：崔玄伯，少有俊才，号曰冀州神童。符融收冀州，虚心礼敬，拜阳平公，管征东记室。出总庶政，入为宾友，众务修理，处断无滞。符坚闻而奇之，征为太子舍人。

挚虞云：太常弟子通二经，补文学；三经，补太子舍人，晋置十六人，掌表、启。

太子通事舍人

《六典》曰：太子通事舍人，掌导引宫臣辞见，及承令劳问之事。凡元正、冬至，百官与诸方之使者参见，亦如之。若皇太子行，先一日，京文武职事九品已上奉辞；及还宫之明日，亦如之。

《三国典略》曰：陈殷不害字长卿。尚书右丞不佞兄也。长于政事，兼饰以儒术。梁武帝时，与庾肩吾俱为东宫通事舍人。直日奏事，梁武谓肩吾曰："卿是文学之士，吏事非所长，可使不害来耶！"

太平御览卷第二百四十七 职官部四十五

太子率更令

《六典》曰：率更令之职，掌宗族次序，礼乐、刑罚及刻漏之政令。凡皇太子释奠于先圣先师，讲学齿胄，皆总其仪注，而为之导引。若皇太子备礼出入，乘轺车，位亚家令焉。

《汉书》曰：颜师古注曰："掌知漏刻曰率更。"

《续汉书·百官志》曰：率更令，秩千石，与庶子、舍人更直，职似光禄勋。掌宫殿门户之禁，郎将屯卫之士。

《晋起居注》曰：武帝太康八年，诏曰："太子率更仆，东宫之达官也。其进品第五，秩与中庶子，左、右卫率同。职拟光禄勋也。

《隋书》曰：明克让转率更令，进爵为侯。太子以师道处之，恩礼甚厚，有四方珍味辄以赐之。于时，东宫盛征天下才学之士，至于博物洽闻，皆出其下。

《唐书·官品志》曰：率更令，掌伎乐、漏刻也。

《物理论》曰：今有吕子义，清贤士也，为太子率更令。

太子家令

《六典》曰：家令之职，掌皇太子之饮膳、食储、库藏之政令，总食官、典仓、司藏三署之官属。皇太子备礼出入，则乘轺车，俱威仪，先诸臣以导引。若祭祀、宾客，则供酒食，以为献主。

《汉书》曰：文帝以晁错为太子家令，多所献替，称为智囊。

《汉书》曰：疏受，字公子。为太子家令，恭谨，敏而有辞，宣帝置酒太子宫，受奉觞上寿，辞礼闲雅，上甚欢愜。

《续汉书·百官志》曰：太子家令，秩千石，主仓谷物，职如司农、少府，拟廷尉也。

《蜀志》曰：谯周，字尹南。后主为太子，以周为家令。后主时颇出游观，增广声乐。周上谏曰："昔王莽之败，豪杰并起，跨州据郡，欲并神器，于是贤才智士思望所归，未必以其势之广狭，唯其德之薄厚也。"

《宋书》曰：太子家令，主内茵蓐、床机诸供中之物，又知官奴婢月用钱、内库米盐、车牛、刑狱。

《唐书·官品志》曰：家令掌刑法、食膳、仓库、什物、奴婢等事。

太子仆

《六典》曰：太子仆之职，掌车舆、乘骑、仪仗之政令，及丧葬之礼物，辨其次叙与其出入，而供给之。皇太子之车辂三：一曰金辂，二曰轺辂车，三曰四望。凡皇太子备礼而出，则率厩牧令进辂，仆亲驭焉。

《后汉书》：太子少傅属官有太子仆一人，秩千石，主车马，职如太仆。太子五日一朝；非入朝日，遣仆及中允朝，朝入，请问起居。

沈约《宋书》曰：太子仆，秦官也。

《宋起居注》曰：元嘉中，以散骑常侍荀伯子为太子仆。

《隋书》曰：柳肃迁太子仆。太子废，坐除名为民。大业中，帝与段达语及庶人罪恶之状，达云："柳肃在官，大见疏斥。"帝问其故，答曰："学士刘臻，尝进章仇太翼于宫中，为巫蛊事。肃知而谏曰：'殿下帝之冢子，位当储二，诚在不孝，无患见疑。刘臻书生，鼓摇唇舌，适足以相诳误，愿陛下勿纳之。'庶人不怿，他日谓臻曰：'汝何故漏泄，使柳肃知之，令面折我。'"

《唐书·官品志》曰：仆掌宗族亲疏、车舆骑乘也。

太子典膳丞

《六典》曰：典膳郎掌进膳、尝食之事；丞为之贰。每夕，局官于厨更直。

《北齐书》曰：门下妨始别置典膳局，有监、丞各二人。

《唐书》曰：邢文伟，滁州全椒人也。迁太子典膳丞。时孝敬在东宫，罕与宫臣接见，文伟辄减膳，上书曰："臣窃见《礼戴记》曰：'太子既冠成人，免于保傅之严，则有司过之史，彻膳之宰。史之义，不得不司过；宰之义，不得不彻膳。'今皇帝式稽前典，妙简英俊，自庶子已下，至咨议、舍人及学士、侍读等，使翼佐殿下，以成圣德。近者以来，未甚延纳，谈议不狎，谒见尚稀，三朝之后，但与内人独居，何由发挥圣智，使睿哲文明者乎？今史虽缺官，宰当奉职，忝备所司，不敢逃死，谨守礼经，辄申减膳。"太子答书曰："顾以庸虚，早尚坟典，每欲研精政术，极意书林。但往在幼年，未闲将卫，谒诚耽诵，因即损心。比日以来，风虚更积，中奉恩旨，不许重劳。加以趋侍含元，温凊朝夕，承亲无自专之道，遵礼以色养为先。所以屡阙坐朝，时乖学绪。公潜申雅勖，式荐忠规，敬寻来请，良符宿志。自非情思审谕，义均弼谐，岂能进此药言，形于简墨！抚躬三省，感愧兼深。"文伟自此益知名。

太子侍读

《唐书》曰：玄宗在东宫，张说与国子司业褚无量俱为侍读，深见亲敬。

又曰：元和十二年，谏议大夫韦绶罢皇太子侍读。绶好谐戏，兼通小说，太子因侍上，或以绶所能言之，上谓宰臣曰："侍读者，当以经术辅导太子，使深知君臣、父子之教令，或闻绶之谈论有异于是，岂所以导太子者！"因命罢其职。

又曰：吕元膺为同州刺史，及中谢，上问时政得失；元膺论奏，辞气激切，上嘉之。翌日，谓宰臣曰："吕元膺有谠言直气，宜留在左右，使言得失，卿等以为何如？"李藩、裴垍贺曰："陛下纳谏，超冠百王，乃宗社无疆之休。臣等不能广求端士，又不能数进忠言，孤负圣心，合当罪戾，请留元膺给事左右。"寻兼皇太子侍读。

《五代史·后唐史》曰：仓部郎中何泽上疏请置太子侍读，敕旨："何泽早处班行，深明典制，固根本而别彰忧国，上封章而足表匡君，其所敷陈，实为允当，特议施行。”

太子门大夫

《六典》曰：宫门郎掌内外宫门管籥之事。凡宫殿门，夜漏尽，击漏鼓，开；夜漏上水一刻，击漏鼓，闭。每岁终行傩，应经所由门，并先一刻早开。若皇太子不在，则闭东宫正门，其宫城门使、宿卫人应入宫殿者，各于左、右厢便门出入。至皇太子还仗，乃开。

《续汉书·百官志》曰：门大夫，员二人，秩六百石，职比郎将。

《汉书》曰：文帝以晁错为太子舍人，转太子门大夫。

《晋书》曰：太子门大夫局准公车令，班同中书舍人。主通远近笺表，宫门禁防。

《唐书》曰：龙朔二年，改门大夫为宫门郎，职比城门郎。

《三辅决录》曰：桓帝以平陵鲁宽为太子门大夫。

太子左卫率

《六典》曰：左、右卫率，掌东宫兵仗羽卫之政令，总诸曹之事。凡亲勋、翊府及广济等五府属焉。副率为之贰。凡元正、冬至，皇太子朝宫臣及诸方使，则率卫府之属以仪仗为左、右厢以卫之。若皇太子备礼出入，则如卤簿之法以从。

《续汉书·百官志》曰：卫率秩四百石，主门卫。

《晋志》曰：凡太子出，前卫率导，在前广麾外；左右二率从，夹导舆车；后卫率从，在乌皮外；并带戟执刀。其服并视左、右卫将军。

《晋书》曰：刘卞为愍怀太子左率，知贾后必害太子，乃问张华，华曰：“君欲如何？”卞曰：“东宫俊乂如林，四率精兵万人。公居阿衡之任，若得公命，皇太子因朝使录尚书事，废贾后于金墉，两黄门力耳！”华曰：“废立大事，又非所能。”贾后微闻，迁卞为雍州刺史。卞恐终露，乃服药卒。

《晋中兴书》曰：褚翼，字谋远。少失父，以才艺堪干立名。肃祖即位，征拜屯骑校尉，迁太子左卫率。

《隋书》曰：宇文述每与晋王谋事。及晋王为皇太子，以述为左卫率。旧令，率官第四品，上以述素贵，遂进率品为第三，其见重如此。

《唐书·官品志》曰：左右卫率各一人，位视御史中丞，各有丞。左率领果毅、统远、立忠、建宁、凌锋、夷冠、祚德等七营，右率领崇荣、永吉、崇和、细射等四营。二率各置尉。

《山公启事》曰：太子左率缺。待威重，宜得其才，无疾患者。城阳太守石崇忠谠有文武，河东太守焦胜清贞有信义，皆其选也。

右卫率

《晋中兴书》曰：郄恢，字道弨，为太子右卫率。恢八尺，美须髯，风神魁梧，烈宗异之。

又曰：吴隐，字处默。太元中以国子博士为太子右卫率。

沈约《宋书》曰：元嘉中以王琳、谢弘征，并为太子右卫率。

《隋书》曰：高祖以太子勇知时政，欲重宫官之资，故以大臣领其职。苏孝慈自兵部尚书拜右卫率，尚书如故。上将废太子，惮其在东宫，乃出为浙州刺史。

荀绰《冀州记》曰：裴康，字仲预。与弟楷为名士，仕至太子右卫率。

《荀氏家传》曰：车骑将军悝，字茂中，山涛举之为太子右卫率，称君清和理正，从容顾问，动可观采，真侍卫之美者。

前卫率

《晋中兴书》曰：徐邈，字仙民。建元中为太子前卫率。

后卫率

《晋起居注》曰：建元十四年，以太子中舍人郄俭为太子后卫率。

《宋起居注》曰：永初元年，以徐佩为太子后卫率。

左右内率府长史

《六典》曰：左右内率府长史，掌判诸曹官吏及千牛备身之二。

《唐书》曰：永淳中，以雍人元让为太子右内率府长史，旌孝行也。让弱冠明经擢第，以母疾，遂不求仕。躬亲药膳，烝烝致养，不出闾里十余年。及母终，庐于墓侧，蓬发不栉沐，菜食饮水而已。咸亨中，孝敬监国，下令表其门闾。至是巡察使奏让孝悌殊异，由是拜职。

太平御览卷第二百四十八 职官部四十六

王师

《汉书》曰：王式，字翁思，东平人。为昌邑王师。昭帝崩，昌邑王嗣立，以行淫乱废，昌邑群臣皆下狱。治事使者责问曰："师何以无谏书？"式对曰："臣以《诗》三百五篇朝夕授王，至于忠臣孝子之篇，未尝不为王反覆诵之。臣以三百五篇谏，是以无谏书。"使者以闻，亦得减死论。

王傅

《后汉书》曰：皇太子强求乞自退，封东海王，故重选官属，以杜林为王傅，从驾南巡狩。时诸王傅数被引命，或多交游，不得应诏，唯林守慎，有召必至。馀人虽不见谴，而林特受赏赐；又辞不敢受，帝益重之。

《吴志》：是仪字子羽，北海营陵人也。南、鲁二宫初立，仪以本职领鲁王傅。仪嫌二宫相近切，乃上疏曰："臣窃以鲁王天挺懿德，兼资文武，当今之宜，宜镇四方，为国藩辅。宣扬德美，广耀威灵，乃国家之良规，海内所瞻望。但臣言辞鄙野，不能究尽其意。愚以二宫宜有降杀，正上下之序，明教化之本。"书三四上。为傅尽忠，动辄规谏；事上勤，与人恭；不治产业，不受施惠，为屋舍才足自容。邻家有起大宅者，权出望见，问起大室者谁，左右对曰："似是仪家也"。权曰："仪俭，必非。"问果他家。其见知信如此。

《唐书》曰：丘悦，河南陆浑人，亦有学业。景龙中为相王府掾，与文学韦利器、典签裴耀卿俱为王府直学士。睿宗在藩，甚重之，官至岐王傅。开元初卒。撰《三国典略》三十卷行于时。

王友

《晋中兴书》曰：谢尚，字仁祖，司徒左西属，为会稽王友。

《北史》曰：萧大圜除滕王逌友，逌尝问大圜曰："吾闻湘东王作《梁史》，有之乎？馀传乃可抑扬，帝纪奚若隐则非实，记则攘羊？"对曰："言之者妄耳！如使有之，亦不足怪。昔汉明为世祖纪，章帝为显宗纪，殷鉴不远，足为成例。且君子过如日月之蚀，彰于四海，安得而隐之？如有不彰，亦安得不隐？盖子为父隐，直在其中；讳国之恶，抑又礼也。"逌乃大笑。

《殷浩别传》曰：会稽王少著名誉，友学之奉，必极有德，以浩为友。

《山公启事》曰：近启修武令刘讷补南阳王友。诏曰："友诚宜得有益者，然以长吏治民，不宜屡易为疑，令散人无依仰。"又启："今者职散中诚自有人，然刘讷才志外内非称，臣以为宜蒙此者，是以启及，不审固可用不？"诏："可尔所启。"

王侍读

《隋书》曰：杨汪，字元度。勤学，专精《左氏传》，通《三礼解》，补周冀王侍读。王甚重之，每曰："王侍读德业优深，孤之穆生也。"

《唐书》曰：姚思廉初为代王侍读。属义师入京城，时府寮骇散，唯思廉侍王，不离其侧。义师入殿门，思廉谓之曰："唐公举兵，本匡王室，卿等不宜无礼于王！"众服其言，于是布列阶下。须臾太宗至，闻而义之，许其扶王至顺阳阁下，泣拜而去。观者咸叹曰："忠烈之士也。仁者有勇，此之谓也！"太宗居藩，引为文学。及亲征徐圆朗，思廉时在洛阳，太宗尝从容言及隋亡之事，慨然叹曰："姚思廉不惧兵刃，以明大节，求诸古人，亦何以加也！"因寄物百段，遗其书曰："想卿节义之风，故有斯赠。"

王文学

《魏志》曰：中山恭王衮，每读书，文学左右常恐以精力为病，数谏止之，不能废也。文学阮辅相与言曰："受诏察王举措，有过当奏；及有善，亦宜以闻。"遂共表陈褒美。褒闻之大惊，责让文学曰："修身自守，常人之行耳，而诸君以上闻，适增其负累也。"

《晋书》曰：郑袤。魏武帝初封诸子为侯，精选宾友，袤与徐干俱为临淄文学。

《晋诸公赞》曰：扶风王，年八岁，聪明善诗赋，中表奇之，魏烈祖以为齐王芳文学。

《长沙耆旧传》曰：太尉李公，时为荆州刺史，下辟书："夫采名珠求之于蚌，欲得名士求之文学。或割百蚌不得一珠，不可舍蚌求之于鱼；或百文学不出奇士，不可舍文学求之于斗筲也。由是言之，蚌乃珠之所藏，文学亦士之场矣。"

郡国相

《东观汉记》曰：吴祐，字季英，陈留人。迁胶东相，政唯仁简，以身率物，民有相争诉者，辄闭阁自责，然后科其所讼，以道譬之。或身到闾里，重相和解。自是之后，争隙省息，吏民不欺。

又曰：鲁平，字叔陵，拜赵相。为政尚宽惠礼让，虽有官，不废教授，门人常有数百。关东号曰："五经复兴鲁叔陵。"

《后汉书》曰："张禹迁下邳相。徐县北界有蒲阳坡，《东观记》曰：坡水广二十里，径直百里，在道西。其东有田可万顷。坡与陂同。傍多良田，而湮废莫修。禹为开水门，通引灌溉，遂成熟田数百顷。劝率吏人，假与种粮，亲自勉劳，遂大收谷实。邻郡贫者归之千馀户，室庐相属，其下成市。后岁至垦千馀顷，人用温给。

又曰：赵咨应召，复拜东海相。之官，道经荥阳。令燉煌曹暠，咨之故孝廉也，咨为敦煌太守时，暠荐为孝廉。迎路谒候，咨不为留。暠送至亭水次，望尘不及，谓主簿曰："赵君名重，今过界不见，必为天下笑！"即弃印绶，追至东海。谒咨毕，辞归家。其为时人所贵若此。

谢承《后汉书》曰：东郡赵咨为东海相，人遗其双枯鱼啖之，二岁不尽，以俭化俗。

《魏志》曰：初，曹公为兖州，以东平毕谌为别驾。张邈之叛也，邈劫谌父母弟妻子；公谢遣之，曰："卿老母在彼，可去！"谌顿首无二心，公嘉之，为之流涕。既出，遂亡归。及邈败，生得谌，众为谌惧，公曰："夫人孝于其亲者，岂不亦忠于君乎！吾所求也。"以为鲁相。

又曰：太祖，光和末，黄巾起，拜骑都尉，讨颍川贼，迁为济南相。国有十馀长吏，多阿附贵戚，赃污狼籍，于是奏免其八，禁断淫祀，奸宄逃窜，郡界肃然。

《蜀志》：刘备领平原相。郡民刘平素轻先主，耻为之下，使客刺之。客不忍刺，语之而去，其得人心如此。

《晋书》曰：文帝辅政，阮籍常从容言于帝曰："平生曾游东平县，乐其风土。"帝大悦，即拜东平相。籍乘驴到郡，坏府舍屏障，使内外相望，法令清简，旬日而还。

又曰：阮神迁平原相。时襄邑卫京自南阳太守迁于河内，与神俱拜，帝望而叹曰："二千石皆若此，朕何忧乎？"

《九州春秋》曰：孔融为北海相，一朝杀五部督邮。

《会稽典录》曰：骆俊，字孝远，乌伤人。孝灵皇帝擢拜陈相。汝南葛陂盗贼并起，陈与接境，四面受敌。俊厉吏民为之保障，出仓见谷以赡贫民，邻郡士庶咸往归之，身捐俸禄给其衣食。民有产子，常敕主者厚致米肉，生男女者辄以骆为名。

国郎中令

《汉书》曰：龚遂，字少卿，山阳人。以明经为官，至昌邑郎中令，事王贺。贺动作多不正，遂为人忠厚，刚毅有大节，内谏诤于王，外责傅相，引经义，陈祸福，至于涕泣，謇謇无已。面刺王过，王至掩耳起走，曰："郎中令善愧人。"及国中皆畏惮之。王又与驺奴宰人游戏饮食，赏赐无度，遂入见王，涕泣膝行，左右侍御者皆出涕。王曰："郎中令何为哭？"遂曰："臣痛社稷之危也！"

又曰：周勃等共诛诸吕，迎代王。郎中令张武等议皆曰："不可信，愿称疾无往，以观其变。"中尉宋昌进曰："群臣之议皆非，愿大王勿疑也。"代王遣后薄昭见勃，勃等俱言所以迎立王者，昭还报信矣。王笑谓宋昌曰："果如公言。"乃令宋昌骖乘，张武等乘传诣长安，群臣奉法驾代邸。皇帝即日夕入未央宫，夜拜宋昌为卫将军，领南北军，张武为郎中令，行殿中。

《续汉书》曰：皇子封王，其郡为国。每国置郎中令一人，秩千石，掌王大夫、郎中、宿卫官也。

《魏志》曰：袁涣为魏国郎中令。及卒，太祖为之流涕，赐谷二千斛，一教"以太仓谷千斛赐郎中令家"，一教"以垣下谷千斛与卿家"，外不解其意。教曰："以太仓谷者，官法也；以垣下谷者，亲旧也。"

《晋中兴书》曰：顾荣。时在洛者，唯陆机、陆云及荣，唯三人而已。机、云虽有才藻，不及荣也。以南土秀望，补吴王郎中令。

沈约《宋书》曰：宋国初建，当置郎中令。高祖难其人，谓傅亮曰："今用郎中令，不可减袁曜卿也。"既而曰："吾得其人矣。"乃以王惠居之。

《续搜神记》曰：会稽朱弼为王国郎中令，营立第舍，未成而卒。同郡谢子木代其事，以弼死亡，乃定簿书，多张功费，长百馀万，以其赃诬弼，而实入子木。子木夜寝，忽闻有人道弼姓字者，俄顷而到子木堂前，立谓之曰："卿以枯骨腐肉专可得诬！当以某日夜更相书。"言终，忽然不见。

陆机《诣吴王表》曰：臣本吴人，靖居海隅。朝廷欲抽引远人，绥慰遐外，故太傅所辟，殿下东到淮南，发诏以臣为郎中令。

国中尉

《史记》曰：鲁申公弟子为博士十馀人。孔安国至临淮太守，徐偃为胶西中尉，其治官皆有廉节，称其好学。

《汉书》曰：郑当时，字庄，陈人也。稍迁为鲁中尉。

又曰：梁孝王招延四方豪杰。齐人公孙诡多奇计，初见曰："王赐千金。"官至中尉，号曰"公孙将军"。

《续汉书》曰：清河王小心恭孝，特见亲爱。后诸王就国，邓太后诏特清河国置中尉内史，赐乘上御物焉。

《汉旧仪》曰：帝子为王，王国置太傅、相公、尉各一人，秩二千石，以辅王。

《三辅决录》曰：淮阳宪王，宣帝爱子，器异其才，欲以为嗣。王恃宠自骄，天子乃用韦玄成为中尉，以辅导之。受诏，与萧望之等论五经同异于石渠阁。

《邵氏家传》曰：邵弘，字德裕。时景帝为琅琊王，诏书高选官属，请君为中尉。君为人体素方严，仪容甚伟，虽私门接对，僮仆俨然，不厉而威，王甚惮焉。王常侯君昼息，身随使者潜至君舍，令使者进曰："王有令。"君徐理鬓冠履，俯伏尽礼，然后读之。王与使者群立瞻听，为之叹息曰："古人称不愧于屋漏，其邵中尉乎？吾反逆诈以试长者，岂不陋哉！"王虚心受纳，欣宴言话，昼夜无休。君乃上书谏王，王读三四，瞿然失色，后谓左右曰："思邵中尉之言，使人于今毛竖。"

国常侍

《汉书》曰：龚舍，字君倩，少好学，明经。楚王入朝，闻舍高名，聘为常侍。不得已，随王归国。

《晋春秋》曰：甘卓，字季思。察孝廉，为吴王晏常侍。

国侍郎

王隐《晋书》曰：孙秀，琅琊国书佐，为赵王伦国侍郎。

桓谭《新论》曰：宣帝元康、神爵之间，丞相奏能鼓雅瑟者，渤海赵定、梁国龙德，召见温室，拜为侍郎。

府长史诸府附

《汉书》曰：张汤为御史大夫，为三长史朱买臣等所谮。帝遣杜周诘汤，汤欲对，周曰："君为大臣，今被责诘，何用对为？"于是自杀。临死上书曰："谮臣者，三长史也。"帝追惜汤，悉诛三长史。

又曰：赵充国从贰师将军击匈奴，身被二十馀疮。武帝视而嗟叹，迁车骑长史。

《晋书》曰：刘舆为魏郡太守，东海王越将召之，或曰："舆犹腻也，近则污人。"及至，越疑而御之。舆密视天下兵簿及仓库、牛马、器械、水陆之形，皆默识之。是时军国多事，每会议，自潘滔以下，莫知所对。舆既见越，应机辩画，越倾膝酬接，即以为左长史。

又曰：刘舆为东海王越左长史。越既秉政，时宾客满筵，文案盈几，远近书记，日有数千，终日不倦，或以夜继之，皆人人欢畅，莫不悦附。命议如流，酬对款备，时人服其能，比之陈遵。时称越府有三才：潘滔大才，刘舆长才，裴邈清才。

《晋中兴书》曰：王献之，少有清誉，亦善隶书。后将军谢安请为长史，甚钦爱之。

又曰：薛兼，字令长，与同郡纪瞻等初入洛，张华叹曰："皆南金也。"屡迁至丞相右长史，兼恪勤王事，以佐禄秩优泰，每约损辞让，以周贫而已。

《宋书》曰：阮万龄，陈留尉氏人。万龄少知名，自通直郎为孟昶建威府长史。时袁豹、江夷相继为昶司马，时人谓昶府有三素。

《齐书》曰：庾杲之出为王俭卫军长史，时人呼俭府为入芙蓉池。

又曰：陆慧晓为晋熙王冠军长史。慧晓历辅五政，治身清肃，僚佐以下造请，起送之。或谓慧晓曰："长史贵重，不宜妄自谦屈。"答曰："我性恶人无礼，不容不以礼处人。"

又曰：陆慧晓迁右长史。时陈郡谢朏为左长史，府公竟陵王子良谓王融曰："我府二上佐，求之前世，谁可为比！"融曰："两贤同时，便是未有前例。"

崔鸿《十六国春秋·后赵录》曰：张跃，字世渊，清河东武城人也。学敏才达，雅善清谈，石勒伟其仪辩，拜世子卫军长史。敕世子曰："张长史，人之表范，汝其师之。"

《后魏书》曰：张衮，字洪龙，上谷沮阳人也。好学有文才，太祖为代王，迁为左长史。决策帏幄，太祖器之，礼遇优厚。

《南史》曰：孔觊除安陆王子绥后军长史。性使酒恃气，每醉辄弥日不醒，僚类间多所凌忽，尤不能曲意，权幸莫不畏而嫉之。居常贫罄，无有丰约，未尝开怀。为府长史，典签，咨事不呼前，不敢前；不令去，不敢去。虽醉日居多，而晓明政事；醒时判决，未尝有壅。众咸云："孔公一月二十九日醉，胜他人二十九日醒也。"孝武每欲引见，遣人觇其醉醒。

《隋书》曰：卫玄初仕，周武帝亲总万机，拜益州总管府长史，赐以万钉宝带。

《唐书》曰：和元佑为千牛卫长史。先是元祐献诗十首，其词猥陋，皆寓言嬖幸而意及兵戈，韦氏命拘于大理而将戮。月馀而韦氏就诛，其诗若合符谶，故上闻而拜之。

《魏武故事·载令》曰：府长史王必，是吾披荆棘时吏也。忠能勤事，心如铁石，国之长吏也。蹉跌久不辟之，舍骐骥而不乘，焉惶惶而更求哉？今故教辟之。

《陶氏家传》云：猷，字恭豫。王导以君江东俊望，请为右军长史。君恪勤王事，每当朝日，恒夙兴就路。及到府门，辄先众僚。为人美容止，善谈论，亦以此见称当世焉。

府司马诸府附

《左传》曰：季氏以公锄为马正，马正，家司马也。愠而不出。闵子马见之，闵子马，闵马父也。曰："子无然。祸福无门，惟人所召。为人子者，患不孝，不患无所。所，位处也。恭敬父命，何常之有？"言废置在父无常位。公锄然之。恭敬朝夕，恪居官次。

《家语》曰:《乡射》曰:"孔子观于乡射,于是退而与门人习射于矍相之圃,盖观者如堵墙焉。射至于司马,使子路执弓矢出延射者。子路为司马,故射立于子路,使出延射。

《魏略》曰:诸葛诞伐吴,战于东关,上欲速进军,司马王仪谏曰:"吴贼必有伏,宜持重,不可进。"上不听,果为吴人所覆。仪曰:"今日之败,谁当其咎?"上曰:"司马欲委罪孤耶!"遂法仪。

《晋书》曰:石苞为景帝中护军司马。宣帝闻苞好色薄行,以让帝,帝答曰:"苞虽细行不足,而有经国才略。夫廉贞之士,未必能经济世务。是以齐桓忘管仲之奢僭,而录匡合之大谋;汉高舍陈平之污行,而取其六奇之妙算。苞虽未可以上俦二子,亦今日之选也。"懿乃止。

《晋阳秋》曰:晋陵人韦叟。桓修令于坐相刘裕,仕官当至州不?叟云:"刘粗是有相人,当不失边州刺史。"既出,私于裕曰:"卿大有贵相,向不敢极言耳!"裕恶其言末略,答曰:"卿狂言!验当相用为司马。"义旗后数年,叟见裕,诉曰:"周成不负桐叶之信,公不应忘司马之言。今不希镇军府,闻护军司马缺,愿赐卒恩。"裕美而用之。

《晋中兴书》曰:中宗为安东将军,镇下邳。请王导为司马,军国之事,无不咨访。中宗迁镇建康,导为司马,委以政事。于时朝野倾心,号曰"仲父导。"忠于事上,达于从政,以百六之弊,寄寓江左。为治之本,务在清静。

沈约《宋书》曰:羊徽被遇于高祖,高祖谓咨议参军郑鳞之曰:"羊徽一时美器,世论犹在,兄后恨不识之。"拨补右将军刘蕃司马。

《后魏书》曰:辛祥为并州平北府司马。有白璧还兵药道显被诬为贼,官属推据,咸以为然。祥曰:"道显面有悲色,察狱以色,其此之谓乎?"苦执申之。月馀,别获真贼。

《世说》云:谢奕为桓宣武荆州司马。奕既上,犹推布衣之交,在温坐岸帻啸咏无异常日,宣武每曰:"我方外司马也。"奕醉温于许,主避之,主每曰:"君若无狂司马,我何由得相见。"

太平御览卷第二百四十九 职官部四十七

从事中郎诸府附

《魏志》曰：韩嵩，字德高，义阳人。少好学，贫不改操。知世将乱，不应三公之命，与同好数人隐居于郦西山中。黄巾起，嵩避难南方，刘表逼以为从事中郎。

《吴志》曰：严畯，字曼才，彭城人也。少耽学，善《诗》、《书》、《三礼》。避乱江东，与诸葛瑾、步骘齐名友善。性质直纯厚，其于人物，忠告善导，志存补益。张昭进之于孙权。权以为骑都尉、从事中郎。

《晋书》曰：祖纳，字士言，最有操行，能清言，文义可观。性至孝，少孤贫，常自炊爨以养母。平北将军王敦闻之，遗其二婢，辟为从事中郎。有戏之曰："奴价倍婢。"纳曰："百里何必轻于五羖皮耶！"

又曰：稽绍，字延祖，方直儒雅，为卫军从事中郎。

虞预《晋书》曰：刘隗，字大连，彭城人。学涉有具，为秘书郎。避乱南渡，遂为中宗从事中郎，甚见器遇。

何法盛《晋中兴书》曰：谢万少而才器俊秀，太宗闻其名，取为镇军从事中郎。

《抱朴子》曰：友人稽君道为广州刺史，其弟应静为太傅从事中郎，别于襄阳，君道泣而应静不泣，抱朴子以为丈夫宜然。

府掾诸府附

《史记》曰：倪宽为廷尉史。为人温良，有廉智，张汤以为长者，数称誉之。及汤为御史大夫，而宽为掾。

《汉书》曰：陈遵为公府掾。公府掾史率皆羸车小马，不尚鲜明，而遵独极舆马、衣服之好，门外车骑交错。

《东观汉记》曰：吴良以清白方正称，东平王苍辟为西曹掾。数谏正苍，多善策。苍上表荐良。

《续汉书》曰：府掾比古之元士，皆三命也。

《汉旧注》曰：或曰：汉初掾史辟皆上言，故有秩皆比命士；其所不言则为百石，属其后皆自辟，故通为百石云。

《魏志》曰：董寻，字文奥。为人忠直，为军谋掾。青龙中，上大兴宫室，群臣皆负土，寻上书谏曰："今臣自知言必死，而臣自譬于牛之一毛，生既无益，其死何损。且比本不生矣，是以发笔流涕，心与世辞。臣有八子，臣死之后，以累陛下。"

《魏略》曰：令狐劭，字孔叔。在安邑毛城中，会太祖攻破邺，遂围毛城。城破，邵等辈十馀人皆当斩。太祖阅见之，疑其衣冠也，问其祖考而识其父，乃解于署军谋掾。

《蜀志》云：马良，字季常。为左将军掾。后遣使吴，良谓亮曰："今衔国命，协穆二家，幸为良介于孙将军。"亮曰："君试自为文。"良即草曰："寡君遣掾良通好，以绍昆吾、豕韦之勋。其人吉士，荆楚之令，鲜于造次之华，而有克终之美，愿降心存纳，以慰将命。"权善待之。

《吴志》曰：张温父允，以轻财重士名显州郡，为孙权东曹掾。

《晋中兴书》曰：荀闿，字道明。有清称，京师为之语曰："洛中英英荀道明。"大司马齐王冏辟以为掾。

又曰：王珣弱冠与陈郡谢玄俱辟，大司马桓温语人曰："谢掾年三十必拥旄仗节，王掾当作黑头公，皆未易才也。"

《典略》曰：赵戬除万年令，遂遭三辅乱，客荆州，刘表以为宾客。是时，白衣平原祢衡高论冠世，来游京师，诋訿朝士，及南见戬，叹之曰："所谓铁则干将、莫耶，木则椅桐梓漆，人则颜冉、仲弓。"后辟魏王相国掾。

《殷氏家传》曰：殷秦，字子平。为大皇帝车骑掾，委以书记，上叹曰："非为秋兔之毫，乃是鹰鹯之爪。

郭子曰：王仲祖、谢仁祖同为王公掾。在坐，长史云："谢掾能作异舞。”王命为之，谢便起舞，神意甚暇。王公熟视，顾谓诸客曰：“使人思安丰。”安丰，王戎封也。

《语林》曰：王蓝田，少有痴称。王丞相以地辟之，既见，无所他问，问来时米几价。蓝田不答，直张目视王公，王公曰：“王掾不痴，何以云痴？”

府属诸府附

《汉书》曰：谷永，字子云。为长安吏，后博学经书，有茂材，除补御史大夫属。

华峤《后汉书》曰：陈宠以时俗三府掾属不肯亲事，但出入养虚，故宠独勤心于事。又以法令繁冗，吏得生因缘，以致轻重，及置撰科牒辞讼比例，使事类相从，以塞奸源。其后公府奉以为法。

《魏志》曰：蒋济，字子通，辟丞相主簿西曹属。令曰：“舜举皋陶，不仁者远；臧否得中，望于贤属。”

又曰：胡质，字文德，少与蒋子通俱知名于江淮间，仕州郡。济为别驾，使见太祖。太祖问曰：“胡通达长者，宁有子孙不？”济曰：“有子曰质，规摹大略不及父，至于精良综事过之。”太祖辟为丞相属。

臧荣绪《晋书》云：刘沈，字道真，世为北州名族，博学好古，辟卫瓘属。

范亨《燕书》曰：鲜于休有才器伎干，辟为左光禄大夫曹属。

谘议参军诸府附

《齐书》曰：张岱历为三府谘议，与典签主帅共事，事举而情得。或谓岱曰：“主王既以执事多门，而每能缉和公私，云何致此？”岱曰：“古人言一心可以事百君。我为政端平，待物以礼，悔吝之事，无由而及。明暗短长，更是才用之多少耳。”

《南史》曰：柳叔夜，年十六为新野太守，甚有名绩，补遥光咨议参军。及事败，左右扶上马，欲与俱亡，答曰：“吾已许始安以死，岂可负之耶？”遂自杀。

公府舍人

《史记》曰：李斯，上蔡人也，为丞相吕不韦舍人。

《汉书》曰：爰盎，字丝，楚人也。为将军吕禄舍人。

又曰：田叔，字子仁，以壮勇为卫将军舍人。卫青也也后使刺三河，奏事称意，为京辅都尉。

干宝《晋纪》云：阎缵为人鲠直，不畏强御，初仕为太傅杨畯舍人。

记室参军诸府附

《魏志》曰：太祖以陈琳、阮瑀管记室，军国书檄多琳所作。锺会以中郎在大将军管记室事，为心腹之任，时人谓之子房。

《吴志》曰：孙惠以书干东海王越，诡其姓名，自称南岳逸民秦秘之，勉之以勤王匡世之略，辞义甚美。越省书榜题，道衢招求其人，惠乃出见。越即以为记室参军，专掌文疏，豫参谋议。每造书檄，越或驿马催之，应命立成，皆有辞旨。

何法盛《晋中兴书》曰：王丞少而冲淡，弱冠知名。太尉王衍雅重之，以比南阳乐广。司空东海王越以为记室参军，雅相敬重，敕子毗曰：“夫学之所益者浅，体之所安者深，闲习礼度不如式瞻仪形，讽味遗言不如亲承音旨。王参军人伦之表，汝其师之。”

又曰：殷浩，字渊源，弱冠与京兆杜乂并有美誉。善言玄理，论难精微，故风流清谈皆归之。征西将军庾亮引为记室参军。

又曰：孔寅，字舒元。中宗命为安东参军，专掌记室。时书命殷积，寅每称职。

沈约《宋书》曰：孔顗署衡阳王义季记室，奉笺固辞曰：“记室之局，实惟华要，自非文行秀敏，莫敢居之。顗学不综实，性又疏惰，何可以属知秘记，秉笔文闱。假吹之尤，方斯非滥。”

《三国典略》曰：颜晃字克明，琅邪临沂人也。少孤贫，有词彩。

解褐梁邵王纶兼记室参军。时东宫学士庾信常使于府，王使晃接对，信轻其尚少，曰："此府兼记室几人？"晃答曰："犹少于宫中学士。"时杜龛为吴兴太守，专好勇力，梁元帝患之，乃使晃管其书翰。仍谓龛曰："颜晃文学之士，使相毗佐，造次之间，必宜咨禀。"

《后周书》曰：柳庆领记室，时北雍州献白鹿，群臣欲草表陈贺。尚书苏绰谓庆曰："近代已来，文章华靡，逮于江左，弥复轻薄。洛阳后进，祖述不已。相公柄民轨物，君职典文房，宜制此表，以革前弊。"庆操笔立成，辞兼文质。绰读而笑曰："枳橘犹自可移，况才子也。"

《隋书》曰：魏澹专精好学，博涉经史，善属文，词采赡逸。齐博陵王济闻其名，引为记室。

《唐书》曰：李巨川，字下已，陇右人。国初十八学士道玄之后，故相逢吉之侄曾孙。父循，大中八年登进士第。巨川乾符应进士，属天下大乱，流离奔播，切于禄仕，乃以刀笔从诸侯府。王重荣镇河中，辟为掌书记。时车驾在蜀，贼据京师，重荣匡合诸藩，叶力殄寇，军书奏请，堆案盈几。巨川文思敏速，翰动如飞，传之藩邻，无不耸动。重荣收复之功，巨川之助也。

《典略》曰：阮瑀，字元瑜，陈留人。以才自护，曹洪闻其有才，欲使报答书记。瑀不肯，榜笞瑀，瑀终不屈。洪以语曹公，公知其无病，使人呼瑀，瑀终惶怖诣门。公见之，谓曰："卿不肯为洪，且为我作之。"瑀："诺。"遂为记室。

《世说》曰：太原孙楚，字子荆，为大司马石苞记室参军。

又曰：郗超、王珣，并以俊才为桓温大司马所眷，珣为主簿，超为记室参军。桓时为荆州，超为人多须，珣形状短小。于时西人为之歌曰："髯参军，短主簿，能令公喜，能令公怒。"

府参军诸府附

《魏志》曰：张范参丞相军事，甚见敬重。太祖征伐，常谓文帝曰："举动必咨此人。"世子执子孙礼。

又曰：董昭等谓太祖宜进爵国公，备九锡，以彰殊勋。密以咨荀彧，彧以为太祖本兴义兵，以匡朝宁国，秉忠贞之诚，守退让之实；君子爱人以德，不宜如此。太祖由是心不平。会征孙权，表请彧劳军于谯，因留彧，以侍中光禄大夫持节，参丞相军事。太祖军至濡须，彧疾留寿春，以忧薨，时年五十。

又曰：曹休，字文烈。刘备遣将吴兰屯下辩，太祖遣曹洪征之，以休参洪军事。太祖谓休曰："汝虽参军，其实师也。"洪闻此令，恒委事于休。

又曰：于禁屯颍阴，乐进屯阳翟，张辽屯长社。诸将任气，多共不协，使赵俨并参三军，每事诲谕，遂相亲睦。

又曰：太祖征马超，文帝留守，使程昱参军事。田银、苏伯等反河间，遣将军贾信讨之。贼有千馀人请降，议者皆以为如旧法，昱曰："……诛降之意。臣以为不可诛也，纵诛之，宜先启闻。"众议曰：军事有专，无请。"昱不答。文帝起入，特引见昱，昱曰："凡专命者，谓有临时之急，呼吸之间者耳。今此贼制在贾信之手，无朝夕之变，故老臣不愿将军行之。"文帝答曰："君虑之善。"即白太祖，太祖果不诛。太祖还，闻之甚悦，谓昱曰："君非徒明于军计也，又善处人父子之间。"

《晋书》曰：魏舒，字阳元，为相国参军。府朝碎事，未尝不见是非，至废兴大事，众人既下意，然后徐为之，多出众议，莫不敬从晋王曰："魏舒堂堂，人之领袖也。"

又曰：孙楚，字子荆，为佐著作郎，参石苞骠骑军事。楚既负其才器，颇侮易苞。初至，揖曰："天子命我参卿军。"初，参军不敬府主，楚既轻苞，遂制施敬，自楚始也。

又曰：李涓，字宣伯。容貌简素，颓然若不足者；而智度沉邃，言必有中。高祖为大将军，涓再参军，上信重之。

臧荣绪《晋书》曰：庾敳，字子嵩，参太傅军事。从子亮，少时见敳在太傅府，僚佐多名士，皆一世秀异。敳处其中，常自袖手。

《晋中兴书》曰：郄超，字景兴。少而卓荦不羁，有旷世之度；倜侻高俊，笼盖当时。时人为之语曰："扬州独步王文度，盛德绝伦郄景兴。"交游士林，每在胜拔。又精于理义。大司马桓温取为参军。温英气盖世，罕有所推，与超相见，常谓不能测也。

又曰：薛兼为军祭酒，言于中宗曰："臣邑人张闿，才干堪任，当今之良器，愿垂引纳，以综朝事。"中宗即召闿为安东参军。

又曰：郭璞为尚书郎，大将军王敦以璞有术，取为参军。璞畏，不敢辞。

又曰：中宗之为安东，取周访为参军，在散辈中未之识也。府进镇东，访随例为参军。时府参军谯国周访有罪，当死，误收访，访自列无罪而吏不察。访穷蹙，乃身自执使仗奋击，收捕数十人皆被创披散。访得逸走，归府闻，中宗大惊，怒，不问格斗之罪。

又曰：苏峻反，范汪逃遁西归。时庾亮、温峤治兵浔阳，咸以众少贼强未敢即路，且信使阻绝，不相知闻。及汪经过，峤等访焉。汪曰："贼政令不一，贪暴纵横，灭亡已兆，虽强易弱。朝廷倒悬，宜时进讨。"峤等纳之。是日，护军、平南二府交命，始解褐，参护军事。

又曰：阮孚，字遥集，咸子也。避乱渡江，中宗以为安东参军，蓬发饮酒，不以王务婴心。

又曰：镇南将军刘弘以陶侃为长吏，谓侃曰："我昔为羊太傅参军，羊公见语云：君后当居我身处。我今相察，亦复然也。"

沈约《宋书》曰：宗越随柳元景北伐，领马幢主，隶柳元怙，有战功，在景后。还，补后军参军督护随王。诞戏之曰："汝何人，遂得我府四字。"越答曰："征伐未死，不忧不得咨议参军。"诞大笑。

《宋书》曰：王瞻，字明远，一字叔鸾。负气傲俗，好贬裁人物。仕宋，为王府参军。尝诣刘彦节，直登榻曰："君侯是公孙，仆是公子，引满促膝，唯余二人。"彦节外迹虽酬之，意甚不悦。

《梁史》曰：沈警，字世明。惇笃有行，业学通左氏《春秋》，家累千金。后将军谢安命为参军，甚相敬重。警内足于财，为东南豪士，无进仕意，谢病归。安固留不止，乃谓曰："沈参军，卿有独善之志，不亦高乎！”警曰：“使君以道御物，前所以怀德而至，既无用佐时，故遂饮啄之愿耳。”还家，积载以坟索自娱。

《后秦记》云：姚襄遣参军薛瓒使桓温，温以胡戏瓒，瓒曰：“在北曰狐，居南曰貉，何所问也？”

《后周书》曰：梁昕以三辅望族上谒。太祖见昕容貌瑰伟，深赏异之。即授右府长流参军。

《文章志》云：顾凯之，字长康。博学有文章，性迟钝。为桓温参军，甚被亲昵。温尝语人云：“凯之体中有痴黠各半，合而论之，只得平平耳。”

干宝《司徒仪》曰：行参军之职掌，凡使命及督察覆行之事，弹劾、补遗、献纳、闻见、以达视听。

《世语》曰：王子猷作桓温车骑参军。桓谓王曰：“卿在府久，此当相料理。”初不答，直高视，以手板柱颊云：“西山朝来，致有爽气。”

又曰：郝隆为桓公南蛮参军。三月三日作诗，不能者，罚三升。隆初以不能受罚，既饮，览笔便作，其一句云：“娵子瑜反隅跃清池。”桓问娵隅是何语，答云：“蛮名鱼为娵隅。”桓公曰：“作诗何以为蛮语？”隆答曰：“千里投君，始得为府参军，那得不作蛮语？”

《魏武选令》曰：今诏书省司隶官锺校尉，材智决洞，通敏先觉，可上请参军事，以辅暗政。

《俗说》曰：陶夔为王孝伯参军。三日曲水集，陶在前行坐，有一参军督护在坐。陶于坐作诗，随得五三句。后坐参军督护随写取诗，成；陶犹更思补缀。后坐写其诗者先呈，陶诗经日方成。王怪，笑陶参军，乃复写人诗；陶愧愕不知所以。王后知陶非滥，遂弹去写诗者。

诸葛亮《与参军掾属教》曰：任重才轻，固多阙漏。前参军董幼宰，每言辄尽，数有谏云。虽性鄙薄，不能悉纳。幼宰参署七年，事有不至，至于十反，未有忠于国。如亮可以少过矣。

《孙绰为功曹参军驳事笺》曰：纲纪居管辖之任，以纠司外内，驳议弹射，诚无所拘。然亦所以献可替否，举直绳违而已。

太平御览卷第二百五十　职官部四十八

司隶校尉

《通典》曰：司隶，周官也。掌五隶之法。辨其物而掌其政令，五隶，谓罪隶、蛮隶、闽隶、夷隶貉隶也。物谓衣服、兵器之属。帅其民而捕其盗贼。

《汉书》曰：诸葛丰为司隶校尉，无所回避，京师为之语曰："间何阔，逢诸葛。"言间者何久阔不相见，以逢诸葛故也。侍中许章以外属贵幸，宾客犯法，与章相连。丰欲劾奏，适逢章出，丰驻车举节招章曰："下！"欲收之。章驰去，丰奔车逐之。章突入殿得免，由此成帝遂收丰节也。

又曰：鲍宣，字子都。明经，为司隶。丞相孔光行园陵，官属行驰道中，宣使钩止丞相掾史，没入其车马，以摧辱宰相。事下御史中丞，官欲捕从事，闭门不内。宣坐闭拒使者，大不敬，下狱。博士弟子王咸举幡太学下，曰："欲救鲍司隶者，会此下。"诸生会者千馀人。朝日，遮丞相孔光自言，丞相车不得行。宣罪减死一等。

又曰：盖宽饶，字次公。为司隶校尉，子常步行。好直言犯上，无所回避。

又曰：王骏为司隶校尉，奏免丞相匡衡。

《东观汉记》曰：鲍永为司隶校尉。时赵王良从上送中郎将来歙丧还，入夏城门中，与五官将车相逢，道迫，良怒，召门候岑遵，叩头马前。永劾奏良曰："今月二十七日，车驾临故中郎将来歙丧还，车驾过，须臾赵王良从后到，与右中郎将张邯相逢城门中，道迫狭，叱邯旋车，又召门候岑尊诘责，使前走数十步。按良诸侯藩臣，蒙恩入侍，知遵帝城门候吏六百石，而肆意加怒，令叩头都道，走马头前。无藩臣之礼，大不敬也。"

《后汉书》曰：鲍昱为隶，在职奉法守正，有父风。永平五年，坐救火迟，免。

又曰：鲍永为司隶，鲍恢为都官从事，并不避强御。诏策曰："贵戚且当敛手，以避二鲍。"其见惮如此。永子昱，复为司隶，初拜使封胡降檄。世祖遣问昱曰："有所怪否？"对曰："臣闻故事，通官文书不著姓名。又当司徒露布，怪使司隶下书而著姓也。"上曰："吾故欲令天下知忠臣之子复为司隶。"

又曰：李膺，字元礼，拜司隶校尉。时张让弟朔为野王令，贪残无道，畏膺而逃，藏让舍柱中。膺率将吏破柱取朔，付狱杀之。让诉冤于帝，帝诏诘膺，膺曰："昔仲尼为鲁司寇，七日而诛少正卯。今臣到官已积旬，惧以淹留为愆，不意获速疾之罪。乞留五日，克殄元恶。"帝谓让曰："汝弟之罪也。"自是宦官屏气，休沐不敢复出。帝问其故，并叩头泣曰："畏李司隶也。"

又曰：司隶校尉下邳赵兴，亦不恤讳忌，恤，忧也。每入官舍，辄更缮修馆宇，移穿改筑，故犯妖禁，而家人爵禄益用丰炽，官至颍川太守。子峻太傅，以才器称。孙安代鲁相，三叶皆为司隶，时称其盛。

又曰：江冯上言，宜令司隶校尉督察三公；陈元议以为不宜使有司省察公辅，乃止。

《续汉书》曰：阳球，字方正，渔阳人也。少有勇气，尚书令中常侍王甫、曹节等秉权势，球常唾手拊髀曰："阳球作司隶，此曹子何得尔耶！"寻为司隶，明日诣阙谢恩。甫时休下在舍，球报甫罪，收至洛阳诏狱，自临拷之。甫子萌亦见收。

又曰：牟融拜司隶校尉，典司京都，执宪持平，多所举正。百僚莫不敬惮。

又曰：《百官志》曰："司隶校尉一人，比千石。孝武持节，常察举百僚以下及京师近都犯法者。"

谢承《后汉书》曰：华松擢为司隶校尉。是时贵戚专势，有司软弱，莫敢纠罚。松下车闭阁，不通私书，不与豪右相见，奸慝犯者辄死，奏马氏三侯，群豪敛手。

应劭《汉官仪》曰：司隶校尉，纠皇太子、三公以下，及旁州郡国无不统。陛坐见诸卿皆独席。

《魏志》曰：徐宣迁司隶校尉，转散骑常侍，从至广陵。大军乘舟，风浪暴起，帝船回到，宣船在后，凌波而前，群寮无先至者。帝壮之。

又曰：锺会为司隶校尉。虽在外司，时政损益，当世与夺，无不毕综。

《晋书》曰：傅玄转司隶校尉。献皇后崩于弘训宫，设丧位。旧制，司隶于端门外坐，在诸卿上，绝席。而入殿按本品秩，在诸卿下。以次坐，不绝席。而谒者以弘训宫为殿内，制玄位在卿下。玄恚怒，厉声色而责谒者。谒者妄称尚书所处，玄对百寮而骂尚书以下。御史中丞庾纯奏玄不敬，玄又自表不以实，坐免官。然玄天性峻急，不能有所容；每有奏劾，或值日暮，捧白简，整簪带，竦踊不寐，坐而待旦。于是贵游慑伏，台阁生风。

臧荣绪《晋书》曰：傅咸以议郎长兼司隶校尉。咸前后固辞，辞旨恳切。上不听，切敕使者逼就拜授。咸悲鲠伤咽，以身无兄弟，职无假，到官之日丧祭无主，重自陈乞，遂不见听。乃于官舍设灵坐，朔望奉祭。咸卧病治职。时朝廷宽弛，豪右放恣，郡县容纵，寇盗充仞，攻篡囚徒，掠夺市道。公私情托，朝野溷淆。咸于是奏免河南尹，京都肃然，贵戚惮之。数月之间，三奏免选官。奏按謇谔，终无曲挠，虽不见从，有司肃然。

《晋志》曰：汉武帝初置十三州刺史各一人，又置司隶校尉，察三辅、三河、弘农七郡。

《晋诸公赞》曰：刘毅，字仲雄。为司隶，奏太尉何曾、尚书刘实父子及羊琇、张他等，所犯狼藉。司部守令事相连及，睹风投印绶者甚众，皆以为毅能继诸葛丰、盖宽饶也。

崔鸿《十六国春秋·前秦录》曰：王猛望燕师之众，恶之，谓邓羌曰："今日之事非将军莫可以捷也，成败之机在斯一举，将军其勉之！"羌曰："若以司隶见与者，公无以为忧。"

《唐书·官品志》曰：司隶台大夫一人，正四品，掌诸巡察。其所掌六条：一察品官以上理政能不；二察官人贪残害政；三察豪强奸猾侵害下人及田宅逾制官司不能禁止者；四察水旱虫灾不以实言，枉征赋役及无灾妄蠲免者；五察部内贼盗不能穷逐，隐而不申者；六察德行、孝悌、茂才、异行隐而不贡者。每年二月乘轺巡郡县，十月入奏。

《英雄记》曰：董卓谓王允曰："欲得一快司隶校尉，谁可作者？"允曰："唯有盖勋元、周京兆耳。"卓曰："此明智有馀，不可假以雄职。"

《列异传》曰：故司隶尉上党鲍子都，少时为上计掾，于道中遇一书生独行。时无伴，卒得心痛。子都下车为按摩，奄忽而亡，不知姓名。有素书一卷，银十饼。即卖一饼以殡，其馀银及素书着腹上，咒之曰："若子魂灵有知，当令子家知子在此。今使命不获久留。"遂辞而去。至京师，有骢马随之，人莫能得近，唯子都得近。子都归行失道，遇一关内侯家。日暮往宿，见主人呼奴，通刺。奴出见马，入白侯曰："外客盗骑昔所失骢马。"侯曰："鲍子都上党高士，必应有语。"侯曰："若此，乃吾马，昔年无故失之。"子都曰："昔年上计遇一书生，卒死道中……"具述其事，侯乃惊愕曰："此吾儿也。"侯迎丧开椁，视银书如言。侯乃举家诣阙上荐子都，声名遂显。至子永、孙昱，并为司隶。及其为公，皆乘骢马，故京师歌曰："鲍氏骢，三入司隶再入公；马虽疲，行步转工。"

《傅咸集·叙》曰：司隶校尉，旧号卧虎，诚以举纲而万目理，提领而众毛顺。

州牧

《汉书》曰：何武与翟方进共奏曰："古选诸侯贤者以为州伯。今部刺史居牧伯之位，选第大吏，所荐位高至九卿，所恶立退，任重职大。《春秋》之义，用贵治贱，不以卑临尊。刺史位下大夫，而临二千石，轻重不相准。请罢刺史，更置州牧，以应古制。"奏可。

《续汉书》曰：皇甫嵩领冀州牧，奏请一年租以赈饥民。民歌曰：“天下乱兮，市为墟；母不保子兮，妻失夫；赖有皇甫兮，复安居。”

《吴志》曰：吕范拜扬州牧。性好威仪，州民如陆逊、全琮及贵公子，皆修敬虔肃，不敢轻脱也。其居家服饰，于时奢靡，然勤事奉法，故权悦其忠，不怪其侈。

又曰：《吕岱传》：“廖式作乱，围城邑，零陵、苍梧、茂林诸郡骚扰。岱自表辄行，星夜兼路。权遣使追拜岱交州牧。”

《晋书》曰：张茂为凉州牧，武公轨之子也。筑灵钧台，周轮八十馀堵，其高九仞。武陵人阎曾夜叩门呼曰：“武公遣我来，曰：何故劳百姓而筑台乎？”姑臧令辛岩以增妖妄，请杀之。茂曰：“吾信劳人。曾称先君之令，何为妖乎？”太府主簿马鲂谏曰：“今世难未夷，唯当弘尚道业，不宜劳役崇饰台榭。且比年已来，转觉众务日奢于往，每所经营，轻违雅度，实非士女所望于明公也。”茂曰：“吾过也。”命止作役。

又曰：张骏为凉州牧，刑清国富，群僚劝进称凉王，领秦、凉二州牧，置公卿百官，如魏武、晋文故事。骏曰：“此非人臣所宜言也。敢有言此者，罪在不赦。”然境内皆称之为王。

《北史》曰：裴侠尝与诸牧守俱谒周文，文命侠别立，谓诸牧守曰：“裴侠清慎奉公，为天下之最，令众中有如侠者，可与之俱立。”众皆默然，无敢应者。周文乃厚赐侠，朝野欢服焉，号为独立使君。

《北史》曰：后魏广阳王嘉迁司州牧，嘉表请于京四面筑坊三百二十三，各周一千二百步，乞发三正复丁以充兹役，虽有暂劳，奸盗永止。诏从之。

《后周书》曰：苏绰为六条诏书，奏施行之。太祖甚重之，常置诸座右。又令百司习诵之。其牧守令长，非通六条计帐者，不得居守。

太平御览卷第二百五十一　职官部四十九

都督

《晋书》曰：杜预为都督荆州诸军事，南土美而谣之曰："后世无叛由杜翁，孰识智名与勇功。"

又曰：陶侃为都督荆、雍、益、梁四州诸军事。是时荆州大饥，百姓多饥死。侃至秋熟辄籴，至饥复价粜之，士庶欢悦。咸蒙济赖。

又曰：羊祜都督荆州诸军事。招俊以礼，怀远以德，吴人悦服，呼为羊公。

又曰：庾翼都督江、荆、益三州刺史，制度规模每出于人。数年之中，军国充实，人情翕然，称其才明。由是自河以南，皆怀归附。

又曰：陈飔为陶侃广州长史。侃梦有司马以铠与侃，飔以为司马国姓，铠者捍国之器，节下当进位。果除都督交州。

又曰：张实都督凉州，下令曰："忝继前踪，庶几刑政不为百姓之患；而比年饥旱，殆由庶事有缺。窃慕箴诵之言，以补不逮。自今有面刺孤罪者，酬以束帛；翰墨陈孤过者，答以筐篚；谤言于市者，报以羊米。"

又曰：石苞都督扬州诸军事。苞因入朝。当还，辞高贵乡公，留语尽日。既出，白文帝曰："非常主也。"数日而有成济之事。

又曰：刘胤代温峤都督江州诸军事，领江州刺史、假节。胤位任转高，放豪日甚，纵酒耽乐，不恤政事，大殖财货，商贩百万。初，胤之代峤也，远近皆谓非选。陶侃、郄鉴咸云胤非方伯才，朝廷不从。或问王悦曰："今大难 之后，绳纪顿绝。自江陵至于建康，三千馀里，流人万计，布在江州。江州，国之南藩，要害之地，而胤以侈汏之性，卧而对之，不有外变，必有内患。"悦曰："闻温平南语家公云，连得恶梦，思见代者。寻云可用刘胤。此乃温意，非家公也。"是时朝廷空罄，百官无禄，唯资江州运漕。而胤商旅继路，以私废公。有司奏免胤官。书始下，而为郭默所害。

又曰：王恭为都督兖、青、冀、幽并徐州、晋陵诸军事，平北将军，假节，镇京口。初，都督以北为号者，累有不祥，故桓冲、王坦之、桓彝之后，不受镇北之号。恭表让军号，以超授为辞，而实恶其名，于是改号前将军。

《北史》曰：贺兰祥除都督荆州刺史，见有发掘古冢，暴露骸骨，乃谓守令曰："此岂仁者为政耶！"命所在收藏。时夏亢阳，即日降雨。

《唐书》曰：宋璟转广州都督，仍为五府经略使。广州旧俗，皆以竹茅为屋，屡有火灾。璟教人烧瓦，改造店肆，自是无复延烧之患，夷夏怀惠，立碑以纪其政。

又曰：王方翼为夏州都督。属牛疫，无以营农，方翼造人耕之法，施关键使人推之，百姓赖焉。

总管

《后周书》曰：长孙俭为荆州总管，尝诣阙奏事。时值大雪，遂立于雪中待报，自旦达暮，竟无惰容。其奉公勤至，皆此类也。

又曰：赫连达迁大将军、夏州总管、三州五防诸军事。达虽非文吏，然性质直，遵守法度，轻于鞭挞，而重慎死罪。性又廉俭，边境胡民或馈达以羊者，达欲招纳异类，报以缯帛。主司请用官物，达曰："羊入我厨，物出官库，是欺上也。"命取私帛与之。识者嘉其仁恕焉。

《北史》曰：韦孝宽为延州总管。兄敻至州，与孝宽相见，将别，孝宽以所乘马及辔勒与敻。敻以其华饰，心不欲之，谓孝宽曰：昔人不弃遗簪坠履者，恶与之同出而不与同归。吾之操行虽不逮前烈，然舍旧策新，亦非吾志也。"乃乘旧马以归。

《隋书》曰：元褒为原州总管。有商人为贼所劫，其人疑同宿者而执之，褒察其色宽而辞正，遂舍其人。商诣阙讼褒受金纵贼，上遣使穷治之。使者簿责褒曰："何故利金而舍盗也？"褒便即引咎，初无异词。使者与褒俱诣京师，遂坐免官。其盗寻发于他所，上谓褒曰："公朝廷旧人，位望隆重，受金舍贼非善事，何至自诬也？”曰：“臣受委一州，不能息盗贼，臣之罪一也。州民为人所谤，不付法司，悬即放免，臣之罪二也。牵率愚臣，不顾刑法，不恃文书约束，至今为物所疑，臣之罪三也。臣有三罪，何所逃责？臣又不言受赂，使者复将有所穷究，然则缧绁横及良善，重臣之罪，是以自诬。”上叹异之，称为长者。

又曰：元景山为豪州总管。先是，州民王回洛、张季真等聚结亡命，每为劫盗，前后牧守不能制。景山下车遂捕之，回洛、季真挺身奔江南。擒其党与数百人，皆斩之。法令明肃，盗贼屏迹，称为大治。

又曰：韦世康尝因侍宴，再拜陈让曰：“臣无尺寸之功，位亚台铉。今犬马齿截，不益明时，恐先朝露，无以塞责。愿乞骸骨，退避贤能。”上曰：“朕夙夜庶几求贤若渴，冀与公共治天下，以致太平。今之所请，深乖本望，纵令筋力衰谢，犹屈公卧治一隅。”于是出拜荆州总管。时天下唯置四大总管，并、扬、益三州，并亲王临统，唯荆州委于世康，时论以为美。世康为政简静，百姓爱悦，合境无讼。

又曰：韦艺迁营州总管。艺容貌瑰伟，每夷狄参谒，必整仪卫，盛服以见之，独坐满一榻。蕃人畏惧，莫敢仰视。

又曰：薛道衡，声名藉甚一时。仁寿中，杨素专掌朝政，道衡既与素善，上不欲道衡久知机密，因而检校襄州总管。道衡久蒙驱策，一旦违离，不胜悲恋，言之哽咽。高祖怆然改容曰：“尔光阴晚暮，侍奉诚劳。朕欲令尔将摄，兼抚氓俗。今尔之去，朕如断一臂。”于是赍物三百段，九环金带，并时服一袭，马十匹，慰勉遣之。

又曰：樊子盖转循州总管，许以便宜从事。十八年，入朝奏岭南地图，赐以良马、杂物。

又曰：令孤熙拜桂州总管十七州诸军事，许以便宜从事，刺史已下官得承制补授。给帐内五百人，赐帛五百匹，发传送其家累，改封武康郡公。熙至部，大弘恩信，其溪洞渠帅更相谓曰：“前时总管皆以兵威相胁，今者乃以手教相谕，我辈其可违乎？”于是相率归附。先是，州县生梗，长吏多不得之官，寄政于总管府。熙悉遣之，为建城邑，开设学校，华夷感激，称为大化。

又曰：李安领行军总管，率蜀兵顺流东下。时陈人屯白沙，安谓诸将曰："水战非北人所长。今陈人依险泊船，必轻我而无备。以夜袭之，贼可破也。"诸将以为然。安率众先锋，大破陈师。高祖嘉之。

《唐书》曰：田留安拜魏州总管。刘闼之乱也，来攻州城。于时山东豪猾多杀长吏以应贼，百姓、凶人咸怀异志。凡诸守皆以心腹自卫，多所猜防。由是上下情隔，怨叛者多。留安独抚结所部，示无疑阻。凡有白事者，无间疏远，皆至卧内。谓人曰："吾与卿辈，同为国守，自宜一心，无为疑贰也。必欲弃同即异，背顺归逆，亦任卿辈斩吾头而去矣。"城中父老递相诫励子弟曰："田公以赤心相付，何得负之。"由是人情遂固。州人苑竹林者，刘闼之党也。初有异图，留安阴知之而不发其事，因引置左右，委以关钥。竹林感其意，遂归心焉。卒收其力用。

又曰：刘世让拜广州总管，将之官，高祖问以备边之策。世让答曰："突厥比数南寇者，徒以马邑为其中路耳。如臣计者，于崞城置一智勇之将，多贮金帛，有来降者厚赏赐之。数出奇兵，掠其城下，践其禾稼，败其生业。不出岁馀，彼当无食，马邑不足图也。"高祖曰："非公无可任者。可驰驿至彼，善为经略。"世让于是以兵临马邑。高满政以其地来降，突厥患之，遣曹繁陁来诣中国，言世让与可汗通谋，将为乱。由是得罪，籍没其家。及突厥来降，言世让无逆谋，始原其妻子。

都督护

《汉书》曰：宣帝时，匈奴日逐王欲降汉，使人与郑吉相闻。吉发渠犁、龟兹诸国五万人迎日逐王，吉送三千人、小王将十三人随吉至河曲，颇有亡者，吉追斩之，将诣京。汉封日逐王为归德侯。吉既破车师，降日逐，威震西域，遂并护车师以西，故号为都护。都护之置，自吉始焉。上嘉其功，乃下诏曰："都护西域骑都尉郑吉，抚循外蛮，宣明威信。封吉为安远侯。"汉之号令班于西域，始自张骞，成于郑吉也。

又曰：段会宗为人好大节，矜功名，为西域都护，与谷永相友善。永闵其老复远出，与书戒之曰："足下以柔远之灵德，复典都护之重职，甚休！愿吾子因循旧贯，无求奇功，万里之外，以身为本。愿详思愚言。"

又曰：元帝时，甘延寿为西域都护，陈汤为副。郅支单于数困辱汉使，汤与延寿谋曰："郅支所在绝远，无金城强弩之守，如发屯田吏士，从乌孙直指其城，可以成功。"延寿欲奏之，汤曰："国家与公卿议大策，非凡所见，必不从。"会延寿久病，汤独矫制发兵，延寿闻之欲止焉。汤怒，按剑叱延寿曰："大众已集，竖子欲阻众耶？"延寿遂从之，部勒行阵，益置扬威、白虎、合骑之校，张晏曰：西域阵法之名也。即日引军分行。遂斩郅支单于头送京师。延寿封茂成侯，汤封关内侯。功大赏少，为石显、匡衡所抑。

应邵《汉官仪》曰：西域都护，武皇帝始开通西域三十六国，其后稍分至五十馀国，置使者校尉以领护之。宣帝神雀三年，改曰都护，秩二千石。平帝时省都护，令戊己校尉领之。

沈约《宋书》曰：初，汉宣帝置西域都护，以加骑都尉，若谏大夫，护西域诸国。光武建武初，始有督军诸使。至献帝建安中，魏武相汉，遣大将外出督十军二十军者，始号都督。曹、袁、张、杨之徒，虽以三公假节领州郡，然无都督之号也。三国时亦有都护、中都护左右都护，将军兼督诸军，犹是旧制意也。黄初三年，上军大将曹真始都督中外诸军事，总诸军。高贵乡公正元二年，晋文帝都督中外诸军事，寻加大都督之号。太始中置小都督，江左亦时有也。吴朝镇将总兵亦曰都督，大军出为二部，则曰左、右都督。分武昌为两部，亦曰左、右部大督，其总一者，则曰大都督。又绕帐、羽林、无难之属，随事有督，无常号也。至诸葛恪以下辅政乃都督中外诸军事。蜀关羽在江陵亦督军、州，至张飞、姜维亦为中外都督，如吴、魏也。晋氏以来，宰辅任重者为中外大都督；方伯望隆者，亦如大都督之号。凡诸都督，虽军号有轻重，无假节也。

《唐书》曰：马总为安南都护。总敦儒学，长于政术，在南海累年，清廉不挠，夷獠便之。于汉所立铜柱之处，以铜一千五百斤特铸二柱，刻书唐德，以继伏波之迹。

太平御览卷第二百五十二 职官部五十

尹

《春秋传》曰：周公相王室以尹天下。尹，正也。

《汉书》曰：内史，周官，秦因之，掌治京师。景帝二年，分置左、右内史。武帝太初元年，更名京兆尹。张晏曰：地高曰京。《左传》曰："莫之与京。"十亿曰兆。尹者正也。秩二千石，银印、青绶、进贤两梁冠、绛朝服，佩水苍玉。

又曰：赵广汉，字子都，涿郡人也，守京兆尹。广汉为人强力，天性精于吏职。见使吏民，或夜不寝至旦。尤善为钩钜，以得事情。苏峻曰：钩得其情，吏不得去。钜钩者，设如欲知马价，则先问狗，次问羊，又问牛，然后及马，参伍其价，以类相准，则知马之贱贵不失实矣。铢两之奸，皆知之。长安少年数人会穷里空会谋共劫人，坐语未讫，广汉使捕治，具服。廉明，威制豪强，百姓追思，歌之至今。

又曰：元始五年，有一男子乘黄犊车，建黄旐，衣黄襜褕迳来。诣北阙，自谓卫太子。京兆隽不疑后到，叱从吏，使收缚之，曰："昔蒯聩违命出奔，辄距而不纳，《春秋》是之。卫太子得罪，先帝亡，不即死，今来自诣，此罪人也。"遂送诏狱，由是名声重于朝廷。在位者皆自以不及。廷尉验治，何人竟得奸诈。本夏阳人，姓成名方遂，貌一似戾太子。

又曰：张敞为京兆尹。朝廷每有大议，引古今，处便宜，公卿皆服。敞无威仪，时罢朝会，过走马章台街，或曰：在长安中，在章台下街。使御史驱，自以便面拊马。又为妇画眉，长安中传张京兆眉怃。怃，大也。孟康曰：怃音诩，北方人谓为妍。有司以奏，上问之，对曰："臣闻闺房之内，夫妇之私，有过于画眉者。"上爱其能，然不得大位。为京兆尹九年，与杨恽厚，坐恽大逆诛。

又曰：张敞冬为尹，一日捕诸偷得数百人，由是市无偷盗。

又曰：王尊、王章、王骏并为京兆，有名，京师称曰：“前有赵、张，后有三王。”

《后汉书》曰：袁安为河南尹。政号严明，然未曾以赃罪鞫人，常称曰“凡学士者，高则望宰相，下则希牧守。锢人于圣世，曰尹不忍为也。”闻之者感激自厉。在职十年，京师肃然，名重于朝廷。

又曰：张酺入为河南尹。窦景家人复击伤市卒，吏捕得之，景怒，遣缇骑侯海等五百人殴伤市丞。《说文》曰：缇，帛丹黄色也。《汉宫仪》曰：执金吾有缇骑。酺部吏杨章等穷究，正海罪，徙朔方。景忿怨，乃移书辟章等六人为执金吾吏，欲固执之。章等惶恐，入白酺，愿自引赃罪，以辞景命。酺即上言其状。窦太后诏报：“自今执金吾辟吏，皆勿遣。”

又曰：杨彪迁侍中、京兆尹。光和中，黄门令王甫使门生于郡界辜搉官财物七千馀万，《华峤书》曰：甫使门生翘辜搉解。见《灵帝纪》。彪发其奸，言之司隶校尉阳球，因此奏诛甫，天下莫不惬心。

又曰：延笃，字叔固，及边凤皆为京兆尹，并有能名。语曰：“前有张、赵，后有边、延。”张、赵即赵广汉及张敞也。

又曰：梁冀为河南尹，居职暴恣，多非法。父商所亲客洛阳令吕放，颇与商言及冀之短，商以让冀，冀即遣人于道刺杀放。而恐商知之，乃推疑于放怨仇，请以放弟禹为洛阳令。安尉放家，欲以灭口。使捕之，尽灭其宗亲、宾客百馀人。

又曰：王梁为河南尹，穿渠引谷水注洛阳城下，东写巩川，及渠成而水不流。七年，有司劾奏之，梁惭惧，上书乞骸骨。

谢承《后汉书》曰：周畅，字伯时。性仁慈，为河南尹。永初二年，夏旱，久祷无应，畅自收葬洛阳城旁客死骸骨凡万馀人，应时澍雨，岁乃丰稔。

袁山松《后汉书》曰：延笃，字叔坚。南阳人也，为京兆尹，正身率下，民不忍欺。

应劭《汉官仪》曰：河南尹，所治周地也。洛阳本成周，周之衰微，分为东西周。秦兼天下，置三川洛河伊也。汉更名河南。孝武皇帝增曰太守。世祖中兴，徙都洛阳，改号为尹。尹，正也。《诗》云：“赫赫师尹。”

《魏志》曰：郑浑，字文公，为京兆尹。浑以百姓新集，为制移居之法，使兼复者与单轻者相伍，温信者与孤老为比，勤稼穑，明禁令，以发奸者。由是民安于农而盗息。

又曰：傅嘏，字兰石。为河南尹，内掌帝都，外统京畿，兼主六乡六遂之士。其民异方杂居，多豪门大族，商贾胡貊，天下四会，利之所聚，而奸之所生也。前尹司马芝举其纲而太简，次尹刘静综其纲而太密，后尹李胜毁常法以收一时之声。嘏立司马氏之纲统，裁刘氏之纲目以经纬之，李氏所毁以渐补之。郡有七百吏，半非旧也。河南俗党，五官掾功曹典选职，皆授其本国人，无用异邦人者。嘏各举其良而用之，分官曹之职，以次考核之。其治以德教为本，然持法有恒而不可犯，见理识情，狱讼不枉，槚楚而得其实。不为小惠，有所荐达及大益于民事，皆隐其端迹，若不由己出。故当时无赫赫之名，使民久而后安者也。

又曰：司马芝，字子华，为河南尹，教群下曰：“盖君能设教，不能使吏必不犯也。吏能犯教，而不能使君必不闻也。夫设教而犯，君之劣也；犯教而闻，吏之祸也。君劣于上，吏祸于下，此政事所以不理也。可不勉之哉！”于是下吏莫不自厉。

又曰：刘馥，字子靖，出为河南尹。散骑常侍应璩以书与子靖曰：“入作纳言，出临京任，富民之术，日引月长。”

王隐《晋书》曰：乐广，字彦辅，为河南尹。故郡中前多怪，后人皆于廊下邮传中治事，无敢在厅事者，唯广处之自苦。白日户自闭，二子凯、模等慑怖，广使掘墙孔得狸，以绝代者，乃相承入止。

又曰：庾纯，字谋甫。太始六年诏曰：“河南大郡，四方表则，中书令庾纯清粹忠正，才绍治化，其以纯为河南尹。”

又曰：刘隗补丹阳尹。虽在外，而万机秘密皆预闻之。

《晋书》曰：羊曼为丹阳尹。时朝士过江初拜官，相饰供馔。曼拜丹阳尹，客来早者得佳设，日晏则渐罄，不复及精，随客早晚而不问贵贱。有羊固拜东海太守，竟日皆美，虽晚至者犹获盛馔。论者以固之丰腆，乃不如曼之真率。

《晋起居注》曰：武帝咸宁三年诏曰："河南百郡之首，其风教宜为遐迩所模，以导齐之。侍中奉车都尉王恂，忠亮笃诚，才兼外内，明于治化。其以恂为河南尹。"

《晋中兴书》云：晋天兴元年，改丹阳内史为丹阳尹。

《宋书》曰：刘秀之迁丹阳尹。先是，秀之从叔穆之为丹阳尹，与子弟于厅事上饮宴，秀之亦与焉。厅事柱有一穿，穆之谓子弟及秀之曰："汝等试以栗遥掷此柱，若能入穿，后必得此郡。"穆之诸子并不能中，唯秀之独入焉。

《唐书》曰：开元初，改雍州长史为京兆尹，总理众务。

又曰：郑珣瑜，出为河南尹。珣瑜既入境，官吏以逼降诞日，珣瑜到即后于是，乃送所献马、赍印于路，以例告珣瑜；曰："未上官不可遽有进献。"及既上，即过时矣，遂不献。

又曰：郭英乂。时严武卒，元载荐英乂代之，遂兼成都尹，充剑南节度使。英乂到成都，肆行不轨，无所忌惮。玄宗旧宫置为道士观，内有玄宗铸金真容及乘舆，侍卫图画。先是，节度使每至，皆先拜而后视事。英乂以观地有形胜，乃入居之，其真容及图画，悉遭毁坏。见者无不愤怒。

又曰：英乂为成都尹，颇恣狂荡，聚女人骑驴击球，制钿驴鞍及诸服用，皆侈靡装饰，日费数万，以为笑乐。未尝问百姓间事，人颇怨之。

又曰：许孟容为京兆尹。神策军吏李昱假贷长安富人钱八千贯，满三岁不偿。孟容遣吏收捕械系，克日命还之，曰："不及期当死。"自兴元已后，禁军有功，又中贵之尤有渥恩者，方得护军，故军士日益横，府县不能制。孟容刚正不惧，以法绳之，一军尽惊。冤诉于上，立命中使宣旨，令送本军，孟容系之不遣。中使再至，乃执奏曰："臣诚知不奉诏当诛，然臣职司辇毂，合为陛下弹抑豪强。钱未尽输，昱不可得。”上以其守正，许之。自此豪右敛迹，威望大震。

又曰：刘栖楚为京兆尹，摧抑豪右，不顾患难，事无大小必设钩钜，故时人重之。或称其机变，往往有类于西汉时赵广汉者。

又曰：李杰为河南尹。杰既勤于听理，每有诉列，虽衢路当食，无废处断。由是官无留事，人吏爱之。先是，河汴之间有梁公堰，年久堰破，江淮漕运不通。杰奏调发汴，郑丁夫以浚之，省功速就，公私深以为利。刻石水滨，以纪其绩。

又曰：柳仲郢为河南尹，以宽惠为政，言事者以为不类京兆之政。仲郢曰：“辇毂之下，弹压为先，郡邑之治，惠养为本，何取类耶？”

又曰：苏震为太常卿。是岁东都耆老，表乞行幸，上重违其心，选勤旧勋贤为之牧守，遂以震为河南尹，兼御史中丞，仍充东都畿甸观察使。

《英雄记》曰：董卓废少帝，自公卿已下莫不卑下于卓，唯京兆尹盖勋长揖争礼，见者皆为失色。

《李燮别传》曰：燮字德公，京兆人。拜京兆尹，吏民爱敬，乃作歌曰：“我府君，道教举。恩如春，威如虎。爱如母，训如父。”

《李郃别传》曰：邓骘弟豹为将作大匠。河南尹缺，豹欲得之。上及骘兄弟亦欲用，难便召拜，下诏令公卿举，骘以旨遣人讽公卿悉举豹。李郃曰：“司隶河南尹，当整顿京师，检御贵戚，今反使亲家为之，必不可为后法。”公举司隶羊浸不举豹。豹竟不得尹，恨公卿不举，对士大夫曰：“李公宁能不举我，故我不得尹耶！”

《庄子》曰：孙叔敖能以爵禄为己害，故三为令尹，三去令尹，而色不变。

《语林》曰：苏峻新平，温、庾诸公以朝廷初复，京尹宜得望实，唯孔君平可以处之。孔固辞，二公逼谕甚苦。孔敖然曰：“先帝大渐，卿辈身侍御床，口行诏令，孔垣尔时正琐臣耳，何与国家事不可！今日丧乱而猥见逼迫，吾俎豆上腐肉，任人割截耶！”庾愧不能答。

《说苑》曰：楚令尹子文之族干法者，廷理释之，子文责之曰：“吾岂为私意耶，何廷理之驳于法也！不置刑地吾将死。”廷理惧，遂刑其人。国人闻之曰：“若令尹之公也，吾党何忧！”乃相与作歌曰：“子文之族，犯国法程，廷理释之，子文不听。”

《通典》曰：凡帝王所都皆曰尹，南朝曰丹阳尹，后魏初曰代尹，东魏曰魏尹，北齐曰清都尹。

杨雄《河南尹箴》曰：茫茫天区，画冀为京。商邑翼翼，四方之经。爰作卿士，以尹王州。风化攸兴，万国承流。

梁·邵陵王《让丹阳尹初表》曰：臣进非民誉，退异宗英，尸居戎号，已紊彝典，况京兆五守，西汉难追；河南二尹，东京罕继。审己循涯，自知莫可；街谈巷议，尤见不胜。

梁·庾肩吾《为南康王让丹阳尹表》曰：臣闻剑镂七星，非有司天之用；缣图五岳，宁识崇朝之云。是知策彼泥龙，不能令其逐日；乘斯流马，安可使其奔电。方今振鹭盈庭，白驹空谷，惟帝念功，惟明克允。君子之国，罕闻其让；石门之水，获免于贪。

少尹

《唐书》曰：李憕为东京少尹。时萧胤为尹，依倚权贵，莅事多不法。憕以公直正之，人用緊赖。又道士孙甑生以左道求进，托以修功德，往来嵩山，求请无度，憕必挫之。

《五代史·后唐书》曰：李承勋累迁至太原少尹。刘守光之僭号也，庄宗遣承勋往使，伺其亹端。承勋至幽州，见守光如藩方交聘之礼，谒者曰：“燕王为帝矣，可行朝礼。”承勋曰：“吾大国使人，太原亚尹，是唐帝除授。燕主自可臣其部人，安可臣我哉！”守光闻之不悦，拘留于狱，数日出而讯之曰：“臣我乎？”承勋曰：“燕君能臣我王，则我臣之。吾有死而已，安敢辱命！”会王师讨守光，承勋竟没于燕中。

留守

《东观汉记》曰：和帝南巡祠园庙，张禹以太尉留守北宫，大官朝夕送食。

《后汉书》曰：车驾征张步，留伏湛居守。时蒸祭高庙，冬祭曰蒸也。而河南尹、司隶校尉于庙中争论，湛不举奏，坐策免。

《吴志》曰：孙权征新城，使登居守，总知留事。时年谷不丰，颇有贼盗，乃表定科令，所以防御，甚得止奸之要。

《晋书》曰：张方劫惠帝，幸长安。仆射荀藩等与其遗官在洛阳为留台，承制行事，号为东西台。

《后魏书》曰：高祖南伐，以太尉元丕、广陵王羽留守京师，并加持节。

又曰：荀颓。大驾行幸三州，颓留守京师。沙门法秀谋反，颓率禁兵收掩毕获，内外晏然。驾还，饮至文明太后，曰："当尔之日，卿若持疑，不即收捕，处分失所，则事成不测矣。今京畿不扰，宗庙社稷安者，实卿之功也。"

《隋书》曰：杨瓒。平齐之役，诸王咸从，留瓒居守，帝谓之曰："六府事殷，一以相付重，朕将遂事东方，无西顾之忧矣。"其见亲信如此。

《唐书》曰：仪凤元年，司农卿韦弘机为东都留守。时有道士朱钦遂为中宫所使，至都所为横恣，弘机执而囚之，因奏曰："道士假称中宫驱使，依倚形势。臣恐亏损皇明，为祸患之渐。"高宗特发中使赐书慰谕，仍云不须漏泄。

又曰：武后垂拱中，文昌右丞相苏良嗣为京留守。时尚方监裴匪躬检校京苑，将鬻苑中果菜以收其利。良嗣驳之曰："昔公仪休相鲁，犹能拔葵去织，未闻万乘之主鬻其果菜以与下人争利也。"

又曰：柳公绰为北都留守，充河东节度观察使等。是岁，北虏遣梅禄将军李畅以马万匹来市，且曰朝贡。所经过，守帅每假礼分，严其兵备。留馆则戒卒于外，惧有袭夺太原故事，亦出兵送之。畅至界上，公绰独使牙门将祖孝恭单马劳焉，待以修好之意。畅感义出涕，徐驱道中，不妄驰猎。及至关，牙门令译引谒，宴以常礼。及市马归，竟不敢有所犯。

太平御览卷第二百五十三 职官部五十一

内史

《史记》曰：汲黯，字长孺。公孙弘为相，乃上言曰："右内史界部中，多贵人宗室，难治，非素重臣不能任，请徙黯为内史。"数岁官事不废。

《汉书》曰：倪宽迁右内史。宽既治民，劝农业，表奏开六辅渠，六辅谓京兆、冯翊、扶风、河东、河南、河内也。定水令以广溉田。收租税，时裁阔狭，与民相假贷，以故租多不入。后有军发，右内史以负租课殿，当免。民闻，皆恐失之，大家牛车，小家担负，输租襁属不绝，课更最。上由此愈奇宽。

《晋书》曰：孔季恭为吴兴内史。吴兴频丧太守，言项羽神为祟。君居郡事，竟无害也。

又曰：王荟，字敬文。恬虚守靖，不竞荣利，少历清官，除吏部郎、侍中、建威将军、吴国内史。时年饥粟贵，人多饥死，荟以私米作饘粥以饴饿者，所济活甚众。

《梁书》曰：顾宪之为衡阳内史。先是，郡境连岁疾疫，死者大半，棺木尤贵，悉裹以生席，弃之路傍。宪之下车，分告属县，求其亲党，悉令殡葬。其家人绝灭者，宪之为出公禄，使纲纪营护之。又土俗，山民有病，辄云先祖为祸，皆开冢剖棺，水洗枯骨，名为除祟。宪之晓谕，为陈生死之别，事不相由，风俗遂改。时刺史王奂新至，唯衡阳独无讼者，乃叹曰："顾衡阳之化至矣。"

又曰：傅昭为安成内史。郡自宋已来，兵乱相接。郡府舍称凶，每昏旦闻人鬼相触，在任者鲜以吉终。及昭至，有人夜见甲兵出，曰："傅公善人，不可侵犯。"乃腾虚而去。有顷，风雨忽至，飘郡厅事入隍中。自是郡遂无患，咸以昭贞正所致。

又曰：傅昭为安成内史。郡多猛兽为害，昭乃命去槛阱，猛兽竟不为害。

又曰：殷钧，字季和，陈郡长平人也。为临川内史。钧体多疾，闭阁卧理，而百姓化其德，劫盗皆奔出境。

又曰：伏暅为永阳内史。在郡清洁，政务安静。郡人何贞秀等一百五十四人诣州言状，湘州刺史以闻。诏勘有十五事为吏人所怀，帝善之。

《隋书》曰：樊子盖为河南内史，屡有治绩，文帝谓曰："今为公别造玉麟符，以代铜兽也。"

《唐书》曰：王及善。契丹作乱，山东不安，起授滑州刺史。则天谓曰："边贼反叛，卿虽疾阖，可将妻子日行三十里，缓步至彼，与朕卧理此州，以断河路也。"因问朝廷得失及善备，陈理乱之宜十馀道，则天曰："彼末事也，此为本也，卿不可行。"乃留拜内史。

郡丞

《汉书》曰：黄霸为颍川郡守。有郡丞老，病聋，督邮欲逐之，霸曰："许丞廉吏，虽老，尚能拜起送迎，止颇重听，何伤其善？助之，无失贤者意。"

又曰：黄霸为河南太守丞。霸为人明察内敏，又习文法，为丞处职，当于法令，太守甚任之，吏民爱敬焉。

《东观汉记》曰：光武议灵台所处，上谓桓谭曰："吾欲谶决之，何如？"谭默然，曰："臣不读谶。"上问其政，谭复言谶非经。上大怒，曰："桓谭非圣无法，将下斩之！"谭叩头流血，良久乃得解，出为六安郡丞。意忽忽不乐，病卒。时年七十馀。

又曰：赵典兄子温，初为京兆郡丞，叹曰："大丈夫生当雄飞，安能雌伏？"遂弃官而去，后官至三公。

谢承《后汉书》曰：刘平为济阳郡丞，太守刘育甚重之，任以郡职。

《汉名臣奏》曰：张禹奏曰："案令丞相奏事，司直持案，长史将簿；中二千石奏事，皆与其丞合缘。是以臣下各得心竭诚，而事公明。”

王隐《晋书》曰：范晷，字彦长，南阳人。侨居清河，仕为郡五官，后为河内郡丞。时裴叔则为河内郡，知之，为裴所伏，后为侍御史。

《隋书》曰：张须陁，为齐郡丞。属岁饥，谷米踊贵，须陁将开仓赈给，官属咸曰：“待诏敕，不可擅与。”须陁曰：“今帝在远，遣使往来，必掩岁序。百姓有倒悬之急，如待报至，当委沟壑矣。吾若以此获罪，死无所恨。”先开仓而后上状，帝知之而不责也。

又曰：王文同为恒山郡丞。有一人豪猾，每持长吏短，前后守令咸惮之。同下车，闻其名，召而数之。因令左右剡木为大橛，埋于庭，出尺馀，四角各埋小橛。令其露心于木橛上，缚四支于小橛，以棒殴其背，应时溃烂。郡中大骇，吏人相视慑气。

《唐书·官品志》曰：丹阳、会稽、吴郡、吴兴及万户郡丞，并六百石。

《汝南先贤传》曰：周防，字伟公。年十六，任郡小吏。世祖巡狩汝南，召掾史试经，防尤能诵读，拜为守丞。防以未冠，请去，师事徐州刺史盖豫，明经，举孝廉，拜郎中。

《陆机集上表》曰：伏见司徒下谏议大夫张畅，除当为豫章内史丞。畅才思清敏，志节贞厉，秉心立操，早有名誉。其年时旧比，多历郡守，唯畅陵迟白首，末齿而佐下藩，遂蹈碎浊，于畅名实损，居之为剧，前后未始有此。愚以为宜解举，试以近县。“诏畅既为是人所称，便差代。

郡参军

《晋书》曰：阮孚避乱渡江，元帝以为安东参军。蓬发饮酒，不以王务萦心。

《北史》曰：卢文伟，少孤，有志尚，颇涉经史，年三十八始举秀才，除本州平北府长流参军，说刺史斐雋案旧迹修督亢陂，溉田万顷，人赖其利。

晋·刘弘教曰：太康以来，天下无虞，遂共尚无为，贵谈庄老，少有说事。外托论公务，内但共谈笑，今既同舟而载，安可不人人致力耶？

督邮

韦昭《辩释名》曰：释云：督邮主诸县罚，以负邮，殷纠摄之也。

《汉书》曰：田延年为河东太守，行县在平阳，召故吏五六十人，延年皆临见，令有文者东，有武者西。阅数十人，次到尹翁归，独伏不肯起，对曰："翁归文武兼备，唯所施设。"延年召上辞问，甚奇其对，使归府，案事发奸，穷竟事情。延年大重之，徙署督邮。河东二十县分为两部，闳孺部汾北，翁归部汾南。

又曰：孙宝为京兆尹，以立秋日署故吏侯文为东部督邮。入见，敕曰："鹰隼始击，常顺天气取奸恶，以成严霜之诛，掾部讵有其人乎？"文曰："无其人不敢空受职。"宝曰："谁？"文曰："霸陵杜稚季。"宝曰："更言其次。"文曰："豺狼方横道，不宜复问狐狸。"稚秀闻之，杜门不通水火，穿后墙为小户，不敢犯法。

《东观汉记》曰：赵勤，字孟卿，南阳棘人。明达好学，介然特立。太守骆珍召署曹吏至掾、督邮，太守桓虞下车，叶令雍霸及新野令皆不遵法，乃复勤督邮。到叶，见霸，不问县事，但高谈清论以激厉之，霸即陈责解印绶去。勤还，入新野界，令闻霸已去，遣吏奏记陈罪，复还印绶去。虞乃叹曰："善吏如良鹰矣！下鞲即中。"

又曰：虞延，陈留人。光武东巡过小黄，高帝母昭灵后园陵在焉。延为部督邮，诏呼引见，问园陵之事。延占拜可观，其园陵树蘖皆谙其数，俎豆牺牲颇晓其礼。帝善之，敕延从驾到鲁。还，经封丘城门，下小不容羽盖，上怒，使挞侍御史。延因陛见，引咎，以为罪在督邮。上诏曰："以陈留督邮虞延故，贷御史罪。"

《后汉书》曰：马援为郡督邮，送囚至司命府。王莽置司命官，上公已下皆列纠察。囚有重罪，援哀而纵之，遂亡命北地。遇赦，因留牧畜。

又曰：陈球为繁阴令。时魏郡守讽县求贿，球不与，太守怒挝督邮，令逐球。督邮不肯，曰："魏郡十五城，独繁阳有异政，今逐之，将致议于天下。”太守乃止。

司马彪《续汉书》曰：锺离意仕郡，为督邮。县亭长受民鸡酒，府下记考之。意封还记，诣阁白“见以《春秋》责重，先内后外；政化之本，由近及远；宜先清府内，且阔阁细微。”太守贤之。

谢承《后汉书》曰：会稽谢夷吾，字尧卿，为西部督邮。乌程长有罪，太守第五伦使夷吾往收之。到县，入阁便大哭，以三百钱为礼，便归。伦问其故，对曰：“三十日中当死，故不收之。”至时，果如其言。

谢承《后汉书》曰：许庆，字子伯。家贫，为郡督邮。乘牛车，乡里号曰“辂车邮”。庆尝与友人谈论汉无统嗣，幸臣专势，世俗衰薄，贤者放退，慨然据地悲哭。时人称许子伯哭世。

又曰：闻人袭为郡督邮，行则负担，卧则无被，连麕皮以自覆，不受人食之费。

《魏志》曰：蒲宠，字伯宁，山阳昌邑人。年十八，为郡督邮，时郡内李朔等拥部曲害于平民，太守使宠纠焉。朔等请罪，不复侵掠。

又曰：高堂隆，字叔平，平阳人，鲁高堂生后也。少为诸生，太守薛悌命为督邮。督军与悌争，名悌而呵之，隆案剑叱督军曰：“昔鲁定见侮，仲尼历阶；赵弹秦筝，相如进缶。临臣名君，义之所讨也。”督军失色，悌起止之。

《列异传》曰：汝南北部督邮西平刘伯夷，有大才略，案行到惧武亭，夜宿，或曰：“此亭不可宿。”伯夷乃独住宿，去火，诵《诗》、《书》五经讫。卧有顷，转东，首以絮巾结，两足以帻冠之，拔剑解带。夜时有异物稍稍转近，忽来覆伯夷，伯夷屈起以袂掩之，以带系魅。呼火照之，视得一老狸，色赤无毛。持火烧杀之。明日发视楼屋间，得魅所杀人发结数百枚。于是亭遂清静。旧说狸髡千人，得为神也。

《汉魏先贤行状》曰：故宗正南阳刘伯，字奉先。少履清节，忠亮正直，研精文学，无不综览。尝为督邮，时豫章太守虞绩以饕餮秽污，征至郡界，当就法车，不肯就坐。伯乃拔刀殴绩，绩恐就车。乃径上尚书，以肃王道。

《广州先贤状》曰：徐徵，字君求，苍梧荔浦人。少有方直之行、不挠之节，颇览书传，尤明律令。延熹五年，徵为中部督邮。时唐衡恃豪贵，京师号为唐独语。遣宾客至苍梧，颇不拘法度，徵便收客郡市髡笞。乃白太守，太守大怒，收徵送狱，主簿宁阁曰："此人无故卖买，既侵百姓，污辱妇女。徐徵上念明政，据刑申耻，今便治，郡无复爪牙之吏，后督邮当徒跣行，奉诸贵戚宾客耳。"太守答知徵为是，迫不得已。

《会稽先贤传》曰：茅开，字季阖，馀姚人。为督邮，平决厌众心，尝之部，历其家，不入门，当路向堂朝拜。府君益善之。

《锺离意别传》曰：汝南黄说拜会稽太守，召意署北部督邮。时郡中大疫，黄君转署意中部督邮。意乃露车不冠，身循行病者门，入家赐与医药，诣神庙为民祷祭。其所临户四千馀人。后日府君出巡灾眚，百姓攀车言曰："明府不须出也。但得锺离督邮，民皆活也。"

马融《长笛赋序》曰：融既博览，又好音乐，能鼓琴吹笛。为督邮，独卧平阳邬中，有洛客舍逆旅吹笛，融闻甚悲，遂作《长笛赋》云尔。

太平御览卷第二百五十四 职官部五十二

刺史上

《汉书》曰：监察御史，秦官，掌监郡。汉省，丞相遣刺史，不常置。武帝元封五年初置部刺史，掌奉诏，条察州郡，秩六百石，员十三人。

又曰：刺史以六条问事，非条所问不省。一条强宗豪右田宅逾制，以强凌弱，以众暴寡。二条二千石不奉诏书遵承典制，背公向私，旁诏守利，侵渔百姓，聚敛为奸。三条二千石不恤疑狱，风厉杀人，怒则任刑，喜则任赏，烦扰刻暴，剥截黎元，为百姓所疾，山崩石裂，妖祥讹言。四条二千石选署不平，苟阿所爱，蔽贤宠顽。五条二千石子弟恃怙荣势，请托所监。六条二千石违公下比，阿附豪强，通行货赂，割剥民人。

又曰：王遵迁益州刺史。先是，琅琊王阳为益州刺史，行部至九折阪，叹曰："奉先人遗体，奈何数乘此险？"后以病去。及遵为刺史，至其坂问吏曰："此王阳所畏道耶？"吏对曰："是。"遵叱其驭曰："驱之！王阳为孝子，王遵为忠臣。"

又曰："汉家立置郡县部刺史，奉使典州，督察郡国，吏人安宁。故事，居部九岁，举守相其有异材功著者聊登擢，秩卑而赏厚，咸劝功乐进。今增秩为牧，以高第补九卿，其中材则苟自守而已。恐功效陵夷，奸轨不禁，臣请罢牧，置刺史如故。"奏可。

《东观汉记》曰：州牧刺史，汉旧官。建元元年，复置牧；十八年改为刺史，督二千石。

又曰：段颎起于徒中，为并州刺史，有功征还京师。颎乘车介士，鼓吹曲盖，朱旗骑马，殷天蔽日，连骑相继数十里。

《后汉书》曰：马严上书云："臣伏见方今刺史太守专州典郡，不务奉事尽心为国，而司察偏阿，取与自己，同则举为尤，异则中以刑法，不即垂头塞耳，采求财赂。”

又曰：郭伋为并州牧，过京师谢恩。帝即引见，并召皇太子诸王宴语终日，赏赐车马衣服什物。伋因言选补众职，当简天下贤俊，不宜专用南阳人。帝纳之。

谢承《后汉书》云：王宏迁冀州刺史。宏性刻，不发私书，不容豪族，宾客号曰“王独坐”。

又曰：李寿为青州刺史，发玺书于本县传舍，乘法驾騑驂朱轩就路，奏免四郡相，百城怖惧，悉豫弃官。

《魏志》曰：贾逵字梁道，为豫州刺史。是时，天下初复，州郡多不摄。逵曰：“州本以御史出监诸郡，以六条诏书察长吏二千石已下，故其状皆言严毅、鹰扬有督察之才，不言安静、宽仁有恺悌之德也。今长史慢法，盗贼公行，州知而不纠，天下复何所取乎？”逵到官数月，乃还，考竟其二千石以下阿纵不如法者，皆举奏免之。帝曰：“逵真刺史矣。”布告天下，当以豫州为法。

又曰：张既字德容，出为雍州刺史。太祖谓既曰：“君还本州，可谓衣绣昼行矣。”

又曰：吕虔字子恪，任城人也。迁徐州刺史，加破虏将军。请琅琊王祥为别驾，民事一以委之，世多其能任贤。

《晋书》曰：向雄，太始中累迁秦州刺史，假赤幢、曲盖、鼓吹。

又曰：刘卞，东平须昌人也，后为岳州刺史。昔同时为须昌小吏者百馀人，祖饯之，其一人轻卞，卞遣扶出之，人以此少之。

又曰：王机入广州刺史，郭讷握节而避，机遂入城就讷求节。讷曰：“昔苏武不失其节，前史以为美谈。此节天朝所假，义不相与，自可遣兵取之。”机惭而止。

又曰：石苞为徐州刺史。文帝之败于东关也，苞独全军而退，帝指所持节谓苞曰：“恨不以此付卿。”

《晋阳春秋》云：胡质为荆州刺史。子威自洛阳至荆州定省，家贫，自驱驴，单行见父。停十馀日，临归，质赐绢一匹为道粮，威跪拜曰：

"大人清高，不审安得此？"质曰："吾俸禄之馀，故以为汝粮耳。"

又曰：晋武尝问威曰："卿清孰与卿父清？"威曰："臣不如也。"帝曰："何以为不如？"威曰："臣父清畏人知之，臣清畏人不知。"

陆机《晋武纪》曰：王濬之在巴郡也，梦悬四刀于其上，甚恶之。濬主簿李毅拜贺曰："三刀为州，而复益一，明府其临益州乎？"濬果为益州刺史。

《晋中兴书》曰：荀羡字令则，为徐州刺史。时年二十，中兴方伯未有如羡少者。

《梁书》曰：夏侯详迁湘州刺史。详善吏事，在州四载，为百姓所称。州城南临水，有峻峰，旧传云："刺史登此山辄代。"是山历政莫敢至。详于其地起台榭，延僚属，以表损挹之志。

《三国典略》曰：梁太祖制以南汾州刺史韦孝宽为雍州刺史。先是，路侧一里置一王堠，经雨颓毁，每须修补。孝宽临州，乃勒部内当土堆之处，植树以代之。既免修复之劳，旋又得庇荫。太祖后见之，怪而问焉。人以状对，太祖嘉之："岂得一州独尔，当令天下同之。"于是令诸州夹道一里种一树，十里种二树，百里五树焉。

又曰：梁萧恪，字敬则，南平元襄王伟之子也。初，恪为雍州刺史，宾客有江仲举、蔡薳、王台卿、庾仲容四人，俱被接遇，并有蓄积。故樊邓歌之云："江千万，蔡五百，王新车，庾大宅。"梁武闻而接之曰："主人愦愦不如客。"及恪还，梁武问之，恪甚惭恧。

《后魏书》曰：高阳王雍为相州刺史。帝诫曰："为牧之道，亦易亦难。其身正，不令而行，故曰是易；其身不正，虽令不从，故曰是难。"

又曰：高允为怀州刺史。允秋日巡境，问民疾苦。至郡县，见邵公庙废毁不立，乃曰："邵公之德，阙而不礼，为善者何望！"乃表闻修葺之。

又曰：李崇为并州刺史。多劫盗，崇乃村置一楼，楼悬一鼓，盗发则击之。俄顷之间，声布百里，遂多擒获。诸州鼓楼自崇始也。

又曰：南安王祯出为相州刺史。高祖饯之于华林都亭，诏曰："今者之集，虽曰分歧，实为曲宴，并可赋诗申意。射者可以观德，不能赋诗者，可听射也。当使武士弯弓，文士下笔。”

又曰：汝阴王子修义，字寿安，涉猎书传，高才，为高祖所知。除右将军、齐州刺史。修义以齐州频丧刺史，累表固辞。诏曰：“修短有命，吉凶由人，何过致忧惮，以乖维城之寄。违凶就吉，时亦有之，可听更立廨宇。”修义于是移治东城。

又曰：毕终敬父子相代为本州，当世荣之。时终敬以老还乡，常呼其子元宾为使君。每于元宾听政之时，乘舆出至元宾所，先遣左右敕不听起，观其断决，欣欣然喜见颜色。

又曰：邢峦征梁、汉，诸郡之民，相继而至，遂平汉中。诏曰：“峦至彼，有以怀和附众，高下品第，可依义阳都督之格也。”拜峦西安、梁、秦州刺史。

《北齐书》曰：张亮，武定初拜太中大夫。薛琡尝梦亮于山上挂丝，以告亮，且占之曰：“山上丝，幽字也。君其为幽州乎？”数日，亮出为幽州刺史。

《北史》曰：齐平鉴为扬州刺史。其妻生男，鉴因喜饮醉，擅免境内囚，误免关中细作二人，醒而知之，上表自劾。文宣原其罪，赐牛、羊、酒，令作乐。

又曰：慕容三藏为郭州刺史。州界连云山，响称万年者三，诏颁郡国，仍遣使醮山所。其日景云浮于上，雉兔驯坛侧。使还以闻，上大悦。

《后周书》曰：苏亮出为岐州刺史。朝廷以其牧本州，特给路车、鼓吹，先还其宅，并给骑士三千，列羽仪游乡党，经过，故人欢饮旬日，然后入州，世以为荣。

又曰：独孤信为秦州刺史。尝因腊日暮驰入城，其帽微侧。诘旦而吏人有戴帽者，咸慕信而侧帽焉。其为邻境及士庶所重如此。

又曰：刘雄，字猛雀。高祖尝从容谓雄曰：“古人云：富贵不归故乡，犹衣锦夜游。今以卿为本州何如？”雄稽首拜谢。于是诏以雄为河州刺史。雄先已为本县令，复有此授，乡里荣之。

又曰：史宁为凉州刺史。遣使诣太祖请事，太祖即以所服冠履衣被及弓箭甲矟等赐宁，谓其使人曰："为我谢凉州。孤解衣以衣公，推心以委公，公其善始令终，无损公名也。"

又曰：长孙俭为荆州刺史。时梁岳阳王萧詧内附，初遣使入朝。至荆州。俭于厅事列军仪，具戎服，与使人以宾主礼相见。俭容貌魁伟，音声如钟，大为鲜卑语，遣人传译以问客。客惶恐不敢仰视。日晚，俭乃著裙襦纱帽，引客宴于别斋。因序梁国丧乱，朝廷招携之意，发言可观。使人大悦，出曰："吾所不能测也。"

《三国典略》曰：周陆逞，字季明，尝为宜州刺史。故事，刺史奉辞，例备卤簿。逞以时属农要，奏请停之，制曰："逞虽未临人，已存优恤，宜遂所请，彰其雅操。"

又曰：周帝制于玉壁置勋州，以孝宽为刺史。为其立勋于此，因以名之。

又曰：贺拔岳引军西，次平凉。岳以夏州邻接寇贼，欲求良牧以镇之，众咸曰："宇文左丞，即其人也。"岳曰："宇文左丞，吾之左右手，不可废也。"沉吟累日，乃从众议表太祖为夏州刺史。

《陈书》曰：侯景平，元帝遍问朝宰曰："今天下始定，极须良才，请卿各举所知。"群臣未有对者。帝曰："吾已得一人矣。"侍中王褒进曰："未审为谁？"帝曰："欧阳頠公有匡济之才。"恐萧广州不肯致之，乃授武州刺史。

太平御览卷第二百五十五　职官部五十三

刺史下

《隋书》曰：杨尚希素有足疾。上谓之曰："蒲州出美酒，足堪养病，屈公卧治之。"于是出拜蒲州刺史。

又曰：高励拜楚州刺史，吏民安之。先是，城北有伍子胥庙，其俗敬鬼，祈祷者必以牛酒，至破产业。励叹曰："子胥贤者，岂宜损百姓。"乃告谕所部，自此遂止，百姓赖之。

又曰：张威以罪免，后从上祠泰山。至洛阳，上谓威曰："自朕之有天下，每委公以重镇，可谓推赤心矣。何乃不修名行，唯利是视？岂直孤负朕心，亦且累卿名德。"因问威曰："公所执笏，今安在？"威顿首曰："臣负罪亏失，无颜复执，谨藏于家。"上曰："可持来。"威明日奉笏以见。上曰："虽不遵法度，功效实多，朕不忘之。今还公笏。"于是复拜洛州刺史。

又曰：梁彦光拜赵州刺史。彦光言于上曰："臣前待罪相州，百姓呼为戴帽饧。臣自分废黜，无复衣冠之望，不谓天恩复垂收采。请复为相州，改弦易调，庶有以变其风俗，上答隆恩。"上从之，复为相州刺史。豪猾者闻彦光自请而来，莫不嗤笑。彦光下车，发擿奸隐，有若神明，于是狡猾之徒莫不潜窜，合境大骇。

《唐书》曰：天授二年正月，天后内出绣袍，赐新除都督、刺史。其袍皆刺绣作山形，绕山勒回文，铭曰："德政惟明，职令思平，清信忠勤，劳进躬亲。"自此每新除都督、刺史，必以袍赐之。

又曰：李择言，开元中为汉、褒、相、岐四州刺史。安德郡公所历，皆以严干闻。其在汉州，张嘉贞为益州长史判都督事，性简贵，待管内刺史礼隔，而引择言同榻坐谈正理，时人荣之。

又曰：袁光庭者，河西戍将，天宝末为伊州刺史。禄山之乱，西北边戍兵入赴难，关、陇郡邑皆为吐蕃所拔，唯光庭守伊州累年。外救不至，虏百端诱说，终不屈，部下如一。及矢石既尽，粮储并竭，城将陷没，光廷手杀其妻子，自焚而死。朝廷闻之，赠工部尚书。

又曰：曹王皋上书言理道，拜为衡州刺史。坐小法，贬潮州刺史。杨炎作相，复以皋为衡州刺史。初，皋为御史覆讯，惧贻太妃忧，出则素服，入则公服，言貌如平常，太妃不知之也。及为潮州，诡词谓迁官，至是复为衡州，方具以事白太妃。因泣下，具言非疾不敢有闻。其沉密重慎如此。

又曰：贞元初，德宗以奉先县令郑珣瑜为饶州刺史，昭应县令韦武为遂州刺史，华原县令崔琮为汝州刺史，蓝田县令韦贞伯为舒州刺史，盩厔令李曾为郢州刺史。录善政也，各赐马一匹，并彩物衣服以遣之。

又曰：元和十四年十月，上欲以潮州刺史韩愈为袁州刺史。愈至潮州献上表，上对宰臣曰："昨日韩愈表，因思当时所论佛骨，大是爱我，我岂不知？然为人臣，不当言人主事佛乃年促也。我以是恶之。"是时上深欲擢用愈，候宰臣启之耳。皇甫镈素嫉愈，乃曰："终是狂疏，且与移一郡。"故有是命。

又曰：刘禹锡移授播州刺史，御史中丞裴度奏："禹锡母年八十，今播州乃猿狖所居，人迹罕至。禹锡诚合得罪，然其老母必至不得行，则须与子为死别，伤陛下孝理之风。伏请屈法，稍移近处，使得终养。"上曰："夫为人子，每事尤须修谨，常恐贻亲之忧。今禹锡所坐，更合重于他人，岂可以此论。"度不能对。上曰："我所言，是责人子之事，然终不能伤其所亲之心。"明日改授禹锡为连州刺史。

又曰：崔珙，大和七年正月拜广州刺史，兼岭南节度使。延英中谢，帝问以抚理南海之宜，珙奏对明辩，帝深嘉之。时高瑀镇徐州，承智兴之后，军骄难制，军士数犯法，上欲择威望之帅以临之，久难其才。会珙言事慷慨，谓宰臣曰："崔珙言事，神气精爽，此可以临徐人。"即以王茂先代珙镇广南，授珙检校工部尚书、徐州刺史。

又曰：张贾出守衢州。辞日，文宗谓贾曰："闻卿大善长行。"贾知上不喜博，遂自解说，乃曰："臣公事之馀，聊与宾客为戏，非有所妨也。"上曰："岂谓好之而不妨事耶！"自后刺史面辞者，上必殷勤戒饬，曰："无嗜博，无饮酒。"

又曰：浑鐬，瑊之子。开成初年，相拟寿州刺史，文宗曰："鐬，勋臣子弟，岂可以委牧民。仲尼有言：不如多与之邑。今我念其先人之功，与之致富可也。"宰臣曰："鐬常历名郡，有政能。"乃从之。

又曰：开成二年，幽州节度使史元忠奏当管八州，准门下牒追刺史古鱼各一只。臣勘自天宝末年，频有兵戈，并多失坠，伏乞各赐新铜鱼。可之。

又曰：李暠授汝州刺史。为政严简，州境肃然。与兄升、弟晕尤相笃睦，升等每月自东都省暠，往来微行，州人不之觉。其清慎如此。

又曰：孔若思为衡州刺史。先是，诸州别驾皆以宗室为之，不为刺史致敬，由是多行不法。若思至州，举奏别驾李道钦罪犯，请加鞫讯。乃诏别驾于刺史致礼，自若思始也。

又曰：萧复累迁同州刺史。时州人阻饥，有京畿观察使储廪在境内，复辄以赒贫人，为有司所劾，诏下削阶受代。亲友唁之，复怡然曰："苟利于人，敢惮薄责。"

又曰：赵昌除华州刺史，辞于麟德殿。时年八十有馀，趋拜轻捷，占对详明。上退而叹异，宣令宰臣密访其颐养之道以奏焉。

又曰：咸通中卫洙奏状称："蒙恩除授滑州刺史，官号中一字与臣家讳音同，虽文字有殊，而声韵难别，请改授闲官者。"敕曰："嫌名不讳，著在礼文，成命已行，固难依允。"

《五代史·后唐书》曰：李嗣肱，克修之子也，少有胆略。时朱温将贺德伦急攻蓚县。朱温率师五万，合势营于蓚之西；嗣肱自下博率骑三百，薄晚与贼之樵刍者相杂。日既晡，入朱温营门，诸骑相合，大噪，弓矢星发，虓阚驰突，汴人不知所为，营中大扰。既暝，敛骑而退。是夜，朱温烧营而遁，解蓚县之围，以功特授蔚州刺史。

又曰：庄宗以教坊使陈俊为景州刺史，内园栽接使储德源为宪州刺史。伶人剖符，非制也。上初平汴州，陈俊、德源皆为乐官，周匝所荐，上许之。典郡郭崇韬以为不可，遂寝。伶官言之者众，上密召崇韬谓之曰：“予已许陈俊一郡，今经年未行，卿虽以正言匡谏，我每惭见二人，卿当屈意行之。”故有斯命。

又曰：前洋州节度副使程乂徽、陈利见请于瀛、莫两州界起置营田以备边，因授乂徽莫州刺史，充两州营田使。

《五代史·梁书》：开平四年九月诏曰：“魏博管内刺史比来州务并委督邮，遂使曹官擅其威权，州牧同于闲冗，俾循通制，宜塞异端，并河南诸州例，刺史得以专达。”时议者曰：“唐朝宪宗乌重裔为沧州节度史，尝称河朔六十年，能抗拒朝命者，以夺刺史权与县令职而自作威福耳！若二千石各得其柄，又有镇兵，虽安史挟奸，岂能据一墉而叛哉！遂奏以所管德、棣、景三州各还刺史职，分州兵并隶收管。是后虽幽、镇、魏三道以河北旧风自相传袭，唯沧州一道独禀命受代，自重裔制置使然也，则梁氏之更张，正合其者矣。”

《五代史》曰：晋少帝开运中，沈斌为祁州刺史。契丹自恒州驱牛羊过城下，斌乃出州兵击之，为契丹精骑划门邀击之，州兵陷贼。赵延寿知其无兵，遂与藩贼急攻之，仍呼谓斌曰：“沈使君，我故人也，择祸莫若轻！早以城降，无自辱也。”斌登城呼而报曰：“侍中父子误计陷于腥膻，忍以大羊残害父母之邦，不自羞惭，反有德色。沈斌弓折箭尽，宁为国家死耳，不效公所为也。”翌日城陷，斌自杀。

《三辅决录》曰：韦康代父为凉州刺史，父出止传舍，康入官宇，时人荣之。

《桓石秀别传》曰：石秀为竟陵太守，迁江州刺史，非其志也。治称不烦，在州郡弋钓山泽，纵心游览而已。善驰射，望之若画。

《桓氏家传》曰：范为兖州刺史，表谢曰：“喜于复见选擢，惭于不堪所职，悲于恋慕阙廷，三者交集，不知所裁。”

黄泰《交广记》曰：秦兼天下，改州牧为刺史。朱明之时则出巡行封部，玄英之月则还诣天府表奏。刺者，言其刺举不法。史者，使也。

《异苑》曰：晋陵韦朗，家在延陵。元嘉初，忽见庭前井中有人，长尺馀，所被带、组、甲、麾伍相应相随出门，良久乃尽。朗兄薮颇善占筮，常云“吾子弟当至刺史”，朗历清、广二州。

《郭子》曰：王丞相治扬州廨舍，案行而言：“我正为次道理此耳。”何次道少为王公所知重，故有此叹。

太平御览卷第二百五十六 职官部五十四

良刺史上

《汉书》曰：黄霸为扬州刺史。治有绩，汉宣诏赐车特高一尺，别驾主簿，缇细屏泥于载前，以彰有德也。

又曰：朱博迁冀州刺史。博本武吏，不更文法，及为刺史行部，吏民数百人遮道自言。博驻车决遣，四五百人皆罢去，如神。吏惊，不意博临事乃至于此。

又曰：何武为扬州刺史，行部必先即学官见诸生，试其诵论得失，然后入传舍，问垦田顷亩、五谷美恶。

《东观汉记》曰：郭伋，字细侯，河南人也。在并州素结恩德，行部到西河美稷，有童儿数百，各骑竹马迎拜，伋问曰："儿曹何自远来。"对曰："闻使君到，喜，故迎。"诸儿复送到郭外，问使君何日当还，伋曰："别驾从事，计日告之。"行部还，入美稷界先期一日。伋念负诸童儿，遂止于野亭，须期乃入。

又曰：李珣为兖州刺史。所种小麦、葫菻悉付从事，一无所留，清约率下，常席羊皮布被。

《后汉书》曰：郭贺为荆州刺史。显宗巡狩到南阳，特见，嗟叹，赐以三公之服、黼黻冕旒，敕行部去襜帷，使百姓见其容服，以章有德。每所经过，吏人指以相示，莫不荣之。

又曰：贾琮为冀州刺史。旧典，传车骖驾，垂赤帷裳，迎于州界。及琮之部，升车言曰："刺史当远视广听，纠察美恶，何有反垂帷裳以相掩塞乎？"乃命御者褰之。百城闻风，自然竦震。其诸赃过者，望风解印绶而去。

又曰：王望为青州刺史，甚有威名。是时州郡灾旱，百姓穷荒。望行部，道见饥者裸行草食五百馀人，愍然哀之，因以便宜出所在布粟，给其廪粮，为作褐衣。

又曰：中平元年，交阯屯兵反，执刺史及合浦太守，自称柱天将军。灵帝特敕三府精选能吏，有司举贾琮为交趾刺史。琮到部，讯其反状，咸言赋敛过重，百姓莫不空单，京师遥远，告冤无所，民不聊生，故聚为盗贼。琮即移书告示，使安其资业，招抚荒散，蠲复徭役，诛斩渠帅为大害者，简选良吏，使试守诸县。岁间荡定，百姓以安。巷路为之歌曰："贾父来晚，使我先反；今见清平，吏不敢饭。"在事三年，为十三州最。

又曰：郭伋为并州牧。入界，所到县邑，老幼相携逢迎道路，所过，问民疾苦，聘求耆德雅俊，设几杖之礼，朝夕与参政事。

又曰：苏章为冀州刺史。故人为清河太守，章行部按其奸赃。乃请太守，为设酒肴，陈平生之好，甚欢。太守喜曰："人皆有一天，我独有二天。"章曰："今夕苏孺文与故人饮者，私恩也；明日冀州刺史按事者，公法也。"遂举正其罪。州境知章无私，望风畏肃。

又曰：张禹拜杨州刺史。当过江，行部中土，人皆以江有子胥之神，难于济涉。禹将渡，吏固请不听，禹厉言曰："子胥如有灵，知吾志在理察枉讼，岂危我哉！"遂鼓而过。历行郡邑，深幽之处莫不必到，亲录囚徒，多所明举。吏人希见使者，人怀喜悦。

又曰：杨秉迁任城相。自为刺史二千石，计日受俸，馀禄不入私门。故吏赍钱百万遗之，闭门不受，以廉洁称。

又曰：谢夷吾为荆州刺史，第五伦荐之曰："受牧荆州，威行郡国，奉法作政，有周、邵之风，居俭履约，绍公仪之后。寻功简能为外台之表，听声察实为九伯之冠也。"

《续汉书》曰：种暠为益州刺史。在职三年，宣恩远夷，开晓殊俗，岷山杂落皆怀服汉德。其白狼、槃木诸国，自前刺史卒后遂绝。暠至，乃复向化。时永昌太守铸黄金为文蛇以献梁冀，暠纠发追捕，驰传上言，冀由是衔怒。

又曰：周举为并州刺史。太原旧俗以介子推焚骸，有龙忌之禁，辄一月寒食，莫敢烟爨，老少不堪，岁岁多死者。举既到州，乃作吊书以置子推之庙，言盛冬去火，残损人命，非贤者之意，以宣示愚民，使还温食。

谢承《后汉书》曰：陈留百里嵩，字景山，为徐州刺史。境遭旱，嵩行部，传车所经，甘雨辄注。东海金乡、祝其两县，僻在山间，嵩传驷不往，二县不得雨。父老干请，嵩曲路到二县，入界即雨。

又曰：巴祗，字敬祖。为扬州刺史，在官不迎妻子，俸禄不使有馀积，毁坏不复改易，以水澡傅墨用之。夜与士对坐，暗中不燃官烛。

又曰：第五种迁兖州刺史。中常侍单超兄子匡为济阴太守，负势贪放。种欲收举，未知所使。会闻从事卫羽素抗直，乃召羽具告之，曰："闻公不畏强御，今欲相委以重事，若之何？"对曰："愿庶几于一割。"羽出，遂驰到定陶，闭门收匡宾客亲吏四十馀人，六七日中纠发其赃五六十万。种即奏匡，并以劾超。

《魏志》曰：刘馥，字元颖，沛国相人也。太祖方有袁绍之难，谓馥可任以东南之事，遂表为杨州刺史。馥既受命，单马造合肥空城，建立州治，南怀绪等皆安集之，贡献相继。南怀绪数年恩化大行，百姓乐其政，流民越江山而归者以万数。于是聚诸生，立学校，广屯田，兴治芍陂及茄陂、七门、吴塘以溉稻田，官民有蓄陂塘之利，至今为用。

又曰：徐邈为凉州刺史，进善黜恶，风化大行，百姓归心焉。西域通流，荒戎入贡，皆邈勋也。

又曰：田豫护匈奴中郎将，领并州刺史。外胡闻其威名，相率来献。州界宁肃，百姓怀之。

又曰：陈泰为并州刺史，怀柔民夷，甚有威惠。京邑贵人多寄宝货，因泰市奴婢，泰皆挂之于壁，不发其封，及征为尚书，悉以还之。

又曰：梁习，字子虞，为并州刺史，政治常为天下最。太和二年，征拜大司农。习在州二十馀年，而居处贫穷，无方面珍物，明帝异之，礼赐甚厚。

又曰：王昶，字文舒，太原晋阳人也。迁兖州刺史，明帝即位，加扬烈将军，赐爵关内侯。昶虽在外任，心存朝廷，以为魏承秦汉之弊，法制苛碎。不大厘改国典以准先王之风，而望治化复兴不可得也。乃著《治论略》，依古制而合于时务者二十馀篇。

又曰：司马朗，字伯达，河内温人也。迁兖州刺史，政化大行，百姓称之。虽在军旅，常恶衣恶食，以俭率下。

《魏略》云：裴潜为兖州时，尝作一胡床，及去，留以挂柱。

《吴志》曰：吕岱为交州刺史。历年不饷家，妻子饥乏，孙权闻之叹息，以让群臣曰："吕岱出身万里，为国勤事，家内困而孤不早知，股肱耳目，其责安在？"于是加赐钱米绢布，岁有常限。

《晋书》曰：杜元凯为荆州人，号为杜父。旧水道，唯沿汉达江陵千数百里。君乃开阳口，起夏水，导洪洞，达巴陵，径近千里。南土美而谣曰："后世无叛由杜翁，孰识知名与勇功。"

又曰：吴隐之为广州。州界有贪泉，父老云："饮此水使廉士变贪。"隐之先至水，酌而饮之，赋诗曰："古人云此水，一饮重千金。若使夷、齐饮，终当不易心。"

王隐《晋书》曰：华轶为江州刺史，得江表之欢心，流亡之士赴之如归。时天子孤危，四方瓦解，轶有匡天下之志，每遣贡献入洛，不失臣节。谓使者曰："若洛都道断，可输之琅耶王，以明吾之为司马氏也。"

又曰：山涛为冀州刺史。冀州旧名克俗，略无人士。自涛居州，搜求贤才，旌命所知三十馀人，皆显名当世。冀州之士，于是为盛。

《晋阳秋》曰：刘弘字和季，与晋世祖同年，居同里，以旧恩屡登显位。弘为荆州刺史，值王室多难，得专命一方，尽其器能，推诚御下，厉以公义。每有手书发郡国，丁宁款密，故莫不感悦，颠倒奔赴，咸曰："得公一纸书，贤于十部从事也。"

曹嘉之《晋纪》云：羊暨为青州刺史，暨牛产犊，及迁，以官舍所生，遗之而去。

《晋中兴书》曰：褚裒，字季野，河南人也。弱冠，谯国桓彝见而目之曰："褚季野有皮里阳秋。"裒女即献后也。征拜侍中，迁尚书。裒以后父苦求外出，除江州刺史。莅政贞素，每崇清约，常使私僮樵采。

又曰：桓伊，字叔夏，谯国人。湛隐有武干，又善音律，为中兴第一。迁都督江州、荆州十郡、豫州四郡军事、江州刺史。伊到镇，以边境无虞，宜以宽恤为务，乃上疏："江州虚耗，加连岁不登，宜并合小县，除诸郡逋米。州治宜还豫章。"诏答移州浔阳，其馀皆听。伊随宜拯抚，甚得南土清和。

《宋书》曰：陆征为益州刺史，恤隐有方，威惠兼著，寇盗静息，民物殷阜。蜀土安悦，至今称之。

《齐书》曰：临川王映为雍州刺史。尝置钱还都买物，有献计者于江陵买货至都回换，可得微有所增。映笑曰："我是贾客耶？乃复求利。"

又曰：王琨为广州刺史。南土沃实，在任者常致巨富，世谓"广州刺史但经城门一过，便得三千万"也。琨无所取纳，表献禄俸之半。州镇旧有鼓吹，又启输还。及罢任，孝武知其清，问还资多少？琨曰："臣买宅百三十万，馀物称之。"帝悦其对。

《梁书》曰：安成康王秀都督雍、梁、南北泰四州诸军事、雍州刺史。有疾，百姓商贾咸为请命。既薨，四州裂裳为白帽，哀哭送之。

又曰：夏侯亶，字世龙；弟夔，字季龙。并任豫州，人歌曰："我之有州，频仍夏侯；前兄后弟，布政优优。"

又曰：王神念为青、冀二州刺史。神念性刚正，所更州郡必禁止淫祠。时青、冀州东北有石鹿山临海，先有神庙，妖巫欺惑百姓，远近祈祷，縻费极多。及神念至，使令毁彻，风俗遂改。

太平御览卷第二百五十七 职官部五十五

良刺史中

《后魏书》曰：李崇为杨州刺史。先是，寿春县人苟泰有二子，三岁遇贼，亡失数年，不知所在。后见在同县人赵奉伯家，泰以状告。各言己子，并有邻证，郡县不能断。崇曰："此易知耳。"二父与儿各在别处，经禁数旬，然后遣人告之曰："君儿遇患，向已暴死，有教解禁，可出奔哀也。"苟泰闻即号咷，悲不自胜，奉伯咨嗟而已，殊无痛意。崇知之，乃以儿还泰，诘奉伯诈状。奉伯乃款引"先亡一子，故妄认之"。

又曰：李崇除兖州刺史。兖土旧多劫盗，崇乃村置一楼，楼悬一鼓，盗发之处，双槌乱击。四面诸村始闻者槌一通，次复闻者以二为节，次后闻者以三为节，各击数千槌。诸村闻鼓，皆守要路，是以盗发俄顷之间，声布百里。其中险要悉有伏人，盗窃始发，便尔擒送。诸州置楼悬鼓，自崇始也。

又曰：韦崇除南颍川太守，不好发擿细事，常云："何用小察，以伤大道？"吏民感之，郡中大治。高祖闻而嘉赏，赐帛二百匹。

又曰：崔亮为雍州刺史。城北渭水浅不通船，行人艰阻。谓寮佐曰："昔杜预乃造河梁，况此有异长河，且魏晋之日亦自有桥，吾今决欲营之。"咸曰："水浅，不可为浮桥，泛长无常，又不可施柱，恐难成立。"亮曰："昔秦居咸阳，横桥渡渭，以像阁道，此即以柱为桥。今惟虑长柱不可得耳。"会天大雨，山水暴至，浮出长木数百根。藉此为用，桥遂成立，百姓利之，至今犹名崔公桥。

又曰：任城王云为冀州刺史。云留心政事，甚得下情，于是合州民各请输绢五尺、粟伍升以报云恩。高祖嘉之。

又曰：城阳王长寿之子徽除并州刺史。先是，州界下霜，人庶逃散。徽辄开仓赈之，文武咸共谏止。徽曰："昔汲长孺，郡守耳，尚辄开仓，救人饥弊，况我皇家亲近，授委大藩，岂可拘法而不救人困也。”先给后表。肃宗嘉之。

又曰：李平，字昙定。为相州刺史，劝课农桑，修饰太学，简试通儒，以充博士，选五郡聪敏者以教之，图孔子及七十二弟子于讲堂，亲为立赞。前来台使颇好侵取，平画《履虎尾》《践薄冰》于客馆，注颂其下，以示诫焉。

又曰：韦彧为东豫州刺史。彧以蛮俗荒梗，不识礼仪，乃表立太学，选诸郡生徒于州总教，又于城北置崇武馆，以习武焉。境内清肃。

又曰：韦珍迁郢州刺史。在州有声绩，朝廷嘉之。迁龙骧将军，赐骅骝二匹、帛五十匹、谷三百斛。珍乃召集州内孤贫者，谓曰：“天子以我能绥抚卿等，故赐以谷帛，吾何敢独当。”遂以所赐悉分与之。

又曰：韩麒麟除齐州刺史，假魏昌侯。麒麟在官，寡于刑罚，从事刘普庆说麒麟曰：“明公仗节方夏，而无所斩戮，何以示威？”麒麟曰：“刑罚所以止恶，盖不得已而用之。今民不犯法，何所戮乎？若必须斩戮以立威名，当以卿应之。”普庆惭惧而去。

又曰：李崇沉深有将略，宽厚善御众，在杨州凡经十年，养壮士数千人，寇贼侵边，所向摧破，号曰卧虎。

又曰：陆俟长子馛多智，有父风。高祖见而悦之，谓朝臣曰：“吾常叹其父智过其躯，是复逾于父矣。”少为内都下大夫，出为刺史，假长广公。为政清平，抑强扶弱。州中有旧德宿老名望素重者，以友礼待之，询之政事。如此者十人，号曰“十善”。于是发奸摘伏，事无不验。百姓以为神明，无敢寇盗。征为散骑常侍，人乞留者千馀人。

又曰：崔休为青州刺史。青州九郡民单攞、李伯徽、刘通等一千人，上书讼休德政，灵太后善之。休在幽、青五六年，皆清白爱民，甚著声绩，二州怀其德泽，百姓追思之。

又曰：任城王澄为杨州刺史。下车，封孙叔敖之墓，毁蒋子文之庙，表请复皇宗之学，开四门之教，诏从之。

又曰：阮孚拜冀州刺史，劝课农桑，境内称为慈父，邻州号曰神君。先是，州人张孟都、张洪建、马潘、崔独怜、张叔绪、崔思哲等八人，皆屯保林野，不臣王命，州郡号曰八王。孚至，皆请入城，愿致死效力。

《北齐书》曰：赵郡王叡除北朔州刺史，都督北燕、北蔚、北恒三州及库堆以西黄河以东长城诸镇诸军事。叡慰抚新迁，量置烽戍，内防外御，备有条法，大为兵民所安。有无水之处，祷而掘井，锹插裁下，泉源涌出，至今号曰“赵郡王泉”。

又曰：魏兰根为岐州刺史。从行台萧宝寅讨破宛川，俘其人为奴婢，以美女十人赏兰根。兰根曰：“此县介于强虏，故成背叛。今当恤其饥寒，奈何并充仆隶。”于是尽以归其父兄。部内麦多五穗，邻州田鼠为灾，犬牙不入岐土。

又曰：韩轨迁秦州刺史，甚得边和。神武巡秦州，欲以轨还，仍赐城人户别绢布两匹。州人田昭等七千户皆辞不受，唯乞留轨。神武嘉叹，乃留焉。

《北史》曰：齐任城王谐为并州刺史。时有妇人临汾川浣衣，有乘马人换其新靴驰而去者。妇人持故靴诣州言之，谐召居城诸妪以靴示之，绐曰：“有乘马人于路被贼劫害，遗此靴焉，得无亲属乎？”一妪抚膺哭曰：“儿昨着此靴向妻家。”如其语捕获之，时称明察。

又曰：齐平览迁怀州刺史。览奏请于州西故军道，筑城以防西军，从之。寻而西魏来攻。时新筑城，粮仗未集，素乏水，南门有大井，随汲即竭。览具衣冠俯井而祝，至旦而井泉涌溢，有异于常。

又曰：齐彭城王浟为沧州刺史。有人从幽州来，驴驮鹿脯至沧州界，脚痛行迟，偶会一人为伴，遂盗驴及脯去。明旦告州，乃令左右及府僚吏分市鹿脯，不限其价。其主见识之，推获盗者。

又曰：窦炽为原州刺史。炽挫抑豪右，申理幽滞，在州十载，甚有政绩。州城北有泉水，屡经游践，尝与僚吏宴于泉侧，因酌水自饮曰：“吾在此州，唯当饮水而已。”

又曰：申徽为襄州刺史。时南方初附，旧俗，官人皆通饷遗。微性廉慎，乃画杨震像于寝室以自戒。及代还，人使送者数十里不绝。微自以无德于人，慨然怀愧，因赋诗题于清水亭。长幼闻之，皆竞来读，递相谓曰：“此是申使君手迹。”并写诵之。

又曰：赫连达为云州刺史，性廉俭。边境胡人或馈达羊，达欲招异类，报以缯帛，主司请用官物，达曰：“羊入我厨，物出官库，是欺上也。”命取私帛与之，识者嘉其仁恕。

《三国典略》曰：贺祥为荆州刺史。祥有惠政，远近款附。梁岳阳王詧钦其清素，乃赠以竹屏风。祥难违其意，取付所司。太祖闻之，并以赐祥。

《后周书》曰：独孤信为秦州刺史。先是，守宰暗弱，政令乖方，民有冤讼，历年不能决。信在州，事无拥滞，示以礼教，劝以耕桑；数年之中，公私富实，流民愿附者数万家。太祖以其信著遐迩，故赐名为信。

又曰：达奚武之在同州也，时属大旱。高祖敕武祀华岳，而庙旧在山下。当往祈祷，武谓寮属曰：“吾备位三公，不能燮理阴阳，遂使盛农之月，久绝甘雨，天子劳心，百姓惶惧，忝寄既重，忧责实深。不可同于众人，在常祀之所，必须登峰展诚，须其灵奥。”岳既高峻，千仞壁立。武年逾六十，唯将数人，攀藤援棘，然后得上。于是稽首祈请，陈百姓恳诚。晚不得还，即于岳上藉草而宿。梦见白衣人来，执武手曰：“快辛苦，甚相嘉尚。”武遂惊觉，益用祗肃。至旦，云雾四起，俄而澍雨，远近沾浃。高祖闻之，玺书慰劳。

又曰：韦瑱，字世珍。魏恭帝二年，赐姓宇文氏。三年，除瓜州刺史。州通西域，蕃夷往来，前后刺史，多受赂遗。胡寇犯边，又莫能御。瑱雅性清俭，兼有武略。蕃夷赠遗，一无所受。胡人畏威，不敢为寇。公私安静，夷夏怀之。

又曰：长孙俭授荆州刺史、东南道行台仆射。所部郑县令泉璨为民所讼，推理获实。俭即大集僚属而谓之曰：“此由刺史教诲不明，信不被物，是我之愆，非泉璨之罪。”遂于厅事前肉袒自罚，舍璨不问。于是州城肃励，莫敢犯法。魏文帝玺书劳之。

又曰：王思政迁荆州刺史。州境卑湿，城堑多坏。思政乃命都督蔺小欢督工匠缮治之。掘得黄金三十斤，夜中密送之。至旦，思政召佐吏以金示之曰："人臣不宜有私。"悉封金送上。太祖嘉之，赐钱二十万。

又曰：泉企为东雍州刺史。性清约，纤毫不扰于民。在州五年，每于乡里运米以自给。

《隋书》曰：令狐熙拜沧州刺史。时山东承齐之弊，户口簿籍类不以实。熙晓喻之，令自归首，至者一万口。在职数年，风教大洽，称为良二千石。开皇四年，上幸洛阳，熙来朝，吏民恐其迁易，悲泣于道。及熙复还，百姓出境迎谒，欢叫盈路。在州获白乌、白獐、嘉禾，甘露降于庭前柳树。

又曰：令狐熙，时上祠泰山还，次汴州，恶其殷盛，多有奸侠，于是以熙为汴州刺史。下车禁游食，抑工商，民有向街开门者杜之，船客于郭外星居者勒为聚落，侨人逐令归本，其有滞狱，并决遣之，令行禁止，称为良政。上闻而嘉之，顾谓侍臣曰："邺都，天下难理处也。敕相州刺史豆卢通，令习熙之法。"其年来朝，考绩为天下之最，赐帛三百匹，颁告天下。

又曰：杨达，字士达，为鄯、郑、赵三州刺史，俱有能名。平陈 之后，四海大同，上差品天下牧宰，达为第一，赐杂彩五百段，加以金帛。

又曰：慕容三藏授廓州刺史。州极西界，与吐谷浑邻接，奸宄犯法者皆迁配彼州，流人多有逃逸。及三藏至，招纳绥抚，百姓爱悦，襁负日至，吏民歌颂之。高祖闻其能，屡有劳问。其年，当州畜产繁孳，获醍醐奉献，赖物百段。

又曰：卫玄出为资州刺史，以镇抚之。玄既到官，时獠攻围大牢镇，玄单骑造其营，谓群獠曰："我是刺史，衔天子诏安养汝等，勿惊惧也。"诸贼莫敢动。于是说以利害，渠帅感悦，解兵而去，前后归附者十馀万口。高祖大悦，赐缣二千匹。

又曰：郭衍为瀛州刺史，遇秋霖大水，其属县多漂没，民皆上高树，依大家。衍亲备船筏并赍粮拯救之，民多获济。衍先开仓赈恤，后始闻奏，上大善之。

又曰：辛彦之拜隋州刺史。于时州牧多贡珍玩，唯彦之所贡并供祭之物，高祖善之，顾谓朝臣曰："人安得无学。彦之所贡，稽古之力也。"

又曰：梁彦光为岐州刺史，甚有惠政，嘉禾连理，出于州境。开皇二年，上幸岐州，悦其能，乃下诏曰："赏以劝善，义兼训物。彦光操履平直，识用凝远，布政岐下，恩惠在人，廉慎之誉，闻于天下。三载之后，自当迁陟，恐其匮乏，且宜旌善。可赐粟五百斛，物三百段，御伞一枚，庶使有感朕心，日增其美。四海之内，凡曰官人，慕高山而仰止，闻清风而自励。"

又曰：梁彦光为相州刺史。有涂阳人焦通，性嗜酒，事亲礼阙，为从弟所讼。彦光弗之罪，将至州学，令观于孔子庙。于时庙中有韩伯瑜母杖不痛，哀母力弱，对母悲泣之像。通遂感寤，既悲且愧，若无自容。彦光训谕而遣之。后改过励行，卒为善士。以德化人，皆此类也。

又曰：公孙景茂迁息州刺史，法令清静，德化大行。时属平陈之后，征人在路，有疾病者，景茂撤减俸禄，为饘粥汤药，分赈济之，赖以全活者以千数。上闻而嘉之，诏宣告天下。

又曰：薛胄为兖州刺史。城东有沂、泗二水，合而南流，泛滥大泽中。胄遂积石堰之，使决，令西注，陂泽尽为良田。以通转运，利尽淮海，百姓赖之，号为"薛公丰兖渠"。

又曰：梁毗出为西宁州刺史，改封邯郸县侯。在州十一年。先是，蛮夷酋长皆服金冠，以金多者为豪俊，由此递相陵夺，每寻干戈，边境略无宁岁。毗患之。后因诸酋长相率以金遗毗，于是置金座侧，对之恸哭而谓之曰："此物饥不可食，寒不可衣。汝等以此相灭，不可胜数。今将此来，欲杀我耶？"一无所纳，悉以还之。于是蛮夷感悟，遂不相攻击。高祖闻而善之。

又曰：赵煚为冀州刺史，甚有威德。煚常有疾，百姓奔驰，争为祈祷，其得民情如此。冀州俗薄，市井多奸诈，煚为铜斗铁尺，置之于肆，百姓便之。上闻而嘉焉，颁告天下，以为常法。

又曰：蔡王智积为同州刺史，仪卫资送甚盛。顷之，以修谨闻，高祖善之。在州未尝嬉戏游猎，听政之暇，端然读书，门无私谒。有侍读公孙尚仪，山东儒士，府佐杨君英、萧德言，并有文学，时延于座，所设惟饼果，酒才三酌。家有女妓，唯年节嘉庆，奏于太妃之前。其简静如此。

又曰：公孙景茂为道州刺史。悉以秩俸买牛犊鸡猪，散惠孤弱，不自存者。好单骑巡人家，至户入，阅视百姓产业。有循理者，于都会时乃褒扬称述。如有过恶，随即训导，而不彰也。由是人行义让，有无均通，男子相助耕耘，妇人相助纺绩。大村或数百户，皆如一家之务。其后请致仕，上优诏听之。仁寿中，上明公杨纪出使河北，见景茂神力不衰，还以状奏。于是就拜淄州刺史，赐以马舆，便道之官。前后历职，皆有德政，论者称为良牧。

又曰：梁彦光为相州刺史。初，齐亡后，衣冠士人多迁关内，唯伎巧、商贩及乐户之家移实州郭。由是人情险诐，妄起风谣，诉讼官人，万端千变。彦光欲革其弊，乃用秩俸之物，招致山东大儒，每乡立学，非圣哲之书不得教授。常以季月召集之，亲临策试。有勤学异等，聪令有闻者，升堂设馔，其馀并座廊下。有好诤讼，惰业无成者，坐之庭中，设以草具。及大成，当举行宾贡之礼，又于郊外祖道，并以财物资之。于是人皆克励，风俗大改。

又曰：韦世康。尉迟回之作乱也，高祖忧之，谓世康曰："汾、绛旧是周、齐分界，因此乱，皆恐生摇动，今以委公，善为吾守。"因授绛州刺史，以雅望镇之，阖境清肃。

又曰：豆卢勣为渭州刺史，甚有惠政，华夷悦服，德泽流行，多致祥瑞。鸟鼠山，俗呼为高武陇，其下渭水所出。其山绝壁千寻，由来乏水，诸羌苦之。勣马足所践，忽飞泉涌出。有白乌翔止厅前，乳子而后去，又白狼见于襄武。民为之谣曰："我有丹阳，山出玉浆。济我民夷，神乌来翔。"百姓因号其泉为玉浆泉。

太平御览卷第二百五十八 职官部五十六

良刺史下

《唐书》曰：姜谟拜秦州刺史。高祖谓曰："衣锦还乡，古人所尚，今以本州相授，用答元功。凉州之路，近为荒梗，宜弘方略，有以静之。"谟至州，抚以恩信，州人相谓曰："吾辈复见太平官府矣。"盗贼悉来归首，士庶安之。

又曰：颜游秦迁廉州刺史，封临沂县男。时刘黑闼初平，人多以强暴寡礼，风俗未安。游秦抚恤境内，敬让大行。邑里歌之曰："廉州颜有道，性行同庄老。爱人如赤子，不杀非时草。"高祖玺书劳勉之。

又曰：太宗诏朝集使刺史以上升殿，亲问上，曰："卿等在州，何以抚教？"定州刺史薛献对曰："老者国家所养，臣每存恤之；少者国家所使，臣每劝诫之。田畴荒废，渐加垦辟；礼义既行，产业咸振。此皆禀之圣化，非臣之力。"太宗曰："如公之所奏，足称循良；清净为政，朕所望于公等也。"

又曰：贾敦颐，曹州冤句人也。贞观中，历迁沧州刺史。在职清洁，每入朝，尽室而行，唯弊车一乘，羸马数匹；羁有缺，以绳为之，见者不知其刺史也。后转瀛州刺史。州界滹沱河及滱水，每岁泛溢，漂流民人。敦颐奏立堤堰，自是无复水患。

又曰：田仁会，永徽初累迁郢州刺史，以善政闻。时属亢旱，仁会自曝祈祷，竟获甘泽。其岁大熟，百姓歌之曰："父母育我田使君，精诚为人上天闻，旱田致雨山出云，仓廪既实礼义申，但愿常在不患贫。"

又曰：《许景先传》，开元十三年，玄宗令宰臣择刺史之任，必在得人。景先首中其选，自吏部侍郎出为虢州刺史，后转岐州。

又曰：薛大鼎为沧州刺史。州界有无棣河，隋末填废，大鼎奏开之，引鱼盐于海。百姓歌之曰："新河得通舟楫利，直达沧海鱼盐至。

昔日徒行今骋驷，美哉薛公德滂被。”大鼎又以州界卑下，遂决长芦及漳、衡等三河，分泄夏潦，境内无复水灾。时与瀛州刺史贾敦颐、冀州刺史郑德本，俱有美政，河北号“铛脚刺史”。

又曰：敬晖除卫州刺史。时河北新有突厥之寇，方秋而修城不辍，晖下车谓曰：“金汤非粟而不守，岂有弃收获而缮城郭哉！”悉令罢散，由是人吏咸歌咏之。

又曰：萧定。大历中，有司条天下牧守课绩，唯定与常州刺史萧复、濠州刺史张溢为理行第一。其劝农桑，均赋税，逋亡归复，户口增加，定又冠焉。

又曰：段秀实为泾州刺史兼御史大夫，四镇、北庭行军泾原、郑颍节度使。三四年间，吐蕃不敢犯塞，清约率易，远近称之。非公会，不听乐饮酒，私室无妓媵，无赢财，退公之后，端居静虑而已。德宗嗣位，就加检校礼部尚书。

又曰：刘赞，子玄之孙，为浙西都团练判官。建中初，杨炎作相，擢为歙州刺史，以勤干闻。有老妇捃拾于丛林之间，为猛兽将，噬，幼女号呼搏而救之，母子俱免。本道观察使韩滉奏为异迹，加金紫之服，累岁迁常州刺史。

又曰：李惠登。李希烈反，授惠登兵二千，镇隋州。贞元初，举州归顺，授隋州刺史，兼御史中丞。州遭李忠臣、希烈歼残后，野旷无人，惠登朴质不知学，居官无枝弃，率心为政，皆与理顺。利人者因行之，病人者因去之，二十年间，田畴辟，户口加。诸州奏吏入其境，无不歌谣其能。

又曰：韩愈为潮州刺史。既视事，询吏民疾苦，皆曰：“郡西湫水有鳄鱼，卵而化，其长数丈，食民畜产将尽，以是民贫。”居数日，愈往视之，令判官秦济炮一豚一羊，投之湫水，咒之曰：“前代德薄之君，弃楚、越之地，则鳄鱼涵泳于此可也。今天子神圣，四海之外，抚而有之。况杨州之境，刺史县令之所治，出贡赋以供天地宗庙之祀，鳄鱼岂可与刺史杂处此土哉？刺史受天子命令守此土，而鳄鱼悍然安谿潭，食民畜熊鹿麞豕，以肥其身，以繁其卵，与刺史争为长雄。刺史虽驽弱，安肯为鳄鱼低首而下哉？今潮州大海在其南，鲸鹏之大，虾蟹之细，无不容，鳄鱼朝发而夕至。今与鳄鱼约，三日乃至七日，如顽而不徙，须为物害，则刺史选材伎壮夫，操劲弓毒矢，与鳄鱼从事矣！”咒之夕，有暴风雷起于湫中。数日，湫水尽涸，徙于旧湫西六十里。自是潮人无鳄患。

又曰：卢钧，开成元年为广州刺史、御史大夫、岭南节度使。南海有蛮舶之利，珍货辐凑。旧帅作法兴利以致富，凡为南海者，靡不捆载而还。钧性仁恕，为政廉洁，请监军领市舶使，己一不干预。自贞元已来，衣冠得罪流放岭表者，因而物故，子孙贫悴，虽遇赦不能自还。凡在封境者，钧减俸钱为营槽椟。其家疾病死丧，则为医药殡敛，孤儿稚女，为之婚嫁，凡数百家。由是山越之俗，服其德义，令不严而人化。

又曰：朱敬则为御史冉祖雍所诬，贬授庐州刺史。经数月代到，还乡里，无淮南一物，唯有所乘马一匹，诸子侄徒步而归。

又曰：许圉师转相州刺史，政宽存惠人，吏刊石以颂之。尝有官吏犯赃事露，圉师不令推究，但赐《清白诗》以激之。犯者愧惧，遂改节为廉士。其宽如此。

又曰：齐瀚，定州义丰人。为汴州刺史。河南，汴为雄郡，自江、淮达于河、洛，舟车辐凑，人庶浩繁。前后牧守，多不称职，唯倪若水与瀚皆以清严为治，吏民歌之。

又曰：李勉为广州刺史兼岭南节度使观察。番禺贼帅冯崇道、桂州叛将朱济时等，阻洞为乱，前后累岁，陷没十馀州。勉至，遣将李观与容州刺史王翃并力招讨，悉斩之，五岭平。前后西域舶泛海者岁才四五，勉性廉洁，舶来都不检阅，故末年舶至者四十馀。在官累年，器用车服无增饰者。耆老以为可继前朝宋璟、卢奂、李朝隐之徒。人吏诣阙请立碑，代宗许之。

又曰：杨城为道州刺史。在州以家人法待吏人，宜罚者罚之，宜赏者赏之，一不以簿书介意。道州土地产民多矮，每年常配乡户贡其男，号为“矮奴”。城不平其以良为贱，又悯其编甿岁有离异之苦，乃抗疏论而免之，自是乃停其贡，民皆赖之，无不泣荷。

又曰：尹思贞为青州刺史。境内有蚕一年四熟者，黜陟使、卫州司马路敬潜八月至州，见蚕叹曰：“非善政，孰能至于此乎！”特表荐之。

又曰：马璲改怀州刺史。乘兵乱之后，其夏大旱，人吏失耕稼，璲乃务修教化，将吏有父母者，璲辄造之施敬，收瘗暴骨，去其烦苛。至秋，界中生稆谷，人颇赖之。

又曰：牛僧孺为鄂州刺史、武昌军节度使。江夏城风土散恶，难立垣墉，每年加版筑，赋菁茅以覆之。吏缘为奸，蠹弊绵岁。僧孺至，计茅苫板筑之费，岁十馀万，即赋之以砖，以当苫筑之价。凡五年，墉皆甃葺，蠹弊永除。

又曰：皇甫无逸为同州刺史，闭门自守，不通宾客，左右不得出门。凡所货易，皆往他州。每按部樵采，不犯于人。尝夜宿人家，遇灯炷尽，人主将续之，无逸遽抽佩刀断衣带以为其炷，其廉介如此。

又曰：吕元膺为蕲州刺史，颇著恩信。尝岁终阅郡狱囚，囚有自告者曰：“某有父母在，明日元正不得相见。”因泣下。元膺悯焉，尽脱其械，纵之，以为期。守吏曰：“贼不可纵。”元膺曰：“吾以忠信待之。”及期，无后到者，由是群盗感义，相引而去。

又曰：柳宗元为柳州刺史。土俗以男女质钱，过期则没入钱主。宗元革其乡法，其已没者，仍出私钱赎之，归其父母。

又曰：王仲舒为洪州刺史、江南西道观察使。江西前例，榷酒私酿法深，仲舒至镇，奏罢之。又出官钱二万贯，代贫户输税。

又曰：令狐楚，子绪以荫授官，历隋、寿、汝三郡刺史。在汝州日，有能政，郡人请立碑颂。绪以弟綯在辅弼，上言曰：“臣先父元和中特承恩顾，弟綯官不因人，出自宸衷。臣伏睹诏书，以臣刺寿州日，粗立政劳，吏民求立碑颂，寻乞追罢。臣任隋州日，郡人乞留，得上上考。此名以闻于日下，不必更立碑颂，乞赐寝停。”宣宗嘉其意，从之。

《五代史·梁书》曰：韩建为潼关防御使，兼华州刺史。河潼经大寇之后，户口流散。建披荆棘辟污莱，劝课农事，树植蔬果，出入闾里，亲问疾苦，不数年流亡毕复，军民充实。

又曰：王檀，字众美，为密州刺史。郡接淮戎，旧无壁垒，乃率丁夫修筑罗城，六旬而毕，居民赖之。

又曰：赵克裕，河阳人也。继领亳、郑二州刺史。时关东藩镇方为蔡寇所毒，黎元流散，不能相保。克裕妙有农战之备，复善于绥怀，民赖而获安。

《五代史·晋史》曰：相里令自羽林都虞候为忻州刺史。凡部曲私属，将吏不遣莅州邑之职，皆优其给赡，使分掌家事而已。其后累典大都，皆有声绩。

又曰：泽州奏前刺史史延韬离州，为军民遮围，不放出城，兼截下马镫，共留延韬，经三日后，夜开城门赴阙。

又曰：安元信历数任皆名郡也，亲族谓曰："公身俸二千石，鬓有白发，家无肥美田园，何以为子孙计？"元信曰："吾本无文经武略，遭遇先帝风云之会，继提郡印，位在亲人，平生之望过矣，每以衣食丰足为愧，安有积货治产，欲为豚犬辈后图，不亦愚乎？"闻者美之。

《英雄记》曰：幽州刺史刘虞，食不重肴，蓝缕绳履。

《华阳国志》曰：赵琰为青州刺史。有贵要属托，琰于厅事前置大水器，发书悉投置水中，无有所报。

《益部耆旧传》曰：严遵，字正思，为杨州刺史。行部闻路旁女子哭声不哀，问所哭者谁，对曰："夫遭烧死。"遵敕吏舆尸，到，与语，吏曰："死人自道不烧死。"摄女令人守尸，曰："当有物往。"吏曰："有蝇聚头所。"遵令披视，得铁锥贯顶，拷问以淫杀夫。

《会稽典录》曰：谢夷吾，字尧卿，山阴人。为荆州刺史，遇孝章皇帝巡狩，幸鲁阳，有诏敕夷吾入传录见囚，有亭长奸部民者，县言和奸，上意以为吏劫民何得言和。须臾，夷吾呵之曰："亭长朱帻之吏，职在禁奸，今为恶之端，何得言和？"切让长吏治亭长罪。其所决正一县三百馀事，与上合。帝叹曰："使诸州刺史悉如此者，朕不忧天下矣。”迁钜鹿太守。临发，陛见，赐车马剑带，敕之曰：“钜鹿剧郡，旧为难治，以君有拨烦之才，故特授任，无毁前功。”

《祖逖别传》曰：逖为豫州刺史，克己矜施，不畜资产。丧乱之馀，白骨未收者，为之殡葬。其有骨肉恩薄不收敛者，皆加贬责，由是百姓感化，复睹太平。置酒大会，坐中耆老相与流涕而叹曰：“吾等投老，更得父母，死将何恨？”又童谣曰：“幸哉遗民免豺虎，三辰既朗遇慈父。玄酒清醪甘瓠脯，亦何报恩歌且舞。”

《陶氏家传》云：基，字叔先，为交州刺史。始，夷人不识礼义，男女互相奔随，生子乃不知父。君乃敦以婚姻之道，训以父子之恩，道之以礼，齐之以刑，设庠序，立学校，合境化之，莫不悦之。

《语林》曰：何公为杨州。有葬亲者乞数万钱，而帐下无有。杨州常有粝米以赈孤寡，乃有万馀斛，虞存为治中面见道，帐下空素求粲。此米付帐下，何公曰：“何次道义不与孤寡争粒。”

酷刺史

《续汉书》曰：侯览为益州刺史，丰富者辄诬以大罪，皆诛灭之，没入财物。

谢承《后汉书》曰：第五伦上疏褒称盛美曰：“前岁诛刺史二千石贪残者，皆明圣所察，非臣下所及。”

《晋书》曰：郄隆为杨州刺史。僚属有过，辄依台阁峻制绳之，远近咸怨。

干宝《晋纪》曰：苟晞为兖州刺史。姨母寡，有一子，坐小事。姨母向晞叩头，及中外皆乞活，不听。死后往哭之，甚悲，曰：“杀弟者兖州刺史，哭卿者苟道将也。”

《后魏书》曰：于洛侯，代人也。以劳旧为秦州刺史，而贪酷安忍。民王富炽夺民吕胜胫缠一具，洛侯辄鞭富炽一百，截其右腕，无有纪极。夜常不卧，执烛达晓，呼召宾客，说人间细事，戏谑无不为。性不饮酒，唯多置肴截昼夜食啖而已。自旦至中，方始寝寐。

又曰：齐以斛律武都为兖州刺史。涂经卫地，受绢千匹，黎阳郡守石曜手持一缣而谓之曰："此是老石机杼，聊以奉赠。自此已外，并须出于吏人。"武都知曜清素纯儒，笑而不责。

《北史》曰：齐渔阳王绍信，文襄第六子，历特进青州刺史。行过渔阳，与大富人锺长命同坐，太守郑道盖来谒，长命欲起，绍信不听，曰："此何物小人？"主人公为起，乃与长命结为义兄弟。仍与长命妻为姊妹，责其阖家长幼皆有赠贿，锺氏遂贫。

又曰：齐安德王延宗为定州刺史，于楼上大便，使人在下张口承，以猪糁和人粪以饲左右，有难色者鞭之。

《隋书》曰：库狄士文拜贝州刺史，性清苦，不受公料，家无馀财。子尝啖官厨饼，士文枷之于狱，累日杖之一百，步送还京。僮隶无敢出门。所买盐菜必于外境，凡有出入皆封署其门，亲旧绝迹，庆吊不通，法令严肃，吏人股战，道不拾遗，有细过必深文陷害。

又曰：库狄士文为贝州刺史。发擿奸隐，长吏尺布斗粟之赃，无所宽贷。得千馀人而奏之，上悉配防岭南。亲戚相送，哭泣之声遍于州境。至岭南遇瘴疠，死者十八九。于是父母妻子唯哭士文。士文闻之，令人捕捉，挞捶盈前，而哭者弥甚。

又曰：赵仲卿拜石州刺史。法令严猛，纤微之失无所容舍，鞭笞长吏辄至二百。官人战栗，无敢违犯者；贼屏息，皆称其能。

《唐书》曰：杨德干，高宗末历泽、齐、汴、相四州刺史，治有威名。郡人为之语曰："宁食三斗蒜，不逢杨德干。"

太平御览卷第二百五十九 职官部五十七

太守

《论语》子路曰：善人为邦百年亦可以胜残去杀矣。善人居中不践迹，不入室也。此人为政不能早有成功，百年乃能无残暴之人。

《史记》曰：万石君名奋，其父赵人也，姓石氏。奋长子建，次子甲，次子乙，官皆至二千石。于是景帝曰："石君及四子皆二千石，人臣尊宠乃集其门。"号奋为万石君。孝景季年，万石君以上大夫禄归老于家。以岁时为朝臣。过宫门阙，万石君必下车趋。见路马必式焉。

又曰：杜周为御史大夫，家两子，夹河为守。

《汉书》曰：郡守，秦官也，常治其郡，秩二千石，有丞。边郡又有史掌兵马，秩皆六百石。景帝中二年更名太守。

又曰：季布为河东太守。孝文时，人有言其贤，召欲以为御史大夫。又言其勇，使酒难近。至，留邸一月，见罢。布进曰："臣待罪河东，陛下无故召臣，此人必有以臣欺陛下者。今臣至，无所受事，罢去，此人必有毁臣者。夫以一人誉召臣，一人毁去臣，臣恐天下有识闻之，有以窥陛下。韦昭曰：窥见陛下深浅也。上默然，惭曰："河东吾股肱郡，故特召君耳。"

又曰：严助，会稽人也。上问所欲，对曰："愿为会稽太守。"在郡数年，不闻问。上赐诏书曰："君厌承明之庐，石渠门外。劳侍从之事，怀故土，出为郡。间者阔焉，久不闻问。"助惶恐，上书谢曰："臣事君犹子事父，臣当伏诛。愿奉二年计最。"如淳曰：旧法，当使丞奉岁计躬自欲入奉之也。最，凡要也。

又曰：朱买臣，字翁子。拜会稽太守。上谓买臣曰："富贵不归故乡，如衣锦夜行，今子何如？"买臣顿首辞谢。买臣衣故衣，怀其印绶，步归郡邸。时会稽吏方相与群饮，不视买臣。买臣入室中，守邸与共食，且饱，少见其绶。守邸怪之，前引其绶，又视其印，会稽太守章也。守邸惊，出相语上计掾吏。皆醉，大呼曰："妄诞耳！"守邸曰："试来视之。"其故人素轻买臣者入内视之，还走，疾呼曰："实然！"坐中惊骇，丞守相推，排陈列庭中拜谒。

又曰：龚胜，楚人也。哀帝以胜守右扶风，数月，上知胜非拨烦吏，迁胜光禄卿。

《东观汉记》曰：彭宠，字伯通，南阳宛人也。父容，哀帝时为渔阳太守，有名于边，容貌饮食绝众。是时，单于来朝，当道二千石皆选容貌饮食者，故容徙为云中太守。

又曰：冯勤，字伟伯。曾祖杨宣帝时为弘农太守，生八男皆典郡赵魏间，号为"万石诸冯"。至是世至二千石。

《汉杂事》曰：蒋满为上党，其子万为北地都尉，同诏征见，宣帝曰："父子剖符耶！"即诏满为淮阳相，万为弘农守。

《后汉书》曰：郅恽再迁长沙太守。先是，长沙有孝子古初，遭父丧未葬，邻人失火，初匍匐柩上，以身捍火，火为之灭。恽真异之，以为首举。

又曰：任延为武威太守。帝亲见，戒之曰："善事上官，无失名誉。"延对曰："臣闻忠臣不私，私臣不忠。履正奉公，臣子之节；上下雷同，非陛下之福。善事上官，臣不敢奉诏。"帝叹息曰："卿言是也。"

又曰：桥玄为上谷太守。上邽姜岐，守道隐居，名闻西州。玄召以为吏，称疾不就。玄怒，敕督邮尹益逼致之，曰："岐若不至，趣嫁其母。"趣，音促。益固争不能得，遽晓譬岐。岐坚卧不起。郡内士大夫亦往谏，玄乃止。时颇以为讥。

《汉官解诂》云：太守专郡，信理庶绩，劝农赈贫，决讼断辟，兴利除害，检察详奸，举善黜恶，诛杀暴残者也。

《魏志》曰：贾逵，字梁道。太祖征马超至弘农，曰："此西道之要，以逵领弘太守。"召见计事，大悦之，谓左右曰："使天下二千石悉如贾逵，吾何忧也。"

又曰：刘靖，馥之子也，黄初中迁庐江太守。诏曰：“卿父昔为彼州，今卿复为此郡，可谓能克负荷者也。”

又曰：曹仁，字子孝。太祖征吕布，仁别攻句阳，拔之，数有功，拜广阳守。太祖器其勇略，不使之郡。

《蜀志》曰：法正，字孝直。先主以正为蜀郡太守、扬武将军，外统都畿，内为谋主。一餐之德，睚眦之怨，无不报复，擅杀毁伤己者数人。或谓诸葛亮曰：“法正于蜀郡太纵横，将军启主公，抑其威福。”亮答曰：“主公之在公安也，北畏曹操之强，东惮孙权之逼，近则虑孙夫人生变于肘腋。当斯之时，进退狼跋，法孝直为之辅翼，令翻然翱翔，不可复制，如何禁法正使不得行其意也！”

又曰：刘琰，字威硕，鲁国人也。先主在豫州，辟为从事，以其宗姓，有风流，善谈论，厚亲待之，遂随从周旋，常为宾客。先主定益州，以琰为固陵太守。

《吴志》曰：士燮为交阯太守。中国士人往依避难者以百数。耽玩《春秋》，为之注解。陈国袁徽与尚书令荀彧书曰：“交阯士府君埸既学问优博，又达于从政，处大乱之中，保全一郡，二十馀年疆埸无事，民不失业，羁旅之徒，皆蒙其庆，虽窦融保河西，曷以加之？”

又曰：周鲂。黄武中鄱阳大帅彭绮作乱，攻没属城，乃以鲂为鄱阳太守，与胡综等戮力致讨，遂生擒绮，送诣武昌。

又曰：陆绩，字公纪。孙权统事，辟为奏曹掾，以直道见惮，出为郁林太守。

《晋书》曰：桓玄出补义兴太守，郁郁不得志。尝登高望震泽，叹曰：“父为九州伯，儿为五湖长！”弃官归国。

又曰：辛恭靖，陇西狄道人也。少有器干，才量过人，隆安中为河南太守。会姚兴来寇，恭靖固守百馀日，以无救而陷，被执至长安，兴谓之曰：“朕将任卿以东南之事，可乎！”恭靖厉色曰：“我宁为国家鬼，不为羌贼臣。”兴怒，幽之别室。经三年，至元兴中，诳守者乃逾垣而遁，归于江东。

又曰：郑冲为陈留太守。冲以儒雅为德，莅职不为干局之誉，而箪食缊袍，不营资产。世以此重之。

又曰：刘世智，字子房。贞素有兄风。少贫窭，每负薪自给，读书不辍，竟以儒行称。历吏部郎，出为颍川太守。平原管辂尝谓人曰：“吾与刘颍川兄弟语，使人神思清发，昏不暇寐。自此之外，殆白日欲寝矣。”

又曰：刘胤。王敦请为右司马。胤知敦有不臣心，枕疾不视事，以是忤敦意，出为豫章太守，辞以脚疾，诏就家授印绶。郡人莫鸿，南土豪族，因乱，杀本县令，横恣无道，百姓患之。胤至，诛鸿及诸豪右，界内肃然。

《晋起居注》：太康八年诏曰：“昔先王御俗，以兴至治，未有不先成民事者也。汉宣识其如此，是以叹息。良二千石，今欲皆先外郡，治民著绩，然后入为常伯纳言及典兵宿卫、黄门散骑、中书郎。

《晋书·吕光载记》曰：吕纂克金城太守卫鞬，鞬瞋目谓光曰：“我宁守节断头，不为降虏也。”光义而免之。

沈约《宋书》曰：羊玄保为黄门郎，善奕棋，棋品第三。太祖亦好棋，数蒙引见，嘉其温谨。与太祖赌郡戏，胜以补宣城太守。

《齐书》曰：王敬则迁吴兴太守。郡旧多剽掠，有十数小儿于路取遗物，敬则杀之以徇，自此路不拾遗物，郡无劫盗。又录得一偷，召其亲属于前鞭之，令偷身长扫街路，久之乃令偷举旧偷自代，诸偷恐为所识，皆逃走，境内以清。

又曰：刘善明，太祖践祚，以善明勋诚，欲与善明禄，召谓之曰：“淮南近畿，国之形胜，自非亲贤，不使居之。卿为我卧治也！”代高宗为征虏将军，淮南、宣城二郡太守。

又曰：张岱。时新安王子鸾以盛宠为南徐州，割吴郡属焉。高选佐吏，孝武帝召岱谓之曰：“卿美望夙著，兼资宦已多。今欲用卿为子鸾别驾，总刺史之任，无谓小屈，终当大伸也。”

又曰：王敬则为吴兴太守，入乌程，从市过，见屠肉枅木枅结贤反，叹曰："吴兴昔无此枅，是我少时在此作也。"召故人饮酒，说平生不以屑也。

《南史》曰：谢超宗有高名，齐高帝以超宗为义兴太守。升明二年，坐公事免。诣东府，门自通。其日风寒，高帝谓四坐曰："此客至，使人不衣自暖矣。"

《三国典略》曰：王庆籍为京兆太守。太祖以其精勤，赍以紫袍及绫裳一袭，谓百官曰："王庆籍一世清人也。"

又曰：阴铿为招远将军、晋陵太守。铿尝与宾友宴饮，见行觞者因回酒炙，以授之，众坐皆笑。铿曰："吾侪终日酣酒，而执爵者不知其味，非人情也。"及侯景之乱，铿尝为贼所擒，或救之获免。铿问其故，乃前所行觞者。

《梁书》曰：刘之遴为南郡太守。初，之遴在荆府，常寄居南郡廨，忽梦前太守袁彖谓曰："卿后当为折臂太守，则居此中。"之遴后果折臂，遂临此郡。

又曰：谢朏，字敬仲。齐时为义兴太守，加秩二千石。在郡不省杂事，悉付纲纪，曰："吾不能作主者吏，但吏能太守耳。"

又曰：任昉为吴兴太守，清洁友人。到溉与弟洽，从昉为山泽游。被代而还，无衣，沈约遗裙衫迎也。

又曰：范缜为宜都太守。性不信鬼神，夷陵有伍相庙，唐汉三神庙，胡里神庙，缜乃下教断不祠。

《后魏书》曰：房士达，永安末转济南太守。士达不入京师，而频为本州郡，时人荣之。

又曰：崔休为渤海太守。时大儒张吾贵有盛名于山东，四方学士咸相宗慕，弟子自远而至者常千馀人。生徒既众，所在多不见容。休乃为设俎豆，招延礼接，使肄而还，儒者称为口实。

又曰：卢道将为燕郡太守。道将下车，表乐毅、霍元之墓，而为之立祠。

又曰：房幼愍。安丰、新蔡二郡太守坐事夺官，居家，忽闻有客声，出无所见。还至庭中，为家群犬所噬，遂卒。

《北史》曰：宋钦道仕齐，历位中山太守。长于抚接，然好察细事。其州府佐吏使民间者先酬钱，然后敢食。临莅处称为严整。

《后周书》曰：卢光为京兆太守。先是，舍数有妖怪，前后郡将莫敢居者，光曰："吉凶由人，妖不妄作。"遂入居之。未几，光所乘马忽升厅事，升床南首而立，又食器无故自破。光并不以介怀。其精诚守正如此。

《唐书》曰：崔玄亮，清慎介独，自登朝，行不乐趋竞。历御史、尚书，密、湖、曹三郡守。每一迁秩，谦让辄形于色。

又曰：李暠守太原。旧俗有僧徒以习禅为业，及死不敛，但舆尸送近郊以饲鸟兽。如是积年，土人号其地为"黄坑"。坑侧有饿犬千数，食死人肉，因侵害幼弱，远近苦之，前后官吏不能禁止。暠到官，申明礼宪，期不再犯，仍发兵捕杀群狗，其风遂革。

《三辅决录》曰：马援诫兄子书："庞伯高敦笃周慎，口无择言，吾爱之重之，愿汝曹效之。"世祖见援书，即擢为零陵太守。在郡四年，甚有治化。

《文士传》曰：文帝亦亲阮籍，常与谈戏，任其所欲，不迫以职事。籍常从容言昔曾游东平，乐其土风，愿得为东平太守。文帝大悦，即从其意。籍便乘驴往之，至郡皆坏府舍诸壁鄣，使内外相望，教令清当。十馀日，便复乘驴而去。

《楚国先贤传》曰：耒阳胡绍，字伯藩，年十八为郡门下干，迎太守许荆。荆足中风，使绍抑之。绍视荆跖下而笑，荆怒问之，绍曰："见明府跖下黑子，绍亦有之，欣而故笑。"荆视之，果有黑子。令其从学，学八年，遂为九真、零陵二郡太守。

《华阳国志》曰：赵瑶字元珪，弟琰字稚珪。瑶兄弟皆以令德著闻。瑶少有公望，迁扶风太守，徙为蜀郡，司空张温谓之曰："第五伯鱼从蜀郡入为司空，吾今扫第以待足下矣。"

《西京杂记》曰：朱买臣为会稽太守。怀章、绶还至舍亭而国人未知也。所知钱勃见曝露乃劳之曰："无罢乎？"遗以纨扇。买臣至郡，引为上客，寻迁为掾吏。

《韩子》曰：李悝为魏文侯上地之守，而欲人之善射，乃下令曰："民有狐疑之讼者，令之射杓，中之者胜，不中者负。"令且下而人皆习射，日夜不休。及与秦战，大败之，以民之善射也。

《风俗通》曰：蜀郡任嘉，年三四岁时，父腾为诸生，于汉中就师。有盗贼，道路断绝，蜀亦覆没，客转长沙为州郡吏。后嘉为长沙太守，腾为奏曹掾，默知嘉实其子。一日，嘉母语次谓嘉曰："奏曹任掾则汝父也，但差老耳。"嘉曰："天下岂独有一任，夫人何以老更生邪意？"母曰："咄！我尚守养汝数十年无嫌讥，岂以垂没更失计哉！顾实真父，不可弃捐。"后，嘉问掾声音何类太守，何州里耶，掾曰："本犍为武阳人，蓬转流宕到此。"母察审谛，又识左耳前赘，因出抱持，对之流涕。嘉自拔榻，嘘欷哽咽。

《世说》曰：爰综为新安太守。南界有刻石，爰至其下宴。有人于石下得剪刀者，众咸异之，主簿对曰："昔长沙恒王尝饮饯孙洲，父老云：此洲狭而长，君当为长沙。事果应。夫三刀为州，今得交刀，君亦当为交州。"后果作交州。

《世语》曰：荆州刺史裴潜以南阳周泰为从事，使诣司马宣王。宣王知之，辟泰。泰九年居丧，留缺待之，后三十六日擢为新城太守。宣王为大会，使尚书锺毓嘲之曰："君释褐登宰府，三十六日拥麾盖，守兵马，典郡，乞儿乘小车，一何快耶！"泰曰："君贵公之子，故守吏职，猕猴骑土牛，一何迟也。"

《潘尼赠二李郎诗序》曰：元康六年，尚书吏部郎汝南李光彦迁汲郡太守，都亭侯江夏李茂曾迁平阳太守。此二子皆弱冠知名，历职显要，旬月之间，继踵名郡，离俭剧之勤，就放旷之逸，枕鸣琴以俟远，致离别之际，各斐然赋诗。

太平御览卷第二百六十 职官部五十八

良太守上

《汉书》曰：黄霸，字次公，淮阳人也。为颍川太守，咸称神明，奸人去入他郡，盗贼日少。霸力行教化而后诛罚；霸以外宽内明得吏民心。是时凤皇神雀数集郡国，颍川尤多。天子下诏称扬曰："颍川太守霸，养视鳏寡，赡助贫穷，狱或八年无重罪囚，可谓贤人君子矣。《书》不云乎？股肱良哉！元首明哉！其赐霸爵关内侯，黄金百斤。"

又曰：文翁，庐江人也。少好学。景帝末年为蜀郡太守，仁爱好教化。见蜀地僻陋有蛮夷风，文翁欲诱进之，乃选郡县小吏开敏有才者张叔等十馀人，亲自饬厉，遣诣京师受业，蜀地学于京师者比齐鲁焉。

又曰：龚遂，字少卿，山阳人。宣帝问遂曰："渤海废乱，朕甚忧之。君何以息其盗贼，以称朕意？"遂曰："海滨遐远，不沾圣化，其民困于饥寒而吏莫恤，今欲使臣胜之邪？将安之？"上曰："选用贤良，固欲安之。"遂曰："臣闻治乱民犹治乱绳，不可急。唯缓之，然后可治。愿丞相御史无拘臣以文法，得一切以便宜从事。"上许焉。遂单车独行至府，郡中翕然，盗贼亦皆罢髡。民有带持刀剑者，使卖剑买牛，卖刀买犊，曰："何为带牛而佩犊乎！"

又曰：朱博迁琅邪太守。齐俗舒缓养名，博新视事，右曹掾史皆移病卧。博问，对言："惶恐！故事二千石新到，辄遣吏存问致意，乃敢起就职。"博奋髯抵几曰："观齐儿欲以此为俗耶！"乃召见诸曹史书佐及县大吏，选其可用者，出教署之。皆斥罢诸病吏，郡中大惊。又敕功曹："官属多褒衣大袑，袑，音绍，谓大袴也。不中节度，自今掾史衣皆令去地三寸。"

又曰：尹翁归，字子况，为东海太守。郡中吏人贤不肖及奸邪，尽知之，东海大治。以高第入守右扶风，满岁为真。政虽任刑，其在公卿之间，清洁自守，语不及私，温良廉退，不以行能骄人，甚得名誉于朝廷。

又曰：薛宣，字贡君。东海太守左冯翊满岁称职。宣为吏赏罚明，用法平而必行，所居皆有条教可纪，多仁恕爱利。爱人而安利之。

又曰：朱邑，字仲卿，庐江人。少时为舒桐乡啬夫，廉平不苛，以爱利为行，未尝笞辱人，存问孤寡，遇之有恩，所部吏民爱敬焉。迁北海太守。

又曰：赵喜，字伯阳，为平原太守。后青州大蝗，入平原界辄死。岁屡有年，百姓歌之。

又曰：汲黯为东海太守，治官好清静，择丞史任之，责其大指而已。黯素多病，卧阁内不出。岁馀，东海大治。召为淮阳太守，黯辞之，上曰："君薄淮阳耶？吾欲得君卧而治之。"乃行。

又曰：王尊为中郡太守。河溢堤坏，尊执珪，请以身填金堤，而水稍却。

又曰：王尊，字子贡，涿郡人也。为安定太守。到官，出教告属县曰："令长丞尉，奉法守城，为民父母，御强扶弱，宣恩广泽，甚劳苦矣。太守以今日至府，愿诸君自勉正身。"

又曰：冯立，字圣通。以父任为郎，迁五原太守，徙西河、上郡。立在职公廉，治行略与兄野王相似，而多知，有恩贷，好为条教。吏人嘉美野王、立相代为太守，人歌之曰："大冯君，小冯君，兄弟继踵相因循，聪明贤智恩惠民，政如鲁、卫德化均，周公、康叔犹二君。"后迁为东海太守，土下湿病痹。天子闻之，徙太原太守。更治五郡，所居有迹。

又曰：韩延寿，字长公，燕人。为淮阳太守，治甚有名。徙颍川，多豪强，难治。延寿教以礼让，令文学校官诸生冠皮弁执俎豆，为吏民行丧娶礼，百姓遵用其教。徙为东郡太守，吏无追捕之苦，人无捶楚之忧，皆便安之。接待下吏，恩施甚厚。入守左冯翊，行县至高陵，民有昆弟相与讼田，延寿大伤之，曰："幸得为郡，不能宣明教化，至令民有骨肉争讼，既伤风化，咎在冯翊，当先退。”是日称病不听事，因入卧传舍，闭阁思过。于是讼者宗族传相责让，此两昆弟皆自髡肉袒谢，终死不敢复争。延寿恩信周遍二十四县，莫敢复以辞讼自言者。推其志诚，吏民不忍欺。

又曰：邵信臣，字翁卿，九江寿春人也。以明经甲科为郎，超为零陵太守，病归。复征为谏议大夫，迁南阳太守。躬劝耕农，开通沟渠，为民作均水约束，刻石立于田畔，以防分争。吏民亲爱之，号曰邵父。荆州刺史奏信臣为百姓兴利，郡以殷富，赐黄金四十斤。迁河南太守，治行常为第一。

又曰：班伯为定襄太守。定襄闻伯素贵，年少自请治剧，畏其下车任威，吏民竦息。伯请问耆老父祖有故人旧恩者，延之满堂。日为供具，执子孙礼，诸所宾礼皆名豪，怀恩醉，共谏伯曰：“宜颇摄录盗贼。”具言本谋亡匿处，伯曰：“是所望于父师矣。”乃召属县长吏选精进掾史分部收捕，旬日尽得，郡中震慑，咸称神明。

又曰：萧育，字次君。哀帝时，南郡多盗贼，拜育为南郡太守。上以育耆旧名臣，乃以三公使车载育入殿中受策，使车，三公使奉之车也，如安车。加赐黄金二十斤。育至南郡，盗贼断绝。

《东观汉记》曰：杜诗，字君公，为南阳太守。性节俭而治清平，以诛暴立威信，善于计略，省爱民役，造作水排，铸为农器，用力省，见功多，时人方于邵信臣。故南阳人为之语：“前有邵父，后有杜母。”

又曰：马援，字文渊，扶风人。为陇西太守。务开宽信恩以待下，任吏以职，但总大体而已。宾客故人，日满其门。诸曹时白外事，辄曰：“此丞、掾任，何足相烦。若大姓侵小民，黠羌欲旅距，此乃太守事耳。”

又曰：朱晖，字文季，再迁临淮太守。晖好节概，有所拔用，皆厉行之士。吏民畏爱，谓之歌曰：“强直自遂，南阳朱季；吏畏其威，民怀其惠。”

又曰：祭彤为辽东太守。彤之威声扬于北方，胡夷皆来内附，野无风尘，乃悉罢缘边屯兵。及肜卒，乌桓、鲜卑追思无已。每朝京师，过肜冢拜谒，仰天号泣乃去。

又曰：张堪，字君游。迁渔阳太守，教民耕种，百姓殷富。童谣曰："桑无附枝，麦穗两岐；张君为政，乐不可支。"视事八年，匈奴不敢犯塞。

又曰：第五伦，字伯鱼，为会稽太守。性节俭，虽身居二千石位，常蔬食布衣，妻自炊爨。初，代到，发当，百姓老小阗府门，攀车叩马，啼呼曰："舍我何之？"其得人心见爱如此。

又曰：郭伋为颍川太守。辞去，之官，光武诏曰："郡得贤能太守，去帝城不远，河润九里，冀京师并蒙其福也。

又曰：秦彭迁山阳太守。时山阳新遭地动，后饥旱，谷贵，米石七八万，百姓穷困。彭下车，经营劳来，为民四诫，以父母夫妻兄弟长幼之序，择民能率众以为乡三老，选乡三老为县三老，令与长吏参职。崇儒雅，贵庠序，上德化。春秋飨射，升降揖让，务以礼示民，吏民畏爱，不敢欺犯。

又曰：侯霸，字君房，为临淮太守，治有能名。及王莽之败，霸保固自守，卒全一郡。更始元年，遣使征霸，百姓老弱相携，号哭遮使者车，或当道而卧。皆曰："乞侯君复留。"民乃诫乳妇勿得举子，侯君当去，必不能全。使者虑霸就征，临淮必乱，不敢授玺书而具以状闻。

又曰：耿纯，字伯山，钜鹿人。请治一郡，尽力自效。上笑曰："卿乃欲以治民自效。"乃拜纯为东郡太守。后坐事免。上过东郡，数千人号呼涕泣云："愿复得耿君。"上复以纯为东郡太守。

又曰：王阜为益州太守。边郡吏多放纵，阜以法绳正，吏民不敢犯禁，政教清静，百姓安业。甘露降，白乌见，连有瑞应，世谓其持法平、政宽慈有化所致。

又曰：魏霸为距鹿太守。霸性清约质朴，为政宽恕。正色而已，不求备于人。掾史有过，辄私责，数不改，休罢之，终不暴扬其恶。

又曰：秦彭，字伯本。为山阳太守。以礼训民，不任刑名。崇好儒雅，百姓怀之，莫敢欺犯。转颍川太守，凤皇、骐麟、嘉禾、甘露之瑞，集于郡境。元成间，宗族五人同为二千石，故号为“万石秦氏”。

又曰：沈丰，字圣达，为零陵太守。为政慎刑重杀，听理辞讼，初不历狱，嫌疑不决，一断于口。鞭杖不举，市无刑戮。僚友有过，初不暴扬。有奇谋异略，辄为谈述，曰：“太守所不及也。”到官一年，甘露降，芝草生。

又曰：宗庆，字叔平。为长沙太守。民养子者三千馀人，男女皆以宗为名。

《后汉书》曰：光武南定河内，而更始大司马朱鲔等盛兵据洛阳。又并州未安，光武难其守，问于邓禹曰：“诸将谁可使守河内者？”禹曰：“昔高祖任萧何于关中，无复西顾之忧，所以得专精山东，终成大业。今河内带河为固，产口殷实，北通上党，南迫洛阳。寇恂文武备足，有牧人御众之才，非此子莫可使也。”乃拜恂河内太守，行大将军事。

又曰：寇恂，字子翼。为颍川太守，拜执金吾。后光武幸颍川，百姓遮道曰：“愿陛下复借寇君一年。”乃留之。

又曰：杨震迁东莱太守。当之郡，道经昌邑，故所举荆州茂才王密为昌邑令，谒见，至夜怀金十斤以遗震。震曰：“故人知君，君不知故人，何也？”密曰：“暮夜无知者。”震曰：“天知，神知，我知，子知，何谓无知！”密愧而出。后转涿郡太守。性公廉，不受私谒。子孙常蔬食、步行。故旧长者或欲令为开产业，震不肯，曰：“使后代称为清白吏子孙，以此遗之，不亦厚乎！”

又曰：孟尝迁合浦太守。郡不产谷实，而海出珠宝，与交阯比境，常通商贩，贸籴粮食。先是，宰守并多贪秽，诡人采求，不知纪极，珠遂渐徙于交阯郡界。于是行旅不至，人物无资，贫者饿死于道。尝到官，革易前弊，求人病利。曾未逾岁，去珠复还。

又曰：任延为九真太守。九真不识父子之性，夫妇之道。延乃移书属县，各使男年二十至五十，女年十五至四十，皆以年齿相配。其贫无礼娉，令长吏以下各省俸禄以赈助之。同时相娶者二千馀人。是岁风雨顺节，谷稼丰衍。其产子者，始知种姓。咸曰："使我有是子者，任君也。"多名子为任。

又曰：陈宠转广汉太守。西川豪右并兼，吏多奸贪，诉讼日百数。宠到，显用良吏王涣、镡显等，以为腹心，镡，音徒南反。讼者日减，郡中清肃。先是，洛县城南洛县名。故城在今益州雒县南也。每阴雨，常有哭声闻于府中，积数十年。宠闻而疑其故，使吏案行。还言："前代衰乱时，此下多死亡者，而骸骨不得葬。"宠怆然矜叹，即敕县尽收敛葬之。自是哭声遂绝。

又曰：宋均为九江太守。山阳楚沛多蝗，其飞至九江界者辄东西散去。

又曰：刘宠为会稽太守。简除烦苛，禁察非法，郡中大化，征为将作大匠。山阴县有五六老叟，龙眉皓发自若耶山谷间出，人赍百钱以送宠。宠为人选一大钱受之。

又曰：曹褒为河内太守。时春夏大旱，粮谷踊贵。褒到，乃省吏并职，退去奸残。澍雨数降，其秋大熟，百姓给足，流寓皆还。

又曰：鲍德为南阳太守。时岁多荒灾，唯南阳丰穰，吏人爱悦，号为神父。

又曰：廉范迁蜀郡太守。其俗尚文辩，好相持短长。范每厉以淳厚，不受偷薄之说。成都民物丰盛，邑宇逼侧，旧制禁民夜作，以防火灾，而更相隐蔽，烧者日属。范乃毁削先令，但严使储水而已。百姓为便，乃歌之曰："廉叔度，来何暮？不禁火，民安堵。平生无襦今五裤。"

又曰：马严为陈留太守。下车明赏罚，发奸匿，郡界清静。时京师讹言贼从东方来，百姓奔走，转相惊动，诸郡遑急，各以状闻。严察其虚妄，独不为备。诏书敕问，使驿系道，严固执无贼，后卒如言。

又曰：黄香为魏郡太守。郡旧有内外园田，常与人分种，收谷岁数千斛。香曰："《田令》商者不农，《王制》士者不耕，王制曰：上农夫食九人。下士视上农夫禄，足以代耕也。伐冰食禄之人，不与百姓争利。"乃悉以赋人，课令耕种。

又曰：中平三年，江夏兵赵慈反叛，杀南阳太守秦颉，攻没六县，拜羊续为南阳太守。当入郡界，乃羸服间行，侍童子一人，观历县邑，采问风谣，然后乃进。其令长贫洁，吏民良猾，悉逆知其状，郡内惊竦，莫不震慑。乃发兵与荆州刺史王敏共击赵慈，斩之，获首五千馀级。属县馀贼并诣续降。

又曰：羊续为南阳太守。续妻后与子秘俱往郡舍，续闭门不内，妻而自将秘行，其资藏唯有布衾，弊袛裯盐、麦数斛而已。《说文》曰：袛裯，短衣而已，袛者，丁奚反。裯，音丁劳也。顾敕秘曰："吾自奉若此，何以资尔母乎？"使与母俱归。

又曰：三府举王棠治剧，拜巴郡太守。棠驰兵赴贼，斩虏千馀级，巴庸清静，吏民生为立祠。

又曰：樊准拜钜鹿太守。时饥荒之馀，人庶流迸，家户且尽。准课督农桑，广施方略，期年间，谷粟丰贱数十倍。而赵、魏之郊数为羌所钞暴，准外御寇虏，内抚百姓，郡境以安。

又曰：伏湛，更始立，以为平原太守。时仓卒兵起，天下惊扰，而湛独晏然，教授不废。谓妻、子曰："夫一谷不登，国君撤膳；《礼记》曰：年谷不登，君膳不祭肺。今人皆饥，奈何独饱？"乃共食粗粝，粝，粗米者。《九章算术》曰：粟五十粝率三十一斛。粟得六斗米为粝也。悉分俸禄以赈乡里，来客者百馀家。

又曰：鲍昱后拜汝南太守。郡多陂池，岁岁决坏，年费常三千馀万。昱乃上作方梁石洫，洫，渠也，以石为之，犹今之水门也。水常饶足，溉田倍多，人以殷富。

又曰：第五访为张掖太守。岁饥，粟石数千，访乃开仓赈给以救其敝。吏惧谴，争欲上言。访曰："若上须报，是弃人也。须，待也。太守乐以一身救百姓！"遂出谷赋人。顺帝玺书嘉之。由是一郡得全。

谢承《后汉书》曰：郑弘迁淮阴太守，消息徭赋，政不烦苛。行春天旱，随车致雨。白鹿方道，夹毂而行。弘怪问主簿黄国曰："鹿为吉为凶?”国拜贺曰:“闻三公车轓画作鹿,明府必为宰相。”

《续汉书》曰:宋均为九江太守。五日一听事,冬以日中,夏以平旦。时多虎,均曰:“夫虎豹在山,鼋鼍在泉,物性之所托。故江淮之间有猛兽,犹江北之鸡豚也。数为民害,咎在贪残。今退槛阱,进忠良。”虎遂东渡江。

又曰:刘宽字文饶,弘农人,为南阳太守。温仁多恕,遇民如子,口不出詈言。吏人有过,但用蒲鞭罚之,示辱而已。

又曰:羊茂学季宝,豫章人,为东郡太守。冬坐白羊皮,夏处单板榻,常食干饭,出界买盐,致妻子,不历官舍。

华峤《后汉书》曰:岑熙为东郡太守,好聘礼隐逸,显之于朝,与参政事。视事三年,人歌之曰:“我有枳棘,岑君伐之。我有蟊贼,岑君遏之。狗吠不惊,足下生氂。含哺鼓腹,焉知凶灾。我嘉我生,独于斯时。美矣岑君,於戏休兹。”

张璠《汉记》曰:宋登,字叔杨。出为颍川太守,市无豫价,道不拾遗。病免,卒于家,汝阴人配社祀之。

又曰:陈球为零陵太守。球到郡,设方略,期月间,贼虏消散。而州兵朱盖等反,与桂阳贼胡兰数万人转攻零陵。零陵下湿,编木为城,不可守备,郡中惶恐。掾吏白请遣家避难,球怒曰:“太守分国虎符,受任一郡,岂顾妻孥而沮国威乎,重复言者斩!”乃悉郡内吏民老弱,与共城守。

《汉杂事》曰:蒋满为上党太守,长子万为北地都尉,次子辅为安定太守。满与万俱知名,并见征。时征为二千石者十三人,俱引见,万退却,不敢与父并,诏谴赞谒者曰:“何以不齐?”左右曰:“此父子也。”上叹息曰:“乃父子剖符耶!”即先诏曰:“上党太守满经行笃著,信行山东,其以满为淮阳王相,诲导东蕃。弘农,股肱郡,其以万为弘农太守。”父子同日拜于前,上嘉之。

太平御览卷第二百六十一 职官部五十九

良太守中

《魏略》曰：颜斐字文林。为京兆太守。到官，乃令属县整阡陌，树桑果。又是时人多无车牛。斐课人以闲月取车材，使转相教作车。又课民无牛者命畜猪，贵时卖以买牛。始人以为烦。一二年间，家家有丁车、大牛。迁为平原太守，吏人啼哭遮道，车马不得前，十馀日乃出界。

《魏志》曰：贾逵为弘农太守。太祖召见计事，大悦之，谓左右曰："使天下二千石皆如贾逵，则吾何忧？"

又曰：杜畿为河东郡守。崇宽惠，与民无为。民尝辞讼，有相告者，亲为陈大义，遣令归谛思之，若意有所不尽，更来诣府。乡邑父老自相责怒曰："有君如此，奈何不从其教？"自是少辞讼。诏曰："昔萧何定关中，寇恂平河内，卿有奇功，间将授卿以纳言之职；顾念河东，吾股肱郡，充实之所，足以制天下，故且烦卿卧而镇之。"畿在河东十六年，常为天下最。

又曰：胡质字文德，为常山太守，迁任东莞。士卢显为人所杀，质曰："此士无仇而有少妻，所以死乎！"悉见其比居年少，书吏李若见问而色动，遂穷诘情状。遂即自首，罪人斯得。每军功赏赐，皆散之于众，无入家者。在郡九年，吏民便安，将士用命。

又曰：仓慈，字孝仁，淮南人。太和中，迁敦煌太守。郡在西陲，以丧乱隔绝，旷无太守二十岁，大姓雄豪，遂以为俗。前太守尹奉等修政而已，无所匡革。慈到，大抑挫权右，抚恤贫羸，甚得其理。旧大族田地有馀，而小民无立锥之土；慈皆随口割赋，稍稍使毕其本直。先是，属城狱讼众猥，县不能决，多集治下；慈躬往省阅，斟酌轻重，自非殊死，便杖而遣之，一岁决刑曾不满十人。

又曰：令狐邵，字孔叔，为弘农太守。所在清如冰雪，妻子希到官省；举善而教，恕以待人，不好狱讼，与下无忌也。

又曰：田豫，字国让，迁南阳太守。先时，郡人侯音反，众数千人在山中为群盗，大为郡患。前太守收其党与五百馀人，表奏皆当死。豫悉见诸系囚，慰谕，开其自新之路，一时破械遣之。诸囚皆叩头，愿自效，即相告语，群贼一朝解散，郡内清静。具以状闻，太祖善之。

又曰：自太祖迄于咸熙，魏郡太守陈国吴瓘、清河太守乐安任燠、京兆太守济北颜斐、弘农太守太原令狐邵、济南相鲁国孔义，或哀矜折狱，或推诚惠爱，或治身清白，或擿奸发伏，咸为良二千石。

又曰：凉茂，字伯方。时泰山多盗贼，以茂为泰山太守。旬月之间，襁负而至者千馀家。

又曰：郑浑字文公，迁沛郡太守。郡界下湿，常患水涝，百姓饥乏。浑于潇、湘二县界，兴陂开稻田。郡人皆以为不便，浑曰："地势洿下，宜溉灌，终成稻田经久之利，此丰民之本也。"遂躬率吏民，兴立功夫，一冬间皆成。比年大收，顷亩岁增，租入倍常，民赖其利，刻石颂之，号曰郑陂。

《魏略》曰：孟康，正始中出为弘农太守。康到官，清平嘉善，而矜不能省息狱讼，缘民所欲而利之。郡领吏二百馀人，涉春遣休，常四分遣一。事无宿诺，时出案行，不欲烦损吏民。常豫敕卒行各持镰，所在自刈马草，不止亭传，露宿树下。

《蜀志》：何祇，字君肃。汶山夷不安，以祇为汶山太守，民夷服信。迁广汉，后夷反叛，辞曰："令得前何府君，乃能安我耳！"时难复屈祇，拔族人为之，汶山复得安。

《吴志》曰：顾邵，字孝则。年二十七，起家为豫章太守。下车祀先贤徐孺子之墓，优待其后；禁淫祀非礼之祭。看相小吏资质佳者，辄令就学，择其先进，擢置右职，举善以教，风化大行。

又曰：孙权授诸葛恪抚越将军，领丹阳太守。拜毕，令恪备威仪，作鼓吹，导引归家。恪到府，乃移书四部属城长令，各保其疆界，明立部伍。于是山民渐出降。

王隐《晋书》曰：广平太守缺，宣帝谓郑袤曰："贤叔大匠垂称于阳平、魏郡，并蒙惠化。且卢子家、王子雍继踵此郡，吾欲令郡世不乏贤，故复相屈。"袤在郡先以德化，善作条教，百姓爱之。

又曰：郑默为东郡太守。值岁荒民饥，默辄开仓赈给，自表待罪。朝廷嘉默忧国恤人。诏书褒叹，比之汲黯。

又曰：应詹为南平太守。天下分崩，征镇州郡，已失城邑，詹独保境。外攘狂狡，内除涂炭，甚便百姓之情。郡人歌曰："乱离既普，殆为灰朽。侥幸之运，赖兹应后。润同江海，恩犹父母。"

《晋书》曰：范粲迁武威太守。到郡，选良吏，立学校，劝农桑。是时戎夷颇侵疆埸，粲明设防备，敌不敢侵，西域流通，无烽燧之警。

又曰：刘颂为河内守。郡界多公王水碓，遏塞流水，转为侵害，颂表罢之，百姓获其利。

又曰：吴隐之为晋陵太守。在郡清俭，妻自负薪。

又曰：邓攸字伯道，为淮南太守梦行水边，见一女子，猛兽自后断其盘囊。占者以为水边有女，汝字也；断盘囊者，新兽头代故兽头也，不作汝阴，当汝南也。果迁汝阴太守。

又曰：邓攸，元帝以攸为太子中庶子。时吴郡阙守，人多欲之，帝以授攸。攸载米之郡，俸禄无所受，唯饮吴水而已。时郡中大饥，攸赈贷未报，乃辄开仓救之。台遣散骑常侍桓彝慰劳饥人，观听善不，乃劾攸以擅出谷。俄而有诏原之。攸在郡，刑政清明，百姓欢悦，为中兴良守。

又曰：邓攸为吴郡太守。称疾去职，郡常有送迎钱数百万，攸去郡，不受一钱。百姓数千人留牵攸船不得进，攸乃止停，中夜发去。吴人歌之曰："纨如打五鼓，鸡鸣天欲曙。邓侯挽不留，谢令推不去。"百姓诣台乞留一岁，不听。

又曰：陆纳为吴兴太守。至郡，不受俸禄。顷之，征拜左民尚书，领州大中正。将应召，外白宜装几船？纳曰："私奴装粮食来，无所复须也。"临发，止有被幞而已，其馀并封以还官。

《晋中兴书》曰：王蕴，字叔仁，为吴兴太守。时郡荒民饥，蕴辄开仓赈恤。主簿执谏云宜先列上，蕴曰："行仁义而败者鲜矣。"于是以米赈贷，赖蕴活者十室而八，然后具自表闻。朝廷以违科免，饥民多诵之，诏特左迁晋陵太守。

又曰：诸葛恢，字道明。中宗选为会稽太守。临行，上为置酒，谓之曰："今之会稽，昔关中，足食足兵，在于良守。以君有莅任之方，是以相屈。"恢陈谢，曰："今天下丧乱之馀，风俗陵迟，宜尊五美，屏四恶，进忠实之士，退浮华之党。"中宗深纳焉。

《南史》曰：宋江秉之为临海太守，以简约见称，卒于官。所得禄秩悉散之亲故，妻子常饥寒。人有劝其营田，秉之正色答曰："食禄之家，岂可与人竞利？"在郡作书案一枚，去官留以付库。

《齐书》曰：刘怀慰拜齐郡太守。上谓怀慰曰："齐邦是王业所基，吾方以为显任。经理之事，一以委卿。"又手敕曰："有文事者，必有武备。今赐卿玉环刀一口。"怀慰至郡，修治城郭，安集居民，垦废田二百顷，决沈湖灌溉。不受礼谒，民有饷其新米一斛者，怀慰出所食麦饭示之，曰："旦食有馀，幸不烦此。"因著《廉吏论》以达其意。

又曰：虞愿为晋平太守。海边有越王石，常随云雾。相传云："清廉太守乃得见。"愿往观视，清彻无隐蔽。后琅耶王秀之为郡，与朝士书曰："此郡承虞公之后，善政犹在，遗风易遵，差得无事。"

又曰：王秀之为晋平太守。至郡期年，谓人曰："此邦丰壤，禄俸常充。吾山资已足，岂可久留以妨贤路。"上表请代，时人谓"王晋平恐富求归"。

又曰：裴昭明历郡皆有善政，常谓人曰："人生何事须聚蓄，一身之外，亦复何须？子孙若不才，我聚彼散；若能自立，则不如一经。"故终身不治产。

又曰：萧介，字茂镜。少颖悟，有器识。梁大明中，武陵王纪为扬州刺史，以介为府长史，在职以清白称。武帝谓何敬容曰："萧介甚贫，可以处一郡。"复曰："始兴郡频无良守，可以介为之。"由是出焉。

《齐春秋》曰：崔元祖父景真为平昌太守，有惠政，常悬一蒲鞭而未尝用。

《梁书》曰：褚翔为义兴太守。翔在政洁己，省繁苛，去游费，百姓安之。郡之西亭有古树，积年枯死。翔至郡，忽更生枝叶，百姓咸以为善政所感。及秩满，吏民诣阙请之，敕许焉。

又曰：何敬容为吴郡太守。为政勤恤，民隐辩讼如神，视事四年，治为天下第一。吏民诣阙请树碑，诏许之。

又曰：刘之亨，字嘉会，之遴弟也。代之遴为南郡太守，在郡有异绩。数年卒于官，时年五十。荆土至今怀之，不忍斥其名，号为“大南郡”“小南郡”。

又曰：何胤，字子季。为建安太守，民不忍欺。每伏腊放囚还家，及期而至。

又曰：傅昭迁临海太守。郡有密岩，前后太守皆自封固，专收其利。昭以周文之囿，与百姓共之，大可喻小，乃教勿封。县令常饷粟，置绢于簿下，昭笑而还之。

又曰：徐摛，东海郯人。高祖问《五经》大义，次问历代史及百家杂说，末论释教。摛商较纵横，答应如响，高祖宠遇日隆。领军朱异不悦，谓所亲曰：“徐叟出入两宫，渐来逼我，须早为之所。”遂承间白高祖曰：“摛年老，又爱泉石，意在一郡，以自颐养。”高祖谓摛欲之，乃召摛曰：“新安大好山水，任昉等并经为之，卿为我卧治此郡。”遂出为新安守，周月之中，风俗便改。

又曰：张缅出为淮南太守，时年十八。武帝疑其年少，未闲吏事，遣主书封取郡曹文案，见断决允惬，甚称赏之。

崔鸿《十六国春秋·前秦录》曰：索棱，字孟则，敦煌人。好学博闻，姚苌甚重之，委以机密，文章诏檄皆棱之文也。后为平原太守，以德化民，民畏而爱之，歌曰：“懿矣明守，庶绩允厘；剖符作宰，实获我思。”

又曰：前凉晋昌太守阴繇卒，郡人思其政化，缞绖送丧至武威者千馀人。

《后魏书》曰：羊敦，字元礼，太山平阳人。为广平太守，甚有能名，奸吏局蹐，秋毫无犯。属岁饥馑，家馈未至，使人寻陂泽，拔藕而食之。遇有疾苦，解衣质米。朝廷以其清白，赐谷千斛，绢百匹。

又曰：张长年为汝南太守。郡人刘崇之兄弟分析，家贫唯有一牛，争之不决，讼于郡庭。长年曰："汝曹当以一牛，故致此竞，有二牛各应得一，岂有讼理。"即以家牛一头赐之。于是郡境之中各相诫约，咸敦敬让。

又曰：柳崇出为河北太守。崇初届郡，郡民张明失马，疑十馀人。崇见之，不问贼事，人别借以温颜，更问其亲老存不，农桑多少，而微察其辞色。即获真贼吕穆等二人，馀皆放遣。郡中畏服，境内帖然。

又曰：吕显拜钜鹿太守。清身奉公，备存赡恤，妻子不免饥寒。民颂之曰："时惟府君，克清克明。缉我荒土，民胥乐生。愿寿无疆，以享长龄。"

又曰：韦崇，字洪基。除南颍川太守，不好发摘细事，常云："何用小察，以伤大道。"吏民感之，郡中大治。高祖闻而嘉赏，赐帛二百匹。

又曰：辛穆，字叔宗。转汝阳太守，值水涝民饥，上表请轻租赋。帝从之，遂敕汝阳一郡，听以小绢为调。

又曰：房景伯除清河太守。郡民刘简虚曾失礼于景伯，闻其临郡，阖家逃亡。景伯督切属县追捕擒之，即署其子为西曹掾，命谕山贼。贼以景伯不念旧恶，一时俱下，论者称之。

太平御览卷第二百六十二 职官部六十

良太守下

《北史》曰：西魏裴侠，除河北郡守。侠躬履俭素，爱人如子，所食唯菽麦盐菜而已，吏人莫不怀之。此郡旧制，有渔、猎夫三十人以供郡守，侠曰："以口腹役人，吾所不为也。"乃悉罢之。又有丁三十人供郡守役，侠亦不私，并收庸直为市官马，岁时既积，马遂成群。去职之日，一无所取，人歌之曰："肥鲜不食，丁庸不取；裴公贞惠，为世规矩。"

《北史》曰：宋世良为清河太守，才识闲明，尤善政术，在郡未几，声问甚高。阳平郡移治劫盗三十馀人，世良讯其情状，惟送十二人，馀皆放之。阳平太守魏明朗大怒，云："辄放吾贼？"及推问，送者皆实，放皆非，明朗大服。郡东南有曲堤，成公一姓阻而居之，群盗多萃于此。人为之语曰："宁度东吴会稽，不历成公曲堤。"良施八条，制盗奔他境，人又谣曰："曲堤虽险贼何益，但有宋公自屏迹。"是冬醴泉出于界内。及代至，倾城祖道，有老人丁金刚者，泣而前谢曰："老人年九十，记三十五政，府君非唯善政，清亦彻底；今失贤者，人何以济！"莫不攀援涕泣。

《北齐书》曰：赫连子悦除林虑太守。文襄往晋阳，由郡境问不便，悦云："临水、武安去郡遥远，山岭重叠，车步艰难，若东属魏郡，则地平路近。"文襄笑曰："卿徒知便人，不觉损干。"悦答曰："所言者，人所疾苦，不敢以私润负公心。"文襄善之，乃敕依事施行，自是人属近便行路称之。

《北齐书》曰：崔伯谦，字士逊，博陵安平人也。除济北太守，恩信大行，又改鞭用熟皮为之，示耻而已。

《北齐书》曰：苏琼，字珍芝，长乐武强人也，除南清河太守。性清慎，不发私书。

《陈书》曰：孔奂，字休文，除晋陵太守。晋陵自宋齐已来为大郡，虽经寇扰，犹为全实，前后二千石多行侵暴。奂清白自守，妻子并不之官，唯以单船临郡。所得秩俸，随即分赡孤寡，郡中号曰“神君”。曲阿富人殷绮，见奂居处俭素，乃饷以衣毡一具。奂曰：“太守身居美禄，何为不能办此，但百姓未周，不容独享温饱。劳卿厚意，幸勿为烦。”

《隋书》曰：于义迁安武太守，专崇德教，不尚威刑。有郡民张善安、王叔儿争财相讼，义曰：“太守德薄不胜任之所致，非其罪也。”于是取家财，倍与二人，谕而遣去。善安等各怀耻愧，移语他州。于是风教大洽。其以德化人，皆此类也。

又曰：于仲文迁安固太守。有任、杜两家各失牛，后得一牛，两家俱认，州郡久不能决。益州长史韩伯俊曰：“于安固少善听察，可令决之。”仲文曰：“此易解耳。”于是令二家各驱牛群至，乃放所认者，遂向任氏群中。又阴使人微伤其牛，任氏嗟惋，杜家自若。仲文于是诃诘杜氏，杜氏服罪而去。

又曰：柳俭，炀帝特授朝散大夫，拜弘化太守，赐物一百段而遣之。俭清节愈厉。大业五年入朝，郡国毕集，帝谓纳言苏威、吏部尚书牛弘曰：“其中清名天下第一者为谁？”威等以俭对。又问其次，威以涿郡丞郭绚、颍川郡丞敬肃等二人对。帝赐俭帛二百匹。令天下朝集使送至郡邸，以旌异焉。

又曰：车驾西巡还，谓武威太守樊子盖曰：“人道公清，定如此不？”子盖谢曰：“臣安敢言清，止是小心，不敢纳贿耳。”由此赐之口味百馀斛。

《唐书》曰：颜真卿为平原太守。安禄山逆节颇著，真卿以霖雨为托，修城浚濠，阴科丁壮，储廪实；乃阳会多士，泛舟于池，饮酒赋诗。或谗于禄山，亦密侦之，以为书生不足虞也。无几，禄山果反，河朔尽陷，独平原城守具备，乃使司兵参军李平驰奏之。玄宗初闻禄山之变，叹曰：“河北二十四郡，岂无一忠臣乎！”得平原，大喜，顾左右曰：“朕不识颜真卿形状，何如所为得如此！”

《五代史·晋史》曰：郭延鲁清泰中迁复州守。延鲁临任，忽惊叹曰："先人曾为沁牧，九年不移，我得不遵其家法而使政有纰缪者乎！"由是正俸之外，未尝敛贷，庶事致理，一郡赖焉。及秩满，百姓上章举留，将离境，攀卧遮围者不能去，朝廷闻而嘉之。

《华阳国志》曰：张翕，字子阳，巴郡人。为阴平郡守，布衣蔬食，俭以化民。自乘二马之官，久之，一马死一马病。翕曰："吾将步行矣。"夷、汉甚安其惠爱，在官十九年卒，百姓号慕，送葬者以千数。天子嗟叹，赐钱十万为立祠堂。后太守数烦扰，夷人叛乱。翕子端方察孝廉，天子起家拜越嶲太守，迎者如云。

又《华阳国志》曰：孝顺帝永建中，太山吴资为巴郡太守，民歌之曰："习习晨风动，澍雨润乎苗。郡后恤时务，我民以优饶。"及资迁去，民人思资，又歌曰："望远忽不见，惆怅当徘徊。恩泽实难忘，悠悠心永怀。"

《益部耆旧传》曰：张霸，字伯饶。为会稽太守。举贤士劝教讲授，一郡慕化，但闻诵声；又野无遗寇，民语曰："城上乌鸣哺父母，府中诸吏皆孝子。"

锺岏《良吏传》曰：王堂，字敬伯，广汉郪人也。为汝南太守。属城多暗弱，堂简选四部督邮，奏免四十馀人。以陈蕃为功曹，应嗣为主簿，教曰："简核众职，委功曹拾遗补缺，仰恃明俊，古人有言：劳于求贤，逸于得士。太守不敢妄有符教。"

《崔氏家传》曰：崔寔除五原太守。郡处边陲，不知耕桑之业，民多饥寒之患。于是乃劝人农种，教其织纴，以赈贫穷，民用获济，号曰"神惠"焉。

《桓阶别传》曰：上已平荆州，引为主簿，每有深谋疑事，尝与君筹之，或日昃忘食，或夜坐彻旦。擢为赵郡太守，会郡僚送之，上曰："北边未清，以卿威能震敌，德怀远人，故用相烦，是亦寇恂河内之举。"阶在郡，时俸尽，食酱醉，上闻之，数戏之曰："卿家酱颇得成不耶？"诏曰："昔子文清俭，朝不谋夕而有脯粮之秩；宣子守约，箪食鱼飧而有加粱之赐。岂况光光大魏，富有四海。栋宇大臣而有蔬食，非吾所以礼贤之意也，其赐射鹿师二人，并给媒齐人谓曲蘖为媒。”

《江祚别传》曰：祚为安南太守，民思其德，生子多以“江”名子。

《孟宗别传》曰：宗为豫章太守，人思其惠，路有行歌，故时人之生子以“孟”为名。

《邵氏家传》曰：邵训，字伯春，为陈留太守。以君性多弘恕，追诏勉厉之曰：“陈留太守，讲授省中，六年于兹，经术明笃，有匡生解颐之风，赐钱三十万及刀剑衣服、居家之具。”

《宣城记》曰：泾县洪短，吴时为卢江太守。以清称。征还。船轻，皆载土。时岁暮，逐除者就乞，所获甚少，洪乃语之，逐除人见土而去。

《秦子》曰：孔文举为北海相，有遭父丧，哭泣墓侧，色无憔悴，文举杀之。有母病差，思食新麦，家无，乃盗邻人熟麦而进之，文举闻，特赏之。盗而不罪者，以为勤养于母也；哭而见杀者，以为哀而不实也。

《世说》曰：周顗罢临川郡，还都未及上，泊青溪渚，王丞相往看之。时是夏月，暴雨卒至，舫既狭小而又漏，殆无复可坐处。王曰：“胡威之清，何以遇此？”即启用焉。

吴兴太守《论衡》曰：淮阳铸为伪钱，吏不能禁。汲黯为太守，不坏一炉，不刑一人，高枕安卧，淮阳政清。

《风俗通》曰：秦昭王使李冰为蜀郡太守。开成都两江，溉田万顷。江神岁取童女二人以为妇。冰自以其女与神为婚，径至神祠，劝神酒，杯但澹淡。冰厉声责之，因忽不见。良久，有两苍牛斗于岸旁。有间，冰还，流汗，谓官属曰：“吾斗大，极不胜，当相助，南向腰中正白者，我绶也。”主簿刺杀北面者，江神遂死。蜀人慕其气决抗壮健者，因名子曰冰儿。

酷太守

《汉书》曰：王温舒为广平都尉，择郡中豪敢往吏十馀人为爪牙，使督盗贼。道不拾遗，迁河内太守。素居广平时，皆知河内豪奸之家。以九月至郡，令具私马五十匹，驿自河内至长安，部吏如广平时方略，捕郡中豪猾，相连坐千馀家。上书请，大者至族，小者乃死，家尽没入赃。奏行不过二日，得可，事论报，至流血十馀里。河内皆怪其奏，以为神速。尽十二月，郡无犬吠之盗。其颇不得，失之旁郡，追求，会春，温舒顿足叹曰："嗟乎，令冬月益展一月，足吾事矣。"

又曰：严延年，字次卿，东海人。为涿郡太守。大姓西高氏、东高氏，自郡吏已下皆畏避之，莫敢与语，咸曰："宁负二千石，无负豪大家。"宾客放为盗贼，发，辄入高氏，吏不敢追。延年至，遣掾蠡吾赵绣案高氏得其死罪。绣见延年，为两劾，欲先白其轻者，观延年意。延年已先知之。赵掾至，白其轻者，延年索怀中，得重劾，即收送狱。夜入晨杀，吏分拷两高，穷竟其奸，诛杀各数人。郡中震恐，道不拾遗。三岁，迁河内太守。

《东观汉记》曰：樊晔为天水郡。其政严猛，好申、韩之术，不假下以权，道路不敢相盗，商人行旅以钱物于大道旁，曰："以付樊父。"后还，其物如故，道不拾遗。凉州为之语曰："游子常苦贫，力子天所富。宁见乳虎穴，不入冀城寺。嗟我樊府君，安可再遭值！"

《晋阳秋》曰：庐陵太守羊舟，疑郡人简良等为贼，杀一百九十人，徙谪百有馀人。有司奏舟罪死，以景献皇后有属八议，帝曰："此古人所无，何八议之有乎？未忍肆之市朝，其赐命狱所。"琅邪王太妃山氏，舟之甥也，诣阙请命。丞相以太妃为言，于是减死罪。既出，有疾，见简良为祟，旬日而卒。

《三国典略》曰：齐广陵太守敬长瑜多受财贿，刺史陆骏将启劾之。长瑜以货求于散骑常侍和士开，以画屏风诈为长瑜之献，齐王大悦。骏启寻至，遂不问焉。

《梁书》曰：南淮侯萧推，字智进，梁王弟安城康王秀之子。姿貌丰悦，举动可观，历淮南、宣城、晋安、吴郡四太守，所临之郡必赤地大旱，吴人号为"旱母"。

又曰：臧厥为晋安太守。郡居山海，常结聚逋逃，前二千石虽募讨捕，而寇盗不止。厥下车，宣风化，凡诸凶党，皆襁负而出，居民复业，商旅流通。然为政严酷少恩，吏民小事必加杖罚，百姓谓之“臧兽”。

《唐书》曰：李邕，天宝初为汲郡、北海二太守。邕性豪侈，不护细行，所在纵求财货，驰猎自恣。五载，奸赃事发。又尝与左骁卫兵曹柳勣马一匹，及勣下狱，吉温令勣引邕谈及休咎，厚相赂遗，词状连引，敕刑部员外祁顺之、监察御史罗希奭驰往就郡决杀之，时年七十馀。

太平御览卷第二百六十三 职官部六十一

别驾

应劭《汉官仪》曰：元帝时，丞相于定国条州大小为设吏员，治中别驾、诸部从事秩皆百石。

《汉书》曰：黄霸为扬州刺史。三岁，宣帝诏赐车盖特高一尺别驾主簿车，缇油屏星于轼前，以彰有德。

《东观汉记》曰：郭伋在并州行部，童儿骑竹马迎拜，问使君何日当还，伋语别驾，计日告之。

《后汉书》曰：袁绍领冀州，以审配为别驾，委以腹心，并总幕府。绍又以田丰为别驾，丰劝迎天子，绍不纳，及败，曰："吾惭田别驾。"

谢承《后汉书》曰：周景为豫州，辟陈蕃为别驾，不就。景题别驾舆曰："陈仲举座也。"不复更辟。蕃惶惧，起视职。

又曰：陈茂，豫州刺史周敞辟为别驾从事。与俱行部，到颍川阳翟传。传中有置美酒一押，敞去，敕御驺载酒以行。茂见，于外取押击柱破之，敞问茂："刺史年老酒益气，别驾破押，名亦何益？"茂答曰："所过皆有，以明使君传车騑骖载酒非宜也。"

《魏志》曰：崔琰，字季珪。太祖破袁氏，领冀州牧，辟琰为别驾，语琰曰："比案户籍，可得三十万众，故为大州也。"琰曰："今天下分崩，九州幅裂，二袁兄弟亲寻干戈，冀方蒸庶暴骨原野。未闻王师仁声先路，存问风俗，救其涂炭，而计校甲兵，唯此为先，斯岂彼州士女所望于明公哉！"太祖改容谢之。于时宾客皆复失色。

又曰：李膺自蜀使至都，武帝悦之，谓曰："今李膺何如昔？"对曰："今胜昔。"问其故，对曰："昔事桓灵之主，今逢尧舜之君。"帝嘉其对，以如意击席者久之，乃以为益州别驾。

又曰：王基，字伯舆，东莱人。时青土初定，刺史王陵表请基为别驾。陵流称青土，盖亦由基协和之辅也。

《吴书》曰：陆逊为右护军、镇西将军。权嘉逊功德，欲殊显之，虽为上将军、列侯，犹欲令历本州举命，乃使扬州牧吕范就辟别驾从事。

《晋书》曰：王祥，徐州刺史吕虔檄为别驾。祥乃应召，虔委以州事。于时寇盗充斥，祥率励兵士，频讨破之。州界清靖，政化大行。时人歌之曰："海沂之康，实赖王祥。邦国不空，别驾之功。"

邓粲《晋记》曰：王澄为荆州，宗厥以酒色礼澄。澄叱左右捽之。别驾郭舒厉色曰："使君醉。"澄曰："狂邪！枉我醉。"因炙舒眉。

《晋中兴书》曰：初，魏徐州刺史任城吕虔有佩刀，工相之，以为必三公可服此刀。虔语别驾王祥曰："苟非其人，刀或为害，卿有公辅之量，故以相与。"祥始辞之，虔强与乃受。祥死之日，以刀授弟览曰："吾儿凡，汝后必兴，足称此刀，故以相与。"

又曰：长沙邓粲，高洁著名，桓冲召粲为别驾。粲起就职，时南郡刘尚公亦治操不仕，粲既就职，尚公语粲曰："卿道广学深，众所推怀，忽然改节，诚失所望。"粲笑答曰："足下可谓有志于隐，而未知隐之为道，朝亦可隐，市亦可隐；初在我，不在于物。"尚公无以难之。虽然，粲名誉解半矣。

又曰：邓骞，字长真，长沙人也。谯王承为魏乂所败，乂求骞甚急，乡人为惧，骞笑曰："欲用我耳。"乃往诣，乂喜谓曰："君可谓古之解杨也。"以为别驾。

《续晋安帝纪》曰：益州刺史李邈，微时居汉川，与别驾姜显饯送刺史。显忽邈，邈曰："大丈夫何至守偏地。"为姜显所陵，即不复还家，仍附船下。自是十五年，而镇梁、汉，显犹栖迟，即檄为别驾。

《后周书》曰：柳庆为雍州别驾。有贾人持金二十斤，诣京师交易，寄人停止。每欲出行，常自执管钥。无何，缄闭不异而失之。谓是主人所窃，郡县讯问，主人遂自诬服。庆闻而叹之，乃问贾人曰："卿钥恒置何处？"对曰："恒自带之。"庆曰："颇与人同宿乎？"曰："无。""与人同饮乎？"曰："日者曾与一沙门再度酣宴，醉而昼寝。"

庆曰："主人特以痛自诬，非盗也。彼沙门乃真盗耳。"即遣吏逮捕沙门，乃怀金逃匿。后捕得，尽获所失之金。

《隋书》：赵轨为齐州别驾，征入朝。父老相送者各挥涕曰："别驾在官，水火不与百姓交，是以不敢以壶酒相送。公清若水，请酌一杯水奉饯。"轨授而饮之。

《唐书》曰：德宗命王虔休幕客昭义军节度掌书记卢顼为洺州别驾知州事，赐绯鱼袋赏有功也。时元谊据洺州，顼白于虔休请入城说下之，顼见谊为陈利害，诣请随顼归朝，故顼不次授官。

《三辅决录》曰：苏章为冀州刺史，召安平崔瑗为别驾。

《豫章列士传》曰：孔恂，字巨卿，新淦人。为别驾。车前后旧有屏星，如刺史车曲翳仪式。时刺史行部发去日晏，怒命去之。恂曰："明使君发自晏而饮，撤去屏星，毁国旧仪，此不可行。别驾可去，屏星不可省。"即投传而去。

《曹操别传》曰：武皇帝为兖州，以毕谌为别驾。兖州乱，张孟卓劫谌母弟，帝见谌，曰："孤绥抚失和，闻卿母弟为张邈所执，人情不相远，卿可去。孤自遣不为相弃。"谌弟泣曰："当以死自效。"帝亦垂涕答之。谌明日便走，后破下邳，得谌，还以为掾。

《王允别传》曰：允仕郡，民有路拂者少无行，而太守王珠召以补吏。允犯颜固争，珠怒收允，欲杀之。刺史邓盛闻而驰传，辟为别驾从事。允由是知名，路拂以之废弃。

《管辂别传》曰：赵孔耀言辂于冀州刺史裴徽，即檄召辂。一相见，清论终日，不觉疲倦。天时大热，移床在庭前树下，乃至鸡鸣向晨然后出。自尔四见，引辂为别驾。

《江氏家传》曰：统字应元。太傅东海王领州牧，请君为别驾，与君书曰："昔子师作豫州，未下车辟荀慈明，下车辟孔文举。贵州人士有堪此求者不知，君举高平郗道微为贤良，陈留阮宣子为直言，济北程弘叔为方正，皆于时选为允。"

《顾和别传》曰：顾球，时为杨州别驾，顾荣谓球曰："卿速步公孝，如是超卿矣。”和，字公孝。

《庾亮集·答郭逊书》曰：别驾旧与刺史别乘，同流宣化于万里者。其任居刺史之半，安可任非其人。

应亨《与州将笺》曰：诲命欲求佳别驾，自顷诸府大开，搜延路广，海无遗蚌，山亡逸璞。归数日，卧思，始得一人。陈国有袁琇字惠瑛者，才识可以经于治乱，栖跱可以劝砺后进，享具所服，闻而未尝接颜交言也。又宗令文，早有名辈相与通，家门素所具，抑亦其次。

治中

《通典》曰：治中从事史一人，居中治事，主众曹文书，汉制也。

谢承《后汉书》曰：陈禅为州治中从事。刺史为人所劾受纳赃赂，禅当传拷，乃至笞掠无算，五毒毕加。神意自若，辞对无屈，事遂释。

应劭《汉官仪》曰：司隶功曹从事，即治中也。

《魏志》曰：审配，字正南，魏郡人。少忠烈慷慨，有不可犯之节。袁绍领冀州，委配心腹之任，以为治中别驾。

又曰：太祖令曰：“频年已来，不闻嘉谋，岂吾开延不勤之耶？自今已后，诸掾属治中别驾，常以月旦各言其失，吾将览也。”

又曰：毛玠，字孝先，陈留平丘人也。少为县吏，以清公称。将避乱荆州，未至，闻刘表政令不明，遂住鲁阳。太祖临兖州，辟为治中从事。

《蜀志》曰：庞统以从事守耒阳令，不治，免官。鲁肃遗先主书曰：“庞士元非百里之才，使处治中别驾之任，始当展其骥足耳。”乃以为治中。

《江表传》曰：孙权克荆州，将吏悉皆归附，而潘濬独称疾不见。权遣人以床就家舆致之，濬伏面着床席，涕泣交横。权至，慰劳与语，使亲近以手巾拭其面。濬起，下地拜谢。即以为治中。

王隐《晋书》曰：唐彬檄为治中别驾，忠肃公亮，匡救违阙，尽规诲以纳善，不显谏以彰主失，当朝正色焉。

又曰：谯郡太守李诠称散吏戴炽当尽州席坐，后竟为治中。

檀道鸾《晋纪》曰：习凿齿少博涉，才情秀逸，桓温奇之。自州从事，岁中三转，至治中。

《梁书》曰：萧洽为南徐州治中，既近畿重镇，吏数千人，前后居之者皆致巨富。洽为之，清身率职，馈遗一无所受，妻子不免饥寒。

又曰：陆襄，字师卿。为扬州治中，襄父终此官，乃固辞，高祖不许，听与府司马换廨居之也。

《益部耆旧传》曰：柳琮，字伯骞。为治中，与人交结，久而益亲，其所拔进，皆世所称，致位牧守。乡里为之语曰："得黄金一笥，不如柳伯骞所识。"

又曰：张彦，字伯春，为治中从事，刺史每坐高床，治中单席于地。

邓德明《南康记》曰：昔有卢耽，仕州为治中。少有栖山之术，善解飞，每夕辄凌虚归家，晓则还州。曾元会，晓不及朝，则化为白鹄，至阁前回翔欲下。威仪以帚掷之，得一只履，耽乃惊还就列。时步骘为广州刺史，意恶之，便以状列闻，遂至诛灭。

《世说》曰：习凿齿才具不常，桓宣武器之，未三十用为荆州治中。谢笺曰："不遇明公，荆州老从事耳！"

长史

《后周书》曰：刘璠为萧循益州长史。及太祖既纳萧循之降，又许其返国。循至长安累月，未之遣也。璠因侍宴，太祖曰："我于古谁比？"对曰："常以公命世英主，汤、武莫逮；今日所见，曾齐桓、晋文之不若。"太祖曰："我不得比汤、武，望与伊、周为匹，何桓、文之不若乎？"对曰："齐桓存三亡国，晋文不失信于伐原。"语未终，太祖抚掌曰："我解尔意，欲激我耳。"于是即命遣循。

《陈书》曰：萧济为杨州长史。高宗尝敕取杨州曹事躬自省览，见济条理详悉，文无滞留，乃顾谓左右曰："我本期萧长史长于经传，不意精练繁剧乃至于此。"

《隋书》曰：荣毗。杨素荐毗为华州长史，世号为能。素之田宅多在华阴，左右放纵，毗以法绳之，无所宽贷。毗因朝集，素谓之曰：“素之举卿，适以自罚也。”毗答曰：“奉法一心者，但恐累公所举。”素笑曰：“前者戏耳。卿之奉法，素之望也。”

又曰：高祖时，制刺史二佐，每岁暮更入朝，上考课。

《唐书》曰：张惟一为荆州长史，以防御使陈希昂为司马。希昂，衡州酋帅，家兵千人，在部下自为藩卫。有牟遂金仕至将军，为惟一将。希昂积憾，持兵领众入惟一衙，索遂金头。金藏于惟一后院，惟一惧截头，遂与之，兵始退。自此之后，政归希昂，惟一寄坐而已。

司马

《北史》曰：魏苏亮拜黄门侍郎。文帝子宜都王武为秦州刺史，以亮为司马。帝谓亮曰：“黄门郎岂可为秦州司马，以朕爱子出藩，故以心腹相委，勿以为恨。”

《三国典略》曰：齐以太子率更令崔龙子为司州司马。初，龙子为司徒功曹，嫁女与穆提婆以求此职，提婆许之，以其品悬绝，先转为率更令。至是成婚既毕，即便用之。寻有谣言榜于路侧曰：“司州司马崔老鸱，取钱能疾判事迟。”御史冯士干见而劾之，遂免其官。

《北史》曰：隋房恭懿历泽、德二州司马，卢恺复奏其政美，上甚异之，复赐以帛。诸州朝集，称为劝励之首，以为“上天宗庙之所佑助，岂朕寡薄能致之乎！”

《隋书》曰：刘模为岚州司马。杨谅既作乱，刺史乔锺葵发兵将赴逆，模拒之曰：“汉王所图不轨，公荷国厚恩，致位方伯，谓当竭诚效命以答慈造，岂有大行皇帝梓宫未掩，翻为厉阶！”锺葵失色曰：“司马反耶！”临之以兵，气辞不挠，钟葵义而释之。军吏进曰：“若不斩模，何以厌众心。”于是囚之于狱。悉取模资财分赐党与。及谅平，炀帝嘉之，拜开府，授天兴令。

太平御览卷第二百六十四 职官部六十二

功曹参军

韦昭《辩释名》曰：曹，群也。功曹，吏所群聚；户曹，民所群聚也。其他皆然

《汉书》曰：萧何为主吏。孟康曰：主吏，功曹也。

又曰：朱博为琅邪郡守。召见功曹，闭阁数责，与笔札使自记，受取一钱已上，无得有所匿。欺谩半言，断头矣！功曹惶怖，具自书奸赃，大小不敢隐。博知其对以实，乃令就席，受敕自改而已。投刀使削所记，遣出就职。

《东观汉记》曰：赵勤，南阳人。太守桓虞召为功曹，委以郡事。尝有重客过，欲托一士令为曹吏。虞曰："我有贤功曹赵勤，当与议之。"潜于内中听，虞乃问勤，勤对曰："恐未合众。"客曰："止，止，勿复道。"

又曰：杨正为京兆功曹。光武崩，京兆尹出，西域贾胡共起帷帐设祭。尹车过帐，胡牵车令拜，尹疑，止车，正在前导曰："礼天子不食支庶，况夷狄乎！"敕坏祭，遂去。

又曰：鲍永为郡功曹。时有称侍中止传舍者，太守赵兴欲出谒，永以不宜出，当车，拔佩刀，兴因还。后数日，诏书下，捕之，果矫称使者。由是知名。

又曰：郭丹为郡功曹，荐阴亶、程胡、鲁欣自代，太守杜诗曰："古者卿士让位，今功曹稽古经，可为至德。编署黄堂，以为后法。"

又曰：吴良，字大仪，齐国临淄人。初为郡吏，岁旦，与掾史入贺，门下掾王望举觞上寿，谄称太守功德。良于下席勃然进曰："佞邪之人，欺谄无状，愿勿受其觞。"太守敛容而止。宴罢，转良为功曹；耻以言受进，终不肯谒。

又曰：汝南太守欧阳歙召郅恽为功曹。汝南旧俗，十月飨会，百里内皆赍牛酒到府饮宴。时临飨礼毕，歙教曰："西部督邮繇延天资忠贞，不严而治，今与众儒共论，延功显之于朝。"恽于下座愀然前曰："案延资性贪邪，外方内员，朋党构奸，罔上害民。明府以恶为善，以直从曲，此既无君，又复无臣，恽敢奉觥。"歙色惭，不知所为，门下掾郑敬进曰："君明臣直，功曹言切，明府德也。"歙意少解，曰："实歙罪也。"

又曰：永平初，新野功曹邓寅以外戚小侯，每预朝会，而容姿趋步有出于众，上目之，顾左右曰："朕之仪貌，岂若此人！"特赐舆马、衣服。虞延以寅无实行，未尝加礼，上乃诏令自称南阳功曹诣阙。寅在职不服父丧，帝闻乃叹曰："知人则哲，惟帝难之，信哉斯言。"寅闻而惭退。

《后汉书》曰：虞延去官还乡里，太守富宗闻延名，召署功曹。宗性奢靡，车服器物多不中节，延谏曰："昔晏婴辅齐，鹿裘不完；季文子相鲁，妾不衣帛。以约失之者鲜矣。"宗不悦，延即辞退。居有顷，宗果以侈纵被诛，临当伏刑，揽涕而叹曰："恨不用功曹虞延之谏。"

又曰：周章初仕郡为功曹。时大将军窦宪免，封冠军侯就国。章从太守行春到冠军，太守犹欲谒之。章进谏曰："今日公行春，岂可越仪私交。且宪椒房之亲，势倾王室，而退就藩国，祸福难量。明府剖符大臣，千里重任，举止进退，其可轻乎？"太守不听，遂便升车。章前拔佩刀绝马鞅，于是乃止。及宪被诛，公卿以下多以交关得罪，太守幸免，以此重章。

又曰：徐稚，豫章人。时陈蕃为太守，以礼请署功曹，稚不免之，既谒而退。蕃在郡不接宾客，唯稚来特设一榻，去则悬之。

又曰：韩棱初为郡功曹，太守葛兴中风疾，不能听政。棱阴代兴视事，出入二年，令无违者。

又曰：廉范。永平初，陇西太守邓融备礼谒范为功曹，谒，请。会融为州所举案，举其罪案验之。范知事谴难解，欲以权相济，乃托病求去，融不达其意，大恨之。范于是东至洛阳，变名姓，求代廷尉狱卒。居无几，融果征下狱，范遂得卫侍左右，尽心勤劳。融怪其貌类范，而殊不意，乃谓曰："卿何似我故功曹耶？"范诃之曰："君困厄瞀乱耶！"郑玄注：《礼记》曰：瞀目不明之貌。语遂绝。融系出困病，范随而养视，及死，竟不言，身自将车送丧致南阳，葬毕乃去。

《续汉书》曰：汝南太守宗资以事委任功曹范滂，时人谣曰："汝南太守范孟博，南阳宗资主画诺。"

又曰：李恂，字叔英，安定临泾人。太守李鸿请署功曹，未及到而州辟为从事。会鸿卒，恂不应州命而送鸿丧还乡里，既葬，留起冢坟，治丧三年。

又曰：李充为太守鲁平请署功曹，不就。平怒，乃投充以捐沟中，因谪署县都亭长，不得已，起亲职役。

谢承《后汉书》曰：范滂，字孟博，汝南人。太守宗资署功曹。滂外甥西平李颂，公族子孙，顽嚣秽浊，为乡曲所弃，常侍唐衡属其事资，敕曹召署文学吏。滂不肯听，资怒，召功曹书佐朱零，问不召颂意状。零以告滂，滂曰："答教当言：颂则滂之姊子，岂不乐其升进。但颂洿秽小人，不宜染污朝廷，不敢以位私人，是以不召。"零具答教如此。零入闻，资使五伯乱捶困杖，言辞不慑，仰疾言曰："范滂清议，犹利刃截腐肉，愿为明府所笞杀，不为滂所废绝。今日之死当受忠名，为滂所废，永成恶人。"滂正直謇谔皆此类也。

又曰：许劭仕郡为功曹，抗忠举义，进善黜恶，正机执衡，允齐风俗。所称如龙之升，所贬如堕于渊，清论风行，所吹草偃，为众所服。

又曰：李寿聪明智达，有俊才。太守黄谠高其名德，召署功曹。每进见，常荐达郡中善人有异行者，谠辄序用。寿虽见优礼愈隆，寿意益下，其所致达未尝伐其功美。

又曰：羊定，字世德，为郡功曹。病困，被不覆躯，衣不周身，郡将赐大布被及襦裤，皆不受，执志而终。

又曰：锺皓，字季明，颍川长社人。同郡陈实，年不及皓，引与为友。皓为郡功曹，会辟司徒府，临辞，太守问："谁可代卿者？"皓曰："明府必欲得其人，西门亭长陈实可。"实闻之曰："锺君似不察人，不知何犹识我。"

又曰：彭修，会稽人。仕郡为功曹，时西部都尉宰晁行太守事，以征过收吴县狱吏，将杀之，主簿锺离意争谏甚切，晁怒，使收缚意，修排阁直入，拜于庭曰："明府发雷霆于主簿，请闻其过。"晁曰："受教三日，初不奉行，废命不忠，岂非过耶？"修因拜曰："昔任座面折文侯，朱云攀毁栏槛，自非贤君，焉得忠臣？"遂原意，罚贷狱吏。

袁山松《后汉书》曰：岑晊，字公孝，高才绝人，五经六艺无不洞贯。太守成瑨请为功曹，时谣曰："南阳太守岑公孝，弘农成瑨但坐啸。"

张璠《汉记》曰：陈宠为广汉太守，风声大行，征为大司农，帝问何以为治，宠曰："臣任功曹王涣。"涣由是知名。

《魏志》曰：臧洪，广陵郡人也。为张超功曹，超兄邈谓超曰："闻弟为郡守，政教威恩，不由己出，动任臧洪，洪者何人？"超曰："洪才略智数优超，超甚爱之，海内奇士也。"邈即引见洪，与语大异之。

又曰：臧洪，字子原。太守张超请洪为功曹。董卓图危社稷，洪说超曰："明府历世受恩，兄弟并据大郡，今王室将危，贼臣未枭，此诚天下义烈报恩效命之秋也。今郡境尚全，吏民殷富，若动桴鼓，可得二万人，以此诛除国贼，为天下倡先，义之大者也。"超然其言。

又曰：袁涣，字曜卿。当时诸公子多越法度，而涣清静，举动必以礼。郡命为功曹，郡中奸吏皆去。

又曰：陈矫，字季弼，广陵人。太守陈登请为功曹，使矫诣许，谓曰："许下议论，待君不足者，相为观察，还以见诲。"矫还曰："闻远近之论，颇言明府骄而自矜。"使过泰山，泰山太守东郡薛悌异之，结为亲友。戏矫曰："以郡吏而交二千石，邻国君屈从陪臣游，不亦可乎！"

又曰：杜畿，字伯侯，京兆杜陵人。年二十为郡功曹。郑县内系囚数百，畿亲临狱，裁其轻重，尽决遣之。郡中奇其年少而有大志。

《魏略》曰：京兆尹张时，河东人也。与杜畿有旧，署为功曹。常言:“此家疏诞,不中功曹也。”畿窃云:“不中功曹,中河东太守”。

《蜀志》曰:庞统,字士元。郡命为功曹。性好人伦,勤于长养。每所称述,多过其才,时人怪而问之,统答曰:“当今天下大乱,雅道陵迟,善人少而恶人多。方欲兴风俗,长道业,不美其谈即声名不足慕企,不足慕企而为善者少矣。今拔十失五,犹得其半,而可以崇迈世教,使有志者自励,不亦可乎?”

《吴志》曰:聂友,字文悌,豫章人也。有唇吻,少为县吏。虞翻徙交州,县令使友送之,翻与语而奇焉,为书与豫章太守谢斐,令以为功曹。郡时见有功曹,斐见之,问曰:“县吏聂友,可堪何职?”对曰:“此人县间小吏耳,犹可堪曹吏佐。”斐曰:“论者以为宜作功曹,君其避之。乃用为功曹。

又曰:虞翻,字仲翔,为孙策功曹。策好驰骋游猎,翻谏曰:“明府用乌集之众,驱散附之士,皆得其死力,虽汉高帝不及也。至于轻出微行,从官不暇严,吏卒常苦之。夫君人者,不重则不威,故白龙鱼服,困于豫且,子余切。白蛇自放,刘季害之,愿少留意。”策答曰:“君言是也。然时有所思,端坐悒悒,有裨谌草创之计,是以行耳。”

又曰:处士谢谭为吴粲功曹,以疾不诣,粲教曰:“夫应龙以屈伸为神,凤皇以嘉鸣为贵,何必隐于天外,潜鳞于重渊者哉?”

又曰:潘濬,字承明,武威人也。为人聪察,对问有机理,王粲见而贵异之。由是知名,为郡功曹。

《吴录》曰:孙劭,字长绪,北海人。为孔融功曹,融称曰廊庙才也,后为吴丞相。

王隐《晋书》曰:刘毅,字仲雄。侨居阳平,太守杜恕逼迫举毅为功曹。月馀,曰沙汰郡吏百馀人,三魏称焉。为之语曰:“但闻刘功曹,不闻杜府君。”

又曰:世号庾兖有异行。元康之末,颍川太守复以功曹命之,兖服造事之衣,杖棰荷斧,不俟驾行,曰:“请受下夫之役。”府君饰车而迎,逡巡辞焉。形虽益恭而神有不可动之色。府君知其不屈,乃叹曰："非常士也，吾无以臣之矣。"乃厚礼遣之。

《晋中兴书》曰：胡毋辅之尝过河南门下饮酒，门下驺王子博箕坐其傍。辅之叱之，使取火，博曰："我卒也，不乏吾事。"荐之河南尹乐广，召见甚悦，擢为功曹。

又曰：任旭，字次龙，临海人。操立清俭，不染流俗。郡将蒋秀请为功曹。治官贪秽，每不奉法，旭正色苦谏。秀既不纳，旭乃谢去，闭门讲肄，养志而已。久之，秀坐事被收，旭于狱狼狈营救，躬自扶送，秀慨然叹曰："任功曹直人，吾违其谠言，以至于此，复何言哉！"

《九州春秋》曰：建安六年，刘表攻西鄂，西鄂长杜子绪帅县男女婴城而守。时南阳功曹柏孝长亦在城中，闻兵攻声恐惧，入室闭户，牵被覆头，相攻半日，稍敢出面。

《英雄记》曰：尚栩先人尚子平，有道术，为县功曹。休归自入山，担薪卖以食饮。

《会稽典录》曰：孙策功曹魏滕以忤意见遣，将杀之，吴太夫人乃倚大井而语策曰："汝新造江南，其事未集，方当优贤礼士，舍过录功。魏功曹在公尽规，汝今日杀之，则人明日叛汝。吾不忍见祸及，当先投此井中耳！"策大惊，遽释滕。

又曰：魏朗，字少英，上虞人。从太守行春，寝于阁外，感时志激，中夜长叹。府君朝问："昨叹者者谁？"主簿曰："书佐魏朗也。"府君由是知朗有凌云之志，转功曹佐。正旦，与掾史上朝，时功曹吏顾翕披裘以加朝服，朗以裘非臣服，斥翕不敬，敕卒撤去。翕恚而不听，以手欧卒。朗右手鸣鼓，左手撤裘。以闻府君，曰："朗当朝正色，有不挠之节。"遂退翕以朗代之。朗辞病不就。

又曰：魏徽，字孔章，仕郡为功曹吏。府君贵其名，重徽，每拜谒，常跪而待之。

《华阳国志》曰：公孙述入蜀，蜀郡拒守，述攻之，功曹朱尊绊马死战，光武帝嘉之。

又曰：李业，字巨游，广汉梓潼人。少执志清白。太守刘咸慕其名，召为功曹，十命不诣。

又曰：朱仓，字云卿，下邳人。少受学于蜀郡张宁。餐豆屑，饮水，同业怜其贫，资给米肉，不受。家贫常以步行。为郡功曹。

锺岏《良吏传》曰：桓虞，字仲春，冯翊万年人也。为南阳郡守。下车闻叶县雍昱及新野令不遵法度，选督邮不能正，乃署赵勤为督邮。到叶，昱即解印绶；入新野，新野令闻昱已去，遣吏奉记陈罪，亦即弃官。虞乃叹曰："善吏如良鹰，下鞲即中。"擢为功曹，委以郡事。

《豫章列士传》曰：华茂为功曹。病，被不覆躯，布衣不周身。郡将与大布被、裈，皆不受。

《汝南先贤传》曰：袁阆，字奉高，为功曹，辟太尉掾。太守唐珍曰："今君当应宰府，宜选功曹以自代。"因荐陈仲举，珍即请蕃为功曹。

又曰：新蔡郑敬，字次都，为郡功曹。都尉高懿厅前槐树有露类甘露者，懿问掾属，皆言是甘露，敬独曰："明府政未能致甘露，但树汁耳。"懿不悦。托疾而去。

又曰：许慎为功曹，奉上以笃义，率下以恭宽。

《荆州先德传》曰：周瑜领南郡，以庞士元名重，州里所信，乃逼为功曹，任以大事。瑜垂拱而已。

《锺离意别传》曰：意，字子阿，会稽山阴人也。太守窦翔召意署功曹吏，意乃为府立条式，威仪严肃，莫不靖恭。后日，窦君与意相见曰："功曹须立严科，太守观察朝晡。"吏无大小，莫不畏威。

《陈寔别传》曰：寔，字仲弓，颖川许人也。为郡功曹。时中常侍侯览托太守高伦用吏，伦教署文学掾。实知非其人，乃怀檄请见，乞从外署，伦从之。于是乡论怪其非举。伦后被征为尚书，郡中士大夫送至传舍，伦语众人曰："吾前为侯常侍用吏，此咎由故人畏惮强御，陈君可谓善则称君、恶则称己者也。闻者方叹息。

《陆绩别传》曰：绩，字公纪，郡人也。太守王朗命为功曹，风化肃穆，郡内大治。

《京兆旧事》曰：长安孙晨，家贫，为郡功曹，十日一炊，无被，有蒿一束，暮卧其中，旦则收之。

司仓参军

《后汉书》曰：戴就，字景成。仕郡为仓曹掾，刺史劾其太守，遣部从事案仓库簿领，五毒惨至，郡事遂释也。

《三国典略》曰：张轨入关拔岳，以为仓曹参军。或有请贷官粟者，轨曰："以私害公，非吾宿志；济人之难，讵得相违。"乃卖所服之衣，粜粟以赈其乏。

司户参军

《后汉书》曰：陆绩、李部皆仕郡为户曹史。部后官至司空。

《唐书》曰：裴琰之，绛州闻喜人也。世为著姓，永徽中为同州司户参军。时年少，美容仪，刺史李崇义初甚轻之。先是，州中有积年旧案数百道，崇义促琰之使断之。琰之命书吏数人连纸进笔，斯须剖断并毕，文翰俱美，且尽与夺之理。崇义大惊，谢曰："公何忍藏锋以成鄙夫之过。"由是大知名，号为霹雳手。

司兵参军

《唐书》曰：杜甫，字子美，本襄阳人。后徙居巩县。天宝初应进士不第，天宝末献《三大礼赋》，玄宗奇之，召试文章，授京兆兵曹参军。

司法参军

《后汉书》曰：周燕，宣帝时为郡决曹掾。太守欲枉杀囚，燕数谏不听，遂杀。囚家诣阙称冤，诏遣覆考。燕谓太守曰："愿谨定之，书背著燕名，府君但时言病而已。使收燕，燕遂死之。燕有五子，皆至刺史、太守。两汉有决曹贼，曹掾主刑法历代皆有，或谓之贼曹，或为法曹。

又曰：郭弘为颍川郡决曹掾，治狱至四十年，用法平正，郡内比之东海于公。

《隋书》曰：陈孝意为会郡司法书佐。太守苏威欲杀一囚，固谏不许，乃解衣，请先受死，乃止。后至侍御史、汝州刺史。

五官掾

《汉书》曰：王尊，字子赣，涿郡人。为安定太守，出教曰："五官掾张辅怀虎狼之心，贪污不轨，一郡之钱尽入辅家，适足以葬矣。"遂将辅送狱，直府史诣阁下，从太守受其事。辅系狱数日死。

《东观汉记》曰：黄香，江夏安陵人也。父况为郡五官，举孝廉，贫无奴仆，香躬勤左右。苦暑乃扇床枕，冬以身温席。

又曰：桓帝时，白马令李云坐直谏系狱，弘农五官掾杜众伤其忠直获罪，上书愿与云俱得死，遂俱死狱中。

《后汉书》曰：谅辅，字汉儒，仕郡为五官掾。夏大旱，太守自祈祷无应，乃自曝庭中，祝曰："辅为股肱，不能进谏纳忠，荐贤退恶，和调阴阳，承顺天意。"乃积薪以自环，构火其旁曰："若日中不雨，将自焚。"未日中而澍雨也。

臧荣绪《晋书》曰：范略，字彦长，南阳顺阳人。少游学清河，遂徙家侨居，郡命为五官掾。

太平御览卷第二百六十五 职官部六十三

州主簿

韦昭《辨释名》曰：主簿，主诸簿书。簿，普也，普关诸事。

《汉书》曰：王尊迁东郡太守。河水盛泛，浸溢瓠子金堤，尊躬率吏民，沉白马祀水神河伯。尊亲执珪璧，使巫祝请以身填金堤，因止宿，庐于堤上。及水盛堤坏，吏民皆走，唯二主簿位在尊旁，尊立不动，而水波稍却回还。吏民嘉壮尊之勇节，白马三老朱英等奏其状。

《东观汉记》曰：周喜仕郡为主簿。王莽末，群贼入汝阳城，喜从太守何敞讨贼，为流矢所中，谓贼众曰："卿曹皆民隶也，岂有还害其君者耶？喜请以死赎君命。"因仰天号泣，贼于是相视曰："此义士也。"给其车马遣送之。

《后汉书》曰：朱儁，会稽人也。太守尹端以儁为主簿。熹平二年，端坐讨贼许昭失利，为州所奏，罪应弃市。儁乃羸服闲行，轻赍数百金到京师，赂主章史，还得刊定州奏，故端得输作左校。端喜于降免而不知其由，儁亦终无所言。

《魏志》曰：卢毓，字子家，涿郡人也。崔琰举为冀州主簿。时天下草创，多逋逃，故重士亡法，罪及妻子。亡士妻白等，始适夫家数日，皆未与夫相见，大理奏弃市。毓驳之曰："夫女子之情，以接见而恩生，成妇而义重。故《诗》曰：'未见君子，我心伤悲；亦既见止，我心则夷。'又《礼》'未庙见之妇而死，即葬女氏之党，以未成妇也。'今白等生有未见之悲，死有非妇之痛，而吏议欲肆之大辟，若同牢合卺音谨之后，罪何所加？且《记》曰：'附从轻'，言附人之罪，以轻者为比也。又《书》云：'与其杀不辜，宁失不经'，恐过重也。苟以白等皆受礼聘，已入门庭，刑之为可，杀之为重。'太祖曰："毓之所执是也。又引经典有意，使孤叹息。"

又曰：庞淯，字子异。太守徐揖请为主簿。后郡人黄昂反，围城。淯弃妻子，夜逾城围，告急于张掖、燉煌二郡，初疑未发兵，淯欲伏剑，二郡感其义，遂兴兵。军未至，而郡邑以陷，揖死，淯乃收敛揖丧，送还本郡，行服三年乃还。

又曰：崔林，字德儒，清河人。少时晚成，宗族莫知，唯从兄琰异之。太祖定冀州，擢为州主簿。

《蜀志》曰：杜微，字国辅，梓潼涪人。丞相亮领益州牧，以微为主簿。微固辞，舆而致之。既至，亮引而微自陈谢。亮以微不闻人言，于座上作书与之。

《吴录》曰：苞咸，字子良。为郡主簿。太守黄君行春，留咸守郡。郡掾栖采雀卵，咸责数以春月不宜破卵，杖之三十。

王隐《晋书》曰：陶侃，字士衡，鄱阳人。为郡主簿。夫人病，欲使主簿迎医于数百里。天大寒雪，各辞，疾召侃使行，侃曰："资于事父以事君。夫人亦当次母，安有父母之病而闻迎医不便行也？"

《晋书》曰：潘京，字世长，武陵汉寿人也。弱冠，郡辟主簿，太守赵廞甚器之，尝问曰："贵郡何以名武陵？"京曰："鄙郡本名义陵，在辰阳县界，与夷相接，数为所攻，光武时移东出，遂得全完，共议易号。传曰止戈为武，《诗》称高平曰陵，于是名焉。"为州所辟，因谒见问策，探得"不孝"字，刺史戏京曰："辟士为不孝耶？"京举板答曰："今为忠臣，不得复为孝子。"其机辩皆此类。

又曰：易雄，长沙浏阳人也。仕郡，为主簿。张昌之乱也，执太守万嗣，将斩之，雄与贼争论曲直。贼怒，叱使牵雄斩之，雄趋出自若。贼人又呼问之，雄对如初。如此者三，贼乃舍之。嗣由是获免，雄遂知名。

又曰：潘京，武陵人也。郡辟主簿。后太庙立，州郡皆遣使贺，京白太守曰："夫太庙立，移神主，应问讯，不应贺。"遂遣京作文，使诣京师，以为永式。

又曰：习凿齿，字彦威。为桓温荆州主簿，亲遇隆密。时语曰："徒三十年看儒书，不如一诣习主簿也。”

《宋书》曰：王思远，宋建平王景素辟南徐州主簿，深见礼遇。景素被诛，左右离散，思远亲视殡葬，手种松柏，与庐江何昌寓上表理之，事感朝廷。景素女废为庶人，思远分衣食以相资赡，年长为备笄总，访求偶对，倾家送遣。

《三国典略》曰：梁李膺，字公胤，广汉人也。西昌侯藻为益州，以为主簿。使至建康，梁武悦之，谓曰：“卿何如昔日？”李膺对曰：“胜。”问其故，对曰：“昔事桓灵之主，今逢尧舜之君。”梁武嘉其对，以如意击席者久之。

《后魏书》曰：裴安祖，弱冠，州辟主簿。民有兄弟争财，诣州相讼，安祖召其弟兄，以礼义责让之。此人兄弟明日相率谢罪，郡内钦服之。

又曰：韦朏，字尊显。少有志业，年十八辟州主簿。时属岁俭，朏以家粟造粥以饵饥人，所活甚众。

《唐书》曰：颜杲卿以荫受官。性刚直，有吏干。开元中为魏州录事参军，振举纲目，政称第一。

又曰：杜暹补婺州参军。秩满将归，州吏以纸万馀张以赠之，暹唯受一百番，馀悉还之。时州寮别者见而叹曰：“昔清吏受一大钱复何异也！”

《三辅决录》曰：韦元将，年十五，身长八尺五寸，为郡主簿。杨彪称曰：“韦主簿年虽少，有老成之风，昂昂千里之驹。”

《陈留耆旧传》曰：戴斌为郡主簿，送故将丧归乡里蠡吾，里人距之，孝子、臣吏、脱绖叩头求哀，终不见听。斌乃投绖放缞操手剑，瞋目厉声距踊而前曰：“哭不哀者，郎君也；丧车不前者，戴斌也。”里人服其义，乃内之。

《广陵列士传》曰：刘俊为郡主簿。郡将为贼所得，俊知言辞不能动贼，因叩头流血，乞得代之。贼不听，前斫府君，俊因投身，投之正与刃会，斫俊左肩，疮尺馀。贼又欲更下刃，俊号呼，抱持不置，贼因相谓曰:“此义士,杀之不祥。”遂俱纵遣。

黄义仲《交、广二州记》曰:合浦之士有尹牙,为郡主簿,太守答云:“重仇未报。”牙即变姓易名,为报之。天子奇其义,因赦不问。

《俗说》曰:谢景仁为豫州主簿,在玄阁下。桓闻其善弹筝,便呼之。既至,取筝令弹。谢即理弦抚筝,因歌《秋风》,意气殊迈。桓大以此奇之。

从事

《汉书》曰:邴吉,字少卿。为廷尉右监,坐法失官,归为州从事。

又曰:赵广汉,涿郡人。为州从事,以严絜、通敏、下士为名。

又曰:扬雄数为朝廷在位贤者称“严君平德”。杜陵李强为益州牧,喜谓雄曰:“吾真得严君平矣。”雄曰:“备礼以待之,彼人可见而不得诎也。”强心以为不然,及至蜀,致礼与相见,卒不敢言以为从事,乃叹曰:“扬子云诚知人也。”

《东观汉记》曰:鲍永为司隶校尉,矜严公正。平陵鲍恢为从事,恢亦抗直。诏曰:“贵戚且敛手,以避二鲍。”

又曰:樊准,字幼陵,为州从事。临职介正,不发私书。

又曰:班彪避地河南,大将军窦融以为从事。深敬待之,后接以师友之道。

《后汉书》曰:朱震,字伯厚,为州从事,奏济阴太守赃罪之数。谚曰:“车如鸡栖马如狗,疾恶如风朱伯厚。”

《续汉书》曰:杨球为幽州从事,部分边塞,职事修理。

谢承《后汉书》曰:陈众辟州从事。有剧贼淳于临等数千人攻县杀吏,光武遣司空李通率师击之。州牧惶怖,恐获罪戾,众于是自请以恩信晓喻降之,乘单车驾白马,往到贼所,以义告谕。临素服名德,即降服,民生立祠曰:“白马从事。”

华峤《后汉书》曰:卫羽为州从事。时中常侍单超兄子匡为济阴太守,负其势,大为贪放。刺史第五种欲取之,闻羽素抗厉,乃召羽谓曰:

"闻公不畏强御，今欲相委以重事，若何？"对曰："愿庶几于一割。"羽出，遂驰至定陶，闭城门，收匡宾客亲吏四十馀人。七日中起发其赃五六千万，钟即举奏，一州震栗。

《魏志》曰：贾洪，字叔业。家贫好学，应州辟。其时州中自参事以下百馀人，唯洪与严苞才学最高，故众为之语曰："州中晔晔贾叔业，辩论胸胸严文通。"

又曰：袁绍领冀州从事，沮授喜曰"吾心"也。

又曰：张辽，字文远，雁门马邑人。本聂壹之后，以辟怨变姓。汉并州刺史丁原以辽武力过人，召为从事。

又曰：邢颙，太祖辟为冀州从事，时人称之："德行堂堂邢子昂。"

《蜀志》曰：张松说刘璋交通先主，从事广汉王累自倒悬于门以谏，璋无所纳。

又曰：马谡，字幼常。以荆州从事，随先主入蜀，材力过人，好论军计。

又曰：谯周，字尹南。身长八尺，体貌素朴，推诚不识，无造次辩论之方，然潜识内敏。建兴中丞相亮领益州牧，命周为劝学从事。

王隐《晋书》曰："山涛，字巨源，河内人。年四十始为州郡部河南从事。"

又曰：刘毅辟为司州都官从事，京邑肃然。弹河南尹事司隶徐不过曰："蹶虎之犬，鼷鼠蹈其背。"毅曰："既能蹶虎，又能杀鼠，何损于犬。"投传而去。

《晋中兴书》曰：华谭，字令思。生未期而父殁，母年十八，执节养谭。弱冠知名，扬州刺史周俊礼辟署从事。爱其才器，以为宾友。

《陈留耆旧传》曰：高慎，字孝甫。敦质少华，口不能剧谈，嘿而好沉深之谋，为从事，号曰卧虎。故人谓之："嶷然不语，名高孝甫。"

《益部耆旧传》曰：李弘，字仲元。为州从事，扬雄称之曰："不屈其志，不累其身，不夷不惠。可否之间，见其貌肃如也，观其行穆如也，闻其言戚如也。"

又曰：巴郡任文公，有道术，为州从事。时越嶲欲反，州遣五从事案虚实。止传舍，食未半，有风发案，文公起曰："当有逆变。"因促驾去，诸从事未能发，为郡兵所杀。

《锺离意别传》曰：杨州刺史夏君三辟意九江从事。三府侧席，夏君见意曰："刺史得京师书，闻从事有令问，刺史何惜王家之爵不贡贤者。"乃表上尚书。

《李固别传》曰：益州及司隶辟，皆不就，门徒或称从事掾，固曰："未曾受其位，不宜获其号。"

《孟嘉别传》曰：庾亮辟嘉为劝学从事。亮盛修学教，高选儒官。正旦大会，褚褒问亮："嘉何在？"亮曰："但自觅之。"褒历观之，指嘉曰："将无是乎？"亮欣然。

《罗含别传》曰：含字君章，刺史庾廙以亲贤之，重作镇方岳搜杨楚，楚匪兰弗刈，仍辟含荆州部从事。

《潜夫论》曰：孝明帝时，荆州举茂才，过阙谢恩，赐食既讫，问何异闻，对曰："巫地有剧贼九人，刺史不能得。"帝曰："汝非部郡从事耶？"对曰："是也。"帝乃振怒曰："贼发部中而不能擒，何以为茂才！"乃捶数百而切让州郡。十日之间贼即伏诛。由此观之，擒盗贼在明法不在数赦。

《世说》曰：顾和为州从事。月旦，朝未入，停车，周侯历和车边过，和风貌夷然不动，周指顾心曰："此中何有？"徐应曰："此中最是难测地。"周入，遇丞相曰："卿州吏中有令仆才。"

又曰：罗含为宣武从事，谢镇西作江夏使，往检校之。罗既至，初不问郡家事，乃遥就谢数日，饮酒而还。桓公问何事？罗云："未审公谓谢尚是何似人？"桓公答："仁祖是胜我许人。"罗云："岂有胜公人而有行非者，故一无所问。"桓公奇其意而不责。

《王丞相集·教》曰：丹阳从事陈耽器局弘正，可转主簿；吴兴从事谢鸾，才干正直，可转西曹。

中正

《魏略》曰：时苗，字德胄，钜鹿人也。为太官令，领其郡中正定九品，至于叙人才，不能宽大，然纪人之短，虽在久远，衔之不置。

《吴志》曰：习温为荆州太平公。太平公即州都也。后潘秘为尚书仆射，代温为太平公，甚得其誉。

《晋书》曰：杨晫、陶侃共载诣顾荣，州大中正温雅责晫与小人共载，晫曰："江州名少风俗，卿已不能养进寒俊，且可不毁之。"杨晫代雅为大中正，举侃为鄱阳小中正。

又曰：诸葛瞻领丹阳、宣城、新安三郡大中正，时中州人士多寓焉。

又曰：刘毅，字仲雄。年七十，已告老。后举为青州大中正，尚书以毅悬车致仕，不宜劳以碎务。孙尹曰："司徒魏舒、司隶严询与毅年齿相近，询管四十万户州，兼董司百僚，总摄机要，舒所统殷广，兼执九品，铨十六州，议者不以为剧。昔郑武公年过八十，入为司徒。毅志气聪明，一州品第，不足劳其思虑。"毅遂为州都，铨正人流，清浊区别，其所弹贬，自亲贵始。

又曰：解结问别驾治中："河北白壤高良，何故少人士，每以三品为中正？"皆云不审。陈頵对曰："《诗》称惟岳降神，生甫及申。英伟大贤多出山泽，河北地平气均，蓬蒿裁六尺，不足成林故也。"

又曰：干宝称晋宣帝除九品，置大中正，晋令云："大小中正为内官者，听月三会议，上东门外，设幔陈席。"

又曰：刘毅上表："刺史初临州，大中正州里才业高者兼主簿从事，迎刺史，若吏部选用，犹下中正，问人事所在，父祖位状。

《晋起居注》曰：仆射诸葛恢启称："州都大中正为吏部尚书，侍郎、司徒、左长史属掾皆为中正。臣今领吏部，请解大中正以为都中正，职局司理，不宜兼者也。"

萧子显《齐书》曰：张绪，字思蔓，吴郡人。转太子中庶子、本州大中正。长沙王晃属选用吴兴闻人邕为州议曹，绪以资籍不当，执不许。晃遣书佐固请之，绪正色谓晃曰："信此是家州聊，殿下何得见逼！"

《梁书》曰：沈约迁侍中、光禄大夫，领太子詹事、扬州大中正，关尚书八条事。

《后魏书》曰：房坚迁齐州大中正。高祖临朝，令诸州中正各举所知，千秋与幽州中正杨尼各举其子。高祖曰："昔有一祁，名垂往史；今有二奚，当闻来牒。"

《北齐书》曰：乾明中邢邵为中寿监，同郡许惇与邵竞本州中正，遂凭附宋钦道，出邵为刺史。

《三国典略》曰：陈以孔奂为御史中丞，领扬州大中正。晋陵自宋、齐以来为大都，奂清白自守，妻子并不之官，所得秩俸随即分赡孤寡。郡中大悦，号曰"神君"。

《襄阳耆旧传》曰：晋朝以江表始通人物，未悉使江南别立大中正。

《通典》曰：魏司空陈群以天台选用不尽人才，择州之才优有昭鉴者除为中正，自较人才，铨定九品，州郡皆置。吴有太平公，亦其任也。

《郭子》曰：孙子荆应上品，拔王武子。时为大中正。谓访闻此人，非卿能拔，自为之目，曰："天才英雄，亮拔不群。"

《傅子》曰：魏司空陈群，始立九品之制，郡置中正，平次人才之高下，各为辈目。州置都，而总其议。晋宣帝除九品，州置大中正，议曰：案九品之状，诸中正既未能料究人才，以为可除九品制，州置大中正。

《曹羲集·九品议》曰：伏见明论，欲除九品，而置州中正，欲捡虚实。一州阔远，略不相识，访不得知，会复转访本郡先达者耳。此为问州中正而实决于郡人。

《孙楚集·奏》曰：九品，汉氏本无，班固著《汉书》，序先往代贤智以为九条，此盖《记鬼录》次第耳。而陈群依之，以品生人。又魏武拔奇，决于胸臆，收才不问阶次，岂赖九品而后得人！今可令长守为大小中正，各自品其编户也。

《刘毅集·论九品》曰：臣闻用治理者，以官才为本。官才有三难，而治乱之所由。人物难知，一也；爱憎难防，二也；情伪难明，三也。今立中正，定九品，操人主之威福，夺天朝之权柄，上品无寒门，下品无势族。今职名中正，实为奸府；事名九品，而有八损。宜罢中正，除九品，弃魏弊法，更立一代之美制。

《荀勗集》曰：袁让豫州大中正曰："被敕以臣为豫州大中正。臣与州闾乡党初不相接，臣本州十郡，方于他州，人数倍多，品藻人物，以正一州清论。此乃臧否之本，风俗所重。"

《傅畅自序》曰：时请定九品，以余为中正。余以祖考历代掌州乡之论，又兄宣年三十五，立为州都令，余以少年复为此任，故至于上品。以宿年为先，是以乡里素滞屈者渐得叙也。

应璩《新论》曰：百郡立中正，九州置都士。州闾与郡县，希疏如马齿生，不相识面，何缘别义理？

太平御览卷第二百六十六 职官部六十四

令长

《礼记·檀弓下》曰：季子皋葬其妻，犯人之禾。申详以告，曰：“请庚之。”申详，子张子也。庚，偿也。子皋曰：“孟氏不以是罪予，朋友不以是弃予，言非故也。以吾为邑长于斯也。买道而葬，后难继也。”恃宠虐民，非也。

《左传》曰：子皮欲使尹何为邑。子产曰：“少，未知可否？”子皮曰：“使夫往而学焉，夫亦愈知治矣。”子产曰：“不可。人之爱人，求利之也。今吾子爱人则以政，犹未能操刀而使割也，其伤实多。子之爱人，求伤之已。”

《论语》曰：子之武城闻弦歌之声，子游为武城宰。夫子莞尔而笑曰：“割鸡焉用牛刀。”言治小何须用大道。子游对曰：“昔者偃也，闻诸夫子曰：君子学道则爱人，小人学道则易使也。”道，礼乐也。乐以和人，人和则易使。子曰：“二三子，谓从行者。偃之言是也，前言戏之耳。”戏以治小用大道也。

又曰：子夏为莒父宰，问政，子曰：“无欲速，无见小利，欲速则不达，见小利则大事不成。”

又曰：子游为武城宰，子曰：“女得人焉耳乎？”曰：“有澹台灭明者，行不由径，非公事，未尝至于偃之室也。”言澹台灭明公且方也。

《家语》曰：子路治蒲，请见于孔子曰：“由愿受教于夫子。”子曰：“蒲其何如？”对曰：“邑多壮士，又难治也。”子曰：“然。吾语汝，恭与敬可以摄勇，宽而正可以怀强，爱而恕可以容困，言爱而恕者容困穷。温而断可以抑奸。如此而加之以忠洁，则政不难矣。”

又曰：子路为蒲宰。为水备，与其民修沟渎。以民之烦劳也，人与一单同箪食，一壶浆。孔子闻之，使子贡止之。子路不悦，曰：“夫子以仁教而禁行仁，由不受也。”孔子曰：“尔以为人诚，何不白于君，发仓廪以给之，而私以汝食遗之？是尔明君之无惠而见己之德美也。汝速已则可，不已则汝之见罪必矣。”

《晏子春秋》曰：晏子为阿宰，三年而毁闻于国，景公不悦，召而免之。晏子谢曰：“婴知过矣。”请复治阿三年，而誉闻于国。公将赏之，辞而不受。公问其故，对曰：“昔者婴之所以当诛者当赏，而今所以当赏者当诛，是故不敢受。”

《史记》曰：齐威王即位，召即墨大夫，语之曰：“子居即墨，毁日至。然吾使人视即墨，田野辟，民人给，官无留事，东方以宁。是子不事吾左右以求誉也。”封之万家。召阿大夫语曰：“自子之守阿，誉日闻。然吾使人视阿，田野不辟，民人贫苦。是子以币厚吾左右以求誉也。”乃烹阿大夫，左右尝誉者皆并烹之。遂起兵击诸侯，诸侯震惧，人人不敢饰非，务尽其诚，齐国大治。

《汉书》曰：诸令长皆秦官，掌治其县，万户以上为令，秩一千石至六百石。万户以下为长，秩五百石至三百石。皆有丞、尉，秩四百石至二百石。

又曰：萧育，字次君，为茂陵令。会课，育第六。召诣后曹，当以职事对，育径出，曹书佐随牵育，育拔佩刀曰：“萧育杜陵男子，何诣曹也。”

又曰：薛宣子惠始为彭城令，宣从临淮迁至陈留，过其县，桥梁邮亭不修。宣心知惠不能，留彭城数日，案行舍中，处置什器，观视园菜，终不问惠以吏事。惠自知治县不称宣意，遣门下掾送宣至陈留，令掾进自从其所，问宣不教诫惠吏职之意。宣曰：“吏道以法令为师，可问而知。能与不能，自有资才，何可学也？”众人以宣言为然。

《东观汉记》曰：张歆守平皋长。有报父仇贼自出，歆召，因诣阁曰：“欲自受其辞。”既入，解械，饮食，使发遣，遂弃官亡命。逢赦出，由是乡里服其高义。

《后汉书》曰：冯鲂迁郏令，后车驾西征隗嚣，颍川盗贼群起，郏贼延褒等众三千馀人，攻围县舍，鲂率吏士七十许人，力战连日，弩矢尽，城陷，鲂乃遁去。帝闻其反，即驰赴颍川，鲂诣行在所。帝案行斗处，知鲂力战，乃嘉之曰："此健令也。"

又曰：宋翻，字飞乌，广平列人也。为河阴令，顺阳公主家奴为劫，摄而不送。翻将兵围主宅，执主婿冯穆步驱向县。时正炎暑，立之日中，流汗沾地，于是威振京师。

又曰：董宣，字少平。征为洛阳令，击搏豪强，莫不震栗，京师号为"卧虎"。

又曰：公孙述为清水长。父仁以述年少，遣门下掾随之官。月馀，掾辞归，白仁曰："述非待教者也。"

《续汉书》曰：董宣为洛阳令。宁平公主乳母子白日杀人，因匿主家，吏不能得。及主出行，以奴骖乘，宣于大夏门亭候之，乃驻车叩马，以刀画地，数主之失者三，叱奴下车，格杀之。主即驰车入宫，上大怒，召宣："令欲死乎？"宣叩头曰："臣奉法之吏不敢纵法，不欲死也。"上曰："捶之。"宣曰："愿一言，死无恨。"上曰："欲何言？"宣曰："陛下圣德中兴，而纵奴杀良民，以奴杀臣，臣死之后，陛下何以治天下？捶杀臣不如臣自杀。"即以头撑楹，流血被面。上令小黄门持之曰："痴令！"令叩头谢主，宣不从。上曰："顿痴令头！"宣两手据地，不肯低头。上敕强项令出，太官赐食。

又曰：虞诩为朝歌长，故旧皆吊曰："得此何衰？"诩曰："难者不避，易者不从，不遇盘根错节，何以别其利器乎？"

华峤《后汉书》曰：周规除临湘令。长沙太守程徐二月行县，敕诸县治道。规以方春向农，民多剧务，不欲夺人良时。徐出督邮，规即委官而去。徐怃然有愧色，遣功曹赍印绶檄书谢请还，规谓功曹曰："程府君爱马蹄，不重民力。"径逝不顾。

《汉制》曰：列侯所食县曰国，皇太后、公主所食曰邑，有蛮夷曰道。凡县万户以上为令，减万户为长。

《汉书》胡广注曰：秋冬岁尽，各计县户口垦田，钱谷出入，盗贼多少，上集簿。丞、尉以下岁诣郡，课校其功，功多尤为最者，于廷尉劳勉之，以劝其后。负多尤为殿者，于后曹对责，以纠怠慢也。

《魏志》曰：贾逵，字梁道，河东襄陵人。文帝即王位，以邺县户数万在都下，多不法，乃以逵为邺令。

又曰：贾逵守绛邑长，郭援攻河东，所经城邑皆下，逵坚守，援攻之不拔，乃召单于并军急攻之。城将溃，绛父老与援要，不害逵。绛溃，援闻逵名，欲使为将，以兵劫之，逵不动。左右引逵使叩头，逵叱之曰："安有国家长吏为贼叩头！"援怒，将斩之。绛吏民闻将杀逵，皆乘城呼曰："负要杀我贤君，宁俱死。"左右义逵，多为请，遂得免。

又曰：满宠，字伯宁。守高平令，县人张苞为郡督邮，贪秽受取，干乱吏政。宠因其来在传舍，率吏卒出收之，诘其所犯，即日考竟，遂弃官而归。

又曰：崔林，字德儒。除邬令，贫无车马，单步之官。

《蜀志》曰：邓芝，字伯苗。先主定益州，芝为郫邸阁督。先主出至郫，与语，大奇之，擢为郫令。

又曰：蒋琬，字公琰，零陵湘乡人也。弱冠与外弟泉陵刘敏俱知名。琬以州书佐随先主入蜀，除广都长。先主尝因游观，奄至广都，琬众事不理，时又耽酒，先主大怒，将加罪戮。军师将军诸葛亮请曰："蒋琬，社稷器，非百里之才也。其为政以安民为本，不以修饬为先，愿主公重加察之。"先主雅敬亮，乃不加罪，仓卒免官而已。

《吴志》曰：贺齐，字公苗，会稽山阴人也。少为郡吏，守剡长。县吏斯从轻侠为奸，齐欲治之，主簿谏曰："从，县大族，山越所附，今日治之，明日寇至。"齐闻大怒，便立斩从。从族党遂相纠合，众千馀人，举兵攻县。齐率吏民，开城门突击，大破之，威震山越。

又曰：陶谦除舒令。郡太守张盘同郡先辈，与谦父友，谦耻为之屈。尝以舞属谦，谦不为起，固强之乃舞，舞又不转。盘曰："不当转耶？"曰："不可转，转则胜人。"

又曰：孟仁，字恭武，江夏人也。为吴令时，皆不得将家之官。每得时物来以寄母，常不先食。及闻母亡，犯禁弃官。

又曰：刘繇，字正礼。举孝廉，为郎中，除下邑长。时郡守以贵戚托之，遂弃官而去。

又曰：朱然，字义封，尝与孙权同书学，结恩爱。至权统事，以为馀姚长，时年十九。

《晋书》曰：车济，字万度，敦煌人也。果毅有壮勇。为金城令，为石季龙将麻秋所陷，济不为秋屈。秋必欲降之，乃临之以兵。济辞色不挠，曰："吾虽才非庞德，而受任同之。身可杀，志不可移。"乃伏剑而死。秋叹其忠节，以礼葬之。

《晋中兴书》曰：华谭所友袁甫者，字公胄，历阳人。少能言议，与谭齐名，友善。大安中，甫入洛，诣中领军何勗，自言能治剧县，勗曰："君子治应多宜，何以唯欲宰民，何不为一台职乎？"甫曰："人各有所能否。譬由锦缯中之好而不可以为帢；口洽切。稻食中之好而不可以为齑。是以孔子曰："及其使人也器之，苟非大才，何能悉备！"久之，除松滋令。

《晋书》曰：陶潜，字渊明。谓亲朋曰："聊欲弦歌，为三径之资可乎？"执事者闻之，以为彭泽令。公田悉令吏种秫稻，妻子固请种粳，乃使二顷五十亩种秫，五十亩种粳。郡遣督邮至县，吏白应束带见之，潜叹曰："我不能为五斗米折腰，向乡里小儿。"即解印绶去，赋《归去来》。

《齐书》曰：张融为封溪令。行路经嶂险，獠贼执融，将杀食之。融神色不动，方作《洛生咏》，贼异之，而不害也。浮海至交州，于海中遇风，终无惧色。方咏曰："乾鱼自可还其本乡，肉脯复何为者哉！"

《齐书》曰：卞延之，弱冠为上虞令，有刚气。会稽太守孟凯以令长裁之，愤不能容，脱帻投地曰："我所以屈卿者，正为此帻耳。今已投之，卿以一世勋门而傲天下国士。"拂衣而去。

《梁书》曰：萧昕素为中书侍郎在位。少时求为诸暨令，到县十馀日，挂衣冠于县门而去。

《后魏书》曰：高祖以北平府长史裴聿、中书侍郎崔亮并清贫，欲以俸禄优之，乃以亮带野王令，聿带温县令，时人荣之。

《北史》曰：齐因魏宰县多用庙监，至于士流，耻居百里。元文遥以县令为字人之切，用之犹恐其披诉，总召集神武门，令赵郡王叡宣旨唱名，厚加慰谕。士人为县，自此始也。

《三国典略》曰：陈褚玠为中书侍郎。陈主以山阴县多豪猾，谓舍人蔡景历曰："稽阴大邑，久无良宰，卿文士之内试思其人。"景历进曰："褚玠清廉有干用。"陈主曰："善。"乃以为令。县人张次的、王休达等与诸猾吏，贿赂通奸，全丁大户多有隐没。玠乃锁次的具状启台，陈主手敕慰劳，并遣使助玠，搜括所出军人八百馀户。时曹义达为陈主所宠，县人陈信家富于财，谄事义达。信父显文恃势横暴，玠乃遣使执显文，鞭之一百。于是吏人股栗，莫敢犯者。义达于是谮之。玠在任，守禄俸而已。去官 之后，不堪自致，因留县境，种蔬菜以自给。或嗤玠以非百里之才，玠答曰："吾委输课最不后列城，除残去暴，奸吏局蹐。若谓不能自润脂膏则如来命，以为不达从政，吾未服也。"

《韩子》曰：晋平公问赵武曰："中牟，吾国之股肱，邯郸之肩髀也。寡人欲其良令也，其令空，谁使而可？"赵武曰："邢伯子可。"公曰："伯子，非子仇耶？"对曰："私仇不入公门。"又问："中府之令空，谁使而可？"赵武曰："臣子可。"故曰外举不避仇雠，内举不避子弟。

又曰：宓子贱为单父令，见有若，有若曰："子何瘦焉？"宓子曰："忧官政也。"

又曰：晋文公出亡，赵衰挈壶飧而从。与文公相失，饥而道寝，饿而不敢食。及文公反国，举兵攻原，克而拔之。文公曰："夫轻忍饿馁之患，而必全壶飧者，是且不以原叛。"乃举为原令。

《慎子》曰：立国君以为国，非立国以为君也；夫以立官长以为官也，非立官以为长也。

《风俗通》曰：俗说孝明帝时，尚书郎河东王乔迁为叶令。乔有神，每月朔常诣台朝。明帝怪其来数而无车骑，密令太史候望，言临至时，常有双凫从东南来，因伏伺，见凫举罗，但得一只舄。使尚方识视，四年中所赐尚书官属履也。

《通典》曰：县邑之长曰宰，曰尹，曰公，曰大夫。晋谓之大夫，鲁、卫谓之宰，楚谓之公。

太平御览卷第二百六十七 职官部六十五

良令长上

《礼记》曰：成人有兄死而不为衰，闻子皋为成宰，而为之衰，成人曰："蚕则绩而蟹有筐，范则冠而蝉有緌，兄则死而子皋为之衰。"

《韩诗外传》曰：宓子贱治单父，弹鸣琴，身不下堂，而单父治。巫马期戴星而出，戴星而入，以身亲之，而单父亦治。巫马期问于子贱，子贱曰："我任人，子任力；任力者劳，任人者逸。"

《家语》曰：孔子仕为中都宰。为养生送死之节，长幼异食，强弱异任，男女别途，路不拾遗，器不雕伪，市不二价。为四寸之棺，五寸之椁，因丘陵为坟，不封不树，行之一年而西方诸侯皆则。鲁国在东，故言西方诸侯。

又曰：子路治蒲三年，孔子过之，入其境曰："善哉，由乎！恭敬以信矣。"入其邑曰："善哉，由乎！忠信以宽矣。"至其庭曰："善哉，由乎！明察以断矣。"子贡执辔而问曰："夫子未见由之政而三称其善，可得闻乎？"孔子曰："吾见其政矣。入境田畴辟，沟洫深，此其恭敬以信，故其人尽力也。入其邑，墙屋完固，树木甚茂，此其忠信以宽，故其人不偷也。入其庭，甚清闲，诸下用命，此其明察以断，故其政不扰也。以此观之，虽三称善，庸尽其美乎！"

《史记》曰：西门豹为邺令。豹到邺，会长老，问民之所疾苦。长老曰："邺三老、廷掾常岁赋敛百姓，收取其钱得数百万，为河伯取妇。当其时，巫行视人家女好者，云：'是当为河伯妇'，即娉取。洗沐之。如嫁女床席，令女居其上，浮之河中。浮行数十里乃没。其人家有好女者，恐大巫祝为河伯取之，以故多持女逃亡。"豹曰："河伯取妇时，愿三老语之。"至其时，豹往河上，呼河伯妇来，曰："是女不好，烦大巫妪为入报河伯，得更求好女，后日送之。"即使吏抱大巫妪投河中。豹顾曰："巫妪不来，复欲使廷掾与豪长一人趣之。"皆叩头，血流地，后不敢言为河伯取妇。豹即发民凿渠十二，引灌民田，田皆灌溉，至今皆得水利。

《汉书》曰：邵信臣，字翁卿，九江寿春人，补谷阳长。举高第，迁上蔡长。其治，视民如子，所居见称。

《后汉书》曰：卓茂为密令，劳心谆谆，视民如子，民不忍欺。光武初即位，诏曰："前密令卓茂，能为人所不能为。夫名冠天下，当受天下重赏。今以茂为太傅，封褒德侯，食邑二千户。"茂长子为太中大夫，次子为郎中。

又曰：刘昆，字桓公，为江陵令。县连灾火，昆辄向火叩头，多能降雨止风。

又曰：戴封，字平仲，为西华令。大旱祈祷无获，乃积薪自焚，火起而雨大至。

又曰：王涣为洛阳令，人为立祠。及桓帝事黄老，道毁诸旁祀，唯特诏密县留卓茂庙及涣祠也。

《东观汉记》曰：卓茂，字子康，南阳人。迁密令，视民如子，口无恶言，吏民亲爱而不忍欺之。民尝有言部亭长受其米肉遗者，茂问之曰："亭长从汝求乎？为汝有事属之而受乎？将平居以恩意遗之乎？"民曰："往遗之耳。"茂曰："遗之而受，何故言邪？"民曰："窃闻贤明之君，使民不畏吏，吏不取民。今我畏吏，是以遗之。"茂曰："凡人所以贵于禽兽者，以有仁爱，知相敬事也。今邻里尚致馈，此乃相亲，况吏民乎？凡人之生，群居杂处，故有经纪礼仪以相交接。汝独不欲修之，宁能高飞远去，不在人间耶？"民曰："苟如此，律何故禁之？"茂笑曰："律设大法，礼从人情。今我以礼教汝，必无怨恶；以律治汝，何所措其手足乎？"时天下大蝗，河南二十馀县，皆被其灾，独不入密界。督邮言之，太守不信，自出按幸，见乃服焉。

又曰：韩棱字伯师，颍川人也。为下邳令，视事未期，吏民爱慕。时邻县皆雹伤稼，唯下邳界独无。

又曰：王阜，字世公。为重泉令，吏民向化，鸾鸟集止学官，阜使校官掾长涉叠，为张雅乐击磬。鸟举足垂翼，应声而舞，翾翔复上县庭屋，十馀日乃去。

又曰：孔奋，字君鱼，右扶风茂陵人。守姑臧长七年，诏书以为奋在姑臧，治有绝迹，赐爵关内侯。奋素孝，供养至谨。在姑臧唯老母极膳，妻子饭食葱芥。时人笑之，或嘲奋曰："置脂膏中不能自润。"而奋不改其操。

又曰：锺离意为堂邑令。初到市无屋，意乃出俸钱作屋。民赍茅竹或持材木争赴趣作，不日而成。既毕，为解土祝曰："兴功役者令也，如有祸祟，令自当之。"民皆大悦。

《后汉书》曰：戴封，字平仲。拜议郎，迁西华令。汝、颍多蝗灾，独不入西华界。时督邮行县，蝗忽大至，督邮其日即去，蝗亦顿除，一境奇之。其年大旱，封祷请无获，乃积薪艾坐其上以自焚。火起而大雨暴至，远近叹服。

又曰：童恢为不其令。吏有犯违禁法，辄随方晓示。若吏称其职，人行善事者，皆赐以酒肴之礼，以劝励之。耕织种牧，皆有条章。一境清静，牢狱连年无囚。比县流人归化，徙居三万馀户。人常为虎所害，乃设槛捕之，生获二虎。恢闻而出，咒虎曰："天生万物，唯人为贵。虎狼当食六畜，而残暴于人。王法杀人者死，伤人则论法。汝若是杀人者，当垂头服罪；自知非者，当号呼称冤。"一虎低头闭目，状如震惧，即时杀之。其一视恢鸣吼，踊跃自奋，遂令放释。

又曰：刘矩为雍丘令，以礼让化之，其无孝义者，皆感悟自革。人有争讼，矩常引之于前，提耳训告，以为忿恚可忍，县官不可入。使归更寻思，讼者感之，辄各罢去。其有路得遗者，皆推寻其主。

又曰：王涣为洛阳令，有善政。元兴元年病卒，百姓市道莫不咨嗟。男女老壮皆相与赋敛，致奠醊以千数。醊，音张芮反。《说文》曰：祭酹也。涣丧西归，道经弘农，人庶皆设盘案于路。吏问其故，咸言平常持米到洛，为卒司所钞，恒亡其半。自王君任事，不见侵枉，故来报恩。

其政化怀物如此。人思其德，为立祠于安阳亭西，每食辄弦歌而荐。

又曰：虞延为细阳令。每至岁时伏腊，辄休遣徒系，各使归家，并感其恩德，应期而还。有囚于家被病，自载诣狱，既至而死。延率掾吏殡于门外，百姓感悦之。

又曰：虞延迁洛阳令。是时阴氏有客马成者，常为奸盗，延收考之。阴氏屡请，获一书辄加篣二百，篣，捶也。音彭。信阳侯阴就乃诉帝，谮延多所冤枉。帝乃临御道之馆，亲录囚徒，延陈其狱状可论者在东，无理者居西。成乃回欲趋东，延前执之，谓曰："尔人之巨蠹，久依城社，不畏熏烧，今考实未竟，宜当尽法。"成大呼称枉，陛戟郎以戟刺，延叱使置之。帝知延不私，谓成曰："汝犯王法，身自取之。"呵使速去，后数日伏诛。于是外戚敛手，莫敢干法。

又曰：法雄除平氏长，善政事，好发擿奸伏，盗贼希发，吏人畏爱之。南阳太守鲍得上其理状，迁宛陵令。

《续汉书》曰：鲁恭为中牟令，导民以孝，推诚而治。建初中，郡国螟伤稼，犬牙缘界，不入中牟。河南尹袁安疑其不实，遣仁恕掾肥亲往察廉之。恭随行阡陌，俱坐桑下，有雉过，止其傍。傍有童儿，亲曰："何不系之？"儿言："雉方将雏。"亲瞿然而起，与恭诀曰："所以来者，欲察治之善恶耳。今虫不犯境，此一异也；化及鸟兽，此二异也；竖子有仁心，此三异也。久留，徒扰贤者耳。"还府，以状白安，安美其治，以励属县。

又曰：祭肜除偃师长，视事五年，县无盗贼，州课第一，迁襄贲令。时盗贼钞掠，肜到官，诛锄奸猾，县界清静，诏书增秩一等，赐缣百匹，册书勉励。

又曰：刘宠除东平陵令。是时民俗奢泰，宠到官，躬俭训民以礼，上下有序，都鄙有章。视事数年，以母病，去官归，百姓士女攀车拒轮，充塞道路，车不得前，乃止亭，轻服潜遁。

又曰：刘騊駼为洨阳长，政化大行，道不拾遗。以病去官，童谣歌之曰："邑然不乐，思我刘君。何时复来，安此下民。"

又曰：公孙述补清水长，太守以其能，使兼治五县，政事修理，奸盗不发，郡中谓之神明。

又曰：胡绍为河内怀令，三日一视事，十日一诣仓。受俸米于阁外炊作干饭食之，不设釜灶。得一强盗，问其党与，得数百人皆诛之。政教清平，为三河表。

又曰：牟融举茂才，为丰令。视事二年，政化流行，县无狱讼，吏畏而爱之。治有异迹，为州郡最。

又曰：度尚，字博平，山阳人。除上党长，治政严峻，明于疑理，县中谓之神明。

谢承《后汉书》曰：郑弘，字巨君。为邹令，勤行德化，部人王逢等得路遗宝物，悬于道衢，求主还之。鲁国当春大旱，五谷不丰，邹独致雨偏熟。永平十五年，蝗起泰山，流被郡国，过邹界不集。郡国以状闻，诏书以为不然，遣使案行，如言也。

又曰：方储，字圣明。晓风角占候，为句章长。时人田还，置馀粟一石及刀锄于田陌，明日求，亡去，疑其旁家。储曰："此人非偷。"自呼县功曹谓曰："君何取人粟置家后积茭中？"功曹叹服。后为洛阳令。功曹是宪客，为宪所讽，夜杀人断头着县中厩门下，欲令储去官。储摩死者耳边问："谁所杀？"有顷曰，死人言为功曹所杀。收功曹，拷竟具服。

又曰：贾彪，字伟节。补新息长，政多奇异。小人迫困贫，产子不能举养，彪禁有犯者，以杀人罪罪之，县境震栗。人养子，佥曰："贾父所长。"男女以贾为名。

华峤《后汉书》曰：刘平为全椒令。掾吏五日一朝，罢门阑，卒署各遣就农。人感怀，至或增赀就赋，或减年从役。刺史行部，狱无囚徒，民各自以为职，不知所问，唯班诏书而去。先是，县多虎为害。平到，修政选进儒良，黜贪残，视事三月，虎皆渡江而去。

又曰：刘永国，字叔儒，为东城令。民闻其名，枉者更直，浊者强清，肃然无事，唯以著作为务。

袁山松《后汉书》曰：范丹为莱芜长。去官，常便卖卜以自给，步行无车，被囊自随。

《汉官仪》曰：明帝临观，见洛阳令车骑，意河南尹定，至而非，尤其太盛，敕去轩绂。时偃师长治有能名，以事诣台，因取赐之下县，遂以为故事。

《魏志》曰：郑浑，字文公。避难淮南。太祖闻其笃行，召为邵陵令。天下未定，民皆不念产殖，其生子无以相活，率皆不举。浑所在夺其渔猎之具，课使耕种，又兼开稻田，重去子之法。民初畏罪，后稍丰给，无不举育，所育男女，多以郑为名。

又曰：胡质，字文德，楚国寿春人也。为顿丘令。县民郭政通于从妹，杀其夫程他，郡吏冯谅系狱为证。政与妹皆耐掠隐抵，谅不胜，痛自诬，当反其罪。质至官，察其情色，更详其事，检验具服。

又曰：王修，字叔治。守高密令。高密孙氏素豪侠，人客数犯法。民有相劫者，贼入孙氏，吏不能得。修将吏民围之，畏惮不敢近。修令吏民："敢有不攻者，与同罪！"孙氏惧，乃出贼。由是豪强慑服。

又曰：赵俨，字思伯。为朗陵长。县多豪猾，无所畏忌。俨取其尤甚者，收缚案验，皆得死罪。俨既囚之，乃表府解放，自是威恩并著。

又曰：张暨，字德容，冯掖高陵人也。举茂才，为新丰令。治为三辅第一。

又曰：司马朗，字伯达，河内温人也。为堂阳长，其治务宽惠，不行鞭杖，而民不犯禁。

又曰：吉茂，字叔畅，冯翊池阳人也。世为著姓，好书，不耻恶衣恶食，而耻一物之不知。建安初，关中始平，茂与扶风苏则共入武功南山隐处，精思数岁，州举茂才，除临汾令。居官清静，吏民不忍欺。

又曰：太祖平袁氏，以高柔为管长。县中素闻其名，奸吏数人皆引去。柔教曰："昔邴吉临政，吏尝有非，犹尚容之。况此诸吏，于吾未有失乎！其召复之。"咸还，皆自砺，成为佳吏。

《蜀志》曰：董和，字幼宰，南郡人也。益州牧刘璋以为成都令。蜀土富实，时俗奢侈，货殖之家，侯服玉食，婚姻葬送，倾家竭产。和躬率以俭，恶衣蔬食，防遏逾僭，为之轨制，所在皆移风变善，畏而不犯。

又曰：吕义，字季阳，迁新都绵竹令，乃心隐恤，百姓称之，为一州诸城之首。

《吴录》曰：张举，字子清，为句章令。有妇杀夫者，因焚屋，言烧死。其弟疑而讼之。举按尸，开口视无灰。令人取猪二头，杀一生一，而俱焚之；开视其口，所杀者无灰，生者有灰，乃明夫先死，妇遂首服焉。政化流行，民歌遗泽。

《晋书》曰：陆云为浚仪令。县居都会之要，名为难理。云到官，下不能欺，市无二价。人有见杀者，主名不立，云录其妻，而无所问。十许日遣出，密令人随后，谓曰："其去不出十里，当有男子候之与语，便缚来。"既而果然。问之具服，云："与此妻通，共杀其夫，闻妻得出，欲与语，惮近县，故相要候于是。"一县称为神明。郡守害其能，屡谴责之，云乃去官。百姓追思之，图画形像，配食县社。

又曰：范广为堂邑令。大旱米贵，广散私谷赈饥人，至数千斛，远近流寓归投之，户口十倍。

又曰：曹摅为洛阳令。仁惠明断，百姓怀之。时天大雨雪，宫门夜失行马，群官检察，莫知所在。摅使收门士，众官咸谓不然。摅曰："宫掖禁严，非外人所敢盗，必是门士以燎寒耳。"诘之，果服。

又曰：曹摅为临淄令。县有寡妇，守节不移。姑愍之，密自杀。亲党告妇杀姑，官为考鞫，寡妇不胜苦楚，乃自诬。狱当决，摅察其有冤，更加辩究，具得情实，时称其明。

《晋中兴书》曰：范宁，字武子。解褐除馀杭令。在县兴学校，养生徒。洁己志行之士，莫不来宗，期年 之后，风化大行。自中兴已来，崇学敦教，未有如宁者也。

《宋书》曰：顾宪之为建康令。清俭强力，为政甚得人和，故都下饮酒者，醇旨辄号为顾建康，谓其清且美焉。

又曰：顾宪之为建康令。时有盗牛者，被主所认，盗者亦称己牛，二家辞理等，前后令莫能决。宪之至，覆其状，谓二家曰："无为多言，吾得之矣。"乃令解牛，任其所去。牛迳还本主宅，盗者始伏其辜。发奸擿伏，多如此类，时人号曰神明。

又曰：顾觊之迁山阴令。山阴民户三万，海内剧邑，前后官长，昼夜不得休，事犹不举。觊之理繁以约，县用无事，昼日垂帘，门阶闲寂，自宋世为山阴，务简而绩修，莫能尚也。

《齐书》曰：傅琰为山阴令，有卖针卖糖老姥争团丝，来诣琰，琰不辩，乃缚团丝于柱鞭之，密视有铁屑，乃罚卖糖者。又二野父争鸡，琰各问"何以食鸡"，一人云"粟"，一人云"豆"，乃破鸡得粟，罪言豆者。县内咸称神明，无敢复为盗者。

又曰：傅琰，字季珪，为山阴令。父僧祐，亦为山阴令，父子并著奇绩。世云："诸傅有《治县谱》，子孙相传，不以示人。"

《梁书》曰：傅岐除始新令。县民有因斗相殴而死者，死家诉郡，郡录其仇人，考掠备至，终不引咎，郡乃移狱于县，岐即命脱械，以和言问之，便即自服。法当偿死，会冬节至，岐乃放其还家，使过节一日复狱。曹掾固争曰："古者乃有此，于今不可行。"岐曰："其若负信，县令当坐，主者勿忧。"竟如期而反。太守深相叹异，遽以状闻。岐后去，县民无老小皆出境拜送，啼号之声，闻于数十里。

又曰：萧景，字子昭。为永宁令。永嘉太守榜郡门曰："诸县有疑滞，可就永宁令决之。"

又曰：丘仲孚迁山阴令。居职甚有声称，百姓为之谣曰："二傅沈刘，不如一丘。"

又曰：丘仲孚为山阴令。仲孚长于拨烦，善适权变，吏民敬服，号称神明，治为天下第一。

又曰：何远，字义方。自武昌太守除名，后起为武康令，正身率职，励廉节，除淫祀。高祖闻其能，擢为宣城太守。自县令为邦畿大郡，近代未之有也。

又曰：孙谦为钱塘令，治烦以简，狱无系囚。及去官，百姓以谦在职不受饷遗，追载缣帛以送之，谦却而不受。

又曰：裴子野出为诸暨令。在县不行鞭罚，民有争者，示之以理。

太平御览卷第二百六十八 职官部六十六

良令长下

崔鸿《十六国春秋·北凉录》曰：张谭，字元庆，武威姑臧人也。为和宁令，政以德化为本，不务威刑。民有过者，读《孝经》及《忠臣孝子传》训导之，百姓爱之如父母，号曰“慈君”。

又《后赵录》曰：王谟，字思贤。瓮鼻，言不清畅，尫短无威仪。将拜曲阳令，石勒疑之，问长史张宾，宾曰：“请试可。”勒从之。政教严明，百城尤最。出为都部从事，守宰去官者十五人。

又《后赵录》曰：申录，字道时，为广昌令。白乌巢其庭树，甘露降其厅事，后为三公。

《隋书》曰：郎茂除卫国令。时有系囚二百，茂亲自究审数日，择免者百馀人。历年辞讼，不诣州省。魏州刺史元晖谓曰：“长史言卫国人不敢申诉者，畏明府耳。”茂曰：“人犹水也，法令为堤防。堤防不固，必致奔突，苟无决溢，使君何患哉？”晖无以应。

《后周书》曰：辛昂行成都令。昂到县便与诸生祭文翁学堂，因共欢宴。谓诸生曰：“子孝臣忠，师严友信，立身之要，如斯而已。若不事斯语，何以成名？宜自勉，克成令誉。”昂言切理至，诸生等深感悟，归而告其父老曰：“辛君教诫如此，不可违之。”于是井邑肃然，咸从其化。

《陈书》曰：褚玠。山阴县多豪猾，前后令皆以赃污免，高宗患之，谓中书舍人蔡景历曰：“稽阴大邑，久无良宰，卿文士之内，试思其人。”景历进曰：“褚玠廉俭有干用，未审堪其选不？”高宗曰：“甚善，卿言与朕意同。”乃除山阴令。

《隋书》曰：魏德深迁贵乡长。为政清净，不严而治。会兴辽东之役，征税百端，使人往来，责成郡县。于时王纲弛紊，吏多赃贿，所在征敛，下不堪命。唯德深一县，有无相通，不竭其力，所求皆给，百姓不扰，称为大治。寻转馆陶长，贵乡吏人闻之，皆嘘欷流涕，语不成声。及将赴任，倾城送之，号泣之声，道路不绝。既至馆陶，阖境老幼皆如见其父母。有猾人员外郎赵君实，与郡丞元宝藏深相交结，前后令长未有不受其指麾者。自德深至县，君实屏处于室，未尝辄敢出门。逃窜之徒，归来如市。贵乡父老冒涉险难，诣阙请留德深，有诏许之。馆陶父老复诣郡相讼，以贵乡文书为诈。郡不能决。会持节使者韦霁、杜整等至，两县诣使讼之，乃断从贵乡。贵乡吏人歌呼满道，互相称庆。馆陶众庶合境悲哭，因而居住者数百家。

《隋书》曰：苏威荐房恭懿，授新丰令，政为三辅之最。上闻而嘉之，赐物四百段。恭懿以所得赐，分给穷乏。未几，复赐米三百石，恭懿。又以赈贫人，上闻而止之。时雍州诸县令，每朔朝谒，上见恭懿必呼至榻前，访以理人之术。

又曰：房彦谦迁长葛令，甚有惠化，百姓号为慈父。仁寿中，上令持节使者巡行州县，察长吏能不，以彦谦为天下第一，超授鄀州司马。吏民号哭相谓曰："房明府今去，吾属何用生为！"其后百姓思之，立碑颂德。

又曰：刘旷，不知何许人也。性谨厚，每以诚恕应物。开皇初，为平乡令，单骑之官。人有争讼者，辄丁宁晓以义理，不加绳劾，自各引咎而去。所得奉禄，赈施穷乏。百姓感其德化，更相笃励，曰："有君如此，何得为非！"

《唐书》曰：李大亮授土门令。属百姓饥荒，盗贼侵寇，大亮遂卖所乘马分给贫弱，劝以垦田，岁因大稔。躬捕寇盗，所击辄平。时太宗在藩，巡抚北境，闻而嗟叹，下书劳之。

又曰：贾敦颐弟敦实，贞观中为饶阳令，政化清静，老幼怀之。时敦颐复授瀛州刺史，旧制，大功以上不复连官，朝廷以其兄弟在职，俱有能名，遂不迁替。

又曰：高宗以尚乘奉御权怀恩为万年令，赏能也。时有奉乘安毕罗善于调马，上颇狎之，怀恩因奏事，遇毕罗在帝左右言戏无礼，怀恩既退，执而杖之。上知而嗟赏，谓侍臣曰："怀恩乃能不避强御，真良吏也。"即日迁擢。

又曰：景云中，长安县令李朝隐加太中大夫。朝隐之宰京县也，政刑毕举，权豪慑惮。有内侍伯非礼干忤，朝隐叱击于狱，上喜焉，故有此命。

又曰：路嗣恭，京兆三原人，始名剑客，历仕郡县，有能名，后授神乌令，考绩上上，而为天下最。玄宗以其能嗣鲁恭，赐改其名。

又曰：韦景骏，开元中为肥乡令。县人有母子相讼者，景骏谓之曰："吾少孤，每见人养亲，自痛终天无分，汝幸在温凊之地，何得如此？锡类不行，令之罪也。"因垂泣呜咽，仍取《孝经》与之，令习读。于是母子感悟，各请改悔，遂称慈孝。累转赵州长史，路由肥乡，人吏惊喜，竞来犒饯，留连经日。有童稚数人，年甫十馀岁，亦在其中。景骏谓曰："计吾去此时，汝辈未生，既无旧恩，何殷勤之甚也？"咸对曰："比闻长宿传说，县中廨宇、学堂、馆舍、堤桥，并是明公遗迹。将谓古人，不意亲得瞻睹，不觉欣恋倍于常也。"其为人所思如此。

又曰：冯伉迁尚书膳部员外郎。李抱真卒，充吊赠使，抱真男遗伉帛数百匹，不纳。又专送至京，伉因表奏，固请不受。属醴泉缺县令，宰臣进人名，上意不可，谓宰臣曰："前使泽潞不受财帛者，此人必有清政，可以授之。"遂改醴泉县令。患百姓多昏猾，为著《谕蒙》十四篇，大略指明忠孝仁义，劝学务农，每乡给一卷，俾其传习。

又曰：元德秀，字紫芝，河南人也。为鲁山令。先是堕车伤足，不任趋拜，汝郡守以客礼待之。部人为盗，吏捕之系狱，会县界有猛兽为暴，盗自陈曰："愿格杀猛兽以自赎。"德秀许之，胥吏曰："盗诡计苟免，擅放官囚，无乃累乎？"德秀曰："吾不欲负约，累则吾坐必请不及诸君。"即破械出之。翌日，格猛兽而还。诚信化人，大率此类。

又曰：王敬则为暨阳令。时军荒后，县有一部劫逃入山中，颇为人患。敬则遣人致意劫帅，使出首，当申论郭下庙神，甚酷烈，百姓信之；敬则引神为誓，必不相负。劫帅既出，敬则于庙中设酒会，于座收缚，曰："吾启神，若负誓，还神十牛。今不得违誓。"即杀十牛解神，并斩诸劫，百姓悦之。

《晋史》曰：寿张令赵赓考满之外，量留二年，以飞蝗避境故也。

《广州先贤传》曰：黄豪，字子微，交阯人。除外黄令。豪约已俭节，粗布蔬食，所得俸秩，悉赐贫吏，一县称平。

《益部耆旧传》曰：罗衡，字仲伯。为万年令，诛锄奸党，县界肃然。民夜不闭门，系牛马于道旁曰："以属罗公。"

又曰：赵玤，字孙明。少好游侠，行部带剑。过亭长，亭长谴之，乃叹曰："无大志，故为竖吏所轻耳。"于是解剑挂壁曰："玤不乘辎车、佩绂，不复带剑。"因之京师，诣太学受业治《春秋》，变行厉操，名德遂称，除野王令。乃解剑带之官，治官清约，以身率下，烟火不举，常食干糒。

又曰：阎宪，字孟度。为绵竹令，治以礼让为首，宽猛相济。其听察甚明，简选吏职，甚得其人。男子杜成，夜于路得遗装一囊，开视有锦二十五匹，迄明，诣吏，曰："县有明君，不能惭心故也。"

又曰：杨球，字仲宣。为茂陵令，宽和多惠，以至诚接下，为民所爱。比县连岁蝗灾，曲折不入茂陵。

《长沙耆旧传》曰：祝良，字邵卿。为洛阳令，贵戚敛手，桴鼓稀鸣。时亢旱，天子祈雨不得，良乃暴身阶庭，告诚引罪，紫云沓起，甘雨乃降。

《陈留风俗传》曰：昭帝时蒙人焦贡为小黄令，路不拾遗，囹圄空虚。诏迁贡，百姓挥涕守阙，求索还贡。天子听，增贡之秩千石。贡之风化犹存，其民好学多贫，此其风也。

《海内先贤传》曰：公沙穆迁弘农令，界有蝗虫食禾稼，百姓惶惧。穆设坛谢曰："百姓有过，咎在典掌，罪穆之由，请以身祷。"玄云四集，雨下霶霈，自日中至晡，不知蝗虫所在，百姓称曰"神明"。

《鲁国先贤传》曰：孔翊为洛阳令，置水于前庭，得私书皆投其中，一无所发，弹理贵戚，无所回避。

《汝南先贤传》曰：黄浮，字隐公，阳安人。年二十，在于民伍，曾为墟里所差，次当给亭。于是感激学书，慨然长叹曰："黄浮非乡里所知。"因随人到京师求学，岁馀除昌虑长、濮阳令。同岁子为都市掾，犯罪当死，一郡尽为之请。浮曰："周公诛二弟，石碏讨其子，今虽同岁子，浮所不能赦也。"治政清明，号为神君。

又曰：陈晔，邵陵人也。体尚笃烈，学通古今，除巫令。民张遗腹子，年十五，为父报仇。吏捕得之，晔愍曰："嗟乎，今杀遗腹之孤，绝人继嗣，是不仁也。法复仇之子，是不义也。不仁不义，焉可以为人君长哉！"遂解印绶逃亡，遇赦乃出。

锺玩《良吏传》曰：高玩，字伯珍，蜀郡人也。除曲阳令。及征还，送者不使出界，布被缊袭，犹去时之服，朝野归其清。

又曰：司马俊，字元异。补洛阳令，豪右挫气，京都号曰卧虎。

又曰：陈登，字元龙，广汉人也。为东阳长，视民如子。

《崔氏家传》曰：崔瑗为汲令，乃为开沟造稻田，薄卤之地更为沃壤，民赖其利。长老歌之曰："天降神明君，锡我慈仁父。临民布德泽，恩惠施以序。穿沟广溉灌，决渠作甘雨。"

《殷氏传》曰：殷裒为荥阳令。先多淫雨，百姓饥馑。君乃穿渠入河，三十馀里，疏导原隰，用致丰年，民赖其利，号"殷沟"而颂之。

《锺离意别传》曰：意迁东平瑕丘令。男子倪直勇悍有力，便弓弩，飞射走兽，百不脱一，桀悖好犯长吏。意到官，召署捕贼掾，敕谓之云："令昔尝破三军之众，不用尺兵；尝缚暴虎，不用尺绳，但以良诈为之耳。掾之气势安若？"宜慎之。因复召直子涉署门下，将游徼私出入寺门，无所关白。收涉鞭之，直走之寺门，吹气大言，言无上下。意气敕直，能为子屈者，自缚诣令，不则鞭杀其子。直果自缚。意告曰："令前告汝，尝缚暴虎，不用尺绳。汝自视何如，虎自缚耶？"敕狱械直父子，结连其头，对榜博壮切欲死。掾吏陈谏乃贷之，由是相率为善。所谓上德之政，鹰化为鸠，暴虎成狸，此之谓也。

《荀氏家传》曰：荀貌除太原榆次令，为政以德，人怀之。时有凤凰集其境内，晋武帝下诏褒美。太始三年卒，吏人如丧亲戚，为之树碑。其序曰："仰之如日月，敬之如神明，爱之如父母，乐之如时雨。"

《典略》曰：韩攸，字仲潢，颍川人。为嬴长，时民大饥，而太守未至。攸因发仓赈之。吏白，言太守垂至，军粮重事，可须来到。攸言："民命悬急，令以擅出谷受罪，合眼入地，不以为恨也。"后竟不坐。吏民蒙济者数千人。

《会稽典录》曰：徐弘，字圣通，为汝阴令。县俗刚强，大姓兼并。弘到官，诛剪奸桀，豪右敛手，商旅路宿，道不拾遗。童歌之曰："徐圣通，政无双，平刑罚，奸宄空。"

《华阳国志》曰：王长文，字德俊。元康初试守江源令。县收得盗马贼及发冢贼长文引见诱慰。时适腊晦，皆遣归家，狱先有系囚亦遣之。谓曰："教化不厚，使汝等如此，长吏之过也。蜡节庆祚归就，汝上下善相欢乐，过节来还，当为汝思他理。"郡吏惶惧，争请不许。寻有赦令，无不感恩。

又曰：景毅，字文坚，梓潼人。为高陵令，立文学以礼让化民，迁侍御史，吏民守阙请之，三年不绝。

《搜神记》曰：徐栩，字敬卿，吴曲拳人。少为狱吏，执法详平，为小黄令。时属县大蝗，野无生草，至小黄界，飞过不集。

《山公启事》曰：温令许奇等并见称名，虽在职，各日浅，宜显报大郡以劝天下，诏曰："案其资历，悉自足为郡守，各以在职日浅则宜尽其政绩，不宜速他转也。"

《博物志》曰：太公望为灌坛令，期年，风不鸣条。文王梦见一妇人，甚丽，当道而哭，问其故，妇人言曰："我东海太山神女，嫁为西海妇，欲东归，灌坛令当吾道，太公有德，吾不敢以暴风疾雨过也。"文王梦觉，明日召太公，三日果有疾风暴雨，去者皆西来也。

《说苑》曰：晏子治东阿，三年，景公召而数之曰："吾以子为可，而使子治东阿，今子治而乱，子退而自察也，寡人将加大诛乎？"晏子曰:“臣请改道易行而治东阿,三年不治,臣请死之。”景公许之。于是明年上计,景公迎而贺之曰:“善矣,子之治东阿也。”晏子对曰:“前臣之治东阿,属托不行,货赂不至,陂池之鱼,以利贫民。当此之时,民无饥者,而君反以罪。今臣之治东阿也,属托行,货赂至,事左右,陂池之鱼入权家,民之贫饥者过半,君反迎而贺臣,臣愿乞骸骨。”景公乃下席而谢曰:“子强复治之东阿者,子之东阿也,寡人无复与焉。”

《新序》曰:昔子奇,年十八,齐君使之治阿。既行矣,悔之,使使追曰:“未至阿及之,还之;已至,勿还也。”使者及之而不还。君问其故,对曰:“臣见使与共载者,白首也。夫以老者之智,以少者之决,必能治阿矣,是以不还。”

又曰:鲁君使宓子贱为单父宰,子贱辞去,因请借善书者二人,书其宪法教品,鲁君与之。至单父,使书,子贱从旁引其肘,书丑,则怒之,欲好则引之。书者患之,请辞而去,归以告鲁君。鲁君曰:“子贱苦吾扰之,使不得施其善政也。”乃命有司无得擅征发单父,单父大治。故孔子曰:“君子哉若人!鲁无君子者,斯焉取斯?”美其德也。

太平御览卷第二百六十九　职官部六十七

酷令长

《汉书》曰：何并，字子廉，为长陵令，道不拾遗。成太后外家王氏贵，而侍中王林卿坐法免，归长陵上冢，因留饮连日。并恐其犯法，乃自造门上谒，谓林卿曰："冢间单外，君宜以时归。"林卿曰："诺。"林卿素骄，惭于宾客。林卿既去，北渡泾桥，令骑奴还至寺门，拔剑剥其建鼓。并自从吏兵追林卿。行数十里，林卿迫窘，乃令奴冠被其襜褕自代，乘从车骑，身变服从间径驰去。会日暮追至，收缚冠奴，奴曰："我非侍中，奴耳。"并心知已失林卿，乃曰："君因自称奴，得脱，死！"即叱吏断头，持还县所，剥鼓置都亭下，署曰："故侍中王林卿。"

《东观汉记》曰：董宣为洛阳令。击持豪强，在县五年，七十四卒官，诏遣使者临视，唯布被覆尸，妻子对哭，家无馀财。上叹曰："董宣死，乃知贫耳。"

《晋书》曰：何曾孙机为邹平令，性亦矜傲，责乡里谢鲲等拜。或戒之曰："礼敬年爵，以德为主。令鲲畏势，惧伤风俗。"机不以为惭。羡为离狐令，既骄且吝，陵驾人物，乡闾疾之如仇。永嘉之末，何氏灭亡无遗焉。

《梁书》曰：沈瑀为馀姚令。富吏鲜衣美服，以自彰别，瑀怒曰："汝等下县吏，何自拟贵人耶？"悉使着芒屩粗布，侍立终日，足有蹉跌，辄加榜棰。瑀微时，尝自至此鬻瓦器，为富人所辱，故因以报焉。由是士庶骇怨。

县丞

《史记》曰：诏捕淮南太子，淮南相怒，寿春丞留太子建不遣。如淳注曰:“丞主刑狱囚徒,故责之。”

《汉书》曰:黄霸为颍川太守,务在成就全安长吏。许丞老,病聋,督邮白欲逐之,霸曰:“许丞廉吏,虽老尚能拜起送迎,正颇重听,何伤?且善助之,毋失贤者意。”如淳曰:“许,县丞也。”

《后汉书》曰:张玄字君夏,河阳人也。少习《春秋颜氏》,兼通数家法。建武初,举明经,补弘农文学,迁陈仓县丞。清净无欲,专心经书,方其讲问,乃不食终日。及有难者,辄为张数家之说,令择从所安。诸儒皆伏其多通,著录千馀人。玄初为县丞,尝以职事对府,不知官曹处,吏白门下责之。时扶风琅耶徐业,亦大儒也。闻玄诸生,试引见之,与语,大惊曰:“今日相遭,真解矇矣!”遭,逢也。遂请上堂,难问极日。

《吴志》曰:会稽妖贼许昌起于句章,自称阳明皇帝,扇动诸县,众以万数。孙坚以郡司马募召精勇,得千馀人,与州郡合讨破之。刺史臧旻列上功状,诏书除坚盐渎丞,数岁徙盱眙丞,又徙下邳丞。

又曰:孙坚为下邳丞,历佐三县,所在有称,吏民亲附。乡里知旧,好事少年,往来者常数百人,坚接抚待养,有若子弟也。

《唐书》曰:武德元年诏:京令五品,丞一人,七品,正六人,八品。畿令六品,丞一人,七品,正四人,八品,上县令六品,丞一人,八品正四人,九品,中、下县各有差,后改为尉。

主簿

《后汉书》曰:缪肜音融字孺公,仕县为主簿。时县令被章见考,吏皆畏惧自诬,而肜独证据,掠考苦毒,乃至体生虫蛆,因转换五狱,逾涉四年,令卒以自免。

又曰:宁阳主簿诣阙,诉其县令之枉,积六七岁不省,乃复上书曰:“臣闻陛下为臣父,臣为陛下子。臣章百上,终不见省,臣岂可北诣单于以告冤乎?”帝大怒,尚书劾以大逆,虞诩驳之曰:“主簿所讼乃君父之怨,百上不达,乃有司之过。”

又曰：仇览，字季智，一名香。初为蒲亭长。有陈元者，母告其不孝，览为陈慈孝之道，卒成孝子。考城令王涣，政尚严猛，闻览以德化人，署为主簿。谓览曰："主簿闻陈元之过而不罪，得无少鹰鹯之志耶？"览曰："以为鹰鹯，不若鸾凤。"涣谢遣曰："枳棘非鸾凤所栖，百里非大贤之路。"乃以月俸资遣令入太学，其名大振。

《唐书》曰：苏弁为奉天主簿。朱泚之乱，德宗仓卒出幸，县令杜正元上府计事，闻大驾至，官吏惶恐，皆欲奔窜山谷。弁谕之曰："君上避狄，臣下当伏难死节。昔肃宗幸灵武，至新平、安定，二太守皆潜遁，帝命斩之以徇，诸君知其事乎？"众心乃安。乃车驾至，迎扈储峙无阙，德宗嘉之，就加试大理司直。

《汝南先贤传》曰：李宣之子名表。宋公令寇端召表为主簿，表不乐为吏，于寺门中焚烧衣帻。端怒，收表，欲杀之。陈仲举闻之，至宋公，欲请表，先过宣，宣问："何故来？"曰："欲见寇令，请足下儿。"宣曰："吾子犯罪，罪当死，如有明君，岂妄杀人！宜从此还。"端追问仲举，仲举具以语之。端乃叹曰："李宣，烈士也？"即原之。

苏林《广旧传》曰：仇香，字季智。为书生，性谦恭勤恪，威严矜庄，貌不为昼夜易容，言不为喜怒变声。虽同侪群居，必正色后言，终身无泄狎之交，以是见惮。学通三经，然无知名之援、乡里之举。年四十，召为县主簿。

《唐职员令》曰：主簿掌付事勾稽，省署抄目，纠止县内非违，监印，给纸笔之事。

县尉

《春秋元命苞》曰：天尉主甲卒，设武备。今时尉官亦准此义也。

《史记》曰：张汤给事内史，为宁成掾，以汤为无害，言大府，调为茂陵尉，治方中。《汉书音义》曰：方中，陵上土作方也，汤主治之也。苏林曰：天子即位，豫作陵，讳之，故言方中。如淳曰：大府，幕府也。茂陵尉主作陵之尉也。韦昭曰：大府，公府也。

《汉书》曰：李广出雁门，匈奴兵多，破广。广亡失多，当斩，赎为庶人。屏居蓝田南山射猎，尝夜从一骑出，从人田间饮。还至亭，霸陵尉醉，呵止广，广骑曰："故李将军。"尉曰："今将军尚不得夜行，何故也！"宿广亭下。居无何，匈奴入陇西，杀太守。于是上乃召广拜为右北平太守。广请霸陵尉与俱，因斩之。

又曰：梅福，字子真，九江寿春人也。少学长安，明《尚书》《谷梁春秋》为郡文学，补南昌尉，后去官。

《东观汉记》曰：光武起兵入寇，绛衣，骑牛，杀新野尉，乃得马。

又曰：逢萌，字子康，北海人。少有大节，志意抗厉。家贫，给事为县亭长。尉过，迎拜问事。微久，尉去，举拳捎地叹曰："大丈夫安能为人役耶！"遂去，学问。

《后汉书》曰：桥玄案梁冀客陈助、羊昌罪，由是著名，举孝廉，补洛阳左部尉。时梁不疑为河南尹，以公事当诣府受对，玄耻为所辱，乃弃官还乡里。

又曰：令长、国相亦皆有尉，大县二人，小县一人主盗贼，案察奸轨。

应劭《汉官仪》曰：大县丞、左右尉，所谓命卿三人。小县一人一尉，命二人。

《续汉书·百官志》曰：边县有鄣塞尉，掌禁备羌夷犯塞，秩比二百石。

《魏志》曰：太祖除洛阳北部尉。初入尉廨，缮治四门，造五色棒，悬门左右各十馀枚，有犯禁者，不避豪强皆棒杀之。后数月，爱幸小黄门蹇右叔父夜行，则杀之，京师敛迹，莫敢犯者。近习宠臣咸共疾之，而不能伤。

《蜀志》曰：刘备率其属从校尉邹靖讨黄巾有功，除安喜尉。督邮以公事到县，先主求谒，不通，直入缚督邮，杖二百，解绶系其颈，弃官亡命。

《唐书》曰：颜师古，隋仁寿中授安养尉。尚书左仆射杨素见师古年弱貌羸，因谓曰："安养剧县，何以克当？"师古曰："割鸡焉用牛刀。"素奇其对。到官，果以干理闻。

又曰：员半千，晋州临汾人。上元初，应八科举，授武陟尉。属频岁旱饥，劝县令殷子良开仓以赈贫馁，子良不从。会子良赴州，半千便发仓粟，以给饥人。怀州刺史郭齐宗大惊，因而按之。时黄门侍郎薛元超为河北道存抚使，谓齐宗曰："公之百姓不能救之，而使惠归一尉，岂不愧也！"遽令释之。

又曰：王无竞，字仲烈，其先琅耶人，因官徙居东莱，宋太尉弘之十一代孙。无竞有文学，初应举，下笔成章，举及第，解褐授赵州栾城县尉。

又曰：李勉为开封尉。升平日久，且汴水陆所凑，邑居庞杂，号难治。勉与联尉卢城轨等，并有擒奸擿伏之名。

又曰：柳公绰为渭南尉。公绰性谨重，动循礼法。属岁饥，其家虽给，而每饭不过一器，岁稔复初。

又曰：包佶授蓝田尉。时有诏命畿内诸县城奉天，时严郢为京兆，政尚峻暴，加以朝旨甚迫，尹正之命急如风霆，本曹尉韦重规，其室方娠而疾，畏郢之暴，不敢以事故免。佶因请代，役无愆素，当时义之。

又曰：窦参强直果断。少以门荫，积官至万年尉。时同僚有直官曹者，将夕，闻亲疾，参请代之。会狱囚亡走，京兆尹按直部，将奏，参遽请曰："彼以不及状谒，参实代之，宜当罪。"坐贬江夏尉，人多义之。

《唐新语》曰：卢庄道，年十六，授长安尉。太宗将录囚徒，京宰以庄道幼年，惧不举，欲以他尉代之。庄道不从，但闲暇不之省也。时系囚四百馀人，令、丞深以为惧。翌日，太宗召囚，庄道乃徐书状以进，引诸囚人，庄道评其轻重，留系日月，应对如神，太宗惊叹。

又曰：魏奉古为雍丘尉。时姚珽莅汴州，群僚毕谒。珽览刺，召奉古前，持《厩牧令》示奉古，奉古一览便讽千馀言，珽惊起曰："仕宦且四十年，未尝见此。"

又曰：朱履霜，好学，明法理，补山阴尉。巡察使委以推按，故人或遗以数两黄连，固辞不受，曰："不辞，受此归，恐母妻诘问从何而得，不知所以对也。"

又曰：杨再思为玄武尉。使于京，舍止于客院。盗者窃其装囊，邂逅遇之，盗者谢罪，再思曰："足下有遗行，勿复声恶，恐傍人害足下，可留公文，馀并仰遗。"不形容色，时人莫测其量。

又曰：玄宗听政之暇，从禽自娱，又于蓬莱宫侧立教坊，以习倡优曼衍之戏。酸枣尉袁楚客以为天子春秋方壮，宜节之以雅，恐从禽好郑将荡上心，乃引由余太康义上疏以讽，玄宗纳之。

又曰：郑蜀宾颇善五言，竟不闻达，年老方授江左一尉。亲朋饯别于上门，蜀宾赋诗留别曰："畏途方万里，生涯近百年。不知将白首，何处入黄泉。"酒酣咏之，声调哀感，满座为之流涕。竟卒于官。

《鲁国先贤传》曰：二世时，山东盗贼起，二世问诸臣曰："于公何如？"博士诸生三十馀人前曰："人臣无将则反，罪至死无赦，愿陛下急发兵击之。"二世怒。叔孙通前曰："诸生言皆非。明主在上，四方辐凑，安有反者？此乃鼠窃狗盗，守尉今捕诛之，何足可忧！"二世喜，乃赐通衣帛，拜为博士。诸生或讥通之谀，通曰："我几不免虎口。"乃亡去，之薛。薛已降楚，遂从项梁，梁死从项羽。

《先贤行状》曰：程坚，字谌甫，为北阳尉。贫无车马，每出追游，常步行。郡间给事焉。

《搜神记》曰：蒋子文者，广陵人。嗜酒好色，挑挞无度。常自言己青骨，死当为神。当汉末为秣陵尉，遂死。及吴先主之初，其故吏见子文于道，乘白马，执白扇，侍从如平生。吏见惊走。子文进马追之，谓曰："我当为此土地之神，以福尔下民。尔可宣告百姓，为我立祠。不尔，将有大咎。"

《荆州图记》曰：澧阳县西百三十里，澧水之南岸，有白石双立，状类人形，高各三十丈，周回等四十丈。古之相传，昔有充县左尉与零陵尉共论疆，因相伤害，化为此石，即以为二县界首。东标零陵，西碣充县。充县废省，今临澧县则其地也。

《墨子》曰：备城法：百步一亭，亭一尉焉。

宋武帝诏曰：百里之任，总归官长。县尉实效甚微，其费不少。二品县可置一尉而已，余悉停省。

太平御览卷第二百七十 兵部一

叙兵上

《世本》曰：蚩尤作兵。宋襄注曰：蚩尤，神农臣也。

《春秋元命苞》曰：蚩尤，虎卷威文立兵。宋均注曰：卷，手也，手文威字也。

《书》曰：鸿范八政，八曰师。

《大戴礼》曰：鲁哀公问孔子曰："蚩尤作兵与？"孔子曰："蚩尤，庶人之贪者也。反利无义，以丧厥身，何兵之能作与？民皆生也。"

《左传》曰：武有七德：禁暴，戢兵，保大，定功，安民，和众，丰财者也。

又曰：举不失德，赏不失劳，老有加惠，旅有施舍，见可而进，知难而退，军之善政也。兼弱攻昧，武之善经也。

又曰：兵犹火也，不戢将自焚。

又曰：师直为壮，曲为老。

又曰：师克在和，不在众。

《谷梁传》曰：善为国者不师，善师者不阵，善阵者不战，善战者不死。

《国语》曰：穆王将征犬戎，祭公谋父谏曰："不可！先王耀德不观兵。夫兵戢而时动，动则威，观则玩，玩则无震。"注曰：玩，黩。震，惧也。

《家语》曰：哀公问曰："寡人欲吾国小则能守，大则能攻，其道若何？"孔子曰："使君朝廷有礼，上下和亲，天下百姓皆君之民也。将谁攻焉？苟违此道，民叛如归，皆君之仇，将谁守焉？"公曰："善哉。"于是废泽梁之禁，驰关市之税，以惠百姓。

《史记》曰：范蠡云："兵者，凶器；战者，逆德。"

《汉书》曰：兵家者，盖出古司马之职，王官之武备矣。后世烁金为刃，割革为甲，器械甚备。下及汤武受命，次师克乱而济百姓，动之以仁义，行之以礼让，《司马法》是其遗事也。自春秋出于战国，出奇设伏，变诈之兵并作。汉兴，张良、韩信序次兵法，凡一百八十二家，删取要用，定著三十六家。

又《刑法志》曰：自黄帝有涿鹿之战以定火灾，颛顼有共工之阵以定水灾。唐虞之际，至治之极，犹流共工，放欢兜，窜三苗，殛鲧，然后天下服。夏有甘扈之誓，殷、周以兵定天下矣。天下既定，戢藏干戈，教以文德，而犹立司马之官，设六军之众，因井田而制军赋焉。天子畿方千里，提封百万井，出军赋六十四万井，戎马四万匹，兵车万乘，故称万乘之主。戎马车徒干戈素具，春振旅以蒐，夏拔舍以苗，秋治兵以狝，冬大阅以狩，皆以农隙以讲武事焉。连师比年简车，卒正三年简徒，群牧五载大简车徒，此先王为国立武足兵之大略也。

又曰：以仁义绥民者，无敌于天下也。至于齐桓、晋文之兵，可谓入其域而节制矣。然犹未本仁义之大统也。故魏、秦之武，锐不可以当桓、文之节制；桓、文之节制不可以当汤、武之仁义。故曰：善师者不阵，善阵者不战，善战者不败，善败者不亡。

又曰：夫文德者，帝王之利器；威武者，文德之辅助也。夫文之所加者深，则武之所服者大；德之所施者博，则威之所制者广。三代之盛，至于刑措兵寝者，以其本末有序，帝王之所极功也。

又曰：魏相曰："救乱诛暴谓之义兵；敌加于己，不得已而起，谓之应兵；争忿小故不胜愤怒者谓之忿兵；利人土地货宝者谓之贪兵；恃国家之大、矜人民之众，谓之骄兵。

又曰：晁错上书云："丈五之沟，堑车之水，堑音子廉反。陵阜崎岖，积石相接，此步兵之地，车骑五不当一。平原广泽，漫衍相属，此车骑之地，步兵十不当一。候视相及，川谷分限，此弓弩之地，刀楯三不当一。草木蒙茏，枝叶蔚茂，此矛鋋之地，长戟三不当一。穹崇险隘，阻厄相视，此刀楯之地，弓弩二不当一。

《老子》曰：师之所处，荆棘生焉。大军之后，必有凶年。

又曰：兵者，不祥之器，非君子之器，不得已而用之。

又曰：是以君子居则贵左，故吉事尚左，丧事居右。是以偏将军处左，上将军处右。战胜，以丧礼处之也。

又曰：善为士者不武，善战者不怒。

又曰：天下有道，却走马以粪；天下无道，戎马生于郊。

又曰：以政治国，以奇用兵。

《六韬》曰：用兵之道，使如疾雷，令民不及掩耳，卒电不暇瞑目。

《古司马兵法》曰：古者，以义理之谓之正，治民、用兵、止乱、讨暴，必以义也。正不获意则权，权出于战，不出于仁也。分不均、求不胜谓之不获意。权，锤也，平轻重而为之功。以死易生，以危为宁，反复往来而以诈成，故曰不出于仁也。是故杀人安人，杀之可也。以杀止杀，可以生也。攻其国，爱其民，攻之可也。除民乱以去君害。以战去战，虽战可恃也。故仁见亲，义见悦，智见恃，勇见方，信见信。将有五材，民亲悦恃方而信之。故内得爱焉，所以守也。外得威焉，所以战也。利加于人则守固，威加于敌人则战胜也。

又曰：战道不违时，不历民病，所以爱吾民也。春夏兴师为违时。春兴师虏五谷，夏兴师伤人民。故役不逾时，寒暑不易服，饥疫不行，所以爱民也。不加丧，不因凶，所以爱夫其人也。敌有丧、饥、疫不加兵，爱彼民如己民。冬夏不兴师，所以兼爱彼民也。大寒甚暑，吏士懈倦。故国虽大，好战必亡；天下虽平，忘战必危。

又曰：天下既平，天子大凯。春蒐秋狝，诸侯振旅，秋治兵，所以不忘战也。

又曰：古者逐奔不过百步，纵绥不过三舍，是以明其礼也。不穷不能，而哀怜伤痛，是以明其仁也。成列而鼓，是以明其信也。争义不争利，是以明其义也。又能舍服，是以明其勇也。知始知终，是以明其智也。六德以时合教，以为民纪者，古之道也，自古之政也。仁、义、勇、智、信，民之本，随时而施，为民纲纪，古之所传政道也。

又曰：先王之治，顺天之道，设地之宜，官民之德，而正名治物。正者，正官名也。名正则可治之。立国辨职，立国治民，分守境界，各任其职也。以爵分禄。以爵位尊卑，职其禄秩也。诸侯悦怀，海外来服，服从已也。狱弭而兵寝，圣德之治也。

又曰：有虞氏不赏不罚，而民可用，至德也。夏后赏而不罚，至教也；殷罚而不赏，至威也；周以赏罚，德衰也。赏不逾时，欲民速得为善之利也；罚不迁列，欲民睹不善之害也。赏功不移晷，罚恶不列，所以劝善惩恶欲疾速者也。

又曰：夏后正其德也，未用兵之刃，故其兵不杂。设军不阵，敌服，故不用五兵。殷，义也，始用兵之刃矣。阵而不战。周，力也。尽用兵之刃矣。周不及虞夏之教，讨暴征乱战后胜。夏赏于朝，贵善也以德化也。殷戮于市，威不善也。以刑禁也。周赏于朝，戮于市，劝君子，惧小人也。以赏进，以罚禁。三王章其德，一也。三王皆道德，文武随而施之，其致一也。

又曰：凡战，宽而观其虑，宽者，先以单弱示不能，以示敌变化，虑其利害得失所在也。进退以观其固，遣轻兵至敌所在，视察进退固备虚危处所也。危而观其惧，诈没危事，以知敌恐怖得失之势也。静而观其怠，敌静而不动，相视吏士知懈怠。动而观其疑，轻兵挑战，相视敌人，知其疑否也。袭而观其治。欲袭敌，先视其守备外内，什伍、器械，虚实治乱所在也。

又曰：凡战，以轻行，轻危；轻兵高林疾足，能追奔逐，比翼助进退，当须步曲什伍为卒，节度行止。轻兵，无轻重，故危之。以重行，重无功。重兵持坚固守，什伍不得进退，不得能利，故无功也。故战相为轻重。重兵主持坚固守，轻兵主追兵取利，相为用也。

又曰：民有勇心，唯敌之视；士卒勇锐，进退前后，离合左右，见胜利之形，惟敌所在，辄得其便也。民有畏心，唯北之视。士卒恐惧，各有嫌疑不求便利，怀其北心，当安稳教导，开示胜形，以服习之。两心交支，两利若一；两军相当，兵相支持，各求便利共事，一胜之势在两军间有道者得之也。两为之职，惟权之视。谓知己知彼，称轻重，量多少，度进退，知彼己虚实之所在也。

又曰：军旅以舒为主，舒则人力足，虽交兵致刃，徒人不趋，车不驰也。逐奔不逾列，是以不乱。军旅之固，不失行列之政，不绝人马之力，迟速无过诫命。军族政为坚固也，进退疾徐，从金鼓之声也。

又曰：军庸不入国，国庸不入军。军庸入国则民德废，国庸入军则民德弱。军国异庸，强弱殊任，故不相入，入则乱也。故在国言文而语温，在朝恭以逊，修己以待人，不召不至，不问不言，难进易退。此申叙国庸之宜。在军抗而立，在行遂而果，介者不拜，兵车不轼，城上不趋，危事不齿。此申致军庸之宜抗者，不待问也。意者有虑于事而为，不须令遂必也。果胜也，介者不拜，车不轼，骑不下，所以远屈而乱行也，上趋为惊众也。故礼与法，表里也；文与武，左右也。古者贤王明民之德，尽民之善，故无废德，无简民，赏无可生，罚无可杀也。民有一善处一事，故能尽民之善，无损德，民能堪其事，故赏罚无所施。

又曰：凡从奔勿息，敌或止于路，则虑之。追敌奔北无休懈，则敌于路旁设伏，当观察反复虑之，自警戒也。凡近敌都，必有进路，退必有反虑。深入敌地，必知进退便利道径，通塞利害所在，避实从虚也。

又曰：凡战，先则弊，后则慑。兵先举则劳，后起则士心不定而恐惧。选良次兵，是谓益民之强；选良者，择取劲勇有材者为前，当什伍相以接之死地及见胜则心专强之。弃任节食，是谓开民之意，自古之政也。任者，畜积器物焚储畜服御之具。节余粮战之曰不余食，示必死战也。开塞生意以专民心，此五帝三王用兵之道也。

《曹公孙子兵法序》曰：操闻上古弧矢之利，《论语》“足食足兵”，《尚书》八政曰“师”，《易》曰：“师贞”，《传》云：“王赫斯怒”，黄帝、汤武咸用干戈为民也。用武者灭，用文者亡，夫差、偃王是也。圣贤之于兵也，戢而时动，不得已而用之。吾观兵书战策，孙武深矣。孙子者，齐人也，名武。为吴王阖闾作《兵法》一十三篇，试之妇人，卒以为将，西破强楚入郢，北灭齐、晋。后百余岁，有孙膑，是武之后也。

《孙子》曰：兵者，国之大事。校之以计，而索其情。谓下五事，彼我之情。一曰道，二曰天，三曰地，四曰将，五曰法。道者，令人与上同意，谓导以教令也。故可与之死，可与之生，而人不畏危。危，疑也。言上有仁化于下，则能致命也。天者，阴阳寒暑时制。地者，远近险易广狭死生。言以九也，形势不同，因时制度也。将者，智信仁勇严。将宜五德备也。法者，曲帜制官道主用。部曲幡帜、金鼓之制。官者道者粮路主用，军费用也。凡此五者，将莫不闻，知之者胜，不知者不胜。

又曰：兵者，诡道，故能而示之不能，用而示之不用；言己实能用师，外示无法。近而示之远，远而示之近。欲进而治去道，若韩信之袭安邑，陈舟监晋而度于夏阳是也。故利而诱之，乱而取之，实而备之，敌持实，须备之。强而避之，避其所长。怒而挠之，待其衰解。卑而骄之，引而劳之以利劳之。亲而离之，佚而劳之，以利劳之。攻其无备，出其不意，击其懈怠空虚也。此兵之胜，不可豫传。传，泄也。

又曰：凡用兵之法，全国为上，破国次之。夫兴兵深入长驱，敌举国来服为上；次，兵击破得之为次。全军为上，破军次之。军四千人。全卒为上，破卒次之。上一千人，下五百人。全伍为上，破伍次之。百人至五人也。是故百战百胜，非善之善。不战而屈人之兵者，善之善者也。夫不战而敌自屈服，上；兵代谋，敌始有谋，代之易也。

又曰：故用兵之法，十则围之，以十敌一则围之，是为智，等而兵利钧而客劲操，所以倍兵围下邳而生擒吕布也。倍则分之，以二敌一，二则为当一，术为奇。敌则能战，已为士众等差者，犹设奇伏以胜之也。少则能逃，高壁垒勿与敌战也。不若则能避之，引兵避之。故小敌之坚，大敌之擒也。小不能当大也。

又曰：凡治众如治寡，分数是也。部曲为分，什伍为数也。斗众如斗少，形名是也。旌旗曰形，金鼓曰名。三军之众可使必受敌而无败者，奇正是也。先出合战为当，后出为奇也。兵之所加，如以瑕投卵者，虚实是也。以实击虚也。

又曰：故善动敌者，形之，敌必从之；见羸形也。与之，敌必取之。以利动之，以卒待之。以利害动敌也。故善战者，求之于势，专在权也。不责于人，故能择人而任势。以势者权变明也。任势者，其战人也如转木石，木石之性，安则静，危则动，方则止，员则行。任势自然。故善战人之势如转圆石于万仞之山者，势也。

又曰：凡先据战地而待敌者佚，有余力地。后据战地而趣战者劳，故善战者致人而不致于人。能使敌人自至者，利之也。诱之以利。能使敌人不得至者，害之也。出兵所必趣，攻兵所必救。故敌佚能劳之，以利烦之。饱能饥之，绝其粮道。安能动之，出其所必趋也。使敌必。

又曰：兵形象水，水之行，避高而就下；兵之形，避实而击虚。故水因地而制形，兵因敌而制胜。故兵无常势，水无常形，能与敌变化而取胜者，谓之神。势盛必衰，形露必败，能因敌变化胜之，若神。故五行无常胜，四时无常位，日有长短，月有死生。兵无常势，盈缩随敌也。

又曰：故不知诸侯之谋者，不能豫交；不知敌情谋者不能结交也。不知山林险阻沮泽之形者，不能行军；高而崇者为山，树木所聚者为林，坑堑者为险，一高一下为阻，水草渐洳为沮，泉水所归不流者为泽也。不用乡导者，不能得地利。故兵以诈立，以利动，以分合为变者也。兵一分一合，此敌为变。故兵疾如风，击虚空也。徐如林，不见利也。侵掠如火，疾如火也。不动如山，守山。难知如阴，似天阴不见外宿也。动如雷霆。

又曰：夜战多火鼓，昼战多旌旗，所以变人之耳目也。故三军可夺气，将军可夺心。左氏言：一鼓作气，再而衰，三而竭也。是故朝气锐，昼气惰，暮气归。故善用兵者，避其锐气，击其惰归，此治气者也。以治待乱，以静待哗。此治心者也。以近待远，以佚待劳，以饱待饥，此治力者也。无邀正正之旗，无击堂堂之阵，此治变者也。正正高齐，堂堂者大。

又曰：用兵之法，高陵勿向，倍兵勿迎，丘阪勿迎，佯北勿从，锐卒勿攻，饵兵勿食，归师勿遏，怀归故能死战，不可击也。围师勿斗，司马法曰：兵三面，开其一面，示生路也。若敌专陆地必空一面以示其虚，欲使战守不周也。此用兵之法也。

又曰：故善用兵，譬如帅然；帅然者，常山之蛇也。击其首则尾至，击其尾则首至，击其中则首尾俱至。

又曰：践墨循敌，以决战事。行践规矩无常者也。是故始如处女，敌人开户；后如脱兔，敌不及矩。处女示弱，兔，往也。

《吴子》曰：鼓鞞金铎所以威耳，旌麾旗章所以威目，禁令刑罚所以威心。三者不立，虽有国，必败于敌。故曰心威于形，不可不战。

《管子》曰：夫为兵之数，存乎聚财、论工、造军器制器、兵器选士、政教、军中号令。服习、谓使习武艺。偏知天下、谓徧知其地形隘易，主将二拙，士卒勇怯。明于机数。此八者皆须，故兵未出境而无敌；八者悉备，然后能正天下。

又曰：凡民之所以守战而死而不德其上者，或守或战，虽复至死，不敢持之，以德于上则有数存于其间，以至此地。曰古者亲戚坟墓之所在也，一变。田宅富厚足也，二变。不然则州党与宗族足怀乐也，三变。不然则上之教训、习俗、慈爱之于民也厚无所往得之也，君之恩厚皆在于人无所他往，故得人致死。四变。不然则山林、泽谷之利足生也，五变。不然则地形险阻易守而难攻也，六变。不然则罚严而可畏也，赏明而足劝也，七变。不然则有深怨于敌人也，八变。不然则有深于上也。功厚则禄多，故亦自为战而不得于君。九变。今恃不信之人而求以利，用不守之民而欲以固，将不战之卒而幸以胜，此兵之三暗也。

《尉僚子》曰：凡兵者，羊肠亦胜，锯齿亦胜。兵重者如山林，轻者如燔如炮，如漏如溃，如堵垣压人也，云霓覆人也。

又曰：故兵止如堵墙，动如风雨，车不结辙，士不旋踵。此本战之道也，所以养民也。

又曰：城所以守战，战所以守城也。故务耕者其民不饥，务守者其民不危，务战者其地不围。三者，先王之本务也，而兵最急。

太平御览卷第二百七十一 兵部二

叙兵下

《六韬》曰：大人之兵，如虎、如狼、如雨、如风、如雷、如电、天下尽惊，然后乃成。

又曰：武王问太公曰："欲引兵深入诸侯之地，三军卒有缓急，或利或害。吾欲以近通远，从中应外，急三军之用，谓之如何？"公曰："主将有阴符：有大胜得敌之符，长一尺；有破军擒敌之符，长九寸；有降城得邑之符，长八寸；有却敌执远之符，长七寸；有反兵惊中坚守之符，长六寸；有请粮食、益兵卒之符，长五寸；有败军亡将之符，长四寸；有卒利亡失之符，长三寸。诸奉使行符，稽留若符事泄闻符所告者皆诛。符者，主将所以阴通信语，不得漏泄，中外之道也。"王曰："善。"

《黄石公记》曰：将所有为威者，号令也；战所以全胜者，军正也；士所以轻战者，用兵也。故战如风发，勇如河决，众可望而不可当，可下而不可胜也。

《黄石公三略》曰：圣王制兵也，非好乐之也，将以诛暴也。暴谓乱国贼民。夫以义诛不义，若决江河溉萤火，其克必也。

《商君书》曰：夫民情好爵禄而畏刑罚，人君设此二者以御民。夫民力尽而名随之，功立而赏随之，君能使其民信此明于日月，则兵无敌也。

《吕氏春秋》曰：古之圣王有义兵，譬之若用良药治人，毒药杀人。义兵为天下之良药也。

又曰：古圣王有义兵而无有偃兵。兵所自来者尚矣，古始有民俱凡兵也者，威也；威也者，力也。民之有威力，性也。性者，所受于天也，非人之所能为也。武有炎黄。固用水火矣。黄帝、炎帝。共工固欲作难矣。与高辛氏争为帝而亡之矣。五帝固相与争矣。

又曰：人曰："蚩尤作兵"，蚩尤非作兵，利其械也。未有蚩尤之时，民固剥林木已战矣，故胜为长。长，帅。长则犹不足以治之，故立君。君又不足以治之，故立天子。天子之立也出于君，君之立出于长，长之立也出于争。争斗之所自来者久矣，不可禁，不可止，故古之圣王有义兵而无有偃兵也。

又曰：家无怒笞，则竖子婴儿之有过也立见。天下无伐，则诸侯之相暴也立见。故怒笞不可偃于家，刑罚不可偃于国，诛伐不可偃于天下，有巧有拙而已矣。故古之圣王有义兵而无偃兵。夫有以饐死者，欲禁天下之食；有以乘舟死者，欲禁天下之船；有以丧国兵者，欲偃天下之兵。悖夫！兵之不可偃也。

又曰：凡兵，天下之凶器也；勇，天下之凶德也。兴凶器，行凶德，不得已也。

又曰：人情欲生而恶死，欲荣而恶辱。死生荣辱之道一，则三军之士可使一心矣。凡军欲其众也，心欲其一也，三军一心则令可使无敌矣。故曰其令强者其敌弱，其令信者其敌诎。先胜于此，则必胜之于彼矣。

又曰：古之至兵，士民未合，而威已谕矣，敌已服矣，岂必用旌旗干戈哉！故善谕威者，于其未发也，于其未通也，窅窅乎莫知其情，此之谓至威之诚也。

又曰：凡兵欲急疾捷先。欲急疾捷先之道，在于知缓徐迟后。缓徐迟后急疾捷先之分也，急疾捷先，所以决义兵之胜也。

又曰：虽有江河之险则凌之，虽有大山之塞则蹈之，并气抟精，心无有虑，犹预之虑。目无有视，耳无有闻，壹诸武而已矣。

又曰：万乘之国，外之不可以距敌，内之不得以守固，其民非不可以用也，不得所以用之术也。不得所以用之术，国虽大，势虽便，卒虽众，何益也？

《淮南子》曰：古之用兵者，非利壤土之广，而贪金玉之赂，将以存亡继绝，平天下之乱而除万民之害也。

又曰：凡有血气之虫，含牙戴角，前爪后距。有角者触，有齿者螫，有蹄者趹，喜而相戏，怒而相害，天之性也。人有衣食之情，而物弗能足也，故群居杂处，分不均、求不赡则争，争则强胁弱而勇侵怯。人无筋骨之强、爪牙之利，故割革而为甲，铄铁而为刃。贪昧饕餮之人，残贼天下，万民骚动，莫宁其所。有圣人勃然而起，乃讨强暴，平乱世，夷险除秽，以浊为清，以危为宁也。

又曰：兵之所由来远。黄帝尝与炎帝战矣，炎帝神农氏之末世矣，与黄帝战于阪泉，帝灭之。颛顼尝与共工争矣。共工与颛顼争为帝，触不周山之折也。故黄帝战于涿鹿之野，黄帝与尤战于涅鹿。涿鹿在上谷。尧战于丹水之浦，尧以楚伯受命，灭不义于丹浦。丹浦在南阳。舜伐有苗，有苗，三苗。启攻有扈，禹之子伐有扈于甘，在石扶风鄠县也。自五帝而不能偃也，况衰世也！

又曰：夫兵者，所以禁暴讨乱也。炎帝为火灾，故黄帝禽之。共工为水害，故颛顼诛之。教之以道、导之以德而不听，则临之以威武。临之以威武而不从，则制之以兵革。故圣人之兵也，若栉发耨苗，所去者少，而所利者多也。

又曰：杀无罪之民而养不义之君，害莫大焉；殚天下之财而赡一人之欲，祸莫深焉。所为立君者，以禁暴讨乱也。今集万民之力，而反为残贼，是为虎傅翼，曷为不除也。

又曰：霸王之兵，以论虑之，以策图之，以义扶之，非以亡存也，将以存亡也。

又曰：闻敌国之君有加虐于其民者，则举兵而临其境，责之以不义，刺之以过行。兵至其郊，乃令军帅曰："无伐树木，无掘坟墓，无爇五谷，爇，烧也。无焚积聚，无捕虏民，无收六畜。无聚所征国民以为采取，无收其六畜以自饶利。乃发号施令曰：某国之君，傲天侮鬼，决狱不辜，杀戮无罪，此天之所诛也，民之所仇也。兵之来也，以废不义而复有德也，有逆天之道、率民为贼者，身死族灭。以家听者禄以家，以里听者赏以里，以乡听者封以乡，以县听者侯以县。克国不及其民，废其君而易其政，尊其秀士而显其贤良，赈其孤寡，恤其贫穷，出其囹圄，赏其有功。百姓开门而待之，淅米而储之，淅，清。唯恐其不来也。此汤、武之所以致王，而齐桓、晋文之所以成霸也。

又曰：君为无道，民之思兵也，若旱而望雨也，渴而求饮，夫谁与交兵接刃乎？故义兵之至也，至于不战而心服也。

又曰：晚世之兵，君虽无道，莫不设渠堑傅堞加守。傅，守也。堞，城上女墙也。攻者非以禁暴除害也，欲以侵地广壤也，故至于伏尸流血，相支以日，而霸王之功不世出者，自为之故也。

又曰：夫为地战者，不能成其王；为身战者，不能立其功。举事以自为者，众去之。众之所助，虽弱必强；众之所去，虽大必亡也。

又曰：兵失道而弱，得道而强；将失道而拙，得道而工；国得道而存，失道而亡。所谓道者，体圆而法方，背阴而抱阳，左柔而右刚，履幽而观旸。地方而无限，故莫能窥其门。天化育而无形象，地生长而无计量，浑浑沉沉，孰知其藏也？

又曰：凡物有朕，唯道无联；方万物可联也，而道不可联也。所以无联者，以其无常形势也。转轮而无穷，象日月之运行，若春秋有代谢，若日月有昼夜，终而复始，明而复晦，莫能得其纪。制形而无形，故功可成矣。物物而不物，故胜不屈。形，兵之极也；至于无形，可谓之极矣。

又曰：大兵无创，与鬼神通；五兵不厉，天下莫之敢当；建鼓不出库，诸侯莫不慑悽沮胆。故庙战者帝，神化者王。所谓庙战者，法天道也；神化者，法四时也。修政于境内，而远方慕其德，制胜于未战，而诸侯服其威也。

又曰：民诚从令，虽少无畏；民不从令，虽众为寡。故下不亲上，下心不用；卒不畏将，其形不战。守有必固，而攻有必胜，不待交兵接刃，而存亡机固已形矣。

又曰：兵有三势，有二钤。有气势，有地势，有因势。将充勇而轻敌，卒果敢而乐战，三军之众，百万之师，志厉青云，气如飘风，声如雷电，诚积逾而威加敌人，此谓气势。狭路关津，大山名塞，龙蛇蟠，蟠，冤屈也。却笠居，却，偃覆也，笠，登也。羊肠道，羊肠一屈一伸。鱼笱门，竹笱所以捕鱼，其门可入而不得出也。一人守险，而千人不敢过，此谓地势。因其劳倦怠乱饥渴冻暍，推其摇摇，挤其揭揭，此谓因势。善用间谍，间谍，军之反间也。审错规虑，设蔚施伏，草木盛曰蔚。隐遁其形，出于不意，使敌人之兵无所适备，此谓知钤。阵卒正，前行选，进退俱，什伍抟，前后不相蹍，蹍，蹀蹈也。左右不相干，受刃者少，伤敌者众，此谓事钤。钤势必形，吏卒抟精，选良用才，官得其人，计定谋决，明于死生，举错得时，莫不振惊，故攻不待冲隆云梯而城拔，云梯，可依云而立，所以瞰敌之城中也。战不至交兵接刃而敌破，明于必胜之数也。

又曰：夫飞鸟之鸷也俯其首，猛兽之玃也匿其爪，虎豹不外其牙，噬犬不见其齿。故用兵之道，示之以柔而迎之以刚，迎，逆敌家。示之以弱而乘之以强，为之欲歙而应之以张，歙弱张强也。歙，读如胁。将欲西如示之以东也。

又曰：神莫贵于天，势莫便于地，动莫急于时，用莫利于人。和此四者，兵之干植也。然必待道而后行，可一用也。

又曰：古之兵，弓剑而已矣。槽柔无系，修戟无刺。槽，柔木也。无系，无铁刃也。刺，锋也。槽，读如糟。晚世之兵，隆冲以攻，渠幨以守，隆，高也。冲所以临敌城。冲，突坏之。渠，堑也。一曰：渠，甲名。幨幌所以御也。连弩以射，销车以斗。车弓弩通一弦，以牛挽之，以刃著左右为机开发。

又曰：古之伐国，不杀黄口，不获二毛，黄口，幼少也。二毛，有白发。于古为义，于今为笑。古之所以为治者，今之所以为乱也。

又曰：夫神农、伏羲，不施赏罚而民不为非，然而位政者不能废法而治民；不能及神农伏羲也。舜执干戚而服有苗，然而征伐者不能(择)[释]甲兵而制强暴。不能及舜也。由此观之，法度者，所以论民俗而节缓急也。

桓范《世要论》曰：太古之初，民始有知则分争，分争群群则智者为之君长。君长立则兴兵。所从来久矣，虽圣帝明王，弗能废也，但用之以道耳。故黄帝战于阪泉，尧伐驩兜，舜征有苗，夏禹殷汤、周之文武皆用师克伐以取天下焉。

又曰：圣人之用兵也，将以利物不以害物也，将以救亡非以危存也，故不得已而用之也。以为战者危事，兵者凶器，不欲令好用之。故制法遗后，命将出师，虽胜敌而反犹以丧礼处之，明弗乐也。故曰好战者亡，忘战者危，不好不忘，天下之王也。

又曰：夫兵之要，在于修政；修政之要，在于得民心；得民心在于利之也。仁以爱之，义以理之。故六马不和，造父不能以致远；民臣不附，汤武不能以立功。故兵之要在得众；得众者，善政之谓也。善政者，恤民之患，除民之害，故政善于内，则兵强于外也。

杜恕论曰：天生五材，民并用之，废一不可，谁能去兵！故兵之来也久矣。所以威不轨而昭文德，所以讨强暴而除残贼也。圣人以兴，乱人以废，废兴存亡皆兵之由也。昔五帝不能偃，况衰世乎？

又曰：滥杀无辜之民，以养不义之君，非兵之体也。殚天下之以立威成名，非兵之体也。虏其君，隶其臣，迁其社，易其民，非兵之体也。故夫霸王之用兵也，始之以义，终之以仁。将以存亡，非以亡存也；将以禁暴，非以为暴也。

又曰：兵之来也，以除不义而授德，克其国而不伤其民，废其君而不易其政，尊其俊秀，显其贤良，赈其孤寡，恤其穷困，百姓闻之，欣然箪食壶浆以迎其君，奚之迟也。以汤武之师用兵上也，谁与交锋而接刃哉？

又曰：所谓善用兵者，先弱敌而后战者也。若乃征之以义，以责其过；振之以武，以威其淫；怀之以德，以誓其民；置之以仁，以救其危。此四者，用兵之体，所谓因民之欲、乘民之力也。

又曰：治国家，理境内，施仁义，布德惠，明劝赏，黜幽昧，功臣附亲，士卒和辑，上下一心，君臣同德，指麾而响应，此上兵之体也。地广民众，主贤将能，国富，赏罚信，未至交兵而敌人亡遁，此次兵之体也。知地之形，因险厄之利，明奇正之变，审进退之宜，援枹而鼓之，黄尘四起，乃以决胜，此用兵之下，非兵之体也。

又曰：夫德义足以怀天下之民，事业足以当天下之急，选举足以得贤才之用，则兵之所加，若劲风振槁，此兵之体也。

《盐铁论》曰：兵者，凶器也。甲坚兵利，为天下殃。其母制子，故能久长；圣人法之，厌而不伤。

蒋子《万机论》曰：夫虎之为兽，水牛之为畜，殆似兵矣。夫虎爪牙既锋，胆力无伍，至于即豕也，卑俯而下之，必有扼喉之获。夫水牛不便速，角又乔，踈然处郊之野，朋游屯行，部队相伍。及其寝宿，因阵反御，若见兕虎抵角，牛全兕害矣。若用兵，恃强必鉴于虎，居弱必诫水牛，可谓攻取屠城而守必能全者矣。

刘向《新序》曰：上古之时，其民敦朴，故三皇教而不诛，无师而威，故善为国者不师，三皇之德也。至于五帝，有师旅之备而无用，故善师者不阵，五帝之谓也。汤伐桀，文王伐崇，武王伐纣，皆阵而不战，故善阵者不战，三王之谓也。及夏后之伐有扈，殷高宗讨鬼方，周宣王之征熏鬻，而不血刃，皆仁圣之惠、时化之风也。至齐桓侵蔡而蔡溃，伐楚而楚服，而强楚以致苞茅之贡于周室，北伐山戎使奉朝觐，三存亡，一继绝，九合诸侯，一匡天下，衣裳之会十有一，尝有大战亦不血刃。至晋文公，设虎皮之威，陈曳柴之伪，以破楚师而安中国，故曰善战者不死，晋文公之谓也。楚昭王遭阖闾之祸，国灭，昭王出亡，父老迎而笑之，昭王曰："寡人不仁，不能守社稷，父老反笑，何无忧？寡人且从此入海矣。"父老曰："有君若此，其贤也。"及申包胥请救，哭秦庭七日，秦君怜而救之。秦楚同心，遂走吴师，昭王反国。故善死者不亡，昭王之谓也。是故自晋文公已下至战国而暴兵始众，于是以强并弱，以大吞小。故强国务攻，弱国备守，合从连衡，群相攻伐。故战则称孙吴，守则称墨翟。至秦而以兵并天下，穷兵极武而亡。及项羽尚暴而灭，汉以宽仁而兴，故能扫除秦之苛暴矣。孝武皇帝攘服四夷，其后天下安然。故世之为兵者，其行事略可观也。

又曰：乐毅以弱燕破强齐七十余城者，齐无法故也。孙武以三万破楚二十万者，楚无法故也。韩信以寡众破赵二十万者，赵无法故也。近者曹操以八千破袁绍五万者，袁无法故也。此五子能以少克多者，军有法故也。用兵无法，犹乘舟无楫，登马而不勒。是以良将思计如饥，存法如渴。所以战必胜，攻必拔也。

陈琳《书》曰：王者之师，有征无战。

《卫公兵法》曰：陒阪高陵，溪谷险难，则用步卒。平原广衍，草浅地坚，则用车。追奔逐北，乘虚猎散，反覆百里，则用骑。故步为腹心，车为羽翼，骑为耳目，三者相待，参合乃行。

太平御览卷第二百七十二 兵部三

将帅上

《开元文字》曰：将，率也。

《春秋元命苞》曰：上天一星为郎将。

《左传》曰：楚子及诸侯围宋，宋公孙固如晋告急。公孙固，宋庄公孙。先轸曰："报施救患，取威定霸，于是乎在矣。"先轸，下军之佐原轸也。报宋赠马之施也。狐偃曰："楚始得曹而新婚于卫，若伐曹、卫，楚必救之，则齐、宋免矣。"前年楚使申叔戍谷以逼齐。于是乎蒐于被庐，晋常以蒐礼改政令，敬其始也。被庐，晋地。作三军，闵元年晋献公作三军，令复大国之礼。谋元帅。中军师。赵衰曰："郤縠可。臣亟闻其言矣。说礼乐而敦诗书。诗书，义之府也；礼乐，德之则也；德义，利之本也。《夏书》曰："赋纳以言，明试以功，车服以庸。尚书，虞夏书也。赋纳以言观其志也，明试以功考其事也，车服以庸报其劳也。赋，犹取也。庸，功也。君其试之。"乃使郤縠将中军，郤溱佐之；使狐偃将上军，让于狐毛，而佐之；毛，狐偃之兄。命赵衰为卿，让于栾枝、先轸。栾枝，贞子也。栾宾之孙。使栾枝将下军，先轸佐之。荀林父御戎，魏犨为右。荀林父，中行桓子。

《公羊传》曰：君将使射姑将，(阳)[杨]处父谏曰："射姑民众不说，不可使将。"于是废将。

《战国策》曰：秦与赵兵相距长平，赵孝成王使赵奢之子将。蔺相如曰："王以名使括，若胶柱而鼓瑟耳。此子徒能读其父奢书传，而不知合变也。"赵王不听。奢子括少时学兵法，言兵事，以天下莫能当。尝与其父言兵事，奢不能难，然不谓之善。其母问其故，奢曰："兵，死地也。而乃易言之。赵若以为将，破军者必是儿。"及括将行，其母上书具言不可，曰："始妾事其父，时为将，大王及宗室所赏者尽以与军吏士大夫，受命之日，不问家事。今此儿为将，东向而朝，军吏无敢仰视之者，王所赐金帛，归藏于家，而日视便利田宅买之。王以为如其父？父子异心，愿王毋遣。”王曰：“吾已决矣。”其母因曰：“即有如不称，妾得无随罪乎？王许之：“诺。”遂与秦军战，死，军败，数十万降秦，秦悉坑之。

《国语》曰：公使赵衰为卿，辞曰：“栾枝贞慎，枝，晋大夫栾共子之子也。先轸有谋，胥臣多闻，皆可以为辅，臣弗若也。”乃使栾枝将下军，先轸佐之。前取五鹿，先轸之谋也。五鹿，卫地。郄縠卒，使先轸代之。从下军之佐超将中军。传曰：尚德也，代先轸之。胥臣佐下军。

又曰：公使原季为卿，原季，赵衰也，文公二年为原大夫卿次卿。辞曰：“夫三德者，偃之出也。偃，狐偃。三德谓劝文公纳襄王以示民义，伐原以示民信，大蒐以示民礼，故以三德纪民。三德纪之语在下。以德纪民，其章大矣，不可废也。”章，著也。使狐偃为卿，辞曰：“毛之智，贤于臣，其齿又长。毛，偃之兄也。毛也不在位，不敢闻命。”乃使狐毛将上军，狐偃佐之。尚齿也。《传》曰：“使狐偃将上军，让于狐毛而佐之。”是也。狐毛卒，使赵衰代之，虞唐云：代将新军。昭谓代将上军。辞曰：“城濮之役，先且居之佐军也善，先且居，先轸之子，蒲城伯复受霍为霍伯也。军伐有赏，伐，功也。善君有赏，能其官有赏。且居有三赏，不可废也。且臣之伦，箕郑、胥婴、先都在。”伦匹三子，晋大夫。乃使先且居将上军。代狐毛也。公曰：“赵衰三让。三使为卿，三让之。进栾枝等八人。其所让，皆社稷之卫也。废让，是废德也。”以赵衰之故，蒐于清源，作五军。清源，警地。晋本三军，有中军上下，今有五，益新上下。使赵衰将新上军，箕郑佐之；胥婴将新下军，先都佐之。子犯卒，蒲城伯请佐，蒲城伯，先且居。公曰：“夫赵衰三让不失义。义，宜也。让，推贤也。义，广德也。德广贤至，有何患矣！请令衰也从子。”从先且居。乃使赵衰佐新上军。此有新字，误也。赵衰从新上军之将进佐上军为外一等，新上军之将位在上军佐之下。此章或在狐毛卒上，非也，当左下。

《史记·孟尝君传》曰：文闻将门必有将，相门必有相。

又《项羽本纪》曰：项氏世世为楚将，封于项，故姓项氏。

又曰：章邯已破项梁军，则以为楚兵不足忧，乃渡河击赵，大破之。当此之时，赵歇为王，陈馀为将，张耳为相。

又曰：魏文侯问曰："吴起何如人？"李克曰："起贪而好色，然其用兵，司马穰苴弗能过也。"于是魏文侯以为将，击秦，拔五城。

又《王翦传》曰：或曰："王离，秦之名将也。今将强秦之兵，攻新造之赵，举之必矣。"客曰："不然。夫为将三世者必败。何以？其杀伐多矣，其后受其不祥。"

又《淮阴侯传》曰：韩信曰："陛下非能将兵，而善将将，此乃信之所以为陛下禽也"。

《汉书·韩信传》曰：汉王使郦生往说魏王豹，豹不听，乃以信为左丞相击魏。信问郦生："魏得毋用周叔为大将乎？"曰："柏直也。"信曰："竖子耳。"遂进击魏。

又《陆贾传》曰：贾谓陈平曰："天下安，注意相；天下危，注意将。将相和，则士豫附，士豫附，天下虽有变，则权不分。为社稷计，在两君掌握耳。"

又《齐王传》曰：祝午绐琅琊王曰："吕氏为乱，齐王发兵欲西诛之。齐王自以儿子年少，不习兵革之事，愿举国委大王。大王自高帝将也。"

又《高纪》曰：帝置酒雒阳南宫，曰："通侯诸将毋敢隐朕。"

《后汉书·虞诩传》曰：李循曰："关西出将，关东出相，观其习兵壮勇，实过馀州。"

又曰：大将曹公每攻城破邑，得靡丽之物则悉以赐有功者。勋劳宜赏，则不吝万金。无功冀施，分毫不与。

《魏志》曰：太祖既破张绣，东擒吕布，定徐州，遂与袁绍相距。孔融谓荀彧曰："绍地广兵强，田丰、许攸智计之士为之谋；审配、逢纪，尽忠之臣也任其事；颜良、文丑勇冠三军，统其兵。殆难克乎？"彧曰："颜良、文丑，匹夫之勇，可一战而擒。"

又曰：太祖征荆南，刘备奔吴，论者以为权必杀备。程昱料之曰：

"孙权新立，未为海内所惮。曹公无敌于天下，初举荆州，不能独当。刘备英名，关羽、张飞皆万人敌，权必资之以御我。难解势分，备资以成，又不可得而杀也。"权果多与备兵以御太祖。

《晋书》曰：王导，字茂弘，光禄大夫览之孙也。父裁，镇军司马。导少有风鉴，识量清远。年十四，陈留高士张公见而奇之，谓其从兄敦曰："此儿容貌志气，将相之器也。"

又《张华传》曰：今之所要在军帅，然议者举将，多推宿旧。

又《慕容德载记》曰：昔韩信以裨将伐齐，有征无战；耿弇以偏军讨张涉，克不移朔。

《后周书》曰：王励，性忠果，有才干。年七十，从太祖入关，及太祖平秦陇、定关中，励常侍从。太祖尝谓之曰："为将，坐见成败者上也，被坚执锐者次也。"励曰："意欲兼之。"太祖大笑。

《隋书》曰：炀帝之在东宫，尝谓弼曰："杨素、韩擒虎、史万岁，三人俱称良将。其间优劣何如？"弼曰："杨素是猛将，非谋将；韩擒虎是斗将，非领将；史万岁是骑将，非大将。"太子曰："然则大将谁也？"弼拜曰："唯殿下所择。"弼意自许为大将。弼，贺若弼。

《唐书》曰：太宗尝论将帅，谓左右曰："当今名将，唯李勣、任城王道宗、薛万彻三人而已。李勣、道宗不能大胜亦不大败，万彻非大胜即大败。"

又曰：太宗与长孙无忌、薛万彻等宴于丹霄殿，各赐膜皮，而误呼"万彻"为万均，因怆然曰："万均，朕之勋旧，不幸早亡，不觉呼名，岂其魂灵欲朕之赐也。"因取膜皮，呼"万均"以同赐而焚之于前，侍坐者无不感泣。潞公薛万均，万彻兄也，国初立大功，故太宗思之。

又曰：贾言忠，乾封中为侍御史。时朝廷有事辽东，言忠奉使往支军粮。及还，高宗问以军事，言忠画其山川、地势，具陈辽东可平之状，高宗大悦。又问诸将优劣，言忠曰："李勣先朝旧臣，圣鉴所悉；庞同善虽非斗将，而持军严整；薛仁贵勇冠三军，名可振敌；高侃俭素自处，忠果有谋，契苾何力，沉毅持重，有统御之才，然颇有忌前之癖。

诸将夙夜小心，忘身忧国，莫逮于李勣者。”高宗深然之。

又曰：裴度使蔡州行营，宣谕诸军既还，帝问诸将之才，度曰：“臣观李光颜，见义能勇，终有所成。”不数日，光颜奏大破贼军于时曲。帝尤叹度之知人。

又曰：朱滔效顺，代宗临轩劳问，既而曰：“卿自谓才孰与泚多？”滔曰：“各有长短。统御士众，方略明辩，臣不及泚。臣年二十八获谒龙颜，泚长臣五岁，未朝凤阙，泚不及臣。”代宗愈喜。

《古司马兵法》曰：上贵不伐之士。不伐之士，上之器也。苟不伐，则无求，无求则不争。国中之听，必得其情；军旅之听，必得其宜。此贵不伐之士也。不伐之士治国必得其实，在军必得其宜，故先贵而用之。从命为士上赏，犯命为士上戮，故其勇力不相犯。既致教其民，然后谨选而使之。事极修则百官给矣。教极省则人兴良矣。

又曰：凡战，胜则与众分善。将虽有独见之知，战胜不自取功，常推与下分者也。选良，先无功者。勇猛劲才，战不得功，后战必选为前，当以激致其锐气也。若使不胜，使过在己。战有失利，当为吏士引其过咎，令无惭愧，使复可使。

又曰：上同无获，将智与众同等不能自用，又不能用人，随众取同，故无功也。上专多死，将无明智，耻求贤问智，自专事为众所弊，故战多死也。上生多疑。将无义必，苟求全免害避难，则士多疑者也。上死不胜。将无善略，苟以死当敌，故不胜也。凡民死爱，死怒，死威，死义，死利。视下如子，则民生爱；志意激扬，则民怨怒；使民以礼，征伐以义，则民死威；赏赐分明，则民死义；爵赏厚，则民死利。

《孙子》曰：将者，智信仁勇严也。故知兵之术，人之司命，国家安民之主也。将者，国辅。辅周，则国必强；将周密谋不泄也。辅隙，则国必弱。

又曰：故君之所以患于军者三。三者何也？曰：不知军之不可进而谓之进，不知军之不可退而谓之退，是谓縻军；縻，御。不知军中之事而同军中之政，则军士惑也；不知三军之任权而欲同三军之任，则军事覆疑。不得其人也。三军既惑且疑，则诸侯之难至矣，是谓乱军而引胜；引，夺也。故知胜者五：知可以战与不可以与战者胜；识众寡之用者胜；上下欲同者胜；以虞待不虞者胜；将能而君不御者胜。司马法曰：进退惟时，无白寡人。此五者，知胜之道。此上五事。故曰：知彼知己，百战不殆。不知彼而知己，一胜一负；不知彼不知己，每战必殆。

又曰：凡用兵之法，将受命于君，合军聚众，圮地无舍，无所依也。衢地合交，结诸侯也。绝地无留，无久止也。围地无谋，发奇兵也。死地则战。途有所不由，死难之地所不当从也，不得也。军有所不击，军难可击。以地险难，不留之失前利，若得之，又利薄。城有所不攻，城小固粮饶，不可攻也。地有所不争，皆与上同操所以置华费而深入徐州拔十四县。君命有所不受。苟便于事，不苟于君命也。故将通于九变之利者，则知用兵矣。九事之变。将不通于九变之利，虽知地形，不能得地之利矣。

又曰：治人不知五变，虽知五利，不能得人用之矣。下五事也。是故智者之虑必杂于利害，在利思害，在害思利。杂于利而务可信，计敌不能依五地为我害信，务为可信也。杂于害而患可解。并计于害，虽有患可解也。害中杂利，陷之死地而后生也。趣之以利。令自来也。故用兵之法，无恃其不来，恃吾有以待之。安不忘危，常备之也。无恃其不攻吾也，恃吾不可攻。故将有五危：必死可杀，勇无疑也。必生可虏，见利不进将怯弱必生之意，上下犹豫，可急而取。忿速可侮，忿疾之人可忿怒侮而致也。廉洁可辱，廉洁之人可污辱而致必来战。爱人而烦，出必所走，爱人者必倍道兼行救之，则烦劳也。凡此五者，将之过，用兵之灾。覆军救将，必以五危，不可不察也。

又曰：吏强卒弱，曰陷。吏强欲进，卒弱辄陷，败也。大吏怒而不服，遇敌怼而自战，将不知其能，曰崩。大吏小将也，大将怒之，不厌服，忿而赴敌，不量轻重，则必崩坏也。将弱不严，教道不明，吏卒无常，陈兵纵横，曰乱。为将若此，乱之道也。将不能料敌，以少合众，以弱击强，兵无避锋，曰北。兵势若此，必走也。凡此六者，胜败之道，将之至任也。

又曰：明主虑之，良将修之。非利不起，非得不用，非危不战。不得已而用兵主不可以怒而兴军，将不可以愠而合战，合于利而用，不合于利而止。不得以喜怒而用兵。怒不可复喜，愠不可复悦，亡国不可复存，死者不可复生。故曰：明主虑之，良将警之，此安国之道也。

《吴子》曰：人有三不和；不和于国，不可以出军；不和于军，不可以出阵；不和于阵，不可以进战。

又曰：将之所慎者五，一曰理，二曰备，三曰果，四曰戒，五曰约。戒者，虽克如始战。

《孔丛子》曰：子思居卫，言苟变于卫君曰："其才可将五百乘。君任军旅率得此人，则无敌于天下矣。"卫君曰："吾知其才可将。变也尝为吏，赋于民而食人三鸡子，以故弗用也。"子思曰："夫圣人官人，犹大匠之用木也，取长弃短，故材连抱而有数尺朽者，良工不弃，以其所妨者细也。卒成不訾之器。今君处战国之世，选爪牙之士，以三卵焉弃捍城之将！此不可使闻于邻国也。"卫君再拜曰："谨受诏矣。"

太平御览卷第二百七十三　兵部四

将帅下

《吕氏春秋》曰：管子言于桓公曰："垦田大邑，辟土生粟，尽地之利，臣不若宁遬，遬乃戚也。请置以为大田。登降辞让，进退闲习，臣不若隰朋，请置以为大行。蚤入晏出，犯颜进谏以忠，不避死亡，不重贵富，臣不若东郭牙，请置以为大谏。平原广城，车不结辙，士不旋踵，鼓之而三军之士视死如归，臣不若王子城父，请置以为大司马。决狱折中，不杀不辜，不诬无罪，臣不若弦章，章宾胥无。请置以为大理。君若欲理国强兵，则五子者足矣；君若欲霸王，则夷吾在此。"桓公曰："善"。令五子皆任其事，以受于管子。十年，九合诸侯，一匡天下。管子，人臣也，用不能长之，而尽以五子之能，又况于人主乎？

《淮南子》曰：中将上不知天道，下不知地利，专用人与势，虽未能万全，胜钤必多矣。下将之用兵也，博闻而自乱，多知而自疑，居则恐惧，发则犹豫，是以动为人禽矣。今使两人接刃，巧拙不异，而勇士必胜者何也？其行之诚也。

又曰：鼓不与于五音，而为五音主；水不与于五味，而为五味调；将军不与五官之事，而为五官督。故能调五音者，不与五音也；能调五味者，不与五味者也。是故将军之心，滔滔如春，旷旷如夏，湫漻如秋，典凝如冬。典常凝正也，常正于冬也。因刑而与之化，随时而与之移。夫景不为曲物直，响不为清音浊。观彼之所以来，各以其胜应之。是故扶义而动，推理而行，掩节断割，掩，覆也。覆其节制断割之也。因资而成功。使彼知吾所出而不知吾所入，知吾所举而不知吾所集。始如狐狸，彼故轻来；合如兕虎，敌故奔走也。

又曰：将者，必有三隧、四义、五行、十守。所谓三隧者：上知天道，下习地形，中察人情。凡此三事者，人所从偃隧。所谓四义者：便国不负兵，为主不顾身，见难不畏死，决疑不辟罪。所谓五行者：柔而不可卷也，刚而不可折也，仁而不可犯也，信而不可欺也，勇而不可陵也。所谓十守者：神清而不可浊也，谋远而不可篡也，操固而不可迁也，知明而不可蔽也，不贪于货，不淫于物，不嚂于辨，不推于名，不可喜也，不可怒也。是谓至平，窈窈冥冥，孰知其情！发必中证，言必合数；动必顺时，解必中滕。滕理。通动静之机，明开塞之节。审举错之利害，若合符节。疾如彍弩，势如发矢，一龙一蛇，动无常体。莫见其所中，莫知其所穷；攻则不可守，守则不可攻也。

《抱朴子》曰：良将，去如收电，可见不可追；留如丘山，可瞻不可动。

又曰：大将，民之司命，社稷存亡，于是乎在。

《六韬》曰：武王问太公曰："王者帅师，必有股肱、羽翼，以成威神，为之奈何？"公曰："凡举兵帅师，以将为命。在其通达，不在一术也。

又曰：武王问太公曰："论将之道奈何？"太公曰："将有五才、十过。五才者，勇、智、仁、信、必也。勇则不可犯，智则不可乱，仁则爱于人，信则不欺人，必则无二心。所谓十过者；将有勇而轻死者，有急而心速者，有贪而喜利者，有仁而不忍于人者，有智而心怯者，有信而喜信人者，有廉而不爱人者，有智而心缓者，有刚毅而自用者，有懦而喜用人者。是故兵者，国之大器，存亡之所由也。"

又曰：太公曰："夜卧早起，虽剧不悔，妻子之将也；笃实希言，赋物平均，十人之将也；数行刑戮，不避亲戚，百人之将也；讼辩好胜，欲正一众，千人之将也；知人饥饱，念人剧易，万人之将也；战战慄慄，日慎一日，十万人之将也；见贤进之，行法不枉，百万人之将也。知天文，悉地理，四海如妻子，此天师之主也。"

又曰：为将，冬日不衣裘，夏日不操扇，天雨不张盖。

又曰：武王曰："吾欲令三军，亲其将如父母，攻城则争先登，野战则争先赴，闻金声则怒，闻鼓声则喜，为之奈何？"太公曰："出隘塞，犯泥涂，将必先下步。士卒皆定次，将乃就舍；军未举火，将亦不食。"

《三略》曰：军井未达，将不言渴。军灶未炊，将不言饥。军幕未办，时不言倦。冬不服裘，夏不操扇，是谓礼也。

诸葛亮《兵要》曰：人之忠也，犹鱼之有渊。鱼失水则死，人失忠则凶。故良将守之，志立而扬名。

又曰：不爱尺璧而爱寸阴者，时难遭而易失也。故良将之趋时也，衣不解带，履不遗蹑。

又曰：贵之而不骄，委之而不专，扶之而不隐，免之而不惧。故良将之动也，如璧之不污。

又曰：良将之为政也，使人择之不自举，使法量功不自度。故能者不可敝，不能者不可饬，妄誉者不能进也。

桓范《世要论》曰：夫事之安危，实在于将。故曰："将不知兵，以其主与敌；主不择将，以其国与敌也。"然择将者，不务求其策，而反先索其勇；不取之于威严，而用之于软缓。此所谓弃本而要其末也。

又曰：昔霸王之战，策贵庙胜，故曰上兵伐谋而战胜也。吴起临阵，推剑不持；项羽初学剑，后贵兵略。此勇难独用，况无勇乎。

又曰：太公誓师后至斩，故云执桴鼓、立军门，有不可犯之色也。严故能行其法，威故能著其恩也。

又曰：今之择将宜参准往古。古数诡于常时之法，得其状而责任之，所谓坐车上而御骐骥，不劳而致千里者也。

又曰：古之论将者，言长于计策而课以料敌，言善于治军则考以事政，勇于奋击则责以战斗。若无此三者，则不委之以境外之任，付之以安危之事。

蒋子《万机论》曰：知兵之将，国之行主，民之司命，古者重之，后世无逮焉。吕望虽知，孙武虽晓，乐毅虽贤，白起虽武；夫齐之朽骨，吴之縻骸，燕之消骼，秦之腐肉，岂可餔其糟粕，复得生而使之哉！固当出我民之最，择其智勇之长者，用其术略也。

又曰：虽有百万之师，临时吞敌在将也。

《吴子》曰：凡人之论将，恒观之于勇，勇之于将乃万分之一耳。故

《六韬》曰:“将不仁则三军不亲,将不勇则三军不为动。”

《孙子》曰:将者,勇、智、仁、信、严也。

又曰:三军之众,百万之师,张设轻重在于一人,谓之气机。道峡路险,名山大塞,十人所守,千人不过,是谓地机。善行间谍,分散其众,使君臣相怨,是谓事机。车坚舟利,士马闲习,是谓力机。此所谓四机者也。

又曰:夫将可乐而不可忧,谋可深而不可疑。将忧则内疑,将有忧色,则内外相疑不相信也。谋疑则敌国奋。多疑则计乱,乱则令敌国奋也。以此征伐,则可致乱。故将能清净,应财曰:清不扰白静。能平,能整,能受谏,能听讼,能纳人。受贤于群英之中,若吴纳范蠡、齐纳宁戚之类也。能采善言,能知国俗,能图山川,能裁厄难,险、难、厄,皆悉明也。能制军权。危者安之,惧者欢之,叛者还之,将有不合去者,慰喻还之,若肃何追韩信。冤者原之,诉者察之,卑者贵之,士卒若卑贱者贵之,昔吴起不与士卒同衣食者是也。强者抑之,敌者残之,卑中有贱而敌贵者,乱上下之礼残,杀之。贪者丰之,悬赏所以丰其心,所以使贪。欲者使之,临敌将战,有欲立功名,有欲利敌人者,皆许而使之,所谓使勇使贪。畏者隐之,士卒有所畏惧者,隐蔽于后,勿使为军锋。军败由锋怯。谋者近之,谗者覆之有谗斗之覆,信之。毁者复之,官职有毁废者,则修而复之。反者废之,横者挫之,服者活之,首服罪者活之。降者说之,说,舍。获城者割之,赏功臣也。获地者裂之,赐功劳者。获国者守之,得其国必封贤以守之。昔吴伐越得而不守,所以终败也。获厄塞之,获难屯之,获财散之,敌动伺之,敌强下之,敌阵强则下之与战。若齐师伐鲁鼓之,曹刿不动,三鼓破齐也。敌凌假之,敌之威势凌我而来,宜持以待之,勿与战。楚凌汉,求决一决,汉祖知弱不许之是也。敌暴安之,敌人为暴虐之行,则安之、劝之,所以怒我众也。昔燕伐齐田单不下,燕师掘齐人冢墓,田单安劝之是也。敌勃义之,敌为勃乱之事,则我修义以待之。彼勃我义,故克。敌睦携之,顺举挫之,举顺以挫逆也。因势破之,放言过之。放过恶言以诬诈敌人,以怒已众也。此为将之道也。

又曰:故将拒谏则英雄散,策不从则谋士叛;善恶同则功臣倦,赏罚不明，善恶无异，则有功之臣皆懈倦也。将专己则下归咎，专己自任，不与下谋，众皆归罪于将而责之。将自臧则下少功，臧，善也。将自伐动忘下自用者，故曰少功也。将受谗则下有离心，将贪财则奸不禁，上贪则下盗也。将内顾则士卒淫。内顾，思妻妾也。将有一则众不服，有二则军无试，试，法也。有三则军乖背，有四则祸及国。

又曰：《军志》曰："将谋欲密，士众欲一，将众如一体也。攻敌欲疾。"将谋密则奸心闭，士众一则群心结，结如一也。攻敌疾则诈不及。设军有此三者，则计不夺。将谋泄则军无势，以外窥内则祸不制，窥，见也。谋泄则外见己情虚实，其祸不可制也。财入营则众奸会。凡为军使外人以财货入营内，则奸谋奄集其中也。将有此三者，军必败也。"

又曰：将无虑则谋士去，将无防虑，不能从谋，故去之。将无勇则吏士恐，将怯则下无所恃，故恐也。将迁怒则军士惧。虑也，谋也，将之所重；勇也，怒也，将之所用意。故曰：必死可杀也，必生可虏也，忿速可侮也，廉洁可辱也，爱人可烦也。此五者，将兵之过，用兵之灾也。

又曰：凡战之要，先占其将，而察其才，因刑用权则不劳而功兴也。其将愚而信人，可谋而诈；贪而忽名，可货而赂。轻变可劳而困。上富而骄、下贫而磔，可离而间，将怠士懈可潜而袭。智而心缓者可迫也，勇而轻死者可暴也，急而心速者可诱也，贪而喜利者可袭也，仁而不忍于人者可劳也，智而心缓者可惊也，信而喜信于人者可诳也，廉洁而不爱人者可侮也，刚毅而自用者可事也，懦心喜用于人者可使人欺也。此皆用兵之要，为将之略也。

何晏《韩白论》曰：此两将者，殆蚩尤之敌，盖开辟所希有也。何者为胜也？或曰：白起功多，前史以为出奇无穷。欲窥沧海，白起为胜。若夫韩信，断幡以覆军，拔旗以流血，其以取胜，非复人力也，亦可谓奇之又奇者哉。白起之破赵军，诈奔而断其粮道。取胜之比，皆此类也。所谓可奇于不奇之间矣，安得比其奇之又奇者哉！

班叔皮《王命论》曰：是时，陵为汉将，而母获于楚。

任彦升《奏弹曹景宗》曰：赏茂通侯，荣高列将。

潘安仁《西征赋》曰：萧、曹、魏、丙之相，辛、李、卫、霍之将，御使则苏属国，震远则张博望。属国，苏武。博望，张骞。

范晔《二十八将传论》曰：中兴二十八将，前世以为上应二十八宿，未之详也。然咸能感会风云，奋其知勇。议者多非光武，不以功臣任职，至使英姿茂绩委而勿用。然原夫良图远算，固将有以为尔。若乃王道既晦，降及霸德，犹能受授惟庸。勋贤兼序，如管、隰之迭升桓世，先赵之同列文朝，可谓兼通矣。降自秦汉，世资战力，至于翼扶王运，皆武人崛起，亦有鬻缯盗狗轻猾之徒。或崇以连城之赏，或任以阿衡之地，故势疑则隙生，力侔则乱起萧樊。且犹缧绁，信越终见菹戮，不其然乎！自兹以降，讫于孝武，宰辅五世，莫非公侯。遂使搢绅道塞，贤能蔽壅。故光武鉴前事之违，存矫枉之志。虽寇、邓之高勋，耿、贾之鸿烈，分土不过大县数四，所加特进朝请而已。观其治平临政，课职责咎，将所谓导之以法，齐之以刑者乎？永宁年中，显宗追感前世功臣，乃图画二十八将于南宫云台，其外又有王常、李通、窦融、卓茂，合三十二人。故依其大第，系之篇末，以志功次云尔。

太平御览卷第二百七十四 兵部五

命将

《礼记》曰：诸侯赐弓矢，然后专征；赐斧钺，然后专杀。

《史记·留侯世家》曰：黥布反，上欲使太子往击之。四人相谓曰："凡来者，将以存太子。太子将兵，事危矣。"乃说建成侯曰："君何不急请吕后承间为上泣言：黥布，天下猛将也。善用兵，今诸将皆陛下故等夷，乃令太子将，无异使羊将狼也。"

又《冯唐》曰：上古王者遣将也，跪而推毂，曰："阃以内，寡人制之；阃以外，将军制之。"

又《淮阴侯传》曰：信数与萧何曰："信虽为将，信必不留。"汉王曰："以为大将。"何曰："幸甚。"

《汉书》曰：萧何追韩信，还，汉王曰："以为大将。"何曰："王素慢无礼，今拜大将，如召小儿，此乃信所以去也。王必欲拜之，宜择日斋戒，设坛场具礼，乃可。"王许之。诸将皆喜，人人各自以为得大将。至拜，乃韩信也。一军皆惊。

《后汉书·陈龟传》曰：臣闻三辰不轨，擢士为相；蛮夷不恭，拔卒为将。

挚虞《新礼》曰：汉魏故事，遣将出征，符节郎授钺于朝堂。新礼遣将，御临轩，尚书授节钺，古兵书"跪而推毂"之义也。

崔豹《古今舆服注》曰：得赐黄钺，则斩持节将。

《淮南子》曰：凡国有难，君自宫召将，诏之曰："社稷之命在将军耳。今国有难，请子将而应之。"将军受命，乃令祝史太卜斋宿三日，之太庙，钻灵龟，卜吉日以受鼓旗。君入庙门，西面而立。将入庙门，北面而立。主亲操钺持头，授将军柄曰："从此上至天者，将军制之。"又复操斧持头授将军柄曰："从此下至渊者，将军制之。"将以授斧钺，答曰："国不可从外治也，军不可从中御也。二心不可以事君，疑志不可以应敌。臣既以受制于前矣，鼓旗斧钺之威，臣无还，愿君亦无垂一言之命于臣也。君若不许，臣不敢将。君若许之，臣辞而行。"乃剪爪，前长鬋爪，送终之礼，去其手足爪也。设明衣，明衣，丧衣也。在于暗冥，故言明。凿凶门而出。凶门，北出门也。将军之出，以丧礼乐之，以必死也。乘将军车，载旌旗斧钺，其临敌决战，不顾必死，无有二心。是故无天于上，无地于下，无敌于前，无主于后，进不求名，退不避罪，唯民是保，利合于主，上将之道也。如此，则智者为之虑，勇者为之斗。气厉青云，疾如驰骛。是故兵未交接，而敌人恐惧。若战胜敌奔，赏吏迁官；顾反于国，放旗以入，乃缟素辟舍，请罪于君。君曰："赦之。"大胜三年反舍，大胜敌者，还三年，乃反故舍。中胜二年，下胜期年。兵之所加者，必无道之国也。故能战胜而不报，取地而不反。民不疾疫，将不夭死，五谷丰昌，风雨时节。战胜于外，福生于内，是故名必成而后无余害矣。

任彦升《奏弹曹景宗》曰：昔汉光武命将，坐知千里；魏武置法，案以从事。

陈孔璋《檄吴将校部曲文》曰：朝为仇虏，夕为上将。

冯衍《与田邑书》曰：今以一节之任，建三军之威，岂特宠其八尺之竹、牦牛之尾也！

易将

《史记》曰：秦师伐赵，王使廉颇御之。颇固壁不战，赵王惑秦之间，以赵奢之子代颇，赵师大败。

《后汉书》曰：光武遣冯异代邓禹，车驾送之河南，赐以乘舆、七尺具剑。具，谓以宝玉装饰之。《东观汉记》作玉具剑。

《晋书》曰：石苞为淮北监军，王琛所奏与吴人交通。先时望气者云"东南有大兵起。"及琛表至，帝甚疑之。会荆州刺史胡烈表吴人欲大出为寇，苞亦闻吴师将入至，乃筑垒遏之以自固。帝闻之，谓羊祐曰："吴人每来，常东西相应，岂石苞果有不顺乎？"祜深明之，而帝犹疑焉。命苞子乔为尚书郎，上召之，经日不至。帝谓为必叛，欲讨而隐其事，遂下诏以苞不料贼势，筑垒遏水，劳扰百姓，策免其官。遣太尉义阳王望率其大军征之，以备非常。又敕镇东将军琅邪王伷自下邳会寿春。苞用掾孙铄计，放兵步出，住都亭待罪。帝闻之，意解。及苞诣阙，以公还第。苞自耻受任无效而无怨色。

又曰：镇南将军杜元凯都督荆州诸军事，袭吴西陵督张政，西陵，今夷陵郡。大破之。政，吴之名将，据要害之地，耻无备取败，不以实闻于孙皓。元凯欲间吴边将，乃请还其所获之众于皓。皓果召政，遣武昌监刘宪代之。故晋军将至，使将帅移易，成倾荡之势，竟殄灭焉。

《北史》曰：后周末，隋文帝作相，尉迟迥据相州举兵。隋文遣郧音云公韦孝宽为东道元帅，师次沁水，水涨，兵未得渡。吏李询上密启云："大将梁士彦、宇文欣、崔弘度等并受尉迟迥饷金，军中骚骚，人情大异。"文帝以为忧，欲代此三人。李德林独进计云："公与诸将并是国家贵臣，未相伏驭，今以挟令之威使得之耳，安知后所遣者能尽腹心，前遣之人独致乖异？又取金之事虚实难明，即令换易，彼将惧罪恐逃逸，便须禁固，然则郧公以下必有惊疑之意。且临敌代将，自古所难。乐毅所以辞燕，赵奢之子以之败赵。如愚所见，但遣公一腹心，明于智略、为诸将旧来所信伏者，速至军所观其情伪，纵有异意，必不敢动。"文帝大悟，即令高颖驰驿往军所，为诸将节度，竟成大功。

《战国策》曰：昌国君乐毅为燕王合五国之兵而攻齐，下七十余城，尽郡县之以属燕，惟莒、即墨二城未下。而昭王死，惠王即位，用齐人反间，疑乐毅，而使骑劫代之，乐毅奔赵。

老将

《史记》曰：秦始皇问李信曰："吾欲攻荆，用几何人而足？"信曰："不过用二十万人。"始皇问王翦，翦曰："非六十万人不可。"始皇曰："王将军老矣，何怯也！李将军果断壮勇，其言是也。"王翦因谢疾，归老于颍阳。李信攻鄢、郢，破之。于是引兵而西，与蒙恬会城父。荆人因随之，三日三夜不得顿舍，大破李信军。始皇闻之大怒，自驰如颍阳谢翦曰："不用将军计，李信果辱秦，将军独忍弃寡人乎？"翦谢曰："老臣罢病悖乱，唯大王更择贤将。"始皇谢曰："已矣，将军勿复言。"王翦曰："大王必不得已用臣，非六十万人不可。"始皇曰："听将军计耳。"于是王翦将六十万人，始皇自送灞上。王翦行，请美田宅园池甚众。始皇曰："将军行矣，何忧贫乎？"翦曰："为大王将，有功不得封侯，故及大王之向臣，臣亦及时以请园池为子孙业耳。"始皇大笑。或曰："将军乞贷亦已甚矣。"翦曰："今空秦国甲士而专委于我，我不多请田宅为子孙业以自坚，顾令秦王坐而疑我耶？"翦果代信击荆。大破荆军，虏荆王负刍，竟平荆地为郡县。

《汉书》曰：西羌反时，赵充国年七十余，上老之，使御史大夫丙吉问谁可将者，充国对曰："无逾于老臣耳。"上遣焉，问曰："将军度羌虏何如，当用几人？"充国曰："百闻不如一见。兵难隃度，隃，遥也，三辅言也。臣愿驰至金城，图上方略。然羌戎小夷，逆天背叛，灭亡不久，愿陛下以属臣，勿以为忧。"上笑曰："诺。"充国日飨军士，皆欲为用。虏数挑战，充国坚守。捕得生口，言羌豪相责曰："汝无反，今天子遣赵将军来，年八九十矣，善为兵。今欲一斗而死，可得矣。

又曰：元狩四年，大将军大击匈奴，李广数自请行。上以为老，不许；良久乃许之。大将军阴受上旨，以为李广数奇，不偶也。无令当单于，恐不得所欲。时公孙敖亡道。徙广，广或失道。大将军使长史持糒醪遗广，因问失道状。长史急责广之莫府上簿。广曰："诸校尉无罪，乃我自失道。"谓其麾下曰："广结发与匈奴大小七十余战，今幸从大将军出接单于兵，而大将军徙广部行回远，又迷失道，岂非天哉！终不能复对刀笔吏。"遂引刀自刭。而百姓闻之，知与不知，皆为垂泣。

《东观汉记》曰：马援，字文渊。建武二十四年，威武将军刘尚击武陵五溪蛮夷，深入，军没，援因复请行。时年六十二，帝愍其老，未许之。援自请曰："臣尚能披甲上马。"帝令试之。援据鞍顾眄，以示可用。帝笑曰："矍铄哉，是翁也！"遂遣援。

《宋书》曰：沈庆之讨竟陵王诞。庆之至城下，诞登楼谓曰："沈公君白首之年，何为来？"庆之曰："朝廷以君狂愚，不足劳少壮，故使仆来耳？"

《梁书》曰：王神念少善骑射，及老不衰，尝于武帝前手执二刀盾，左右交度，驰马往来，冠绝群伍。

《后魏书》曰：中山王英之征义阳，傅永为宁朔将军、统军，当长围遏其南门。萧衍将马仙琕连营稍进，规解城围。永谓英曰："凶竖豖突，意在决战。雅山形要，宜早据之。"英沉吟未决，永曰："机者如神，难遇易失，今日不去，明朝必为贼有，虽悔无及。"英乃分兵，夜筑城于山上，遣统军张怀等列阵于山下以防之。至晓，仙琕果至，怀等战败，筑城者悉皆奔退，仙琕乘胜直趣长围，义阳城人复出挑战。永乃分兵付长史贾思祖，令守营垒，自将马步千人南逆仙琕。輾甲挥戈，单骑先入，唯有军主蔡三虎副之，余人无有及者。突阵横过，贼射永，洞其左股，永拔箭复入，遂大破之，斩仙琕子。仙琕烧营席卷而遁。英于阵谓永曰："公伤矣，且还营。"永曰："昔汉祖扪足，不欲人知。下官虽微，国家一帅，奈何使虏有伤将之名！"遂与诸军追之，极夜而反，时年七十余矣。三军莫不壮之。

又曰：毕众敬爵为东平公，善自奉养，食膳丰华，必致他方远味。年已七十，鬓发皓白，而气力未衰，据鞍驰骋，有若少壮。笃于姻亲，深有国士之风。太和中，高祖宾礼旧老，众敬与咸阳公高允引至方山，虽文武奢俭，好尚不同，然与允甚相爱敬，接膝谈款，有若平生。后以笃老乞还桑梓，朝廷许之。众敬临还，献真珠珰四具、银装剑一口、刺虎矛一枚。

《后周书》曰：梁台不过识千余字，口占书启，词意可观。年过六十，犹能被甲跨马，足不蹑蹬。驰射弋猎，矢不虚发。

《隋书》曰：开皇初，突厥寇边，燕、蓟多被其患。前总管李崇为虏所杀，周瑶拜为幽州，总管六州五十镇诸军事。摇修鄣塞，谨斥堠，边民以安。后六载，徙为寿州。初，自以年老，乞骸骨，上召之。既引见，上劳之曰："公积行累仁，历仕三代，克终富贵，保兹遐寿，良足善也。"赐坐褥，归于第。岁余，终于家。

又曰：贺若谊为泾州刺史。时突厥屡为边患，朝廷以谊素有威名，拜灵州刺史，进位柱国。谊时年老，而筋力不衰，犹能重铠上马，为北夷所惮。数载，上表乞骸骨，优诏许之。谊家富于财，于郊外构一别庐，多植果木。每邀宾客，列女乐，游集其间。卒于家。

太平御览卷第二百七十五 兵部六

良将上

《论语》曰：子曰："孟之反不伐。"孔注曰："鲁大夫孟之侧也，与齐战，军大败。不伐者，不自伐其功也。"

《孝经左契》曰：将军顺虎衔珠，大夫正海出鱼。

《抱朴子》曰：良将刚则法天，可望而不可干；柔则象渊，可观而不可入。去如收电，可见而不可得；留如山岳，可瞻而不可量。

《唐子》曰：良将如泉如山，不知其欢戚也。

《史记》曰：吴起者，卫人也，好用兵。事鲁君。齐人攻鲁，鲁欲将起，起取齐女为妻，而疑之。起遂杀妻，明不为齐也。鲁卒以为将，大破齐，后之魏。

又曰：陈胜之反秦，使王离击赵王及张耳钜鹿城，或曰："王离，秦之名将也。"

又曰：魏文侯问："吴起何如人？"李克曰："其用兵，司马穰苴弗能过也。"于是魏文侯以为将，击秦，拔五城。

《汉书》曰：杜业曰："窃见朱博忠信勇猛，材略不世出，诚国家雄俊之宝臣也，宜征博左右，以镇天下。此人在朝，则陛下可高卧矣。"

又《谷永传》曰：平阿侯谭位特进，领城门兵。永闻，与谭书曰："君侯躬周、召之德，执管、晏之操，敬贤下士，乐善不倦，宜在上将久矣。属闻以特进领城门兵，属，之欲切。愚窃不为君侯喜，宜深辞职，自陈浅薄不足以固城门守，收太伯之让，保谦谦之路，阖门高枕为智者。"谭得书大感，遂辞让不受领城门职。

又曰：霍去病为骠骑将军，上尝欲教之《孙吴兵法》，对曰："顾方略何如耳？不至学古兵法。"上为治第，令视之，对曰："匈奴不灭，无以家为。"

又曰：李广为右北平太守，匈奴号曰："汉飞将军。"广历七郡太守，前后三十余年，得赏赐辄分其麾下，饮食与士卒共之。家无余财，不言生产事。

又曰：李广其先曰"李信"，秦时为将，逐其燕太子丹者也。广以良家子从军击胡，文帝曰："惜广不逢时，令当高祖世，万户侯岂足道哉！"

又曰：剧孟，洛阳人也。以任侠显。吴楚反时，条侯为大尉，乘传东，将至河南，得剧孟，喜曰："吴楚举大事而不求剧孟，吾知其无能为也。"天下骚动，大将得之若一敌国。

又曰：沛公入咸阳，诸将皆争赴金帛财物之府分之，萧何独先收秦丞相、御史律令图书藏之。沛公具知天下厄塞，户口多少、强弱，处民所疾苦者，以得图书故也。

《后汉书·景丹传》曰：帝曰："景将军，北州大将是其人也。"

又《马武传·论》曰：中兴二十八将，前世以为上应二十八宿，未之详也。然咸能感会风云，奋其智勇，称为佐命，亦各志能之士也。

又《贾复传》曰：世祖大惊曰："我所以不令贾复别将者，为其轻敌也；不然，失吾名将。"

又曰：冯异大破赤眉于崤，玺书曰："始虽垂翅回溪，终能奋翼渑池，可谓失之东隅，收之桑榆者也。"

又曰：耿秉能说《司马兵法》，尤好将帅之略。

又曰：冯异字公孙。为人谦退不伐，行与诸将相逢，辄引车避道。《东观汉记》曰：《续汉书》云：异敕吏士，非交战受敌，常行诸营□之后，相逢引车避之，由是无争道变斗者也。进止皆有表识，言其进退有常处。军中号为"整齐"。每所止舍，诸将并坐论功，异常独屏树下，军中号曰"大树将军"。光武破邯郸，乃更部分诸将，各有配隶。隶，属也。袁山松书曰：先时诸将同营，吏卒多犯法。军士皆言愿属大树将军，光武以此多之。

又《邓禹传》云：赤眉遂入长安。是时三辅连覆败，赤眉所过残灭贼，百姓不知所归。闻禹乘胜克而师行有纪，纲纪也，言有条贯而不残暴。

皆望风相携负以迎军，降者以千数，众号百万。禹所止辄停车住节，住或作柱。以劳来之，父老童稚垂发戴白，垂发，童幼也。戴白，父老也。满其车下，莫不感悦，于是名震关西。帝嘉之，数赐书褒美。

又曰：窦融以兄弟并受爵位，久专方面，惧不自安，数上书求代。诏报曰："吾与将军如左右手耳，韩信亡，萧何自追人，人曰："丞相何亡。"高祖闻之，如失左右手。见前书。数执谦退，何不晓人意？勉循士人，莫擅离部曲。

又曰：诸将每论功自伐，贾复未尝有言。帝辄曰："贾君之功，我自知之。"

又曰：陈蕃、杨秉，处称贤宰；皇甫、张遐，出号名将。

又曰：冯绲，字鸿卿，巴郡宕渠人也。长沙蛮寇益阳，荆南皆没。于是拜绲为车骑将军。军长沙，进击武陵蛮夷，荆州平定，诏赐钱一亿，固让不受。振旅还京师，推功于从事中郎。

《东观汉记》曰：上自征隗嚣至漆，诸侯多以王师之重，不宜远入险阻。计未决，会召马援，因说隗嚣将帅土崩之势、兵进必破之状于上前聚米为山，指画形势。嚣众大溃。

又曰：吴汉当出师，朝受诏，夕即引道，初无办严之日，故能常任职，以功名终。

又曰：吴汉常属吏士治兵事，上时令人视吴公何为，还言曰："方修攻具。"上曰："吴公隐若一敌国矣。"

《魏志》曰：诸葛亮斜谷出军至武功，司马宣王御之。亮挑战，宣王不出。亮遗之妇人巾帼，宣王怒，表请决战，天子不许，遣辛毗仗节立于军门以制之。会亮病卒，归，宣王不敢追之而退。百姓为之语曰："死诸葛走生仲达。"宣王曰："吾便料死故也。"宣王案幸亮营垒处，曰："天下奇才也。"

又曰：李典，字曼成。好学问，贵儒雅，不与诸将争功。敬贤士大夫，恂恂若不及。

又《任城王传》曰：太祖问诸子所好，使各言其志。至彰，曰："好为将。”

又曰：刘晔谓太祖曰：“诸葛亮明于治而为相，关羽、张飞勇冠三军而为将。蜀人既定，据险守要，则不可犯矣。”

又曰：贾逵，字梁道，河东人。自为儿童戏弄，常设部伍，祖父习异之，曰：“汝大必为将率。”口授兵法数万言。

《蜀志》曰：邓芝为大将二十余年，赏罚明，善恤卒伍。身之衣食资仰于官，然终不治私产，妻子不免饥寒，死之日家无余财。

又曰：关羽，字云长。亡命奔涿郡。先主于乡里合徒众，而羽与张飞为之御侮。

《晋书》曰：应詹迁南平太守。镇南将军山简复假詹督五郡军事。会蜀贼杜畴作乱，金宝溢目，詹一无所取，唯收图书，莫不叹之。

又曰：周访威风既著，远近悦服，智勇过人，为中兴名将，性谦虚，未尝论功伐。或问访曰：“人有小善，鲜不自称。卿功勋如此，初无一言，何也？”访曰：“朝廷威灵，将士用命，访何功之有！”

又曰：苏峻平论功，顾众推功于蔡谟，谟以众唱谋，非己之力，俱表相让，论者美之。

又曰：苻坚众号百万，次于淝水，谢玄入问计，谢安无惧色，方与玄围棋，游涉至夜乃还。指受将帅各当其任。玄等破坚，驿书至，安对客围棋，看书便摄放床上，了无喜色。客问，徐答“小儿辈破贼。”既罢，还内过户限，心喜甚，不觉屐齿之折，其矫情镇物如此也。

又曰：帝谓纪瞻曰：“卿虽疾病，为朕卧护六军，所益多矣。”

又《羊祜传》曰：吴人寇弋阳、江夏，略户口，诏遣侍臣移书诘祜不追讨之意，并欲移州复旧之宜。祜曰：“江夏去襄阳八百里，皆知贼去亦已经日矣。步军方往，安能救之哉！劳师以免责，恐非事宜也。昔魏武帝置都督，皆与州相近，以兵势好合恶离。疆埸之间，一彼一此，慎守而已，古之善教也。若辄徙州，贼出无常，亦未知州之所宜据者。”使者不能诘。

又曰：羊祜入朝，武帝遣中书令张华问其筹策。祜曰：“今主上有禅代之美，而功德未著。吴人虐政已甚，可不战而克。混一六合，以兴文教，则主齐尧、舜，臣同稷、契，为百代之盛。若孙皓不幸而残，吴人更立令主，虽百万之众，长江未可而越也，将为患乎？”华深赞成其计。祜谓华曰：“成吾志者，子也。”帝欲使祜卧护诸将，祜曰：“取吴不必须臣自行，但既平之后，劳圣虑耳。功名之际，臣所不敢居。事当有所付授，愿审择其人。”疾渐笃，乃举杜预自代，寻卒。

又曰：毛穆之镇广陵，迁右将军、宣城内史、假节，镇姑熟。穆之以为戍在近畿，无复军惊，不宜加节，上疏辞让，许之。

又曰：朱伺，字仲文，安陆人。少为吴牙门将陶丹给使。吴平，徙江夏。伺有武勇，讷口，不知书，为郡将督，见乡里士大夫，揖称名而已。及为将，遂以谦恭称。

又曰：邓遐，字应远。勇力绝人，气盖当时，人方之樊哙。桓温以为参军，数从温征伐。历冠军将军，数郡太守，号为名将。襄阳城北沔有蛟，常为人害，遐拔剑入水，蛟绕其足，遐挥剑截蛟数段而出。

又曰：刘牢之面紫赤色，须目惊人，而沉毅多计画。

干宝《晋纪》曰：文淑，字次骞，小名鸯，有武力算策。杨休、胡烈为虏所害，武帝西忧，遣淑出征，所向摧靡，秦凉遂平，名震天下。为东夷校尉，姿器膂力，万人之雄。

《慕容盛载记》曰：尚书左仆射领中军熙从征句骊、契丹，皆勇冠诸将。

又曰：皇甫真，字楚季。弱冠以高才随慕容评攻邺都，珍货充溢，真一无所取，唯存恤人物、收图籍而已。

《二石伪事》曰：郭权降石虎，虎问权曰：“卿若得吾者，当杀不？”权曰：“若登时得至尊，必杀不疑也。”虎曰：“卿健将也。”因与共言事。

崔鸿《前燕录》曰：张蚝本姓弓，上党人也。膂力过人，能曳牛走。坚甚宠之，常侍左右，终为名将。所在有殊功，世称邓羌、张蚝皆万人敌也。

《宋书》曰：姚泓屯军长城下，王镇恶抚慰士卒，乃以身先士众，腾跃争先，泓众一时奔溃。泓妻子归高祖降将，至京，镇恶于灞上奉迎，高祖劳之曰："成吾霸业者，真卿也。"镇恶再拜。谢曰："此明公之威，诸将之力，镇恶何功之有焉！"笑曰："卿欲学冯异耶！"

又曰：桓玄云："刘毅勇冠三军，当今实为无敌。"

又曰：刘顺幢主樊僧爱勇冠三军，军中皆惧。

《齐书》曰：曹景宗，建武四年随太尉陈显达北围马圈，以奇兵二千破魏，援中山王英四万人。及克马圈，显达论功，以景宗为后，景宗退无怨言。

又曰：垣崇祖初见高帝，便自比韩信、白起，咸不信，唯上独许之。及破魏军启至，上谓朝臣曰："崇祖恒自拟韩、白，今真其人也。"进为都督。

《梁书》曰：冯道根每征伐，终不言功，其部曲或怨非之，道根喻曰："明主自监功之多少，吾将何事。"武帝常指道根示尚书令沈约，美其口不论勋，约曰："此陛下之大树将军也。"

《梁后略》曰：陆纳分其众，轻舸掩袭巴陵，晨至城下，骠骑始命诸将会议。乃出自垒门，坐胡床以望之。贼乘水来攻，矢下如雨，人情骚扰，莫不震惧。而骠骑方食甘蔗，曾无遽色。

又曰：齐遣其将窦泰趋潼关。太祖将袭秦，众咸难之，太祖问策于宇文深，深对曰："窦氏，欢之骁将也，每仗之以为御侮。"

《北齐书》曰：刘丰，本出河间乐城。丰有雄姿壮气，果毅绝人；有口辩，好说兵事。

又曰：辛术，字怀哲，陇西狄道人也。清俭寡欲。及平楚定淮南，凡诸资物一毫不犯，唯收典籍，多是晋、宋、齐、梁时佳本，鸠集万有余卷。

太平御览卷第二百七十六 兵部七

良将下

《后周书》曰：王思政初入颍川，士卒八千人，城既无外援，亦无叛者。思政常以勤王为务，不营资产。尝被赐园池，思政出征后，家人种桑果。及还，见而怒曰：“匈奴未灭，去病辞家，况大贼未平，何事产业！”命左右拔而去之。故身陷之后，家无蓄积。

又曰：元定有勇略，每战必陷阵，然未尝自言其功。太祖深重之，诸将亦称其长者。

又曰：蔡祐少有大志，与乡人李穆，布衣齐名。尝相谓曰：“大丈夫当建立功名，以取富贵，安能久处贫贱耶！”言讫，各大笑。穆即申公，后皆如其言。

又曰：王罴为华州刺史。时茹茹渡河南寇，候骑已至幽州。朝廷虑其深入，乃征兵发士马，屯守京城，堑诸街巷，以备侵轶。右仆射周惠达召罴议之。罴不应命，谓其使曰：“若茹茹在渭北者，王罴率乡里自破之，不烦国家兵马。何为天子城中，遂作如此惊动，由周家小儿性怯致此。”罴轻侮权势，守正不同，皆此类也。

又曰：刘亮，本名道德。累迁左大都督，从擒窦泰，复弘农与沙苑之后，并力战有功，迁车骑大将军，开府，封长广公。亮以勇敢见知，为当时名将，并屡陈谋策，多合机宜。太祖谓之曰：“卿文武兼资，即孤之孔明也。”乃赐名“亮”，并赐姓侯莫陈氏，出为东州刺史。卒，丧还京师，太祖亲临之，泣而谓人曰：“股肱丧矣，腹心何寄！”

又曰：王杰，本名文达。太祖奇其才，擢授扬烈将军、羽林监，寻加都督。太祖尝谓诸将曰：“王文达，万人敌也，但恐勇决太过耳。”复潼关，破沙苑，争河桥，战邙山，皆以勇敢闻。亲待日隆，赏赐加于伦等。于是赐姓宇文氏。

又曰：于谨平江陵还，太祖亲至其第，宴语极欢。赏谨奴婢一千口，及宝物，并金石丝竹乐一部。谨自以久当权，位望隆重，功名既立，愿保优闲。乃上先所乘骏马及所着铠甲等。太祖识其意，乃曰：“今巨猾未平，公岂得便尔独善。”遂不受。

又曰：蔡祐，字承先。有膂力，便骑射。从征伐，常溃围陷阵，为士卒先。军还之日，诸将争功，祐终无所竞。太祖每叹之，尝谓诸将曰：“承先口不言勋，孤当代其论叙。”其见知如此。

《三国典略》曰：周高琳每征战，勇冠诸军。太祖谓之曰：“公即我之韩、白也。”

又曰：胡僧祐为梁名将，常以鼓吹置于斋中，恒坐对之，以自娱玩。或谏之曰：“公名望隆重，朝野具瞻，此是羽仪，可自居外。”僧祐曰：“我性爱之，恒须见耳。”

又曰：北齐斛律金，字阿六敦，朔州敕勒部人，光禄大夫那瓌之子。世敦直，善骑射，行兵用匈奴法，望尘识马步多少，嗅地知军度远近。神武戒文襄曰：“有谗此人者，勿信之。”文宣尝与金宴射，亲持矟走马以拟金胸者三，金坚不动。赐帛千匹，因过其宅，置酒作乐。

《北史》曰：隋文帝尝从容命高颖与贺若弼言及平陈事，颖曰：“贺若弼先献十策，后于蒋山苦战破贼。臣文吏耳，焉敢与将论功！”帝大笑，时论嘉其有让。

又曰：周将王思政久经军旅，每战唯着破衣弊甲，敌人疑非将帅，故得免。

又曰：韩果从平窦泰于潼关，周文依其规画，军以胜返，赏真珠金带一腰。

《隋书》曰：李密，父宽，骁勇善战，干略过人，自周及隋，数经将领，至柱国、蒲山郡公，号为名将。

又曰：史万岁少英武，善骑射，骁捷若飞。好读兵书，兼精占候。

又曰：宇文忻每参帷幄，出入卧内，禅代之际，忻有力焉。后拜右领军大将军，恩赐弥重。忻妙解兵法，驭戎齐整，当时六军有一善事，虽非忻所建，在下辄相谓曰："此必忻法也。"其见推服如此。

又曰：薛世雄，性廉谨，凡所行军破敌之处，秋毫无犯，帝由是嘉之。帝尝从容谓群臣曰："我欲举好人，未知诸君识不？"群臣咸曰："臣等何能测圣心。"帝曰："我欲举者薛世雄。"群臣皆称善。帝复曰："世雄廉正节概，有古人之风。"于是超拜右翊卫将军。

又曰：杨玄感欲立名，阴求将领。谓兵部尚书段文振曰："玄感世荷国恩，宠逾涯分，自非立效边裔，何以塞责！若方隅有风尘之警，庶得执鞭行阵，少展丝发之功。明公兵革是司，敢布心腹。"文振因言于帝，帝嘉之。顾谓群臣曰："将门必有将，相门必有相，故不虚也。"于是赉物千段，礼遇益隆。

又曰：突厥入朝，上赐之射，突厥一发中的。上曰："非贺若弼无能当此。"于是命弼。弼再拜而咒曰："若赤诚奉国者，当一发破的。如其不然，发不中也。"既射，一发而中。上大悦，顾谓突厥曰："此人天赐我也！"

《唐书》曰：刘黑闼为窦建德将奇兵，东西掩袭，多所克获，每临危难而色不变，军中号为"神勇"。

又曰：屈突通平薛仁杲之际，宝物山积，诸将争取。通一无所犯。高祖闻之，曰："通清正奉国，著于终始，名下定不虚也。"赐金银六百两，杂彩千段。

又曰：右武侯将军张士贵破反獠而还，太宗劳之曰："闻公亲蒙矢石，为士卒先，虽古名将无以加也。朕尝闻以身报国者不顾性命，尝闻其语未睹其实，于公方见之矣。"

又曰：文德皇后之葬也，段志玄与宇文士及分统士马出宿于章武门。太宗夜使宫官至二将军处，宇文士及开营内使者，志玄闭门不内，曰："军门不可夜开。"使者曰："此有手敕。"志玄曰："夜中不辨真伪。"竟停使者至晓。太宗闻而叹曰："此真将军也，周亚夫何以加焉。"

又曰：霍王元范，高祖第十四子也，母曰"张美人"。元范少善骑射，初为吴王时，尝从太宗游猎，遇群兽，命射之，矢不虚发，兽无遗者。太宗抚其背曰："汝才艺过人，恨今无所施耳。当天下未定，我得汝岂不安乎！"

又曰：王君廓统兵经略东都，王世充将郭士行、许罗汉前后入掠。君廓辄击退之，拜右武卫将军。诏劳之曰："卿以十三人破贼一万，自古以少击众未之前闻！非唯骁勇绝人，亦足以显卿忠节也。"

又曰：突厥入寇，王君廓邀击破之，俘斩二千余人，获马五千匹。高祖闻而大悦，征之入朝，赐与御马，令殿廷乘之而出。又谓侍臣曰："吾闻蔺相如叱秦王，目皆出血。君廓往击，建德将出战，徐勣遏之，君廓愤发大呼，目及鼻耳一时流血。此之壮气，何谢古人，不可以常例赏之。"复赐锦袍金带，还领幽州。

又曰：高宗时，吐蕃陷安西四镇。长寿初，蕃军逼安西府，则天令武威军总管王孝杰、将军阿史那忠节等，率师拒之。孝杰至安西，合战屡捷，大破蕃军，收复龟兹、于阗、疏勒、碎叶四镇而还。则天大悦，谓侍臣曰："昔贞观年中俱统得此蕃域，其后西陲不守，并陷吐蕃。今既复旧，边境自然无事。孝杰建兹功效，竭尽款诚，遂能裹足徒行，身与士卒齐力。如此忠恳，深足可嘉。"迁左卫大将军。

又曰：薛仁贵击九姓突厥于天山，军将发，高宗出甲，令仁贵射之，射穿五重。时九姓众十余万，令骁健十人逆来挑战，仁贵发三箭，中三人，其余下马请降，并坑之。更就碛北安抚余众而还。军中歌曰："将军三箭定天山，将士长歌入汉关。"

又曰：刘仁轨，显庆四年，出为青州刺史。五年，大军征辽，令仁轨监统水军，以后期免，特令以白衣随军自效。寻检校带方州刺史，兼熊津道行军长史，仍别领水军二万袭破倭贼数万于白波，虏获船舰四百余艘。倭及耽罗等国皆遣使诣之请降。初，仁轨将发带方州，谓人曰："天将富贵此翁耳！"乃于州司请历日一卷，并七庙讳，人怪其故，答曰："拟削平辽海，颁示国家正朔，使夷俗遵奉焉。"至是果以军功显正，除带方州刺史。

又曰：郭元振为安西大都护。时安西突厥首领乌质勒部落强盛，款塞通和，元振就其牙帐计会军事。时天大雪，元振立于帐前，与乌质勒言议，须臾，雪深风冷，元振未尝移足，乌质勒年老，不胜寒苦，会罢而死。

又曰：李晟，临洮人也，祖思恭，父钦，代居陇右，尝为裨将。晟数岁而孤，事母以孝闻。少雄烈，有材力，善骑射，年十八从军，身长六尺，勇敢绝伦。时河西节度使王忠嗣击吐蕃，有骁将乘城拒斗，颇多杀士卒，忠嗣募军中能射者射之。晟乃引弓，一发而毙，三军大呼。忠嗣厚赏之，因抚其背曰："此万人之敌也。"

又曰：贞元五年九月，马燧与太尉晟召见于延英殿，上嘉其有大勋力，皆图形于凌烟阁，列于元臣之次。九年十月，召见延英殿，因拜，手仆于地，上亲起之。

又曰：王栖耀，性谨厚，善骑射。始起兵，涉寇境太深，遇游骑四合，百步内立表俾之环视，发必破的。虏相顾恐惧，徐而解去。尝猎会稽山中，有逸林白额兽卒起草中，应弦而毙。在苏州尝与诸文士游虎丘寺，平野霁日，先一箭射空，再发贯之，江东文士自梁肃已下歌咏焉。

又曰：李愬既执送吴元济，裴度建彰义军节，拥降卒万余人次入焉。李愬具櫜鞬候度马首。度将避之，愬曰："此方不识上下等威之分久矣，请公因以示之。"度以宰相礼受愬谒，众耸观焉。明日，愬以师还于文成栅。度乃视节度使观察及刺史事，蔡人大悦。

又曰：李光颜为河东裨将，讨李怀光、杨惠琳皆有功。后随高崇文平蜀，搴旗斩将，出入如神，由是稍稍知名。授兼御史大夫。时兄光进官亦至兼御史大夫，军中号曰"大大夫"、"小大夫。"

《国语·周语》曰：邵公告单公曰："晋有三伐，勇而有礼，返之以仁。吾三逐楚君之卒，勇也；见其君必趋，礼也；能获郑伯而舍之，仁也。"

《老子》曰：以道佐人主者，不以兵强天下，果而勿矜，果而勿伐。河上公注云："当果敢推让，勿自伐取其美也。"

《六韬》曰：兵入殷郊，见太公曰："是吾新君也。"而商容曰：

“非也。其人虎据而鹰峙，威怒自副，见利欲发，进不顾前。”后见武王曰：“是新君也，见敌不怒。”

《献帝春秋》曰：张辽问吴降人曰：“紫髯将军长上短下谁也？”答曰：“是孙会稽。”

《会稽典录》曰：张立之为人刚毅，志意慷慨。太祖尝抑之曰：“尔不念诗书，慕圣道，而好乘汗马击剑，此一夫之用，何足贵也！”谓左右曰：“丈夫当为卫、霍，将十万，驰沙漠，驱戎狄，立功建号耳，何能作博士耶！”

《荆州记》曰：邓遐，襄阳人也。勇力绝人，历位冠军将军、数郡太守，号名将。

袁子《世说》曰：吕布之破也，太祖给众官军乘，使取军中物唯所欲。众人皆重载，唯袁涣取书数百卷、资粮而已。众人闻之大惭。

刘向《新序》曰：孙武、乐毅之徒，皆前世之贤将也。久远深奥，其事难知。至于吴汉，近时人耳，起于贩马，立为良将，乘名竹帛，天下归德，此可慕也。

太平御览卷第二百七十七 兵部八

儒将

《左传》曰：晋谋元帅，赵衰曰："郄縠说礼乐而敦诗书，以将中军。"

《汉书》曰：冯奉世以良家子选为将，年四十余乃学《春秋》，涉大义，读史书。

《后汉书》曰：马援闲于进对，尤善述前世行事。每言及三辅长者，下至闾里少年，皆可观听。自皇太子、诸王侍闻者，莫不属耳忘倦。又善兵策，帝常言："伏波论兵，与我意合。"每有所谋，未尝不用。

又曰：祭遵为将军，取士皆用儒术，对酒设乐，必雅歌投壶。虽在军旅，不忘俎豆。

又曰：贾复少好学，习《尚书》。事舞阴李生，李生奇之，谓门人曰："贾君之容貌志气如此，而勤于学，将相之器也。"

又曰：贾复知帝欲偃干戈，修文德，不欲功臣拥众京师，乃与高密侯邓禹并剽甲兵，敦儒学。《广雅》曰：剽，削也。谓除甲兵。《东观汉记》曰：复阖门养威，重授《易经》，起大义。帝深然之，遂罢左右将军。复以侯就第，加位特进。

《吴书》曰：鲁肃为人方严。寡于玩饰，内外节俭，不务俗好，治军整顿，禁令必行，虽在军阵，手不释书。又善谈论，能属文辞。思弘远，有过人之明。周瑜之后，肃为之冠也。

《晋书》曰：杜预身不跨马，射不穿札，而每有大事，辄居将帅之列。

又曰：刘毅征卢循，败归。帝大宴于西池，有诏赋诗，毅诗云："六国多雄士，正始出风流。"毅自以武功不竞，故示文雅有余也。

又《载记》曰：石勒雅好文学，虽军旅，常令儒生读史书而听之，每以其意论古帝王善恶，朝贤儒士，听者莫不美焉。尝使人读《汉书》，闻郦食其劝立六国后，大惊曰："此法当失，何得遂成天下！"至留侯谏，乃曰："赖有此耳。"

《宋书》曰：沈庆之尝对上为诗，令仆射颜师伯执笔，庆之口占曰："微生值多幸，得逢时运昌。老朽筋力尽，徒步还南岗。辞荣此圣代，何愧张子房。"并叹其辞意之美。

《梁书》曰：曹景宗大破魏军，振旅凯入，帝于华光宴饮，因令左仆射沈约赋韵。景宗不得韵意，色不平，启求赋诗。帝曰："卿伎能甚多，人才英拔，何必止在一诗！"景宗已醉，求作不已，诏令约赋韵已尽，唯余"竞""病"二字。景宗便操笔，斯须而成，其辞曰："去时儿女悲，归来笳鼓竞。借问路行人，何如霍去病！"帝欣然不已，约及朝贤惊嗟竟日，诏令上史。

《北史》曰：周文帝宴群公，卿士仍赋诗言。高琳诗末章云："寄言窦车骑，为谢霍将军。何以报天子，沙漠静妖氛。"帝大悦曰："獯猃陆梁，未时款塞。卿言有验，国之福也。"

《后魏书》曰：韦彧为东豫州刺史。以蛮俗荒梗，不识礼仪，乃表立太学，选诸郡生徒于州检教。又于城北置崇武馆以习武焉。境内清肃，还迁大将军。

又曰：征虏将军刘藻涉猎群籍，美谈笑，善与人交，饮酒至一石不乱。

《后周书》曰：宇文显和性矜严，颇涉经史，膂力绝人，弯弓数百斤，能左右驰射。

又曰：贺拔胜长于丧乱之中，尤工武艺，走马射飞鸟，十中其五六。太祖每云："诸将对敌，神色皆动，唯贺拔公临阵如平常，真大勇也。"自居任始爱坟籍，乃招引文儒讨论义理。性又通率，重义轻财，身死之日唯随身兵仗及书千余卷。

《隋书》曰：高祖有平南之志，访可任者。高颖曰："朝臣之内，文武才干无出贺若弼者。"高祖曰："得之矣。"于是拜弼为吴郡总管，委以平陈之事。弼忻然，以为己任与寿州总管源雄并为重镇。弼遗雄诗曰："交河骠骑幕，合浦伏波营。勿使麒麟上，无我二人名。"献取陈十策，上称善，赐以宝刀。

又曰：周罗睺初仕陈，为太子左卫率，信任逾重，时参宴席，陈主曰："周左率武将，诗每前成，文士何为后也？"都官尚书孔范对曰："周罗睺执笔制诗，还如上马入阵，不在人后。"自是益见亲礼。

又曰：于仲文讨高丽，大破之。至鸭绿水，高丽将乙支文德诈降，来入其营。仲文先奉密旨"若遇高乙支文德者必擒之。"至是文德来，仲文将执之。时尚书右丞刘士龙为慰抚使，固止之，仲文遂舍文德。寻悔，遣人绐文德曰："更有言议，可复求也。"文德不从，遂济，仲文选骑渡水追之，每战破贼。文德遗仲文诗曰："神策究天文，妙算穷地理。战胜功既高，知足愿云止。"仲文答书谕之，文德烧栅而遁。

《唐书》曰：调露元年，突厥阿史德温傅叛，单于府所管二十四州皆叛应之。单于都护萧嗣业率兵讨之，被阿史德掠其粮车，兵多饿死，由是大败。朝廷忧之，遣礼部尚书裴行俭为定襄道行军大总管，率诸军三十万进讨。行俭至朔州，知贼掠嗣业粮运得胜，乃为粮车三百乘，每车伏猛士五人，持陌刀劲弩，又以羸兵数百援之，兼伏精兵于险厄处。虏见粮车果大至，羸兵才斗，弃车而走，贼驱车就泉井解鞍牧马，方拟取粮，车中壮士齐发，虏众大骇，奔散。伏兵险发，虏骑擒戮殆尽。自是续遣粮车，虏望之不敢逼。粮饷即通，进兵屡捷。行俭终擒温傅，再平突厥。

又曰：娄师德，弱冠进士擢第，累补监察御史。上元初，吐蕃犯塞，有诏募勇士以讨之，师德抗表应募，请为猛士击虏。高宗大悦，特假朝散大夫，从军西讨，频立战功，迁殿中，改授金吾将军、丰州都督。则天降书劳之，曰："卿受委北陲，总司军任，往还灵、夏，检校屯田，收率既多，京坻遽积。不烦和籴之费，无复转输之劳，两军镇兵咸得支给，览以嘉尚，忻悦良深。"召为夏官侍郎，俄拜凤阁侍郎，同平章事，改纳言。

又曰：娄师德颇有学术，器量宽厚，喜怒不形于色。专综边任三十余年，恭勤接下，孜孜不怠。当危乱之际，族灭者相继，师德出将入相，能以功名始终，识者多之。

又曰：永徽中，薛仁贵平百济，高宗令别将摄带方州刺史刘仁轨留兵镇守，诏仁贵班师还。高宗劳问之，曰："卿在海东，前后奏请，皆合事宜，而雅有文理。卿本武将，何得然也？"对曰："非臣所能，皆刘仁轨之所为也。"帝深加叹赏，超仁轨六阶正，授带方州刺史。仁贵初平百济，合境凋残，僵尸相属。仁轨始令收敛骸骨，瘗理吊祭之。校计户口，署置官长，开通道路，整理村落，补葺堤堰，修复陂塘，劝课耕种，赈贷贫乏，存问孤老。颁宗庙忌讳，位皇家社稷。百济余众，复安生业。仁轨位至中书令。

又曰：御史大夫唐休璟有文武才干。贞观元年为陇右大使，大破吐蕃大将麴莽布支于凉州洪源谷。凡六战六捷，破虏筑京观而还。后吐蕃使来朝，尝因侍宴蕃使屡觇休璟。则天问其故，对曰："往岁洪源战时，此将军雄猛无比，杀臣将士甚众，今愿识之。"则天大加叹异。休璟尤谙练边事，自碣石西逾四镇，绵亘万里，山川要害，皆能记之。长安中，西突厥与诸蕃不和，举兵相持，安西道阻，表疏相继。则天召休璟与宰相商度事势，俄顷间草奏便施行。后十余日，安西诸州请兵应接，一如休璟所画。则天谓之曰："恨用卿晚。"用迁夏官尚书、同中书门下三品，仍谓魏元忠曰："休璟谙练边事，卿等十不当一也。"

又曰：宰相张说出为并州大都督府长史，兼天兵军大使。开元九年，胡贼康待宾据长泉镇叛，与党项连结，攻陷兰池等六胡州。诏说与朔方军大使王晙合势进讨。贼攻银城、连谷，以据仓粮。说统马步万人出合河关掩击，大破之。追至骆驼堰，胡及党项自相疑贰，乃散。说招集党项，复其居业。副使史宪请尽诛党项，说曰："先王之道，推亡固存，如尽诛之，是逆天道。"因奏置麟川，安置党项馀众。其年，说自兵部尚书进同平章事。十年，又敕说为朔方军节度大使，往巡五城，处置兵马。时降胡康愿子自立为可汗，举兵掠监牧马，西河涉出塞。说收兵讨而擒之，以献，徙其家属于木盘山。其党悉平，获男女三千人。于是移河曲六胡州残胡五万余口配之于许、汝、唐、邓、仙豫等州，始空河南朔方地。先是，缘边镇兵常六十万，说以边寇渐平，奏罢二十余万，勒还农亩。玄宗颇以为疑，说奏曰：“臣久在疆埸，具悉边事，御敌制胜不在多驱闲冗。陛下若以为疑，臣请阖门百口保之。以陛下之明，四夷畏服，必不虑减兵而招寇也。”玄宗从之。时当蕃卫士，浸以贫弱，逃亡略尽，说建策请一切罢之，别召募强壮，令其宿卫，不简色役，优为条例，逋逃者必争来应募。上从之，旬日，得精兵十三万人，分击诸卫，彍骑是也。

又曰：吴元济据蔡州叛，王师讨伐，诏柳公绰以鄂兵五千隶安州刺史李听，率赴行营。公绰曰：“朝廷以吾儒生不知兵耶？”即日上奏。愿自征行。许之。公绰自鄂济涢江，直抵安州，李听以廉使之礼事之。公绰谓之曰：“公所以属鞬负弩者，岂非为兵事耶？若去戎容，被公服，两郡守耳，何所统摄乎？以公名家晓兵，若吾不足以指麾，则当赴阙。不然，吾且署职名，以兵法从事矣。”听曰：“唯公所命。”即署听为鄂岳都知兵马使、中军先锋、行营马步都虞候，三牒授之。乃选卒六千属听，戒其部校曰：“行营之事，一决都将。”听感恩畏威，如出麾下。其出权制变，为当时所称。入为刑部尚书，出授太原尹、河东节度使。陉北有沙陀部落，自九姓、六州皆畏惮之。公绰至镇，召其酋朱耶执宜，安置于云、朔塞下，治废栅十一，募兵三千，令沙陀屯守，由是遂无边患。

又曰：元和十二年，宪宗召宰臣议兵曰：“王师伐蔡，首尾三年，虽捷奏频来，窠巢未殄，度支供馈，其何以济？”李逢吉、崔群、王涯各有奏对，多言罢兵为便。唯裴度不言利害，议曰：“臣请身自往行营督战。”明日延英复对，宰臣俱退，上独止度，谓之曰：“卿必能为朕行乎？”度顿首流涕而奏曰：“臣誓不与此贼俱全。”上亦为之感动。度奏曰：“贼已力困，但以群帅不一，故未降耳。”上深嘉之，遂欲加度招讨使，度奏曰：“韩弘已为都统，臣不欲受招讨之名，但奉使即得。”乃下诏以度为彰义军节度，蔡、申、光观察等使，仍淮西行营宣慰处置使。其年八月一日，度发京师，仍赐禁军三百为卫兵。宪宗御通化门饯军，度衔涕辞。至蔡州，度传上慰劳之旨，躬督战阵，卒伍立功，即时论赏，诸将奋励，无敢退留。至十月十一日拔蔡州，擒吴元济，仗节而还。

又曰：元和中，以裴度征淮西，诏曰："辅弼之臣，军国是赖。兴化致理，秉钧以居；取威定功，则分阃而出。所以同君臣之体，一中外之任焉。属者问罪汝南，致诛淮右，盖欲刷其污俗，吊彼顽人。虽挈地求生者实繁有徒，而婴城执迷者未翦其类，何兽困而犹斗，岂鸟穷之无归欤？由是遥听鼓鼙，更张琴瑟，烦我台席，董兹戎旃。朝议大夫、守中书侍郎、同平章事、飞骑尉、赐金鱼袋裴度，为时降生，协朕梦卜，精办宣力，坚明纳忠。当轴而才谋老成，运筹而智略有定。司其枢务，备知四方之事；付以兵要，必得万人之心。是用祷于上玄，拣此吉日，带丞相之印绶，所以尊其名；赐诸侯之斧钺，所以重其命。尔宜布清问，恢壮猷，感励连营，荡平多垒，招怀孤疾，字抚夷伤。况淮西一军，素效忠节，过海赴难，史册书勋。建中初，攻破襄阳，擒灭崇义。比者胁于凶逆，归命无由。每念前劳，常思安抚。所以内辍辅臣，俾为师率，实欲保全慰谕，各使得宜。汝往钦哉！无越我丕训。"

《唐书》曰：太尉李光弼，御军严峻而有礼，士卒望风畏惮。乾元中，郭子仪会九节度之师，不利于相州，诏以光弼代子仪为河北副元帅。子仪宽恕，朔方将士多不奉法。时仆固怀恩引回纥内助，累立战功，将帅多假借之。及光弼统师，怀恩为右厢都知兵马使。光弼出关，会诸军于汜水，左厢都知兵马使张用济后至，斩于纛下，怀恩见而惮之，不敢愓息。光弼在河阳，令怀恩攻泰清于怀州，官军频不利。光弼怒，将斩之，怀恩出奇为地道，偷得贼号，诈传号令，贼军大乱，遂拔怀州擒泰清而还。光弼舍之。泰清妻有美色，城破被俘，泰清从光弼求之，即命还泰清。议者称自艰难已来，唯光弼行军理戎沉毅有筹略，将帅中第一。

又曰：凤翔将野诗、良辅，泾原将郝玼，各以名雄边上，吐蕃尝谓汉使曰："唐国既与吐蕃和好，何忘语也？"问曰："何谓？"曰："若不忘语，何因遣野诗、良辅作陇州刺史？"其畏惮如此。

太平御览卷第二百七十八 兵部九

边将

《史记》曰：李牧为赵将，居雁门备匈奴。日击牛飨士，谨烽火，多间谍。敢有捕虏者斩，王以为怯，代之。匈奴数来，复使牧将，牧曰："如前，乃敢奉令。"王许诺。数岁终无所得，后进百金之士五万，彀弦者十万，大破匈奴。

又曰：文帝时，匈奴大入朝那，杀北地都尉卬。音昂。帝以问冯唐："安得廉颇、李牧为将也？"唐对曰："臣闻上古王者之遣将，跪而推毂，曰：阃以内者，寡人制之；阃以外者，将军制之。军功爵赏皆决于外，归而奏之。此非虚言也。臣大父言李牧之为赵将，居边，军市之租皆自用飨士，赏赐决于外，不从中御也。委任而责成功，故李牧乃能得尽智能，选车千三百乘，彀骑万三千匹，百金之士十万，是以北逐单于，东破胡，灭澹林，西抑强秦，南支韩、魏。当是之时，赵几霸。会赵王迁立，其母倡也。王迁立，乃用郭开谗，卒诛李牧，令颜聚代之。是以兵破士北，为秦所灭。今臣窃闻魏尚为云中守，其军市租尽以给士卒，出私养钱，五日一杀牛，飨宾客军吏舍人，是以匈奴远避，不近云中之塞。虏尝一入，尚率车骑击之，所杀甚众。夫士卒尽家人子，起田中从军，安知尺籍伍符。终日力战，斩首捕虏，上功莫府，一言不相应，文吏以法绳之。其赏不行，而吏奉法必用。臣愚，以为陛下法太明，赏太轻，罚太重。且云中守魏尚坐上功首虏差六级，陛下下之吏，削其爵，罚之。由此言之，陛下虽得廉颇、李牧，不能用。"文帝说，是日令冯唐持节赦魏尚，复以为云中守，而受唐为车骑都尉。

又曰：武帝以李广为未央卫尉，而程不识亦为长乐卫尉。不识故与广俱尝屯边，而广行无部伍行阵，就善水草屯，舍止，人人自便，不击刀斗以自卫。莫府省约束文籍事，然亦远斥候，未尝遇害。程不识正部曲行伍营阵、击刀斗，士吏理军簿至明，军不得休息，然亦未尝遇害。不识曰："李广军极简易，然虏卒犯之，无以禁也；而其士卒亦佚乐，咸乐为之死。我军虽烦扰，然敌亦不得犯我。"是时汉边郡李广、程不识皆为名将，然匈奴畏广，士卒亦多乐从广而苦程不识。

《汉书》曰：晁错上言兵事曰："自高后以来，陇西三困于匈奴，非陇西之民有勇怯，乃将吏之制巧拙异也。故兵法曰：有必胜之将，无必胜之民。繇此观之，安边境，立功名，在于良将，不可不择也。"

又曰：赵充国奏曰："从今尽三月，虏马羸瘦，必不敢捐妻子于他种中，涉河而来为寇。是臣之愚计，所以度虏且必瓦解其处，不战而自破之策也。"

又曰：张安世长子千秋为中郎将，将兵随度辽将军范明友击乌桓。还，谒大将军光，问千秋战阵方略，山川形势。千秋口对兵事，画地成图，无所忘失。

《后汉书》曰：窦宪惧诛，自求击匈奴以赎死。会南单于请兵北伐，乃拜宪车骑将军，金印紫绶，官属依司空，依，准也。长一人，千石，掾属二十九，令史及御属三十二人。见《续汉志》。以执金吾耿秉为副，发北军五校、汉有南北军，北军中侯一人，六百石，掌临五营。黎阳、雍营、缘边十二郡骑士，《汉官仪》曰：光武中兴，以幽、冀、并州兵骑克定天下，故于黎阳立营以谒者监之。又曰：扶风郡尉部在雍县，以凉州近羌数犯三辅，将兵卫护，故俗称雍营。及羌胡兵出塞。明年，宪与秉各将四千骑及南匈奴左谷蠡王师子狮子，其名也。万骑出朔方鸡鹿塞，南单于屯屠河，屯屠河，单于名。将万余骑出满夷谷，度辽将军邓鸿邓禹少子。及缘边义从羌胡八千骑，与左贤王安国万骑出椆阳塞，椆阳在五原郡。椆，音固。皆会涿郡山。宪分遣副校尉阎盘、司马耿夔、耿谭将左谷蠡王师子、右呼衍王须訾等，呼衍其号，因以为姓，匈奴贵种也。今呼延姓是其后。须訾，名。精骑万余，与北单于战于稽落山，大破之，虏众崩溃，单于遁走，追击诸部，遂临私渠北鞮海。匈奴中海名。斩名王已下万三千级，获生口马牛羊橐驼百余万头。于是温犊须、日逐、温吾、夫渠王抑鞮等八十一部率降者，前后二十余万人。宪、秉遂登燕然山，去塞三千余里，刻石勒功，纪汉威德，令班固作铭。

又曰：马援讨五溪蛮，军次下隽，下隽，县名，属长沙国，故城今辰州沅陵县。隽音字兖反。有两道可入，从壶头则路近而水险，壶头，山名也，今在辰州沅陵东。《武陵记》曰：此山头与东海方壶山相似，神仙多所游集，因名壶头山也。从充则涂夷而运远充，县名，属武陵郡。充，音昌容反。帝初以为疑。及军至，耿舒欲从充道，援以为弃日费粮，不如进壶头，扼其喉咽，扼，持也。充贼自破。以事上之，帝从援策。三月，进营壶头。贼乘高守隘，水疾，船不得上。会暑甚，士卒多疾死，援亦中病，遂困，乃穿岸为室，以避炎气。《武陵记》曰：壶头山边有石窟，即援所室也。室内有地如百斛船大，云是援之馀灵也。贼每升险鼓噪，援辄曳足以观之，左右哀其壮意，莫不为之流涕。

又曰：初，马援军还，将至，故人多迎劳之，平陵人孟冀，名有计谋，于坐贺援，援谓之曰："吾望子有善言，反同众人耶？昔伏波将军路博德开置七郡，裁封数百户；《汉书》曰：平南越以为南海、苍梧、郁林、合浦、交址、九真、日南、朱崖、儋耳九郡，今此言七郡，则与前书不同也。今我微劳，猥飨大县，功薄赏厚，何以能长久乎？先生奚用相济？"冀曰：愚不及。"援曰："方今匈奴、乌桓尚扰北边，欲自请击之。男儿要当死于边野，以马革裹尸还葬耳，何能卧床上在儿女子手中耶？"冀曰："谅为烈士，当如此矣。"

又曰：邓训卒官，吏人羌胡爱惜，旦夕临者日数千人。戎俗父母死，耻悲泣，皆骑马歌呼。至闻训卒，莫不吼号，或以刀自割，又杀其犬马牛羊，曰："邓使君已死，我曹亦俱死耳。"前乌桓吏士皆奔走道路，训往乌桓校尉时吏士也。至空城郭。吏执不听，以状白校尉徐傿。傿叹息曰："此义也。"傿音于建反。乃释之。遂家家为训立祠，每有疾病，辄请祷求福。

又曰：窦固复出玉门，击西域。诏耿秉及骑尉刘张皆去符传以属固，专将兵者并有符传拟合之取信。今去节者皆固之节度也。固遂破白山，降车师。

又曰：蔡肜使招呼鲜卑，示以财利。其大都护偏何鲜卑名也。遣使奉献，愿得归化，肜慰纳赏赐，稍复亲附。其异种满离、高句骊之属，遂骆驿款塞，上貂裘好马，帝辄倍其赏赐。其后偏何邑落诸豪并归义，愿自效。肜曰："审欲立功，当归击凶奴，斩送头首乃信耳。"偏何等皆仰天指心曰："必自效！"即击匈奴左伊秩訾部，斩首二千余级，持头诣郡。其后岁岁相攻，辄送首级。

又曰：乌桓、鲜卑追思蔡肜无已，每朝贺京师，常过冢拜谒，仰天号泣乃去。辽东吏人为立祠，四时奉祭焉。

又曰：耿恭以疏勒城旁有涧水可固，五月，乃引兵据之。七月，匈奴复攻，恭募先登数千人直驰之，胡骑散走，匈奴遂于城下拥绝涧水。恭于城中穿井十五丈不得水，吏士渴乏，笮马粪汁而饮之。笮，谓压笮也。恭仰叹曰："闻昔贰师将军拔佩刀刺山，飞泉涌出；贰师，大宛中城名。昔武帝时，使李广利代大宛至贰师城，因以为号。今汉德神明，岂有穷哉！"乃整衣服向井再拜，为吏士祷。有顷，水泉奔出，众皆称为万岁。乃令吏士扬水以示虏。

又曰：光武至蓟，闻邯郸兵方到，光武将欲南归，召官属计议。耿弇曰："今兵从南来，不可南行。渔阳太守彭宠，公之邑人；宠，南阳宛人也。上谷太守，即弇父也。发此两都，控弦万骑，邯郸不足虑也。"光武官属腹心皆不肯，曰："死尚南首，奈何北行入囊中？"光武指弇曰："是我北道主人也。"

又曰：耿夔为大将军左校尉。将骑八百，出居延塞，直奔北单于庭，于金微山斩阏氏、名王已下五千余级，单于与数骑脱亡，尽获其匈奴珍宝财畜，去塞五千余里而还，自汉出师所未尝至也。

又曰：班超在疏勒，将还中国，疏勒举国忧恐。其都尉黎弇曰："汉使弃我，我必复为龟兹所灭耳。诚不忍见汉使去。"因以刀自刭。超还至于寘，王侯以下皆号泣曰："依汉使如父母，诚不可去。"互抱超马脚，不得所行。超恐于寘终不听其东，又欲遂本志，乃更还疏勒。疏勒两城自超去后，复降龟兹，而与尉头连兵。尉头国居尉头谷，去长安八千六百五十里，南与疏勒接，衣服类乌孙也。超捕斩反者，击破尉头。

又曰：段颖破羌穷山深谷之中，斩其渠师以下万九千级，获牛马骡驴毡裘庐帐什物不可胜数。

又曰：郭凉，字公文。气力壮猛，虽武将，然通经书，多智略，尤晓边事，有名北方。

又曰：张奂，前为度辽将军，与段颖争击羌，意不相平。及颖为司隶，欲逐奂归敦煌，将害之。奂忧惧，奏记谢曰："小人不明，得过州将，千里委命，以情相归。"

又曰：《刘焉传》曰："拜张鲁镇夷中郎将，领汉宁太守，通其贡献。"

谢承《后汉书》曰：臧旻有干事才，达于从政，讨贼有功，拜议郎。还京师，见太尉袁逢，问其西域诸国土地风俗，人物种数，旻具答，悉陈其状，手画地形。逢奇其才，叹息言："虽班固作《西域传》，何以过此！"

《东观汉记》曰：黄香为尚书，晓习边事，每行军调度动，得事中。上知其勤，数加赏赐。

《魏志》曰：毌丘俭，字仲恭。有干策，为幽州刺史、渡辽将军。俭以高句骊数叛，帅军出玄菟讨之。句骊王宫将步骑三万，逆军随流水上，大战，宫连败走。遂束马悬车，登九都山，斩获首虏以千数。玄菟太守王颀过沃沮千余里，至肃慎界，刻石记功，刊九都之山。

《吴志》曰：孙歆，字公礼。为边将数十年，善养士卒，得其死力。将帅姓名，尽具识之，所问咸对。身长八尺，仪貌都雅。权欢悦曰："吾久不见公礼，不图进益乃此。"

《后魏书》曰：韦珍。高祖初，蛮首桓诞归款，以为东荆州刺史。令珍为使，与诞招慰诸蛮，珍自悬瓠西入三百余里，至桐柏山，穷临淮源，宣扬恩泽，莫不附降。淮源旧有祠堂，蛮俗恒用人祭之。珍乃晓告曰："天地明灵，即是民之父母，岂有父母甘子肉味！自今已后，悉宜以酒脯代用。"群蛮从约，至今行之。凡所招降七万余户，置郡县而还。以奉使称旨，除左将军、乐陵镇将，赐爵霸城子。

又曰：李崇行梁州刺史。时巴丘扰动，诏崇以将军荆州刺史镇上洛，敕发陕、秦二州兵送崇至。辞曰："边人失和，本怨刺史，奉诏代之，自然易帖。但须一宣诏旨而已，不劳发兵自防，使怀惧也。"高祖从之。

又曰：宇文测行绥州事。每岁河冰合后，突厥即来寇掠，于是常预遣居人入城堡以避之。测至，皆令安堵如旧，乃于要路数百处，并多积柴，仍远斥候，知其动静，是年十二月，突厥从连谷入寇，至界数十里，测命积柴之处一时纵火。突厥谓有大军至，惧而遁走，自相蹂践，委弃杂畜及辎重不可胜数。测徐率所部收之，分给百姓。自是突厥不敢复至，测因请置戍兵以备之。

《隋书》曰：帝以薛世雄为玉门道行军大将军，与突厥启民可汗连兵击伊吾。师次玉门，启民可汗背约，兵不至，世雄孤军度碛。伊吾初谓隋军不能至，皆不设备，及闻世雄孤军度碛，大惧，请降，诣军门上牛酒。世雄遂于汉旧伊吾城东筑城，号"新伊吾"，因留银青光禄大夫王威，以甲卒千余人戍之而还。天子大悦，进位正议大夫，赐物二千段。

《唐书》曰：马总为安南郡都护、总管经略使。总敦儒学，长于政术，在南海累年，清廉不挠，夷獠便之。于汉所立铜柱之处，以铜一千五百斤特铸二柱，刻书唐德，以继伏波之迹。

又曰：范希朝镇振武。蕃落之俗，有长帅至，必效奇驼名马，虽廉者犹曰当从俗，以致其欢。希朝一无所受。积十四年，皆保塞而不为横。

又曰：柳公绰为太原尹、北都留守、河东节度观察等使。是岁，北虏遣梅禄将军李畅以马万匹来市，托云入贡。所经州府，守帅假之礼分，严其兵备。留馆则戒卒于外，惧其袭夺。太原故事，出兵逆之。畅及界上，公绰使牙将祖孝恭单马劳问，待以修好之意。畅感义出涕，徐驱道中，不妄驰猎。及至，辟牙门，令译引谒，宴以常礼。及市马而还，不敢侵犯。陉北有沙陁部落，自九姓、六州皆畏避之。公绰至镇，召其酋朱耶执宜，直抵云、朔塞下，治废栅十一所，募兵三千付之，留屯塞上，以御匈奴。其妻母来太原者，请梁国夫人以酒食问遗之。沙陀感之，深得其效。

梁吴均《边城将》诗曰：仆本边城将，驰射灵关下。箭御雁门石，气振武安瓦。玉标丹霞敛，金络艳光马。高旗入汉飞，长鞭历地写。

太平御览卷第二百七十九 兵部十

威名

《史记》曰：李广居右北平，匈奴闻之，号曰“汉飞将军”，避之数岁，不敢入右北平界。

《汉书》曰：郅都为雁门太守。匈奴素闻名节，举边为引兵去，竟都死不近雁门。匈奴为偶人像都，令驰骑射之，莫能中者，其见惮如此。

《后汉书·公孙瓒传》曰：瓒字伯珪，辽西令支人。初平二年，青、徐黄巾三十万众入渤海界，欲与黑山合。瓒率步骑二万人，逆击于东光南，东光，今沧州县。大破之，斩首三万余级。贼弃辎重数万两，奔走渡河。瓒因其半济薄之，贼复大破，死者数万，流血丹水，收得生口七万余人。车甲财物不可胜算，威名大震。拜奋武将军。

又曰：瓒为降虏校尉，讨乌桓，每闻有警，瓒辄厉色愤怒，如赴仇敌，望尘奔逐，或继之以夜战。虏识声，惮其勇，莫敢抗犯。

又曰：瓒征乌桓，常与善骑射之士数十人，皆乘白马，以为左右翼，自号“白马义从”。乌桓更相告语，避白马长史。乃画作瓒形，驰射之，中者咸称万岁。虏自此之后，遂远窜塞外。

又曰：承宫名播匈奴。时北单于遣使求得见宫，显宗敕自整饰，宫对曰：“夷狄眩名，非识实者也。臣状丑，不可以示远，宜选有威容者。”

《续汉书·承宫传》曰：夷狄闻臣虚称，故欲见臣。臣丑陋形寝，不如选长大有威容者示之也。“帝乃以大鸿胪魏应代之。

又曰：武王演音引，字伯升，世祖之长兄也。慷慨有大节，进围宛城中，自号“天柱大将军”。王莽素闻其名，大震惧，使长安中官署及天下乡亭皆画伯升像于壁，旦起射之。

《东观汉记》曰：耿秉性勇壮而简易于事，军行常自被甲在前，休止不结营部。然远斥堠，明要誓，有警，军阵立成事，卒皆乐为死。匈奴闻秉卒，举国号哭。

《魏志》曰：吕布，字奉先。便弓马，膂力过人，号为飞将。

又曰：庞德将所领南屯樊，讨关羽，曰："今年我不杀羽，羽当杀我。"亲与羽交战，射羽中额。时德常乘白马，羽谓之白马将。

又曰：张辽为孙权所围，辽溃围出，复入，权众破走，由是威震江东。儿啼不肯止，其父母以辽恐之。

《晋书》曰：邓遐勇力绝人，气盖当世，时人方之樊哙。桓温引以为参军，数郡号为名将。

《宋书》曰：刘胡本名坳胡，以其颜面坳黑似胡，故以为名。及长，以坳胡难道，单呼为胡。出身郡将，捷口，善处分，稍至队主，讨诸蛮，往无不捷，蛮甚畏惮之。小儿啼，语之曰："刘胡来"，便即止。

又曰：沈庆之伐沔北诸蛮，大破之，威震诸山，群蛮皆稽颡。庆之患头风，着狐皮帽，群蛮恶之，号曰"苍头公"。

《后魏书》曰：李崇沉深有将略，宽厚，善御众。在扬州凡经十年，常养壮士数千人。寇贼侵边，所向摧破，号曰"卧虎"，贼甚惮之。

《后周书》曰：韩果从大军破稽胡于北山。胡地险阻，人迹罕至，果进兵穷讨，散其种落。稽胡惮果劲健，号为"著翅人"。太祖闻之，笑曰："著翅之名，宁减飞将。"

又曰：蔡祐与齐神武遇，战于邙山。祐时著明光铁铠，所向无前，敌人咸曰："此是铁猛兽也。"皆遽避之。

又曰：裴宽在孔城十三年，与齐洛州刺史独孤永业相对。永业有计谋，多谲诈，或声言春发，秋乃出兵，或掩蔽消息，倏忽而至。宽每揣知其情，出兵邀击，无不克之。永业常戒其部曰："但好慎孔城，自外无足虑。"其见惮如此。

又曰：怡峰，字景阜，辽东人也。从征役，以骁勇闻，当时号为"骁将"。

又曰：梁武敕萧续曰："贺拔胜，北间骁将，汝宜慎之。"

《唐书》曰：郝玼为刺史。始玼以临泾地，宜当畜息，蕃戎每为寇，即屯其地。尝白其帅，愿以城控之；前帅不从，其后段祐为节度使，玼复白祐，祐多其策，乃表请城之，故诏玼镇其地。自是西戎无敢犯泾者。玼自行间，前无强敌。在边上三十年，生得蕃人辄刳剔而归其尸，蕃人畏之如神。下令得玼者赏以等身金。蕃中小儿啼号者，但连呼“郝玼”以怖之。

又曰：张万福带利州刺史镇咸阳，因留宿卫。李正已反，将断江、淮路，令兵守埇桥、涡口。淮进奉船千余只，泊涡下不敢过。德宗以万福为濠州刺史，召见谓曰：“先帝改作名正者，所以褒卿也。朕以为江、淮草木亦知卿名，若从先帝所改，恐贼不知是卿也。”复赐名万福，慰遣之。万福驰至涡口，立马岸上，发进奉船，淄青兵马倚岸睥睨不敢动，诸道船继进。

《吴越春秋》曰：吴公子庆忌，吴王僚子也。勇捷，为人所闻，筋力果劲，万人之敌也。

《世说》曰：桓石虎，小字镇恶。常从征枋头，车骑冲没陈，左右莫能先救。宣武问：“汝叔落贼，汝知否？”虎闻气甚，奋策马于万众中，置冲还，三军叹服。河朔遂以其威。时有患疟者怖之，多愈，因断疟焉。

《敦煌实录》曰：宋质直破虏有威名，儿啼，恐之即止。虏相恚曰：“使汝行逢宋都督。”

信义

《左传》曰：曹、卫告绝于楚。子玉怒，从晋师。晋退，军吏曰：“以君避臣，辱也。且楚师老矣，何故退？”子犯曰：“师直为壮，曲为老。岂在久乎？微楚之惠不及此，重耳过楚，楚成王有赠送之惠。退三舍避之，所以报也。”一舍三十里。初，楚子云：“若反国，何以报我？故以退三舍为报。

又曰：晋文公围原，命三日之粮，原不降，命去之。谍出曰：“原将降矣。”军吏请待，公曰：“信，国之宝也，民之所庇也。得原失信，何以庇之？所亡滋多。”退三舍而原降。

又曰：晋将荀吴伐鲜虞，围鼓。鼓，白狄之别也。鼓人或请以城叛，吴曰："吾闻诸叔向：好恶不愆，民知所适，事无不济也。愆，过。适，归。或以为城叛，吾所甚恶也。人以城来，吾独何好焉？赏所甚恶，若所好何？无复加所好也。若其弗赏，是失信也，何以庇民？力能则进，否则退，量力而行。吾不可以欲城而迩奸，所丧滋多。"使鼓人杀叛人而缮守备。围鼓三月，鼓人或请降，使其民见，曰："犹有食色。"军吏曰："获城而不取，勤民而顿兵，何以事君？"吴曰："所以事君也，获一邑而教民怠，将焉用邑？邑以贾怠，不如完旧，完犹保守也。贾音估；完，户官切。贾怠无卒，卒，终。弃旧不祥。鼓人能事其君，我亦能事吾君。德义不爽，爽，差。好恶不愆，城可获而民知义所。知义所在也。荀吴必其能获，故因以示义。有死命而无二心，不亦可乎！"鼓人告食竭力尽，而后取之。克鼓而返，不戮一人。

《史记》曰：秦末，天下兵起，范增说项梁曰："陈胜败固当。夫秦灭六国，楚最无罪。自怀王入秦不返，楚人怜之至今。曰：'楚虽三户，亡秦必楚。'今陈胜首事，不立楚后而自立，其势不长。今君起江东，楚蜂起之，将皆争附君者，以君世世楚将，为能复立楚之后也。"乃求楚怀王孙心，立为怀王，从民所欲也。

又曰：汉楚相持之际，项羽击陈留、外黄。外黄不下，数日，降，羽悉令男子年十五以上诣城东，欲坑之。外黄令舍人儿，年十三，令之舍人儿也。以其幼弱，故孙其父。往说羽曰：彭城强劫外黄，强音其两反。外黄恐，故且降，待大王。大王至。又皆坑之，百姓岂有所归心哉？从此以东，梁地十余城皆恐，莫肯下矣。"羽然其言，乃赦外黄当坑者，而东至睢阳，闻之皆争下。

又曰：汉王至洛阳，新城三老董公遮说汉王，以义帝死，请发丧。汉王从之。高祖大哭。遂为义帝发丧。临三日，发使者告诸侯曰："天下共立义帝，北面事之。今项王放杀义帝于江南，大逆无道。寡人亲为发丧，诸侯皆缟素。发国内兵，收三河士，南浮江、汉以下，愿从诸侯王击楚之杀义帝者。"于是诸侯多从之。

《后汉书》曰：更始初，光武为萧王，定河北。诸贼铜马余众降，封其渠帅为列侯。降者犹不自安，光武知其意，令各归营勒兵，乃自乘轻骑案行部阵。降者更相语曰："萧王推赤心置人腹中，安得不投死乎？"投死犹言致也。由是皆服。

《蜀志》曰：明帝自征蜀，至长安，遣张郃诸军劲卒四十余万，潜军密进，规向剑阁。诸葛亮有战士万二千。时魏军始阵，幡兵适交，参佐咸以敌众强多，非力所制控，权停下兵一月，以并声势。亮曰："吾闻用武行师，以大信为本，得原失信，古人所惜。去者束装以待期，妻子企踵而计日。"乃敕速遣。于是去者感悦，愿留一战，往者愤踊，咸思致命。临战之日，莫不拔刃争先，以一当十，杀张郃，却司马宣王，一战大克，此之由也。

《吴志》曰：孙皎尝遣兵候魏，获魏边将吏美女以进皎，皎更其衣服送还之也。

《晋书》曰：武帝有灭吴之志，以羊祜为都督荆州诸军事、假节，散骑常侍、卫将军如故。祜率营兵出镇南夏，开设庠序，绥怀远近，甚得江汉之心。与吴人开布大信，降者欲去皆听之。

又曰：羊祜为征南大将军，督荆州诸军事。祜以孟献营武牢而郑人惧，晏婴城东阳而莱子服，乃进据险要，开建五城，收膏腴之地，夺吴人之资，石城以西，尽为晋有。自是前后降者不绝，乃增修德信，以怀柔初附，慨然有吞吴之心。每与吴人交兵，克日方战，不为掩袭之计。将帅有欲进谲诈之策者，辄饮以醇酒，使不得言。人有掠吴二儿为俘者，祜遣送还其家。后吴将夏祥、邵颢等来降，二儿之父亦率其属与俱。吴将陈尚、潘景来寇，祜追斩之，美其死节而厚加殡敛。景、尚子弟迎丧，祜以礼遣还。吴将邓香掠夏口，祜募生缚香，既至，宥之。香感其恩，率部曲而降。祜出军行吴境，刈谷为粮，皆计所侵，送绢偿之。每会众江沔游猎，常止晋境。若禽兽先为吴人所伤而为晋兵所得者，皆封还之。于是吴人翕然悦服，称为"羊公"，不之名也。祜与陆抗相对，使命交通，抗称祜之德量，虽乐毅、诸葛孔明不能过也。抗尝病，祜馈之药，抗服之无疑心。士多谏抗，抗曰："羊祜岂鸩人者！"时谈以为华元、子反复见于今。抗每告其戍曰："彼专为德，我专为暴，是不战而自服也。各保分界而已，无求细利。"孙皓闻二境交和，以诘抗。抗曰："一邑一乡，不可以无信义，况大国乎！臣不如此，正是彰其德，于祜无伤也。"

又曰：羊祜在军，常轻裘缓带，身不被甲。铃阁之下，侍卫者不过十数。

《宋书》曰：刘道规为荆州刺史，桓玄余党荀林屯江津，桓谦军屯枝江。二寇交逼，久绝都邑之问。荆楚既桓氏义旧，并怀异心，道规乃会将士，告之曰："桓谦今在近畿，闻诸君颇有去就之计。吾东来，文武足以济事，若欲去者，本不相禁。"因夜开城门，达晓不闭。众咸惮服，莫有去者。

又曰：刘裕为将，北伐后秦姚弘，乌弘反。以檀道济为前锋，至洛阳，凡拔城破垒，俘四千余人。议者谓应以戮为京观，道济曰："伐罪吊民，正在今日。"皆释而遣之。于是戎夷感悦，相率归之者甚众。

崔鸿《后燕录》曰：遣将慕容白曜伐宋无盐城，克之，将尽以其人为军实。副将郦范郦音历也。曰："齐四履之地，号为东秦，不远为经略，恐未可定也。今皇威始被，民无沾泽，连城有怀二之将，比邑有拒守之失。宜先信义，示之轨物；然后民心可怀，二州可定。"白曜从之。进次肥城，白曜欲攻之。范曰："肥城虽小，攻则淹日，得之无益。军声失之，有损威势。且无盐之卒，死者涂炭，成败之机，足为鉴矣。若飞书告喻，可不攻自伏，纵其不降，亦当逃散。"白曜乃以书晓之，肥城果溃也。

《北史》曰：西魏将王罴之守华州也，今冯翊部。西魏师与东魏师战河桥不利，东魏卒赵青雀据长安城，所在莫有固志。罴乃大开州门，召城中军民谓之曰："如闻天子败绩，不知吉凶，诸人相惊，咸有异心，王罴受委于此，以死报恩。诸人若有异图，可来见杀；必恐城陷没者，亦任出城；如有忠诚能与王罴同心者，可共固守。"军民见其诚信，皆无异志。

《后魏书》曰：李为为荆州刺史，轻将数十骑到上洛，宣诏绥慰，当即帖然。寻敕边戍掠得萧赜人者，悉令还之。南人感德，仍送荆州之口二百许。两境交和，无复烽燧之警。

《隋书》曰：桂州人李光仕举兵作乱，隋将周法尚讨之。光仕帅劲兵保白石洞。法尚捕得其弟光略、光度，大获家口；其党有来降附，辄以妻子还之。居旬日，降者数千人。法尚遣兵列阵以当，光仕亲率奇兵蔽林设伏。两阵始交，法尚驰击其栅，栅中人皆走败，光仕大溃，追斩之。

《唐书》曰：武德中，李靖既克江陵，降萧铣。时诸将咸云："铣之将帅与官军拒战，罪状既重，请籍没其家，以赏将士。"靖曰："王者之师，义在吊罚。且犬吠非其主，无容同叛逆之科，此蒯通所以免大戮于汉祖也。今新定荆、郢，宜弘宽大，以慰远近之心，降而籍之，恐非救焚拯溺之义。且恐自此南城镇各坚守不下，非计之善。"于是遂止。江、汉之城闻之，莫不争下。

又曰：裴度既平淮西，蔡人大悦。旧令：途无偶语，夜不燃烛，人或以酒食相过从者，以军法论。度乃约法，唯盗斗杀外，余尽除之，其往来者，不复以昼夜为限。于是蔡之遗黎，始知有生人之乐。

又曰：裴度既平淮西，以蔡卒为牙兵，或以为反侧之子，其心未安，不可自去其备。度笑而答曰："吾受命为彰义军节度使，元恶就擒，蔡人即吾人也。"蔡之父老，无不感泣，申、光之民，即时平定。

又曰：李愬袭蔡州，既获李祐，破解其缚而客礼之。愬乘间常召祐及李忠义，屏人而语。义亦降将也，本名宪，诉改之。军中多以谏愬，愬益亲祐。始募敢死者三十人以为突将，愬自教习之。将袭元济，会雨水，自五月至七月不止，所在陂泽溃溢，不可行营。诸军皆以愬不杀祐为言，虑其诱覆官军，简牒日至，且言得贼谍具事。愬无以止之，乃持佑祐泣曰："岂天不欲平此贼，何尔我一身而见夺于众口！"愬亦虑诸军先以谤间，则不能全之矣。乃械祐送京师，先表请释，且言"必杀祐，则无与成功者。”比至京，诏释以还愬，愬喜甚，署为散兵马使，授刀佩之，夜则倚以巡警。或使入愬帐中言事，愬因留，对举酒，往往达旦。窃听者时闻祐泣涕声。寻署为六院兵马使。

《说苑》曰：晋文公伐楚，归国行赏，狐偃为首。或曰：“城濮之事，先轸之谋。”文公曰：“城濮之事，偃说我无失信，不背三舍之约。先轸所谋军事，吾用之以胜，然此一时之说，偃言万世之功，奈何以一时之利而加万世功乎？是以先之。”众人悦服。

《庄子》曰：市南宜僚弄丸，两家之难解；孙叔敖秉羽，而郢人投兵。彪曰：宜僚善弄丸，白公胁之，弄丸如故。孙叔敖秉羽之舞，郢人无所攻，故投兵。

《韩诗外传》曰：简子薨，未葬。中牟叛之，葬五日，兴师攻之，围未匝而城自坏者十丈。襄子击金而退之，曰：“吾闻君子不承人于利，不厄人于险。”使修其城，然后攻之。中牟闻其义，请降。

《吕氏春秋》曰：夏后与有扈战于甘泽而不胜，曰：“战而不胜，是吾德薄而教不善也。”于是，处不重席，食不贰味，琴瑟不修，女子不饰，尊贤使能。期年，而有扈氏服。

太平御览卷第二百八十 兵部十一

抚士上

《孙子》曰：视卒如婴儿，故可与之赴深溪；视卒如爱子，故可与之俱死。厚而不能使，爱而不能令，乱而不能理，恩不可专用，罚不可独在，譬如骄子不可用也。

《军谶》曰：军无财，则士不来；军无赏，则士不往。故香饵之下必有悬鱼，重赏之下必有勇夫。故曰：礼者，士之所归也；赏者，士之所死也。昭其所归，示其所死。故曰：礼有后悔，则士不止；赏而后悔，则士不使。礼赏不倦，则士进矣。

《左传》曰：冬，楚师伐宋，围萧，萧溃。楚大夫申公巫臣曰："师人多寒。"楚子于是巡三军，拊而勉之。拊，抚，慰勉也。三军之士，皆如挟纩。纩，绵也。言士悦以忘寒。

又曰：声子诣楚，谓令尹屈建曰："雍子奔晋，以为谋主。彭城之役，晋、楚遇于靡角之谷，雍子曰：归老幼，返孤疾，二人役，归一人，简兵蒐乘，简，择。蒐，阅。秣马蓐食，师阵焚次，次，舍也。焚舍，示必死。明日将战。行归者而逸楚囚，欲使楚知。楚师宵溃。晋降彭城而归诸宋。楚失东夷，子辛死之，则雍子之为也。"

《史记》曰：楚人有馈一箪醪者，楚庄王投之于河，令将士迎流而饮之，三军皆醉。

又曰：赵括为将，母上书曰："始妾事其父，王所赏赐者，尽与军吏，今括一日为将，所赐金视便田宅买之。父子异心，不可用。"王不听，遂请曰："有所不称，妾得无随乎？"王许诺。

又曰：吴起之为将，与士卒最下者同衣食，卧不设席，暑不张盖，分率劳苦。卒有病疽者，起为吮之。

又曰：田横据有齐地，汉将韩信、灌婴平齐地，横走归彭越。汉灭项籍后，横与其徒属五百余人入海，居岛中。帝使使赦横罪，而召之，曰："横来，大者王，小者乃侯，大者谓横耳，小者徒属。不来，发兵加诛。"乃与其客二人乘传诣洛阳。至户乡，厩置之驿马之所，谓谓其客曰："陛下所以欲见我，不过欲一见面我貌耳。陛下在洛阳，今斩吾头，驰三十里间，形容尚未能败，犹可观也。"遂自刭。令客奉其头，从使者驰奏之，高祖以王者礼葬横。既葬，二客穿其冢旁，皆自刭。余尚五百人在海中闻横死，亦皆自杀。于是乃知田横兄弟能得士也。

《汉书》曰：李广历七郡太守，前后四十余年，得赏赐辄分其麾下，饮食与士卒共之。家无余财，终不言生产事。将兵之处见水，士卒不尽饮不近水，士卒不尽餐不尝食。士以此爱乐为用也。

又曰：窦婴拜大将军，赐金千斤，婴以所赐金陈廊庑下，军吏辄令取为用，金无入家者。

又曰：司马迁与任少卿书曰："愚以为李陵与士大夫绝甘分少，能得人之死力，虽古名将，不过也。"

又曰：袁盎，字丝。为中郎，以数上谏为陇西都尉。仁而爱士，士卒皆争为致死。

《后汉书》曰：桓帝段颎为破羌将军征羌。每行军，仁爱士卒，疾者亲自瞻省，手为裹疮。在边十余年，未尝一日蓐寝，与将士同勤苦，故皆乐为死战。

又曰：皇甫规，延熹中为中郎将，持节监讨零吾等羌。会军中大疫，死者十三四，规亲入庵庐巡视将士，三军感悦，东羌遂遣使乞降。

又曰：皇甫嵩平黄巾，恤士卒甚得众情。每军行顿止，须营幔修立，然后就舍帐。军士皆食，尔乃尝饭。吏有因事受赂者，嵩更以钱物赐之，吏怀惭，或至自杀。

又曰：马援讨西羌，中流矢贯胫。帝以玺书劳之，赐牛羊数千头，援尽班诸宾客。

又曰：董卓击汉阳叛羌，破之，拜郎中，赐缣九千匹。卓曰："为者则已，有者则士。”为功者虽已，共有者乃士。乃悉分吏兵，无所留。

又曰：王霸常与臧宫、傅俊共营，霸独善抚士卒，死者脱衣以敛之，伤者躬亲以养之。

又曰：光武遣太中大夫赐征西吏士，死伤者医药棺殓，大司马已下，亲吊死问疾，以崇谦让。

又曰：耿恭在疏勒，遣军吏范羌至敦煌迎兵士寒服。

又曰：袁绍攻臧洪。粮尽，主簿启内厨米三斗稍为饘粥。洪曰：“何能独甘此耶？”使为薄粥，遍班士众。又杀其爱妾，以食兵将，兵将咸流涕，无能仰视。

《魏书·曹公令》曰：赵奢、窦婴之为将也，受赐千金，一朝散之，故能济大功，永代流声。吾读其文。未尝不慕其为人也。

《魏志·曹真传》曰：真每征行，与将士同劳苦，军赏不足，辄以家财颁赐，士卒皆愿为用。

又曰：诸葛诞守寿春，以司马氏累世擅权，遂举兵，称匡辅魏室为辞。司马文王率师讨之，寿春城陷，诞死。文王招其徒，不降，且招且战，数百人拱手为列。每斩一人，辄遣降之，皆云：“为诸葛公死，无恨！”以至于尽，无一人降，时人比之田横。吴戍将于诠曰：“大丈夫受命其主，以兵救人，既不能克，又束手于敌，吾不取。”乃免胄冒阵而死。其得士心如此。

《吴志》曰：陆瑁，字子璋，丞相逊弟也。少好学笃义。先是，陈留濮阳逸、沛郡朱纂、广陵袁迪等，皆单食有志，就瑁游处，瑁割少分甘，与共丰约。

《蜀志》曰：邓芝为大将二十余年，赏罚明，善恤卒伍。身之衣食，资仰于官，不苟素俭，终不治私产，妻子不免饥寒。

《晋书》曰：祖逖居丹徒之京口。宾客义徒皆豪杰勇士，逖遇之如子弟，时扬土大饥，此辈多为盗窃，攻剽富室，逖慰抚问之曰：“比复南塘一出不？”或为吏所绳，逖辄拥护救解之。谈者以此少逖，自若也。

又曰：祖逖据太丘，樊雅攻之。陈留太守陈川使李头救之，头力战，有勋。逖时获雅骏马，李头甚欲之而不敢言，逖知其意，遂与之。头感逖恩遇，每叹曰：“若得此人为主，吾死无恨。”

又《载记》曰：刘曜将陈安善于抚纳，吉凶夷险与众同之，及其死，陇上歌之曰：“陇上壮士有陈安，躯干虽小腹中宽，爱养将士同心肝。骣骢父马铁瑕鞍，七尺大刀奋如湍，丈八蛇矛左右槃，十荡十决无当前。战始三交失蛇矛，弃我骣骢窜岩幽，为我外援而悬头。西流之水东流河，一去不还奈子何！”曜闻而嘉伤，命乐府歌之。

又曰：段灼追理邓艾表曰：“留屯上邽，承官军大败之后，士卒破胆，将吏无气。仓库空虚，器械殚尽。艾欲积谷强兵，以待有事。是岁少雨，又为区种之法，手执耒耜，率先将士，所统万数，而身不避仆虏之劳，亲执士卒之役。”

又曰：周访练兵简卒，欲宣力中原，与李矩、郭默相结，慨然有平河洛之志。善于抚纳，晋众皆为致死。

《续晋阳秋》曰：卢循为广州。州无面，每得分饷，未周遍文武，则不食也。其仁如此。

《北史》曰：西魏将梁椿，性果毅，善抚纳，所获赏物，分赐麾下，故每践敌场，咸得其死力。

《北齐书》曰：兰陵武王长恭，其为将也，躬勤细事。每得甘美，乃至一瓜数果，必与将士共之。

又曰：赵郡王琛薨，子睿嗣为定州刺史。诏领山东兵数万，监筑长城。于时盛夏。而定州先有冰室，每岁藏冰，长史宗钦道以睿冒犯暑热，遂遣舆冰追送。正值日中炎赫，睿乃对之叹息云：“三军皆饮温水，吾以何义独进寒冰？”遂至消液，竟不一尝。兵人感悦，遐迩称叹。

《后魏书》曰：司马楚之，少有英气，能折节待士。及宋受禅，楚之规欲报复，收众据长社，归之者常万余人。刘裕深惮之，遣刺客沐谦图害楚之。楚之待谦甚厚。谦夜诈疾，知楚之必来，欲因杀之。楚之闻谦疾，果自买汤药往省之。谦感其意，乃出匕首于席下，以状告之。楚之叹曰：“若如来言，虽有所防，恐有所失。”谦遂委身事之。其推诚信物，得士之心，皆此类也。

《后周书》曰：侯莫陈顺于渭桥与贼战，频破之。魏文帝还，亲执顺手曰："渭桥之战，卿有殊力。"便解所服金镂玉梁带赐之。

又曰：史宁为凉州刺史，遣使诣太祖请事，太祖即以所服冠履衣被及弓箭甲矟等赐宁，谓其使人曰："为我谢凉州，孤解衣以衣公，推心以委公。公其善始令终，无损功名也。"

又曰：武帝胜齐，出齐宫中金银宝器珠翠丽服及宫人二千人，班赐将士。

又曰：武帝劳谦接下，自强不息。以海内未康，锐情教习。至于治兵阅武，步行山谷，履涉勤苦，皆人所不堪。平齐之役，见军士有跣而行者，帝亲脱靴以赐之。

又曰：武帝善于抚下，每宴会将士，必自执杯劝酒，或手付赐物。至于征伐之处，躬在行阵。性又果决，能断大事。故能得士卒死力，以弱制强。

又曰：太祖平侯莫陈悦，整兵入上邽，收悦府库财物山积，皆以赏士卒，毫厘无所取。左右窃一银镂瓮以归，太祖知而罪之，即剖赐将士，众大悦。

又曰：武帝大举伐齐，次于晋州。初，齐攻晋州，恐周师卒至，于城南穿堑，自乔山属于汾水。帝率诸军八万人，置阵东南二十余里。帝常御马，从数人巡阵处分之，至辄呼主帅姓名以慰勉之。将士感见知之恩，各思自励。将战，有司请换马。帝曰："朕独乘良马，欲何所之？"齐主亦于此堑列阵，帝欲薄之，以碍堑遂止。自旦至申，相持不决。申后，齐人乃填堑南引。帝大喜，勒诸军击之，兵才合，齐人便逐北，斩首万余级。齐主与其麾下数十骑走还并州。于是齐众大溃。

《隋书》曰：杨玄感反，吴人朱燮、晋陵人管崇起兵江南以应之，自称将军，拥众十余万。帝遣将军吐万绪、鱼俱罗讨之，不能克。王充募江都万余人击，频破之。每有克捷，必归功于下，所获军实，皆推与士卒，身无所受。由此，人争为用，功最居多。

又曰：炀帝在藩时，尝观猎，遇雨，左右进油衣，上曰："士卒皆沾湿，我独衣此乎？"乃令持去。

《唐书》曰：王世充未平，太宗奏请围东都。高祖谓使人宇文士及曰："归报尔王，今取东都者，止欲兵甲休息耳。破城之日，其乘舆法物图籍器械，非私家所须者，悉汝收之。子女玉帛皆分赐将士。

又曰：贞观中，太宗亲征高丽，驾次定州。兵士到者，幸定州城北门亲慰抚之。有从卒一人病不能起，太宗招至床前问其疾苦，仍敕州县厚加供给。凡在征人，欣然。纵有病者，悦以忘疾。师次白岩城，将军李思摩中弩矢，太宗亲为之吮血。从行文武竞思奋励。及军回行，次柳城，诏集战亡人骸骨，设太牢以祭之。太宗恸哭尽哀，军人无不洒泣，兵士观者归家以言，其父母曰："吾儿之死，天子哭之，死无所恨。"

又曰：司空李勣每将兵在军，识其臧否；闻人片善，扼腕而从事捷之日，多推功于下。前后在军，所得金帛皆散之将士，于是人皆为用，所向多克捷。及薨，哭之或有呕血者也。

又曰：秦叔宝随太宗战于美良川，破尉迟敬德功最多。高祖遣使赐以金瓶，而劳之曰："卿不顾妻子，远投于我，又立功效能，朕肉可为卿用者，割以赐卿耳，况子女玉帛乎！卿当勉之。"寻授秦王右统军。

太平御览卷第二百八十一　兵部十二

抚士下

《唐书》曰：太宗征辽，车驾次辽泽下，诏曰："日者隋师渡辽，时非天赞，从军士卒骸骨相望，遍于原野，良可哀叹。掩骼之义，仰惟先典，其令并收葬之。"

又曰：建中二年，田悦攻临洺。守将张伾以军士连战已苦，府藏已竭，私产亦罄而赏之不赒，乃饰其爱女出示于众，曰："室家所有一女而已，请估而给焉。"军中感之，曰："愿以一死斗，不敢言赏。"遂大破之。

又曰：马燧既败田悦，以功加右仆射。先战，燧誓于军中，战胜请以家财行赏。既战，尽其私积以颁将士。上闻而嘉之，乃诏度支出钱五万贯行赏，还其家财。寻加魏博招讨使。

又曰：李晟以神策军讨朱泚。时神策军家族多陷于泚，晟家妻子仅百口亦同陷泚，左右或有言者，晟曰："乘舆何在？而敢言乎？"泚又间日使人至晟军，则晟小吏王无忌之婿也。因无忌以谒晟，且曰："公家无恙，城中有书问。"以此诱晟，晟怒曰："尔敢为贼传命耶？"立斩之。时转输不至，盛夏军士或衣裘褐，晟必同劳苦，每以大义奋激，士皆涕流感悦，卒无离叛者。于是军士皆角力、驰骑、超逾为戏，晟知可用。

又曰：德宗在梁州，山南地偏，及夏尤热，将士未给春服，上亦御夹服以视朝。左右请御衫，上曰："将士从我者冬服未易，我岂可独衣衫乎？"将士闻之，无不感涕。至五月，诸道财赋稍至，先令给将士衣服，而后御衫。

又曰：李光颜为陈许节度使，会讨吴元济，诏光颜以本军独当一面。光颜性忠义，善抚养士卒，士卒乐为用，每战甚苦。及贼将邓怀金以郾城兵三千人降，光颜益坚平贼之志。时韩弘为汴师，骄矜倔强，常恃贼势索朝廷姑息，且恶光颜力战，阴图挠屈，计无所施。遂举大梁城求得一美妇人，教以歌舞弦管六博之艺，饰之以珠翠金玉衣服之具，计费凡数百万，命使者送遗光颜，冀光颜一见悦惑而怠于军政也。使者即赍书先造光颜战垒，曰："本使令公德公私爱，忧公暴露，欲进一妓，以慰公征役之思，谨以候命。"光颜曰："今日已暮，明旦纳焉。"诘朝，光颜乃大宴军士，三军咸集，命使者进妓。妓至，则容止端丽，殆非人间所有，一座皆惊。光颜乃于座上谓来使曰："令公怜光颜离家室久，舍美妓见赠，诚有以荷德也。然光颜受国恩深，誓不与逆贼同生日月下。今战卒数万，皆弃妻子，蹈白刃，光颜奈何独以女色为乐？"言讫，涕泣呜咽。堂下兵士数万，皆感激流涕。乃厚以缣帛酬来使，俾令领其妓自席上而回，仍谓使者曰："为光颜多谢令公。光颜事君许国之心，死无贰矣！"明日遂大战，兵士无不一当百。终殄蔡孽，光颜功最居多。

又曰：令狐楚为汴州刺史。汴军素骄，累逐主帅，前使韩弘兄弟，率以峻法绳之，人皆偷生，未能革志。楚长于抚理，前镇河阳，代乌重胤；重胤移镇沧州，以河阳军三千人为牙卒，咸不愿从，中路叛归，又不敢归州，聚于境上。楚初赴任，闻之，乃疾驱赴怀州，溃卒亦至，楚单骑喻之，咸令櫜弓解甲，用为前驱，卒不敢乱。及莅汴州，解其酷法，以仁惠为治，去其太甚，军民感悦，翕然从化，后竟为善地。

又曰：柳公绰镇鄂州时，吴元济叛，公绰请讨之。鄂军既在行营，公绰时令左右省问其家。如疾病、养生、送死，必厚廪给之。军士之妻冶容不谨者，沉之于江。行卒相感曰："中丞为我辈知家事，何以报效？"故鄂人战每克捷。

又曰：郑从谠为北都留守。旧府城都虞侯张彦球者，前帅令率兵三千，逐沙陀于百井，中路而还，纵兵破钥，杀故帅康传圭。及从谠至，搜索其魁诛之。知彦球善有方略，召之开喻，坦然无疑，悉以兵柄委之。

又曰：乌重胤为长帅，赤心奉上，能与下同甘苦，所至立功，未尝矜伐。而善待寮佐，体分周密，曲尽礼敬，故当时名士咸愿依焉。殁数日，有军士二十余人，皆割股肉以祭重胤。古之良将，无以加也。

《三国典略》曰：北齐斛律光虽居大将，未尝戮人。军士未安，终不入幕。寒不服裘，夏不操扇。所得果糯，遍分麾下。号令不过数句，言皆切要。每战居险，为士卒先。有士卒中蛊，亲尝其唾，三军感之，乐为致命。

《战国策》曰：魏以吴起为将，与士卒最下者同衣食。卧不设席，行不骑乘。亲赢粮与士分劳。卒有病疽者，吴起为吮。疽，七余反。卒母闻而哭之。或谓之曰："母子卒也，而将军自吮其疽，何哭矣？"母曰："非然也。往年吴公吮其父，父战不旋踵，遂死于敌。今又吮此子，妾不知其所死处矣。是以哭之。"于是击秦，拔其五城。

《吕氏春秋》曰：勾践苦会稽之耻，欲深得民心，必致死于吴。有酒流之江，与人同；有甘肥，不分不敢食。

又曰：昔秦缪公乘马而车为败，右服失而野人取之。四马车，两马在中为服。《诗》曰："两服上襄"，两在边为骖。缪公自往求焉，见野人方将食之于岐山之阳。缪公笑曰：食骏马之肉，不还饮酒，余恐其伤汝也！"于是遍饮而去之。处一年，为韩原之战，晋人已环缪公之车矣。晋梁由靡已扣缪公之左骖矣。扣，持。晋惠公之右路石奋投而击缪公，其甲之抎者已六札矣。抎者配陨也，文有所失也。野人之尝食马肉者三百有余人，毕力为缪公疾斗于车下，遂大克晋，反获惠公以归。此《诗》所谓"君子正以行德爱人则宽以尽其力。"人主胡可不务行德爱人，行德爱人则民亲其上，皆乐为其君死。

《符子》曰：秦穆公伐晋，及河，将劳师，而醪唯饮一钟。蹇叔曰："一米可投河而酿也。"穆公乃以一醪投河，三军醉矣。

《三略》曰：夫将之为帅者，必同滋味，共安危。人有遗一箪之醪者，使投诸河，令士众向流而挹之。夫一箪之醪不能味一河，然而三军之士思为之死者何也？以滋味及已也。

又曰：用兵之要，在于崇礼而重禄。崇，高也。禄，廪食也。崇礼则贤士至，重禄则戎士轻死。贤士至谓若燕礼郭隗而乐毅之徒鳞集也。故曰：重赏之下，必有死夫。

又曰：良将之统军也，恕己活人，推惠施恩，力士日亲，战如风发，攻如河决。

《淮南子》曰：古人善将者，必以其身先之。暑不张盖，寒不被裘，所以均寒暑也。阴阳不乘，上陵必下，所以齐劳佚也。军食熟然后敢食，军井通然后敢饮，所以同饥渴也。合战必立矢射之，所及以其安危也。故良将之用兵也，常以积德击积怨，以积爱击积憎，何故而不胜？主之所求于民者二：求民为之劳也，欲民为之死也。民之所望于主者三：饥者能食之，劳者能息之，有功者能德之。民已偿其二责而失其三望，国虽大，兵犹且弱也。

又曰：苦者必得其乐，劳者必得其利，斩首之功必全，死事之后必赏。死事，以军事死，赏其后子孙也。四者既信于民矣，主虽射云中之鸟，而钓深渊之鱼，弹琴瑟，声钟竽，敦六博，郭，致也。投高塞，兵犹且强，令犹且行也。是故上足仰则下可用也，德足慕则威可立也。

又曰：上视下如子，则下事上如父；上视下如弟，则下事上如兄。夫上视下如子，则必王四海；下事上如父，则必正天下。上视下如弟，则不难为之死；下事上如兄，则不难为之亡。是故父子兄弟之寇不可与斗者，积恩先施也。故四马不调，造父不能以致远；弓矢不调，羿不能以必中；君臣乖心，则孙子不能以应敌。孙子名武，吴王阖闾之将也。是故内修其政以积其德，外塞其丑以服其威，察其劳佚以知其饱饥。故战日有期，视死若归。故将必与卒同甘苦共饥寒，故其死可得而尽也。

《说苑》曰：楚庄王赐群臣酒多，灯烛灭，乃有人引美人衣者。美人援绝其冠缨，告王曰："今者烛灭，有引妾衣者，妾援得其冠缨持之，趣火来，上视绝缨者。"曰："赐人酒使醉，失礼，奈何欲显妇人之节而辱士乎？"乃命左右曰："今日与寡人饮，不绝冠缨者不欢。"群臣百有余人，皆绝去其冠缨，而上火，卒尽欢而罢。居二年。晋与楚战。有一臣常在前，五合五获首，却敌，卒得胜之。庄王怪而问曰："寡人德薄，又未尝异子，子何故出死不疑如是？"对曰："臣当死。往者醉失礼，王隐忍不暴而诛也。臣终不敢以荫蔽之德而不显报王也，常愿肝脑涂地用颈血溅敌久矣。臣乃夜绝缨者也。"遂斥晋军，楚得以强。此有阴德者，必有阳报也。

又曰：平原君既归赵，楚使申君将兵救赵。魏信陵君亦矫檣晋鄙军往救赵。未至，秦急围邯郸，邯郸急且降，平原君患之甚。邯郸传舍吏子李谈谓平原君曰："君不忧赵亡乎？"平原君曰："赵亡即胜虏，何为不忧？"李谈曰："邯郸之民炊骨易子而食之，可谓至困；而君 之后宫百数，妇妾荷绮縠，厨粮余粱肉；士民兵尽，或剡木为矛戟，而君之器物锺磬自恣。若使秦破赵，君安得有此？使赵而全，君何患无有？君诚能令夫人以下遍于士卒间，分功作之，家所有尽散以飨士，方其危苦时易患耳。"于是平原君如其计，而勇敢之士三千人皆出死。因从李谈赴秦军，秦军却三十里。亦会楚魏救至，秦军遂罢。李谈死，封其父为侯。

《列女传》曰：楚子反攻秦军，绝粮，使人请于王，因问其母，母问使者曰："士卒无恙乎？"使者曰："士卒分菽粒而食之。"又问曰："将军无恙乎？"对曰："将军朝夕刍豢黍粱。"子反破秦军而归，母闭门不内，使数之，曰："子不闻越王勾践之伐吴耶？客有献醇酒一器者，王使人注上流，使卒饮下流，味不加嗲，而士卒战自五也。异日，又有献一囊糒，王又使以赐军士，分而食之，甘不逾嗌，而战自十也。今士卒分菽粒而食之，子独朝夕刍豢，何也？"

太平御览卷第二百八十二 兵部十三

机略一

《孙子》曰：凡战者以正合，以奇胜。正者当敌，奇兵从旁击其不备。故善奇者，无穷如天地，不竭如江海。终而复始，日月是也。死而更生，四时是也。故声不过五，五声之变不可胜闻。色不过五，五色之变不可胜观。味不过五，五味之变不可胜尝。以喻奇正无穷也。战势不过奇正，奇正之变不可胜穷也。奇正相生，如循环之无端，孰能穷之哉？故水之疾至于漂石者，势也；鸷鸟之击至于毁折者，节也。发起讨击敌之。是以善战者其势险，险犹疾也其节短。短，近。势如彍弩，节如发机。在疾不运，发则中也。纷纷纭纭，斗乱而不可乱；旌旗乱也，示敌者若乱，以金鼓齐之。浑浑沌沌，形圆而不可败也。车骑转形圆者，出入有道，齐整。

《左传》曰：齐侯登巫山以望晋师，晋人使司马斥山泽之险，虽所不至，必旆而疏阵之。使乘车者左实右伪，以旆先，舆曳柴而从之以扬尘。齐侯见之，畏其众也，乃脱归。齐师夜遁。师旷告晋侯曰：“乌乌之声乐，齐师其遁。”邢伯告中行伯曰：“有班马之声，齐师其遁。”邢伯，楚中行伯之。

又曰：吴从楚师，及清发，将击之。夫概谓王曰：“困兽犹斗，况人乎？若知不免而致死，必败我。使先济者知免，后者慕之，蔑有斗心，半济而后可击也。”从之。又败之。楚人为食，吴人及之，奔，食而从之。

又曰：郑人侵卫牧，以报东门之役。卫人以燕师伐郑。郑将祭足、原繁、泄驾以三军军其前，使曼伯子元潜军军其后。燕人畏郑三军而不虞制人。郑二公子以制人败燕师于北制。君子曰：“不备不虞，不可以师。”

又曰：宋襄公及楚人战于泓。宋人既成列，楚人未既济。未尽渡泓水也。司马子鱼曰：“彼众我寡，及其未既济也请击之。”公曰：“不可。”既济而未成列，又以告。公曰：“未可。”既阵而后击之，宋师败绩。公伤股，门官歼焉。国人皆咎公。公曰：“君子不重伤，不擒二毛。二毛，头白有二色者也。古之为军也，不以阻隘也。不因阻击以求胜。寡人虽亡国之余，宋，商纣□之后也。不鼓不成列。”子鱼曰：“君未知战。勍敌之人隘而不成列，天赞我也。勍，强也。言楚在险隘，不得陈列，天所以佐宋也。阻而鼓之，不亦可乎？犹有惧焉。虽因阻隘之，犹恐不胜也。且今之勍者，皆吾敌也。虽及胡耇，获则取之，何有于二毛？今之勍者，谓与吾竞者也。胡耇，元老之称也，耇音苟。明耻教战，求杀敌也。”明设刑戮，以耻不果也。伤未及死，如何勿重？言尚能害己也。若爱重伤，则如勿伤；爱其二毛，则如服焉。言苟不欲伤杀敌人，则本可不须斗也。三军以利用也，为利兴也。金鼓以声气也，鼓以佐士众之声气也。利而用之，阻隘可也，声盛致志，鼓儳可也。“儳，岩未整阵也。儳，音谗。《通典》曰：宋公违之而败也。

又曰：越伐吴，吴子御于笠泽，夹水而阵，越为左右勾卒，勾卒，伍伍相，著别为左右屯也。勾音钩。使夜或左或右，鼓噪而进。吴师分以御之。越以三军潜涉，当吴中军而鼓之，吴师大乱，遂败之。左右勾卒为声势以分吴，而三军精卒并力击其中军，故得胜。《吴越春秋》：越伐吴，起军于江南，乃分兵为左右军将，有私卒六千人为中军，日昏，乃令左军含枚，泝江五里；右军含枚，沿江五里。夜半鸣鼓，吴师闻之，大骇曰：“越人来攻我乎？”因分其军为二阵拒越。越王乃以其以中军衔枚潜涉，不鼓不噪，以袭攻之，吴师大败。此与左氏传事同小异，故附于此。

又曰：吴子阖庐问于伍员曰：“初，而言伐楚，余知其可也，而恐其使余往也。又恶人之有余之功也。今余将自有之矣，伐楚何如？”对曰：“楚执政众而乖，莫適任患。适音的。若为三师以肄焉，肄，犹劳也。一师至，彼必皆出。彼出则归，彼归则出，楚必道弊。罢弊于道。亟肄以罢之，亟，数也，音器。肄音羊至切。多方以误之，既罢音疲。而后以三军继之，必大克之。”阖庐从之。楚于是乎始病，终于吴师入郢。郢，楚都也。

又曰：吴伐越，越子勾践御之，阵于槜李。槜，将遂切。勾践患吴之整也，使死士再擒焉，不动。使敢死之士往，辄为吴师所擒，欲使吴师乱取之，而吴不动。使罪人三行，属剑于颈，以剑注劲。行，户郎切。而辞曰：“二君有理，理，军旅也。臣干旗鼓，犯军令也。不敏于君之行前，不敢逃刑，将归死。”遂自刭也。师属之目，越子因而伐之，大败吴师。

又曰：楚子围宋，晋侯将救之，大夫先轸曰：“报施救患，取威定霸，于是乎在矣。”狐偃曰：“楚始得曹而新婚于卫，若伐曹、卫，楚必救之，则宋免矣。”从之而解。

又曰：晋楚战于城濮，楚将子玉从晋师。晋师阵于莘北，胥臣以下军之佐当陈、蔡。子玉以若敖之六卒将中军，曰：“今日必无晋矣。”斗宜申将左，斗勃将右。晋裨将胥臣蒙马以虎皮，先犯陈、蔡。陈、蔡奔，楚右师溃。陈、蔡属楚右师。狐毛设二旆而退之。旆，大旆也。又建一旆而退，使若大将稍却也。栾枝使舆曳柴而伪遁，曳柴起尘，诈为众走。楚师驰之。原轸、郤溱以中军公族横击之。公族，公所师之军。狐毛、狐偃以上军夹攻子西，楚左师溃。楚师败绩。子玉收其卒而止，故不败。晋师三日馆谷。馆，舍也。食楚军谷三日也。

又曰：楚将斗廉帅师及巴师围鄾。音忧。邓养甥聃甥，音男。帅师救鄾。三逐巴师，不克。斗廉衡阵其师于巴师之中，以战，而北。衡，横也。分巴师为二部，斗廉横阵于其间，以与邓师战而伪北。北，走。邓人逐之，背巴师而夹攻之。楚师伪走，邓师逐之，背巴师。巴师攻之，楚师自前与战也。邓师大败，鄾人宵溃。宵，夜。

又曰：晋师伐秦，秦人毒泾上流，师人多死。

又曰：楚师伐吴，鍼音针尹固与王同舟，王使执燧象以奔吴师。烧火燧系象尾，使赴吴师惊之。针，职深切。

又曰：时邾人城翼，翼，邾邑也。还，将自离姑。离姑，邾邑也。从离姑则道经鲁之武城也。大夫公孙鉏曰：“鲁将御我。”欲自武城还，循山而南。至武城而还，依山南行不欲过武城。锄，助鱼切。大夫徐鉏、丘弱、茅地二子邾大夫。曰：“道下遇雨，而将不出，是不归也。”谓此道下山湿。遂自离姑。遂过武城。武城人塞其前，以兵塞其前道。断其后之木而弗殊。邾师过之，乃推而蹶之。遂取邾师。推，士追切。蹶其月切。

又曰：晋将阳处父侵蔡，父，音甫。楚将子上救之，与晋师夹泜而军。泜，直利切。处父患之，使谓子上曰："吾闻之，文不犯顺，武不违敌。子若欲战，则吾退舍，子济而阵，欲避楚，使渡成阵而后战。迟速唯命，不然纾我。纾，缓。老师费财，亦无益也。"乃驾以待。子上欲涉，大孙伯曰："不可。晋人无信，半涉而薄我，悔败何及，不如纾之。"乃退舍。楚退欲使晋渡。阳子宣言曰："楚师遁矣。"遂归楚师亦归。太子商臣谮子上曰："受晋赂而避之，楚之耻也，罪莫大焉。"王杀子上。

《战国策》曰：秦伐赵，赵以赵奢之子代廉颇为将，拒秦将王龁于长平。龁音恨匆切。秦王闻之，乃阴使武安君白起为上将军，而王龁为裨将军，令军中有敢泄武安君者斩。马服子至，则出兵击秦军。秦军佯败而走，张二奇兵以劫之。赵军逐胜，追造秦壁。秦壁坚，距不得入，而秦奇兵贰万五千人绝赵军，又一军五千骑绝赵壁，间赵军分而为二，粮道绝。而秦出轻兵击之。赵战不利，因筑壁坚守，以待救至。秦王闻赵食道绝，王自之河内，赐民爵各一级，发年十五以上悉诣长平，遮绝赵救及粮食。至九月，赵卒不得食四十六日，皆内阴相杀食。来攻秦垒，欲出。为四队，四五复之，不能出。其时马服子出锐卒自相搏战，秦军射杀之。军大败，卒二十余万人降，皆坑之。

又曰：燕军大破齐国。齐将田单守即墨，知士卒可用，乃身操板锸，与士卒分功，妻妾编行伍之间，尽散饭食飨士。令甲卒皆伏，使老弱女子乘城。遣约降于燕，燕军皆呼万岁。田单又收人金得千镒，令即墨富豪遗燕将书曰："即墨即降，愿无掠虏吾族家妻妾，令安堵。"燕将大喜，许之，燕军由此益懈。田单出军击，大败之。

又曰：燕师伐齐已下七十余城，围即墨，未下。齐将田单乃收城中得千余牛，为缝缯衣，画以五彩龙文，束兵刃于其中角，而灌脂束苇于尾，烧其端。凿城数十穴，夜纵牛，壮士五千人随其后。牛尾热，怒而奔燕军，燕军夜大惊。牛尾炬火，光明炫耀，燕军视之皆龙文，所触尽死，伤五千人。因衔枚击之，而城中鼓噪从之，老弱者皆击铜器为声。声动天地，燕军大骇败走，而齐七十余城皆复为齐。

又曰：燕将骑劫攻齐即墨，齐将田单拒守，乃宣言曰："吾唯惧燕军之劓所得齐卒，置之前行与我战，即墨败矣。"燕人闻之，如其言。城中人见齐降者尽劓，皆怒坚守，唯恐见得。田单又纵反间曰："吾惧燕人掘吾城外冢墓，戮先人，可为寒心！"燕军尽掘垄墓，烧死人。即墨人从城上遥见，皆涕泣，其欲出战，怒皆十倍。因大败燕。

又曰：魏赵相攻，齐将田忌引兵救赵。孙膑曰："夫解离乱纷纠者不控捲，丘员切。救斗者不捕撠，音戟批亢擣虚，形格势禁，则自为解耳。今魏、赵相攻，轻兵锐卒必竭于外，老弱罢于内。君不若引兵疾走入大梁，据其街路，冲其方虚，彼必释赵而自收弊于魏也。"田忌从之，直走大梁，魏师遂退。

又曰：齐孙膑谓齐王曰："凡伐国之道，攻心为上，务先伏其心。今秦之所恃为心者，燕赵也。当收燕赵之权。今说燕赵之君，勿虚言空乱，必将以实利以回其心，所谓攻其心者也。"

《史记》曰：秦伐韩，军于阏与。赵王召赵奢而问："可救不？"对曰："道远险狭，譬两鼠斗于穴中，将勇者胜。"王乃命救之。秦军武安西，鼓噪勒兵，武安屋瓦尽震。赵奢坚壁，留二十八日不行。秦间来入，奢善食而遣之。间还报曰："去国三十里而不行。"秦将大喜。秦间去，赵奢卷甲而趋之。军士许历曰："秦人不意赵师至此，其来气盛，将军必厚集阵以待之。先据北山上者胜。"奢许诺，即以万人趋之。秦兵后至，争山不得上，奢纵兵，大破秦军，解阏与之围。

又曰：李广军败，为匈奴生得，佯死，腾上胡儿善马，抱儿南驰，以故得脱。

太平御览卷第二百八十三 兵部十四

机略二

《史记》曰：韩信伐赵，引兵未至井陉口三十里，止舍。选轻骑二千人，人持一赤帜，从间道萆山而望赵军，如淳曰：萆音蔽，依山自覆蔽也。诫曰："赵见我走，必空壁逐我，若疾入赵壁，拔赵帜，立汉帜。"乃使万人先行，背水阵。赵军望见，大笑。平旦，信建大将旗鼓，鼓行出井陉口，赵开壁击之，大战良久。于是信、张耳佯弃旗鼓，走水上军。水上军开入之，复疾战。赵果空壁争汉旗鼓，逐韩信，张耳。韩信、张耳已入水上军，军皆殊死战。信出奇兵二千骑，候赵空壁逐利，则驰入赵壁，皆拔赵旗，立汉赤帜二千。赵军不能得信等，欲归，还壁，壁皆汉赤帜，而大惊，以谓汉皆已得赵王将矣，兵遂乱，遁走。于是汉兵夹击，大破虏赵军，斩成安君泜水上，徐广曰：泜音迟。擒赵王歇。信诸将问信曰："兵法：'右背山陵，前左水泽。'今者将军令臣等反背水阵，臣等不服。然竟以胜，此术何也？"信曰："此兵法不曰陷之死地而后生，置之亡地而后存？此所谓驱市人而战，其势非置之死地，使人人自为战。今予之生地则皆走，宁尚可得而用之乎！"诸将皆服，曰："善。非所及也。"

又曰：越与吴战，败，范蠡献吴粟十万斛而蒸之。吴言粟好，尽付民种之，不生，明年大饥。越遂伐吴，灭之。

又曰：天下兵起，沛公西入武关，欲以二万人击秦峣关下军，张良曰："秦兵尚强，未可轻也。臣闻其将屠者子，贾竖易动以利，愿且留壁，使人先行，为五万人具食，益张旗帜诸山之上，为疑兵，令郦食其持重宝啗秦将。"贪而忽名，可货以赂。秦将果畔，欲连和俱西袭咸阳。沛公欲听之，良曰："此独其将欲叛，士卒恐不从。不从必危，不如因其懈怠击之。"沛公乃引兵击之，秦兵大败。

又曰：项籍围汉王于荥阳，汉将纪信诈降，以故汉王得出走入关，收兵欲复东。袁生说汉王曰："汉与楚相距荥阳数岁，汉常中困。愿君王出武关，项羽必引兵南走，王深壁，令荥阳、成皋间且得休息。使韩信等平河北赵地，连燕、齐，君王乃复走荥阳，未晚。如此则楚所备者多，力分，汉得休息，复与之战，破楚必矣。"汉王从其计，出军宛、叶间，与黥布行收兵。项羽闻汉王在宛，果引兵南。汉王深壁不与战。终以此弊楚。

又曰：汉王至南郑，诸将及士卒皆歌思归。韩信说汉王曰："项羽王诸将之有功者，而独居南郑。是迁也，军吏士卒皆山东之人，日夜跂而思归。及其锋而用之，可以有大功。天下已定，人皆自宁，不可复用，不如决策东向，争权天下。"汉王从之，终灭项籍。

又曰：楚汉相持，项羽自击汉将彭越于梁，令其将大司马曹咎守成皋。汉将挑楚军，咎怒，渡汜水战汉将，后半涉，击，大破之。

又曰：汉王与韩信、彭越期会击楚军，至固陵，会楚击汉军，大破之。汉王谓张良曰："诸侯不从约，奈何？"对曰："楚兵且破，信、越未有分地，其不至，固宜。君王能与分天下，今可立致。不即，事未可知。君王能自陈已东傅海，尽与韩信；睢阳以至谷城，与彭越，使各自为战，则楚易败也。"乃发使者告韩信、彭越，皆报请令进兵，并至垓下，遂破项籍军。

又曰：汉王与诸侯兵共击项羽，决胜垓下。韩信将三十万自当之。孔将军居左，费将军居右，汉王在后。绛侯、柴将军在汉王后。项羽之卒可十万。韩信先合，不利，却。孔将军、费将军纵，楚兵退。信复乘之，大败垓下。

又曰：破项羽于垓下。羽兵尚众，汉兵围之，皆为楚歌。楚人久苦征战，困败思归，遂溃。《通典》曰：斯亦攻心之机也。

又曰：汉王遣将韩信击魏，魏王盛兵蒲坂，塞临晋。信乃益为疑兵，陈船欲度临晋，而伏兵从夏阳以木罂缻度军，以木为器如罂缻。以渡军无船且尚密也。袭安邑。虏魏王豹。

又曰：吴王濞反，濞，匹备反。汉将周亚夫率师御之，壁于下邑。吴师奔壁东南，亚夫备西北。吴师果以精兵奔西北，不得入，大败。

《汉书》曰：先零音怜、罕幵音汧。二种羌皆解仇，合党为寇，汉将赵充国讨之，守便宜上书曰："先零羌虏欲为背叛，故与罕、幵解仇，然其私心恐汉兵至，而罕、幵背之也。臣愚以为其计请击先零，若先击罕羌，零必助之。今虏马肥饶粮，击之恐不能伤害，适使先零施德于罕羌也。坚其约，合其党。虏交坚党合，诛之用力数倍，臣恐国家忧累犹十数年，不一二岁而已。先诛先零，则罕、幵之属不烦兵服矣。"宣帝从之，果如其策。

又曰：王莽末，光武起兵据昆阳城时唯有八九千人。莽遣将王邑、严尤讨之，军到城下者十万，光武留王凤等守城，与李轶等十余骑夜出，既至郾、定陵，悉发诸营兵。严尤说王邑曰："昆阳城小而坚，今假号者在宛，亟进大兵，亟，急也。纪力切。彼必奔走，则昆阳自服。"邑曰："吾昔以虎牙将军围翟义，坐不生得，以见责。今将百万之众，过城而不能下，何谓耶？"遂围之数十里，列营百所，云车十余，瞰临城中，旗帜蔽野，埃尘连天，钲鼓之声闻数十里。或为地道，或輣橦。輣，薄萌切。积弩乱发，矢下如雨，城中负楯而汲。王凤等乞降，不许。光武遂与诸营部俱进，自将部骑千余人，前去大军四五里而阵。寻、邑亦遣千兵馀合战。光武奔之，斩首数十级。诸部喜曰："刘将军平生见小敌怯，今见大敌勇，甚可怪也。且复居前，请助将军！"光武复进，寻、邑兵却，诸部兵乘之，斩首数百千级。连胜，遂因而大败。《通典》曰：王邑违九攻宛，所以败也。

又曰：王郎起河北。郎钜鹿郡太守王饶据城，光武围数十日，连攻不克。耿纯说曰："久守王饶，士众疲弊，不如及大兵精锐进攻邯郸。若王郎已诛，王饶不战自服矣。"从之，乃留兵守钜鹿，而进军邯郸，屯其郭北。郎数出战，无利城守，急攻之二十余日。郎少傅李立为反间，开门内汉兵，遂拔邯郸郎党悉平。

又曰：曹操围袁尚，凿池环城。初令浅，示若可越，城中望见，笑而不出。操令一夜浚之，广深二丈，决漳水以溃之，自五月至八月，城中饿死者过者。

《后汉书》曰：朱穆举度尚，自右校令擢荆州刺史，击桂阳苍梧盗贼。尚躬率部曲，与同劳逸，广募杂种诸蛮夷，明设购赏，进击，大破之，降者数万人。桂阳宿贼渠帅卜阳、潘鸿等畏尚威烈，徙入山谷。尚穷追数百里，遂入南海，破其三屯，多获珍宝。而阳、鸿等党众犹盛，尚欲击之，而士卒骄富，莫有斗志。尚计缓之则不战，逼之则逃亡，乃宣言卜阳、潘鸿作贼十年，习于攻守，今兵寡少，未易可进，当须诸郡所发悉至，尔乃并力攻之。申令军中，恣听射猎。兵士喜悦，大小皆相与从禽。尚乃密使所亲客潜焚其营，珍积皆尽。猎者来还，莫不泣涕。尚人人慰劳，深自咎责，因曰："卜阳等财实足富数代，诸卿但不并力耳。所亡少少，何足介意！"众闻咸愤踊，尚敕令秣马蓐食，明旦，径赴贼屯。阳、鸿等自以深固，不复设备，吏士乘锐，遂大破平之。尚出兵三年，群寇悉定。

又曰：廉范为云中太守。会匈奴大入塞，烽火日通。故事，虏入过五千人，移书傍郡。吏欲传檄求救，范不听，自率士卒拒之。虏众盛而范兵不敌。会日暮，令军士各交缚两炬，三头爇火，营中星列。用两炬交缚如十字，爇其头，手执一端，使敌人望之，疑兵士之多。虏遥望火多，谓汉兵救至，大惊。待旦将退，范乃令军中蓐食，晨往赴之，蓐食，早起食于寝蓐中也。斩首数百级，虏自相辚籍，死者千余人，辚，轹也。藉，相蹈藉也。由此不敢复向云中。

又曰：耿恭与匈奴战，恭以毒药傅矢。传语匈奴曰："汉家箭神，其中疮者必有异。"因发强弩射之。虏中矢者，视疮皆沸，遂大惊。会天暴风雨，随而击之，杀伤甚众。匈奴震怖，相谓曰："汉兵神，真可畏也！"遂解去。

又曰：耿弇敕诸校会，会，犹集也。后五日攻西安。张蓝闻之，晨夜儆守。至期夜半，弇敕诸将皆蓐食，会明至临淄城。护军荀梁等争之，以为宜速攻西安。弇曰："不然。西安闻吾欲攻之，日夜为备。然临淄出不意而至，必惊扰，吾攻之一日必拔。临淄即西安孤，张蓝与步隔绝，必复亡去，所谓击一而得两者也。若先攻西安，不卒下，顿兵坚城，死伤必多。纵能拔之，张蓝引兵还奔临淄，并兵合势，观人虚实，吾深入敌地，后无转输，旬月之间，不战而困。诸军之言，未见其宜。”遂攻临淄，半日拔之，入据其城。

又曰：高峻据高平，犹不下，帝议遣使降之。乃谓寇恂曰：“为吾行也。若峻不降，引耿弇等击之。”恂奉玺书与峻，峻遣军帅皇甫文出谒，辞礼不屈。恂怒，将诛文。诸将谏曰：“高峻精兵万人，率多强弩，西遮陇道，连年不下。今欲降之，而反戮其使，无乃不可乎？”恂不应，遂斩之。遣其副归告峻曰：“军帅无礼，已戮之矣。欲降，急降；不欲，固守。”峻惶恐，即日开城门降。诸将皆贺，因曰：“敢问杀其使而降其城，何也？”恂曰：“皇甫文，峻之腹心，其所取计者也。今来，辞意不屈，必无降心。全之则文得其计，杀之则峻亡其胆，是以降耳。”诸将皆曰：“非所及也。”

又曰：吴汉在河北，时鬲县五姓共逐守长，据城而反。鬲，县名，属平原郡，故城在今德州西北。五姓盖当地强宗豪右也。鬲，音革。诸将争欲攻之，汉不听，曰：“使鬲反者，皆守长罪也。敢轻冒进兵者斩。”乃移檄告郡，使收守长，而使人谢城中。五姓大喜，即相率归降。诸将乃服，曰：“不战而下城，非众所及也。”

太平御览卷第二百八十四　兵部十五

机略三

《后汉书·朱儁传》曰：赵弘据宛城，儁因急击弘，斩之。贼余帅韩忠复据宛拒儁。儁兵少不敌，乃张围结垒，赴土山以临城内，因鸣鼓攻其西南，贼悉众赴之。儁自将精卒五千，掩其东北，乘城而入。忠乃退保小城，惶惧乞降。司马张超及徐璆、秦颉皆欲听之。儁曰："兵有形同而势异者。秦项之际，人无定主也，故赏附以劝来耳。今海内一统，唯黄巾造寇，纳降无以劝善，讨之足以惩恶。今若受之，更开逆意，贼利则进战，钝则乞降，纵敌长寇，非良计也。"因急攻，连战不克。儁登土山望之，顾谓张超曰："吾知之矣。贼今外围周固，内营逼急，乞降不受，欲出不得，所以死战也。万人一心，犹不可当，况十万乎！其害甚矣。不如彻围，并兵入城。忠见围解，势必自出，自出则意散，易破之道也。"既而解围，忠果出战，儁因击之，大破之。乘胜逐北数十里，斩首万余级。忠等遂降。

又曰：董卓将三万讨先零羌，卓于望垣北，望垣县属天水郡。为羌胡所围，粮食乏绝，进退逼急。乃于所渡水中伪立鄣以为捕鱼，潜从鄣下过军。《续汉书》"鄣"字作"堰"。比贼追之，决水已深不得渡。时众军败退，唯卓全师而还。

又曰：臧宫将兵屯骆越。越人谋叛从蜀。宫兵少，力不能制。会属县送委输车数百乘至，宫夜使锯断城门限，令车回转出入至旦。越人候伺者闻车声不绝，而门限断，相告以汉兵大至。其渠帅乃奉牛酒以劳军营。营陈兵大会，击牛酾酒，飨赐慰纳之。

又曰：蜀有妖巫维汜弟子单臣、傅镇等，复妖言相聚，入原武城，维，或作佚。劫吏人，自称将军，于是遣臧宫将北军及黎阳营数千人围之。贼谷食多，数攻不下，士卒死伤。帝召公卿诸侯王问方略，皆曰

“宜重其购赏”。时显宗为东海王，独对曰：“妖巫相劫，势无久立，其中必有悔欲亡者。但外围急，不得走耳。宜小挺缓，挺，解也。令得逃亡，逃亡则一亭长足以禽矣。”帝然之，即敕宫撤围缓贼，贼众分散，遂斩臣、镇等。

又曰：岑彭南击秦丰，与其大将蔡宏拒彭等于邓，数月不得进。帝怪以让彭，彭惧，于是夜勒兵马，申令军中，使明旦西击山都。山都，县名，属南阳郡。乃缓所获虏，令得逃亡，归以告丰，丰即悉其军西邀彭。彭乃潜兵渡沔水，击其将张杨于阿头山，大破之。沔水源出武都东狼谷中，即汉水之上源也。阿头山在襄阳。从川谷间伐木开道，直袭黎丘，击破诸屯兵。丰闻大惊，驰归救之。彭与诸将依东山为营，丰与蔡宏夜攻彭，彭预为之备，出兵逆击之，丰败走，追斩蔡宏。

又《皇甫嵩传》曰：梁州贼王国围陈仓，复拜嵩为左将军，督前将军董卓，各率二万人拒之。卓欲速进赴陈仓，嵩不听。卓曰：“知者不后时，勇者不留决。速救则城全，不救则城灭，全灭之势在于此也。”嵩曰：“不然。百战百胜，不如不战而屈人之兵。是以先为不可胜，以待敌之可胜。不可胜在我，可胜在彼。彼守不足，我攻有余。《孙子》之文。有余者动于九天之上，不足者陷于九地之下。《玄女三宫战法》曰：行兵之道，天地之宝。九天九地，各有表里。九天之上，六甲子也；九地之下，六癸酉也。子能顺之，万全可保。今陈仓虽小，城守固备，非九地之陷也。王国虽强，而攻我之所不救，非九天之势也。夫势非九天，攻者受苦害；陷非九地，守者不拔。国今已陷受害之地，而陈仓保不拔之城，我可不烦兵动众，而取全胜之功，将何救焉！”遂不听。王国围陈仓，自冬迄春，八十余日，城坚守固，竟不能拔。贼众疲弊，果自解去。嵩进兵击之。卓曰：“不可。兵法，穷寇勿迫，归众勿追。《司马法》之言。今我追国，是迫归众，追穷寇也。困兽犹斗，蜂虿有毒，况大众乎？”嵩曰：“不然。前吾不击，避其锐也。今而击之，待其衰也。所击疲师，非归众也。且走者，莫有斗志。以整击乱，非穷寇也。”遂独进击之，使卓为后拒。连战大破，斩首万余级，国走而死。卓大惭恨，由是忌嵩。

又曰：吴汉、岑彭讨公孙述，述使其将延岑等悉兵拒广汉及资中，又遣将侯丹率二万余人拒黄石。彭乃多张疑兵，使护军杨翕与臧宫拒延岑等，自分兵浮江下，还江州，今南郡，即汉江州县。泝江都江而上，江都江，城都江也。袭击侯丹，大破之。因晨夜倍道兼行二千余里，径拔武阳。使精骑驰广都，去成都数十里，势如风雨，所至皆奔散。初，述闻汉军在平曲，故遣大军逆之，及汉兵至武阳，出延岑军后，蜀地震骇。

又曰：马援为陇西太守，发步骑三千人击先零羌。羌将其妻子辎重移阻于允吾谷，允语，音锐牙。援乃潜行间道，掩赴其营。羌大惊坏，复远徙唐翼谷中，援复追讨之。羌引精兵聚北山上，援陈军向山，而分遣数百骑绕袭其后，乘夜放火，击鼓叫噪，虏遂大溃。

又曰：冯异与邓禹率车骑将军邓弘等议攻赤眉。异曰："贼众尚多，可稍以恩信倾，难卒用兵破也。上今使诸将屯渑池，要其东，而异击其西，一举取之，此万成计也。"禹、弘不从。弘遂大战移日，赤眉佯败，弃辎重而走。车皆载土，以豆覆其上，兵士饥，争之。赤眉引还击弘，弘军大乱。异与禹合兵救之，赤眉小却。异以士卒饥倦，可且休，禹不听，复战，大为所败。

又曰：河南贼张步据地，汉将耿弇讨之，壁于临淄。步与其三弟蓝、弘、寿及故大彤渠帅重异等兵重姓，异名也。号二十万，至临淄大城东，将攻弇。弇先出淄水上，与重异遇，突骑欲纵，弇恐挫其锋，令步不敢进，固示弱以盛其气，乃引归小城，陈兵于内。步气盛，直攻弇营，与弇裨将刘歆等合战，弇升王宫坏台望之，临淄，本齐国所都，即齐王宫中坏台也。视歆等锋交，乃自引精兵横交突步阵于东城下，破之。

又曰：赤眉、青犊十余万众并在射犬，光武引兵将击之。耿纯军在前，去众营数里，贼忽夜攻纯，雨射营中，士多伤。纯勒部曲坚守不动。选敢死千人，俱持强弩，各傅三矢，使衔枚间行，傅，著。绕出贼后，齐声呼噪，强弩并发，贼众惊走，追击之，遂败。

又曰：光武遣将王霸、马武击河南贼周建于垂惠。贼帅苏茂将五校兵四千余人救建，而先遣精骑遮击马武军粮，武往救之。建从城中兵出夹击武，武恃霸之援，战不甚力，为茂、建所败。武军奔过霸营，大呼求救。霸曰："贼兵盛，出必败，努力而已。"乃闭营坚壁。军吏皆争之。霸曰："茂兵精锐，其众又多，吾吏士心恐，而马武与吾相恃，两军不一，此败道也。今闭营固守，示不相援，贼必乘胜轻进；马武无救，其战自倍。如此，茂、建众疲劳，吾承其弊，乃可克也。"茂、建果悉出兵攻武。合战良久，霸军中壮士路润等数十人断发请战。霸知士心锐，乃开营后，出精骑袭其背。茂、建前后受敌，惊乱，败之。

又曰：西域莎车国王不供，将兵长史班超发于阗、疏勒诸国二万五千人击之。莎车求救龟兹，龟兹王遣将发温宿、姑墨、尉头合五万人助之。超召诸将及于阗、疏勒王议曰："兵少不敌，莫如各解散去。于阗从此东归，长史亦从此西归，夜半闻鼓声，便发众。"皆以为然，乃阴缓所擒得生口归，以超言告龟兹，龟兹闻之喜，使其将以万骑于西界遮超，温宿王将以千骑于东界遮于阗王。人定后，超密令诸司马勒兵，至鸡鸣驰赴莎车草营掩覆之，胡皆惊走，斩首五千级。莎车遂降。

又曰：光武遣将邓禹西征至河东，禹击更始将王匡，禹军不利，战罢。明日癸亥，匡以六甲穷日不出，禹因得更整兵勒众。明晨，匡悉军出攻禹，禹令军中无得辄动；既至营下，因传发诸将鼓而并进，大破之。

又曰：冯异将数万人与贼约期会战。使壮士变服与赤眉同，伏于道侧。明日，赤眉使万人攻异前部，异裁出兵以救之。裁少出兵，所以示弱。贼见势弱，遂悉众攻异，异乃纵兵大战。日昃，贼气衰，伏兵卒起，衣服相乱，赤眉不复识别，众遂惊溃。追击，大破于崤底。

又曰：岑彭将兵三万余人南击秦丰，拔黄邮，丰与其大将蔡宏等拒于邓，数日不得进。彭夜勒兵马，申令军中，使明旦西击山都。乃缓所获虏，令得逃亡，归以告丰，丰即悉其军西邀彭。彭乃潜兵度沔水，击其将张杨于河头山，大破之。从川谷间伐木开道，直袭黎丘，破诸屯兵。丰闻大惊，驰归救之。彭依东山为营，丰与蔡宏夜攻彭，彭先为之备，出兵逆击之，丰败走。

又曰：张步据齐地，汉将耿弇征之。步将费邑分遣其弟敢守巨里。弇进兵先胁巨里，使多伐树木，扬言以填塞坑堑。数日，有降者言邑闻弇欲攻巨里，谋来救之。弇乃严令军中趣修攻具，宣敕诸部，后三日当悉力攻巨里城。阴缓生口，令得亡归。归者以弇期告邑，邑至日果自将精兵三万余人来救之。弇喜，谓诸将曰："吾所以修攻具者，欲诱致邑耳。今来，适其所求也。"即分三千人守巨里，自引精兵上岗坂，乘高合战，大破之，临阵斩邑。既而收首级以示巨里，城中凶惧，凶，许拱切。费悉众亡归。

又曰：将军耿秉与窦固合兵一万四千骑击车师，车师有后王、前王，前王即后王之子，其庭相去五百余里。秉议先赴后王，以为并力根本，则前王自服。固计未决，秉奋身而起，众军不得已，遂进。并纵兵钞掠，斩首数千级，收马牛羊十余万头。后王安得震怖，从数百骑出迎秉，降。

又曰：袁绍，曹公相持于官渡，沮授说绍，沮，侧居切。可遣蒋奇别为支军于外，以绝曹公之路。绍不从。许攸进曰："曹公兵少而悉师拒我，许不余守，势必空弱。若分遣轻军，星行掩袭，许伏则操为成擒。如其未溃，可令首尾奔命，破之必也。"绍又不用，竟为曹公所败。

又曰：曹公征河北，师次顿丘。黑山贼子毒等攻东武阳。曹公引兵西入山，攻毒等本屯。毒闻之，弃武阳还，魏武要击于内黄，大破之。

又曰：曹公征张绣于穰，荀攸曰："绣仰食于刘表，于久而势必离。今缓之可诱致，急之则相救。"公不从，与绣战。表果救之，公败归。

又曰：青、徐黄巾三十万众入渤海界，欲与黑山合。公孙瓒率步骑二万人，逆击于东光南，大破之，斩首二万余级。贼弃辎重数万两，奔走渡河。瓒因其半济薄之，贼复大破，死者数万。

太平御览卷第二百八十五　兵部十六

机略四

《后汉书》曰：曹公西征马超，与超夹关为军。公急持之，而潜遣徐晃、朱灵等夜度蒲坂津，据河西为营。公由潼关北度，未济，超赴船急战。公放马牛以饵贼，贼乱取牛马，公得度，循河为甬道而南。贼退，距渭口，公乃多设疑兵，潜以舟载兵入渭，为浮桥，夜，分兵结营于渭南。贼夜攻营，伏兵击破之。

又曰：曹公与袁绍相持官渡，曹公循河而西。绍于是渡河追公军，至延津南。公勒兵驻营南坂下，使登垒视之，曰："可五六百骑。"有顷，复白："骑稍多，步兵不胜数。"公曰："勿复白。"乃令骑放马解鞍。是时，白马辎重就道。诸将以为敌骑多，不如还保营。荀攸曰："此所以饵敌也。如何去之！"绍骑将文丑与刘备五六千骑前后至。诸将复白："可上马。"公曰："未也。"有顷，骑至稍多，或分辎重。公曰："可矣。"乃皆上马。时骑不满六百，遂纵兵击之，大破。

又曰：曹公既克邺，袁尚、熙遂奔辽东，众百数千。初，辽东太守公孙康恃远不服。曹公破乌丸，或说公遂征之，尚、熙可擒。公曰："吾方使康斩送其首，不烦兵矣。"公引兵还，康果斩送尚、熙，传其首。诸将或问曰："公还，而康斩尚、熙何也？"公曰："彼素畏尚、熙，其急之则并力，缓之则相图，其势然也。"

又曰：曹公讨鲜卑，出卢龙，塞外道绝不通，乃堑山堙谷五百余里，经白檀，历平冈，涉鲜卑庭，东陷柳城。未至二百里，虏乃知之。将数万骑逆军，登白狼山，卒与虏遇，众甚盛。公登高，观虏阵不整，纵兵击之，使张辽为先锋，虏大败。

又曰：黄巾贼起，命将朱儁率兵讨之。贼帅韩忠据宛拒儁，儁兵少不敌，乃长围结垒起土以临城内，因鸣鼓攻其西南，贼悉众赴之。儁自将精卒五千掩其东北，乘城而入。忠乃退保小城，惶惧乞降。

又曰：曹公与袁绍相持官渡，绍遣将郭图、淳于琼、颜良等攻东郡太守刘延于白马，绍引兵至黎阳，将度河。曹公北救延。荀攸说曰：“今兵少不敌，分其势乃可。公到延津，若将度兵向其后，绍必西应之，然后轻兵袭白马，掩其不备，颜良可擒也。”公从之。绍闻兵度，即留分兵西应之。公乃引军兼行趣白马，未至十余里，良大惊，来逆战。使张辽、关羽前登，击破，斩良。遂解白马围。

又曰：曹公击破马超，超走凉州。关中平，诸将或问曹公曰：“初，贼守潼关，渭北道缺，不从河东击冯翊，而反守潼关，引日而后北渡，何也？”公曰：“贼守潼关，若吾入河东，贼必引守诸津，则西河未可渡也。吾欲盛兵向潼关；贼悉众南守，西河之备虚，故徐晃等得擅取西河；然后引军北渡，贼不能与吾争西河者，以有二将之军也。连车树栅，为甬道而南，既为不可胜，且以示弱。度渭为坚垒，虏至不出，所以骄之也。故贼不为营垒而求割地。吾顺伪言许之，所以纵逸其意，使自安而不为备，因蓄士卒之力，一朝击之，所谓疾雷不及掩耳，兵之变化，固非一道也。

又曰：蜀将关羽围曹公将曹仁于樊，又围将军吕布于襄阳，曹公遣将徐晃救仁。以羽难与争锋，遂前至偃城。晃诡道作都堑，示欲截其后，贼烧屯走。晃得偃城，两面连营，稍前，去贼围三丈所，未攻，贼围头有屯，又别屯四冢。晃扬声当攻围头屯，而密攻四冢。羽见四冢欲坏，自将步兵五千出战，晃击之，退走，遂追蹈与俱入围，破之，或自投沔水死。曹公令曰：“贼围堑鹿角十重，将军致战胜，今陷贼围，多斩首虏。吾用兵三十余年，及所闻古之善用兵者，未有长驱径入敌围者。”

又曰：曹公征关中，进军度渭。马超及韩遂数请战，不许，因请割地。公用贾诩计，伪许之。韩遂请与公相见，公与遂交马语，移时不及军事，但说京都故旧，拊手欢笑。既罢，超等问遂：“公何言？”遂曰：“无所言也。”超等疑之。他日，公又与遂书，多所点窜，如遂改定者。

超等愈疑遂。公乃与克日会战。先以轻兵挑之，战良久，乃纵骁骑夹击，大破之。遂、超走凉州。

《魏志》曰：司马宣王征公孙文懿，次于辽水。文懿遣将军毕衍、杨祚等步骑数万阻辽，隧以距之，围堑二十余里。宣王令其军穿围，盛兵多张旗帜，出其东南，贼尽锐赴之，乃沉舟潜济，急于东北，斜趣之襄平。衍等恐襄平无守，夜遁。

又曰：郭淮讨叛羌师。其羌师屯河关、白土故城，据河拒官军。淮见形上流，密于下度兵据白土故城，击，大破之。

又曰：李典与程昱等以船运军粮，会袁尚遣将高蕃将兵屯河上，绝水道。典与诸将议曰："蕃军少甲而恃水，有懈怠之心，击之必克，宜亟击之。"昱为然，遂北渡河攻蕃，破之。水道得通。

又曰：司马宣王征公孙文懿，沉舟潜济辽水，作长围，忽弃贼而向襄平。诸将言曰："不攻贼而作围，非所以示众也。"宣王曰："贼坚营高垒，欲以老吾兵也。攻之，正入其计，此王邑所以耻过昆阳也。古人云：敌虽高垒不得不与我战者，攻其所必救也。贼大众在此，贼窟虚矣。我直指襄平，必怀内惧。惧而求战，破之必矣。"遂整阵而过。贼见兵出其后，果邀之。宣王谓诸将曰："所以不攻其营，正欲致此，不可失也。"乃纵兵逆击，大破之，三战皆捷。

又曰：田豫，字国让。率击鲜卑轲比能，单将锐卒，深入虏庭，胡人众多，钞军前后，断截归路。国让乃进军，去虏十余里结屯营，多聚牛马粪然之，从他道引去。胡见烟火不绝，以为尚在，去行数十里乃知之。

又曰：诸葛诞、文钦反，据寿春，司马景王总兵讨之，谓诸将曰："彼当突围，决一朝之命！"或谓："大军不能久，省食减口，冀有他变，料贼之情不出此二者，今当多方以乱之，备其越逸，此胜计也。"因命合围，分遣羸疾就谷淮北廪军士，大豆人三胜，钦闻之果喜。景王愈羸形以示之，多纵反间，扬言吴救方至，诞等益宽恣食。俄而，城中乏粮，诸将并请攻之。景王曰："诞聚粮完守，外结吴人，自谓足据淮南，必不便走。今若急之，损游军之力，外寇卒至，表里受敌，此危道也。且坚守三面，若贼陆道而来，军粮必少，吾以游兵轻骑绝其转输，可不战而破外贼，钦等必为擒矣。”诞、钦等出攻长围，诸军逆击，走之。初，诞、钦内不相协，乃至穷蹙转相疑贰，诞杀钦。子鸯逾城降，以为将军、封侯，使巡城而呼。景王见城上持弓者不发，因令攻而拔之。

又曰：诸葛诞据寿春反，命将王基讨之。吴遣朱异来救诞，军于安城。诏王基引诸军转据北山，基谓诸将曰：“今围垒转固，兵马向集，但当精修守备以待越逸，而更移兵守险，使得放纵，虽有智者，不能善其后矣。”遂守便宜，上疏曰：“今与贼交利对敌，当不动如山。若迁移依险，人心摇荡，于势大损。诸军并据深沟高垒，众心皆定，不可倾动，此御兵之要地也。”书奏，报听之。寿春竟破，司马文王与基书曰：“初议者云云，求移者甚众，时未临履，亦谓宜然。将军深算利害，独秉固志，上违诏命，下距众议，终至制敌擒寇，虽古人所述，不是过也。”

又曰：郭淮在汉中，蜀主刘备欲渡汉水来攻。诸将议众寡不敌，依水为陈以距之。淮曰：“此示弱而不足挫敌，非算也。不如远水为阵，引而致之，半济而后击，备可破也。”既阵，备疑不敢渡。《通典》曰：蜀主悟之，不敢。

又曰：文帝初，北狄强盛，侵扰边塞，乃使田豫持节护乌丸校尉。时鲜卑数十部，比能、弥加、素利等割地统御，各有分界。乃共要盟，不得以马与中国市。豫以戎狄为一，非中国之利，乃先构离之，使自为仇敌，互相攻伐。素利违盟，出马千匹与官，为比能所击，求救于豫。豫深入虏廷，胡围豫于马邑城十重。豫密使司马建旌旗，鸣鼓吹，从南门出，胡人皆往赴之。豫将精锐自北门出，鼓噪而赴，两头俱发，出虏不意，虏众乱，弃马步走，追讨二十余里，僵尸蔽地。自是胡人破胆，威振沙漠。

又曰：诸葛亮出斜谷，司马宣王屯北原。亮盛兵西行，诸将皆欲攻西围，郭淮独以为此见形于西，欲使官兵重应之，必攻阳遂耳。其夜果攻阳遂，有备不得上。

《吴志》曰：曹公入荆州，刘备为曹公所破，与鲁肃遇于当阳，遂共图计。遣诸葛亮诣孙权，权遣周瑜、程普与备并力逆曹公，遇于赤壁。瑜部将黄盖曰：“今寇众我寡，难与持久，观操船舰相接，可烧而走也。”乃取蒙冲数十，实以薪草，上建牙旗。盖乃先报书，欺以欲降。曹公军延颈指言：“盖降！”盖放诸船，同时发火。时风盛猛，悉延烧岸上营落。顷之，熛炎张天，人马烧溺，死者甚众，军遂败退。

又曰：周瑜使甘宁据夷陵。魏将曹仁围宁，吕蒙往救之。仍分遣三百人柴断险道，贼走可得其马。军到夷陵，即日交战，所杀过半。敌夜遁去，行过柴道，骑皆舍马步走。蒙兵追蹙，获马三百匹，方船载还。

又曰：贺齐讨黟，歙贼帅，黟音伊几切。歙音摄。黟帅陈仆、祖山等二万户屯历林山，山四面壁立，高数十丈，径路危狭，不容方楯，贼临高下石，不可得攻。军住经日，将吏患之。齐身出周行，观视形便，阴募轻捷士，为作铁戈，密于隐险贼所不备处，以戈拓山为缘道，道成，夜令潜上，乃多悬布以援下人，得上百数十人，四面流布，俱鸣鼓角，齐勒兵待之。贼夜闻鼓声四合，谓大军悉已得上，惊惧惑乱，不知所为，守路备险者，皆走还依众，大军因是得上。贼中有善禁术者，吴师刀剑不得拔，弓弩射矢皆还自向，辄致不利。齐曰：“吾闻之，雄黄胜五兵，还丹能威敌。夫金有刃、虫有毒者皆可禁之。以无刃之兵，不毒之虫，彼必无能为也。”遂伐木为棓列阵，四面罗布，俱鸣鼓角，勒兵待曙。贼惶遽无依，禁术不效，大破而降之。

《蜀志》曰：诸葛孔明率众定南夷，擒夷帅孟获，七纵七擒。获曰：“公，天威也。南人不复反矣。”

扬雄《蜀王记》云：秦王石牛，置金于后，蜀人以为牛便金。蜀王发卒开道，令五丁拖牛置成都，蜀道乃通。

太平御览卷第二百八十六 兵部十七

机略五

王隐《晋书》曰：马隆子咸为成都王，前锋陆机攻长沙王乂于石桥。将士器仗严利。长沙王所统冠军司马王瑚率众讨咸，咸坚不动。瑚乃使数十骑下马缚戟于马鞍头，放令伺咸，又使数十骑各刺所放马，马惊奔咸军，军即坏。瑚因驰逐猛战，临阵斩咸。

《晋书·毛宝传》曰：时苏峻送米万斛馈祖约，约遣司马桓抚等迎之。宝告其众曰："兵法，军令有所不从，岂可不上岸邪！"乃设变力战，悉获其米。

又曰：马隆平秦原，加赤幢、曲盖、鼓吹。隆奇谋间发，夹道累磁石，贼负铁铠。行不得前，隆卒先被犀甲，无所留碍，贼咸以为神也。

又曰：卫瓘既囚邓艾，诸将图欲劫艾，整仗趋瓘营，瓘轻出迎之，伪作表草将申明艾事，诸将信之而止。

又曰：刘琨少负壮气，有纵横之才，善交胜己，而颇浮夸。与范阳祖逖为友，闻逖被用，与亲故书曰："吾枕戈待用，志枭逆虏，常恐祖生先吾着鞭。"其意气相期如此。在晋阳，尝为胡骑所围数重，城中窘迫无计，琨乃乘月登楼清啸，胡贼闻之，皆凄然长叹。中夜奏胡笳，贼又流涕歔欷，有怀土之切。向晓复吹之，贼弃围而走。

又曰：卢循自广州南下，戎卒十万，船舻千艘，讨败将军刘毅于桑落，径至江宁。循妹夫徐道覆素有胆决，知裕已还，欲乾没一战，请于新亭、白石，焚舟而上，数道攻之。循多谋少决，欲以万全为计，固不听。道覆曰："我终为卢公所误，事必不成。使我得为英雄主驱驰，天下不足定也！"后循战败。

又曰：王敦反。敦既死，以兄子应为嗣。沈充自吴率众万余人至，与王含等合。充司马顾飏说充曰："今日举大事，而天子已扼其喉，情离众沮，锋摧势挫，持疑犹豫，必致祸败。今若决破栅塘，因湖水灌京邑，肆舟舰之势，极水军之用，此所谓不战而屈人之兵，上策也。藉初至之锐，并东南众军之力，十道俱进，众寡过倍，理必摧陷，中策也。转祸为福，因败为成，召钱凤计事，因斩之以降，下策也。”充不能用，飏逃归于吴。含复率众渡淮，苏峻等逆击，大败之，充亦烧营而退。既而周光斩钱凤，吴儒斩充，并传首京师。

又《载记》曰：符登攻姚苌，苌退还安定，登就食新平，留其大军于胡空堡，率骑万余围苌营四面大哭，哀声动人。苌恶之，命三军哭以应登，登乃引退。

又曰：河间王颙在关中遣将张方讨长沙王乂，方率众自函谷入屯河南。乂遣左将军皇甫商拒之而败，张方率兵入洛阳。乂奉惠帝讨方于城内，方军遥见乘舆，于是引退，方止之不得，众遂大败。方退壁于十二里桥，人情挫衄，无复固志，或劝方夜遁。方曰：“兵之利钝是常，贵因败以为成耳。我更前作垒，出其不意，此用兵之奇也。”乃夜潜进逼洛城七里。乂既新捷，不以为意，忽闻方垒成，乂师乃战，遂大败。

又曰：石勒据襄国，晋将王浚遣督护王昌及鲜卑段就六眷、末杯等部众五万余以讨勒。时城隍未修，乃筑隔城重栅以待之。就六眷屯于渚阳，勒分遣诸将连出挑战，频为六眷所败。又闻其大造攻具，勒顾谓其将佐曰：“今寇来转逼，彼众我寡，恐攻围不解，外救不至，内粮罄绝，必败不能固也。吾将简练将士，大阵于野以决之，何如？”诸将曰：“宜固守以疲寇，彼师老自退，追而击之，必克。”张宾曰：“闻就六眷克来月上旬送死北城，今以我势寡弱，谓不敢出战，意必懈怠。今段氏种众之悍，末杯尤最，其卒之精勇，悉在末杯，可勿复出战，示之以弱。速凿北垒为突门二十余，道候贼列守未定，出其不意，直冲末杯帐，敌必震惶，计不及设，所谓迅雷不及掩耳。末柸之众既奔，余自摧散，擒末柸 之后，王浚指挥而定。”勒纳之，即以孔苌为攻战都督，造突门于北城。鲜卑入屯北垒，勒候其阵未定，躬率将士鼓噪于城上。会孔苌督诸突门伏兵俱出击之，生擒末杯，就六眷等众遂奔散。苌乘胜追击，枕尸三十余里，获铠马五千匹。就六眷收其遗众，屯于渚阳，遣使求和，送铠马金银，并以末杯三弟为质而请末柸。诸将并劝杀末杯以挫之，勒曰："辽西鲜卑，与我素无怨仇，为王浚所使耳。今杀一人，结怨一国，非计也。放之必悦，不复为浚用矣。"于是纳其质而遣末杯，就六眷等引还，终获其用。

又曰：杜预以太康元年正月陈兵于江陵，遣参军樊显、尹林、邓圭、襄阳太守周奇等率众循江西上，授以节度，旬日之间，累克城邑，皆如预策焉。又遣牙门管定、周旨、伍巢等率奇兵八百，泛舟夜渡，以袭乐乡，多张旗帜，起火巴山，于要害之城以夺贼心。吴都督孙歆震恐，与伍延书曰："北来诸军，乃飞渡江也。"吴之男女降者万余口，旨、巢等伏兵乐乡城外。歆遣军出拒王浚，大败而还。旨等发伏兵，随歆军而入，歆不觉，直至帐下，虏歆而还。故军中为之谣曰："以计伐战一当万。"

又曰：刘牢之等讨妖贼孙恩，恩败走，虏男女二十余万口，一时入海。惧官军之蹑，乃缘道多弃宝物子女。时东土殷实，粲丽盈目，牢之等遽收敛，故恩复得逃入海。《通典》曰：孙恩用此术获免也。

又曰：李矩守荥阳，后赵石勒亲率兵袭矩。矩遣老弱入山，令所在散牛马，因设伏以待之。贼争取牛马，伏发齐呼，声动山谷，遂大败之，斩获甚众，勒乃退。

又曰：刘琨守太原，遣将姬澹率众十余万讨石勒。勒将拒之，或谏曰："澹兵马精盛，其锋不可当，宜深沟高壁以挫其锐，攻守势异，必获万全。"勒曰："澹众大远来，体疲力竭，犬羊乌合，号令不齐，可一战擒之，何强之有！寇已垂至，胡可舍去，大军一动，岂易中还！若澹乘我之退顾走，乃无暇，焉得深沟高垒乎！此为不战而自灭亡之道。"立斩谏者。以孔苌为前锋都督，令三军后出者斩。设疑兵于山上，分为二伏。勒轻骑与澹战，伪收众而北。澹纵兵追之，勒前后伏兵夹击，澹军大败。

又《载记》曰：前燕慕容廆封略渐广，廆，胡罪切。据棘城。晋平州刺史、东夷校尉崔毖阴结高勾丽毖，音秘。及宇文、段回等谋灭廆，以分其地。遂同伐廆，廆曰："彼信崔毖虚说，邀一时之利，乌合而来耳。既无统一，莫相归伏，吾今破之必矣。然彼军初合，其锋甚锐，幸我速战。若逆击之，落其计矣。靖以待之，必怀疑贰，迭相猜防。一则疑吾与毖谲而覆之，二则自疑三国之中与吾有韩、魏之谋者，待其人情沮惑，然后取之必矣。于是三国攻棘城，廆闭门不战，遣使送牛酒以犒宇文，大言于众曰："崔毖昨有使至。"于是二国果疑宇文同于廆也，引兵而归。宇文悉独官曰："二国虽归，吾当独兼其国。"尽众逼城，连营三十里。廆简锐士配子皝，推锋于前，皝，音晃。子翰领精骑为奇兵，从傍出，直冲其营；廆方阵而进。悉独官自恃其众，不设备，见廆军之至，方率兵拒之。前锋始交，翰已入其营，纵火焚之，众遂大败。

又曰：苏峻反，攻克石头城，据之。以陶侃、温峤率兵讨之，诸将请于查浦筑垒。监军李根曰："查浦地下，又在水南，唯白石峻极崇固，可容数千人，贼来攻不便，戮贼之术也。"侃从之。夜立垒讫，贼见垒大惊。贼攻大叶，侃将救之，长史殷羡曰："若大叶步战不利，则大事去矣。但当急攻石头，峻必救之，而大叶自解。"侃又从羡言。峻果弃大叶而救石头。诸军与峻战陵东，侃督竟陵太守李阳部将彭伐斩峻于阵，贼众遂溃。

又曰：妖贼孙恩北出海盐，刘裕为将，筑城于海盐。贼日来攻城，城内兵力甚弱，裕独深虑之。一夜，偃旗匿众，若已遁者。明旦开门，使羸疾数人登城。贼遥问裕所在。曰："夜已走矣。"信之，乃率众大上。裕乘其懈怠，奋击，大破之。

崔鸿《十六国春秋》曰：北凉沮渠蒙逊率兵伐南凉秃发傉檀，傉，奴沃切入其境，徙数千户而还。傉檀追及蒙逊于穷泉，蒙逊将击之，诸将皆曰："贼已安营，不可犯也。"蒙逊曰："傉檀谓吾远来疲弊，必轻而无备，及其垒壁未成，可一鼓而灭。"进击败之，乘胜至于姑臧，夷夏降者乃数千户。傉檀惧，请和之而归。

又曰：前燕将慕容垂讨丁零翟钊于滑台，次于黎阳津。钊于南岸拒守。垂徙营就西津，为牛皮船百余艘，载疑兵列仗泝流而上。钊先以大众备黎阳，见垂向西津，乃弃营西拒。垂潜遣其桂林王慕容镇率骁骑于黎阳津，夜济，壁于河南。钊闻而奔，士众疲渴，走归滑台，钊携妻子率数百骑北趣白鹿，垂遣追击，尽擒其众。

又曰：后燕慕容盛据辽东，其辽西太守李朗阴引后魏军上表请发兵以拒寇。盛曰："此必诈也。"召其使而诘之，果验，尽灭其族。遣将李旱率骑讨之，师次建安，召旱旋师。朗闻其家被诛也，拥二千余户以自固。及闻旱中路而还，谓有内变，不复为备，留其子养守令，又迎魏师于北平。旱候知之，袭克令支，遣裨将追朗，及于无支，斩之。盛谓群臣曰："前以追旱还者，朗新为叛逆，必忌官威。一则鸠合同类，劫害良善；二则亡窜山泽，未可卒平，故非意而还，以盈怠其志，卒然掩之，必克之理也。"群臣皆曰："非所及也。"

又曰：前秦符坚陷襄阳，晋将桓冲攻之。坚将慕容垂等率步骑五万救襄阳，以石越为前锋，次于沔水。垂、越夜命三军人持火炬于树枝，光照数里，冲惧，退还。

又曰：后赵石勒将石季龙，太掠陈蔡间而去，留将桃豹守谯城，住西台。东晋将祖逖遣将韩潜等镇东台。同一大城，贼从南门出入放牧，逖军开东门，相守四旬。逖以布囊盛土如米状，使千余人运上台，又令数人担米，伪为疲极而息于道。贼果逐之，皆弃担而走。贼既获米，谓逖士众丰饱，而胡戎饥久，益惧，无复胆气。

又曰：后凉吕光遣将吕延伐西秦乞伏乾归，大败之。乾归因大泣，叹曰："死中求生，正在今日也。"乃纵反间，称乾归东奔成纪，吕延信之，引师轻进。延司马耿雅谏曰："乾归雄勇过人，权略难测，破王广，克杨定，皆羸师以诱之，虽蕞尔小国，亦不可轻也。困兽犹斗，况乾归而可睹风自散乎？"今宜部阵而前，步骑相接，徐俟诸军大集，可一举灭之。"延不从，战败，死之。

又曰：北凉沮渠蒙逊伐西凉李士业于酒泉，先攻浩亹，浩音閤，亹音门。蛇盘于帐前。蒙逊笑曰："前一为腾蛇，今盘在吾帐，天意欲吾回师。”烧攻具而还，次于川岩。闻李士业征兵欲攻张掖，蒙逊曰：“入吾计矣。但恐闻吾回军，不敢前也。”兵事尚权，乃露布西境，称得浩亹，将进军黄谷，士业闻而大悦，直入都渎涧。蒙逊潜军逆之，败士业于怀城，遂进克酒泉。

又曰：南凉秃发傉檀守姑臧，后秦姚兴遣将姚弼等至于城下。傉檀驱牛羊于野，弼众采掠，傉檀分击，大破之。

又曰：前燕慕容儁已克幽、蓟，至于冀州。冉闵师骑拒之，与儁将慕容恪相遇于魏昌。闵将董润言于闵曰：“鲜卑乘胜，劲不可当也。请避之，以溢其气，然后济师以击之，可以捷也。”闵怒曰：“吾成师以出，将平幽州，斩慕容儁。今遇恪而避之，人将侮我矣。”闵威名素振，燕众咸惮之。恪谓诸将曰：“闵勇而无谋，一夫之敌耳。虽有甲兵，不足击也。吾今分军为三都，掎角以待之。闵性轻锐，又以吾军势非敌，必出万死冲吾中军。吾今贯甲厚阵以俟其至，诸军但励卒从傍须其战，合夹而击之，必克。”闵与恪遇，十战皆败之。恪乃以铁锁连马，简善射鲜卑勇而无刚者五千，方阵而前。闵乘骏马左仗双刀，右执钩戟，顺风击之。斩鲜卑三百余级。俄而燕骑大至，围之数周。闵众寡不敌，跃马溃围东走，行二十余里，为恪所擒。

太平御览卷第二百八十七　兵部十八

机略六

《宋书》曰：武帝遣将朱龄石伐谯，纵于蜀。帝曰："往年，刘敬宣黄武无功而退。贼谓我今应从外水往，而料我当出其不意，犹从内水来也。如此必重兵守涪城，以备内道。若向黄武，正堕其计。今以大众自外水取成都，疑兵出内水，此制敌之奇也。"而虑此声先驰，贼审虚实，别有函书，全封付龄石，署其边曰："至白帝乃开。"诸军虽进，未知处分所由。至白帝，发书，曰："众军悉从外水取成都，臧熹、朱林于中水外取广汉，使羸弱乘高舰十余，由内水向黄武。"众军乃倍道兼行，谯纵果备内水，使其大将谯道福以重兵戍涪城，遣其将侯耀、谯诜等率众万余屯彭模，夹水为城。龄石至彭模，诸将以贼水北城险阻众多，咸欲先攻其南城，龄石曰："不然。虽寇在北，今屠南城，不足以破北；若尽锐以拔北垒，南城不麾而自散也。"遂攻北城，诘朝战，至日昃，焚其楼橹，四面并登，斩侯耀、谯诜，仍回军以麾，南城即时散溃。

又曰：刘道济为益州刺史，政刑失中，群盗蜂起，攻围州城。道济将裴方明出东门，破贼三营，斩首数百级。贼虽败，已复还合。方明复伪出北门，回击城东大营，杀千余人。时天大雾，方明等复扬声出东门，而潜自北门出攻城北城西诸营，贼众大溃，于是奔散。

又曰：柳元景为隋郡太守。既至而蛮反，断驿道，欲攻郡。郡内力少，粮杖又乏，元景设方略，得六七百人，乃分五百人屯驿道，或曰："蛮将逼城，不宜分众。"元景曰："蛮闻郡遣重戍，岂悟城内兵少。且表里合势，于计为长。"会蛮垂至，乃使驿道兵潜出其后，戒曰："火举驰进。"前后俱发，蛮众惊扰，投郧水死者千余人，斩获数百，郡境肃然，无复寇抄。

又曰：檀祗为广陵相。亡命司马国璠兄弟自北徐州界聚众数百，潜过淮，因天夜阴暗，率百许人缘广陵城得入，叫唤直上厅事。祗惊起，出门将处分，贼射之，伤败，却入。祗密语左右曰："贼乘暗得入，掩我不备。但打五鼓，惧明，必走矣。"贼闻鼓鸣，谓晓，于是奔散，追讨，尽获之。

又曰：宗悫征林邑，围区粟城。林邑王范阳迈遣将范毗沙达率万余人来救。悫谓诸将曰："寇众我寡，难与争锋。"乃分军为数道，偃旗卧鼓，悫潜进，令曰："听吾鼓噪，乃出。"山路榛深，贼了不为备，卒见军至，惊惧退出，悫乘胜追讨，散归林邑。仍攻区粟，拔之。泛海陵山，径入象浦。有大渠南来注浦，宋师沮渠置阵。林邑王倾国来逆，沮渠不得渡。以具装被象，诸将惮之，请待前后军进，然后击之。悫曰："不然。吾已屠其坚城，破其锐众。我气方厉，彼已破胆，一战可定，何疑焉。"悫以为外国有师子，威服百兽，乃制其形，与象相御。象果惊奔，众因此溃乱。悫率兵直度渠奋击，阳迈遁走，其众一时奔散，遂克林邑。

《南史》曰：萧齐将鲁康祚、赵公政，众号一万，侵后魏荆河州之太仓口。魏将傅永率三千人击之。时康祚等军于淮南，永舍于淮北十有余里。永量吴楚之兵好夜斫营，即夜分兵为二部，出于营外。又以贼若夜来，必应于渡淮之所，以火记其浅处。永既设伏，乃密令人以瓠盛火度淮，南岸当深处置之。教云："若有火起，即亦然之。"其夜康祚、公政等果亲领兵来斫永营，东西二仗夹击之，康祚等奔趣淮水，火既竞起，不能记其本济，遂睹永所置之火而争度焉。水深溺而死，斩首者数千级，生擒公政，康祚人马坠淮，晓而获其尸。

又曰：东昏侯以刘山阳为巴西太守，配精兵三千，使过荆州就行事萧颖胄以袭襄阳。梁武帝时为雍州刺史，知其谋，乃遣参军王天兽、庞庆国诣江陵遍与州府人书。及山阳西上，梁武谓诸将曰："荆州本畏襄阳人，又加以唇亡齿寒，自有伤弦之急，宁不暗同耶？我若总荆州之兵，扫定东夏、韩、白重出，不能为计。况以无算之昏主哉？我能使山阳至荆州便即授首，诸君试观何如。”及山阳至巴陵，梁武复令天兽赍书与颖胄兄弟。去后，梁武谓张弘策曰：“夫用兵之道，攻心为上，攻城次之，心战为上，兵战次之，今日是也。先遣天兽往州府，人皆有书，令乘驿甚急，止有两封与行事兄弟，云‘天兽口具’；及问天兽而口无所说，行事不暗相闻，不容矫有所道。天兽是行事心膂，彼闻必谓行事与天兽共隐其事，必人人疑。山阳惑于众口，必相嫌贰，则行事进无以自明，必恐漏吾谋内。是驰两空亟定一州矣。”山阳至江安，闻之，果疑不上。颖胄大惧，乃斩天兽，送首山阳，信之，将数十人驰入，颖胄伏甲斩之，送首梁武，以州归。

又曰：梁武帝发雍州，东下，雍州，今襄阳郡。大军次江宁。梁武使吕僧珍与王茂率精兵先登，梁武顿于越城，吕僧珍犹守白坂。齐主东昏将李居士密觇，知城中众少，率锐卒万人直来攻薄城。僧珍谓将士曰：“令力既不敌，不可与战，可勿遥射，须至堑里，当并力破之。”俄而，皆越堑拔栅，僧珍分人上城，矢石俱发，自率马步三百人出其后，守障者复逾城而下，内外齐击，居士等应时奔散。

《三国典略》曰：侯景叛，段韶夹涡而军。潜于上风纵火，景众骑入水，出而却走，草湿，火不复然。

《梁书》曰：司州刺史陈庆之率兵围东魏南荆州，东魏将尧雄、行台侯景救之。雄曰：“荀堆，梁之北面重镇，因其空虚，攻之必克。彼若闻难，荆围自解，此所谓机不可失也。”遂举众攻之，庆之果弃荆州来，未至，雄陷其城，擒梁镇将荀元广。

又曰：陈庆之、曹仲宗伐后魏之涡阳。涡，孤和切。魏遣将元昭等率兵来援，前军至驰涧，去涡阳四十里。庆之欲逆战，诸将以贼之前锋必是轻锐，与战若捷，不足为功，如其不利，沮我军势，兵法所谓以逸待劳，不如勿击。庆之曰：“魏人远来，皆以疲倦，去我既远，必不见疑，及其未集，须挫其气，出其不意，必无败理。且闻虏所据营，林木甚盛，必不夜出。诸君若皆疑惑，庆之请独取之。”于是与麾下五百骑奔击，破其前军，魏人震恐。

又曰：梁襄州刺史柳仲礼留其长史马岫守安陆，自率步骑一万寇西魏。魏将杨忠帅众南伐攻梁随，克之，进围安陆。仲礼闻随郡陷，恐安陆不可守，遂驰归赴援。诸将恐仲礼至则安陆难下，请急攻之。忠曰："攻守势殊，未可卒拔。若引日劳师，表里受敌，非计也。南人多习水军，不闲野战，仲礼回师已在近路，吾出其不意，以奇兵袭之。彼怠我奋，一举必克，则安陆不攻自拔，诸城可传檄而定也。"于是选骑二千，衔枚夜进，遇仲礼于漴头，漴音崇，水所冲曰漴。忠亲自陷阵，擒仲礼，悉俘其众。安陆及竟陵郡如忠所策。

《陈书》曰：周炅镇安、蕲等州，高齐遣将陆骞以众二万出自巴、蕲与炅战。炅留羸弱辎重，设疑兵以当之，自率精锐由间道邀其后，大败骞军，虏获器械马驴不可胜数。

《北史》曰：后魏济阴王新成颇有武略，库莫奚侵扰，诏新成讨之。新成乃多为毒酒，贼逼便弃营而去。贼至竞饮，遂简轻骑击之，俘馘甚多。

又曰：梁将赵祖悦率水军偷据峡石，后魏将崔延伯率兵讨之。延伯夹淮为营，遂取车轮去辋削锐，其辐两接对，揉竹为絚，揉，人久切。贯连相属并十余道，横水为桥，两头施大辘轳，出没任情，不可烧斫。既断祖悦走路，又令舟舸不通，梁氏援军不能赴救，祖悦合军咸见俘虏。

《后魏书》曰：太武征夏赫连昌于统万城，师次城下，收众伪退。昌鼓噪而前。会有风雨从东南来，沙尘昏冥。宦者赵儿进曰："今风雨从贼后来，我向彼背，天助人。将士饥渴，愿陛下避之，更待后日。"崔浩曰："是何言欤！千日制胜，一日之中，岂得变易！贼前行不止，后以离绝，宜分军隐出，掩击不意。风雨在人，岂有常也。"帝从之，公骑奋击，昌军大溃。

又曰：雍州刺史萧宝寅据州反，魏大将长孙稚讨之，军次弘农，副将杨侃曰："昔魏武与韩遂、马超挟关为垒，胜负之理，久而无决。岂才雄相类，算略抗衡，当以河山险阻，难用智力。今贼守潼关，全据形胜，纵曹操更出，亦无所逞奇。必须北取蒲坂，飞棹西岸，置兵死地，人有斗心，潼关之贼必睹风而散。诸处既平，长安自克。”稚曰：“贼党薛脩义已围河东，薛风贤又保安邑，都督宗正珍孙停师虞坂，久不能进。虽有此计，犹用为疑。”侃曰：“珍孙本行阵一夫，因缘进达，可为人使，未可使人。一旦受元帅之任，处分三军，精神乱矣，宁堪图贼。河东理在蒲坂，西带河湄，所部之人，多在东境。修义驱率壮勇，西围郡邑，父老妻弱，尚保旧村，若卒一临，方寸各乱，人人思归，则郡围自解。不战而胜，昭然在目。”稚从之，令其子彦等领骑与侃于弘农北度。所统悉是骑士，习于野战，未可攻城，便据石锥壁。侃乃班告曰：“今且停车于此，以待步卒，兼观人情向背，然后可行。若送降名者，各自还村，候台军举烽火，亦举烽火应之，以明降疑。其无应烽者，即是不降之村，理须殄戮，赏赉军士。”民遂传相告报，未实降者，亦许举烽，一宿之间，火遍数百里内。宝寅将时围河东，不测所以，各自散归。长安贼平，侃颇有力。

又曰：河北贼葛荣别帅韩楼、郝长等有众数万，屯据蓟城，遣将侯泉率骑七百讨之。泉遂广张声势，多设供具，亲以数百骑深入楼境，欲执行人，以问虚实。去蓟百余里，值贼帅陈周马步万余，泉遂潜伏以乘其背，大破之，虏其卒五千余人。寻，还其马仗，纵令入城，左右谏曰：“既获贼众，何为复资遣之也？”泉曰：“我兵既少，不可力战，事须为计，以离隙之。”泉度其已至，遂率骑夜进。昧旦，叩其城门，韩楼果疑降卒为泉内应，遂遁走，追擒之。

又曰：河北贼葛荣率众将向洛阳，众号百万。大将军尔朱荣率精骑七千，马皆有副，倍道兼行，东出滏口。葛荣自邺以北列阵数十里，箕张而进。荣潜军山谷为奇兵，分督将已上三人为一处，处有数百骑，令所在扬尘鼓噪，使贼不测多少。又以人马逼战，刀不如棒，密勒军士各赍棒一枚，置于马侧。至于战时，不听斩级，以棒棒之而已，虏沸腾逐北。乃分命壮勇所当冲突，号令严明，将士同奋。荣身自陷阵，出于贼后，表里合击，大破之，于阵擒葛荣。

又曰：傅永守楚王戍，萧齐将裴叔业来攻。永令填塞外堑，夜伏战士千人于城外。晓而叔业至，顿于城东，列阵，将置长围。永所伏兵于道左击其后军，破之。叔业乃令将佐守所列之阵，自率精甲数千救之。永上门楼，观叔业南行五六里许，便开门奋击，遂摧破之。叔业进退失图，于是奔走。左右欲追之，永曰："弱卒不满三千，彼精甲尤盛，非力屈而败，直堕吾计中耳。既不测我之虚实，足丧其胆。俘此足矣，何假逐之。"

又曰：太武帝亲征后燕将慕容德于邺战，前军败绩，德又欲攻之。别驾韩諱进曰："今魏不可击者四，燕不宜动者三。魏悬军远入，利在野战，一不可击也；深入近畿，致兵死地，二不可击也；前锋既败，后阵方固，三不可击也；彼众我寡，四不可击也。官军自战其地，一不可动；动而不胜，众心不固，二不宜动；隍池夫修，敌来无备，三不宜动。此皆兵机也。深沟高垒，以逸待劳，彼千里馈粮，野无所掠，久则三军靡资，攻则众旅多毙，师老衅生，详而图之，可以捷也。"德曰："韩别驾之言，良平之策也。"

又曰："大将广阳王元深伐北狄，使于谨单骑入贼中，示以恩信。于是西部铁勒酋长也列河等，领三万余户并款附，相率南迁。广阳欲与谨至折敦岭迎接之。谨曰："破六汗拔陵，兵众不少，闻也列河等归附，必来要击。彼若先据险要，则难与争锋。今以列河等饵之，当竞来抄掠，然后设伏而待，必指掌破之。"广阳然其计。拔陵果来要击，破也列河于岭上，部众皆没。谨伏兵发，贼遂大败，悉收列河之众也。

太平御览卷第二百八十八　兵部十九

机略七

《三国典略》曰：周·贺若敦、陈·侯瑱相拒于湘州。敦恐瑱知其粮少，乃于营内聚土，覆之以米，召其侧近村人，扬有所访，令其遥见。瑱闻以为实，乃据守要险，以老敦师。敦又增修壁垒，示以持久。初，土人乘轻骑，载米粟、笼鸡鸭以饷瑱军。敦患之，乃伪为土人，装船内甲士其中。瑱兵见船至送米，争取。敦甲士出而擒之。

《后周书》曰：太祖以王罴为大都督镇华州。魏孝武西迁，拜骠骑大将军，加侍中、开府。尝修州城未毕，梯在外。齐神武遣韩轨、司马子如从河东宵济袭罴，罴不之觉。比晓，轨众已乘梯入城。罴尚卧未起，闻阁外汹汹有声，便袒身露髻徒跣，持一白挺，大呼而出。敌见之惊，逐至东门，左右稍集，合战破之。轨众遂投城遁走。

又曰：陆腾。陵州木笼獠恃险粗犷，每行抄劫，诏腾讨之。獠既因山为城，攻之未可拔。腾遂于城下多设声乐及诸杂技，示无战心。诸贼果弃其兵仗，或携妻子临城观乐。腾知其无备，密令众军俱上，诸贼惶惧，不知所为。遂纵兵讨击，尽破之。

又曰：杨忠。梁雍州刺史、岳阳王萧察虽称藩附，而尚有二心。忠自穰城观于汉滨，易旗递进，实骑二千，察登楼望之，以为三万，惧而服焉。

又曰：韩褒为汾州刺史。州界北接太原，当千里径。先是高齐寇数入，人废耕桑，前后刺史莫能防捍。褒至，适会寇来，褒乃不下属县。人既不及设备，以故多被抄掠。齐人喜相谓曰："汾州不觉吾至，先未集兵。今者之还，必莫能追蹑我矣。"由是益懈，不为营垒。褒已先勒精锐，伏北山中，分据险阻，邀其归路。乘其众怠，纵伏击之，尽获其众。

又曰：东魏寇龙门，屯军蒲坂，造三道浮桥渡河。又遣其将窦泰趣潼关，高敖曹围洛州。太祖出军广阳，召诸将曰："贼今掎吾三面，又造桥于河，示欲必渡，是欲缀吾军，使窦泰得西入耳。久与相持，其计得行，非良策也。且欢起兵以来，泰每为先驱，其下多锐卒屡胜而骄。今出其不意，袭之必克。克泰则欢不战而自走矣。"诸将咸曰："贼在近，舍而远袭，事若差跌，悔无及也。"太祖曰："欢前袭关，吾军不过霸上。今者大来，兵未出郊。贼顾谓吾但自守耳，无远斗意。又狃于得志，有轻我之心。乘此击之，何往不克。贼虽造桥，未能径度。比五日中，吾取窦泰必矣。公等勿疑。"庚戌，太祖率骑六千还长安，声言欲保陇右。辛亥，谒帝而潜出军。癸丑旦，至小关。窦泰卒闻军至，惶惧，依山为阵，未及成列，太祖纵兵击破之，尽俘其众万余人。斩泰，传首长安。高敖曹适陷洛州，执刺史泉企，闻泰之殁，焚辎重弃城走。齐神武亦撤桥而退。

《通典》曰：后周末，隋文帝为丞相，益州总管王谦举兵拒命，隋文遣将梁睿讨之，进至龙门。谦将赵俨、秦会拥众十万，据险为营，周亘三十里。睿令将士衔枚出间道，四面奋击，破之。王谦又令高阿那瑰、达奚惎等以盛兵攻利州。惎，渠记切。闻梁睿将至，惎分兵据开远。睿谓将士曰："此虏据要，欲遏吾兵势，吾当出其不意，破之必矣。"遣一将趋剑阁，一将诣巴西，一将水军入嘉陵。睿遣将分道攻惎，自午及申，破之。惎奔归于谦。睿进逼成都，谦令达奚惎城守，亲率精兵五万，背城结阵。睿击之，谦不利，将入城，惎以城降，谦将麾下三十骑遁走，斩之。

又曰：后周将法尚初自陈来归，陈将樊猛济江讨之。法尚遣部曲督韩朗诈为背己奔于陈，伪告猛曰："法尚部兵不愿降，北人皆窃议尽欲叛还，若得军来，必无斗者，自当于阵倒戈耳。"猛以为然，引师急进。法尚乃佯为畏惧，自保于江曲。猛陈兵挑战，法尚先伏轻船于浦中，又伏精锐于古村之北，自张旗帜，逆流拒之。战数合，伪退，登岸投古村。猛舍舟逐之，法尚又疾走，行数里，与村北军合，复前击猛。猛走，退赴船。既而浦中伏船取其舟楫，建周旗帜。猛于是大败，仅以身免。

又曰：后周末隋文帝辅政，周大将尉迟迥在河北拒命，河南州县多从。迥遣将檀让屯成武，别将高士儒屯永昌。隋将于仲文诈移书州县曰："大军将至，可移积粟。"让谓仲文未能卒至，方捶牛享士。仲文知其怠，选精骑袭之，一日便至。遂拔城武。迥将席毗罗，众十万，屯于沛县，将攻徐州。其妻子住金乡。仲文遣人诈为毗罗使者，谓金乡城主徐善净曰："檀让明日午到金乡，将宣蜀公即尉迟迥令，赏赐将士。"金乡人谓为信然，皆喜。仲文简精兵，伪建迥旗帜，倍道而进。善净遥见仲文军且至，以为檀让，乃出迎谒。仲文执之，遂取金乡。诸将多劝屠之，仲文曰："此城是毗罗起兵之所，当宽其妻子，其兵可自归。如即屠之，彼意绝矣。"众皆称善。于是毗罗恃众来薄官军，仲文背城结阵，出军数里，设伏于麻田中。两阵才合，伏兵发，俱曳柴鼓噪，尘埃蔽天。毗罗军大溃，仲文乘之，贼皆投漆水而死，水为之不流。获檀，槛送京师，河南悉平。

又曰：后周末，隋文作相，遣将于仲文先以兵定关东，破尉迟迥将檀让。初，仲文在蓼堤，诸将皆曰："军自远来，士马疲弊，不可决胜。"仲文令三军趣食，列阵大战。既而破贼，诸将皆谓曰："前兵疲不可交战，竟而克胜，其计安在？"仲文笑曰："吾所部士皆山东人，果于进，不宜持久。乘势击之，所以制胜。"诸将皆以为非所及。

又曰：后周将达奚长儒围陈将吴明彻于吕梁，陈遣骁将刘景率劲勇七千来为声援。长儒于是取车轮数百，系以大石，沉之清水，连毂相次，以待景军。景至，船盘碍轮，不得进。长儒乃纵奇兵，水陆俱发，大破，因擒明彻。

又曰：后周遣将率突厥之众逼齐晋阳，齐将段韶御之。时大雪之后，周人以步卒为前锋，从西山而下，去城二里。诸将咸欲逆击之，韶曰："步人气力，势自有限，今积雪既厚，逆战非便，不如阵以待之。彼劳我逸，破之必矣。"既而交战，大破之，敌前锋尽殪，无复孑遗，自馀通宵奔遁。

又曰：后周遣将讨高齐，围洛，齐将段韶御之。韶登邙坂，聊欲观周军形势。至太和谷，便值周军，即遣驰告诸营，与诸将结阵以待之。周军以步人在前上逆战，韶以彼徒我骑，且却且引，待其力弊，乃遣下马击之。短兵始交，周人大溃，洛城之围，并即奔遁。

又曰：西魏末，岷州羌据州城反，魏将独孤信讨之。勒兵向万年，顿三交谷口。贼并力拒守，信因诡道趋稠松岭。稠，直由切。贼不虞信兵之至，观风奔溃。乘胜逐北，径至城下，贼出降。

又曰：西魏末，凉州刺史宇文仲和据州不受代，魏将独孤信率兵讨之。仲和婴城固守，信夜令诸将以冲梯攻其东北，信亲帅壮士袭其西南，迟明克之。迟，直吏切，未明也。天未明之时须已袭之，事毕然后天明，明迟于事也。

又曰：西魏末，蠕蠕侵魏，魏大将元纂御之。蠕蠕遂逃出塞。纂命将于谨率二千骑追之，至郁郅原，前后十七战，尽降其众。率轻骑出塞觇贼，属铁勒数千骑奄至，谨以众寡不敌，退必不免，乃散其众骑，使匿丛薄间。又遣人升山指麾。若分部军众者。贼遥见，虽疑有伏兵，既恃其众，不以为虑，乃进军逼谨。谨常乘骏马一紫一騧，贼先所识，乃使二人各乘一马，突阵而出。贼以为谨也，皆争逐之。谨乃率余军击其追骑，贼遂奔走，因得入寨。

又曰：西魏末，遣将史宁与突厥木汗可汗同伐吐谷浑，俱会于青海。宁谓木汗曰："树敦、贺真二城是吐谷浑巢穴，今若拔其本根，余种自然离散，此上策也。"木汗从之，即分为两军，木汗从北道向贺真，宁趣树敦。吐谷浑婆周王率众逆宁，宁击斩之，逾山履险，遂至树敦。即吐谷浑之旧都，多诸珍藏，而其主先已奔贺真，留其征南王及数千人固守。宁进兵攻之，伪退，果开门逐之，因回兵奋击。门未及阖，宁兵遂得入，生获其征南王，俘虏男女财宝，尽归诸突厥。

又曰：东魏西荆州为梁将曹义宗所围，东魏召人赴救，慕容俨应募赴之。时东魏北淯太守宋带剑谋叛，淯，音育。俨乃轻骑，出其不意，直至城，语云：“大军已到，太守何不出迎？”带剑造次，惶恐不知所为，便出迎俨，即执之，一郡遂定。

又曰：东魏初，齐神武破尔朱兆。兆奔保秀容，分兵守险，出入钞掠。神武每扬声云欲讨之，师出复止，如此者数四。神武揣兆岁首必应会饮，使将窦泰率精骑先，一日一夜行三百里。兆军人因宴休惰，忽见泰军，莫不夺气。因而克之。

又曰：东魏将齐神武率兵伐西魏，大军济河，集诸将议进趣之计。斛律羌举曰：“宇文黑獭虽聚凶党，强弱可知。若固守，无粮援可恃。今揣其情，以同困兽。若不然，其战而径趣，长安空虚，可不战而克。拔其根本，彼无所归，则黑獭之首悬于军门矣。”诸将议有同，遂战于渭曲，大败而归。齐神武违之，故败也。

又曰：东魏末，齐神武薨，子澄立。侯景叛归梁，而围彭城。澄遣慕容绍宗讨之，将战，绍宗以梁人剽悍，恐其众之挠也，一一引将卒而诳之曰：“我当佯退，诱梁人使前。汝可击之。”皆申明诫之。景又命梁人，逐北勿过二里。会战，绍宗实败走，梁人不用景言，乘败深入。魏人以绍宗言为信，争共掩击，遂大破之。

又曰：东魏遣将斛律金寇西魏洛阳，师至于河北。周文帝患其度河，乃于上流纵火船而下，以烧河桥。金先备小艇半盛以水，铁锁连之，亘绝中流。火船至而不前，须臾火灭，而桥获存，遂进军洛阳。

又曰：东魏将齐神武伐西魏，军至许原西。周文帝至渭南，征诸州兵皆来会，乃召诸将谓之曰：“高欢越山度河，远来至此，天亡之时也。今及其新至，便可击之。”即造浮桥于渭，令军人赍三日粮，轻骑度渭，南夹渭而军。至沙苑，距齐神武军六十余里。齐神武闻周文至，引军来会，睹周文军少，竟驰而进，不行列，总萃于左。军兵将交，周文鸣鼓，士皆奋起。其将于谨等六军与之合战，李弼等率铁骑横击之，绝其军为二，遂大破之，斩六千余级，临阵降者二万余人。齐神武夜遁，追至河上，复大克获，前后虏其卒七万，留其甲士二万，余悉纵归。

又曰：齐神武大举伐西魏，将渡蒲津，其将薛琡曰：琡，吕六切。“西贼连年饥馑，但宜置兵诸道，勿与野战，比及来年麦秋，人众尽应饿死，西贼自然归降，愿无渡河也。”侯景亦曰：“今者之举，兵众极大，万一不捷，卒难收敛，不如分为二军，相继而进。前军若胜，后军全力，前军若败，后军承之。”神武皆弗纳，遂有沙苑之败。

又曰：齐神武与魏孝武帝构隙，自太原举兵逼洛阳。帝遣将元斌之斛斯椿镇武牢，椿，丑伦切。遣使告周文帝。文帝谓左右曰：“高欢数日行八九百里，晓兵者所忌，正须乘便击之。而主上以万乘之重，不能渡河决战，方缘津据守，且长河万里，捍御为难，若一处得渡，大事去矣。”果如其言。帝西奔长安。孝武违而败也。

太平御览卷第二百八十九　兵部二十

机略八

《隋书》曰：杨义臣与汉王将乔锺葵相拒。义臣自以兵少，悉取军中牛驴，得数千头，复令兵数百人，有持一鼓，潜驱之涧谷间，出其不意。义臣晡后复与锺葵战，兵初合，命驱牛驴者疾进。一时鸣鼓，尘埃张天，锺葵军不知，以为伏兵发，因而大溃，纵击破之。以功进位上大将军。

又曰：长孙晟讨突厥达头，晟进策曰："突厥饮泉，易可行毒。"因取诸药毒水上流，达头人畜饮之多死。于是大惊曰："天雨恶水，其亡我乎？"因夜遁，晟追之，斩首千余级。

又曰：高颎献取陈之策曰："江北地寒，田收差晚；江南土热，水田早熟。量彼收获之际，征集士马，声言掩袭，必屯兵御守，足得废其农时。彼既聚兵，我便解甲。再三若此，贼以为常，后虽集兵，彼必不信。持疑之顷，我乃济师，登陆而战，兵气益壮。"文帝行其策，陈人益弊。

又曰：贺若弼镇淮南。先是，弼请缘江防人每交代之际，必集历阳。于是大列旗帜，营幕被野。陈人以为大兵至，悉发国中士马。既知防人交代，其众复散。后以为常，不复设备。其后弼以大军济江，陈人弗之觉也。遂灭陈。

《通典》曰：隋末王世充与李密相持于东都。充夜渡，陈于洛水之北。其时密亦渡洛水，陈兵与充相对月城，西至石窟。密兵多马骑长枪，宜路宽放纵；充兵多戈矛䂎䂑，宜隘险。然南逼洛水，北限天山，地形褊促，骑不成列，纵䂑蹙之，密军失利。密与数子登船南济，自余兵马皆东走月城。充乘胜长驱，直至月城下。密既渡南岸，即策马西上，直向充本营，左右麾旌相继而至。充营内见密兵来逼，急连举六烽。充乃舍月城之围，收兵西退，自洛北达于黑石，中间四十余里，奔赴颠狈，大丧师徒。密之行也，东北之围不救，而自解西南之寇，不战而成功。充伏其权奇，不复轻出。

又曰：隋汉王谅据并州。及隋将杨素率众数万讨谅。时晋、绛、吕三州并为谅城守，素各以二千人縻之而去。谅遣将赵子开拥众十余万拦绝径路，屯据高壁岭，布阵五十里。素令诸将以兵临之，自引兵入霍山，缘崖谷而进，直指其营，一战破之，杀获数万。

又曰：隋开皇中，文帝大议伐陈。诸将皆云："大江阔远，兵不习水，以此为疑，若一登南岸，秦兵一可当百。"襄邑公贺若弼献十策，其一事，请多造船。须船既多，贼必防拟更甚。今南地无马，请付傍江诸州，二十岁已上老马，令饲，以平陈为名，贼必惧，求马拟战。密敕刺史私卖博大船。江南下湿，特不宜马，不逾周年，并当死尽，终不为彼用。陈主陈叔宝果大造船市马；输船既多，方觉不便，而止。高颎请所博得船，运诸州米贮寿阳城，役徒于寿阳，穿大池，以鱼莲遨游为名，造船教水战。仍以贺若弼为寿州总管，终以此平陈。

又曰：隋将军刘方率兵讨林邑国。其王梵志率其徒乘臣象而战，方军不利。方于是多掘小坑，草覆其上，因以兵挑之。梵志悉众而阵，方以战伪奔北。梵志逐之，至坑所，其众多陷，转相惊骇，军遂乱。纵兵击，大破之。

又曰：隋末宇文化及杀炀帝，后率兵来攻李密于黎阳。密知化及粮且尽，因伪与和，弊其众。化及弗之悟，大喜，恣其兵食，冀密馈之。会密下有人获罪，亡投化及，具以告密情。化及大怒，其食又尽。乃度永济渠，与密战于童山之下，自辰达酉。密为流矢所中，顿于汲县，化及掠及郡，北趣魏县。其将王智略、张童仁等率所部兵，归于密者，前后相继。

又曰：隋末杨玄感反，攻东都，刑部尚书卫玄与玄感战，兵始会，玄感诈令人大呼曰："官军已得玄感矣！"官军稍怠。玄感与数千骑乘之，于是大溃。

又曰：隋炀帝征高丽，隋将于仲文率军从乐浪道。军次乌骨城，仲文拣羸马驴数千，置于军后。既而率众东过，高丽出兵掩袭辎重，仲文回击，大破之。

又曰：隋汉王谅作乱，遣其将余公理自太行下河内。隋将史祥讨之，军于河阴，久不得济。祥谓军吏曰："余公理轻而无谋，才用素不足称，又新得志，谓其众可恃。恃众必骄，且河北人先不习兵，所谓拥市人而战，不足图也。"乃令军中修攻具，攻河阳。公理使谍知之，果屯兵于阳内城以备祥。祥于是舣船河南。公理聚甲以当之，祥乃简精锐于下流潜度，公理率众拒之。祥至涓水，涓，古间切。两军相对，公理未成列，祥纵击，大破之。

又曰：隋末李密破宇文化及还，其劲兵良马多死。隋将王充守东都，欲乘其弊，练精勇得二万余人，马千余匹于洛水南。密军偃师北山上。时密新得志于化及，有轻充之心，不设壁垒。充夜遣二百余骑潜入北山，伏溪谷中，令军士秣马蓐食。既而宵济，人奔马驰，迟明而薄密，密出兵应之，阵未成列而两军合战，其伏兵蔽山而上，潜登北原，乘高而下，驰压密营。营中大乱，无能拒之者。即入纵火，密军大惊而溃。

《唐书》曰：太宗屯武牢，窦建德悉众而南，陈兵于汜水，王世充将郭士衡阵于南，周亘数里，鼓噪请战，诸将大惧。太宗将数骑升高丘，安坐以望之，谓诸将曰："贼起山东，未见大敌。今度险而嚣，是无政令；逼城而阵，有轻我心。我按兵不出，彼乃气衰，阵久卒饥，势将自退，追而击之，何往不克！吾与公等为约，必以午后破之。如或不然，寡人为无谋矣。"建德乃遣兵涉汜水，太宗令总管王君廓以少击之。待河北马渡，方欲与战。建德列阵，自辰至午，士卒饥倦，人皆坐列。又争饮水。太宗乃令宇文士及将三百骑，经贼阵之西驰而南上。诫之曰："贼若不动，汝宜引归；如觉动，宜出东面。"士及才过，贼众果动，逡巡欲退。太宗曰："可以击也。"亲率轻骑追而诱之，众军继至。建德回师而阵，未及整列，太宗先登以击之，所向皆靡。俄而众军合战，嚣尘四起。太宗率史大柰、程咬金、秦叔宝、宇文歆等缠幡而入，出其阵后，张我旗帜。贼顾见之，众乃大溃。追奔三十里，斩首三千余级，虏其众五万余人，一时放散。

又曰：太宗讨刘黑闼，相持两月馀。黑闼率步骑二万，南渡洺水，结阵而至，晨压我营。太宗遣轻骑当之，贼皆殊死战。于是亲率精骑，击贼马军，破之；因乘胜蹂其步卒。自午及昏，战数合，贼大溃，斩首万余级。溺水死者数千人。黑闼与二百人北走，悉虏其众。先是，太宗遣兵堰洺上流，令黑闼得渡；及战之日，遽令决堰，水大至，深丈余，贼众以为神，由是败走。

又曰：武德中，突厥颉利、突利二可汗到原州，太宗率兵拒之。雨甚，太宗乃召诸将，谓之曰："虏控弦鸣镝，弓马是凭。今雨弥时，弧矢俱弊，突厥人众如鸟矢所介切。羽。我屋宿火食，枪槊犀利。料我之逸，揣敌所劳，此而不乘，夫复何待？"今欲先令劲兵乱其阵，乃率突骑驱其后。虏俗进不相让，退不相救。自此以北，涧谷深长，特有一道，鱼贯以度，因而迫之，彼十万骑坑阱中物耳。追至黄河，纵不尽擒，必当十获八九，此晓兵者所共解。诸君勿疑。于是潜师夜出，冒雨而进，丑徒震骇。因纵反间于突利，悦而归心。二可汗内离，颉利欲战不可，因请和而去。

又曰：贞观中，苏定方率兵讨突厥。贺鲁大雪，平地二尺，军中咸请停兵候晴，定方曰："虏恃雪深，谓我不能前进，必当憩息，追之可及。若缓以纵之，则渐远难追。省日兼功，在此举也。"于是勒兵凌雪，昼夜兼进，所经收其人众。遂至双河，去贺鲁所居二百余里，布阵长驱，径至金牙山贺鲁牙帐。时贺鲁集众欲猎，定方纵兵击之，尽破其牙帐，生擒数万人。贺鲁脱走，投石国。定方于是悉命诸部归其所居，埋瘗骸骨，存问疾苦，复其产业。贺鲁所掳掠者，悉捡责还之。于是西域诸国，安堵如故。令副将萧嗣业往石国，以追贺鲁，遂擒归于京师。

又曰：贞观中，突厥诸部离叛，朝廷将图进取，以李靖为代州道行军总管，率骁骑三千，自马邑出其不意，直趋恶阳岭以逼之。突利可汗不虞于靖，见官军奄至，于是大惧，相谓曰："唐兵若不倾国而来，靖岂孤军而至。"一日数惊。四年，靖进击定襄城，破之。突厥部落并走碛北，突利可汗来奔。

又曰：贞观中吐谷浑寇边，以李靖为西海道行军大总管，统兵部尚书侯君集、刑部尚书任城王道宗等五总管征之。军次伏埃城，吐谷浑烧去野草，以馁我师，退保大非川。诸将咸言春草未生，马已羸疲，不可赴敌。唯靖决计而进，深入敌境，遂逾积石山。前后战数十合，杀伤甚众，大破其国。

又曰：武德中，突厥突利，颉利二可汗到原州，太宗率兵拒之。两阵将交，太宗以数骑出，谓之曰："不念昔者香火之言，乃来相侵。"知二可汗外同内异，故以此言疑之。颉利见太宗轻出，又闻香火之言，乃阴猜突利，因遣使曰："王不须虑，我无恶意，更欲与王自断当耳。"于是敛军引却。

又曰：贞观中，北狄铁勒薛延陀，发同罗、仆骨、回纥等众，合二十万，度汉，屯白道川。据善阳岭，以击突厥可汗李思摩之部。思摩引其种落走朔州，留精骑以拒战，延陀乘之。及塞，太宗令张俭、李绩等率兵数道击之，时太宗诫之曰："延陀负其兵力，逾漠而来，经途数千，马已疲瘦。夫用兵之道，见利速进，不利速退。其掩思摩，不能疾击。思摩既入长城，又不能速退。吾先敕思摩烧剃杀草，延陀粮食日尽，野无所获。顷者侦人来云，其马啮啖林木，枝皮略尽。卿等掎角思摩，不须前战，俟其将退，一时奋击，制胜之举也。"于是李绩击延陀之众，破之。先是，延陀击突厥沙钵罗及社尔，皆以步兵战而胜。及其将来寇也，先讲武于国中，教习步战，每五人，以一人经习战阵者使执马，而四人前战，克胜即授马以追奔，失于应接，罪至于死，没其家口，以赏战人，至是遂行其法。突厥先合辄退，延陀乘胜而逐之。绩兵拒击，而延陀万矢俱发，伤我战马。李绩乃令去马步陈，率长矟数百为队，齐奋以冲之，其众溃散。副总管薛万彻率数千骑收其执马者，其众失马，莫知所从，因击之，乃大败。

又曰：武后初，徐敬业起兵于扬州。武太后令将军李孝逸讨之。敬业拒于高邮之下阿溪。敬业置阵既久，士卒多疲怠，皆顾瞻，阵不能整。孝逸遂率众击之，因风纵火。敬业惧烧而退，孝逸进击，大破之。

又曰：武德中，薛万均与罗艺守幽、燕，窦建德率众十万来至范阳。万均谓艺曰："众寡不敌，今若兵斗，百战百败，当以计取。可令羸兵弱马阻水背城为阵以诱之。贼若渡水，请公精骑百人伏于城侧，待其半度而击之，破之必矣。"从之。建德果引兵度水，万均击之，大破。

又曰：武德初，王世充据东都。太宗往征之，屯青城宫。营垒未立，王世充众二万自方诸门出临谷水以御大军。诸将甚惧，太宗以精骑陈于北邙，登后魏宣武陵以观贼阵，谓左右曰："贼势迫矣，悉众而出，利在一战。今日破之，其后不能出矣。"乃令屈突通率步卒五千度水布阵以当之，因戒通曰："待兵交即放烟，吾当率马军南下。"兵才接，太宗以骑冲之，挺身先进，与通表里合势。贼众殊死战，散而复合者数焉。地既险隘，贼多䅳穳，穳，键也。䅳，算也。骑战稍难。太宗亲自射之，莫不应弦而倒。起辰及午，贼众始退。因乘之，迫于城堑，俘斩七千人，自是不敢复出。

又曰：高宗遣将军裴行俭讨突厥于黑山，至朔州，谓其下曰："兵法尚诈者，以权谋制敌也。若御其下，则非诚信不可行。遣副将萧嗣业运粮被掠，兵多馁死，所以败也。狡寇忸忕，不可以不备。"乃诈为粮军三百乘，每车伏壮士五人，各赍陌刀、劲弩，以羸兵数百人援之，兼伏精兵居险以待之。贼果大下，羸兵弃车散走。贼驱马就泉井，解鞍牧马，方拟取粮，车中壮士齐发，伏兵亦至，杀获殆尽，贼众奔溃。自是续遣粮运，无敢近之者。

又曰：马燧为魏博招讨使。田悦求救于淄青、恒州，李纳遣大将卫俊将兵仅万人以救悦，李惟岳亦遣三千余人救援。悦收合散兵二万馀，壁于洹水，淄青军其东，恒州军其西，首尾相应。燧帅诸军进屯于邺，奏请益河阳兵，诏遣河阳节度使李艽将兵会之。军次于漳，悦遣将王光进以兵守长桥，筑月城以为固，军不得度。燧乃于下流以兵车数百乘，维铁锁，绝中流，实以土囊以遏水，水稍浅，诸军毕渡。是时军粮少，悦深壁不战，欲老燧军。燧令诸军持十日粮以前，进次仓口，与悦等夹洹水而军。李抱真等问曰："粮少而深入，何也？"燧曰："粮少利速战，兵法善于致人而不致于人。今田悦与淄青、恒州三军为首尾，计欲不战以老我师，若分军击其左右，兵少未可必破，悦且来救，是前后受敌也。兵法所谓攻其必救，固当战也。燧为诸公合而破之。"燧乃造三桥逾洹水，日挑战，悦不敢出。恒州兵自以军少，惧为燧所并，引军合于田悦。燧又令于军中曰："悦死伤之余，安敢出战？所恃者，淄青军尔，吾当先破纳军，则田悦坐受降也。"淄青军闻，惧，亦引军合于田悦。谓燧明日复战，乃伏兵万人，欲邀之。燧乃令诸军半夜皆食，先鸡鸣时击鼓鸣，潜师旁洹水西，径趋魏州，令曰："闻贼至，即止为阵。"又令百骑鸣鼓角留于后，仍抱薪持火，待军止鼓角，匿其旁，伺悦军毕渡，焚其桥。军行十数里，悦乃率淄青、恒州兵步骑四万余，逾桥掩其后，乘风纵火，鼓噪而进。燧乃坐军前，除草斩榛棘广百步以为阵，募勇士得五千余人，分为前引，以俟贼至。比悦军至，则火灭气乏，力少衰，乃纵击之，悦大败。时神策、昭义、河阳军小却，河东军胜，诸军还斗，合击之大破之。迫切洹水，悦军走桥，桥已焚矣。悦军乱，赴水，斩首二万，杀贼大将孙晋卿、安墨啜，生获三千余人，溺水死者不可胜数。淄青军殆尽，死者相枕藉三十里。悦收兵得千余人走，夜至魏州。

又曰：元和十二年，唐邓节度使李愬奏以九月二十六日围蔡州吴房县，攻其外城；毁之，斩首千余级。初将出攻，左右曰以"往亡日，请避之。"愬曰："贼以往亡，谓吾不能来，正可击也。"及战胜而归，贼以枭骑五百追愬，愬下马据胡床，令于众曰："后回戈者斩！"由是众悉力战，射杀贼孙忠宪，贼众乃退。或劝愬曰："乘其退，可遂拔吴房。"愬曰："取之，贼必合势而固其穴，不如留之，使分其力。"

太平御览卷第二百九十 兵部二十一

料敌上

《孙子》曰：用兵之道，校之以五计而索其情。索其胜负之情。索，搜索之义也。曰主孰有道？将孰有能？道德智能，主君也。先当校两国之君主，知能否也。若荀息断虞公贪而好宝，宫之奇懦，不能强谏。天地孰得？视两军所据，知谁得天时地利。法令孰行？设而不犯，犯而必诛。号出令知谁能施行也。兵众孰强？士卒孰练？知谁兵器强盛，士卒简练者，故王子曰：主不素习，当阵惶惑；将不素习，临阵闇变是也。赏罚孰明？赏善罚恶知谁分明者也。赏无度则费而无恩，罚无度则戮而无威。吾以此知胜负矣。以上七事，料敌情知胜负所在。敌知吾卒之可用以击之，不知敌之不可击，胜之半也。知敌之可以击，而不知吾卒之不可以击，胜之半也。知敌之可以击，知吾卒之可击，而不知形之不可以战，胜之半也。胜之半者，未可知也。故曰：知兵者动而不迷，举而不顿。将不能料敌，以少合众，以弱击强，兵无选锋，曰北。其势若此，必走北之兵也。夫料敌制胜，计极险易，利害远近，上将之道也。知此而用，战者必胜；不知此而用，战者必败。夫唯无虑而易于敌者，必擒于人也。已无智虑而外易人者，必为人擒。故策之而知得失之计，策度敌情，观其所施，则计数知。候之而知动静之理，喜怒动作，察其举止，则精理可知也。故知动静权变为胜。形之而知死生之地，形相敌情，观其所得而知之。角之而知不足有余之处。角，量也。角量彼我军马之使，则长短可知。

又曰：兵者诡道，兵无常形，以诡诈为道。故校之以五计而索其情。一曰度，二曰量，三曰数，四曰称，五曰胜。胜败之数，用兵之法，当此事称量敌之情也。地生度，因地形度形势。度生量，量生数，知其远近广狭，知其数量。数生称，称量敌与已。称生胜。称量人之故知其势，胜负所在也。故胜兵若以镒称铢，败兵若以铢称镒。轻不能相举动也。胜之战者，人也；若决水于千仞之溪者，形也。仞，七尺也。其势疾也。

《左传》曰：吴子入越，越子以甲盾五千，保于会稽。请行成，伍员曰："不可。臣闻务德莫如滋，去疾莫如尽。违天而长仇，虽悔之，不可矣。"王不听。退而告人曰："二十年之外，吴其为沼乎？"

又曰：吴师在陈，楚大夫皆惧。子西曰："二三子恤不相睦，无患矣。昔阖庐食不贰味，居不重席，勤恤其民，而与之劳逸。今闻夫差次有台榭陂池焉，宿有妃嫱嫔御焉。视民如仇，而用之日新。夫差先自败也已，安能败我者也。"

又曰：楚子伐郑，晋师救之。楚子北，师次于郔。郔，郑北地。郔音延。闻晋师济河，楚子欲还。伍参言于楚子曰：晋之从政者新，未能行令。其佐先縠刚愎不仁，未肯用命，其三帅者专行不获，欲专其所行而不得。听而无上，众谁适从？此行也，晋师必败。"楚改乘辕而北之，次于管以待之，晋师在敖、鄗之间。敖，五劳反。鄗，许各反。晋魏锜求公族未得，欲为公族大夫。而怒，欲败晋师。请致师，不许。请使，许之。使，所吏反。遂往，请战而还。赵旃求卿未得，挑战不许。请召盟，许之。与魏锜皆命而往。郤克曰："二憾往矣，弗备必败。"随会曰："若二子怒楚，楚人乘我，丧师无日矣。乘，犹登也。不如备之。楚之无恶，除备而盟，何损于好？若以恶来，有备不败。且虽诸侯相见，军卫不彻，警也。"先縠不可。不设。随会使巩朔、韩穿帅七覆于敖前，帅，将也。覆为伏兵七处。故上军不败。而中军下军皆败绩。

又曰：吴师伐楚州来，楚救之。吴人御诸锺离。楚将子瑕卒，楚师熸。吴楚之间谓火灭为熸。军之重主丧亡，故其军人无复气势也。熸，子廉反。吴将公子光曰："诸侯从于楚者众，而皆小国也。畏楚而不获已，是以来。吾闻之，作事威克其爱，虽小必济。克，胜也。军事尚威。胡、沈之君幼而狂，性无常也。陈大夫啮壮而顽，顿与许、蔡疾楚政。大将死，其师熸，薳越为帅，帅贱多宠，政令不壹。越非正卿也，军多宠人，政令不一于越也。七国同役而不同心，七国：楚、顿、胡、沈、蔡、陈、许也。帅贱而不能整，无大威命，楚可败也。先分师以犯胡、沈与陈，必先奔。诸侯之师乃摇心矣。诸侯乖乱，楚必大奔。请先者去备薄威，示之以不整以诱之。后者敦陈整旅。”敦，厚。吴子从之。战于鸡父。音甫。吴子以罪人三千，先犯胡、沈与陈。囚徒不习战，以示不整也。三国争之。吴为三军以击之其后：中军从王，光帅右军，掩余帅左军，吴之罪人或奔或止，三国乱。吴师击之，败，获胡、沈之君及陈大夫。舍胡、沈之囚，使奔许与蔡、顿，曰：“吾君死矣！”师噪而从之，三国奔。三国：许、蔡、顿也。楚师大奔也。

又曰：晋侯将伐虢，大夫士蔿曰：“不可。虢公骄，若骤得胜于我，必弃其民。弃民不养也。无众而后伐之，欲御我谁与？”夫礼乐慈爱，战所蓄也。夫民让事乐和，爱亲哀丧而后可使也。上之使民，以义让哀乐为本，言不可以力强。虢弗蓄也，亟战将饥。“言虢不蓄义让而力战也。后终为晋所灭。

又曰：秦伯伐晋，晋将赵盾御之。上军佐臾骈曰：“秦不能久，请深垒固军以待之。”秦人欲战，秦伯谓士会曰：“若何而战？”晋士会奔秦。对曰：“赵氏新出其属曰臾骈，必实为此谋，将以老我师也，臾骈，赵盾属大夫，新出佐上军。赵有侧室曰穿，晋君之婿也，侧室，枝子。有宠而弱，不在军事，弱，年少又未尝涉知军之事。好勇而狂，且恶臾骈之佐上军也。若使轻者隶焉，其可也。”隶，暂住而追退。秦军掩晋上军，赵穿追之，不及。上军不动，赵穿独追之。返，怒曰：“裹粮坐甲，固敌是求，敌至不击，将何俟？”军吏曰：“将有待也。”待可击之。穿曰：“我不知谋，将独出。”乃以其属出。赵盾曰：“秦获穿也，获一卿矣。晋自有数位从卿者。秦以胜归，我何以报？”乃皆出战，交绥而退。《司马法》曰：逐奔不远，从绥不及。逐奔不远则难诱，从绥不及则难陷。然则古名退军为绥，秦晋未能坚战，短兵未致争而两退，故曰交绥也。

又曰：晋师伐楚。四月，甲午晦，楚晨压晋军而阵。晋大夫郄至曰：“楚有六间。古苋切其二卿相恶；子重、子反。王卒以旧；罢老不代。郑阵而不整；不整例。蛮军而不阵；蛮夷从楚者不结阵。阵不违晦；晦，月终，阴之尽也，故兵家以为忌。在阵而嚣，嚣，哗喧也。合而加嚣，阵合宜靖而益其声。各顾其后，莫有斗心。旧不必良，以犯天忌。我必克之。”终败楚于鄢陵。

《史记》曰：庞涓追孙膑，膑量其行，暮当至马陵。道狭而旁多阻险，可伏兵，乃大斫树白而书之曰："庞涓死此下。"于是令齐军善射者万弩，夹道而伏，期曰："见火起而俱发。"庞涓夜至斫树下，见白书，乃钻火烛之。读书未毕，齐军万弩俱发，魏军大乱。庞涓自知智穷兵败，乃自刎，曰："遂成竖子之名！"

又曰：汉王在汉中拜韩信为大将，信因问王曰："今东向争权天下，岂非项王耶？"汉王曰："然。"曰："大王自料勇悍仁强，孰与项王？"汉王默然良久，曰："不如也。"信再拜贺曰："惟信亦以为大王不如也。然臣尝事之，请言项王之为人也。项王喑恶叱咤，千人皆废，喑，音阴。恶，乌路切。叱，尺粟切。咤，陟讶切。然不能任属贤将，此特匹夫之勇耳。项王见人恭敬慈爱，言语姁姁，人有疾病，涕泣分食饮。至使人有功当封爵者，刻印刓刓，五元切。敝，忍不能与，此所谓妇人之仁也。项王虽霸天下而臣诸侯，不居关中而都彭城，背义帝之约，而以亲爱王，诸侯不平。诸侯之见项王迁逐义帝置江南，亦皆归逐其主而自王善地。项王所过，无不残灭者，天下多怨，百姓不亲附，特劫于威强耳。名虽为霸，实失天下心。故曰其强易弱。今大王诚能反其道，任天下武勇，何所不诛！以天下城邑封功臣，何所不服！以义兵从思东归之士，何所不克！且三秦王为秦将，将秦子弟数岁矣，所杀亡不可胜计，又欺其众降诸侯，至新安，项王诈坑秦降卒二十余万，唯独邯、欣、翳得脱，章邯、司马欣、董翳。秦父兄怨此三人，痛入骨髓。今楚强以威王此三人，秦民莫爱也。大王之入武关，秋毫无所害，除秦苛法，与秦民约，法三章耳，秦民无不欲得大王王秦者。于诸侯之约，大王当王关中，关中人咸知之。大王失职入汉中，秦人无不恨者。今大王举而东，三秦可传檄而定也。"于是汉王大喜，自以为得信晚。遂听信计，定秦灭项。

又曰：项籍围汉王于荥阳城。久之，汉王患之，请割荥阳以西以和，项王不听。汉王谓陈平曰："天下纷纷，何时定乎？"陈平曰："然。项王为人，恭敬爱人，士之廉节好礼者多归之。至于行赏功爵邑，重之，言爱惜之。士亦以此不附。今大王慢而少礼，士廉节者不来；

然大王能饶人以爵邑，士之顽钝嗜利无耻者亦多归。汉王诚各去其两短，袭其两长，天下指麾可定矣。”

又曰：汉王与项籍约中分天下，汉王欲西归，张良、陈平说曰：“汉有天下大半而诸侯皆附之，楚兵疲食尽，此天亡之时也。不因其饥而遂取之，今释不取，所谓养虎自遗患也。”从之，终灭羽。

《汉书》曰：陈王拜项梁为楚上柱国，梁自号武信君。乃使宋义于齐，道遇齐使者高陵君显，张晏曰：显，名。高陵，县名也。曰：“公将见武信君乎？”曰：“然。”义曰：“臣论武信君军必败。公徐行则免，疾行及祸。”章邯夜衔枚击楚，大破之定陶，梁死。宋义所遇齐使者高陵君显见楚怀王曰：“宋义论武信君必败，数日果破。未战先见败征，此可谓知兵矣。”召宋义与计事而悦之，因以为上将。

又曰：西域都护为乌孙兵所围，上召陈汤问之。汤曰：“乌孙瓦合，不能久攻。诎指计其日，不出五日，当有吉语闻。”果四日，军书到言已解。

又曰：黥布反。帝召薛公问，对曰：“使布出于上计，东取吴，西取楚，并齐取鲁，传檄燕、赵，固守其所，山东非汉之有也。出中计，东取吴，西取楚，并韩取魏，据敖仓之粟，塞成皋之口，胜败之数未可知也。出下计，东取吴，西取下蔡，归重于越，身归长沙，陛下高枕而卧，汉无事矣。”上曰：“是计将安出？”对曰：“必出下计。布故郦山之徒也，郦，音离。自致万乘之主，此皆为身，不顾后为百姓万代虑也。故曰出下计。”上自将，东击布。布之初反，谓其将曰：“上老矣，厌兵，必不能来。使诸将，独患淮阴、彭越，今皆已死，馀不足畏也。”故遂反。果如薛公筹之，东击荆，荆王刘贾败死。时贾都丹徒也。汉终破布。

《通典》曰：后汉末，曹公击马超。始贼每一部到，公辄有喜色。贼破之后，诸将问故，公答曰：“关中长远，若贼各依险阻，征之，不一二年不可定也。今皆来集，其众虽多，莫相归服，军无适主，一举可灭，为功差易，吾是以喜。”

又曰：后汉末，青州黄巾众百余万人起兖州界，刺史刘岱欲击之。

鲍信谏曰："今贼众百万，百姓皆震恐，士卒无斗志，不可敌也。观贼众群辈相随，军无辎重，唯以抄掠为资。今不若蓄士众之力，先为固守，使彼欲战不得，攻则不能，其势必离散，然后选精锐据其要害，击之可破也。"岱不从，遂与战，果为所杀。刘岱违之而败。

又曰：后汉末，荀攸从曹公征张绣，攸言曰："绣与刘表相持为强，然绣以游军仰食，表不能供也。势必离。不如缓军以待之，可诱而致也。"不从，表果救之，军不利。曹公谓攸曰："不用君言至是。"曹公违之而败。

又曰：后汉末，张辽屯长社，军中有谋反者，夜惊起乱火，一军尽扰。辽谓左右："勿动！是不一营尽反，必有造变者，欲以动乱人耳。"乃令军中不反者安阵，辽将亲兵数十人中阵而立。有顷定，即得首谋者，杀之。张辽审计立擒贼首，亦同料敌之义。

又曰：后汉末，曹公征荆州，刘琮降，得其水军及步军，遂遗书孙权云："今将水军十八万与将军会猎于长州之苑。"将士闻之恐。权延见群下，问计，咸曰："曹操托名汉相，挟天子以征四方，动以朝廷为辞，今日拒之，事更不顺。且将军大势可以拒操者，长江也。刘表理水军，艨艟斗舰千数，操悉俘以沿江，兼有步兵，水陆俱下，此则长江之险与我共之矣。而势力众寡。愚谓大计不如迎之。"权将周瑜曰："操虽托名汉相，其实汉贼。将军神武雄才，兼杖父兄遗烈，据有江东，地方千里，兵精足用，英豪乐业，尚当横行天下，为汉家除残去秽。况操自送死，岂可迎之耶？请为将军筹之。使北土已安，操无内忧，能旷日持久，来争疆埸，又能与我校胜负于船楫，可也。今北土既未安，而加以马超、韩遂在关西，为操后患。且舍鞍马，杖舟楫，与吴越争衡，本非中国所长。又今盛寒，马无藁草，驱中国士众远涉江湖，不曾习水土，必生疾病。此数四者，用兵之患也，而操皆冒行之。瑜得请精兵三万人，径进夏口，保为将军破之。"权曰："老贼欲废汉自立久矣，但忌二袁、吕布、刘表与孤耳。今诸英雄已灭，唯孤尚存，孤与老贼势不两立。君言当击，甚与孤合。"权拔刀斫前奏案曰："诸将吏敢复言迎曹操者，与此案同！”果有赤壁之捷焉。

又曰：蜀大将诸葛亮悉众十万由斜谷出，始平，据武功五丈原。魏大将司马宣王帅师拒之，与亮对于渭南。亮分兵屯田，为久驻之本。耕者杂于渭滨，而百姓安堵，军无私焉。屡使交书，复致巾帼妇人之饰以怒宣王，王亦屡表请战。魏使卫尉辛毗持节勒懿及军吏以下不许出战。姜维谓亮曰：辛毗杖节而到，贼不复出矣。”亮曰：彼无战心。所以固请者，亦惑于众耳。将在军，君命有所不受，苟能制吾，岂千里请战耶！“宣王使二千余人就军营东西角大声称”万岁“。亮使问之，答曰：“吴朝有使至，请降。”亮谓曰：“计吴朝必无降法，卿是六十老翁，何烦诡诳如此？”懿与亮相持百余日，亮卒于军中。及军退，懿追焉。亮长史杨仪结阵反旗鸣鼓，若将向懿者，懿遽退，不敢逼，经二日，乃行其营垒，曰：“天下奇才也。”懿乃追之，仪多布铁蒺藜。懿使军士二千人，著软材平底木履前行，蒺藜悉著履。次马步径进，追至赤岸，方知审问，百姓为之谚曰：“死诸葛走生仲达。”懿笑曰：“吾便料生，不便料死故也。”孔明料吴下降明矣。司马不料亮死暗也。

《吴志》曰：魏使大司马曹仁步骑数万向濡须，伪欲东攻羡溪。朱桓分兵赴羡溪，仁军进拒濡须。桓闻追羡溪，兵未到而仁奄至。诸将各惧，桓喻之曰：“凡两军交对，胜负在将，不在众寡。兵法所以称客倍而主人半者，谓俱在平原，无城池之守，又谓士众勇怯齐等故耳。今仁既非智勇，又久涉，人马罢困，桓与诸君共据高城，南临大江，北陪山陵，以逸待劳，以主制客，此百战百胜之势。虽曹丕自来，尚不足忧，况仁等耶！”桓因偃旗鼓，外示虚弱，以诱仁，仁果遣其子太攻濡须，分遣将军常雕、王双等乘油船袭中州。桓自拒太，太烧营退，枭雕首，生虏双，送武昌；临阵及溺死者千余人。

《十六国春秋》曰：前赵刘曜败石勒将石季龙于高候，今绛州闻喜县界也。遂围洛阳。勒将亲救，程遐等固谏曰：“刘曜乘胜，兵盛，难与争锋，金墉粮丰，攻之未可卒拔。曜军千里，势不支久。不可亲动，动无万全，大业去矣。”勒大怒，按剑叱遐等出。召徐光而谓之曰：“刘曜乘高堆之势，围守洛阳，庸人之情皆谓其锋不可当也。然曜带甲十万，攻一城而百日不克，师老卒殆，以我初锐击之，可一战而擒。若洛阳不守，曜必送死冀州，自河以北，席卷北向，吾事去矣。程遐等不欲吾亲行，卿以为何如？”光对曰：“刘曜乘高堆之势，不能进临襄国，更攻金墉，此其无能为也。悬军三时，无攻战之利，若鸾旗亲驾，必睹旌奔败。定天下之计，在今一举。”勒笑曰：“光之言是也。”使内外戒严，有谏者斩。命石堪、石聪、桃豹等各统见众会荥阳，使石季龙进据石门，以左卫石邃都督中军事，勒统步骑四万赴金墉。勒谓徐光：“曜盛兵城皋间，上计也；阻洛水，其次也；坐守洛阳者成擒也。”勒诸军至城皋。勒见曜无守军，大悦，乃卷甲衔枚诡道兼路，出于巩、訾之间。知曜陈其军十余万人于城西，弥悦。勒入自宣门，升故太极前殿。季龙步卒三万，自城北而西，攻其军，石堪、石聪等各以精兵骑八千，城西而北，击其前锋，大战于西阳门。勒躬贯甲胄，出自阊阖，夹击之。曜军大溃，于阵擒曜，以徇于军也。

太平御览卷第二百九十一 兵部二十二

料敌下

《宋书》曰：晋义熙五年二月，伪燕王慕容超大掠淮北。三月，帝抗表北伐，以丹阳尹孟昶监中军留府事。乃浮淮入泗。五月至下邳，留船，步军进琅琊。所过筑城留守。超大将军公孙五楼请断大岘，坚壁清野以待。超不从。初谋是役，议者以为贼若严守大岘，军无所资，何能自返。帝曰："不然。鲜卑性贪，略不及远，既幸其胜，且爱其谷。必将引我，且亦轻战，师一入岘，吾何患焉！"及入岘，帝举手指天曰："事济矣！"众问其故，帝曰："师既过险，士有必死之志，余粮栖亩，军无匮乏之忧，胜可必矣。"

《通典》曰：陈将吴明彻进逼寿阳，北齐将王琳拒守。又遣大将皮景和率兵数十万来援，去寿春三十里，顿军不进。诸将咸曰："坚城未拔，大援在近，不审公计将安出？"明彻曰："兵贵在速，而彼结营不进，自挫其锋，吾知其不敢战明矣。"于是躬擐甲胄疾攻，一鼓而克寿阳。

又曰：西魏遣将于谨讨梁元帝于江陵，长孙俭问谨曰："为萧绎之计，将欲如何？"谨曰："耀兵汉、沔，席卷度江，直据丹阳，是其上策；移郭内居民，退保子城，峻其陴堞，以待援至，是其中策；若难于移动，据守罗郭，是其下策。"俭曰："揣绎定出何策？"谨曰："必用其下策。"俭曰："彼弃上而用下，何也？"对曰："萧氏保据江南，绵历数纪。属中原多故，未遑外略。又以我有齐氏之患，必谓力不能分。且绎懦而无谋，多疑少断，人难虑始，皆恋邑居，既恶迁移，当保罗郭。所以用下策也。"谨乃令中山公护及杨忠等，率精骑先据江律，断其走路。梁人竖木栅于外城，广输六十里。寻而谨至，悉众围之。梁主屡遣兵于城出战，辄为谨所破。旬六日，外城自陷，梁主退保子城。翌日，率其太子以下，面缚出降，寻杀之。

又曰：后魏末，原州民豆卢狼害都督大野树儿等据州城反，州人李贤乃招集豪杰谋曰："贼起仓卒，便诛二将，其势虽盛，其志已骄。然其政令莫施，唯以残剥为业。夫以羁据之贼而驭乌合之众，势自离解。今若从中击之，贼必丧胆。如吾计者，指日取之。"众皆从，贤乃率敢死士三百人，分为两道，乘夜鼓噪而出。群贼大惊，一战而败。狼遁走，追斩之。

《后魏书》曰：李顺使凉州还，世祖问蒙逊政教得失。顺曰："蒙逊专威河右三十许年，虽不能贻厥将来，犹足以终其一世。但前岁表许十月送昙元谶，及臣往迎，便乖本意。不忠不信，于是而甚。以臣观之，不复周矣。世祖曰："若如卿言，则效在不远，其子必复袭世袭。"又问曰："早晚当灭？"顺曰："臣略见其子，并非俊才，能保一隅。如敦煌太守牧犍，器性粗立，若继蒙逊者必此人也。然比之于父，佥谓不逮。殆天所用资圣明也。"既而蒙逊死问至，世祖谓顺曰："卿言蒙逊死，今则验矣，又言牧犍立，何其妙哉。朕克凉州，亦当不远。"于是赐绢千匹，厩马一匹，进号安西将军，宠待弥厚。

《唐书》曰：武德初，刘武周据太原，使其将宋金刚屯于河东。太宗往征之，谓诸将曰："金刚悬军千里，深入吾地，精兵骁将皆在于此。武周自据太原，专倚金刚以为捍蔽。金刚虽众，内实空虚，虏掠为资，意在速战。我坚营蓄锐以挫其锋，分兵汾隰，冲其心腹。彼粮尽计穷，自当遁走。当待此机，未宜速战。"于是遣刘弘等绝其粮道。其众遂馁，金刚果遁。

又曰：武德中，李靖随河间王孝恭讨萧铣，师至于清江，克铣荆门。遣其将乘胜入北江，铣悉兵以拒之。孝恭将战，李靖止之曰："楚之轻锐，难与争锋。今新失荆门，尽兵出战，此救败之师也，非其本图，势不能久。一日不战，贼必两分，留轻兵以抗我，退羸师以自守，此即势亏力弱，击之必捷。"孝恭不从，遣靖按营，自以锐师水战。孝公果败于南岸。

又曰：隋末王世充杀其主越王侗，自僭伪号，太宗率师讨之。世充求援于河北窦建德，将全军赴之。诸将以二贼合势，众寡不敌，宜退舍以避之。行台郎中薛收独进计曰："王世充据有东都，府库填积，其下兵士皆江淮精税，其所患者在于乏食耳。是以为我所持，求战不可。建德亲总军旅，来拒我师，亦当尽彼骁雄，期于奋决。若纵其至此，两寇相连，转河北之粮以相资给，则伊、洛之间战斗不已。今宜分兵守营，深其沟防，即世充欲战，慎勿出兵。大王亲选猛锐，先据成皋之险，训兵坐甲，以待其至。彼以疲弊之师，当我堂堂之势，一战必克。建德既破，则世充自下。不过两旬，夏、郑二主可面缚于麾下矣。若退兵自守，计之下也。"秦王喜曰："合吾意。"是日出师据虎牢，卒擒建德。

又曰：隋炀帝为突厥所围，郡县皆发赴援。时太宗年未弱冠，召募从军，隶屯卫将军云定兴。师将发，太宗劝之多赍旗鼓，设疑兵，以威突厥。定兴初不纳，太宗谓之曰："始毕扫其境内，敢围天子，本疑国家仓卒无援。忽见旗鼓之盛，必谓救兵云集。今者师进，可前后相次，令数十里间连亘不绝。昼则旗幡相续，夜则钲鼓相应，以张形势，贼见必惧，望尘而退。此计之上也。不然则为所轻，悉军来战，公必不支矣。"定兴悦而从焉。将次崞县，突厥候骑驰告始毕曰："兵大至。"遂解围而退，果如所筹。

又曰：太宗遣李靖经略突厥，以张公谨副。公谨因言突厥可取之状，曰："颉利纵欲肆情，穷凶极暴，诛害良善，昵近小人，此即主昏于上，其可取一也。又其别部同罗、仆骨、回纥、延陀之类，并自立君长，将图反噬，此则众叛于下，其可取二也。颉利被疑，轻骑自免；柘设出讨，匹马不归；欲谷丧师，立足无地；则兵挫将败，其可取三也。塞北霜旱，糇粮乏绝，天降之灾，因以饥馑，其可取四也。颉利疏其突厥，委诸胡人，胡人翻覆，是其常性，大军一临，内必生变，其可取五也。华人入北，其类实多，比闻自相啸聚，保据山险，师出塞垣，自然有应，其可取六也。"太宗深纳之。及破定襄，败颉利，颇预谋略，进爵为国公。

又曰：元和十年，王师讨淮西，镇州节度使王承宗、淄青节度李师道谋挠王师，遣刺客于京城，杀宰相武元衡。宪宗怒，命御史中丞裴度为宰相，专主兵机，以诛三盗，时淮西镇冀两道用军，度支储运供饷不暇，复又诸军玩寇阴与贼通，冀朝廷力竭即行赦、雪，议者患之。宰相韦贯之奏曰："陛下岂不知建中之事乎？天下之兵，始于蔡急魏应，齐赵同恶。德宗率天下兵，令马燧、李抱真急击之。物力既屈。朱泚乘间为乱，朱滔南向指阙，致使梁、汉为府，奉天有行，皆陛下亲所闻见。非他也，不能忍待次第，速于灭贼故也。陛下独不能宽岁月之计，俟拔蔡而围镇耶？"上深然之，而已下诏矣。后擒元济而承宗服，果如贯之所筹。

《汉晋春秋》曰：亮围祁山，招鲜卑轲比能等，至故北地石城以应亮。于是魏大司马曹真有疾，司马宣王自荆州入朝，魏明帝曰："西方事重，非君莫可付者。"乃使西屯长安，督张郃、费曜、戴陵、郭淮等。宣王使曜、陵留精兵四千守上邽，余众悉出，西救祁山。郃欲分驻雍、郿，宣王曰："料前军独能当之者，将军言是也。不能当而分为前后，此楚之三军所以为黥布擒也。"遂进。亮分兵留攻，自逆宣王于上邽。郭淮、费曜邀亮，亮破之，因大芟其麦，与宣王遇于上邽之东，敛兵依险，军不得交，亮引兵而还。宣王寻亮至于卤城。张郃曰："彼远来逆我，请战不得，谓我利在不战，欲以长计制之也。且祁山大军以近，人情自固。可止屯于此，分为奇兵，亦出其后，不宜进前而不敢逼，坐失民望也。今亮悬军食少，亦行去矣。"宣王不从，固寻亮。既至，又登山掘营，不肯战。贾诩、魏平数请战，且曰："公畏蜀如畏虎，奈天下笑何！"宣王病之。诸将咸请战。五月辛巳，乃使张郃攻无当监何平于南国，自案中道向亮。亮使魏延、高翔、吴班赴距，大破之，获甲首三千级，铠五千领。宣王还保营。

袁希之《汉表传》曰：丞相亮出军围祁连山，始以木牛运粮。魏司马宣王张郃救祁连山。夏六月，亮粮尽，军还，至于青封木门，郃追之。亮驻军，削树皮题曰："张郃死此树下。"豫令兵夹道以数千强弩备之。合果自见，千弩俱发，射郃而死。

《韩子》曰：赵主父使李疵视中山可攻不，报曰："可攻也。"主父曰："何故可攻？"对曰："其见岩穴穷阎隘巷之士以十数，亢礼下布衣之士以百数矣。"君曰："是贤君也，安可攻？"疵曰："然矣。好显岩穴之士而朝之，则战士怠于行阵；上尊者下居士而朝之，则农夫惰于力田。战士怠于阵者，兵弱也；农夫惰于田者，国贫也。"

《卫公兵法》曰：凡与敌相逢，持军相守，欲知彼算，将揣其谋，则如之何？"对曰："士马骁雄，示我以羸弱；阵伍齐肃，示我以不战；见小利佯为不敢争，伏奇兵故诱以奔北；内实严警，外为弛慢；恣行间谍，托以忠告；或执使以相忿，或厚赂以相悦；移师则减灶，合营则偃旗；智足以及谋，勇足以及怒，非得地而不舍，非全军而不侵；以多击少，必取于晨朝；以寡击众，必候于日暮。如此则兵多诡状，将有深图，理虽曲为防慎，不可入其规画。故传曰：见可则进，知难而退，军之善政也。但敌固无小，蜂虿有毒。且鸟穷则啄，兽穷犹触者，皆自卫其生命，而求免于祸难也。若困而不斗，乃知不逮于鸟兽，其能将乎？必须料敌制胜，诫于小利，然后可立大功矣。"或又问曰："所谓料敌者何？"对曰："凡料敌者，料其彼我之形，定乎得失之计，始可出兵而决于胜负矣。当料彼将吏孰与己和，客主孰与己逸，排甲孰与己坚，器械孰与己利，教练孰与己明，地形孰与己险，城池孰与固己，骑畜孰与己多，粮储孰与己广，工巧孰与己能，秣饲孰与己丰，资货孰与己富；以此揣而料之，焉有不保其胜哉！夫军无小听，听必审也；战无小利，利必大也。审听之道，诈亦受之，实亦受之，工亦受之，拙亦受之，其诈而似实亦受之，其实而似诈受之。但当明听其实，参会众情，徐思其验，锻炼而使。不得逆诈自聪，挫折愚人之词；又不得听庸人之说，称敌寡弱，轻侮众心，而不料其虚实；又不得受敌人以小利饵我勇士，辄掠财畜，获其首级，将暗不断，而重赏之。忽敌无备，必为所败。揣敌之术，亦易知矣。若辞怒而不战者，待其援也；杖而立汲而先饮者，倍程迫速渴之兼也。夫欲行无穷之势，图不测之利，其事烦多，略陈梗概而已。若遇小寇而有不可击者，为其将智而谋深，士勇而军整，锋甲坚锐而地险，骑畜肥逸而令行。如此则士畜必死之心，将怀擒敌之计，此当固而待之，未得轻而犯也。如逢大敌而必可斗也，彼将愚昧而政令不行，士马虽多而众心不一，锋甲虽广而兵刃不坚，居地无固而粮运不继，卒无决战之志，傍无军马之援；此可袭而取之。抑又闻之，统戎行师，攻城野战，当须料敌，然后纵兵。夫为将能识此之机变，知彼之物情，亦何虑功不逮、斗不胜哉！”

又曰：敌有十五形可击：新集，始至，行阵未定。未食，虽已结阵，须馈食。不顺，逆风向腱。后至，敌后来，不得山川地势利。奔走，行阵失次，用力不齐，阵布不均。不戒，我亦弱，诱敌之不设备。勤劳，位道兼行，人马未息，衣甲驰路，虽阵不整。将离，大将已去，独任小吏，素不威服。长路，趋战争利，昼幕不息。候济，半渡疾击。不暇，贪利求胜，不暇尽阵。险路，泥泞阴狭，车马单行，左右难救。扰乱，行列失序，进退不齐，纵不相戴，横不相对，或坐或立。惊怖，卒厄相逢，都无备预，鼓噪掩击，三军震慑。不定。阵数移动，人马数顾。师有十过：勇而轻死。可暴。贪而好利，可遗。仁而不忍，可劳。知而心怯，可窘。信而喜信人，可诳。廉洁而爱人，可侮。慢而心缓，可袭。刚而自用，可诱。懦志多疑，可惑。急而心速。可久。

《孙子》曰：军旁有险阻、蒋潢井、生葭苇、山林翳荟者，必谨覆索之，此伏奸之所藏处也。险者一高一下之地，阻者草蒋水草之蘘，潢者池也，井者不也，葭苇者众木所居也，翳荟者可以屏笼蔽处也。此以上相地形，此以下察敌情也。翳荟草木之相蒙蔽可以藏兵处，反复索之也。敌近而静者，恃其险也；敌远而挑人者，欲人之进也，其所处者居易利也；所居利也，言敌去我近，促谴轻挑，我欲使前就之，其就处者平利也。众树动者，来也；斩拔树木除道进来，故动。众草多障者，疑也；结草为阵，欲使我度，稠草中多障蔽者，敌必逃去，恐追及多作障蔽，使人疑有伏也。鸟起者，伏也；下有伏兵住藏，触鸟而惊起。兽骇者，覆也；敌广阵张翼来覆我也，故兽惊骇矣。尘高而锐者，车来也；车马行疾速，尘相冲，故高也。卑而广者，徒来也；散而条达者，薪采来也；尘散而条达，各行所来也。少而往来者，营军者也。少，尘少也。辞卑而益备者，进也；其人来使辞卑，使必进来间视之，故增备也。辞强而进驱者，退也；诡诈也。来驰驱，无所畏，是欲退。轻车先出居其侧者，阵也；阵兵欲战也。轻车，驰车在阵侧。无约而请和者，谋也；未有要约而使来请和者，有间谋也。奔走而陈兵者，期也；自与偏将期也。半进半退者，诱也。倚仗而立者，饥也；倚仗矛戟而立者，饥之意。汲役先饮者，渴也；向人见利而不进者，劳也；士疲劳也。敌人来，见我利而不能击进者，疲劳。鸟集者，虚也；敌大作营垒示我众，而鸟集其上，其中虚者也。夜呼者，恐也；军士夜喧争，将不勇相惊而无备者，恐惧也。军扰者，将不重也。无威重。旗动者，乱也；旌旗谬动东西倾倚者，乱也。吏怒者，倦也。军吏悉怒将者，疲倦。粟马食肉，军无悬棰不及其舍者，穷寇也。谷马食肉，不复畜积，无悬箠之食，欲死战，此穷寇也。棰，即箠之类也。谆谆翕翕，徐言入入者，失众也；谆谆者，语貌，又足貌也。翕翕者，不直貌，上失卒之心，少气之意。徐言入入者，与之言安徐之貌，此将失其众也。谆，章沦切。翕，许及切。数赏者，窘也；军不索敌，数行赏，欲士卒之力战者，此恐窘者也。数罚者，困也；数行刑罚者教令施废，是困者也。先暴而后畏其众者，不精之至也。先行悍暴于士卒，而后欲畏己者，此将不精之极也。来委谢者，欲休息也。战未相伏而下其意气相委谢者，欲休息也。兵怒而相迎，久而不合。又不相去，必谨察之。备其伏也。此必有间谍也。

又曰：凡敌有不卜而与战，有不占而避之。疾风大寒，早兴冥迁，剖冰济度。盛夏炎热，兴役无间。行饥驱渴，务取于远。师久无粮，士众怨怒；妖祥疑惑，上不能止。军资既竭，时多霖注，欲掠无所，师众不多，地土不利。人马疾疫，道远日暮，士卒劳倦，饥未及食，解甲而息，将薄吏轻，士卒不固，三军数惊，师徒无助，陈而未定，舍而未毕，行坂涉险，半隐半出。诸如此类，击而勿疑。若土地广大，人众富盛，上爱其下，惠施流布，赏信刑察，发止得时，行阵居列，任贤使能，师徒习教，兵甲精锐，四邻有助，大国之援。凡如此类，惮而避之。故曰：见可而进，知难而退也。

太平御览卷第二百九十二 兵部二十三

用间

《孙子》曰：兴师十万，出师千里，百姓之费，公家之奉，日费千金，内外骚动，不得操事者七十万家。古者八家为邻，一家从军，七家奉之。言十万之师不事不耕者凡七十万家也。相守数年，以争一日之胜。是故明王圣主、贤君胜将，所以动而胜人，成功出于众者先知。先知者不可取于神鬼，不可祈祷以求。不可像于事也，不可以事类求。不可验于事度，不可以行事度也。必取于人，知敌之情也。因人也。故用间有五：乡间、内间、反间、死间、生间。五间俱起，莫知其道，是谓神纪，人君之宝也。用时任五间也。乡间者，因其乡人而用之也。因敌乡人知敌表里虚实之情，故就而用之，可使伺候。内间者，因其官人而用之者也。因在官失职者，若刑戮之子孙与受罚之家也，因其有隙，就而用之也。反间者，因其敌间而用之者也。敌使间来视我，我知之，因厚赂重许反使为我间也。萧世諴曰：言敌使人来候，我佯不知，而示以虚事，前却期会使归相语，是故曰反间也。死间者，为诳事于外，令吾间知之，而待于敌也。作诈狂之事于外，佯泄漏之，使吾间知之。吾间至敌中，为敌所得，必以诳事喻，敌从而备之吾所行，不然间则死矣。又一云：敌间来，间以我诳事而持归，然皆非所图也。二间皆不能知幽隐深度，故曰死间也。萧世諴云：所获敌人及已军士有重罪系者，故贷免，相敕勿泄，佯不秘密，令敌间窃闻之，吾因纵之亡，亡必归，敌必信焉。往必死，故曰死间焉。生间者，反报者也。择已有贤才智谋能自开通于敌人之亲贵，察其动静，知其事，计彼所为，已知其实还报，故曰生间也。故三军之亲，莫亲于间，若不亲抚重以禄赏，则反为敌用，泄吾情实也。赏莫厚于间，间事不密，则为已害。事莫密于间。厚赏之赖其用。非圣智不能用间，非仁义不能使间，不能得间人之用也。非微密者不能得间之实。精微用意，密不汇漏。微哉微哉，无所不用间也。间事未发而先闻其间者，与所告者皆死。凡军之所欲击，所欲击之军。城之所欲攻，所欲攻之城。人之所欲杀，所欲杀之人。必先知其守将、左右、谒者、舍人之姓名，守，有官职任者。谒，告也，主告事者也。门者，守门者也。舍人，守舍之人也。又先知之为亲旧，有急即呼之，则不见何止，亦因以知敌之情。令吾间必索知之，敌间之来间我者，因而利之，导而舍之，舍，居止也。今吾人遗以重利，复遇而舍止之，可令诡其辞。故反间可得而用也。故能取敌人之间而用。因是而知之，故乡间、内间可得而使也。因反故间而知敌情，乡间、内间者皆可得而使也。因是而知之，故死间为诳事，可使告敌。因是可得而攻也。因诳事而知敌情，生间往反，可使知其敌之腹心所在。因是而知之，故生间可使如期。五间之事，主必知之，主人当知五间之用，厚其禄，丰其财。知之必在于反间，故反间不可不厚也。反间者，五间之本事之要也，故当在厚待之。昔殷之兴也，伊挚在夏；伊尹。周之兴也，吕牙在殷。吕望。故唯明主贤将，能以上智为间者，必成大功。此兵之要，三军所恃而动者也。以上注出《通典》。

《左传》曰：楚师伐宋。九月，不服，将去宋，楚大夫申叔时曰："筑室反耕者，宋必听命。"楚子从之。筑室于宋，分兵于田，示无去志，王从其言。宋人惧，使华元夜入楚师，登子反之床，起之曰："寡君使元以病告，兵法因其乡人而用之，必先知其守将、左右谒者、门者之姓名，因而利导之。华元盖用此术，得以自通。曰敝邑易子而食，析骸而爨。虽然，城下之盟，有以国敝，不能从也。宁以国敝，不从城下盟。去我三十里，唯命是听。"子反惧，与之盟，而告楚子。退三十里。宋及楚平。华元君不因间，若不用谋，无由得入楚军也。

又曰：楚师伐郑，郑人将奔。楚师夜遁，谍告曰："楚幕有乌。"乃止。

《礼记》曰：晋人之觇宋者，反报于晋侯曰："阳门之介夫死，而子罕哭之哀，而民说，殆不可伐也？"从之。

《战国策》曰：郑武公欲伐胡，先以其子妻胡，因问群臣曰："吾欲用兵，谁可伐者？"大夫关思其曰："胡可伐。"武公怒而戮之，曰："胡，兄弟之国，子言伐之，何也？"胡君闻之，以郑为亲已，而不备郑。郑袭胡，取之。此用死间之势。

又曰：燕昭王以乐毅为将，破齐七十余城。及惠王立，与毅有隙，齐将田单乃纵反间于燕。宣言曰："齐王已死，城不拔者二耳。乐毅畏诛而不敢归。以伐齐为名，实欲连兵，南面王齐，齐人未附，故且绥即墨残矣。"燕王以为然，使骑劫代毅，燕人士卒离心。单又纵反间曰："吾惧燕人掘吾城外冢墓，僇先人。"僇与戮同。燕军从之。即墨人激怒请战，大败燕师，所亡七十余城悉复之。

又曰：秦师围赵阏与，音余。赵将赵奢救之，去赵国都三十里不进。秦间来，奢善食遣之。食音寺。间以报秦将，以为奢师怯弱而止不行。奢乃随而卷甲趋秦师，击，破之。期则反用彼间。

又曰：秦与赵兵相距长平，赵孝成王使廉颇为将，固壁不战。秦数挑战，廉颇不出。秦之间言曰："秦之所患，独畏马服赵奢之子为将耳。"赵王信秦之间，因以奢子为将，终为秦将白起所败。

《史记》曰：楚汉相持，未决胜负。陈平言于汉王曰："彼项王有骨鲠之臣，以亚父范增，锺离昧、龙且、周殷之属，昧，音妹。且，于间切。不过数人耳。大王诚能出捐数万斤金，行反间，间其君臣，以疑其心，项王为人意忌信谗，必内相诛。汉因举兵攻之，破楚必矣。"汉王然之，乃出黄金四万斤与平，恣所为，不问出入。平既多以金纵反间于楚军，宣言诸将锺离昧等为项王将，功多矣，然终不得裂地而王，欲与汉为一，以灭项氏，分王其地。项王果疑之，使使至汉。汉王为太牢具，举进。见楚使，举鼎俎而来也。即佯惊曰："吾以为亚父使，乃项王使也！"复持去，更以恶草具进楚使。去肉更草菜之具。使归，具以报项王。项王果大疑亚父。亚父欲急击下荥阳城，项王不信，不肯听。亚父闻项王疑之，乃大怒曰："天下事大定矣，君王自为之！愿赐骸骨归！"归，未至彭城，疽发背而死。疽，痈创也。音千余切。汉遣纪信诈降，而汉王宵遁。终灭项羽。羽不悟反间而亡也。

又曰：汉使郦食其说齐王田广，广舍兵与郦生纵酒。汉将韩信因齐无备，袭齐，破之。田广烹食其。此偶成韩信用死间之势。

又曰：汉高帝被匈奴单于冒顿围于白登，乃使间厚遗阏氏，阏氏乃谓冒顿曰："两主不相困。今得汉地，而单于终非能居之也。且汉王亦有神，单于察之。"冒顿乃解围之一角。于是高帝令士皆持满，傅矢外向，从解角直出，竟与大军合，而冒顿遂引兵而去。

又《高祖纪》曰：上闻豨将皆故贾人也，上曰："吾知所以与之。"乃以金啖将，豨将多降者。陈豨也。

《后汉书》曰：西域将兵长史班超发于阗诸国兵，击莎车龟兹国，扬言兵少不敌，罢散。乃阴缓生口归，以告龟兹，王喜而不虞。超即潜勒兵驰莎车营，大破，降之。斯亦同死间之势。

《晋书》曰：益州牧罗尚遣将隗伯攻蜀贼李雄于郫城，未有胜负。雄乃募武都人朴泰鞭之见血，使谲罗尚，欲为内应，以火为期。尚信之，悉出精兵，遣隗伯等率兵从泰击雄。雄将李骧于道设伏。泰以长梯倚城而举火，伯军见火起，皆争缘梯。泰又以绳汲上。尚军百余人皆斩之。雄因放兵，内外击之，大破尚军。此用内间之势。

又曰：刘曜逼长安，复围北城，太守曲昌遣使求救于曲充。充率步骑赴之，去城数十里，贼绕城放火，烟尘蔽天。反纵间诈允曰："郡城已陷，焚烧向尽，军无及矣。"允信之，众惧而溃。后数日，曲昌突围赴长安，北城遂陷。

崔鸿《十六国春秋》曰：后凉吕光将吕延伐乞伏乾归，大败之。乾归乃纵反间，称众溃东奔成纪，延信而追之。延司马耿雉曰："告者视高而色动，必有奸计，不可从。"相遇，战败死之。

《后魏书》曰：陆俟击吴于杏城，大破之。获吴二叔，诸将请送京师，俟独不许，曰："吴一身藏窜，非其亲信，谁能获之？若停十万之众以追一人，非上策也。不如私许吴叔，免其妻子，使自追吴，擒之必也。"诸将咸曰："今来讨贼，既破之，获其二叔，唯走一人，何所复至。"俟曰："吴之恃逆，本自天性，今若获免，必诳惑愚人，称王者不死，妄相扇动。为患必大。"遂遣吴二叔，与之期。吴叔不至，诸将皆咎于俟。俟曰："此未得其便可，必不背。"他日果斩吴以至，皆如所言。俟之明略，皆此类也。

《通典》曰：东魏将段琛据宜阳，遣将牛道恒扇诱边人。西魏将韦孝宽拒之，遣谍人访获道恒手迹，令善书者伪作道恒与孝宽书，论归款之意；又为落烬烧迹，若火下书者，还令谍人遗之于琛营。琛得书果疑之，道恒所经略，皆不见用。孝宽知其离沮，因出奇兵掩袭，擒道恒及琛等。崤、渑遂清。

又曰：东魏大将齐神武率兵趣沙苑，西魏大将周文帝遣将达奚武觇之。武从三骑皆衣敌人衣服，至日暮，去营数百步，下马潜听，得其军号。因上马历营，若警夜者，有不如法者，往往挞之，具知敌之情状，以告周文。

又曰：高齐斛律光，字明月，为当时名将。后周将韦孝宽守玉壁，今绛郡稷山县。忌光英勇。孝宽参军曲严颇知卜筮，谓孝宽曰："来年，齐朝必大相杀戮。"孝宽因令严作谣言，令间谍漏其文于邺，曰："百升飞上天，明月照长安。"百升，斛也。又曰："高山不推自崩，槲树不扶自竖。"祖珽因续之曰："盲老公上下斧，饶舌老母不得语。"令小儿歌之于路。穆提婆闻之，以告其母陆令萱。令萱以饶舌斥已也。陆令萱即后王郛母。盲老公谓祖珽也。遂相与协谋，以谣言启后主，诛光。周武帝闻之，遂大赦境内，始有灭齐之志。竟平其国。

《唐书》曰：黄州总管周法明率兵击辅公祏，遇张善安阻兵夏口，法明屯荆口镇，登战舰与所亲饮酒。善安遣刺客数人，诈为渔者，乘轻舟而至，见者不以为虞，遂杀法明而去。

又曰：卫国公李靖伐突厥可汗，以唐俭先在突厥结和亲，突厥遂不备。靖因掩击，破之。亦以唐俭为死间之势。

《卫公兵法》曰：夫战之取胜，此岂求之于天地？在乎因人以成之。历观古人之用间，其妙非一也。即有间其君者，有间其亲者，有间其贤者，有间其能者，有间其助者，有间其邻好者，有间其左右者，有间其纵横者。故子贡、史廖、陈轸、苏秦、张仪、范睢等，皆凭此术而成功也。且间之道有五焉：有因其邑人使潜何察而致词焉；有因其事故泄虚假令告示焉；有因敌之使矫使其事而返之焉；有审择贤能，觇彼向背虚实而归说之焉；有佯缓罪戾，微漏我伪情浮计使亡报之焉。凡此五间，皆须隐秘，重之以赏始可行焉。若敌有宠嬖任以腹心者，我当使间，遗其珍玩，恣其所欲，顺而傍诱之。敌有重臣，失势不满其志者，我则啖以厚利，诡相亲附，采其情实而致之。敌有亲贵左右，多词夸诞好论利害者，我则使间，曲情尊奉，厚遗珍宝，揣其所间而返间之。敌若使聘于我，我则稽留其使，令人与之共处，矫致殷勤，伪相亲昵，朝夕慰论，倍供殊味，观其辞色而察之。仍旦暮令使独与己伴居，我遣聪耳者潜于复壁中听所间。使既迟违。恐彼怪责，必是窃论心事，我知事计，遣而用之。且夫用间以间人，人亦用间以间己。己以密往，人以密来，理须独察于心，参会于事，则不失矣。若敌使人来，欲推我虚实，察我动静，觇知事计而行其间者，我当佯为不觉，舍而厚利，善饭之，微以我言诳事，示以前却期会，即我之所须，为彼之失者，因其有间而返间之。彼若将我虚而以为实，即我承其弊而得其志矣。夫水所以济舟，舟亦因水覆没。间所以能成功，亦凭间而倾败。若束发事主，当朝正色，忠以尽节，信以竭诚，不诡伏以自容，不权宜以为利，虽有善间，其可用乎？

太平御览卷第二百九十三　兵部二十四

示缓

《战国策》曰：秦伐韩，军于阏与。赵王召问赵奢，对曰："道远险狭，难救，譬犹两鼠斗于穴中也。将勇者胜。"王令奢救之。军邯郸三十里，而令军中曰："有以军事谏者死。"秦军武安西，秦军鼓噪勒兵，武安屋瓦尽震。军中候有一人言急救武安，奢立斩之。坚壁，留二十八日不行，复益垒。秦间来，奢善食遣之。间以报，秦将大喜，曰："夫去国三十里而军不行，乃增垒，阏与非赵地也。"赵奢既已遣秦间，乃卷甲而行趋之，二日一夜至，令善射者去阏与五十里而军。军垒成，秦人闻之，悉甲而至。奢纵兵击，破之，阏与围解。

《通典》曰：曹公进军攻袁尚将审配于邺，先凿堑围城，周回四十里。初令浅，示若可越，审配遥见，笑而不出争利。曹公令一夜浚之，广深二丈，决漳水以灌之。数月，城中饿死过半，尚将马延临阵降，遂克邺城。

又曰：魏将司马宣王征公孙文懿。贼保襄平，宣王进军围之。会霖潦大水，平地数尺，三军恐惧，欲移营。宣王令军中敢有言徙者斩，都督令史张静犯令，斩之，军中乃定。贼恃水，樵牧自若，诸将欲取之，皆不听。司马陈圭曰："昔攻上庸，八部并进，昼夜不息，故能一旬之半拔坚城，斩孟达。今者远来而更安缓，愚窃惑焉。"宣王曰："孟达众少，而食支一年。吾将士四倍于达，而粮不淹一月，以一月图一年，安可不速？今贼众我寡，贼饥我饱，水雨乃尔，功力不设，虽当促之，欲何所为。自发京师，不忧攻战，但恐贼粮垂尽，而围落未合，掠其牛马，抄其樵采，此故驱使走也。夫兵者诡道，善因事变。贼凭众恃雨，故虽饥困，安肯束手！当示无能为之，若取小利以惊之，非计也。"既而雨止，遂合围，起土山地道，楯橹钩橦竞发，矢石雨下，昼夜攻而拔之。

又曰：万俟丑奴称乱关右，魏将贺拔岳讨之，军于汧、渭之间，宣告远近曰："今气候渐热，非征讨之时，至秋凉更图进取。"丑奴闻之，遂以为实，分遣诸军散营，农于岐州之北。百里细川，因险立栅，其千人以下为栅者亦有数处，且田且守。岳知其势分，乃密严备，晡时潜遣轻骑先行断路，于后诸军尽发，昧朝攻围元进栅，拔之，诸所俘执者皆放之，自余栅悉降。岳宣言径趣泾州，其刺史侯长贵亦以城降，丑奴乃弃平亭而走。

《晋书·安平献王孚传》曰：吴诸葛恪围新城，以孚督诸军二十万御之。孚次寿春，遣毌丘俭、文钦等讨之。诸将欲速击之，孚曰："夫攻者，借人之力以为攻，且当诈巧，不可争力也。"故稽留月余乃进军，吴师望风而退。

《宋书》曰：临烈王道规曰："兵法：屈申有时，不可苟进。诸桓世居西楚，群小皆为竭力，桓振勇冠三军，难以争胜，且可顿兵养锐，徐以计策縻之，不忧不克也。

务速

《孙子》曰：久则顿兵挫锐，攻城则力屈。顿，弊。屈，尽。久暴师则国用不足。夫顿兵挫锐，力屈货殚音单，则诸侯乘其弊而起，虽有智者不能善其后。故兵闻拙速，虽拙有速胜也。未有工之久也。夫久兵而国利者，未之有也。

《左传》曰：先轸曰："一日纵敌，数世之患也。"

又曰：楚子伐随，随少师谓随侯曰："必速战。不然，将失楚师。"

又曰：武城黑谓子常曰："吴用木也，我用革也，不可久也，不如速战。"

《魏志》曰：夏侯渊，性果悍，进军疾速。人歌曰："夏侯渊，三日六百五日千。"

《晋书·吕光载记》曰：光行至高昌，闻坚寇晋，光欲更须后命，部将杜进曰："节下任全方面，赴机宜速，何不了而留乎？"

又曰：杜预破吴，众议且俟来冬。预曰："兵威已振，譬如破竹，数节之后，迎刃而解。"乃平之也。

崔鸿《十六国春秋》曰：后秦姚苌与苻登相持，苌将荀曜据逆万堡，密引苻登。苌与登战，败于马头原，收众复战。姚硕德谓诸将曰："上慎于轻战，每欲以计取之，今战既失利，而更逼贼者何也？"苌闻之，而谓硕德曰："登用兵迟缓，不识虚实，今轻兵直进，遥据吾东，必荀曜竖子与之连结也。事久变成，其祸难测，所以速战者，欲使竖子谋之未就，好之未深，散败其事耳。"果大败之。

又曰：姚苌与苻登相持未解，登将魏褐飞自称大将军、冲天王，率氐胡万人攻苌将姚当于杏城，苌将雷恶地叛应褐飞，攻苌将姚汉得于李润。苌议将讨之，群臣咸曰："陛下不忧六十里苻登，乃忧六百里褐飞？"苌曰："登非可卒殄，吾城亦非登所能卒图。恶地多智，非常人也。南引褐飞，东结董成，甘言美说以成奸谋，若得杏城、李润，恶地据之，控制远近，相为羽翼，长安东北非复吾有。"于是潜军赴之。苌将众不满两千，褐飞、恶地众至数万，氐胡赴之者首尾不绝。苌每见一军至，辄有喜色。群下怪而问之，苌曰："今同恶相济，皆来会集，吾得乘胜席卷，一举而覆其巢穴，东北无复余也。"褐飞等以苌兵少，尽众来攻。苌固垒不战，示之以弱，潜遣子崇率骑数百，出其不意，以乘其后。褐飞兵扰乱，苌遣将王超等率步骑击之，褐飞众大溃，斩褐飞。恶地请降，苌待之如初。

《通典》曰：后汉末，荀攸从曹公征吕布，至下邳，布败固守，攻之不拔，连战，士卒疲，曹公欲还。攸与郭嘉说公曰："吕布勇而无谋，今三战皆北，其锐气衰。三军以气为主，主衰则军无奋意。且布之谋主陈宫，有智而迟，今及布气衰而未复，宫谋之未定，进急攻之，布可拔也。"乃引沂、泗灌城，城溃，生擒布。

又曰：蜀将诸葛亮伐魏，魏将司马宣王、郭淮等御亮。张郃劝宣王分军住雍、郿为后镇，宣王曰："料前军能独当之者，将军言是也。

若不能当而分为前后，此楚之三军所以为黥布擒也。”遂进军隃、音舒。麋。亮闻大军且至，乃自帅众将芟上邽之麦。诸将皆惧，宣王曰：“亮虑多决少，必安营自固。然后芟麦，吾得二日兼行足矣。”于是卷甲晨夜赴之，亮睹尘而遁。宣王曰：“吾倍道疲劳，此晓兵者之所忌也。亮不敢据渭水，此易与耳。”进次汉阳，与亮相遇。宣王列阵以待之，使将牛金轻骑饵之，兵才接，而亮退也。

又曰：蜀将孟达之降魏也，魏朝以达领新城太守，假节。达于是连吴固蜀，潜图中国。谋泄，将举兵，司马宣王秉政，恐达速发，以书安之。达得书，犹豫不决。宣王乃潜军进，诸将皆言达与二贼交构，宜审察而后动。宣王曰：“达无信义，此其相疑之时也。当及其未定，往决之。”乃倍道兼行，八日到其城下。吴蜀各遣其将救达，宣王分诸将以拒之。初，达与诸葛亮书曰：“宛去洛八百里，去吾千二百里。闻吾举事，当表上天子，比相返覆，一月间也，则吾城已固，诸军足办。吾所在深险，司马公不自来，诸将来，吾无患矣。”及兵到，达又告亮曰：“吾举事八日，而兵至城下，何其神速也。”上庸城三面阻水，达于城外为水栅以自固。宣王度其水，破其栅，直造城下，八道攻之。旬有六日，达甥刘贤、将李辅等开门出降，遂斩达。

又曰：东魏荆州刺史辛纂据穰城。西魏将杨忠从独孤信讨之。纂迎战，败退走。信令忠为前驱，驰至其城北，叱门者曰：“今大军已至，城中有应，尔等求活，何不避走！”闻者尽散。忠乘而入，弯弓大呼，纂兵卫百余人莫之敢御，遂斩纂以徇，城中慑伏。

《唐书》曰：隋末，高祖义兵发太原，次灵石县贾胡堡。隋将宋老生率精兵二万屯霍邑以拒之。会久雨粮尽，与长史裴寂及诸将议曰：“宋老生顿霍邑，屈突通镇河东，二人同心，非造次可进。”欲还太原，以图后举。太宗曰：“本兴大义以救苍生，当须先入咸阳，号令天下。今遇小敌，便即班师，将恐义从之徒，一朝解体。还守太原一城之地，此为贼耳，何以自全！”高祖乃止，太宗引师赴霍邑，遂平老生也。

又曰：武德中，太宗征薛仁杲，其将宗罗侯来拒，大破于浅水原。

因率左右二十余骑追奔，直趣折摭以乘之。仁杲列阵城下，太宗据泾水以临贼，贼徒气沮，无敢进战。其骁将泽干等数人临阵来降，请还取马。太宗纵遣之，于是各乘良马，须臾并至，仁杲大惧，婴城自守。太宗具知贼中虚实，将夕，大军继至，四面合围。因纵辩士谕以祸福，仁杲遂开门降。既而诸将奉贺，因问曰："始大王野战破贼，其主尚保坚城，王无攻具，轻骑腾逐，不待步兵，径薄城下，咸疑不克，而竟下之，何也？"太宗曰："此以权道迫之，使其计不暇发，以故克也。罗侯恃往前之胜，兼复养锐日久，见吾不出，意在相轻。今喜吾悉出兵来战，吾虽破之，擒杀盖少。若不急蹑，还走投城，仁杲收而抚之，则便未可得矣。且其兵众皆陇西人，一败被追，不及回顾，散归陇外，则折摭自虚，我军随而迫之，所以惧而降也。此乃成算，诸君尽不见耶？"

又曰：武后初，徐敬业举兵于江都，称匡复皇家，以盩厔尉魏思温为谋主，问计于思温，对曰："明公既以太后幽絷少主，志在于匡复，兵贵神速，但宜早度淮北，亲率大众直入东都。山东将士知公有勤王之举，必以死从。此即指日刻期，天下必定。"敬业将从其策，薛璋又说曰："金陵之地，王气已见，宜早应之。兼有大江设险，足可以自固。请且攻取常、润等州，以为王霸之业，然后率兵北上，鼓行而前。此则退有所归，进无不利，实为良算也。"敬业以为然，乃自率兵四千人南渡，以击润州。思温密谓杜求仁曰："兵势宜合，不可分。今敬业不知，并力渡淮，率山东之众以取洛阳，必是无能成事命也可知。"敬业寻亦悔之，所以遂败。

《吕氏春秋》曰：凡兵，欲急疾捷，不可久处，所以兔起凫举。喻急疾也。虽有江河之险，则陵之；虽有太山之塞，遂逾之。

《卫公兵法》曰：用兵上神，战贵其速。简练士卒，申明号令，晓其目以麾帜，习其耳以鼓金，严赏罚以戒之，重刍豢以养之，浚沟堑以防之，指山川以导之，召才能以任之，述奇正以教之：如此，则虽敌人有雷电之疾，而我亦有所待也。若兵无先备，则卒不应；卒不应，则失于机；失于机，则后于事；后于事，则不制胜而军覆矣。故《吕氏春秋》

云："凡兵者，欲急捷，所以一决取胜，不可久而用之矣。"或曰："兵之情唯主速，乘人之不及；然敌将多谋，戎卒辑睦，令行禁止，兵利甲坚，气锐而严，力全而劲，岂可速而犯之耶？"答曰："若此则当卷迹藏声，蓄盈待竭，避其锋势，与其持久，安可犯之哉！廉颇之拒白起，守而不战；宣王之抗武侯，抑而不进是也。"

太平御览卷第二百九十四　兵部二十五

示弱

《孙子》曰：兵者，诡道也。无常形以诡诈为道，若息侯诱蔡楚子谋宋也。故能而示之不能，用而示之不用；言已实能，用师外示之怯也。若孙膑示弱而制庞涓。近而示之远，远而示之近。欲进而理去道也，言多疑设其近，诳曜敌军示之以远，本从其近，若韩信之袭安邑，陈舟临晋而渡夏阳。

又曰：古人善用兵者，能使敌人前后不相及，众寡不相待，贵贱不相求，上下不相扶，卒离而不集，兵合而不齐。多设诈变，出东见西，攻南引北，敌之使彼张惶离乱而不集聚也。合于利而动，暴之使离，乱之使不齐，动兵而战之。不合于利而止。

《左传》曰：蔡声子谓楚令尹屈建曰："若敖之乱，伯贲之子苗贲皇奔晋，以为谋主。及鄢陵之役，楚晨压晋军而阵。"苗贲皇曰："楚师之良，在中军王族而已。若塞井夷灶，成阵以当之，栾、范易行以诱之，栾书时将中军，范燮佐之。易行谓简兵备，欲令楚贪己而不复顾二穆之兵。易，以鼓反。行，胡郎反。中行、二郤必克二穆。郤锜时将上军，中行偃佐之。郤至佐新军，令此三人分二以攻二穆之兵。楚子重、子辛皆出穆王，故曰二穆。吾乃四萃于王族，必大败之。"四萃，四面集之也。晋人从之，楚师大败，王夷师熸，夷，伤也。吴楚之间谓灭为熸，子廉切。子反死之。郑叛吴兴，则苗贲皇之为也。

《战国策》曰：赵将李牧，常居代雁门，备匈奴。以便宜置吏，市租皆输入于幕府，为士卒费。日击数牛飨士，习骑射，谨烽火，多间谍，厚遇战士。为约曰："匈奴即入盗，急入收保，有敢捕虏者斩。"匈奴每入，烽火谨，趣入收保，不敢战。如是数岁，亦不亡失。然匈奴谓牧为怯。赵王让牧，牧如故。王怒，使人代将。岁余，匈奴每来，出战，数不利。复遣牧，牧至，如故约。匈奴数来无所得，终以为怯。边士日得赏赐而不用，皆愿一战。于是乃具选车，得千三百乘，选骑得万三千匹，百金之士五万人，彀弓弩者十万人，悉勒习战。大纵畜牧，人众满野。匈奴小入，佯北不胜，以数千人委之。单于闻之，大喜，率众来入。牧多为奇阵，张左右翼击，大破之，煞匈奴十余万骑。单于奔走，十余岁不敢近边也。

又曰：韩魏相攻，齐将田忌率兵伐魏，魏将庞涓闻之，去韩而归。孙膑谓田忌曰："彼三晋之兵，素悍勇而轻齐，齐号为怯。善战者因其势而利导之，兵法：百里而趋利者蹶上将军，蹶，犹挫也。五十里走者半至。使齐军入魏地为十万灶，明日为五万灶，又明日为二万灶。"庞涓行三日，大喜，曰："我故知齐卒怯，入吾地三日，士卒亡者过半矣。"乃弃其步兵，与其轻锐倍日并行逐之。孙子度其行，暮当至马陵。马陵道狭，而旁多阻隘，可伏兵，乃斫大树白而书之曰："庞涓死于此树下。"于是令万弩夹道而伏，期曰："暮见火举而俱发。"庞涓夜至斫木下，见白书，乃钻火烛之。读书未毕，齐军万弩俱发，军大乱。庞涓乃自刎，曰："遂成竖子之名！"

《汉书》曰：韩王信反，高帝自往击。至晋阳，闻信与匈奴欲击汉，帝使人使匈奴。匈奴匿其壮士、肥牛马，徒见其老弱及羸畜。使者十辈来，皆言匈奴易击。帝使刘敬复往使匈奴，还报曰："两国相击，此宜夸矜见所长。见，示也。今臣往，徒见羸胔老弱，胔，音渍，一说读曰瘠。瘠，瘦也。此欲见短伏奇兵以争利，愚以为匈奴不可击也。"是时汉兵已逾句注，三十余万众兵已业行。帝怒，以为敬妄言阻吾军，阻，谓止坏也。械系敬。广武遂往至平城，匈奴果出奇兵围高帝于白登，七日然后得解。

《先贤行状》曰：孙策遣攻陈登于匡琦城。贼初到，旌甲覆水郡下，众寡不敌。登乃闭门自守，示弱不战，将士衔声，寂若无人。登乘城观形势，知其可击。乃申命士众，宿整兵器，昧爽，开门引军指贼营，步骑抄其后。贼周章方结阵，不得还船。登纵兵乘之，贼遂大败。

《晋书》曰：李矩守荥阳城，前赵刘聪将刘畅步骑三万讨矩，屯于韩王故垒，相去七里，遣使招矩。时畅卒至，矩未暇为备，遣使奉牛酒诈降于畅，潜匿精勇，见其老弱。畅不以为虞，大飨渠帅，人皆醉饱。矩谋夜袭之，畅仅以身免。

又《慕容宝载记》曰：魏伐并州，骠骑李农逆战，败绩。宝引群臣于东堂议之，尚书封懿曰："今魏师十万，天下之劲敌也，示之以弱，岨关拒战，计之上也。"

《陈书》曰：武帝东讨杜龛，侯安都军守，北齐军入据石头，游骑至于阙下。安都闭门偃旗帜，示之以弱。且令城中曰："有登陴看贼者斩。"及夕，贼收军还石头。安都夜令士卒密营御敌之具。明辰，贼又至，安都率甲士三百人开东西掖门与战，大败之。贼乃退还石头，不敢复逼台城。

《后周书》曰：隋文帝作相之初，尉迟迥拒命，遣将崔仲文率兵定关东，军次蓼堤。迥将檀让拥众数万，仲文以羸师战，让悉众来拒，仲文伪北，让军颇骄。于是遣精兵左右翼击之，大败让军，进攻梁郡，迥守将刘子宽弃城遁走。

《隋书》曰：炀帝大业中，彭城贼张大彪、宋世模等众至数万，作保悬薄山，寇掠徐、兖。隋将董纯讨之。纯初闭营不与战，贼屡挑之不出，贼以纯为怯，不设备，纵兵大掠。纯选精锐击贼，合战于昌虑，大破之，斩首万余级，筑为京观。

又曰：隋末山贼孟让，众号十万，屯盱眙。炀帝遣王充保都梁山以拒之，久不与战。乃宣言士卒亡叛，使贼中闻之。让果大笑曰："王充文法吏，何能为将！吾当生缚之。"于是进攻其栅。充与战，佯不胜，让益轻之，乃分兵虏掠。充知其可击，令军中移灶撤幕设方阵，四面而出战，大破之，虏男女十万余口，让仅以身免。

《六韬》曰：武王问太公曰："敌人先至，已据便地，形势又强，则如之何？"对曰："当示以怯弱，设伏佯走，自投死地。敌见之必疾而赴，扰乱失次，必离固所，入我伏兵，伏兵齐起，急击前后，冲其两旁。"

示强

《左传》曰：楚将子元以车六百乘伐郑，师入桔柣之门。桔柣，郑远郊之门也。又入自纯门及逵市。纯门，郑外郭门也。逵市，郭内道上市也。悬门不发，楚言而出。子元曰："郑有人焉。"悬门施于内城门，郑示楚以间城，故不闭城门，出兵而效楚言，故子元畏，不敢进也。诸侯救郑，楚师夜遁。郑人将奔桐丘，谍言曰："楚幕楚国。有乌。"乃止。幕，帐也。

又曰：楚大饥，戎伐其西南。戎，山夷也。庸人帅群蛮以叛楚。庸，楚属之小国。麇人率百濮，将伐楚，百濮，夷也。于是申、息之北门不启。备中国也。楚人谋徙于阪高。楚险地也。蔿贾曰："不可。我能往，寇亦能往。不如伐庸。夫麇与百濮，谓我饥不能师，故伐我。我若出师，必惧而归。百濮离居，将各走其邑，谁暇谋人？"乃出师。旬有五日，百濮乃罢。自庐以往，振廪同食。往，往伐庸也。振，发也。廪，仓也。同食，上下无异馔也。

又曰：晋文公率诸侯伐楚，楚将子玉从晋师。晋退三舍，楚师不止。又次于城濮。楚师背酅而舍，酅，丘陵险阻名也。酅，音携。文公患之，听舆人之诵，恐众畏险，故听其歌诵也。曰："原田莓莓，舍其旧而新是谋。"高平曰：原喻晋军美盛若原田草也，莓然可以谋立新功，不足念旧惠也。晋大夫狐偃曰："战也。战而捷，必得诸侯。若其不捷，表里山河，必无害也。"晋国外河而内山也。晋车七百乘韅靷鞅靽。五万二千五百人也。在背曰韅，在胸曰靷，在腹曰鞅，在后日靽。言驾乘修备，靽，呼见切。靷，与进切。晋侯登有莘之墟以观师，曰："少长有礼，其可用也。"有莘，故国名也。遂伐其木，以益其兵。伐木以益攻战之具，盖亦示强也。终败楚师。

又曰：晋侯伐齐，齐侯登巫山以观。晋人使司马斥山泽之险，虽所不至，必旆而疏阵之。斥，候也。疏建旌旗以为阵示众也。使乘车者左实右伪，以旆先，伪以衣物为人形也。建旌以先驱。舆曳柴而从之。以扬尘。齐侯见之，畏其众也，乃脱归。脱，不张旌帜也。

又曰：蔡声子聘楚，谓令尹屈建曰："子仪之乱，析公奔晋，以为谋主。绕角之役，析公曰：'楚师轻佻，易震荡也。'若多鼓钧声，以夜军之，均，同其声。楚师必遁。”晋人从之，楚师宵溃。晋遂侵蔡，袭沈，获其君。败申、息之师于桑隧，获申丽而还。郑于是不敢南面。楚失诸华，则析公之为也。

《汉书》曰：景帝时，匈奴大入上郡，天子使中贵人从李广，中官之幸贵也。勒习兵击匈奴。贵人将数十骑出猎，见匈奴三人，与战。被射伤中贵人，杀其骑且尽。中贵人走广，广曰：“是必匈奴射雕者也。”雕善飞，故使善射者射之。广乃遂从百骑往驰三人，令骑左右翼，而广身射彼三者，杀其二人，生得一人，果射雕者也。遥见匈奴有数千骑，见广，以为诱骑，惊上山阵。广之百骑皆大恐，还驰走。广曰：“吾去大军数十里，今若走，匈奴追射，我立尽。今我留，匈奴必以我为大军诱之，必不敢击我。”广令诸骑曰：“前！”到匈奴阵二里所，止，令曰：“皆下马解鞍！”其骑曰：“虏多且近，即急，奈何？”广曰：“彼虏以我为走，今皆解鞍以示不走，用坚其意。”胡骑遂不敢击。有白马将出，护其兵。于是广上马，与十余骑奔射杀之，而复还至其百骑中，解鞍，令士皆纵马卧。是时会暮，胡兵终怪之，卒不敢击。向半夜时，胡兵以为汉有伏军于旁，欲夜取之，皆引兵去。诘朝，广乃归其军。

《后汉书》曰：廉范为云中太守，会匈奴大入塞，范自率士卒拒之。虏众盛，不敌。会日暮，令军士各交缚两炬，三头然火。虏遥见火多，谓汉兵救至，大惊，待朝，将退，范乃令军中蓐食，晨往击之，斩首数百级。虏自此不敢复向云中。

又曰：虞诩为武郡太守，以讨叛羌。羌乃率众数千，遮诩于陈仓、崤谷，诩即停车不进，而宣言上书请兵，须到当发羌。闻之，乃分抄傍县，诩因其兵散，日夜进道，兼行百余里。令吏士各作两灶。或曰：“孙膑减灶而君增之，兵法日行不过三十里，以戒不虞，而今日且二百里，何也？”诩曰：“虏多众，吾兵少，徐行则易为所及，速进则彼所不测。虏见吾灶日增，必谓郡兵来迎。众多行速，必惮追我。孙膑见弱，吾今示强，势有不同故也。”既到郡，兵不满三千，而羌众万余，攻围赤亭数十日。诩乃令军中，使强弩勿发，先用小弩。羌以为矢力弱，不能至，并兵急攻。诩于是使二十强弩共射一人，发无不中，羌大震，退。诩因出城奋击，多所伤杀。明日悉陈其众，令从东郭门出，北郭门入，换易衣服，回转数周。羌不知其数，更相恐动。诩计贼当退，乃潜遣五百余人于浅水设伏，候其走路。虏果奔，因掩击；大破之。

《通典》曰：后汉末陈登为广陵守，孙策遣军攻登于匡琦城，登使人求救于曹公。而密去城十里理军营处所，令多取柴薪，两束一聚，相去十步，从横成行，令俱起火，火燃其聚。城上称庆，若大军到。贼睹火惊溃，登勒兵追奔，斩首万级也。

又曰：蜀大将诸葛亮，屯于阳平，并兵东下。亮唯留万人守城。魏将司马宣王率二十万众拒亮，当亮六十里所，候逻白宣王说亮在城中兵少力弱，将士失色。亮是时意气自若，敕军皆卧旗息鼓，不得辄出卷幔，开四门，扫地却洒。宣王疑其有伏，于是引军北趣山。亮谓参佐曰："司马懿谓吾有强伏，循山走矣。"候逻还白亮所言。宣王后知，深以为恨。

又曰：西晋将杜元凯伐吴，陈兵于江陵，遣牙门管定、周旨、伍巢等率奇兵八百泛舟夜度，以袭乐乡，多张旗帜，起火巴山，出于要害之地，以夺贼心。吴都督孙歆震恐，与吴将伍延书曰："北来诸军乃飞渡江也。"皆破之。

又曰：东晋末，宋武帝为将，讨海贼孙恩。恩在扈渎，海盐令鲍陋遣子嗣之以吴兵一千，请为前驱。宋武曰："贼兵甚精，吴人不习战，若前驱失利，必败我军。可在后为声援。"不从。是夜，宋武多设伏兵，兼置旗鼓，然一处不过数人。明日，贼率众乃万余迎战。前驱既交，诸伏皆举旗鸣鼓。贼谓四面有军，乃引退。嗣之追奔，为贼所没。宋武且战且退，贼既盛，所领死伤且尽。宋武虑不免，至向伏兵处，乃止，令左右脱取死人衣。贼谓当走反停，疑犹有伏。宋武因呼更战，气色甚猛，贼以为然，乃引军去。宋武徐归，然后散兵稍集。

又曰：东晋末，桓玄篡晋，宋武帝起义兵讨玄，使将桓谦、何湛之屯覆舟山。武帝使羸弱登蒋山，多张旗帜。玄不之测，大惧。武帝与刘毅等分为数队进突，谦阵皆殊死战。无不一当百。东北风急，义军放火，烟尘涨天，鼓噪之音震骇京邑。谦等诸军，一时奔散。

又曰：萧齐将冯道根守阜陵城戍。初到阜陵，理城隍，远斥堠，有如敌将至者，众颇笑之。道根曰："怯防勇战，此之谓也。"理城未毕，会魏将党法宗、傅竖眼率众二万，奄至城下，道根堑垒未固，城中众少，失色。道根命广开门，缓服登城，选精锐二百人，出与魏军战，败之。魏人见意闲，且战又不利，因退走。

又曰：后魏将宇文测行绥州事，每岁河冰合后，突厥即来寇。先是，常遣居人入城堡以避之，测至，皆令安堵如旧。乃于要路数百处，并多积柴，仍远遣斥候，知其动静。是年十二月，突厥从连谷入寇，去界数十里，测命积柴之处一时纵火。突厥谓有大军至，惧而遁走，自相蹂践，委弃杂畜及辎重不可胜数。测徐率所部收之，分给百姓。自是突厥不敢复至。

又曰：梁雍州刺史岳阳王萧詧，虽称藩附于西魏，而尚有贰心。西魏将杨忠自樊城观兵于汉滨，易旗递进。实骑二千，詧登楼睹之。以为三万也，惧而伏焉。

崔鸿《十六国春秋》曰：后赵石勒荆州监军郭敬寇晋襄阳，勒驰令敬退守樊城。戒之使偃藏旗帜，寂若无人，彼若使人观察，则告之曰："自爱，坚守，后七八日大骑将至，相禁不复得走矣。"敬使人浴马于津，周而复始，昼夜不绝。侦谍还告晋南中郎将周抚，抚以为勒军大至，惧而奔于武昌。敬遂入襄阳焉。

又曰：前凉张重华以谢艾为军师将军，率骑三万，进军临河。后赵石勒将麻 秋以三万众拒之。艾乘轺车，冠白帢，帢，苦洽切。鸣鼓而行。秋遥睹而怒曰："艾年少书生，冠服如此，轻我也。"令黑矟龙腾三千人驰击之，艾左右大扰，或劝乘马，艾不从，乃下车，踞胡床指麾分处。贼以为伏兵发也，惧不敢进。艾又遣将缘河截其后，秋军乃退。艾乘击，遂大败之，斩秋将杜勋，汲鱼俘斩首三千级。秋匹马奔大厦。

太平御览卷第二百九十五 兵部二十六

审察

《孙子》曰：兵怒而不相迎，交而不合，又不相去，必谨察之。备奇伏也。

《左传》曰：齐师伐鲁，败退，鲁庄公将逐之。曹刿曰："未可。夫大国难测也，惧有伏焉。恐诈而奔也。吾视其辙乱，望其旗靡，故逐之。"旗靡辙乱，怖遽也。

又曰：秦晋战于河曲秦行人夜戒晋师曰："两君之士皆未憖也，明日请相见也。"憖，缺也，鱼觐切。晋大夫臾骈曰："使者目动而言肆，惧我也，目动心不安，言肆声放失常也。将遁矣。薄诸河，必败之。"薄，迫也。晋裨将胥甲、赵穿当军门呼曰："死伤未收而弃之，不惠也；不待期而薄人于险，无勇也。"乃止。秦师果夜遁。

又曰：晋侯伐齐，齐侯畏其众。齐师夜遁，师旷曰："乌乌之声乐，齐师其遁。"乌乌得空，故乐也。邢伯曰："有班马之声，夜遁，马不闻见，故鸣班列也。齐师其遁。"叔向曰："城上有乌，齐师其遁。"

又曰：晋师伐楚，将战，楚子登巢车以观晋军，巢车，车上为橹。楚将子重使太宰伯州犁侍于王后。州犁晋伯宗子，先奔楚。王曰："骋而左右，何也？"骋，走。曰："召军吏也。""皆聚于中军矣！"曰："合谋也。""张幕矣。"曰："虔卜于先君也。""彻幕矣。"曰："将发命也。甚嚣，且尘上矣！"曰："将塞井夷灶而为行也。夷，平行，户郎切。皆乘矣，左右执兵而下矣！"曰："听誓也。"左，将帅；右，车右。竟败楚于鄢陵。鄢，音偃。

《魏志》曰：刘备遣将吴兰，屯下辩。曹公遣曹洪征之。备遣张飞屯固山，欲断军后。众议狐疑，洪曰："贼实断道者，当伏兵潜行，今反张声，此其不能也。宜及其未集，促击兰，破则飞自走。"集兵击兰，大破之，飞果走。

《宋书》曰：东晋末，武帝率兵北伐，围南燕慕容超于广固，未下。时后秦姚兴遣使告宋武云："慕容见与邻好，以穷告急，今当遣铁骑一万，遥据洛阳。晋军若不退者，便当长驱而进。"宋武遣兴使答曰："语汝姚兴，我定燕之后，息甲三年，当平关、洛。今能自送，便可速来。"刘穆之闻有兴使驰入，而宋武发遣已去。以兴所言并答，具语穆之。穆之曰："常日事无大小，必赐与谋。此宜善详，云何率尔便答。公所答兴言未能威敌，只增彼怒耳。若燕未可拔，兴救奄至，不审何以待之？"宋武笑曰："此是兵机，非卿所解，故不语耳。夫兵贵神速，彼若审能遣救，必畏我知，宁容先遣信命。此是其见我伐燕，内已怀惧，自强之辞耳。"兴竟不能出师广固，终拔，擒慕容超，平齐地。

又曰：武帝自京口举义兵讨桓玄，玄将桓谦屯于东陵，卞范屯覆舟山西以拒之。宋武疑贼有伏兵，谓小将刘锺曰："此山下当有伏兵，卿可率部，下往取之。"锺应声驰进，果有伏兵数百，一时奔走。

又曰：雍州刺史袁顗举兵反，沿流入鹊尾，与官军相持既久。官军主张兴世越鹊尾，上据钱溪，顗将刘胡攻之，不下。顗遣人传唱钱溪已平，官军之众并惧。宋将沈攸之曰："不然。若钱溪实败，万人中要应有逃亡得还者。必是彼战失利，唱空声以惑众耳。"勒军中不得辄动。钱溪信寻至，果大破贼。攸之悉以钱溪所送胡军耳鼻示人，觊骇惧，急追胡还。遂溃走。

《后魏书》曰：司马楚之讨蠕蠕，蠕蠕潜遣奸觇蠕，如兖切。入楚之军，截驴耳而去。有告失驴耳，诸将莫能察。楚之曰："必是觇贼截之以为验耳，贼将至。"即使军人伐柳为城，水灌令冻，城立而贼至。冰峻城固，不可攻逼，败乃走散。世祖闻而嘉之。

又曰：将韩果性强记，兼有权略。所行之处，山川形势辄能记忆，兼善伺敌虚实，揣知情状。有潜匿溪谷欲为间侦者，果登高视之，所疑之处，往必有获。

《通典》曰：周武帝帅师攻围高齐晋州，齐后主将兵十万自来援之。时柱国陈王纯顿军千里径，大将军永昌公椿屯鸡栖原，大将军宇文盛守汾水关，并受齐王宪节度。宪密谓椿曰："兵者诡道，去留不定，见机而作，不得遵常。汝今为营，势令兵去之后，贼犹致疑，不须张幕，可伐疑也。"时齐分军万人向千里径，又令其众出汾水关，自率大兵与椿对阵。宇文盛驰骑告急。宪自以千骑救之。齐人睹谷中尘起，相率遽退。盛与柱国侯莫陈芮涉汾逐之，多有斩获。俄而椿告齐众稍逼，宪又回军赴之。会椿被敕追还，率兵夜返。齐人果谓柏庵为帐幕也，不疑军退，翌日始悟。周人说疑，齐人不察。

《军谶》曰：夫用兵者，必察敌国之情，视其仓廪，度其余粮，以卜其强弱。运粮二百里者，无二年之食也；运粮三百里者，无三年之粮也。是谓虚国民贫，上下不相亲，则有离叛心。上行暴虐，则下刻急相残贼，是为亡国。若进恶不退，群贤隐蔽，不肖在位，国受其害，内贪外廉，窃公为恩，饰躬正颜，以获高官，是谓盗端。

避锐

《孙子》曰：少而逃之，高壁垒勿与战也。彼众我寡师，不可敌，则军自逃，守匿其形也。不若则能避之。若兵避之，强弱不敌，势不相若，则引军避之，待利而动。故小敌之坚，大敌之擒。小不能当大，言小国不量其力，敢与大邦为仇，虽权时坚城固守，然后必见擒获。《春秋传》曰：既不能强，又不能弱，所以败之也。无邀正正之旗，无击堂堂之阵，此理变者也。正正者，整齐也。堂堂者，大也，威盛貌。正正者，孤特相也。言前有孤特之兵，后有堂堂之阵，必有奇伏诈诱之谋，审察待之，勿轻邀截，此理变诈者也。是故朝气锐，昼气堕，暮气归。善用兵者，避其锐，击其堕、归，此理气者也。避其精锐之气，击其懈惰欲归，此理气者也。故曹刿曰：夫战，勇气也。一鼓作气，再而衰，三而竭，彼竭我盈，是以克之。

《战国策》曰：魏武侯问吴起曰："暴寇卒至，掠吾田野，取吾牛马，则如之何？"起曰："暴寇之来，必精且强，善守勿应，潜伏路傍。暮去必率车乘重装，骁骑逐击，势必莫当，遇我伏内，如雪逢汤也。"

《后汉书》曰：袁尚据邺，率兵击兄谭于南皮，留苏田、审配守。曹公围邺，尚还救邺，诸将皆以为："此归师，人自为战，不如避之。"公曰："尚从大道来，当避之；若循西山来者，此成擒耳。"尚果循西山来，临滏水为营。夜遣兵犯围，公逆击破走之，城中崩溃。

《通典》曰：东晋末，武帝伐南燕慕容超，岭南贼卢循、徐道覆乘虚袭建业。循多疑少决，每欲以万全为虑，谓道覆曰："大军未至，晋吏部尚书孟昶便睹风自裁，大势言之，自当计日溃乱。令决胜负于一朝，既非必定之道，且杀伤士卒，不如案兵待之。"宋武奔还，拒守。宋武曰："贼若新亭直上，且当避之；回泊蔡州，乃成擒耳。"于是登石头城以睹循军，初见引向新亭，宋武顾左右失色。既而回泊蔡州。道覆犹欲上，循禁之。使羸老悉乘舟舰向白石。宋武虑其从白石步上，乃率刘毅、诸葛长民北出拒之。贼遂率数万屯丹阳郡。宋武率诸军驰归。众虑贼过江，咸谓当径还拒战。宋武乃先引军还石头，众莫之晓。是日大热，三军疲顿。既入城，解甲息士，洗浴饮食。久之乃出，列阵于南塘。参军褚叔度、朱龄石率劲勇千余人过淮。贼数千，皆长刀矛鋋，精甲曜日，奋跃争进。龄石所领多鲜卑，善步矟，并结阵以待之。贼短兵弗能抗，死伤者数百人，乃退走。

安众

《春秋》曰：晋文公卒，将殡于曲沃，出绛，柩有声如牛。如牛叫声，虚苟切。卜偃使大夫拜曰："君命大事，将有西师过轶我，击之，必大捷焉。"秦伯使孟明视等三将袭郑，晋师御之于殽，而败之。声自柩出，故曰君命也，大事也。卜偃闻秦密谋，故因柩声以正众心也。

《史记》曰：燕使骑劫代乐毅，攻齐即墨。齐将田单拒守，乃令城中人食必祭其先祖于中庭，飞鸟悉翔舞城中，下食。燕人怪之。单复宣言曰："神来下教我。"又令城中人曰："当有神人为我师者。"有一卒曰："臣可以为师乎？"因反走。田单乃起，引还，东向坐，师事之。卒曰："臣欺君，诚无能。"田单曰："子勿言也！"因师之。每出入约束，必称神。众心乃安，竟破燕军。

又曰：秦二世初，天下乱，陈胜，吴广起兵于蕲。欲收人心，谋曰："项燕为楚将，数有功，爱士卒，楚人怜之。或以为在。今诚以吾众为天下唱，宜多应者。"谓首号令。广以为然，乃行卜。卜者知其指意，曰："足下事皆成功。然足下卜之鬼乎！"卜者云，事成有功，然须假托鬼神乃可兴起耳。故胜、广晓其意，则为鱼书、狐鸣以威众耳。胜、广喜、念鬼，曰："此教我先威众耳。"乃丹书帛曰"陈胜王"，置人所罾鱼腹中。罾，音曾。卒买鱼烹食，得书，已怪之矣。又间令广之次所旁丛祠中，夜篝火，狐鸣呼曰："大楚兴，陈胜王。"间，谓窃令人行也。密于广所次舍处旁侧丛祠中为之。丛谓草木之岑蔚者也。祠，神祠也。呼，火故切。卒皆夜惊恐。朝日，卒中往往语，指目胜。广因而号令众，遂从之。

又曰：高帝已封大功臣二十余人，其余日夜争功不决，未得行封。帝在洛阳南宫，从复道遥见诸将往往相与坐沙中语。张良曰："陛下起布衣，以此属取天下。今为天子，而所封者萧、曹故人及亲爱，而所诛者皆生平所仇怨。今军吏计功，以天下不足遍封。此属畏陛下不能尽封，又恐见疑平生过失及诛，故即相聚谋反耳。"帝忧曰："为之奈何？"良曰："帝平生所憎，群臣所共知，谁最胜者？"帝曰："雍齿与我有故怨，数常窘辱我，我欲杀之，为其功多，故不忍。"良曰："今急先封雍齿则人人自坚矣。"于是帝乃置酒，封齿什方侯，而急趣丞相、御史定功行封。群臣皆喜曰："雍齿且为候，我属无患矣。"

《汉书》曰：李广以郎中令将四千骑出右北平，博望侯张骞将万骑与广俱，异道，行数十里，匈奴万骑围广，军士皆恐，广乃使其子敢往驰之。敢从数十骑直贯胡骑，出其右而还，曰："胡虏易与耳。"军士乃安。

《后汉书》曰：王郎起，光武驰至下曲阳，传闻王郎兵在后，从者恐及。至呼沱河，候吏还白"河水流澌音斯，无船不可济？"官属大惧，光武令霸往视之。霸恐惊众，欲且前，阻水还，即诡曰："冰坚可渡。"官属皆喜，光武笑曰："候吏果妄语也。"遂前，比至河，河冰亦合，乃令霸护渡。监护渡也。未毕数骑而冰解，光武谓霸曰："安吾众得济免者，卿之力也。"霸谢曰："此明公至德，神灵之祐，虽武王白鱼之应，无以加此。"昔武王渡盟津，白鱼跃入王舟。光武谓官属曰："王霸权以济事，殆天瑞也。"

《晋书》曰：李矩守荥阳城，刘聪将刘畅讨矩。矩奉牛酒诈降，谋夜袭之，兵士以贼众，皆有惧色。矩令郭诵祷郑子产祠曰："君昔相郑，恶鸟不鸣。凶胡夏羯，何得过庭！"使巫扬言："东里有教，东里，即子产。当遣神兵相助。"将士闻之，皆踊跃争进。乃使诵选勇敢千人，夜掩畅营，获铠马甚多，斩首数千级，畅仅以身免。

又曰：刘裕讨慕容超，围广固城，数月不拔，或说裕曰："昔石季龙攻曹嶷，瞻气者以为渑水带城，渑，音黾。非可攻拔，若塞五龙口，城必自陷。季龙从之，而嶷降。慕容恪围段龛，亦如之，而龛降。降后无几，又震开之。今旧迹犹在，可塞之。裕从其言。于是城中男女患脚弱疾者太半。时有苍鹅飞入帐座，众咸惊愕，其将曰："苍，胡色也；鹅者，我也。胡虏归我之征。"众大悦。将攻城，诸将咸谏曰："今往亡之日，兵家所忌。"裕曰："我往彼亡，吉孰大焉！"乃命悉登，遂克，平广固。

又曰：岭南贼卢循寇建业，宋武击破之。走至彭蠡湖，乃悉力栅断左里。大军至左里，将战，宋武所执麾竿折，幡沉水，众并怪惧。公欢笑曰："往年霸舟之战，幡竿亦折，今者复然，贼必破矣。"即攻栅而进。循兵虽殊死战，弗能禁。诸军乘胜奔之，循单舸走。所杀及投水死，凡万余人。纳其降附，宥其逼掠。遣刘藩、孟怀玉轻军追之。循收散卒，尚有数千人，径还广州。

又《秃发利鹿孤载记》曰：吕纂来伐，使傉檀拒之。纂士卒精锐，进度三堆，三军扰惧。傉檀下马据胡床而坐，士众心乃安。与纂战，败之，斩二千余级。

崔鸿《十六国春秋》曰：后赵石勒使将麻秋等伐张重华于武威，重华将谢艾曰："乞假臣兵七千，为殿下吞之。"重华以艾为中坚将军，配步骑五千，击秋。引师出振武，夜有工枭鸣于牙中。艾曰：“枭，邀也。六博得枭者胜。今枭鸣牙中，克敌之兆。”于是进战，大破之，斩首五千级。

又曰：后燕慕容宝遣将慕容贺鳞率三万余人寇新市。甲子晦，后魏道武进军讨之。太史令晁崇奏曰：“昔纣以甲子日亡，兵家忌，不可出。”帝曰：“纣以甲子日亡，周武不以甲子胜乎？”崇无以对。帝遂进军新市，贺鳞退阻泒水，依渐洳泽以自固。渐，音子廉切。洳，音而据也。甲戌，帝临其营，战于义台坞，大破之。

《梁书》曰：庾域为华阳太守。后魏军攻围南郑。时粮储寡少，人情恟惧，恟，许供切。州有空仓数十所，域手自封题，指示将士云：“此中粟皆满，足支二年，但努力坚守。”众心以安。虏退，以功拜羽林监。

又曰：杨公则随武帝大军至新林，公则自越城移屯领军府垒北楼，与掖门相对，尝登楼望战。城中遥见麾盖，纵神锋弩射之，矢贯胡床，左右皆失色。公则曰：“虏几中吾脚。”谈笑如初。

《通典》曰：隋末李密据兴洛仓，破宇文化及还，士卒皆疲倦。隋将王充欲乘其弊而击之，恐众心不一，乃假托鬼神，云梦见周公，乃立祠于洛水之上，遣巫宣言周公欲令仆射讨李密，当有大功，不则兵皆疫死。充兵多楚人，俗信妖妄，故出此言以惑之。众皆请战，遂破密。

《唐书》曰：高祖为山西河东抚慰大使，行至太平关，遇贼数千人。时所将兵少，左右皆惧。高祖谓之曰：“此乌合之贼，易与耳。”因率骑十二人出击之，所向皆靡，众情始定。

《世说》曰：曹公军行失道，三军皆渴。公令曰：“前有大梅林，饶子，酸，可以解渴。”士卒闻之，口皆水出。

《三国典略》曰：梁萧藻有操行，以父非命而卒，布衣菲食，非公坐不听音乐。初为益州刺史。时有焦僧护作乱，掩据郫繁，众有数万。藻年未弱冠，将自击之，乃乘平肩舆巡行贼城。流矢雨下，从者举楯以蔽，藻命去之。因是物情大安，贼夜遁。梁武常称其小字叹曰：“子弟并如迦叶，吾复何忧！”

太平御览卷第二百九十六 兵部二十七

法令

《孙子》曰：法者，曲制官道主用也。曲制者，部曲幡帜金鼓之制也。官者，百官之分用也。道者，粮路也。主用者，主军费用。卒未专亲而罚之则不服，不服则难用也。卒已亲附而罚不行者，则不可用也。故合之以文，齐之以武，文仁武法。是谓必取，文恩武罚。令素行以教其人也，令素行则人服；令素不行则人不服。令素信著者，与众相得也。厚而不能使，爱而不能令，乱而不能理，譬如骄子，不可用也。言恩不可纯任，还为己害。

《左传》曰：晋侯之弟扬干乱行于曲梁，行，军次也。魏绛戮其仆。仆，御也。晋侯怒，谓羊舌赤曰："合诸侯以为荣也，扬干为戮，何辱如之？必杀魏绛，无失也！"赤对曰："绛无二志，事君不避难，有罪不避刑，其将来辞，何辱命焉？"言终，魏绛至，授仆人书，仆人，晋侯御仆也。将伏剑。士鲂，张老止之。公读其书曰："君乏使，使臣斯司马。斯，此。臣闻师众以顺为武，顺莫敢违。军事有死无犯为敬。守官行法，虽死不敢有违。君合诸侯，臣不敢不敬，君师不武，执事不敬，罪莫大焉。臣惧其死，以及扬干，无所逃罪。惧自犯不武不敬。不能致训，至于用钺。用钺斩扬干之仆。臣之罪重，敢有不从，以怒君心，言不敢不从戮也。请归死于司寇。"致尸于司寇使戮也。公跣而出，曰："寡人之言，亲爱也。吾子之讨，军礼也。寡人有弟，不能教训，使干大命，寡人之过也。子无重寡人之过，听降死为重过。敢以为请。"请使无死。晋侯以魏绛为能以刑佐民矣，反役，与之礼食，使佐新军。令欲显绛，故特为设礼食。

《史记》曰：齐景公时，晋伐阿、鄄，阿，今济阳郡东阿县。鄄，音绢，今濮阳郡鄄城县。而燕侵河上，齐师败绩。婴乃荐司马穰苴，文能附众，武能威敌。齐景公召穰苴，与语兵事，大说之，以为将军，将兵捍燕、晋之师。穰苴曰："臣素卑贱，擢之闾伍之中，加之大夫之上，士卒未附，百姓弗信，人微权轻，愿得君之宠臣，国之所尊者以监军，乃可。”于是景公许之，使庄贾往。穰苴既辞,与贾约曰：“旦日日中会于军门。”穰苴先驰至军，立表下漏待贾。贾素骄贵，不甚急；亲戚送之，留饮。日中而贾不至。苴仆表决漏，入，行军勒兵，申明约束。约束既定，夕时，庄贾乃至。穰苴曰：“何后期为？”贾谢曰：“不佞大夫亲戚送之，故留。”穰苴曰：“将受命之日则忘其家，临军约束则忘其亲，援桴鼓之急则忘其身，今敌国深侵，邦内骚动，士卒暴露于境，君不安席，百姓之命皆悬于君，何谓相送乎！”召军正问曰：“军法后期者云何？”对曰：“当斩。”遂斩庄贾以徇三军。三军之士皆震慄。燕、晋之师闻之，悉引而归，皆复所侵之地。

又曰：孙武以兵法见于吴王阖闾。阖闾曰：“子之十三篇，吾尽观之，可以小试勒兵乎？”对曰：“可。”阖闾曰：“可试以妇人乎？”曰：“可。”于是许之，出宫中美人，得百八十人。孙子分二队，以王之宠姬二人各为队长，皆令持戟，令曰：“汝知而心与左右手背乎？”妇人曰：“知。”武曰：“前，则视心；左，视左手；右，视右手；后，即视背。”妇人曰：“诺。”约束既毕，乃设铁钺，即三令五申之。于是鼓之右，妇人大笑。武曰：“约束不明，申令不熟，将之罪也。”复三令五申而鼓之左，妇人复大笑。孙子曰：“约束不明，申令不熟，将之罪也。既已明而不如法者，吏士之罪也。”乃欲斩左右队长。吴王从台上观，见且斩爱姬，大骇，趣使下令曰：“寡人已知将军能用兵矣。寡人非此二姬，食不甘味，愿勿斩也。”武曰：“臣已受命为将，将在军，君命有所不受。”遂斩队长二人以徇，用其次为队长。于是复鼓之。妇人左右前后跪起皆中规矩绳墨，无敢出声者。于是武使使报王曰：“兵既整齐，王可试下观之，唯王所欲用之，虽赴水火犹可也。”吴王曰：“将军罢休就舍，寡人不愿下观。”武曰：“王徒好其言，不能用其实。”于是阖闾知孙子能用兵，卒以为将。西破强楚，入郢，北威齐晋。

又曰：文帝立后六年，匈奴大入边。乃以宗正刘礼为将军，军霸上；祝兹侯徐厉为将军，军棘门；以河内守周亚夫为将军，军细柳；以备胡。上自劳军，至灞上及棘门军，直驰入，将军下骑送迎。已而之细柳，军士吏被甲，锐兵刃，彀弓弩，持满。天子先驱至，不得入。先驱曰："天子且至！"军门都尉曰："军中但闻将军令，不闻天子诏。"居无何，上至，又不得入。于是上乃使持节诏将军："吾欲入劳军。"亚夫乃传言开壁门。士卒谓从车骑曰："将军约束，军中不得驱驰。"于是天子乃案辔徐行。至军中营，将军亚夫持兵揖曰："介胄之士不拜，请以军礼见。"应劭曰：礼，介者不拜也。天子为动容轼车，使人称："皇帝敬劳将军。"成礼而去。既出军门，群臣皆惊。文帝曰："嗟乎，此真将军矣！曩者灞上、棘门军，若儿戏耳，其将固可袭而虏也；至于亚夫，可得而犯耶！称善者久之。

《后汉书》曰：祭遵从征河北，为军市令。舍中儿犯法，遵格杀之。光武怒，命收遵。时主簿陈副谏曰："明公常欲众军整齐，今遵奉法不避，是教令所行也。"光武乃贳之，贳犹赦也。以为刺奸将军。谓诸将曰："当备祭遵！吾舍中儿犯法尚杀之，必不私诸卿。

谢承《后汉书》曰：张温以司空加车骑将军，征韩遂。丙辰，引温见于崇德殿，温以军礼，长揖不拜。

《魏志》曰：曹仁，字子孝。少时不修行检，及长为将，严整奉法，常置科于左右，案以从事。

《吴志》曰：吕蒙图关羽，定南郡，尽得羽及将士家属。蒙抚慰，约令军中不得干历人家，有所求取。蒙麾下士，是汝南民，取民家一笠，以覆官铠。虽公物，蒙犹以为犯军令，不可以乡里故废法，遂垂涕斩之。

《晋书·李特载记》曰：益州刺史赵廞以李庠为威寇将军，使断北道。庠素东羌良将，晓军法，不用麾帜，举矛为行伍，斩部下不用命者三人，部阵肃然。

萧子显《齐书》曰：李安民为徐州城局参军，王回素为安民所亲，盗绢二匹，安民流涕于门斩之，厚为殓祭，军府皆震服焉。

《北史》曰：后魏孝文车驾南征，以宋弁为司徒、东道副将军。人有盗马靽者，斩而徇。于是三军震惧，莫敢犯法。

又曰：后魏安定王休车驾南伐，领大司马。孝文亲行诸军，遇休以三盗人徇六军将斩之，有诏赦之，休执曰："不斩何以息盗。"诏曰："王者之体亦有非常之泽，虽违军法，可特原之。"休乃奉诏。帝谓司徒冯诞曰："大司马严而执法，诸军不可不慎。"于是六军肃然。

《唐书》曰：阚稜容貌魁岸，勇而多力。每临阵，手持大刀，长一丈，一举辄毙数人，前无当者。及杜伏威据有江淮之地，兵皆出自群贼，类多放纵，有相侵夺者，稜必杀之，虽亲故无所舍，令行禁止，路不拾遗。后从伏威入朝，拜左领军将军。辅公祏之反也，稜从军讨之。及与陈正通相遇，方接战，稜脱兜鍪谓贼众曰："汝不识我邪？何敢来战！"其众多稜旧之所部，由是各无斗志，或有遥拜者，贼师遂溃。

又曰：窦轨初入蜀，将其甥从军，以为心腹。尝夜出，呼之不以时至，因斩之。将吏重足而立，见之者莫不股慄。

又曰：哥舒翰好读《左氏春秋》及《汉书》，疏财重气，士多归之。河西节度王忠嗣以为大计军副使。安思顺为大使，翰常怏怏不能下之，忠嗣遂使翰别为将，讨吐蕃于新城，以同对副使为副。副使不为翰用，颇沮之，翰怒甚，脱甲挝杀之，投其尸于坑中，军中股慄。

又曰：马燧讨李怀于光河中，帅步骑三万次于绛。乃分兵收夏县，略稷山，拔龙门，降其将冯万兴、任象王。燧以兵围攻绛州，拔其外城，其夜伪刺史王克同与大将达奚小进弃城走，降其众四千人。又遣大将李自良、谷秀分兵略定闻喜、夏县、万泉、虞乡、永乐、猗氏六县，降其将辛銑音诜。及兵五千人。谷秀以犯令虏士女，斩之以徇。

又曰：德宗幸奉天，诏以李晟为神策行营节度使。晟军令严肃，所过樵采无犯。自河中田蒲津而军渭北，壁东渭桥以逼朱泚。时刘德信将神策兵救襄城，败于扈涧，闻难，率余军前次渭南，与晟合军。军无统一，晟不能制，德信因至晟军，晟乃斩之。复以数骑入德信军中，抚劳军士，无敢动者。晟既并德信军，军益振。

又曰：李晟收复都城，朱泚乃与妻子及姚令言、张庭芝等数千骑西走泾原，余兵靡散。晟乃入，抵丹凤门，舍军于外朝。晟处于右金吾仗舍下令曰："军中五日不得通家问，违者斩之。"遣京兆尹李齐运告谕于众，百姓安堵，秋毫无犯。尚可孤军人有擅取马者，晟大将高明曜掳贼女妓一人，司马伷音胄。取贼马二匹，晟立斩之。军士皆胁息，莫敢仰视。翌日，晟以露布闻，上览之感泣，百官皆出涕。因上寿称万岁，曰："李晟虔奉圣谟，荡涤凶慝。然古之树勋，力复都邑者，往往有之；至于不惊宗庙，不易市肆，长安人不识旗鼓，安堵如初，三代以来，未之有也。"上笑曰："天生李晟，为社稷万人，不为朕也。"百官再拜而退。

又曰：永贞元年冬，刘辟阻兵，朝议讨伐，宰臣杜黄裳以为独任高崇文可以成功。元和元年春，拜检校工部尚书兼御史大夫，充左神策行营节度使，兼统左右神策、奉天麟游诸镇兵讨辟。时宿将专征者甚众，人人自谓当选，及诏出大惊。崇文在常武，练卒五千，常若寇至。及是，中使至长武，卯时宣命，而辰时出师五千，器用无阙者。军至兴元，军中有折逆旅之匕箸者，斩之以徇。从阆中入，遂却剑门之师，解梓潼之围。

又曰：高崇文平刘辟，王师入成都，介士屯于大造，军令严肃，珍货山积，市井不移，无秋毫无犯。

又曰：郗士美为昭义节度使。朝廷讨王承宗，士美遣兵马使王献领卒一万为前锋。献凶恶恃乱，逗挠不进，遽令召至，数其罪斩之。下令曰："敢后出者斩！"士美亲鼓之。兵既合，而贼军大败，下三营，环柏乡，屡以捷闻。上大悦曰："吾固知士美之能办吾事。"于时四面七、八镇兵共十余万，以环镇、冀，未有首功，多犯法。士美兵士勇敢畏法，声甚振，承宗大惧，指期有破亡之势，会诏班师，至今两河间称之。

又曰：李师道攻徐，徐将王智兴败贼壁，获美妾。智兴惧军士争之，乃曰："军中有女子，安得不败？此虽无罪，违军法也。"即斩之以徇。

《韩子》曰：吴起为魏武侯西河之守，秦有小亭临境，吴起欲攻之。乃倚车辕于北门外，而令之曰："有能徙此南门之外，赐之上田上宅。”民莫之徙也。或有徙之者，遂赐之如令。俄又置一石赤黍于东门之外，而令之曰：“有能徙之于西门之外者，赐之如初。”民则争徙之。乃下令曰：“明日攻亭，有能先登者，仕之国大夫，赐之上田上宅。”民争上。于是攻亭，一朝而拔之。

《尉缭子》曰：古之善用兵者，能杀卒之半，其次杀其十三，其下杀其十一。杀其半者威立海内，杀其十三者力加诸侯，杀其十一者令行士卒。故曰百万之众不斗，不如万人之尸；万人之死，不如百人之贼。赏明如日月，信比如四时，令严如斧钺，而出卒有不死者，未尝闻也。

《六韬》曰：武王问：“将，何以为威？”太公曰：“杀一人而万人惧者，宜杀之。杀一人，三军不知，虽多杀，其将不重也。”

《淮南子》曰：勾践决一狱不辜，援龙渊而切其股，血流至足。故战，武士必死。

《魏武军令》曰：兵欲作阵对敌营，先白表，乃引兵就表而阵。皆无欢哗，明听鼓音，旗幡麾前则前，麾后则后，麾左则左，麾右则右。不闻令而擅前后左右者斩。伍中有不进者，伍长杀之；伍长不进，什长杀之；什长不进，都伯杀之。督战部曲，将拔刃在后，察违令不进者斩之。一部受敌，余部有不进救者斩之。

《武侯兵法》曰：军有七禁：一曰轻，二曰慢，三曰盗，四曰欺，五曰背，六曰乱，七曰误。此治军之禁也。若期会不到，闻鼓不行，乘宽自留，回避务止，初近而后远，唤名而不应，军甲不具，兵器不备，此谓轻军。有此者斩之。受命不传，传之不审，以惑吏士，金鼓不闻，旌旗不睹，此谓慢军。有此者斩之。食不廪粮，军不部兵，赋赐不均，阿私所亲，取非其物，借贷不还，夺人头首以获功名，此谓盗军。有此者斩之。若变易姓名，衣服不鲜，金鼓不具，兵刃不磨，器仗不坚，矢不着羽，弓弩无弦，主者吏士法令不从，此谓欺军。有此者斩之。闻鼓不行，叩金不止，按旗不伏，举旗不起，指麾不随，避前在后，纵发乱行，折兵弩之势，却退不斗，或左或右，扶伤举死，因托归还，此谓背军。有此者斩之。出军行将，士卒争先，纷纷扰扰，军骑相连，咽塞道路，后不得前，呼唤喧哗，无所听闻，失行乱次，兵刃中伤，长将不理，上下纵横，此谓乱军。有此者斩之。屯营所止，问其乡里。亲近相随，共食相保，呼召不得，越入他位，干误次第，不可呵止，度营出入，不由门户，不自启白奸邪所起，知者不告，罪同一等，合人饮食，阿私所受，大言惊语，疑惑吏士，此谓误军。有此者斩之。

《卫公兵法》曰：古之善为将者，必能十卒而杀其三，次者十杀其一。三日威振于敌国，一日令行于三军。是知畏我者不畏敌，畏敌者不畏我。如曰：尽忠益时、轻生重节者，虽仇必赏；犯法怠惰、败事贪财者，虽亲必罚；服罪输情、质直敦素者，虽重必舍；游辞巧饰、虚伪狡诈者，虽轻必戮。善无微而不赞，恶无纤而不贬，斯乃励众劝功之要术也。昔马谡兵败，葛亮对泣而行诛；乡人盗笠，吕蒙先涕而后斩；马逸范麦，曹公割发而自刑；两掾辞屈，黄盖诘问而俱戮。故知威克其爱，虽少必济；如爱胜其威，虽多必败。盖赏罚不在重，在必行；不在数，在必当。故《尉缭子》曰："吴起与秦人战，战而未合，有一夫不胜勇，乃怒而前，获首而返。吴起斩之。吏曰：'此壮士也，不可斩。'吴子曰：'虽壮士，不从令者必斩之。'

又曰：搴旗斩将，陷陈摧锋，上赏。破敌所得资物仆马等，并给战士。每收阵之后，裨将虞候辈收敛，付总管均分之。与敌斗，旗头被伤，救得者重赏。漏泄军情，斩之；背军逃走，斩之；后期，斩之；有故不坐。行列不齐、旌旗不整、金革不鸣，斩之；与敌私交通，斩之；言语书疏并同。或说道释、祈祷鬼神、阴阳卜筮、灾祥讹言以动众心，并与其人往还言议，斩之；无故惊军，叫呼奔走，谬言烟尘，斩之；凡令觇候，或更相推托，谬说事宜，兼复漏泄者，斩之；吏士所经历侵掠者，斩之；奸人妻女及将妇女入营，斩之。不战而降敌，没其家。凡有私仇须先言，令其避仇；若不言，因战阵报复者，斩之。布阵旗乱，吏士惊惶，罪在旗头，斩之。阵定或辄进退，或对敌乱行者，前后左右所平之行便，斩之。或有弓弩已注，矢而回顾者，或干行失位者，后行斩之。前行不动，行斩于失之行。守围不固，一火及主吏并斩之。遇敌攻围危急，若前后左右部队不救致陷者，全部队皆斩之。为敌所乘，失旗鼓节钺，罪全阵斩之。战敌，旗头被敌杀，争得尸首免坐；不得者，一旗并斩之。凡战敌失主将，随从者皆斩之。一将御敌，裨将已下等羌主率不齐力同战、更相救助者，任便斩之。吏士虽破敌，滥行戮杀，发冢焚庐，践稼穑、伐树木者，斩之。擒获敌人，或有来降者，直领见总帅，不得辄访问敌中事，若违因而漏泄者，斩之。破敌先虏掠者斩之。入敌境同。凡隐欺破虏所收获及吏士身死有欺隐其资物兼违令不收恤者斩之。违总帅一时之令，斩之。

太平御览卷第二百九十七 兵部二十八

训兵

《孙子》曰：言不相闻，故为鼓铎；铎，金钲也，听其音声以为耳候也。视不相见，故为旌旗。瞻其指麾，以为目候。夫金鼓旌旗者，所以一人之耳目也。齐一耳目之视听，使知进退之度。人既专一，则勇者不得独进，怯者不得独退。齐之以法教，使强弱不得相逾。纷纷纭纭，间乱而不可乱；旌旗乱也，示敌若乱，以金间之。纷纷，旌旗像。纭纭，士卒貌。言旌旗翻转一合一离，士卒进退或往或来，视之若扰，观之若乱，然其法令素定，度帜分明，各有分数，扰而不乱也。浑浑沌沌，形圆而不可败。车骑齐转也。形圆者，出入有道齐整也。浑浑，车轮转行。沌沌，步骑奔驰；视其形阵纵横圆而不方，然其指趣各有所应，故王子曰：将欲内明而外暗，内理而外军，所以示敌之轻己者也。浑，外本切。沌，徒损切。

《周礼》曰：太宗伯，以军礼同邦国，同谓威其不协僭差者，军礼之别五也。太师之礼用众也，用其义勇也。大均之礼恤众也，均其地政地守地职之赋，所以忧民也。大田之礼简众也，古之因田习兵，阅其车徒之数也。大役之礼任众也。筑宫邑所以事民力强弱也。大封之礼合众也。止封疆沟途之固，所以合聚其民也。

又曰：《夏官》大司马之职：掌仲春教振旅，司马以旗致民，平列阵，如战之阵。以教坐作、进退、疾徐、疏数之节。遂以蒐田。仲夏教茇舍，如振旅。群吏撰车徒，遂以苗田。仲秋教治兵，如振旅。辨旗物之用，遂以狝田。仲冬教大阅。前期，群吏听誓于陈前，斩牲，以左右徇阵，曰：“不用命者，斩之！”遂以狩田。师以救无辜，伐有罪。若师有功，则左执律、右秉钺以先，恺乐献于社。

《左传》曰：春蒐夏苗，秋狝冬狩，于农隙以讲武事。三年而治兵，入而振旅，归而饮至，以数军实。昭文章，明贵贱，辨等列，顺少长，习威仪也。

又曰：楚子文治兵于睽，终朝而毕，不戮一人。子玉复治兵于蔿，终日而毕，鞭七人，贯三人耳。国老皆贺子文。蔿贾不贺，曰："子玉刚而无礼，不可以治民。过三百乘，其不能以入矣。子玉之败，子之举也。举以败国，将何贺焉？"

又曰：苗贲皇徇曰："蒐乘补卒，秣马利兵，修阵固列，蓐食申祷，明日复战。"乃逸楚囚。

又曰：宣子曰："我若受秦，秦则宾也；不受，寇也。既不受矣，而复缓师，秦将生心。先人有夺人之心，军之善谋也。逐寇如追逃，军之善政也。"训卒利兵，秣马蓐食，潜师夜起。戊子，败秦师于令狐，至于刳首。

又曰：宣榭火。宣榭，讲武室也。

《论语》曰：子曰：善人教民七年，亦可以即戎矣。可就兵攻战也。

又曰：以不教民战，是谓弃之。

《后汉书》曰：灵帝时，望气者以为京师有大兵，两宫流血，以为《太公六韬》有天子将兵事，可以威压四方。帝乃讲武于平乐观下。起大坛，建五采华盖。天子擐甲介马，称"无上将军"。何进领兵屯于观下，置西园八校尉，袁绍、曹操等为之。

《唐书》曰：太宗初即位，突厥入寇，欲诸军皆习骑射。每退朝，即引诸军卫将习射于显德殿庭，谓将军已下曰："古突厥与中国，更有盛衰。若轩辕善用五兵，即能北逐獯虏；周宣驱驾方、召，亦能制胜太原。下至汉、晋之君，洎于隋代，不使兵士素习干戈，突厥来侵，莫能抗御，遣中国生民涂炭于寇手，我今不使汝等穿池筑苑，造诸淫费，农民恣令逸乐，兵士唯习弓马。若无贼来，我则为汝博士，教汝等武艺优长；若有贼来，我即为汝将帅，领汝斗战。亦望使汝等前无横敌。"于是日引数百人于殿庭教射，太宗亲自临试，每坐或至午时。射中者随赏弓刀、布帛，统帅加上考。朝臣咸谏云："不宜引卑碎之人，挟狐矢于轩陛之侧。"上曰："率土之内皆吾臣子，我所恨不能将我心遍置人腹中，岂有相疑之道哉！”由是一二年间，兵士尽便弓马。

又曰：李抱真领泽潞观察使留后。抱真密揣山东当有变，上党且当兵冲。是时乘战余之地，土瘠赋重，人益困，无以养军士。乃籍户丁男，三选其一，有材力者免租徭，给弓矢，令之曰：“农之隙，则分曹角射；岁终，吾当会试。”及期，按簿而征之，都试以示赏罚，复命之如初。比三年，则皆善射，抱真曰：“军可用矣。”于是举部内之众，得成卒二万，前既不廪费，府库益实，乃缮兵甲，为战具，遂雄视山东。是时，称昭义步兵冠诸军。

又曰：德宗即位，以马燧为太原尹、北都留守、河东节度、观察、度支、营田使。当是，承鲍防自百井败军之后，兵甲寡弱，骑士少。燧乃悉召将吏牧马厮役，得数千人，悉补骑卒，教之数月，皆为精骑。造甲者必令长短三等，称其所衣，以便进趋。又造战车，蒙以狻猊象，列戟于后，行则载兵甲，止则为营阵，或塞险厄以遏奔冲，器械无不犀利。居一年，陈兵三万，开广场以习战阵，教其进退。

《古司马兵法》曰：凡战，非阵之难，使人可阵难；非可使阵难，使可用难；使人尽心效力，用必胜也。非知之难，行之难。教习使人知进退之便，左右之利，事事自行之者难。

又曰：天子之义必纯取于天地，而观于先圣。天子奉天地之道，调和阴阳四时之气，顺先王之法度也。士庶之义必奉于父母，而正于君长。士庶必从父母之教，君长之命。故虽有明君，士不先教，不可用也。虽有明君，士不教习，不可以受敌也。古之教民，必立贵贱之经纶，使高下不相凌，德义不相逾，材伎不相掩，勇力不相犯，故力同意和。古者国容不入军，军容不入国，故德义不相逾。治国以仁德，军事以勇。德以从化，义以法断。以国容入军则军败，军容入国则国乱也。

吴起《教战法》曰：短者持矛戟，长者持弓弩，强者持旌旗，勇者持金鼓，弱者给厮养，智者为谋士，乡里相比，什伍相保。一鼓整兵，二鼓战阵，三鼓趣食，四鼓然辨，五鼓就行。闻鼓声合，然后举旗。

《六韬》曰：教战之法，必明告吏士，三令五申，教其操兵起居、进止，旌旗指麾。阵而方之，坐而起之，行而止之，左而右之，列而合之，绳而解之。无犯进止之节，无失饮食之宜，无绝人马之力。令吏士一人学战，教成十人；十人学战，教成百人，百人学战；教成千人，千人学战，教成万人；万人学战，教成三军之众。大战之法，百万之师，故能成大功也。

《卫公兵法》曰：诸兵士将战，身貌尪弱，不胜衣甲。又戎具所施，理须坚劲须简取强兵，并令试练器仗。兵须彻扎陷坚，皆须取甲，试令所射，然始取中。

又曰：每营中，两厢置土马十二匹，大小如常马真鞍，令士卒擐甲胄，櫜弓矢，櫜音高。佩刀剑，持矛楯，左右上下，以便习其事。

又《教旗法》曰：凡教旗，于平原旷野、登高远视处，大将居其上，南向左右各置鼓一十二面，角一十二具，左右各树五色旗，六纛居前列，旗节次之。左右衙官，驻队如偃月形，为后骑。下临平野，使士卒目见旌旗，耳闻鼓角，心存号令。乃命诸将分为左右，皆去兵刃，精新甲胄幡帜，分为左右厢，各以兵马使为长，班布其次。阵间容阵，队间容队，曲间容曲，以长参短，以短参长。回军转阵，以后为前，以前为后，进无奔迸，退无趋走。以正合，以奇胜，听音睹麾，乍合乍离。于是三令五申：白旗点鼓，音动则左右厢齐合；朱旗点角，音动则左右厢齐离。离之与合，皆不离中央之地。左厢阳向西旋，右厢阴向东旋，左右各复本初。白旗掉鼓，音动则左右各云蒸鸟散，弥川络野，然而不失部队之疏密，朱旗棹角，音动则左右各复本初，前后左右无差尺寸。散则法天，聚则法地。如此三合而三离，三聚而三散。不如法者，吏士之罪从军令。于是大将出五彩旗一十二口，各树于左右厢阵前，每旗命壮勇士五十人守旗，选壮勇士五十人夺旗，左厢夺右厢，右厢夺左厢，鼓音动而夺，角音动而止，得旗者胜，失旗者负，胜赏而负罚。离合之势，聚散之形，胜负之理，赏罚之信，因是而教之。

《太白阴经》曰：春秋末，并为战国，增讲武之礼，以为戏乐，以相夸视，而秦更名为角抵。故国虽大，好战必亡；天下虽平，亡战必危。天下既平，春蒐秋狝，振旅理兵，所以不忘战。今边军更名曰教旗，使士卒识金鼓、别旗帜、任行列、知部分，一军之节制也。

又曰：古之诸侯畋猎者，为田除害也。上所以供承宗庙，下所以闲习武事。太古之时，人食禽兽之肉，坐其皮；后代之人浸多，时禽兽寡少，衣食不足。于是神农教其植谷，导以纺绩。自是之后，禽兽复盈山林，下平土，害禾稼，为人所害。于是王公秋冬无事畋猎，闲习兵革，奋扬威武，以戒非常。季冬之月腊日，阴用事，万物毕成，蛰虫已伏，乃具卒乘，从禽于山泽，以教部伍，分进退之仪。一人守，围地三尺；十二时守，三万六千尺。积尺得六千步，积步得一十五里余六十步，围中径阔得地五里余二十步，以左右决胜将为交头；其决胜左右，将各主士仵，为行列；皆以金鼓旌旗为节制。其初起围张翼，随山林地势，无远近部分；其合围地虞候先择定讫，以善弧矢者为围中骑；其步卒抢旗幡守围，有漏禽兽，坐守围之吏。大兽公之，小兽私之，以观进止。

《管子》曰：凉风至而白露下，天子命左右司马，令组甲厉士众。

《商君书》曰：民之见战，如饥狼之见虎，则民可用矣。

《吕氏春秋》曰：世有言曰："驱市人而战，可以胜人之厚禄教练卒；老弱罢民罢与疲同。可以胜人精士练材；离散系累，可以胜人之行陈陈与阵同。整齐；锄耰白挺，可以胜人之长铫利兵。"此不通乎兵者之论。今有利剑于此，以刺则不中，以击则不及，与恶剑无择，为是斗因用恶剑则不可。简选精良，兵械銛利，发之则不时，纵之则不当，与恶卒无择，为是战因用恶卒则不可。王子庆忌、陈午犹欲剑之利也。陈午，齐人。庆忌，吴公子。二人皆勇有捷力。简选精良，兵械銛利，令将将之，王者有以霸者矣。汤、武、齐桓、晋文、吴阖闾是也。

又曰：故凡形势险阻，欲其便也；兵甲器械，欲其利也；选练角材，欲其精也；将率士民，欲其教也。此四者，义兵之助也，时变之应也。

又曰：阖闾试其民于五湖，剑皆加于肩，地流血几不可止；勾践试其民于寝宫，民争入火，死者千余，遽击金而退之；赏罚充实也。

《邺城故事》曰：凌霄观成案：石季龙，永和三年，命其子石宣祈于山川，因而游猎，乘大辂，羽葆、华盖，建天子旌旗，十有六军，戎卒十八万，出自金明门。季龙从后宫升观望之，笑曰："我家父子如是，自非天崩地陷，当复何愁，但抱子弄孙日为乐耳！"

《文选》曰：三令五申，教达禁城。

《谢承与步子出书》曰：示攻战进取之方，教进退疾徐之节也。

《刘向别传》曰：蹴鞠者，传言黄帝所作，或曰起战国之时。蹋鞠，兵势所以陈之，知武材也，皆因熙戏而讲习也。

太平御览卷第二百九十八　兵部二十九

军制

《礼记》曰：六十不豫服戎。师出不逾时，为怨思也。逾时即内有怨女，外有旷夫。

《周礼》曰：五人为伍，五伍为两，四两为卒，五卒为旅，五旅为师，五师为军。郑玄曰：两二十五人，卒百人，旅五百人，师二千五百人，军万二千五百人也。

《汉书·武帝纪》曰：建元元年春二月，赦天下，赐民爵一级。年八十复二算，九十复甲卒。张晏注云：复甲卒，不豫革车之赋也。

《白虎通》曰：王命法：三十受兵、六十归兵。国有三军，所以诫非常，伐无道，尊宗庙，重社稷，安不忘危。何以言有三军也？《论语》云："子行三军，则谁与？"《诗》云："周王于迈，六师及之。"三军者何法？法天地人也。以为五人为伍，五伍为两，四两为卒，五卒为旅，五旅为师，师二千五百人，二师为一军。三军六师，万五千人也。传曰：一人必死，十人不能当；百人必死，千人不能当；千人必死，万人不能当；万人必死，横行天下。虽有万人，犹谦让自以不足，故复加五千人。因法月数，月，群阴之长也。十二月足以穷尽阴阳，备物成功。万二千人亦足以征伐不义，致天下太平。《谷梁传》曰："天子六军，诸侯上国三军，次国二军，下国一军。诸侯所以一军者何？诸侯，藩屏之臣也。任兵革之重，距一方之难，故得有一军也。"

《淮南子》曰：季武子为三军，为，作也。武子，鲁卿季文之子，季孙夙也。《周礼》：天子六军，诸侯大国三军。鲁伯禽之封，旧有三军，其后削弱，二军而已。武子欲传公室，故欲益中军为三，三家各征其一，事在鲁哀公十一年。叔孙穆子曰："不可。天子作师，公帅之以征不德；师谓六军之众，公谓诸侯。为王卿士者为元帅也。元侯作师，卿帅之以承天子。元侯，大国之君，师三军之众。大国三卿皆命于天子，一卿命于其君。无军，无三军也。若元侯有事，则命卿帅其所教武卫之士，以佐元侯。《礼》所云：次国二军，小国一军，谓以赋出军从征伐，赞佐治也。自伯子男，有大夫无卿，无聊，无命聊也。《王制》：小国二聊，皆命于其君也。帅赋以从诸侯。赋国中出兵车甲士以从大国诸侯。是以上能征下，无奸慝。征，正。匿，恶。今我小侯也，言小候削弱之日久矣。处大国之间，大国齐楚。缮贡赋以供从，犹惧有讨。犹惧以不给见诛讨。若为元侯之所为，之所谓作三军元帅所为。以怒大国，无乃不可乎？弗从，遂作中军。中者，明已有上下军。自是齐楚代讨于鲁，代，更。襄昭皆如楚。襄公昭公如楚朝，事楚也。

《穰苴兵法》曰：五人为伍，十五为队，一军凡二百五十人。队余奇兵，队七十有五，以为中垒。守地六千尺，积尺得四里。以中垒四面乘之，一面得地三百步。垒内有地三顷余百八十步。正门为握奇大将军居之。六纛、五麾、金鼓、府藏辎积皆中垒，外余八千七百五十人，队一百七十五，分为八阵。六阵各有一千九十四人，六阵各减一人已为一阵之部署，举一军则千军可知。凡兵者有四正四奇，或合而为一，或离而为八，阵故以正合，以奇胜。

《通典》曰：每军大将一人，别奏八人，傔十六人。副二人，分掌军务，奏、傔减大将半。判官二人，典四人，总管四人。二主左右虞候、二主左右押衙、傔各五人，在衙官下。子将八人，委其分行阵、辨金鼓及部署傔各二人。执鼓十二人，吹角十二人，司兵、司仓、司骑、司胄、城局各一人。每队五十人，押官一人，队头一人，副二人，旗头一人，副二人，火长五人。六分支甲，四分支战袍，一分支枪。

又曰：周制：万有二千五百人为军。军将皆命卿。二千有五百人为师，师帅皆中大夫。五百人为旅，旅帅皆下大夫。百人为卒，卒长皆上士。二十有五人为两，两司马皆中士。五人为伍，伍皆有长。军师旅卒两伍皆众名，伍一比、两一闾、卒一族、旅一党、师一州、军一卿、家所出一人也。按《司马法》：二十五为两，四两为卒，百人也。五卒为旅，五百人。五旅为师，二千五百人。五师为军，一万二千五百人。万二千象十有二月，五百象闰。管子言于齐桓公曰：欲正卒伍，修兵甲，则大国亦将为之。君有征战之事，则小国有守圉之备矣。公欲速得意于天下诸侯，则事有所隐而政有所寓。不显习于兵事，故曰事有所隐。军政寓之田猎，故有所寓。公作内政而寓军令焉。三分齐国为高子之里，为国子之里，为公之里，以为三军。择其贤民，使为里君。每里皆使贤者为君。乡有行伍卒长，则有制令。且以田猎，因以赏罚，因田猎之功过，期行赏罚。则百姓通于军事矣。于是乃制五家为轨，轨为之长，十轨为里，里有司，四里为连，连为之长，十连为乡，乡有良人，以为军令。是故五家以为轨，故五人为轨，轨长率之。十轨为里，故五十人为小戎，里有司率之。四里为连，故二百人为卒，连长率之。十连为乡，故二千人为旅，乡良人率之。三军故有中军之鼓，中军则公之里卒也。有高子之鼓，有国子之鼓。春以田曰蒐，振旅；因寓军政，而且整族。秋以田曰猕，理兵。顺杀气，因理兵。是故卒伍定于里，军政定于郊。内教既成，令不得迁徙。故卒伍之人，人与人相保，家与家相受，少同居，长同游，祭祀同福，死丧相恤，灾祸同忧，居处同乐，行作同和，哭泣同哀。是故夜战其声相闻，足以无乱；昼战其目相见，足以相识；欢欣足以相死。是故以守则固，以战则胜。君有此教士三万人，以横行于天下。教士，谓先教习之士。

又曰：凡立军，一人曰独，二人曰比，三人曰参，比参曰伍，伍人为列，列有头。二列为火，十人有长，立火字。五火为队，五十人有头。二队为官，百人立长。二官为曲，二百人立候。二曲为部，四百人立司马。二部为校，八百人立尉。二校为裨，六百人立将军。二裨为军。三千二百人有将军、副将军。

《唐书》曰：高祖起义兵，命太宗将兵徇西河郡，下之。癸巳，建大将军府，以裴寂为长史，刘文静为司马，具设官属，始置三军，分为左右：以公子建成为陇西公，左领大都督，左三军悉隶焉；命太宗为敦煌公，右领大都督，右三军悉隶焉。开仓库以赈穷乏，远近响应。

又曰：高祖二年秋七月壬申，诏曰："天生五材，司物资其器用；武有七德，拨乱所以定功。故黄帝垂裳，尚有阪泉之战；放勋光宅，犹称丹浦之师。禁暴安人，率由兹道；创业垂统，莫此为先。以是周置六军，每习蒐狩；汉增八校，毕选骁勇。故能化行九有，威震百蛮，奸宄不兴，虔刘息志。季叶凌替，军政湮亡，卒伍不修，旌旗舛杂。部伍符籍，空有调发之名；逗挠之兴，竟无讨袭之用。遂使夷狄放命，盗贼交侵，战争多虞，黔黎殄丧。朕受天明命，抚育万方，爰自义师，克成帝业。至如超乘之士，莫匪百金；彀骑之材，岂唯七萃。今虽关塞宁谧，荒裔肃清，伊洛犹芜，江湖尚梗，役车未息，戎马载驰，武备之方，尤宜精练。所以各因部校，序其统属，改授鉦鼓。创造徽章，取象天官，定其名号。庶使前茅后劲，类别区分，玉帐绛宫，刑德允备，蹈兹汤火，譬彼椒兰，大定戎衣，止戈斯在。于是置十二军，分关内诸府以隶焉。万年道为参旗军，长安道为鼓旗军，富平道为玄武军，醴泉道为井钺军，同州道为羽林军，华州道为骑官军，宁州道为折威军。歧州道为平道军，豳州道为招摇军，西麟道为苑游军，泾州道为天纪军，宜州道为天节军。时高祖以天下未定，实资武力，将举关中之众，以临四方，故兴此制也。每军一人，副一人，取威名素重者为之，督以耕战之务。自是士马精强，无敌于天下矣。

《五代周史》曰：显德初，世宗自高平还，乃大阅，帝亲临之。帝自高平之役，睹诸军未甚严整，遂有退却。至是命太祖皇帝一概简阅，选武艺超绝者，署为殿前，诸班因是有散员、散指挥、内殿直散、都头、铁骑、控鹤之号。复命总戎者自龙捷虎捷以降一一选之，老弱羸小者去之，诸军士伍无不精当。由是兵甲之盛，近代无比。

偏将

《尚书》曰：司马掌邦政，统六师，平邦国。

《左传》曰：赵朔、赵婴齐为中军大夫。巩朔、韩穿为上军大夫。荀息、赵同为下军大夫。韩厥为司马。

又曰：晋侯请于王。戊申，以绂冕命士会将中军，且为太傅。命卿之服。于是晋国之盗逃奔于齐。

又曰：楚子北师次于郔。沈尹将中军，子西将左，子反将右，将饮马于河而归。

又曰：鲁宣公十年夏六月，晋师救郑。荀林父将中军，先縠佐之；士会将上军，郤克佐之；赵朔将下军，栾书佐之。

《公羊传》曰：秋，卫师入盛。曷为或言帅师，或不言帅师？将尊师少称将。将卑师众称师。

《论语》曰：王孙贾治军旅，奚其丧？卫灵公无道，得贾尚不丧也。

《史记·项羽本纪》曰：于是梁为会稽守，籍为裨将。

又曰：项王召宋义与计事而大说之，因置以为上将军，项羽为鲁公，为次将，范增为末将。

又《灌婴传》曰：婴击陈豨，受诏别攻豨丞相侯敞，斩敞及特将五人。文颖注云：特一之将。

《后汉书·西域传》曰：大秦国一名梨鞬，所治城周百余里，各有官曹文书，置三十六将，皆会议国事。

《晋书》曰：张光字景武，江夏锺武人也。身长八尺，明眉目，美声音。少为郡吏，家世有部曲，以牙门将伐吴有功，迁江夏西部都尉。

又曰：羊祜在军，常轻裘缓带，身不披甲。铃阁之下，侍卫者不过十数人，而颇以田渔废政。尝欲夜出，军司徐胤执棨当营门曰："将军都督万里，安可轻脱！将军之安危，亦国家之安危也。胤今日若死，此门乃开耳。"祜改容谢之，此后稀出矣。

又曰：吾彦为小将，给吴大司马陆抗。抗奇其勇略，将拔用之，患众情不允，乃会诸将，密使人佯狂拔刀跳跃而来，坐上诸将皆惧而走，惟彦不动，举几拒之，众服其勇，乃擢用焉。

又《天文志》曰：大白为上将，羽林为中军。

又曰：文昌六星，在北斗魁前，天府之六星也。一曰上将，建武威。二曰次将，尚书、中书，司隶赏功也。

又曰：郎将位北，主阅旗，所以为武备也。

又曰：毕八星，主边兵、戈猎。其大星曰天高，一曰边将。

又曰：参，白兽之体。其中三星横列，三将也。东北曰左眉，主左将；西北曰右肩，主右将。故《皇帝占》参应七将。七将大，天下兵精。

又曰：南三星骑阵将军，骑将也。南三星车骑，车骑之将也。

又曰：狼一星，在东南。狼为野将，主侵掠也。色有常，欲不动也。

《后周书》曰：贺拔岳事尔朱荣，以定策功，授前将军。时万俟丑奴僭称大号，关中骚动，朝廷深以为忧。荣将遣岳讨之。岳私谓其兄胜曰："丑奴拥秦、陇之兵，足为勍敌。若岳往而无功，罪责立至；假克定，恐谗诉生焉。"胜曰："汝欲何计自安？"岳曰："请尔朱氏一人为元帅，岳副贰之，则可矣。"胜以为然，乃请于荣。荣大悦，乃以天光为雍州刺史，以岳为卫将军、左都督。

《隋书》曰：大业九年，征天下兵，募民为骁果，置折冲、果毅、武勇、雄武等郎将官，以领骁果。

《唐书》曰：李质者汴之牙将。李齐既为留后，倚质为心腹。及朝廷以齐为郡守，齐志邀节钺，质劝谕不从。会齐疽发首，乃与监军姚文寿谋，斩齐传首京师。有诏以韩充镇汴，充未至，质权知军州事，使衙兵二千人，皆日给酒食，物力为之损屈。充将至，质曰："若韩公始至，顿去二千人日膳，人情必大去；若不除之，后当无继。不可留此弊以遗吾帅。"遂处分停日膳而后迎充。

太平御览卷第二百九十九　兵部三十

练士

《通典·搜才》曰：凡为将统戎，在知士器局，当设科目差等优异，应机而任，以收其效。选士之科，沉谋密略出人者；词辨从衡，能移夺人之性情，堪辨说者；能往来听言语，览视四方之事，军中之情伪，日列于前者；能得敌之主佐、门庐、请谒之情，堪间谍者；能知山川险易，行止形势，利害远近，井泉水草，径路迂直，堪乡导者；巧思出人，制造五兵及攻守器械者；引强敌撤扎戈鋋剑戟，便于利用，挺身捕虏，搴旗斩将，堪陷阵者；趫捷若飞，逾城越堑，出入无形，堪窥觇者；往返三百里不及暮至者；破格舒钩，或负六百斤行五十步，四百斤行百步者；推步五行，瞻风云气候转，或多言天道，诡说阴阳者；此虽非兵家本事，所要资权谲次以取胜耳。罪犯者；父子兄弟欲执仇者；贫穷忿怒，将欲快其志；故赘婿人虏，欲昭迹扬名。

《长短经》曰：夫王者帅师必简练英雄，知士高下，因能授职，各取所长，为其股肱羽翼，以成威神，然后万事毕矣。腹心一人，主理繁应卒，揆天消变，总揽计谋，保国全命者也。谋士五人，主国安危，豫虑未然，喻才能，明赏罚，受官位，决嫌疑，定可否者也。天文三人，主占星历，候风气理，时日考符，验效灾异，知天心去就者也。地形三人，主军行止，形势利害，远近险易，水涸山阻，不失地利者也。兵法九人，主讲论异同，行事成败，简练兵器，凡军阵所用，刺举非法者也。通粮四人，主广饮食，密蓄积，通粮道，致五谷，令三军不困乏食也。奋威四人，主择材士，喻兵马，风流电掣，不失所由奇状也。鼓旗三人，主佐鼓旗符节号令，倏忽往来，出入若神。股肱四人，主出旌捍，任重持难，修沟堑，治壁垒，四转守御者。通才三人，主拾遗补过，集会术数，周流并会，应待宾客，议论谈语，消息结解也。权士三人，主奇谲殊异，非人所识，行无穷之变也。耳目七人，主往来听言语，览视四方之事，军中之情伪日列于前也。爪牙五人，主扬威武，激厉三军，冒难死攻，令三军勇猛也。羽翼四人，主飞名誉，震远近，动移四境，以弱敌心也。游士八人，主祠征祥候开阖，视敌人为谋者也。伟士二人，主为诸诈，依托鬼神，以惑敌心。法算二人，主计会三军领理万物也。方士二人。全为药以全伤病也。军中有大勇敢死乐伤者聚为一卒，名曰冒将之士。有勃气壮勇暴强者聚为一卒，名曰陷阵之士。有学于奇正长剑雕弧接武齐列者聚为一卒，名曰锐骑之士。有破格舒钩、强梁多力、能溃破金鼓、绝灭旗旌者聚为一卒，名曰勇力之士。有能逾高超远、轻足善走者聚为一卒，名曰冠兵之士。有故王臣失势、欲复见其功者聚为一卒，名曰死斗之士。有死罪之人昆弟为其将报仇者聚为一卒，名曰死责之士。有贫穷忿怒、将快其志者聚为一卒，名曰必死之士。有故赘婿人虏欲昭迹扬名者聚为一卒，名曰厉顿之士。有辩言巧辞、善毁誉者聚为一卒，名曰间谍飞言弱敌之士。有故胥靡免罪之人欲逃其耻者聚为一卒，名曰幸用之士。有材伎过人能负重行数百里者聚为一卒。名曰待令之士。夫卒强将弱曰陁，音豕吏强卒弱曰陷，兵无选锋曰北，必然之数矣。故曰：兵众势强，士卒孰练，知之者胜，不知之者不胜，不可忽也。

兵众

《书》曰：如虎如貔如熊如罴于商郊。

又曰：用咸戒于王曰："王左右常伯、常任、准人、缀衣、虎贲。"

《诗》曰：予王之爪牙，予王之爪士。

《周礼》曰：司戈盾，掌戈盾之物而颁之。军旅会同，授贰车戈盾，建乘车戈盾，授旅贲及虎士戈盾。

《左传》曰：彤弓、虎贲，文公受之，以有南阳之田。

又曰：组甲三百，被练三千。

《史记》曰：苏秦说韩惠王曰："韩之卒勇，被坚甲带利剑，一人当百。以大王之贤，西面事秦，为天下笑。"

《汉书》晁错云：陛下又兴数千万之众，以诛数万之匈奴，众寡之计，以一击十之术也。

《后汉书·光武纪》曰：伯升拔宛已三日，而世祖尚未知，乃伪使书报城中“宛已下，兵到”，而佯堕其书。寻、邑得之，不喜。诸将既累捷，胆气益壮，无不一当百。

《后汉书》曰：光武起，王莽遣大司徒王寻、大司空王邑王莽时，表章所献金匮图有王寻姓名。王邑，王商子，于莽为从父兄弟。将兵百万，其甲士四十二万人。五月，到颍川，复与严尤、陈茂合。颍川郡，今洛州阳翟县也。

又曰：王元说隗嚣曰：“今天水完富，士马最强，北取西河上郡，东收三辅之地。按秦旧迹，表里河山。秦外山而内河。元请以一丸泥为大王东封函谷关，此万代一时也。”

又曰：河南贼张步据齐地，耿弇讨，败之。步肉袒负斧锧于军门。锧，椹也。示必死。椹音砧。锧音质。弇传步诣行在，而勒兵入据其城，树十二郡旗鼓，弇凡平城阳、琅琊、高密、胶东、东莱、齐千乘、济南、平原、泰山、临淄等。令步兵各以郡人诣旗下。众尚千余万，辎重七千余两，皆罢遣归乡里。齐地悉平。

又曰：建安中，刘表为荆州牧。理今江陵郡也。刘备时在荆州，众力尚少，诸葛亮曰：“荆非少人也，而著籍者寡。平居发调，即人心不悦，凡有游户，皆使自实，因录以益众可也。”备言其计，故表众遂强。

又曰：百官志云：节从武贲，比二百石。

《东观汉记》曰：上赐冯异玺书曰：“闻吏士精锐，水火不避，购赏之赐，必不令将军负丹青，失断金也。”

《魏志》曰：张绣反，袭太祖，出战不利，轻骑引去。典韦战于门中，贼不得入。兵遂散从他门并入。时韦校尚有十余人，皆殊死战，无不一当十。前后至稍多，韦以长戟左右击之，左右死伤者略尽。

《晋书》曰：桓玄使陶谦屯覆舟山，刘毅至蒋山。裕羸弱登山，多张旗帜，玄不之测。裕与毅分为数队，进突谦阵，皆殊死战，无不一当百。谦等诸军一时奔散。裕则刘裕也。

又《职官志》曰：左卫将军领熊渠武贲，右卫将军领佽飞武贲。

又《天文志》曰：武贲一星，在太微西蕃，北下台，南静室，旄头之骑官也。

徐爰《宋书》曰：众推高祖为盟主，移檄京邑，遇吴甫之，玄骁将也，其兵甚锐。高祖躬执长刀，径入其阵，众皆披靡，即斩甫之。进至罗落桥，高祖望贼旗鼓，誓众驰进，挺剑指麾，光曜如电，将士皆莫敢仰视。但冯神武争为先登，殊死而战，无不一当百。

萧方等《三十国春秋》曰：陈安奔陇城，前赵将刘贲驰将追之，石虎止贲曰："穷寇归兵不可迫也。我士卒连胜，皆已怠矣；以骄急之卒，当致死之众，恐无万全之利。"贲曰："不然。彼锐气尽矣，众心乖沮，人怀苟免，莫有斗志，我卒乘猛气甚盛，皆一当十，岂其衰沮之余所能抗也。贲躬先士卒，战辄败之，遂围安于陇城。

又曰：定阳人梁犊，因民心怨赵也，谋兵东还。犊自称大将军，率众攻下辨，克之。犊军人皆多力善射，一当十，余无兵甲，所在略大斧，施一丈柯，攻战若神，拟向崩溃。

《后魏书》曰：燕凤尝使于苻坚曰："彼国人马，实为多少？"凤曰："控弦之士数十万，见马百万匹。"坚曰："卿言人众可尔，说马太多，是虚辞耳。"凤曰："云中川自东山至西河二百里，北山至南山百有馀里，每岁孟秋马常大集，略为满川。以此推之，使人言之，犹尚未尽。"坚厚加赠遗。

又曰：宋遣沈攸之，吴憘公领卒数万从沂清而进，欲援下邳，尉元遣孔伯恭卒步骑一万以拒之，并以攸之前败军人伤残手足、瘃兀膝行者尽送令还之。

又《官氏志》曰：太和中，定品令有戟楯武贲将军，有募员武贲将军，有高车武贲将军。

又曰：河北贼葛荣为魏将尔朱荣所擒，余众悉降。以贼徒既众，若即分割，恐其疑惧，或更结聚，乃普告勒各从所乐，亲属相随，任所居止。于是群情喜悦，登即四散，数十万众一时散尽。待出百里之外，乃始分道押领，随便安置，咸得其宜。擢其渠帅，量才授用，新附者咸安。时人服其处分机速。

《三国典略》曰：萧明王僧辨书曰："凡诸部曲，并使招携，投赴戎行，前后云集。霜戈电戟，无非武库之兵；龙甲犀渠，皆是云台之仗。

《庄子》曰：筋力之士矜难，勇敢之士奋忠，兵革之士乐战。《文选》曰：云屯七萃士，鱼丽六郡兵。

又曰：士马精研。

陆士衡《辨亡论》曰：于时云兴之将，带州飚起之师，跨邑哮阚之群，风驱熊罴之众雾集。

又曰：夫曹、刘之将，非一世所选；向时之师，无曩中之众。

又曰：《孙子荆为石仲容与孙皓书》云："今百僚济济，俊乂盈庭；虎臣武将，折冲万里；国富兵强，六军精练。

队伍

《太白阴经》曰：阳队起一至九，阴队起九至一，队有五十人，五人火长，五九不失四十五人之数。卒间容卒，相去二步；队间容队，相去一十八步。前告十步，其队前后相去亦如之。黄帝曰"阵间容阵，队间容队，曲间容曲"是也。

《卫公兵法》曰：诸道狭不可并行者，即第一战锋队为首，其次右战队次之，其次左战队次之，其次右驻队次之，其次左驻队次之。若道平川阔，可以并行者，宜作统法。每统战，锐队居前，两战队并行次之，又两驻队并行次之，余统准此。若更堪齐头行者，每统五队，横列齐行，后统次之。如每统三百人，简取二百五十人，分为五队：第一队为战锋队，第二队第三队为战队，第四第五队为驻队。每队队头一人，副队头一人。其下等五十人为辎重队，别着队头一人，拟战日押辎重，遥为声援。若兵数更多皆类此。诸军当军折冲果毅，必须排定队伍。每行引发营，须依次第。战日有罪须罚，有功须赏，依名排次，甚为省易。不然，推逐稍难，争竞不定。

又曰：诸每队给一旗，行则引队，住则立于队前。其大总管及副总管则立十旗以上，副总管则立四旗以上。行则建于车前，住则立于帐侧。统头亦别给异色旗。拟临阵之时，辨其进退，驻队等旗，别样别造，令引辎重，各令本营行队识认此旗。诸军相去既远，语声难彻，走马报又劳烦，故建旗帜，用为节度。其方面旗举，当方面兵急须装束。旗向前亚，方面兵急须进，旗三竖即住，旗卧却回审，细看大将所举之旗。大将方面旗：东方碧，南方赤，西方白，北方黑。专看方色旗亚处，即是其方贼来，便须御捍攻击。

又曰：诸军将战，每营跳荡队、马军队、奇兵队、战锋队，驻队等，分拆为五等，当军各令一官押领。出战之时，先用某等兵战斗；如更须兵，以次更取某等兵，用尽当营。辎重队不得辄用，亦各一官人押领，使坚垒，各令知其部伍，不使纷杂。自余节度，一依横阵。

太平御览卷第三百 兵部三十一

卒

《说文》曰：隶人给事者为卒，衣有题识者也。

《玉篇》曰：卒，众之名也，屯戍之兵也。

《桂苑》曰：卒，隶人也。

《管子》曰：管仲相齐，作内政而寄军令，二百人为卒，卒有正。卒，聚也。

《韵海》曰：南楚谓卒为弩父，卒主担弩导，因以为名也。又行鞭杖者也，皆赤帻绛褠。

《左传》曰：齐侯求逢丑父，三入三出。每出，齐师以帅退，入于狄卒。狄卒者，狄人从晋讨齐也。狄卒皆抽戈盾冒之。

又曰：楚令尹子重将为阳桥之役以救齐。赦罪，悉师。王卒尽行，彭名御戎，蔡景公为左，许灵公为右。

又曰：晋侯将伐郑，楚子救郑。六月，晋、楚遇于鄢陵。苗贲皇言于晋侯曰："楚之良，在中军王族而已。请分良以击其左右，而三军萃于王卒，必大败。"

又曰：宣子谓鞅曰："矢及君屋，死之！"鞅用剑以帅卒，而栾氏退。摄车从之。

又曰：楚伐舒鸠，吴人救之。楚子强、子息、桓子、骈子、子盂五人以其私卒先击吴师。吴师奔，登山以望，见楚师不继，复逐之傅诸其军。

又曰：齐为鄎故，国书，高无本帅师伐我，及清，季孙谓其宰冉求曰："齐师在清，必鲁故也。"季氏之甲七千，冉有以武城人三百为己徒卒。老幼守宫，次于雩门之外。五日，右师从之。

又曰：蔡、卫不拔，固将先奔。既而萃于王卒，可以集事。从之。

又曰：子玉使伯棼请战，曰："非敢必有功也，愿以间执谗慝之口。"王怒，少与之师，唯西广、东宫与若敖之六卒实从之。

又曰：狐毛、狐偃以上军夹攻子西，楚左师溃。楚师败绩。子玉收其卒而止，故不败。

《史记·项羽本记》曰：是时吕后兄吕侯为汉将，兵居下邑，汉王间往从之，稍稍收其士卒。

《汉书·吴王刘濞传》曰：吴王先起兵，诛汉吏二千石以下。胶西、胶东王为渠率，与菑川、济南共攻围临菑。赵王遂亦阴使匈奴与连兵。七国之发也，吴王悉其士卒，下令国中曰："寡人年六十二，身自将。少子年十四，亦为士卒先。诸年上与寡人同，与少子等皆发。"二十余万人也。

又《司马迁传》曰：且陵提步卒不满五千，深践戎马之地，足历王庭，垂饵虎口，横挑强胡。陵，李陵也。

又《刑法志》曰：战国之时，转相攻伐，齐愍以伎击强，魏惠以武卒奋，秦昭以锐士胜。

又《五行志》曰：成帝绥和二年八月，郑通里男子王褒衣绛衣小冠，带剑入北司马门，上前殿，解帷组结佩之，自云："天帝使我居此。"收缚考问，故公车大谁卒。病狂易，不自知入宫，下狱死。大谁者，非常之人名，大姓谁是也。本以谁何为称，因用名。官有大谁长，今此卒即长所领之卒也。

又《食货志》曰：董仲舒说武帝曰："今荒淫越制，逾侈以相高；邑有人君之尊，里有公侯之富，小民焉得不困？又加月为更卒，已，复为正一岁，屯戍三十倍于古。更，工衡切。更卒，谓给郡县一月而更也。

又《胡建传》曰：建字子孟，河东人也。孝武天汉中，守军正丞，贫亡车马，常步；与走卒起居，所以尉荐走卒，甚得其心。尉者，自上安之也。荐者，举藉之也。

《晋书·天文志》曰：积卒十三星，在房心南，主为卫也。

又《谢万传》曰：万乃召集诸将，都无所说，直以如意指四座云：

“诸将皆劲卒。”诸将益恨之。

又《刘元海载记》曰：元海薨，和嗣立，呼延攸等恨不参顾命也，说和曰：“先帝不惟轻重之计，而使三王总强兵于内，大司马握十万劲卒居于近郊，陛下今便为寄坐，祸难未可测也。

又《刘曜载记》曰：刘岳攻石生于洛阳，配以近郡甲士五千，宿卫精卒一万，济自盟津。镇东呼延谟率荆州之众自崤渑而东。

《庄子》曰：孔子往见盗跖，盗跖乃方休卒太山之阳，脍人肝而餔之。

魏武《步战令》曰：严鼓一通，步骑士悉装；再通，骑上马，步结屯；三通，以次出之，随幡所指。住者结屯幡后，闻急鼓音整阵，斥候者视地形广狭，从四角而立表，制阵之宜。诸部曲各自按部阵，兵曹举白。不如令者斩！

陈孔璋《檄吴将校部曲文》曰：又使征西将军夏侯渊等帅精甲五万，巴汉锐卒。

又曰：城都屠勾践武卒散于黄池。

曹植《求自试表》曰：伏见先帝武臣宿兵年耆即世者，有闻矣。虽贤不乏世，宿将旧卒犹习战也。

阮嗣宗《为郑冲劝晋王笺》曰：东诛叛逆，全军独克，擒阖闾之将，斩轻锐之卒以万计，威加南海，名慑三越。

干宝《晋纪论》曰：将相侯王连头受戮，乞为奴仆，而犹不获免，嫔嫱妃主，虏辱于戎卒，岂不哀哉！

陆士衡《辨亡论》曰：告类上帝，拱揖群后，虎臣毅卒，循江而守。

刘孝标《辨命论》曰：楚师屠汉卒，睢河鲠其流，秦人坑赵士卒，沸声若雷霆。

班孟坚《西都赋》曰：列卒周匝，星罗云布。

左太冲《吴都赋》曰：雕题之士，镂身之卒。

又《魏都赋》曰：簿戍绵幂，无异蛛蝥之网；弱卒琐甲，何异螳螂之卫！

王仲宣《从军诗》曰：泛舟盖长川，陈卒被隰坰。

谢灵运《拟魏太子邺中集应玚诗》曰：官度厕一卒，乌林预艰阻。

贾谊《过秦论》曰：率罢散之卒，将数百之众，转而攻秦，斩木为兵，揭竿为旗。

又曰：信臣精卒，陈利兵而谁何？

颜延年《杨给事诔》曰：立于将卒之间，以辑华裔之众。

骑

《释名》曰：骑，歧也，两脚歧别也。

《史记》曰：韩信伐赵，未至井陉，选轻骑二千人，人持一赤帜，从间道而望赵军。

又曰：今上为胶东王时，韩嫣与上学书相爱，及上为太子，愈益亲。嫣善骑射，上即位欲事伐匈奴，而嫣先习胡兵，以故益尊贵。

《汉书》曰：霍去病年十八为侍中，善骑射。

又曰：赵充国字公孙，陇西上邽人也。始为骑士，以六郡良家子服虔曰：金城、陇西、天水、安定，北地上郡也。善骑射，对补羽林。

《后汉书》曰：景丹从击王郎将倪宏等于南蛮，郎兵迎战，汉军退却，《续汉书》曰：南蛮贼迎击上营，得上鼓车、辎重数乘。丹等纵突骑击，大破之，追奔十余里，死伤者从横。丹还，世祖谓曰："吾闻突骑天下精兵，今乃见其战，乐可言耶！"遂从征河北。

又曰：吕布为曹操所败，布见操曰："今日已往，天下定矣。"操曰："何以言之？"布曰："明公之所患不过于布，今已服矣，令布将骑，明公将步，天下不足定也！"

《东观汉记》曰：邓禹攻赤眉，辄不利，吏士散已尽，禹独以二十四骑还诣雒阳。

又曰：段颎移于徒中，为并州刺史。征还京师，马骑五万余匹。

又曰：马鲂将缇骑宿玄武门。

张璠《汉记》曰：蔡雍上书灵帝曰："幽州突骑，冀州强弩，天下精兵也。"

《魏志》曰：曹休字文烈，太祖族子。太祖指休谓左右曰："此吾家千里驹也。"使与文帝同居止，见待如子。常从征伐，使领虎豹骑。

又曰：太祖哀曹真少孤，占养与诸子同，使与文帝共止。尝猎，为虎所逐，顾射虎，应声而倒。太祖壮其勇，使将虎骑。

又曰：光和中，凉州贼起，发幽州突骑三千，假公孙瓒都督行军事讨之。

《吴志》曰：孙坚领豫州刺史，遂治兵于鲁阳城。当进军讨董卓，遣长史公仇称将兵从事还州督军粮。施帐幔于城东门外，祖道送称，官属并会。卓遣步骑数万人逆坚，轻骑数十先到。坚方行酒谈笑，敕部曲整顿行阵，无得妄动。后骑渐益，坚徐罢坐，导引入城，乃谓左右曰："向所以不即起者，恐兵相蹈袭，诸君不得入耳。"卓兵见坚士众甚整，不敢攻城，乃引还。

又曰：孙策骑士有罪，逃入袁术营，隐于内厩，策指使人就斩之，讫，诣术谢。术曰："兵人好叛，当共疾之，何为谢耶？"

《蜀志》曰：曹公入荆州，先主奔江南，曹公追之。及于当阳之长阪，先主弃妻子奔，使张飞将二十骑据水断桥，瞋目横矛曰："张益德也，可来共决死！"敌皆无敢近者。

又曰：赵云字子龙，随先主为先主主骑。

《晋书·载记》曰：符坚伐晋，舍大军于项城，以轻骑八千兼道赴之，令军人曰："敢言吾至寿春者，拔舌而族之！"

《宋书》曰：傅弘之素善骑射，高祖至长安，弘之于姚泓驰道内，缓服戏马，或驰或骤，往反二十里中，甚有节制，羌胡聚观者数十人，并惋惊叹息。

《梁书》曰：曹景宗谓所亲曰："我昔在乡里，骑快马如龙，与年少辈数十骑，拍弓弦作霹雳声，箭如饿鸱叫。平泽逐麞，数肋射之。"

《后周书》曰：太祖尝从数骑于野，忽闻箫鼓之音，以问从人，皆莫之闻也。

《唐书》曰：贞观中，左右屯营始置飞骑，拣材力骁捷善骑射者为之。太宗时出游幸则从，马衣五色袍，乘六闲骏马，赐猛兽皮鞯以标异之。又加阶级、廪食各有差。

《五代周史》曰：显德中，世宗车驾至濠州城下。戊子，亲破十八里滩寨。在濠州东北淮水之中，四面阻水，上令甲士数百人跨驰以济。太祖皇帝以骑军浮水而渡，遂破其寨，虏其战舰而回。

《三国典略》曰：陈韦翽字子羽，有志操，以孝著称。先寻以为骁骑将军，领朱衣直阁骁骑之职。旧领营兵梁世已来其任逾重。翽素有名望，每大事恒令侠侍左右，时人荣之，号曰“侠御将军”。

《祢衡别传》曰：衡着官布单衣，以杖捶地，数骂责操及其先祖，无所不至。操乃敕外具上厩驎马三匹，并骑二人。须臾外给启马办，曹公谓孔文举曰：“祢衡小人，无状乃尔，孤今杀之无异鼠雀耳！顾此子有异才，远近闻之，孤今杀之，将谓孤不能容。刘景升天性险急，不能容受此子，必当杀之。”乃以衡置马上，两骑挟送至南阳也。

《会稽典录》曰：朱育谓锺离曰：“大皇帝以神武之姿，欲得五千骑乃可有图。今骑无从出，而怀进取之志，将何计？”收曰：“大皇以中国多骑，欲得骑以当之，吴神锋弩射三四里，洞三四马，骑敢近之乎？”

《邺中记》曰：石虎皇后出女骑千人，皆着五彩靴。

《邺城故事》记：凉马台，一名阅马台，亦名戏马台。案《邺中记》云：赵王虎建武六年，造凉马台在城西漳水之南，约坎为台。虎常于此台简练骑卒、虎牙、宿卫，号云腾黑矟骑五千人。每月朔晦阅马于此台，乃于漳水之南张帜鸣鼓，列骑星罗。虎乃登台射髀，箭一发，五千骑一时奔走，从漳水之南齐走集于台下。队督已下皆班赉。虎又射一箭，其五千骑又齐走于漳水之北。其五千流散攒促，若数万人骑，皆以漆矟从事，故以“黑矟”为号。季龙又常以女骑一千人为卤簿，皆着紫纶巾、熟锦裤、金银镂带、五文织成靴，游于台上。

《六韬》曰：选士之法，取年四十以下，长七尺五寸以上，材轻捷疾，力过伦等，能驰彀骑射，前后左右，周旋进退，超越沟堑，驰山陵险阻，绝大泽、越强敌、乱大众者，名曰武骑之士，不可不厚也。

《三略》曰：欲知敌形色可胜之符，先以二十八骑惑之，骑象二十八宿也。

《淮南子》曰：夫善游者溺，善骑者堕，各以其所好，反自为祸。祸，害也。是故好事者未尝不中，中，伤也。好为情欲之事者，未尝不自伤也。争利者未尝不穷也。

《通典》曰：孙膑云：用骑有十利：一曰迎敌始至；二曰乘敌虚背；三曰追敌散乱；四曰迎敌前、击敌后，使敌奔走；五曰遮其粮食，绝其军道；六曰败其津关，发其桥梁；七曰掩其不备，卒击其未振；八曰攻其静怠，出其不意；九曰烧其积聚市里；十曰掠其田野，系累其子弟。此十者，骑战利也。夫骑者，能离能散能集，百里为期，千里而赴，出入无间，故名离合之兵也。

太平御览卷第三百一　兵部三十二

阵

《尚书》曰：武王与纣癸亥阵于商郊。

《左传》曰：晋将荀吴败燕无终及群狄于太原，崇卒也。无终，山戎。初将战，魏舒曰："彼徒我车，所遇又厄，地险不便也。厄，乌介反。以什共车必克。更增十人，当一车之用。困诸厄，又克。车每用于厄道，今去车，故为必克也。请皆卒，去马为步卒。自我始。"乃毁车以为行，魏舒先自毁其属车，为步阵。行，户郎反。五乘为三伍。乘车者，车三人，五乘十五人，今改去车，更以五人为伍，分为伍，三也。为五阵以相离，两于前，伍于后，专为右角，参为左角，偏为前拒，皆临时处置之名也。以诱之。狄人笑之。笑其失常。未阵而薄之，大败。

又曰：王以诸侯伐郑，郑伯御之。原繁、高渠弥以中军奉公，为鱼丽之阵，先偏后伍，伍承弥缝。杜预注曰：此鱼丽之法。

又曰：宋为乘丘之役故侵我。公御之。宋师未阵而薄之，败诸鄑。凡师，敌未阵曰败某师，皆阵曰战，大崩曰败绩，得隽曰克，覆而败之曰取某师，京师败曰王师败绩于某。

又曰：宋公及楚人战于泓。司马子鱼曰："彼众我寡，及其未济，请击之。"公曰："不可。"既阵而后击之，宋师败绩。公伤股，门官歼焉。门官，守门者也。国人皆咎公。公曰："古之为军也。不以阻隘。寡人虽亡国之余，宋，商纣□之后。不鼓不成列。"耻以诈胜也。

又曰：晋楚将战，晋栾书曰："楚师轻窕，固垒而待之，三日必退。退而击之，必获候胜焉。"郄至曰："楚有六间，不可失也：其二卿相恶，子重、子反也。王卒以旧；罢老不代。郑阵而不整；蛮军而不阵；蛮夷从楚，不结阵也。阵不违晦；晦月终阴之尽，故兵家以为忌。在阵而嚣，嚣，喧哗也。合而加嚣，阵合宜静而益有声。各顾其后，莫有斗心，人恤其所底。旧必不良，以犯天忌。我必克之。”

又曰：宋公子谋逐华貙，卫公子朝救宋，与华氏战于赭丘。郑翩愿为鹳，其御愿为鹅。郑翩，宋大夫，与华貙俱亡者。鹳，鹳阵也。鹅，雁行阵也。

又曰：越子伐吴，吴人御之笠泽，夹水而阵。越子为左右勾卒，勾卒，钩伍相著，引为左右屯也。使夜或左或右，鼓噪而进。吴师分以御之。越子以三军潜涉，当吴中军而鼓之，吴师大乱。

又曰：鲁哀公为支离之卒，阵名。因祝史挥以侵卫，卫人病之。

又曰：吴楚战于鸡父。公子光曰：“请先者去备薄威，后者敦阵整衣。”遂克之。

又曰：郑子元请为左拒，以当蔡人，卫人为右拒，以当陈人。阵名。

《论语》曰：卫灵公问阵于孔子，孔子对曰：“俎豆之事，则尝闻之；军旅之事，未之学也。”

《周书》曰：春为牝阵，弓为前行；夏为方阵，戟为前行；季夏为圆阵，矛为前行；秋为牡阵，剑为前行；冬为伏阵，楯为前行。是为五阵。

《史记》曰：黄帝有涿鹿之战，以定火灾；颛顼有共工之阵，以平水害。

《汉书·陈汤传》曰：汤伐西域，置扬威、白虎、合骑三校。张宴曰：西域阵名。

又曰：韩信为相国，击齐，齐王走高密，信追至高密西。楚使龙且将，号二十万救齐。齐王使龙且并军与信战，夹潍水阵。信乃夜令人为万余囊，盛沙以壅水上流，引军半渡，击龙且。佯不胜，还走。龙且果追渡水。信使人决壅囊，水大至。龙且军太半不得渡，即击，杀龙且，虏齐王广。遂平齐。

又曰：李陵至峻稽山，与单于相值，骑可三万围陵。陵军居山间，以大车为营，陵引士出营外为阵，前行持戟楯，后行持弓弩，令曰：“闻鼓声而纵，闻金声而止。”虏见汉军少，直前就营。陵搏战攻之，千弩俱发，应弦而倒。虏还走上山，汉军追杀千人。

又曰：卫青军出塞千余里，见单于兵阵而待。于是青令武刚车自环为营，张晏曰：兵车也。而从五千骑往当匈奴。

《晋书》曰：卞壶字望之，子眕及盱同没阵，母抚二子尸哭曰："父为忠臣，汝为孝子，夫何恨乎！"征士翟汤曰："父死于君，子死于父，忠孝之道，萃于一门。"

王隐《晋书》曰：马隆击凉州，恶虏断道。隆作八阵图车营并追，狭则木屋施轮并前，智谋纵横，出其不意，故能成功。

《后魏书》曰：文成帝和平二年，制战阵之法十有余条，因大傩曜兵，有飞龙、腾蛇、鱼丽之变，以示威武。

《隋书》曰：周法尚为定襄太守。时帝幸榆林，法尚朝于行宫。内史令元寿言于帝曰："汉武出塞，旍旗千里。今御营之外，请分为二十四军，日别遣一军发，相去三十里，旗帜相望，钲鼓相闻，首尾连注，千里不绝。此亦出师之盛者也。"法尚曰："不然。兵亘千里，动间山川，卒有不虞，四分五裂。腹心有事，首尾未知，道阻且长，难以相救。虽是故事，此乃取败之道也。"帝不怿，曰："卿意以为如何？"法尚曰："结为方阵，四面外拒，六宫及百官家口并住其间。若有变起，当头分抗，内引奇兵，出外奋击，车为壁垒，重设钩陈，此与据城理亦何异！若战而捷，抽骑追奔，或战不利，此屯营自守。臣谓牢固万全之策也。"帝曰："善。"因拜左武卫将军，赐良马一匹，绢三百匹。

《唐书》曰：太宗自为真草书屏风，以示群臣。笔力遒劲，为一时之绝。先是，人间有羲之书，凡真、行二百九十纸，装为七十卷，草书二千纸，装为八十卷。每听览余闲时，取临玩焉。谓朝臣曰："书小道，初非急务，时或留心，犹胜弃日。凡诸艺业，未有学而不得者也。病在心力懈怠，不能专精耳。朕少时为公子，未遭阵敌；义旗之始，乃平寇乱。每执鼓，必自指㧑。习觏兵阵，即知强弱。常取吾弱对其强，强对其弱。敌犯其弱，追奔不逾百数十步，吾击其弱，必突过其阵，自背而反击之，无不溃。多使此而制胜，思得其理深也。今吾临人之书，殊学于形势，唯在求其骨力，及得骨力而形势自生耳。然吾所为，皆先作意，是以果能成也。"

又曰：太宗制《破阵乐舞图》：左圆右方，先偏后伍，鱼丽鹅鹳，箕张翼舒，交错屈伸，首尾回互，以象战阵之形。令起居郎吕才，依图教乐工一百二十人，被甲执戟而习之。凡为三变，每变为四阵，有来往疾徐击刺之象，以应歌节，数日而就，更名《七德》之舞。

又曰：高宗御武成殿，亲试制举人，问之曰："兵书云天阵、地阵、人阵，其说如何？"举人员半千对曰："臣观载籍，此说颇多，或谓天阵偏伍弥缝也。以臣愚见，谓不然矣。夫师出以义，有若时雨，得天之时，此天阵也。兵在足食，且耕且战，得地之利，此地阵也。善用兵者，使三军之士如父子兄弟，得人之和，此人阵也。三者去矣，其何以战？"高宗嗟赏之，擢居上第。

《家语》曰：战阵有列矣，而勇为本。

《国语》曰：吴王之军为方阵：白裳、白旗、素甲、白羽，望之如荼；茅也。左军赤裳、赤旟，望之如火；右军玄裳、玄旗，望之如墨。

《庄子》曰：徐无鬼谓武侯曰："军无盛鹤，列于丽谯之间。"鹤，列阵名。丽，谯楼也。

《鬻子》曰：武王伐纣，虎旅百万，陈于商郊，起自黄鸟，讫于赤甫，走如疾风，声如震霆。武王乃使太公把旄以麾之，纣军反走。

《尉缭子》曰：梁惠王问尉缭曰："吾闻黄帝有刑德，可以百战百胜，有之乎！"尉缭曰："不然。黄帝所谓刑德者，天官时日、阴阳背向者也。黄帝者，人事而已矣。何以言之？武王伐纣，背清水，向山陵，以万二千击纣之亿有八万，断纣头悬于白旗，岂不得天官之阵哉！"

《孙子》曰：善用兵者，譬如常山之蛇也，击其首则尾至，击其尾则首至，击其腹则首尾俱至。

《傅子》曰：兵法云："内精八阵之变，外尽九成之宜，然可以用奇也。"

盛弘之《荆州记》曰：鱼腹县盐井以西，石碛平旷，聘望四远，诸葛孔明积细石为垒，方可数百步。垒西郭，又聚石为八行，相去二丈许，谓之八阵图。曰八阵既成，自今行师，庶不复败。自后深识见者，并莫能了。桓宣武伐蜀，经之，以为常山蛇势。

《六韬》曰：武王问太公曰："凡用兵为天阵奈何？为地阵奈何？为人阵奈何？"太公曰："星辰、日月、斗杓，一左一右，一迎一背，谓之天阵；丘陵水泉，亦有左右前后之利，此谓地阵；用车用马，用文用武，谓之人阵。"武王曰："善。"

又曰：武王问曰："引兵入诸侯之地，高山盘石，其避无草木，四面受敌，士卒惑迷，为之奈何？"太公曰："当为云象之阵。"

《兵钤》曰：有运衡阵，洞当阵，龙腾阵，鸟翔阵，握机阵，虎翼阵。

《兵书要决》曰：孙子称：无要正正之旗，无击堂堂之阵。正正之旗者，谓行军也，前后正治，故不可要而击之也；堂堂之阵者，谓营军也，堂堂不冒乱者，不可就而击之。

《黄石公记》曰：使商人为前兵者，象白虎阵；使羽人为前兵者，象玄武阵；使征人为前兵者，象朱雀阵；使角人为前兵者，象青龙阵，亦曰旬始阵。

又曰：彼以直阵来者，我以方阵应之。方来，锐应之；锐来，曲应之；曲来，圆应之；圆来，直应之。直木，方金，锐火，曲水，圆土也，各以能克者，应胜之。

《诸葛亮军令》曰：连冲阵，狭而厚也。

《卫公兵法》曰：诸逢贼布阵，须有次第。先右虞候改为首，其次右军，其次前军，其次中军，其次后军，其次左军，其次左虞候。其诸军跳荡奇兵马军，各随本军，以次行至战所，并于本军战锋队前布列，待五方旗节度。如战锋等队打贼不入，其跳荡奇兵排后即入。山谷林木蒙密之处，并渡水狭路及下营战处，百里以来，总须搜踏清静。不然，兵引过半，临战下营，伏兵起发，致损军旅。其收军还营，却抽左虞候先入，即左军、后军、中军、前军、右军、右虞候次之。诸贼徒恃固，阻山布阵，不得横列，兵士分立，宜为竖阵。其阵法弩手、弓手，与战锋队相间引，前两队两边相翊。布列既定，诸军既听角声。其角声节度一准前，看黄旗向贼亚，闻鼓声发，诸军弩手弓手及战锋队，各令人捉马，一时笼枪大叫齐入。若弩手弓手战锋等队引退，跳荡奇兵队一时齐入，战锋等队排比回面，还与奇兵同入。如见黄旗却立不亚，及闻金钲声乃止。膊上架枪引还，各于旧处，准前听角声。卷幡簇队一准前，如便放散，即更听一会角声，依军次发行。

又曰：诸方阵既成，逢贼斗战，或打头，或打尾。打头其阵行，不前进；阵既不进，自然牢密。如其打尾，头行不停，其阵中间，多即断绝，须面列各定，总管都押干当，勿令断绝。

《太白阴经》曰：黄帝设八阵之形；车厢洞当，金也；车土中黄，土也；鸟云鸟翔，火也；折冲，木也；龙腾却月，水也；雁行鹅鹳，天也；轮车，地也；飞翼浮阻，巽也。风后亦演渥奇图云：以正合，以奇胜，或合而为一阵，或散而为八。聚散之势，节制之度，复置虚实二垒，力牧亦创营图。其后秦由余、蜀诸葛亮，并有阵图以教人战。夫营垒教图，使士卒知进止，识金鼓，其应敌战不可预形，故其战胜不复而应形无穷。兵形象水，因地而制形。兵因敌而制胜，能与敌变化而取胜者谓之神，则其战阵无图明矣。而庸将以教习之阵为战敌之阵，不亦谬乎！

又曰：合而为一阵，终一阵之中，离而为八阵。听音望麾，以出四奇。飞龙、虎翼、鸟翔、蛇盘，为四奇阵；地、天、风、云，为四正阵。夫善战者，以正合，以奇胜，奇正相生，如环之无端，孰能穷之？奇为阳，正为阴，阴阳相薄而四时行焉。奇为刚，正为柔，刚柔相得而万物成焉。奇正之用而万物无所胜焉。

又曰：《天阵经》曰：风后演握奇图、自一阵之中分为八阵，天有冲，或圆，布形。黄帝曰：少则为员，利为主，色尚玄为乾。地阵、黄帝曰：壮则为方，利为主，色尚黄为坤。风阵。风附于天，风象峰，其形锐，首利为客，色尚赤，为巽。云阵，云附于天。太公曰：左右相向是也。其形锐首，利为主，色尚白，已前为四正为坎。飞龙阵，其形屈曲象龙，利为主，色尚生，玄下赤为震。虎翼阵，居中张翼而进，其形踞。利为主，色尚上黄下青为兑。蛇盘阵，太公曰：围绕之义，其形宛转，利为主，色尚上黄下赤为艮。鸟翔阵。太公曰：突击之战，其形迅急，利为客，其色尚上玄下白为离。

又曰：天阵居乾为天门，地阵居坤为地门，风阵居巽为风门，云阵居坎为云门，飞龙居震为飞龙门，武翼居兑为武翼门，鸟翔居离为鸟翔门，蛇盘居艮为蛇盘门。天、地、风、云为四正门，龙、虎、鸟、蛇为四奇门，乾、坤、艮、巽为阖门，坎、离、震、兑为开门。

太平御览卷第三百二 兵部三十三

先锋

《后汉书》曰：祭肜拜辽东太守。至则厉兵马，广斥候。肜有勇力，能贯三百斤弓。虏每犯塞，常为士卒前锋，数破走之。

《东观汉记》曰：贾复以偏将军从上拔邯郸，击青犊，大战，日中，贼阵坚不却。上传召复曰："吏士饥，且可朝食。"复曰："先破之，然后食耳。"于是被羽先登，所向皆靡，诸将皆服其勇。

《魏志》曰：张辽字文远，为征东将军。征孙权，被甲战，先陷阵，衔垒入，至麾下。

《晋书·刘牢之传》曰：太元初，谢玄北镇广陵，时符坚方盛，玄召募，牢之与东海何谦、琅琊诸葛侃、乐安高衡、东平刘轨、西河田洛晋陵孙无终等以骁猛应选。玄以牢之为参军，领精锐为前锋，百战百胜，号为"北府兵"，敌人畏之。

又曰：元兴初，会稽王道子将讨桓玄，诏司马柔之兼侍中，以驺虞幡宣告江荆二州。至姑熟，为玄前锋所害。

又《载记》曰：高句丽及宇文政国等谋灭廆，以分其野。太兴初，三国伐廆，廆曰："彼军初，其锋甚锐。若逆击之，落其计矣。"

又曰：《吕隆载记》曰："宜曜劲锋，示其威武。彼以我远来，必决死拒战，可一举而平。"

《宋书》曰：刘怀慎，彭城人也。少谨慎质直。始参高祖镇军车骑将军事，振武军、彭城内史。从征鲜卑，每战必先士卒，及克广固，怀慎率所先登。高祖拒卢循于石头，屡战克捷。

又《张畅传》曰：虏攻彭城南门并放火，畅躬自前战，身先士卒。

《梁书》曰：宋武北伐广固，田子领偏师与龙骧将军孟龙符为前锋。龙符战没，田子力战，破之。

又曰：孟龙符，怀王第三子也。骁勇有胆气，高祖伐广固，以龙符统步骑为前锋。贼数千围统攻之，以众寡不敌，遂见害。追赠青州刺史。

又表曰：龙符投袂义切，前驱效命，摧锋三捷，每为众先。及西剿桓歆，北殄索虏，朝议爵赏，未及施行，会臣北伐，复统前旅，临照之战，气冠三军。于时逆徒实繁，控弦掩泽，龙符匹马电跃，所向摧靡，奋伐深入，知死不吝。

《后周书》曰：高祖东伐齐，王宪率所部先向晋州。明日，诸军总集，稍逼城下；齐人亦大出兵，阵于营南。高祖召宪，驰往观之，宪返命曰："易与耳，请破而后食。"帝悦曰："如汝所言，吾无忧矣。"内史柳昂私谓宪曰："贼亦不少，王安得轻之？"宪曰："宪受委前锋，情兼家国，扫此逋寇，事等摧枯。商周之事，公所知也。贼虽众，其如我何？"既而诸军俱进，应时大溃，其夜齐主遁走。宪轻骑追之。

又曰：李弼背侯莫陈悦以秦州归国。太祖谓弼曰："公与吾同心，天下不足平。"破悦，得金宝奴婢，悉以好者赐之，拜秦州刺史。从太祖平窦泰，先锋陷敌，太祖以所乘骓赐之，及泰所着牟甲亦赐之。

《唐书》曰：太宗击王世充，选千余骑为奇兵，皆皂衣玄甲，分为左右队。建大旗，令骑将秦叔宝、程咬金、尉迟敬德、翟长孙等分统之。每临寇，太宗躬被玄甲，先锋率之，候机而进，所向摧殄，常以少击众，贼徒气慑。

殿

《广雅·释诂》曰：殿，后也。

《桂苑》曰：殿，镇也。军后也。

《开元文字》曰：乐只君子，殿天子之邦，谓镇也。孟之反不伐，奔而殿，言在军后也。前曰启，后曰殿。

《传》曰：公与石祁子玦，与宁庄子矢，使守，曰："以此赞国，择利而为之。"与夫人绣衣，曰："听于二子。"渠孔御戎，子伯为右，黄夷前驱，孔婴齐殿。

又曰：十一月丁卯朔，入平阴，遂从齐师。夙沙卫连大车以塞隧而殿。殖绰、郭最曰："子殿国师，齐之辱也。子姑先乎！"乃代之殿。

又曰：子仪之乱，析公奔晋，晋人置诸戎车之殿，以为谋主。殿，后军也。

又曰：公侵齐，门于阳州。颜息射人中眉，退曰："我无勇。吾志其目也。"师退，冉猛伪伤足而先。其兄会乃呼曰："猛也殿。"

又曰：处父曰："然则乱也，必及于子，先备诸。"与孟孙以壬辰为期。阳虎前驱，林楚御桓子，虞人以铍楯夹之，阳越殿。"越，阳虎从弟也。

又曰：侯犯止之，曰："谋免我乎？"侯犯请行，许之。驷赤先如宿，侯犯殿。

又曰：夏，卫公孟彄伐曹，克郊。还，滑罗殿。罗，卫大夫。

又曰：追郑师，姚般、公孙林殿而射，前列多死。

又曰：宋公伐曹，将还，褚师子肥殿。曹人诟之，不行。子肥，宋大夫。

又曰：陈瓘陈庄涉泗。孟之侧后入以为殿。之侧，孟氏族，字反也。

《论语》曰：孟之反不伐，奔而殿，将入门，策其马，曰："非敢后也，马不进也。"

《史记·绛侯世家》曰：周勃，沛人也。高祖之为沛公初起，勃以中涓从攻胡陵。勃击章邯车骑，殿。如淳注曰：殿不进。吕瓒云：在军后曰殿也。

《后汉书》曰：岑彭围隗嚣于西城。嚣将行巡，周宗将蜀救兵到，嚣得出还冀。汉军食尽，烧辎重，引兵下陇，延、耷亦相随而退。嚣出兵尾击诸营，彭殿为后拒。尾，谓尾其后也。凡军在前曰启，在后曰殿。

《后周书》曰：高祖伐齐还，以齐王宪为后拒。齐主自率众来追，至于高梁桥。宪以精骑二千，阻水为阵。齐领军段畅直进至桥。隔水招畅与语，语毕，宪问畅曰："若何姓名？"畅曰："领军段畅也。公复为谁？"宪曰："我虞候大都督耳。"畅曰："观公言语，不是凡人，今日相见，何用隐其名位？"陈王纯、梁公侯莫陈芮、内史王谊等并在宪侧。畅固问不已。宪乃曰"我天子大弟齐王也。"指陈王已下，并以名位告之。畅鞭马而去，宪即命旋军，而齐人遽追之，戈甲甚锐。宪与开府宇文忻各统精兵百骑为殿以拒之，斩其骁将贺兰豹子、山褥瓌等百余人，齐众乃退。

又曰：杨宽从天穆引军趣成皋，令宽与尔朱兆为后拒。寻以众议不可，乃回赴石济。宽夜行失道，后期。诸将咸言："宽少与北海周旋，今不来矣。"天穆答曰："杨宽非轻于去就者也，其所逗留，必有他故。吾当为诸君保明之。"语讫，候骑白宽至。天穆抚髀而笑曰："吾固知其必来。"遽出帐迎之，握其手曰："是所望也。"

《唐书》曰：胡贼掠宜君，令窦轨讨之。初，不利，轨斩其部将十四人，拔队中小帅以代之。轨率数百骑殿于后，令众曰："闻鼓声有不进者，自后斩之。"既鼓，士卒争进击贼，破之，斩首千余级，虏男女二万余口。

乡导

《孙子》曰：不用乡导者，不得地利。不任彼乡人而导军者则不能得道路之便利。先知迂直之计者胜，此军争之法也。

《卫公兵法》曰：凡是贼徒，好相掩袭，须择敢勇之夫，选明察之士，兼使乡导，潜历山原，密其声、晦其迹。或刻为兽疏，而履于中途；或上冠微禽，而幽伏于丛薄。然后倾耳以遥听，竦目而深视，专智以度事机，注心而候气色。见水痕则可以测敌济之早晚，观树动则可以辨来寇之驱驰也。故烟火莫若谨而审，旌帜莫若齐而一，爵赏必重而不欺，刑戮必严而不舍。止敌之动静而我必有其备，彼之去就而我岂不保其全哉。必须先觇敌国道路远近，水潦山林，溪谷险厄，城邑大小，沟渠深浅，蓄积多少，兵革之数，豪杰姓名，审而知之，用兵之要也。

伏兵

《易》曰：伏戎于莽，三岁不兴。

《左传》曰：北戎侵郑，郑伯患之。曰："彼徒我车，惧其侵轶我也。”徒，步兵也。轶，突也。公子突曰：“使勇而无刚者尝寇，而速去之。尝，试也。勇则能往，无其刚不耻退也。君为三覆以待之。覆，伏兵也。戎轻而不整，贪而无亲，胜不相让，败不相救。先者见获，后必务进，进而遇覆必速奔，后者弗救，则无继矣。乃可以逞。”从之。戎人之前遇覆者奔。郑将祝聃逐之。衷戎师，前后击之，尽殪。为三部伏兵。祝聃帅勇而无刚者先犯之，戎而速奔以遇三伏兵，至后伏兵，伏兵起，戎还走，祝聃返，遂逐之。戎前后及中三处受敌，故曰：衷戎师，殪死。衷，丁仲切。

又曰：吴侵楚，楚将养由基奔命，楚司马子庚以师继之。养由基曰：“吴乘我丧，谓我不能师也，必易我而不戒。戒备。子为三覆以待我，我请诱之。”子庚从之。战于庸浦，庸浦，楚地。大败吴师。

又曰：秋九月，晋侯饮赵盾酒，伏兵甲将攻之。其右提弥明知之，右，军右也。趋登曰：“臣将侍宴，过三爵，非礼也。”遂扶跣以下，公嗾獒焉。明搏而杀之。斗且出，提弥死之。

又曰：卫侯在平寿，平寿，卫下邑。公孟有事于盖获之门外，有事，祭也。盖获，卫郭门也。齐氏帷于门外而伏甲焉。

《后汉书》曰：冯异招集诸营保数万人，与贼约期会战。使壮士变服与赤眉同，伏于道侧。旦日，赤眉使万人攻异前部，异裁出兵以救之。裁，小出兵，所示弱也。贼见势弱，遂悉众攻异，乃纵兵大战。日昃，贼气衰，伏兵卒起，衣服相乱，赤眉不复识别，众遂惊溃。追击，大破于崤底，降男女八万人。

《通典》曰：后汉末，荆州牧刘表遣刘备北侵至邺，曹公遣将李典与夏侯惇距之。备一旦烧屯去，惇率诸军追击之。典曰：“贼无故退，疑必有伏，南道窄狭，草木深，不可追也。”惇不听，与将于禁追之。典与惇等果入贼伏衷，战不利。典往救，备救至乃退。

又曰：后汉末，吕布从东缗与陈宫将万余人来与曹公战。时兵皆出取麦，在者不数千人，屯营不固，曹公乃令妇人守陈，悉将兵距之。屯西有大堤，其南树木幽深，布疑有伏，乃相谓曰：“曹操多诈，勿入伏中。”引军南七十余里。明日复来，曹公隐兵堤里，出半兵堤外，布益进，乃令轻兵挑战。既合，伏兵乘堤，步卒并进，遂大破之。

《晋书》曰：镇南将军杜元凯伐吴乐乡城，晋牙门管定、周旨等伏兵乐乡城外。吴都督孙歆先遣车出拒晋将王浚于上流，大败而还。旨等发伏兵，随歆军入，歆不觉，直至帐下虏歆。于是进逼江陵。吴都督将伍延伪请降而列兵登陴，晋师攻克之。

《十六国春秋》曰：后晋石季龙攻晋将刘演于廪丘，晋将邵续使文鸯救演，季龙退止卢关津以避之。文鸯弗能进，屯于景亭。兖州豪右张平等起兵救演。季龙夜弃营，设伏于外，扬声将归河北，张平以为信然，入于空营。季龙回击，败之，遂陷廪丘。

又曰：夏赫连勃勃进屯依力川，后秦姚兴来伐，至三城。勃勃率骑御之，兴遣其将姚文宗拒战。勃勃伪退，设伏以待之，兴将姚榆生等追之，伏兵夹击，皆擒之。

《北齐书》曰：段韶与右丞相斛律光率师伐后周。五月，攻服秦城。周人于姚襄城南更起城镇，东接定阳，又作深堑，断绝行道。韶乃密抽壮士，从袭之。又遣潜渡河，告姚襄城中，令内外相应，度者千有余人，周人始觉。于是合战，大破之，诸将咸欲攻其新城。韶曰："此城一面阻河，三面地险，不可攻，纵令得之，一城地耳。不如更作一城壅其要路，破服秦城，并加以图定阳，计之长者。"将士咸以为然。遂围定阳，其城主杨范固守不下。韶登山以观城势，乃纵兵急攻之。七月，屠其外城，韶谓光曰："此城三面重涧险阻，并无走路，唯虑东南一处耳。贼若突围，必从此出，但简精兵专守，自是成擒。"光乃令壮士千余人设伏于东涧口，其夜果如所策，贼遂出城，伏兵击之，大溃，范等面缚，尽获其众。

《后魏书》曰：万俟丑奴作乱关中，魏将贺拔岳率兵讨之。岳以轻骑八百北渡渭，杀略其民以挑之，丑奴大将尉迟菩萨。菩萨果率步骑三万至渭北。岳以轻骑数十与菩萨隔水交言，岳称扬国威，菩萨自言强盛，往复数返。时已逼暮，于是各还兵。岳密于渭南傍水分精骑数四十、五十、为一处，随地形便置之。明日，自将百余骑，隔水与贼相见。岳渐前进，先所置骑随岳而集。骑既渐增，贼不复测其多少。行二十许里，至水浅可济之处，岳便驰马东出，以东奔遁。贼谓岳走，乃弃步兵，南渡渭水，轻骑追岳。岳东进十余里，依横岗设伏待之。贼以路险不得齐进，前后继至，半度岗东。岳乃回与贼战，身先士卒，急击之，贼便退走。岳号令所部，贼下马者皆不听杀。贼顾见之，便悉投马。俄而虏获三千人，马亦无遗。遂擒菩萨，乃度渭北，降步卒万余。

《隋书》曰：炀帝征吐谷浑，至覆袁川。时吐谷浑王无数骑而遁，其名王诈为浑主，保车我真山，帝令将张定和率师击之。定和既与贼相遇，轻其众少，呼之命降，贼不肯。定和不被甲，挺身登山，贼伏兵于岩石之下，发矢中之而毙。

《唐书》曰：武德中，太宗围王世充于东都，窦建德自河北率兵十二万来救。太宗自率骑二千五百、步卒千人趣武牢。四月，建德自荥阳西上，筑垒于板渚，太宗以五百骑出武牢东二十余里，将挑战，先伏李勣、程咬金、秦叔宝等，令尉迟敬德执矟造建德垒下，大呼致师，贼众大惊扰，出兵数千骑。太宗逡巡渐却，遂引以入伏内。李勣等奋击，大破之，获其大将殷秋、石瓒，斩首数百级。

又曰：罗士信仕王世充，率千余人奔于谷州。高祖以为新安道行军总管，使围世充。士信进居前锋，退居后殿，凡所虏获悉分士卒，以此为常，身未曾自取。人有功者，解衣下马而赏之。然持兵严暴，有不用命者，无问亲友，必皆斩决。由是下不附而畏之。及大军至洛阳，士信以兵围世充千金堡，其中人大骂之。士信怒，夜遣百余人将婴儿数十从南而来，至于堡下，诈言“从东都来投罗总管”也。因令婴儿啼噪，既而阳惊曰：“此千金堡，吾辈错矣！”忽然而去。堡中谓是东都逃人，遽出兵追之。士信伏五千人于路侧，候其开门而奋击，遂破之，杀无遗类也。

又曰：武德中，菀君璋及突厥吐屯设来寇马邑，高蒲政设三伏以待之。突厥至城下，伏兵发，大破之，斩首二百余级，以蒲政为朔州总管，曲赦马邑。

又曰：王君廓从大军讨别下轘辕、罗山二县，王世充遣将魏隐率兵拒之。君廓撤营伪遁，设伏以待之。隐纵兵疾进，发伏，破之。

又曰：太宗初为右元帅，总兵十万徇东都。军屯西苑，营于三王陵，自三月而旋。俄而隋将段达率万余人自后而至，太宗发伏以击之，贼师大败，亲自追奔至金城下，斩四十余级。

又曰：王君廓亡命，聚徒数千人，转掠长平，进逼夏县。河东郡丞丁荣以兵拒之，又遣使慰谕。君廓见其使谬为恭敬，称欲归首。荣心轻之，于是曜兵登山下十余里。君廓悉匿其众于山谷中，荣无所见，引兵而退，才至山下，君廓追击，大破之。

《吴越春秋》曰：公子光伏甲于私室中，具酒，而王僚乃被棠夷之甲三重，使兵卫陈于道。专诸置鱼腹而进之，刺王僚，贯脾达背，王僚立死。

《世说》曰：桓玄伏甲设馔，广延朝士，因此欲诛谢安、王坦之。王甚遽，问谢，谢之宽容，愈表于貌，望阶趣席，方作洛生咏，讽“浩浩洪流”。桓惮其旷远，乃起解兵。王、谢旧齐名，于此始别优劣。

太平御览卷第三百三　兵部三十四

征伐上

《释名》曰：伐，豁也，所向莫敢当前，豁然破散也。

《易》曰：高宗伐鬼方，三年克之。

《书》曰：葛伯仇饷汤，初征自葛。东征西夷怨，南征北狄怨。曰："奚独后予？"

又曰：惟十有一年，武王伐殷。一月戊午，师渡孟津。

《诗》曰：《东山》，周公东征也。我徂东山，慆慆不归。昔我往矣，杨柳依依。今我来思，雨雪霏霏。

又曰：《六月》，宣王北伐也。六月栖栖，戎车既饬。四牡骙骙，载是常服。薄伐猃狁，以奏肤功。有严有翼，共武之服。

又曰：《采芑》宣王南征也。蠢尔蛮荆，大邦为柔。

又曰：赫赫南仲，薄伐西戎。

又曰：浩浩昊天，不骏其德。降丧饥馑，斩伐四国。

又曰：笃生武王，保祐命尔，燮伐大商。燮，和也。

又曰：维师尚父，时维鹰扬，谅彼武王。肆伐大商，会朝清明。肆，疾也。

又曰：《文王有声》继伐也。武王能广文王之声，卒其伐功也。

又曰：挞彼殷武，奋伐荆楚。罙入其阻，裒荆之旅。《传》云：罙，深也。笺云：有钟鼓曰伐。罙，冒也。殷道衰而楚人叛商宗挞，然奋扬威武出兵伐之也。

《礼记》曰：吴侵陈，斩祀杀厉。祀神谓有屋树者。厉，疾病。师还出境，陈太宰嚭使于师。夫差谓行人仪曰："是夫也，多善言，盍尝问焉？师必有名，人之称斯师者则谓之何？"太宰、行人，官名。太宰嚭曰："古之侵伐者，不斩祀，不杀厉，不获二毛。获，犹系虏之人。二毛，发鬓斑白者。今斯师也，杀厉与？其不谓之杀厉之师与？"欲微切之，故其言似若不审也。曰："反尔地，归尔子，则谓之何？"曰："君王讨毙邑之罪，又矜而赦之，师与有无名者也。"又微之，终其意也。吴、楚、晋号称王。

《周礼》曰：大司马之职，以九伐之法正邦国：冯弱犯寡，则眚之；贼贤害民，则伐之；暴内侵外，则墠之，野荒民散则削之，负固不服则侵之，贼杀其亲，则正之；犯令侵政，则杜之；放杀其君，则残之；外内乱，鸟兽行，则灭之。

《大戴礼》曰：明主之所征，必道之所废者也。彼废道而不行，然后诛其君，改其政，吊其民，而不夺其财也。故曰明主之征也，犹时雨也，至则民说。

《左传》曰：夏，郑人侵许。凡师有锺鼓曰伐，无曰侵，轻曰袭。

又曰：吴子诸樊伐楚，门于巢。巩巢门也。巢牛臣曰："吴王勇而轻，若启之，将亲门。我获射之，必殪。殪，死。是君也，疆其少安！"吴子门焉，牛臣隐于短墙以射之，卒。

又曰：晋师伐楚至于邲，楚师出阵。楚将孙叔敖曰："进之。宁我薄人，无人薄我。《诗》云："元戎十乘，以先启行。"先人也。元戎，戎车在前军。言王者军行必有戎车十乘，在前开道，先人为备御之也。《军志》曰："先人有夺人之心，薄之也。"夺，敌战也。遂疾进师，车骑卒奔，乘晋师。荀林父不知所为，鼓于军中曰："先济者有赏。"中军、下军争舟，舟中之指可掬也。两手曰掬。下军裨将赵婴齐使其徒先具舟于河，故败而先济。

又曰：晋伐齐，齐侯驾，将走邮棠。邮棠，齐邑。邮，羽求切。太子与郭荣扣马，太子，光也。荣，齐大夫。曰：师速而疾，略也。言欲行略其地，无久攻意。将退矣，君何惧焉！且社稷之主，轻则失众。君必待之。"将犯之，太子抽剑断鞅，乃止。于是，晋师东侵至潍，南及沂。齐侯纳太子谏，故获不败也。

又曰：郑伯侵陈，大获。往岁，郑伯请成于陈，成，平。陈不许。五父谏曰："亲仁善邻，国之宝也。君其许郑。"陈，公也。陈侯曰："宋、卫实难，可畏难也。郑何能为？"遂不许。君子曰："善不可失，恶不可长，其陈桓公之谓乎！长恶不悛，从自及也。虽欲救之，其将能乎？”

又曰：齐君之无道也。兴师而伐远，方会之。

又曰：君姑修政而亲兄弟之国，庶免于难。隋侯惧而修政，楚不敢伐。

又曰：初，北戎病齐，诸侯救之。郑公子忽有功焉。齐人饩诸侯，使鲁次之以周班，后郑，郑人怒，请师于齐。齐人以卫师助之，故不称侵伐。

又曰：吴伐郯，郯成。季文子曰：“中国不振旅，蛮夷入伐，而莫之或恤。”

又曰：晋侯复假道于虞以伐虢。宫之奇谏曰：“虢，虞之表。虢亡，虞必从之。晋不可启，寇不可玩，一之为甚，其可再乎？谓二年假晋道伐夏阳也。谚所谓‘辅车相依，唇亡齿寒’者，其虞、虢之谓也。”辅，颊辅。车，牙车也。公不听，后遂为晋所灭。

又曰：晋侯使太子申生伐东山皋落氏。衣之偏衣，佩之金玦。先友曰：“衣身之偏，握兵之要，又何患焉！”狐突曰：“尨凉冬杀，金寒玦离，胡可恃也？”里克曰：“师在制命而已，禀命则不威，专命则不孝，将焉用之也。”

又：齐侯伐楚，楚使与师言曰：“君处北海，寡人处南尔，唯是风马牛不相及也。不虞君之涉吾地，何故也？”管仲对曰：“昔召康公命我先君太公曰：五侯九伯，汝实征之。赐我先君履，东至于海，西至于河，南至于穆陵，北至于无棣。尔贡苞茅不入，王祭不供，寡人是征。昭王南征不复，寡人是问。”对曰：“贡之不入，敢不供给？昭王之不复，君其问诸水滨。”

又曰：卫人以燕师伐郑。郑祭足、原繁、泄驾以三军军其前，曼伯与子元潜军军其后。燕人畏郑三军而不虞制人。君子曰：“不备不虞，不可以师。”

又曰：十年，公会郑伯伐宋。壬申，公败宋师于菅。庚午，郑师入郜；辛未，归于我。郑伯后期，而公独败宋师，故郑伯独进兵以入郜。入而不贪，命鲁取之，推功上爵，让以自赞也。君子谓郑庄公曰："于是乎可谓正矣。以王命讨不庭，不贪其土以劳王爵。"

又曰：卫大旱，宁庄子曰："周饥克殷而年丰，今邢方无道，诸侯无伯，伯，长也。天其或者欲使卫讨邢乎？"从之，师兴而雨。

又曰：公伐邾，取须句。公卑邾，不设备而御之。卑，小也。臧文仲曰："国无小，不可易也。蜂虿有毒，而况国乎？"弗听。及邾，战于升陉，我师败绩。

又曰：楚子以诸侯伐吴。使屈申围朱方，朱方，吴邑，庆封所封也。屈申，屈荡之子也。克之。执庆封而尽灭其族。庆封以襄二十八年奔吴也。将戮庆封。椒举曰："臣闻无瑕者可以戮人。其肯从于戮乎？"言不肯默而从戮也。王不听，负之斧钺，以徇于诸侯，使言曰："无或如齐庆封，弑其君，而弱其孤，以盟其大夫。"齐崔杼弑其君，庆封其党也，故以弑君罪责之。庆封曰："无或如楚恭王之庶子围，弑其君兄之子麇而代之，以盟诸侯。"王使速杀之。

又曰：四月，郑人侵卫牧，牧卫邑也。《经》书夏四月葬卫桓公。今《传》直言夏而更以四月附郑人侵卫牧者于下事宜得月以明事之先后，故不复备举《经》文也。以报东门之役。东门役在四年。

又曰：秋，卫伐邢以报免圃之役。邢不速退，所以独见伐也。

又曰：夏，赵盾救焦，遂自阴地，有诸侯之师侵郑，以报大棘之役。

又曰：晋荀息请屈产之乘与垂棘之璧，假道于虞以伐虢。公曰："是吾宝也。"对曰："若得道于虞，犹外府也。"公曰："宫之奇在。"对曰："宫之奇为人懦，不能强谏，且少长于君，君昵之。虽谏，将不听。"乃使荀息假道于虞，曰："冀为不道，入自颠軨，伐鄍三门。冀之既病，则亦唯君故。今虢为不道，保于逆旅，侵敝邑之南鄙。敢请假道以请罪于虢。"虞公许之。

又曰：晋侯伐曹，假道于卫。曹在卫东故也。卫人不许，还自南，河济，从汲郡南度，出卫南而东也。侵曹伐卫。

《公羊传》曰：及郑师伐宋。丁未，战于宋。战，不言伐何？避嫌也。

又曰：二月，公侵宋。曷为或言侵、或言伐？粗者曰侵，精者曰伐。注云：精，犹精密也。推兵入境伐击之益深，用意稍精密者也。

《论语》曰：孔子曰："天下有道，则礼乐征伐自天子出。"

又曰：季氏将伐颛臾。冉有曰："今夫颛臾，固而近于费。今不取，后世必为子孙忧。"孔子曰："求！君子疾夫远人不服而不能来也，邦分崩离析而不能守也，而谋动干戈于邦内。吾恐季孙之忧，不在颛臾，而在萧墙之内也。"

《韩诗外传》曰：楚王欲伐晋，告士大夫有谏者死。叔敖曰："臣园中有榆，榆上有蝉，蝉方奋翼悲鸣，不知螳螂在其后，欲获而食之，螳螂取蝉，不知黄雀在其后。"

又曰：修武属河内，本殷之宁邑。武王伐纣，勒兵于宁，改曰"修武"，今怀州也。

《家语》曰：孔子言于定公曰："大夫家无藏甲，邑无百雉之城，高丈长丈曰堵，三堵曰雉。古之制也。今三家过制，请皆损之。"乃使季氏宰仲由隳三都。叔孙辄不得意于季氏，因费宰公不狃率费人以袭鲁，攻之入，及台侧，孔子命申句须、乐颀勒士众下伐之。费人北，遂隳之。强公室，弱私家，尊君卑臣，政化大行。

又曰：孔子曰："明王之征，犹时雨之降。行地弥博，得亲弥众，是还师于衽席之上也。"

《国语》曰：吴伐越，越王勾践请嫡女执箕帚，嫡男奉盥匜，匜，沃盥器也。以随诸御；春秋贡献，不懈于王府。吴王曰："吾将许越成。"申胥谏曰：申胥，楚臣伍胥。"不可许也。大夫种勇而善谋，将还玩吴国于股掌之上，以得其志。"吴王不听，乃许盟。将伐齐，申胥谏曰："越之在吴，犹人有腹心之疾。今非越是图，而齐、鲁为忧。夫齐、鲁譬诸疾，疥癣也，岂能涉江、淮与我争此地哉？"王弗听。

又曰：谋甫谏曰："不可。先王之于民，懋正其德而厚其性，阜其财求，利其器用，明利害之乡，以文修之，使务利而避害，怀德而畏威，故能保世以滋大。昔我先王后稷，以服事虞夏。及夏之衰也。弃稷不务，我先王不窋用失其官，而自窜于戎狄之间，不敢怠业，时序其德，纂修其绪，修其训典，朝夕恪勤，守以惇笃，奉以忠信，弈世载德，不忝前人。至于武王，昭前人之光明而加之以慈和，事神保民，莫不欣喜。商王帝辛，大恶于民。庶民不忍，欣戴武王，以致戎于商牧。是先王非务武也，勤恤民隐而除其害也。夫先王之制；国内甸服，国外侯服，侯、卫宾服，夷蛮要服，戎翟荒服。甸服者祭，侯服者祀，宾服者享，要服者贡，荒服者王。日祭、月祀、时享、岁贡、终王。先王之训也，有不祭则修意，有不祀则修言，有不享则修文，有不贡则修名，有不王则修德，序成而又不至则修刑。于是乎有刑不祭，伐不祀，征不享，让不贡，告不王。于是乎有刑罚之辟，有攻伐之兵，有征讨之备，有威让之令，有文告之辞。布令陈辞而又不至，则又增修其德，无勤民于远矣。是以近无不至，远无不服。今自大毕、伯士之终也，大戎氏以其职来王，天子曰：'予必以不享征之，且观之兵。'其无乃废先王之训，而王几顿也。吾闻夫犬戎树惇，率旧德而守终纯，固其有以御我矣。"王不听，遂征之，得四白狼、四白鹿以归。自是荒服者不至。

又曰：文公即位二年，欲用其民，用，其征伐。子犯曰："民未知义，未知尊上之义。盍纳天子以示之义？"时天子以子带之难在郑地汜。乃纳襄王于周。公曰："可矣乎？"对曰："民未知信。"乃伐原。谓信上令以五日之粮，粮尽不降命去之。曰："可矣乎？"对曰："民未知礼，盍大蒐，备师尚礼以示之？"蒐所以明尊卑、顺少长、习威仪也。乃大蒐于被庐。被庐，晋地。作三军。使郄縠将中军，以为大政，大掌国政。郄溱佐之。子犯曰："可矣。"可用也。遂伐曹、卫，出谷戍，释宋围，败楚师于城濮。于是乎遂伯。谷，齐地也。

《战国策》曰：赵且伐燕。苏代谓燕惠王曰："今者臣来，过易水，见蚌方出曝，而鹬啄其肉，蚌合而拑其喙。鹬曰：'今日不雨，明日不雨，即有蚌脯。'蚌亦曰：'今日不出，明日不出，必有死鹬。'两者不能相舍，而渔者并擒之。今赵且伐燕，不相支，以弊大众，臣恐强秦之为渔父也！大王熟计之。"惠王曰："善。"乃止。

又曰：苏秦谓秦惠王曰："战车万乘，奋击百万，可以并诸侯，吞天下，称帝而治。愿大王少留意，臣请奉其效。"王曰："寡人闻：毛羽不丰满，不可以高飞；文章不成者，不可以诛罚；道德不厚者，不可以使民；政教不顺者，不可以烦大臣。"秦曰："臣固疑大王不能用也。昔者神农伐捕逐，黄帝伐涿鹿，尧伐欢兜，舜伐三苗，禹伐共工，汤伐有夏，文王伐崇，武王伐纣，齐王战而伯天下。由此观之，罔有不战者也。夫五帝三王五伯、明主贤君，常欲坐而致之。其势不能，故以战续之。宽则两军自攻，迫则杖戟相踵，兵胜于外，义强于内，威在于上，民伏于下。今欲并天下，陵万乘，黜敌国，制海内，臣诸侯，非兵不可。"

太平御览卷第三百四　兵部三十五

征伐中

《史记》曰：秦缪公令内史廖以女乐二八遗戎王。缪公又数使人间要由余，遂去降秦。秦缪公以客礼礼之，问伐戎之利。

又曰：赵四战之国，其人习兵，不可伐也。

又曰：鲁君问柳下惠伐齐，下惠归而有忧色，曰："吾闻伐国不问仁人，此言何至于我哉？"

又曰：轩辕之时，神农氏世衰，诸侯相侵伐，暴虐百姓，而神农氏弗能征。于是轩辕乃集用干戈，以征不享，诸侯或来宾从。而蚩尤最为暴，莫能伐。

又曰：赐弓矢斧钺，使得征伐为西伯。

又曰：西伯既卒，周武王东伐至孟津，诸侯叛殷，会周者八百。诸侯皆曰："纣可伐。"

又曰：武王为文王木主载车中，武王自称太子发，言奉文王以伐，不敢自专。

又曰：武王遍告诸侯曰："殷有重罚，不可不毕罚。"徐广注云：伐一作灭。

《汉书·郊祀志》曰：昔齐桓公欲封禅，谓管仲曰："寡人北伐山戎，过孤竹；西伐束马县车，上卑耳之山；南伐召陵，登熊耳山，以望江汉。兵车之会三，而乘车之会六，遂九合诸侯，一匡天下，昔三代受命，亦何以异乎？"

又《李广利传》曰：天子为万里而伐，不录其过。

又《匈奴传》曰：东胡强闻冒顿杀父自立，乃使使谓冒顿，欲得单于阏氏。冒顿问左右，左右皆怒曰："东胡无道，乃求阏氏，请击之。"冒顿曰："奈何与人怜爱一女子乎？"遂取所爱阏氏与之，东胡愈骄。

冒顿遂东集，袭击东胡。东胡初轻冒顿，不为备。及冒顿以兵至，大破，灭东胡王。

《后汉书》曰：帝以关中未定，而邓禹久不进兵，下敕曰："司徒，尧也；亡贼，桀也。长安吏人，遑遑无所依归。宜以时进讨，镇慰西京，系百姓之心。"禹犹执前意，乃分遣将军别攻上郡诸县，更征兵引谷，归至大要。大要，县名。

《魏志》曰：太祖父嵩，去官后还谯，以董卓之乱避难琅邪，为陶谦所害，故太祖志在复仇东伐。

又曰：景元四年，邓艾伐蜀。自阴平行无人之地七百余里，凿山通道，作桥阁。山高谷深，至有艰险。艾以旃自裹，推转而下。将士皆攀木缘崖，鱼贯而进。

王隐《晋书》曰：太康元年，龙骧将军王浚等攻建平、丹阳城，克之。东击西陵以下，尽拔其城，虏其将帅。于是上下诸军同时并进，吴人降者以万计。吴丞相张悌及护军孙震，与扬州刺史周浚等战于板桥，破之。临陈斩悌、震首，浚遂泛舟东下，所历皆平。军至秣陵，皓面缚舆异，榇将其太子诣浚降。乃收其图籍，皆因吴所置，除其虐政，示以简易，百姓大悦。乃赦天下，改元为太康，天下大酺五日。

《晋书》曰：宣王破张鲁，请魏武便讨刘备。魏武曰："人若无足，既得陇，复欲得蜀也。"

又曰：王羲之与会稽王笺，陈殷浩不宜北伐，并论时事。

又《宣纪》曰：镇东大将军诸葛诞杀扬州刺史乐𬘭，以淮南作乱，议者请速伐之。帝曰："吾当与四方同力，全胜制之。"乃表曰："昔黥布叛逆，汉祖亲征；隗嚣违戾，光武西伐。皆所以奋杨赫斯，震曜威武也。"

又《天文志》曰：参十星，一曰参伐，主斩刈。又为天狱，主杀。

又《冯紞传》曰：初谋伐吴，紞与贾充、荀勗同共苦谏不可。吴平，紞内怀惭惧。

又《载记》曰：慕容垂议征长子。诸将咸谏，以慕容永未有衅，连岁征役，士卒疲怠，请俟他年。垂将从之，及闻慕容德之策，笑曰：

“吾计决矣。不复留贼以累子孙也。”乃发步骑七万，遣其丹阳王慕容瓒、龙骧张崇攻永弟支于晋阳。

《北史》曰：慕容绍宗讨侯景于涡阳。时景军甚盛，初闻韩轨往讨之，曰：“啖猪肠小儿。”闻高岳往，曰：“此兵精，凡人耳。”诸将被轻。及闻绍宗至，扣鞍曰：“谁教鲜卑小儿解遣绍宗来？若然，高王未死耶？”及与景战，诸将频败，无肯先者。绍宗麾兵径进，诸将从之，因大捷。

《三国典略》曰：周伐梁，于谨大军次于樊、邓，岳阳王率军会之，传檄于梁曰：“告梁文武众官：夫作国者罔弗以礼信为本，惟尔今主往遭侯景逆乱之始，实结我国家以邻援。今总背德，党贼高洋，引厥使人置之堂宇，傲我王命，扰我边人。我皇帝袭天之意，弗敢以宁，分命众军，奉杨庙略凡众十万，直指江陵。”丁卯，梁主停讲，内外诫严，是朝昏雾，巳时方歇。梁主亲戎百官并甲胄，从于禊饮堂间，公私马仗。是日大风拔木。王琛既至石梵，未见我军，乃驰书报黄罗汉曰：“吾至梵境。”上恬然前曰：“所言皆儿戏耳。”罗汉入启，梁主疑之。庚午，续讲百官以戎服听。

《后周书》曰：建德五年冬十月，帝谓群臣曰：“朕去岁属有疹疾，遂不得克平逋寇。前贼入境，备见敌情，观彼行师，殆同儿戏。又闻其朝政昏乱，政由群小，百姓嗷然，朝不谋夕。天与不取，恐贻后悔。若复同往年，出军河外，直为抚背，未厄其喉。然晋州本高欢所起之地，镇摄要重，今往攻之，彼必来援，吾严军以待，击之必克。然后乘破竹之势，鼓行而东，足以穷其窟穴，混同文轨。”诸将多不愿行。帝曰：“机者事之微，不可失矣。若有沮吾军者，朕当以军法裁之。”己酉，帝总戎东伐。以越王盛为右一军总管，杞国公亮为右二军总管，隋国公杨坚为右三军总管，谯王俭为左一军总管，大将军窦恭为左二军总管，齐王宪、陈王纯为前军。

又曰：保定中，命宇文护统众伐齐。于是征二十四军及左右厢散隶及秦陇、巴蜀之兵、诸蕃国之众二十万人。十月，帝于庙廷授护斧钺。出军至潼关，乃遣柱国尉迟迥率精兵十万为前锋。大将军权景宣攻克豫州，寻以洛阳围解，亦引军退。杨檦于轵关战没，护于是班师。以无功，与诸将稽首请罪，帝弗之责也。

又曰：建德四年秋七月，武帝召大将军以上于文德殿，帝曰："太祖神武膺运，创造王基，兵威所临，有征无战。唯彼伪齐，犹怀跋扈。虽复戎车屡驾，而大勋未集。朕以寡昧，纂承鸿绪，往以政出权宰，无所措怀。自亲览万机，便图东讨。恶衣菲食，缮甲治兵，数年已来，战备稍足。而伪主昏虐，恣行无道，伐暴除乱，斯实其时。今欲数道出兵，水陆兼进，北拒大行之路，东扼黎阳之险。若攻拔河阴，兖、豫则驰檄可定。然后养锐享士，以待其至。但得一战，则破之必矣。王公以为何如？"群臣咸称善。丁丑，诏曰："高氏因时放命，据有汾、漳，擅假名器，历年永久。朕以亭毒为心，遵养时晦，遂敦聘好，务息黎元。而彼怀恶不悛，寻事侵轶，背言负信，窃邑藏奸。往者军下宜阳，衅由彼始；兵兴汾曲，事非我先。此获俘囚，礼送相继；彼所拘执，曾无一反。加以淫刑妄逞，毒赋繁兴，齐、鲁轸殄悴之哀，幽、并企来苏之望。既祸盈恶稔，众叛亲离，不有一戎，何以大定！今白藏在辰，凉风戒节，厉兵诘暴，时事惟宜。朕当亲御六师，龚行天罚。庶凭祖宗之灵，资将士之力，风驰九有，电扫八纮。可分命众军，指期进发。"以柱国陈王纯为前一军总管，荥阳公司马消难为前二军总管，郑国公达奚震为前三军总管，越王盛为后一军总管，周昌公侯莫陈琼为后二军总管，赵王招为后三军总管；齐王宪率众二万趣黎阳，随国公杨坚、广宁侯薛回舟师三万自渭入河，柱国梁国公侯莫陈芮率众一万守太行道，申国公李穆众三万守河阳道，常山公于翼众二万出陈、汝。壬午，上亲率六军，众六万，直指河阴。八月癸卯，入于齐境。禁伐树践苗稼，犯者以军法从事。

《隋书》曰：崔仲方为虢州刺史。上书论取陈之策曰："臣谨案晋太康元年岁在庚子，晋武平吴，至今开皇六年，岁次丙午，合三百七载。"《春秋宝乾图》云："王者三百年一蠲法。"合三百之期，可谓备矣。陈氏草窃，起于丙子，至今丙午，又子午为冲，阴阳之忌。昔史赵有言曰："陈，颛顼之族，为水，故岁在鹑火以灭。"又云："周武王克商，封胡公满于陈。"至鲁昭九年，陈灾裨灶，曰："岁五及鹑火而后陈亡，楚克之。"楚，祝融之后也，为火正，故复灭陈。陈承舜后，舜承颛顼，虽太岁左行，岁星又转，鹑火之岁，陈族再亡，戊午之年，妫虞运尽，语迹虽殊，考事无别。皇朝五运相承，感火德而王，国号为隋，与楚同分。楚是火正，午为鹑火，未为鹑首，申为实沉，酉为大梁。既当周、秦、晋、赵之分，若当此分发兵，得岁之助，以今量古，灭不疑也。臣谓午未申酉，并是数极。盖闻天时不如地利，地利不如人和，况主圣臣良，兵强国富，动植回心，人神叶契。陈既主昏于上，民讟于下，险无百二之固，众非九国之师。夏癸、殷辛尚不能立，独此岛夷而稽天讨！伏度朝廷自有宏谋，但刍荛所见，冀申营烂爝。今唯须武昌已下，蕲、和、滁、方、吴、海等州更帖精兵，密营渡计。益、信、襄、荆、基、郢等州速造舟楫，多张势，为水战之具。蜀、汉二江，是其上流，水路要冲，必争之所。贼虽于流头、荆门、延洲、公安、巴陵、隐机、夏首、蕲口、盆城置船，然终聚汉口、峡口，以水战大决。若贼必以上流有军，令精兵赴援者，下流诸将即须择便横渡。如拥众自卫，上江水军鼓行以前。虽恃九江五湖之险，非德无以为固；徒有三吴、百越之兵，无恩不能自立。"上览而大悦，转基州刺史，征入朝。仲方因面陈经略，上善之，赐以御袍裤，并杂彩五百段，进位开府而遣之。及大举伐陈，以仲方为行军总管，率兵与秦会。

又曰：开皇九年，大举伐陈，以贺若弼为行军总管。将渡江，酹酒而咒曰："弼亲承庙略，远振国威，伐罪吊民，除凶剪暴。上天长江，鉴其若此。如使福善祸淫，大军利涉；如事有乖违，得葬江鱼腹中，死且不恨。"

又曰：李德林自隋有天下，每赞平陈之计。八年，车驾幸同州，德林以疾不从。敕书追之，书后御笔注云："伐陈事，意宜自随也。"时高颖因使入京，上语颖曰："德林若患未堪行，宜自至宅取其方略。"高祖以之付晋王。后驾还，在途中，高祖以马鞭南指云："待平陈讫，会以七宝装严公，使自山东无及之者。"

《唐书》曰：武德初，秦王东讨王世充，连年未下，宿师于野。高祖以兵久在外，议欲班师。中书令封德彝奏曰："世充得地虽多，而羁縻相属，其所用命者间唯洛阳一城而已。计尽力穷，破在旦夕。今若还兵，贼势必振，更相连结，后必难图。未若乘其已衰，破之必矣。"高祖从其议。及平世充，高祖顾谓侍臣曰："朕初兴兵东讨，众议多有不同，唯秦王请行，德彝赞成此计，张华叶同晋武亦无以加之。"

又曰：高崇文伐蜀，领兵马取凤翔邪谷路，李元奕领兵马取骆谷路，同赴梓州应接。当秦惠王时，用司马错之策以伐蜀，汉光武使吴汉伐公孙述，魏司马文王使邓艾伐刘禅，晋穆帝使桓温伐李子仁，宋武帝使朱龄石伐谯纵，梁武帝使邓元起伐刘季连，周太祖使尉迟逈平萧纪，隋文帝使梁睿平王谦，宪宗命高崇文平刘辟。自秦至元和，九度伐蜀，四为水军泝江而上，唯秦与邓艾、尉迟逈、梁睿及崇文五在斜谷、骆谷出师，南讨不廷。

《古司马兵法》曰：王霸之所以治诸侯者六：以土地形诸侯，列相也，相诸侯优劣地而封之以地，德广受土广，德小受土小也。以政命平诸侯，王者以道德善政教训诸侯平均之。以礼信结诸侯，谦恭爱惠，接待诸侯。官命诚信，以治民心。以材力说诸侯，材，能也。力者任重理烦，能堪物理事，位高力大，故诸侯悦来，各修其职任。以谋人维诸侯，维，持也。诸侯远方来，不奉制令，骄佚自专，故立牧伯维持督御之。以兵革服诸侯。同患同利以合诸侯，明约有功赏之，奢淫不从罚之，所以合诸侯也。比小大以和诸侯。比，次也。使小国事大国，不失尊卑之序，以协诸侯也。会之所以发禁：三者恐禁命不行以乱风化，故发九伐三禁以申敕之。凌弱犯寡则沮之，侮弱侵寡，则四面削其地。贼伤人则伐之，暴内简外则墠之，言诸侯内与臣下，无礼而暴虐之，外轻慢小人，不恤诫禁，则置之空墠无人之地。野荒民散则削之，负固不伏则侵之，贼杀其亲则正之，悖逆人伦，则攻杀也。放杀其君则残之，尽残灭其首恶辈类也。犯命凌正则杜之，侮王者法则杜塞，不命与邻国交通。外内乱、禽兽行则灭之。诸侯淫乱，夫人伦，内外不别，与禽兽同行，不可以示百姓。则诛灭尽矣。

《孙子》曰：夫伐大国则其兵众不得聚，威加于敌家，则交不得合。皆失之矣。是故不事天下之交，不养天下之权，霸主者，不结威天下。诸侯之交，权交者也。伸己之私，绝天下之交，夺天下之权，以威德伸己之私欲。威加于敌家，故其国可拔而其城可隳也。无法之悬，无功之令，言军法令不应预施悬也。《司马法》曰："见敌作誓，瞻功作赏。"此之谓也。犯三军之众，若使一人。犯者，用也。言明罚虽用众，若使一人也。

又曰：安能动之。攻其所爱。故我欲战，敌虽高垒深沟，不得不与我战者，攻其所必救也。绝粮道，守归路，攻其君主。上兵伐谋，敌始有设，谋伐之易。其次伐交。不令合。

《春秋说题辞》曰：伐者，涉入国内行威，有所斩坏。伐之为言败也。

《白虎通》曰：王者受命，质家先伐，文家先改正朔何？质家言天命已使民诛无道，故先伐；文家言天命已成为王者，故先改正朔也。文者先其文，质者先其质也。故《论语》曰："予小子履敢用玄牡，敢昭告于皇天上帝。"此谓汤伐桀，告天也。《诗》云："命此文王"，言诛伐也。

《礼记》曰：汤放桀，武王伐纣，时也。

《尚书》曰：今予惟恭行天之罚。此言开自出伐有扈也。

《王制》曰：赐之弓矢，乃得专征伐犯王诛者也。大夫将兵出，必不御者，欲盛其威，使士卒一意系心，故但闻将军令，不闻君命也，明进退在大夫也。

又曰：诛者何谓也？诛犹责也。诛其人，责其罪，极其过恶。

《春秋》曰：楚子虔诱蔡侯班杀之于申。《传》曰："诛君之子不立。讨者何谓也？讨犹除也，欲言臣当扫除君之贼也。"

《春秋》曰：卫侯杀州吁于濮。《传》曰："其称人何？讨贼之辞也。伐者何谓伐于也。言欲伐击之也。"

《尚书叙》曰：武王伐纣，征者何谓也？征犹正也，欲言其正轻重，纵辞诞，以示东征，诛禄甫也。战者何谓也？

《尚书大传》曰：战者，惮惊之也。

又曰：诸侯之义，非天子之命不得动众起兵。诛不义者，所以强干弱枝，尊天子卑诸侯也。

《论语》曰：天下有道，则礼乐征伐自天子出；天下无道，则礼乐征伐自诸侯出也。

太平御览卷第三百五 兵部三十六

征伐下

《说苑》曰：赵简子举兵伐齐，有被甲者笑之。曰："子何笑？"对曰："臣有宿笑。"简子曰："有以说之，则可，无则死。"对曰："当桑之时，臣邻家夫与妻俱之田，见桑中女，因追之；不能，还反，其妻怒而去之，臣笑其旷也。"简子曰："今吾伐国失国，是吾旷也。"还师而归。

又曰：中行献子将伐郑，范文子曰："不可得志于郑，诸侯仇我，忧必滋长。"郄至又曰："得郑，是兼国也，则王者固多忧乎？"文子曰："王者盛其德而远人归，故无忧；今我寡德而有王者之功，故多忧。今子见无事而欲富乐者乎？"

《新序》曰：秦欲伐楚，使使者往观楚重宝。楚王闻之，召令尹子西问焉，曰："秦欲观楚宝器和氏之璧、隋侯之珠，可以示诸侯乎？"对曰："臣不知也。"召昭奚恤问焉，对曰："此欲观吾国之得失而图之，非国之重宝也。"遂使恤应之。恤发精兵三百人陈于西门之内，为东西之坛。秦使者至，恤曰："君，客也，请就上位。"东子西，南面太宗子方次之，叶公子高次之，司马子反次之。恤自居西面之坛，称曰："客观楚之宝器。楚所宝者，贤臣也。理百姓，实仓廪，使民人各得其所。子西在此，奉珪璧、使诸侯、解忿愤之难，交两国之欣，使无兵革之忧。太宗子方在此，守封疆，谨境界，不侵邻国，邻国亦不见侵。叶公子高在此，理师旅，正兵戎，以当强敌，提桴鼓以动百万人众，使皆赴汤火、蹈白刃，出万死不顾一生。司马子反在此，若怀霸王之余义，攝治乱之遗风。昭奚恤在此，唯大国所观。"秦使者惧然，无以对，遂揖而去。使者反，言于秦君曰："楚多贤臣，未可谋也。"

又曰：汤居亳七十里，地与葛为邻。葛伯放淫不祀，汤使人问之曰："何为不祀？"曰："无以供牺牲也。"汤使人遗之牛羊，葛伯食之，又不以祀。汤又使人问曰："何为不祀？"曰："无以供粢盛也。"汤又使众往为耕，老弱馈食。葛伯率其民，要其有酒肉黍稻者夺之，不受者杀之。有一童子以黍肉饷，杀而夺之。书曰："葛伯仇饷"，此之谓也。为其杀是童子而征之，四海之内皆曰："非富天下也，为匹夫匹妇复仇也。

《蜀王本纪》曰：秦惠王欲伐蜀，乃刻五石牛，置金其后。蜀人见之，以为牛能大便金，牛下有养卒，以为此天牛也，能便金。蜀王以为然，即发卒千人，使五丁力士拖牛成道，致三枚于城郭。秦道得通，石牛力也。后遣丞相张仪等将兵，随石牛道伐蜀焉。

《英雄记》曰：建安中，曹操于南皮攻袁谭，斩之。操作鼓吹，自称万岁，于马上舞也。

《纪年》曰：周穆王四十七年伐纡，大起九师，东至于九江，比鼋，以为梁。

《春秋后秦语》曰：陈轸为楚使，来见秦惠王，曰："卞庄子方刺兽，而管竖子止之，曰：两兽方食牛，牛必甘，甘必争，争必斗，斗则大者伤，小者死。从伤而刺之，一举必有双兽之功。卞庄子以为然，立待之。顷有两兽之功。今韩、魏相攻，期年不解，是必大国伤，小国亡。从伤而伐之，一举必有两实。此犹卞庄子刺虎之类也。"惠王曰："善"。

又《楚语》曰：白起将兵伐楚。楚人黄歇者游学博闻，襄王以为辩，故使于秦，说昭王曰："天下莫强于秦、楚，今闻大王欲伐楚，此犹两虎相与斗，而怒犬受其弊。不如善楚。"秦王乃止不伐楚，约为与国，黄歇受约而归。

又《赵语》曰：张孟谈阴见韩魏之君曰："臣闻唇亡者齿寒，今智伯率二君而伐赵，赵亡矣。赵亡则二君为之次。"二君曰："我知其然。"

《吴越春秋》曰：夫差令于邦中曰："寡人欲伐齐，敢有谏者死。"太子友请朝。时怀丸挟弹从后园而来，衣沾履濡。吴王夫差怪而问之，太子友对曰："臣游后园，闻秋蝉之鸣，往而观之，秋蝉登高树，饮清露，悲吟以为安，不知螳螂超枝缘条，曳腰举刃，欲援其形也。螳螂贪心时进，志在有利，不知黄雀缘茂林，徘徊枝叶，欲啄螳螂也。夫黄雀知伺螳螂之有味，不知臣踌躇引弹蜚丸之集其背也。"

又曰：越王勾践谓大夫种曰："孤闻吴王淫而好色，因此而坏其谋可也。"大夫种曰："可。唯君王选择美女二人而进之。"于是越王曰："善哉。"乃使相工索国中，得苎罗山卖薪之女，名西施、郑旦而献于吴。

又曰：越王念吴欲复承之，乃中夜抱柱而哭，讫，复承之以啸。于是群臣咸曰："君王何愁心之甚？夫复仇谋敌，非君王之忧，自臣下急务也。"

又曰：吴王阖闾将伐楚，登台向风而啸，有顷而叹，群臣莫有晓王意者。子胥乃荐孙子。孙子者，吴人也，名武，善为兵法，僻隐幽居，世人莫知其能。

《孟子》曰：春秋无义战，彼善于此，则有之矣。征者，上伐下也，敌国不相征也。

《吕氏春秋》曰：智伯将伐仇繇之国，山险无道，乃遗以大钟，方九轨，仇繇开道迎之，因其道，取其国。韩子曰：智伯铸大钟遗仇繇，由君大悦，除道迎之，七月而仇亡也。

又曰：阖闾选多力者五百人，利止者三千人，以为前陈，止足。与荆战，五战五胜，遂有郢。东征至于庳庐，西伐至于巴蜀，北迫齐晋，令行中国。

又曰：凡人之攻伐也，非因利则因名也。名实不得，国虽强大则曷为攻矣？解在乎史墨来而辍不袭卫，赵简子可谓知动静矣。晋赵简子鞅将袭卫，史墨往睹之。反曰：蘧伯玉为政未可与加。简子辍不伐卫。故曰：史墨来而辍不袭卫也。

又曰：楚之边邑曰卑梁，其处女与吴之边邑处女桑于境上，戏而侍卑梁之处女。卑梁人扶其侍子以让吴人，吴人应之不恭。卑梁人怒，杀而去之。吴人往报之，尽屠其家。卑梁公怒，曰："吴人焉敢攻吾邑？"举兵反攻之，老弱尽杀之。吴王夷眛闻之怒，使人举兵侵楚边邑，克夷而复去之。吴公子光又率师与楚人战于鸡父，大败之，获其师。

又曰：荆庄王欲伐陈，使人视之。使者曰："陈不可伐也。"庄公曰："何故？"对曰："其城廓高，沟洫深，畜积多也。"宁国曰："陈可伐也。宁国，楚臣。夫陈，小国也，而畜积多，赋敛重也，则民怨上矣；城廓高，沟洫深，则民力罢矣。兴兵伐之，陈可取也。"庄王听之，遂取陈。

又曰：箴尹为荆使于宋，司城子罕觞之。西家之潦，经其庭而不禁。箴尹问其故，司城子罕曰："西家高，吾宫卑，潦不经吾庭不得写，为是吾不禁也。"箴尹归，适遇荆欲攻宋，箴尹谏于王曰："宋不可攻也。其君贤相仁，贤者得民，仁者能用之，攻之必无功也。"

《淮南子》曰：尧时，十日并出，焦禾稼，杀草木，民人无食；羿窳、九婴、大风、封豕、凿齿、修蛇皆为害。尧乃使羿诛凿齿于畴华之泽，南地也。杀九婴于凶水，水火之怪，在北狄之地。缴大风于青立之野，大风，鸷鸟也。射十日而下其九日，杀羿窳、状如龙首，食人，在西方也。断修蛇于洞庭，在南方。擒封豕于桑林。封豕，大彘也。桑林，汤祷旱地。

又曰：晋伐楚，三舍不止，大夫击之。庄王曰："先君之时，晋不伐楚。及孤之身而晋伐楚，是孤之过也。若何其辱？"群大夫曰："先臣之时，晋不伐楚，今臣之身而晋伐楚，此臣之罪也，请击之。"王俯而泣涕沾襟，起而拜群大夫。晋人闻之，曰："君臣争以过为在己，不可伐也。"夜，还师而归。

又曰：诸侯伐秦，及泾莫济，鲁襄十一年，晋悖公我郑，秦人伐晋救郑，十四年，晋使六卿帅诸侯之大夫伐秦，至泾水，无有先渡者也。晋叔向见叔孙穆子曰："诸侯伐不恭而讨之，及泾而止，于秦何益？"何益于伐秦之事。穆子曰："豹之业及《匏有苦叶》矣，不知其他。"业事《匏有苦叶》，《诗·风》篇名。匏有苦叶，济有深涉，深则厉，浅则揭，言其必济，不知其他。叔向退，召舟虞与司马舟虞掌舟，司马掌兵。曰："夫苦匏不材于人，共济而已。材，若栽也。不栽于人，言不可食共济而已。佩匏可以渡水。鲁叔孙赋《匏有苦叶》，必将涉矣，诗以言志。具舟除隧不共有法，隧道共具也。舟虞具舟，司马除道，法刑也。是行也。"鲁人以莒人先济，诸侯从之。

又曰：文公立，四年，楚成王伐宋，四年，鲁僖公二十七年冬也。宋背楚事晋，故楚伐之。公率齐、秦伐曹卫，以救宋。鲁僖二十八年春，晋侯侵曹伐卫。《传》曰：楚始得曹而新婚于卫也。宋人使门尹班告急于晋。门尹班，宋大夫。公告大夫曰："宋人告急，舍之则宋绝。舍，不救，则宋降楚，与我绝。告楚则不许我，告，请。请宋于楚，楚不许我。我欲击楚，齐、秦不欲，其若之何？"

又曰：自大毕，伯士之终也，大毕、伯士，犬戎氏之二君。终，卒也。犬戎氏以其职来王。以其职，谓其嗣子其贵之宝来见王。天子曰："予必以不享征之，且观之兵。享，宾服。服礼以责犬戎而示之兵，非也。其无乃废先王之训而王几顿乎？几，危。顿，败。吾闻夫犬戎树敦，树，立。言犬戎立性敦朴。师旧德而守纯固终，师，循也。纯，专固一。言犬戎氏修先王之旧德，奉其常职，天性专一，终身不移，不听穆王责其厚享也。其有以御我矣。"御，应距也。王不听，遂征之。得四白狼、四白鹿以归。白狼、白鹿，犬戎。自是，荒服者不至。穆王责犬戎非礼，暴兵露师，伤威毁信，荒服者不至。

又曰：商王帝辛大恶于人，商，殷人，本号辛，纣名。大恶，大为人所恶也。庶人不忍，欣载武王以致戎于商牧。载奉武兵牧商郊，牧野也。是先王非务武也，勤恤人隐而除其害。恤，忧。隐，痛。

又曰：忠臣者，务崇君之德；谄臣者，务广君之地。何以明之？陈夏征舒杀其君，楚庄王伐之，陈之人听命。庄王已讨有罪，遣卒戍陈，戍，守也。欲守陈。大夫毕贺。申叔时使于齐，及还而不贺。庄王曰："陈为无道，寡人起六军以讨之，征暴乱，诛罪人，群臣皆贺而子不贺，何？"申叔时曰："人有牵牛而往，蹊于人之田中，田主杀其人而夺之牛，罪则有矣，罚亦重矣。今君王以陈为无道，举兵而征之，因诛罪人，遣卒戍陈。诸侯闻之，非以王为诛罪人也，贪陈国也。盖闻君子不弃义以为利。”王曰：“善。”乃罢陈之戍。后诸侯闻之，朝于楚，此务崇君之德也。始张式为智伯谋张式，晋人。晋六将军，中行子最弱，而上下离心，可伐以广地。于是伐范中行，灭之矣。又教智伯求地于韩、魏。韩、魏裂地而授之，赵氏不予，乃率韩、魏而伐赵，围晋阳三年。三国阴谋遂灭之。此务为其君广地也。夫为君崇德者霸，为君广地者灭。故千乘之国，文德行者王，汤武是也。万乘之国，好广地者亡，智伯是也。

《庄子》曰：犀首请魏伐齐，季子谏勿伐，华子闻而丑之曰：“善言伐齐乱人也，善言勿伐亦乱人，谓伐之与不伐乱人者，又乱人也。”

《列子》曰：晋文公出会，欲伐卫，公子锄御而笑之。公问之，对曰：“笑臣邻之人也。邻之人有送其妻适私家者，道见桑妇，悦而与之言。然顾视其妻，亦有招之者。臣窃笑此也。”公悟，乃引师而还，未至，而有伐其北鄙矣。

《墨子》曰：天赐武王黄鸟之旗，以伐纣。

又曰：汤在镳宫，梦神谓之曰：“夏桀无道，汝克戡之。”

《孙卿子》曰：尧伐欢兜，舜伐三苗，禹伐共工，汤伐有夏，文王伐崇，武王伐纣，此两帝四王者，仁义之兵于天下也。

《尉缭子》曰：武王之伐纣也，河水逆流，左骖霆死，地方百里，战卒三万。纣之阵，起自黄鸟，至于赤斧，其间百里。武王不罢士民，兵不血刃，克殷诛纣，其人事然。

《韩子》：晋献公欲伐虞虢，乃遗之屈产之乘，垂棘之璧，女乐二八，以萦其心，以乱其政。

《阮嗣宗为郑冲劝晋王笺》曰：前者明公东诛叛逆，全军独克，擒阖闾之将，斩轻锐之卒，以万万计。

太平御览卷第三百六 兵部三十七

请征伐

《家语》曰：孔子北游，登于农山。子路、子贡、颜回侍侧。孔子四望，喟然而叹曰："二三子各言尔志，吾将择焉。"子路进曰："由愿得白羽若月，赤羽若日，钟鼓之音，上震于天，旌旂缤纷，下蟠于地。蟠，委也。由当一队而敌之必也。攘地千里，攘，却也。搴取也。旗执馘，唯由能之，使夫二子从我焉。"孔子曰："勇哉！"

《史记》曰：终军请愿受长缨，必羁南越王而致之阙下。

又曰：单于为书，慢骂太后，樊哙曰："臣愿得十万众横行匈奴中。"季布曰："高皇帝以三十万困于平城，哙亦在其中，且秦以事胡，陈胜等起。"

《后汉书》曰：刘尚击武陵五溪蛮，深入，军没。援因复请行，时年六十二，帝恐其老，未许之。援自谓曰："臣尚能被甲上马。"帝令试之。援据鞍顾盼，以示可用。笑曰："矍铄哉，是翁也。"矍铄，勇貌也。《东观记》作"获哉，是翁。"获，音许约反。遂遣援。援，马援也。

又曰：更始郾王、尹尊及诸大将在南方未降者尚多，帝召诸将议兵事，未有信言，沉吟久之，乃以檄叩地曰："郾最强，宛为次，谁当击之？"贾复率然对曰："臣请击郾。"帝笑曰："执金吾击郾，吾复何忧！"

《唐书》曰：李晟以军功授特进、光禄卿，寻转试太常卿。大历初，李抱玉镇凤翔，署晟为左军都将。四年，吐蕃围灵州，抱玉遣晟将兵五千以击吐蕃，晟辞曰："以众则不足，以谋则太多。"乃请将兵二千人疾出大震阙。至临洮，屠定秦堡，焚其积聚，虏堡帅慕容谷锺而还，吐蕃因解灵州围而去也。

又曰：马隧讨李怀光，师次于焦离堡，其夜贼将吴冏弃太原堡走，其下皆降。燧率诸军济河，兵凡八万，阵于城下。是日，贼将牛俊斩怀光首以降。降者一万六千，斩贼将阎晏、孟宝、张清、吴冏等七人以徇，为怀光所虏胁，舍之。燧自从京师至河中，凡二十七日。上乃下诏褒美，迁光禄大夫，兼侍中。初，德宗欲罢兵，燧不可，请得一月刍粮足以平河中。至是，果然矣。

又曰：德宗幸奉天，诏李晟与李怀光合军拒朱泚，时每将出合战，晟必自异，衣锦裘、绣帽于前，亲自指导。怀光望见恶之，乃谓晟曰："将师当持重，岂宜自表饰以啖贼耶！"晟曰："前久在泾源，军士颇相畏服故欲令其先识以夺其心耳。"怀光益不悦，阴有异志，兵迁延不进。晟因入说怀光曰："寇贼偷据天子，行在近县，兵柄庙略，属在于公。公宜以时速进，晟愿以所部得奉严令，为公前驱，虽死不悔。"怀光益拒之。

又曰：史敬奉，灵武人，少事本军为衙将。元和十四年，敬奉大破吐蕃于盐州城下，赐实封五千户。先是西戎频岁犯边，敬奉白节度使杜叔良，请兵三千人，备一月粮，深入蕃界，叔良以二千五百人授之。敬奉既行十余日，人莫知其所向，皆谓吐蕃尽杀之矣。乃由他道深入，突出蕃众之后。戎人惊溃，敬奉率众大破之，杀戮不可胜纪，驱其众于芦河，获羊马驼牛万数。敬奉形甚短小，若不能胜衣。至于野外驰逐，能擒奔马，自执鞍勒，随鞍跃上，然后羁带，矛矢在手，前无强敌。甥侄及僮使仅二百人，每以自随，临入敌，辄分其队为四五，随逐水草，每数日各不相知，及相遇，已皆有获虏矣。

《三国典略》曰：北齐平广陵王孝珩曰："奈何嗣君无独见之明，宰相非柱石之寄，内参群竖，离间骨肉，恨不得握兵符，受庙算，出万死，身先士卒，展我力耳。"

又曰：齐主曰："今日饮酒，乐哉！"武卫将军斛光进曰："关西未平，人为仇敌，陛下亦何乐哉？会当马步十万，三道渡，由平道陷玉壁，拔长安，自沉凉色来纳在掌握，使百官袭冠冕，军士释介胄，然后称乐。"齐王谓群臣曰："明月常有此意，忧国如家，卿辈无及之者。"

平原王段韶出谓光曰："卿胜先帝耶，先帝以四十万攻玉壁，不利而还，将兵如盘擎水，误即倾覆，何容易而轻言之。"光笑曰："非卿所知。"

出师

《易》曰：出师以律，失律凶也。

《书》曰：张皇六师，肃将天威，兼弱攻昧，推亡固存，无作神羞。

《诗》曰：维师尚父，时维鹰扬。

《礼记》曰：师出不逾时，为怨思也；逾时即内有怨女，外有旷夫。

又曰：天子将出征，类于上帝，宜乎社，造乎祢，祃于所征之地；祃，师祭也。受命于祖，告祖。受成于学。定兵谋也。出征执有罪，反，释奠于学，以讯馘告。

《周礼》曰：牙璋以起军旅。

又曰：类祭，先出师，告天祭地；造祭，将兴兵，造于先祖祭也。

《谷梁》曰：甲午治兵，出曰治兵习战，入曰振旅习战也。

《后汉书》曰：光武起，王莽征天下能为兵法者六十三家数百人，并以为军吏；选练武卫，招募猛士，《说文》云：募，广求也。旌旗辎重，千里不绝。时有长人巨无霸，王莽连率韩博上言：有奇士长一丈，大十围，自谓巨无霸，出于蓬莱东南五城西北昭如海滨。轺车不能载，三马不能胜，卧则枕鼓，以铁箸食。见前书。长一丈，大十围，以为垒尉，郑玄注：《周礼》六军壁三垒。崔瑗《中尉箴》曰：堂堂黄帝，设为垒尉。尉者，主垒壁之事。又驱诸猛兽猛或作犷。犷，猛貌，音古猛反。虎豹犀象之属，以助威武，自秦、汉出师之盛，未尝有也。

又曰：车驾东归。敕岑彭书曰："两城若下，便可将兵南击蜀虏。人若不知足，既平陇，复望蜀。每一发兵，彭头须为白。"

又曰：马严拜将军长史，将北军五校士、羽林禁兵三千人，屯西河美稷，美稷，县名。卫护南单于，听置司马、从事。牧守谒敬，同之将军。敕严过武库，祭蚩尤，武库掌兵器，令一人，秩六百石。前书音义曰：蚩尤，古天子，好五兵，故合祭之，见高祖纪。帝亲御阿阁，阿曲。观其士众，时人荣之。

又曰：马成拜扬武将军，督诛虏将军刘隆、振威将军宋登、射声校尉王赏，发会稽、丹阳、九江、六安四郡兵击李宪。时帝幸寿春，设坛场，祖礼遣之。

又曰：凉部叛羌摇荡四州，朝廷忧之。于是诏邓骘将左右羽林、北军五校士及诸部兵击之，车驾幸平乐饯送。

又曰：马援出师，诏百官祖道。

又曰：光武筹赤眉必破长安，欲乘衅并入关中，而方自事山东，未知所寄。以邓禹沉深有大度，故授以西讨之略。乃拜为前将军持节，中分麾下精兵二万人，遣西入关，令自选偏裨以下可与俱者。

《晋书》曰：何曾，正始中为镇北将军、都督河北诸军事、假节。将之镇，文帝使武帝、齐王攸辞送数千里，曾盛为宾主，备太牢之馔。侍从吏驺，莫不醉饱。

又《载记》曰：符坚以符融为镇东大将军，代王猛为冀州牧。融将发，坚祖于霸东，奏乐赋诗。坚母苟氏以融少子，甚爱之，比发，王至灞上，其夕又窃如融所，内外莫知。是夜，坚寝于前殿，魏延上言："天市南门屏内后妃星失明，左右暗守不见，后妃移动之象。"坚推问知之，惊曰："天道与人，何其不远！"遂重星官。

《后魏书》曰：车驾南伐，以刘藻为征虏将军，督统军高聪等四军为东道别将。辞于洛水之南，孝文曰："与卿石头相见。"藻对曰："臣虽才，非古人，度亦不留贼虏而遗陛下，辄当酾曲阿之酒以待百官。"帝大笑曰："今未及曲阿，且以河东数石赐卿。"

《后周书》曰：武帝保定四年冬十月甲子，诏大将军、大冢宰、晋国公护率军伐齐，帝于太庙庭授以斧钺。护总大军出潼关，大将军权景宣率山南诸军出豫州，少师杨标出枳关。丁卯，幸沙苑劳师。

《三国典略》曰：侯景西逼梁，湘东王遣晋州刺史萧惠正率兵援于巴陵，惠王辞以不堪，举天门郡守胡僧祐以自代。王以为武猛将军，令其进发。僧祐谓其子玘曰："汝可开两高门，一朱一白，吾当以死决之，不捷不归也。”王闻而壮之，厚抚其家，谓僧祐曰：“景便于陆道，不闲水斗。贼若水战，但以大舰临之，自当必克。若其步战，自可鼓棹直就巴丘，不须交锋。”

又曰：周遣常山郡公子谨率中山公宇文护、大将军杨忠等步骑五万南伐，太祖饯于青泥谷。时庾信来聘未返，太祖问之曰：“我遣此兵马缚取湘东、关西作博士，卿以为得不？”信曰：“必得 之后，王勿以为不忠。”太祖笑而颔之。

《白虎通》曰：王者之伐，所以皮弁素帻。何服皮弁素帻也？王者将出，辞于祢，还假祢祖，言辞反之，礼尊亲之义。

《王制》曰：王者将出，类于上帝，宜于社，造于祢。

《尚书》曰：“归，假于艺祖。”出以告天，至告祖也。先告庙，后告天者，示不敢留尊者之命也。告天何，示不敢专也，非出辞反面道也。与宗庙异义。还，不复告天者，天道质无内外，故不复告也。《尚书》言归假于祖社，不见告天，知不告也。

又曰：遣将军必于庙何？示不敢自专。独于祖庙何？制法度者祖也。《王制》曰：“受命于祖，受成于学。”此言于祖庙，命遣之也。

挚虞《决疑要注》曰：古者帝王出征，以齐车载迁庙之主及社主以行。故《尚书·甘誓》曰：“用命赏于祖，不用命戮于社。”秦汉及魏行不载主也。

《卫公兵法》曰：诸大将出征，且约授兵二万人，而即分为七军，如或多或少，临时更定。大率十分之中以三分为奇兵。

《太白阴经》曰：参七星，伐三星，连体十星，为十将。西方白虎宿也，主杀伐，此星出而天下秋，草木摇落，有若军威，故兵出而法焉。

张平子《南都赋》曰：尔其则有谋臣武将，皆能攫戾执猛，破坚摧刚。

虞子阳《霍将军北伐诗》曰：拥旄为汉将，汗马出长城。

魏明帝《善哉行》曰：我祖我征，伐被蛮虏。练师简卒，爰整其旅。轻舟竞川，傍江依浦。桓桓猛毅，如熊如虎。发桴若雷，吐气成雨。旌旆指麾，进退合矩。

军行

《礼记》曰：军行，左青龙而右白虎，前朱雀而后玄武。招摇在上，急缮其怒。前有水，则载青旌；前有车骑，则载飞鸿；前有尘埃，则载鸣鸢。

《左传》曰：凡师出一宿为舍，再宿为信，过信为次。

《后魏书》曰于栗磾，太宗南临孟津请众，磾曰："可作桥乎？"对曰："杜预造桥，遗事可想"乃编次大船，构桥于野坂。六军既济，太宗深叹焉。

《隋书》曰：炀帝征高丽，宇文述为扶馀道将军。临发，帝谓述曰："礼，七十者行役以妇人从，公宜以家累自随。古称妇人不入军，临阵时耳。至于营垒之间，无所伤也。项籍虞姬，即其故事。"

《唐书》曰：太宗率众平汾晋，趋龙门阙，履冰而渡，进屯柏壁。

《白虎通》曰：王法年四十受兵法何？重不绝人世也。师行不必反，战不必胜，故须其有世也。年六十归者何？不忍并门人父子也。

《孙子》曰：凡用兵之法，驰车千乘，轻车也。驾驰千乘也。革车千乘，重车也。言万骑之重也。一车驾四卒，十奇一重养，二人主炊，家子一人主保国守衣装，厮二人主养马，凡五人。步兵十人重以大军驾牛养，二人主炊，家子一人，主保国守装，凡三人也。带甲十万。士卒数也。千里而馈粮，境越千里。则外内之费，资费。宾客之用，胶漆之财，车甲之奉，日千金然后十万之众举矣。

又曰：出其所必趣，使敌不得往相救也。行千里而不劳者，行于无人之地。出空击虚，虚其不意。

又曰：凡用兵之法，将受命于君，合军聚众，聚，因人结行位也。交和而舍，军门为利门，左右门为期门，以军营为辕门，以人营为人门。两军相当为交利也。莫难于军争。从始受命，至于交利，军争难也。

又曰：凡处军相敌，绝山依谷，近水草也。视生处高，向阳也，处，视谓目前生地，处军当在高。战隆无登，无迎高也。降，下也。谓山下也。战于山下，敌引之上山，无登逐也。此处山谷之军也。绝水必远水，引敌使渡。客绝水而来，勿迎之于水内，令之半渡而击之，利。欲战无附于水而迎于客也。视在处高，水上亦当处其高也。无迎水流，恐溉我也。处水上之军也。绝斥泽，唯亟去无流，交军于斥泽之中，必依水草而倍众树，不得已专敌战而会斥泽之中。此处斥泽之军也。平陆处易，车之利也。而左右倍高，前死后生，战便。此处平陆之军也。凡此四军之利，黄帝所以胜四帝者也。黄帝始立，四方诸侯亦称帝。以此四地胜之。凡军喜高而恶下，贵阳而贱阴。喜一作好。山南曰阳，山北曰阴。养生处实，是为必胜。军无百疾，丘陵堤防，必处其高阳而右背也。堤者，积土。所背当处其阳而右之。战之便也。此兵之利而地之助也。故用兵之法，高陵勿向也，敌若据山陵，依附险阻陈，待敌勿轻攻趣也。既地势不便，有损右之衡也。背丘勿迎。敌背丘陵为阵，无有后患，则当引置平地，勿迎而击之。

又曰：上雨水，水沫至，欲渡者待其定。恐半渡而水便涨也。绝磵过天井、天牢、天罗、天陷、天隙、大害，必亟去之，勿近也。山也，深大为绝。磵，四方高，中央下，为天井。深水所居朦胞者为天牢。四雄绝人者为天罗。地形陷者为天陷。山间夹地深数尺长数尺者谓之天隙也。吾远之，敌近之；吾迎之，敌背之也。用兵常远六害。今敌近信则利，敌凶。军旁有险阻、蒋潢、井生、葭苇、小林、翳荟乌会反。者，必谨覆索之，此伏奸之所藏处也。险者，一高一下之地。阻者，必水草也。潢者，池也。并生葭苇者，众草所聚也。小林者众木所居也。翳荟者，所以屏蔽之处也。

《卫公兵法》曰：军马行动，须知次第。出先右虞候马军为首，次右虞候步军；次右军马军，次右军步军；次前军马军，次前军步军；次中军马军，次中军步军，次右军马军；次后军步军；次左军马军，次左军步军，次左虞候马军，次左虞候步军。其马军去步军一二里外行，每有高处即令三五骑马于上立，顾以候不虞。以后余军，准前立马四顾。右虞候既先发安营，路水道路，修理泥溺、桥津，检行水草。左虞候排比队仗，整齐军次，使不交杂。若军回入，先左虞候马军，次左虞候步军，次左马军，次左步军，其次第准前却转。其虞候军职掌，初发交换。诸军营各量置虞候子，并使排比依军次行。如此发引，卒逢寇贼，部伍甚易。若零叠散行，牵率虽就，万一贼至，并非所管。

又曰：诸军计伐，例有数营发引逢贼，首尾难救。行引之时，须先为方阵。应行之兵分为四，辎重为两道引，战锋等队亦为两道引。其第一分初发，辎重及战锋分为四道行，两行户郎切。下同。辎重，在心双引，两行战锋队并合，各在辎重外。左右夹双引，其次一分，战锋队与前般左右行战锋队相当，辎重队与前行辎重队相当。又其次一分准上，最后一分亦准上。初发第一分别，战锋辎重相当。如其逢贼，前分四行，两行辎重抽缩，两行战锋横列。作前面甚易，其次两分，先作四行长引，其战锋既在外，便充两面，其后分亦先作四行。其辎重进前，其战锋队横列相接，使充后面亦易，其方阵立即可成。如此发引，纵使狭路急缓，亦得成阵。每军战锋等队，须过本军辎重尾。辎重稠行，战锋等队稠引，常令辎重并近前头。战锋队相去十步下一队，辎重队相去十步下一队，辎重队相去两步下一队，如此即须相里得。若逢川陆平坦，弥加稳便，其战锋辎重等队，分布使均。

又曰：诸兵马发行，或逢泥溺，或阻山河，其路有须填补，有须开拓。左右虞候军兵，先多于军，取充虞候子右虞候，先将此兵修理桥梁泥泞，开拓窄路。左虞候排窄路，捍后收拾阑遗。诸兵士每下营讫，先令两队共掘一厕。

又曰：军行沙碛、咸卤之中，有野马黄羊踪，寻之有水；鸟乌所集处有水；地生葭苇、芦荻、菰蒲之处，下有伏泉；地有蚁壤之处，下有伏泉。

《太白阴经·济水具篇》曰：军行过大水，河渠、沟涧，无津梁舟筏，难以济渡，太公以天艎天船，皆质朴不便于用，令随事逐物变化而用之，以济巨川。

又曰：木罂：以木缚瓮为筏。瓮受二石，力胜一人。瓮间阔五寸，底以绳勾联，编枪于其上，形长而方，前置拔头，后置梢，左右置棹。

又曰：枪筏：枪十根为一束，力胜一人。四千一百六十六根即为一筏，皆去钻刃，以束为鱼鳞，以横栝而缚之，可渡四百一十六人。为三筏，计用枪一万二千五百根，率渡一千二百五十人，十渡则一军必济。

又曰：蒲筏：以蒲九尺围，颠倒为束，十道缚之，似束枪为筏。量长短多少，随蒲丰俭。无蒲亦用苇筏，量大小以济人。

又曰：挟絙：以善水者，继小绳先浮渡水，次引大絙于两岸，立大橛急定絙，使人挟絙浮渡，大军可为数十道。

又曰：浮囊：以浑脱羊皮吹气令满，系其孔，束于腋下而浮渡。

太平御览卷第三百七 兵部三十八

会兵

《书》曰：戊午，师渡孟津，陈于商郊，俟天休命。甲子昧爽，受率其旅若林，会于牧野。族，众也。如林，言盛多。会，逆，拒战。罔有敌于我师，前徒倒戈，壹戎衣，而天下大定。言与众同心，动有成也。

《谷梁传》曰：齐侯兵车之会四，未尝有大战，爱民也。

《后汉书》曰：初，卷人维汜，卷，县名，居河南郡，故城在今郑州原武城县西北。妖言称神，有弟子数百人，坐伏诛。后其弟子李广等，宣汜神化不死，以诳惑百姓。十七年，遂共聚会徒党，攻没皖城，皖，县名，属卢江郡，今舒州怀宁县。皖音下板切，又下管切。杀皖侯刘闵，自称南岳大师。遣谒者张宗将兵数千人讨之，复为广所败。于是使马援发诸郡兵，合万余人击破广等，斩之。

又曰：章和二年，护羌校尉张纡诱诛烧当种羌迷吾等，由是诸羌大怒，谋欲报怨，朝廷忧之。公卿举邓训代纡为校尉。诸羌激忿，遂相与解仇结婚，交质盟诅，郑玄注：《周礼》云：大事曰盟，小事曰诅。众四万余人，期冰合渡河攻训。

又曰：吴汉为安乐令，会王郎起，北州扰惑。汉素闻光武长者，独欲归心。乃说太守彭宠曰："渔阳、上谷突骑，天下所闻也。君何不合二郡精锐兵，附刘公击邯郸，此一时之功也。"一时，言不可再遇也。宠以为然。

又曰：朱鲔闻光武北伐而河内孤，使讨难将军苏茂、副将贾强率兵三万余人，渡巩河攻温。巩、温，并今洛川县也，临广河，故曰巩河。檄书至，寇恂即勒军驰出，并移告属县，发兵会于温下。军吏皆谏曰："今洛阳兵渡河，前后不绝，宜待众军毕集，乃可出也。"恂曰："温，郡之藩蔽，失温则郡不可守。"遂驰赴之。旦日合战，而偏将军冯异遣救，及诸县兵适至，士马四集，幡旗蔽野。恂乃令士卒乘城鼓噪，大呼，言曰：“刘公兵到。”苏茂军闻之，阵动，恂因奔击，大破之。

又曰：吴汉悉发幽州兵，与光武会清阳。诸将望见汉还，士马甚盛，皆曰：“是宁肯分兵与人耶？”及汉至莫府，上兵簿莫，大也。兵薄，军之士名帐。诸将人人多请之。光武曰：“属者恐不与人，属，犹近也。今所请又何多也？”诸将皆惭。

《晋书·天文志》曰：征吴之役，三河徐、兖之兵悉出，交战于吴、楚之地。

《唐书》曰：宪宗时，郓州李师道翻覆违命，诏宣武、义成、武宁、横海四节度之师与田弘正会军讨之。弘正奏请取黎阳渡河，会李光颜等军齐进。帝召宰臣于延英议可否，皆曰：“阃外之事，大将制之，既有奏陈，宜遂其请。”裴度独以为不可，奏曰：“魏博一军，不同诸道。过河之后，却退不得，便须进击，亦见成功。若取黎阳渡河，即才离本界，便至滑州，徒有供饷之劳，又生顾望之势。况弘正、光颜并少威断，更相疑惑，必恐迁延。然兵事不从中制，一定处分，或虑不可。若欲于河南持重，则不如河北养威。不然，即且秣马厉兵，候霜降水落，于杨刘渡河。直抵郓州。但得至阳谷已来下营，则兵势自盛，形自不挠。”上曰：“卿言是矣。”乃诏弘正取杨刘渡河。及弘正军既济河而南，距郓州四十里筑垒，贼势果蹙。顷之，诛师道。

《三国典略》曰：周武帝率六军趣邺，齐主令群臣议之。广宁王孝珩议曰：“今大寇既深，事藉机变，请使任城王便领幽州道兵，自土门入，声取并州。独孤永业便领洛州兵，自潼关入，声取长安。臣请领京畿兵出滏，只鼓行逆战。贼悬军远来，日增疲老，闻南北有兵，自然应退。”

誓众

《书》曰：帝曰：“咨，禹！惟时有苗弗率，汝徂征。”三苗之民数千，王诛率循也。徂，往也。不循帝道，言乱逆也，命禹讨之。禹乃会群后，誓于师，曰：“济济有众，咸听朕命：令诸侯伐有苗也。军旅曰誓。济济，众盛之貌。

蠢兹有苗，昏迷不恭，蠢，动；昏，暗也。言其所以宜讨。侮慢自贤，反道败德；狎侮先王，轻慢典教，反正道，败德义。君子在野，小人在位；废仁贤，任奸佞。民弃不保，天降之咎。言民叛天，灾之。肆予以尔众士，奉辞伐罪。肆，故也。辞谓不恭。罪谓侮慢以下事。尔尚一乃心力，其克有勋！”三旬，苗民逆命。益赞于禹曰：“惟德动天，无远弗届。”禹拜昌言，班师振旅。帝乃诞敷文德，舞干羽于两阶。七旬，有苗格。

又曰：启与有扈，战于甘之野。王曰：“嗟！六事之人，予誓告汝：有扈氏威侮五行，怠弃三正，天用剿绝其命。用命赏于祖。不用命，戮于社；予则孥戮汝！”

又曰：羲和湎淫，废时乱日，胤往征之，告于众曰：“羲和尸厥官、昏迷于天象，以干先王之诛。今予奉将天罚。火炎昆岗，玉石俱焚。天吏逸德，烈于猛火。歼厥渠魁，胁从罔治。呜呼！威克厥爱，允济；爱克厥威，允罔功。尔众士，懋戒哉！”钦承天子休命。

又曰：鲁侯伯禽宅曲阜，徐夷并兴东郊不开作费。誓公曰：“嗟，人无哗！听命：善谷乃甲胄，备乃弓矢，锻乃戈矛，砺乃锋刃，无敢不善！峙乃糗粮，峙乃刍茭，无敢不逮！汝则有大刑！鲁人三郊、三遂，峙乃桢干。甲戌，我惟筑。无敢不供！汝则有无余刑，非杀。”刑者非一也。

又曰：惟戊午，王次于河朔，次，止也。戊午渡河而誓，既誓而止于河之北。群后以师毕会。诸侯尽会止也。王乃徇师而誓，曰：“呜呼！西土有众，咸听朕言！徇，循也。武王在西，故称西土。今商王受力行无度，行无法度。播弃黎老，昵比罪人。鲐背之者称黎老。弃，不礼敬也。昵，近也。罪人，谓天下逋逃小人也。予有乱臣十人，同心同德。言我治理之臣虽少，而心德同也。虽有周亲，不如仁人。”周，至也。纣至亲虽多，不若周家之多仁人也。

又曰：武王伐纣，曰：“今予发，惟恭行天之罚。今日之事，不愆于六步七步，乃止齐焉。夫子勖哉！不愆于四伐、五伐、六伐、七伐、乃止齐焉。勖哉夫子！尚桓桓，如虎如貔，如熊如罴！于商郊！弗迓克奔，以役西土，勖哉夫子！尔所弗勖，其于尔躬有戮！”

又曰：尔众士同力王室。

《史记》曰：太尉行令军中曰："为吕氏右袒，为刘氏左袒。"军中皆左袒。

《后汉书》曰：齐武王伯升，既破甄阜军，乃陈兵誓众，焚积聚，破釜甑，鼓行而前。

《晋书》曰：元帝以祖逖为奋威将军、豫州刺史，给千人廪，布三千匹，不给铠仗，使自招募。仍将本流徙部曲百余家渡江，中流击楫而誓曰："祖逖不能清中原而复济者，有如大江！"辞色壮烈，众皆慨叹。屯于淮阴，起冶铸兵器，得二千余人而后进。

又《载记》曰：王猛与慕容评战，阵于渭原，而誓众曰："王景略受国厚恩，任兼内外，今与诸军深入贼地，宜各勉进，不可退也。愿戮力行间以报恩，顾受爵明君之朝，庆觞父母之室，不亦美乎？"众皆勇奋，破釜弃粮，大呼竞进。

《后周书》曰：太祖率李弼、独孤信等十二□将东伐。至潼关，太祖乃誓于师曰："与尔有众，奉天威，诛暴乱。惟尔众士，整尔甲兵，戒尔戎事，无贪财以轻敌，无暴民以作威。用命则有赏，不用命则有戮，尔众士其勉之。"遣于谨居军前徇地。

《唐书》曰：高祖起义兵，西图关中，精甲三万。高祖杖白旗，誓众于太原之野，引师即路。

又曰：太宗征王世充，陈兵谷水之上，步骑五万。太宗举麾誓众曰："隋室无道，毒被苍生，我国家受命于天，宁济亿兆。世充敢抗大邦，数行侵暴，诛杀良善，恣其淫酷。国家为百姓除害，事不获已。各宜整尔军旅，修尔器械，立勋立效，龚行天罚，敢有犯命者斩无赦。"

又曰：朱泚反韦皋于陇州，筑坛于庭，血牲，与将士等盟曰："上天不吊，国家多难，逆臣乘间，盗据皇宫。而李楚琳亦扇凶徒，倾陷城邑，酷虐所加，爰及本使，既不事上，安能恤下。皋是用激心愤气，不遑底宁，誓与群公，竭诚王室。凡我同盟，一心竭力，伏顺除凶，祖先之灵，必当幽赞。言诚则志合，义感则心齐，粉骨尘躯，决无所顾。有渝此志，明神殛之，迨于子孙，亦罔遗育。皇天后土，当兆斯言。"又使通于吐蕃以求助。

《古司马兵法》曰：古者逐奔不远，纵绥不及，所以示君子。且有礼。不远则难诱，不及则难陷，以礼为固，以仁为胜。既胜 之后其教可复，是故君子贵之也。有虞氏戒于国中，欲人体其命也；舜以农教战，以战教民，畋猎简习，故民体之也。夏后氏誓于军中，欲民先成其虑也；禹令军聚，重复教肆，进退左右，前后离合周旋也。殷誓于军门之外，欲民先意待事也；殷既遵虞夏之教民，又于军门外复简试。周将交刃而誓之，以致意也。周用虞夏殷之教民交和接兵，又复申望誓之军，德薄，民俗巧也。

又曰：贤王制礼乐法度，乃作五刑，兴甲兵，以讨不义。巡狩、省方，会诸侯考不同，其有失命乱常、背德逆天之时，而危有功之君。王者以有功德者为君长，贼臣欲篡杀之。遍告于诸侯，章明于有罪，乃告于皇天上帝，日月星辰，以祷于后土，四海之神，山川冢社。冢社者，天子太社也。乃造于先王，然后冢宰征师于诸侯。造，就也。就造于先祖庙也。曰某国为不道，征之。以某年月日，师至于某国。至于所征之国，与天子会。天子正刑，刑者，天子之法也。刑以征不义、伐不从，王者之法也。冢宰与伯布命于军，曰入罪人之地。无暴神祇，无猎田，无有虐，无毁二功，无粪墙屋，无伐树木，无取六畜，无取禾粟，无取器城。见其老幼，奉归勿伤。虽遇壮者，不校勿敌；若伤人，医药归之。既诛有罪，王及诸侯正其国，举贤更立，明正复职。王者与四方诸侯伐无道之国，整顿其民人，举贤良更立为君，奉遵王法，复百官之职事矣。

《论衡》曰：师尚父为周司马，将师伐纣，到孟津之上，仗钺把旄，号其众曰："仓兕"。仓兕，水中之兽也，善覆人船。因神以化，欲令急渡，汝不急渡，苍兕害汝。河中有此之物，时时出浮，一身九头，人畏恶之，未必覆人船者也。

《文选》曰：勒三军，誓将帅，元戎竟野，戈鋋彗云。

麾兵

《庄子》曰：市南宜僚弄丸，两家之难解；孙叔敖甘寝秉羽，而郢人投兵。

《晋书》曰：张重华攻石季龙，遣谢艾为使持节、军师将军，率步骑三万，进军临河。麻秋以三万众拒之。艾乘轺车，冠白帢，鸣鼓而行。秋望而怒曰："艾年少书生，冠服如此，轻我也。"命黑矟龙骖三千人驰击之。艾左右大扰。左战帅李伟劝艾乘马，艾不从，乃下车踞胡床，指麾处分。贼以为伏兵发也，惧不敢进。张瑁从左南缘河而绝其后，秋军乃退。艾乘奔击，遂大败之。

又曰：陈敏一旦据有江东，刑政无常，不为英俊所服，且子弟凶暴，所在为患。周玘、顾荣之徒常惧祸败。遣使密报征东将军刘准遣兵临，准已为应。及兵至，敏使弟昶及将钱广，次乌江以拒之。钱广，玘乡人也，潜使图昶。广遣其属何康投募送白事于昶，昶倾视书，康挥刀斩之，称州下已杀敏，动者诛三族，吹角为内应。广先勒兵在朱雀桥，陈兵水南。敏师万人将战，未济，荣以白羽扇麾之，敏众溃散。敏单骑东奔，为义师所斩。

《梁书》曰：魏中山王元英寇北徐州，高祖诏韦叡率众会焉。英自率众来战，叡乘素木舆执白角如意以麾军。一日数合，英甚惮其强。

刘璠《梁典》曰：韦叡字文怀，京兆杜陵人也。叡虽有旷世之度，莅民以惠爱为本，所居必治。将兵仁爱，被服必于儒者，虽临阵交锋，常缓服乘舆，执竹如意以麾进止。

《北史》曰：唐永身长八尺，少耿介，有将帅才，读《班超传》，慨然有万里之志。正光中，为北地太守。永善取下士，人竞为之用。临阵常着白裙襦，把角如意以指麾处分，辞色自若。在北地四年，与贼数十战，未尝败北。时人语曰："莫陆梁，恐尔逢唐将。"永所营之处，至今犹称唐公垒。

《后魏书》曰：毛法仁言声壮大，至于军旅田狩，唱呼处分，振于山谷。

《后周书》曰：李远，字万岁。幼有器局，志度恢然。尝与群儿为战斗之戏，指麾部分，便有军阵之法。郡守见而异之，召使更戏。群儿惧而散走，远持杖叱之，复为向势，意气雄壮，殆甚于前。郡守曰："此小儿必为将帅，非常人也。"

又曰：建德中东伐齐，帝引兵发京师。壬寅，渡河，与诸军合。十二月戊申，次于晋州。恐王师卒至，于城南穿堑，自乔山属于汾水。庚戌，帝帅诸军八万人，置阵东西二十余里。帝乘常御马，从数人巡阵处分，所至辄呼主帅姓名以慰勉之。将士感见知之恩，各自奋励。

《隋书》曰：李子雄从幸江都，帝以仗卫不整，顾子雄步伍之，子雄立指麾，六军肃然。帝大悦，曰："公真武侯才也。"寻转右武侯大将军。

《唐书》曰：德宗时，郑权为泾原节度使刘昌从事。昌病，亟请入觐，度军中必有变，以权宽厚，善容众，俾主留务。既而兵果为乱。权挺身于白刃中，抗词以明逆顺，因杀其首乱者数人，士皆戢伏。

又曰：昭宗时，玉山都头杨守信叶杨复恭称兵阙下，阵于通化门，上陈兵于延喜门。是夜，令刘崇望守度支库。明日晓，入含光门。未开，门内禁军列于左右，俟门开即劫掠两市。及闻传呼宰相来，门方开，崇望驻马慰谕之曰："圣上在街东亲总戎事。公等禁军，何不楼前杀贼，立取功名。切不可剽掠街市，图小利以成恶名也。"将士唯唯，从崇望至长乐门。守信见兵来，即遁，军士呼万岁。是日库市获全，军人不乱，繄崇望之方略也。

《五代周史》曰：世宗至泗洲，太祖皇帝乘胜麾军焚郭门，夺月城，帝亲冒矢石以攻其垒。丙午日南至，从臣拜贺于月城之上。

《语林》曰：诸葛武侯与司马宣王在渭滨，将战，宣王戎服莅事，使人视武侯，素舆葛巾，持白毛扇指麾，三军皆随其进止。宣王闻而叹曰："可谓名士。"

飨士

《左传》曰：宋华元将战，杀羊食士，其御羊斟不与。及战，曰："畴昔之羊，子为政，今日之事，我为政。"与入郑师，故败。君子谓：

“羊斟非人也，以其私憾，败国殄民。刑孰大焉。”

《史记》曰：乐毅并护赵、楚、韩、魏、燕之兵以伐齐，破之济西。诸侯罢归，而燕军乐毅独追，至于临菑。齐湣王之败济而亡走，保于莒。乐毅独留徇齐，齐皆城守。乐毅攻入临淄，尽取齐宝财物祭器输之燕。燕昭王大悦，亲至济上劳军，行赏飨士，封毅于昌国，号为昌国君。

《东观汉记》曰：上大发关东兵，自将上陇，隗嚣众溃走，围解。于是置酒高会，劳赐诸将，来歙班坐绝席，在诸将之右，赐歙妻缣千匹。

《后汉书》曰：吴汉围苏茂于广乐。刘永将周建别招聚收集得十余万人，救广乐。汉将轻骑迎与之战，不利，堕马伤膝，还营，建等遂连兵入城。诸将谓汉曰：“大敌在前而公伤卧，众心惧矣。”汉乃勃然裹疮而起，椎牛飨士，令军合战，大破之。

又曰：刘盆子既降，帝令县厨赐食，众积困喂，十余万人皆得饱饫。

又曰：邓禹至长安，军昆明池，大飨士卒。率诸将斋戒，择吉日，修礼谒祠高庙，收十一帝神主，遣使来诣洛阳，因循行园陵，为置吏士奉守焉。

《后周书》曰：若干惠于诸将年最少。早丧父，事母以孝闻。太祖尝造射堂新成，与诸将宴射。惠窃叹曰：“亲老矣，何时办此乎？”太祖闻之，即日徙堂于惠宅。其见重如此。

《淮南子》曰：员中规，方中矩；动成战，止成文。可以榆众而不可以陈军。涤杯而食，洗爵而饮，盥而后馈，可以养少而不可以飨众。

《黄石公记》曰：动为事机，舒之弥四海，卷之不盈怀。柔而能刚，则其国弥光；弱而能强，则其国弥章。一单之醪，投之于河，令士众迎饮，三军为其死，战如风发，攻如河决。军无财，士不来；军无赏，士不往。香饵之下，必有悬鱼；重赏之下，必有死夫。

犒师

《左传》曰：夏，齐师伐我北鄙。公使展喜犒师，劳齐师也。使受命于展禽。齐侯未入境，展喜从之，曰：“寡君闻君亲举玉趾，将辱于弊邑，使下臣犒执事。”

又曰：三十三年，秦师过周北门，及滑，郑商人弦高将市于周，遇之。以乘韦先，牛十二犒师，商，行贾也。乘四韦也。先韦乃及牛也。古者将献馈于人，有以先也。曰：“寡君闻吾子将步师出于弊邑，敢犒从者。不腆弊邑，为从者之淹，居则具一日之积，腆，厚也。奄，久也。积，刍米菜蔬也。行则备一夕之卫。”

又曰：楚子以驲至于罗汭。马白，传也。罗，水名。吴子使其弟蹶由犒师，楚人执之，将以衅鼓。王使问焉，曰：“汝卜来吉乎？”对曰：“吉。且吴社稷是卜，岂直为一人？使臣获衅鼓，而弊邑知备，以御不虞，其为吉孰大焉？”乃弗杀。

《后汉书》曰：岑彭长驱入江关，令军中无得虏掠。所过，百姓皆奉牛酒迎劳。彭见诸耆老，为言“大汉哀愍，巴蜀久见虏役，故兴师遂伐，以讨有罪，为人除害。”让不受其牛酒。百姓皆大喜悦，争开门降。

《晋书》曰：桓温进兵至霸上，耆老持牛酒迎温，曰：“不图今日复见官军。”

《后梁略》曰：大宝元年，西魏将杨忠来逼荆镇，上惧其至，送遣犒军。既而与忠结盟，并送质子与魏相约为兄弟之亲。于是聘使往还，相望道路。

《后魏书》曰：邓颖从世祖幸汉南，高车莫弗库若于率骑数万驱鹿百余万，诣行在所，诏颖为文，铭于汉南，以昭功德。

《淮南子》曰：秦缪公使孟明举兵袭郑，郑贾人弦高、蹇他他，弦高党人。相与谋曰：“师行数千里，又数过诸侯之地，其势必袭郑。凡袭国者，以为无备也。其以知其情，必不敢进。”乃矫郑伯之命，以十二牛劳。三率相与谋三率，秦将白乙、孟明、西乞。曰：“守备必固，进必无功。”乃还师而反。晋先轸举兵击之，先轸，晋大夫也。大破之。郑伯乃以存国之赏赏弦高，高辞。

太平御览卷第三百八　兵部三十九

战上

《尚书大传》曰：战者，惮也，惊之也。

《说文》曰：战，斗也。

《开元文字》曰：仲秋大阅，戒众庶，修战法，“阴疑于阳必战”是也。凡师皆阵曰战。谓坚而有备，各得其所，成败决于志力也。

《易》曰：上六：龙战于野，其血玄黄。阴之为道，卑顺不盈，乃全其美盛而不已。固阳之地，阳所不堪，故战于野也。

又曰：阴疑于阳必战，为其嫌于无阳也，故称龙焉。为其嫌于非阳而战也。

《书》曰：汤与桀战于鸣条之野。

又曰：武王戎车三百两、虎贲三千人，与受战于牧野。

《左传》曰：鲁宣公十二年，晋荀林父与楚子战于邲，晋师败绩。

又曰：吴伐楚，王使执燧象以奔吴师。

又曰：齐伯郭启伐莒。莒子将战，宛羊牧谏之曰：“齐师贱，其求不多，不如下之。”

又曰：诸侯之戍谋曰：“若华氏知困而致死，楚耻无功而疾。战，非吾利也。”

又曰：孟懿子阳虎伐郓，郓人将战。

又曰：宋多责赂于郑，郑人不堪。故以绝鲁及齐，与宋、卫、燕战。不书所战，后也。

又曰：冬，宋人以诸侯伐郑，报宋之战也。

又曰：齐人侵鲁疆。疆吏来告，公曰：“疆埸之事，慎守其一而备其不虞。姑尽所备焉。事至而战，又何谒焉。”

又曰：狄人伐卫。卫懿公好鹤，鹤有乘轩者。将战，国人受甲者皆曰："使鹤，鹤实有禄位，余焉能战！"

又曰：里克谏曰："故君之嗣适，不可以帅师。君失其官，帅师不威，将焉用之。且臣闻皋落氏将战，君其舍之。"

又曰：楚人伐宋以救郑。宋公将战，大司马固谏曰："天之弃商久矣，君将兴之，弗可赦也已。"

又曰：子鱼曰："君未知战。勍敌之人厄而未成列，天赞我也。"

又曰：公曰："君子不重伤，不禽二毛。"子鱼曰："且今之勍者，皆吾敌也。虽及胡耇，获则取之，何有于二毛？明耻教战，求杀敌也，伤未及死，如何勿重。"

又曰：晋公子重耳之及于难也，晋人伐诸蒲城。蒲城人欲战，重耳不可。

又曰：齐晋将战，高固入晋师，桀石以投人，桀，担也。擒之而乘其车，既获其人。固释己车而载所获。系桑本焉，以徇齐垒，将至齐垒，以桑树系车而桑走，欲自异也。曰："欲勇者贾余馀勇。"贾，卖也。言己勇有馀，欲卖之也。

又曰：晋楚将战，而楚晨压晋军而阵。军吏患之。范丐趋进，曰："塞井夷灶，阵于军中，而疏行首。晋、楚唯天所授，何患焉？"文子执戈逐之，曰："国之存亡，童子何知焉？"

又曰：齐侯还自晋，不入。不入国。遂袭莒，门于且于，且于，莒邑。伤股而退。齐侯伤。明日，将复战，期于寿舒。寿舒，莒邑。杞殖、华还载甲，夜入且于之隧，宿于莒郊。二子齐大夫也。且于隧，狭路。明日，先遇莒子于蒲侯氏。蒲侯氏，近莒之邑。莒子重赂之，使无死，曰："请有盟。"欲以盟二子无致死战。华周对曰："贪货弃命，亦君所恶也华周即华还也。昏而受命，日未中而弃之，何以事君？"莒子亲鼓之，从而伐之，获杞梁。杞梁即杞殖。

又曰：齐师伐我。公将战，曹刿请见。其乡人曰："肉食者谋之，又何间焉。"肉食，在位者也。间，犹与也。刿曰："肉食者鄙，未能远谋。"乃入见。问："何以战？"公曰："衣食所安，弗敢专也，必以分人。"对曰："小惠未遍，民不从也。"公曰："牺牲玉帛，不敢加也，必以信。"对曰："小信未孚，神不福也。"公曰："小大之狱，虽不能察，必以情。"对曰："忠之属也，上思利民，忠也。可以一战。战则请从。"公与之乘。战于长勺。公将鼓之。刿曰："未可。"齐人三鼓，曰："可矣！"遂逐齐师。既克，公问其故。对曰："夫战，勇气也。一鼓作气，再而衰，三而竭。我盈彼竭，故克之。夫大国难测也，惧有伏焉。吾视其辙乱，望其旗靡，故逐之。"

又曰：丙戌，复战。大败吴师，获太子友，王孙弥庸。

又曰：郤献子曰："二憾往矣，弗备必败。"彘子曰："郑人劝战，弗敢从也。楚人求成，弗能好也。"

又曰：夫礼乐慈爱，战所蓄也。

又曰：楚子与若敖氏战于皋浒。皋浒，楚地。伯棼射王，汰辀，及鼓跗，着于丁宁。伯棼子越椒也，辀车辕汰过也，箭过车辕上也。丁宁，钲也。又射汰辀，以贯笠毂。兵车尊者则边人执笠依毂下以御寒暑。师惧，退。王使巡师曰："吾先君文王克息，获三矢焉。伯棼窃其二，尽于是矣。"鼓而进之，遂灭若敖氏。

又曰：晋楚交战，叔山冉搏人以投，中车，折轼。晋师乃止。

又曰：晋侯使张骼、辅跞致楚师，求御于郑。欲得郑人自御，知其地利者也。郑人卜宛射犬吉。射犬，郑公孙也。将及楚师，而后从之乘，皆踞转而鼓琴。转衣装也。近，不告而驰之。皆取胄于橐而胄，入垒，皆下，搏人以投，收禽挟囚。禽，获也。弗待而出。

又曰：子蒲曰："吾未知吴道，使楚人先与吴人战。"

又曰：吴师居麇，子期将焚之，子西曰："父兄亲暴骨焉，不能收，而又焚之，不可。"子期曰："国亡矣！岂惮焚之？"焚之，而又战。

又曰：吴伐楚师，及清发，清发，水名。将击之。夫概王曰："困兽犹斗，况人乎？若知不免而致死，必败我。若使先济者知免，后者慕之，蔑有斗心矣。半济而后可击也。"从之。又败之。楚人为食，吴人及之，奔，食而又从之。败诸雍澨，五战及郢。奔食，食者走，不阵。故不在战数数也。澨，时制切。

又曰：晋侯逆秦师，使大夫韩简视师。复曰："师少于我，斗士倍我。"公曰："何故？"对曰："出因其资，谓奔梁求秦也。入用其宠，为秦所纳也。饥食其粟，三施而无报，是以来也。今又击之，我怠秦奋，倍犹未也。"战于韩原。晋戎马还泞而止。泞，泥也。还，便旋也。小驷不调，故还泥中。泞，乃定切。秦伯获晋侯以归。晋曲而怠，秦直而怒，所以胜也。

又曰：楚子伐隋，军于汉、淮之间。隋将季梁谓隋侯曰："请下之，弗许而后战，下之请服。所以怒我而怠寇也。"隋少师谓隋侯曰："必速战。不然，将失楚师。"战于速杞，隋师败绩。若用季梁之谋，必胜矣。

又曰：吴楚二师阵于柏举。吴子阖闾之弟夫概王，晨请于阖闾曰："楚相囊瓦不仁，其臣莫有死志，先伐，其卒必奔。而后大师继之，必克。"以其属五千，先击囊瓦之卒。楚师乱，吴师大败之。

又曰：晋师伐楚，苗贲皇言于晋侯曰："楚之良，在其中军王族而已。请分良以击其左右，而三军萃于卒，萃，集。必大败之。"及战，晋将吕锜，射楚恭王，中目。锜，鱼绮切。楚师宵遁。晋师入楚，三日馆谷。

又曰：求曰："若不可，则君无出。一子帅师，背城而战。不属者，非鲁人也。当子之身，齐人伐鲁而不能战，子之耻也。"

又曰：彭城之役，晋、楚遇于靡角之谷。晋侯将遁矣。雍子发命于军曰："恤老幼，反孤疾，二人役，归一人，简兵搜乘，秣马蓐食，师阵焚次，明日将战。"行归者而逸楚囚，楚师宵溃。

又曰：入我河曲，伐我涑川，俘我王官，翦我羁马。我是以有河曲之战。

又曰：栾武子欲报楚，韩献子曰："无庸。使重其罪，民将叛之。无民，孰战？"

又曰：晋、楚遇于鄢陵。范文子不欲战，郄至曰："韩之战，惠公不振旅。"

又曰：潘尪之子党与养由基蹲甲而射之，以示王，曰："君有二臣如此，何忧于战？"

又曰：苗贲皇徇曰："搜乘补卒，秣马利兵，修阵固列，蓐食申祷，明日复战。”乃逸楚囚。

又曰：智武子曰：“大劳未艾，君子劳心，小人劳力。先王之制。”诸侯皆不欲战，乃许郑成。

又曰：晋阳处父侵蔡，楚子上救之，与晋师夹江而军。阳子患之，使谓子上曰：“吾闻之，文不犯顺，武不违敌。子若欲战，则吾退舍，子济而阵，迟速唯命。”

又曰：宣子曰：“秦获穿也。获一卿矣。秦以胜归，我何以报？”乃皆出战，交绥。

《公羊传》曰：己巳，晋侯及楚战城濮，楚师败绩，此大战也。

又曰：诈战不日？此何以日？诈，卒也，齐人语也。

又曰：晋人及秦伯战于殽，秦败。或曰：“襄公称人何贬也？君在殡而用师诈战。”

又曰：狐壤之战，隐公获焉。然则何以不言战？讳获也。

又曰：齐侯、卫侯、郑伯来战于郎，此偏战也。何以不言？师败绩，内不言战，乃败绩。

又曰：及郑师伐宋，丁未，战于宋。战不言伐何？避嫌也。恶乎嫌，嫌与郑人战也，此偏战也。何以不言师败绩？内不言战，言战乃败绩。与郑人战于宋地，故举伐以明之也。

《家语》曰：齐国书伐鲁，书，齐卿也。季康子使冉求帅左师卫之，樊迟为右。季氏曰：“须也，弱。”须，迟名。弱，幼也。有子曰：“能用命矣。”及齐师战于郊，未逾沟。前有沟，众不肯逾也。樊迟曰：“非不能也，不信子也。言季孙德不素著，不为民所信也。请三交而逾之。”与众要信，三交而逾沟也。如之，众从之。师入齐，齐军遁。冉有用戈，故能入焉。子闻之曰：“义也。”在军能却敌，合乎义。既战，季孙问冉有曰：“子于战，学之乎？性达之乎？”对曰：“学之。”季孙曰：“从事孔子，焱于学。”冉有曰：“即学于孔子也。孔子者，大圣兼该，文武并用也。适闻其战法，犹未之详也。”季孙悦。樊迟以告孔子，子曰：“季孙于是乎可谓悦人之有能矣。”

又曰：孔子曰："黄帝服牛乘马，扰驯猛兽，以与炎帝战于阪泉之野。"

又曰：子贡言志曰："愿得齐楚合战于漭荡之野，埃尘连接，挺刃交兵。"

《国语》曰：申包胥曰："夫战，智为始，仁次之，勇次之。不智则不知人之极；不仁则不共三军饥劳之殃；不勇则不能断疑以发大计。"

《战国策》曰：魏太子自将，过宋外黄，徐子曰："臣有百战之术，今太子自将攻齐，大胜，富不过有魏，而贵不益为王。若不胜，即万世无魏矣。此臣百胜之术也"太子曰："请从公言而还。"太子上车请还，其御曰："将出而还，与败北同，不如遂行。"乃与齐战而死。

《史记》曰：黄帝教熊罴貔虎以与炎帝战于阪泉之野，服虔曰：阪泉，地名。皇甫谧曰：在上谷。三战，然后得行其志。蚩尤作乱，不用帝命。黄帝乃征师诸侯，与蚩尤战于涿鹿之野，服虔曰：涿鹿，山名，在涿郡。张晏曰：涿鹿在上谷。遂擒蚩尤。《皇览》曰：蚩尤冢在东平郡寿张县关乡城中，高七尺，民常十月初祀之。有赤气出如匹绛帛，名为蚩尤旗。

又曰：项羽已杀卿子冠军，威振楚国，名闻诸侯。乃遣当阳君、蒲将军将卒张晏曰：率黥布。二万人渡河救钜鹿。战小利，陈馀复请兵。羽悉引兵渡河，已渡，皆沉船，破釜甑，烧庐舍，持三日粮，示士必死无还心。于是至即围秦将王离，与秦军遇，九战，绝其甬道，大破之，虏王离。当是时，楚兵冠诸侯，诸侯军救钜鹿者十余壁，皆莫敢纵兵。及楚击秦，诸将皆从壁上观。楚战士无不一当十。楚兵呼声动天地，诸侯无不人人惴恐。于是已破秦军，羽见诸侯，入辕门，张宴曰：军行以车为阵，辕相向为门曰辕门。无不膝行而前，莫敢仰视。羽于是始为诸侯上将军，兵皆属焉。

又《淮阴侯传》曰：信云：此所谓"驱市人而战之"，其势非置之死地，使人人自为战；今予之生地，皆走宁，尚可得而用之乎！

又曰：项王至东城，乃有二十八骑。汉骑追者数千人。项王自度不得脱，谓其骑曰："吾起兵至今八年矣，身七十余战，所当者破，所击皆服，未常败北，霸有天下。今卒困于此，天之亡我，非战之罪也。今日固决死，愿为诸君决战。”

又《商君传》曰：鞅令行之十年，秦民道不拾遗，山无盗贼。民勇于公战，怯于私斗。

又《蔺相如传》曰：廉颇曰：“我为赵将，有攻城野战之功，而蔺相如徒以口舌为劳而位居我上。”

又曰：秦人开关延敌，九国之师遁逃，追亡逐北，伏尸百万，流血漂卤。徐广曰：卤，盾也。

《汉书》曰：汉王入彭城，收羽美人货赂，置酒高会。羽闻之，令其将击齐，而自以精兵三万人从鲁出胡陵，至萧，晨击汉军，大战彭城灵壁东胡陵县在彭城南。睢水上，大破汉军，多杀士卒，睢水为之不流。围汉王三匝。大风从西北起，折木发屋，扬沙石，昼晦，楚军大乱，而汉王得与数十骑遁去。过沛，使求室家，而室家亦已亡，不相得。汉王道逢孝惠、鲁元公主，载行。楚骑追急，汉王推堕二子。滕公下收载，遂得脱。

又《张骞传》曰：身毒国在大夏东南，可数千里，其俗土著，与大夏同，而卑湿暑热，其民乘象以战。

又《叙传》曰：述赵充国、辛庆忌云：兵家之策，惟在不战。

又《西南夷传》曰：姑缯叶瑜复反，遣水衡都尉吕辟胡将郡兵击之。辟，音壁。辟胡不进，蛮夷遂杀益州太守，乘胜与辟胡战，战士乃溺水死者四千余人。复攻武威、张掖、酒泉，烧民庐舍。六年，陇西太守孙羌击破之。

又曰：萧何功最盛，封酂侯，所食邑最多，功臣皆曰：“臣等被坚执锐，多者百余战，少者数十合，攻城略地，大小各有差。今何未尝有汗马之劳，顾居臣上，何也？”

又曰：高帝末，黥布反，渡淮击楚。楚发兵与战徐、潼间，楚三军欲以相救为奇兵。或说楚将曰：“布善用兵，人素畏之。且兵法，自战其地为散地。今别为三军，彼败吾一军，余皆走，安能相救？”楚将不听。布果破其一军，二军散走。遂西，与上兵遇蕲西，大战，布军败走。

又曰：赵充国讨先零羌，虏久屯聚，解弛，睹见大军，弃辎重，欲度湟水，道厄狭，充国徐行驱之。或曰逐利行迟，充国曰："此穷寇不可迫也。缓之则走不顾，急之则还致死。"诸将校皆曰："善。"虏果赴水，溺死者数百。于是破之。

又《司马迁传·报任少师书》云：又不能拾遗补阙，招贤进能，显岩穴之士；又不能备行伍，攻城野战，有斩将搴旗之功。

太平御览卷第三百九　兵部四十

战中

《后汉书》曰：吴汉讨公孙述，乃进军攻广都，拔之。光武戒汉曰："成都十余万众，不可轻也。但坚据广都，待其来攻，勿与争锋。若不敢来，公转营迫之，须其力疲，乃可击也。"汉乘利，遂自将步骑二万余进逼成都，去城十余里，阻江北为营，作浮桥，使副将刘尚将万余人屯于江南，相去二十余里。帝闻大惊，使让汉曰："公既轻敌深入，又与尚别营，事有缓急，不复相及。贼若出兵缀公，而大众攻尚，尚破，公即破矣。急引兵还广都。"诏书未到，述果使其将谢丰、袁吉攻汉，使别将攻尚。汉败入壁，丰围之。汉乃召诸将励之曰："今与刘尚二处受围，势既不接，其祸难量。欲潜师就尚于江南，并兵御之。若能同心一力，人自为战，大功可立；如其不然，败必无余。成败之机，在此举也。"于是飨士秣马，闭营三日不出，乃多挂幡旗，使烟火不绝，夜衔枚引兵与尚合军。丰等不觉，明日，分兵拒水北，自将攻江南。汉悉兵迎战，自晨至晡，遂大破之，斩谢丰、袁吉，获甲首五千余级。于是引还广都，留尚拒述。帝报曰："公还广都，甚得其宜，述必不敢略尚而击公也。略，犹过也。若先攻尚，公从广都五十里悉步骑赴之，适当值其疲困，破之必矣。"自是汉与述战于广都、成都之间，八战八克。

又曰：凉州贼王国围陈仓，不拔而去。皇甫嵩进兵击之。董卓曰："不可。兵法，穷寇勿追，归众勿迫。今我追国，是迫归众，追穷寇也。困兽犹斗，蜂虿有毒，况大众乎？"嵩曰："不然。前吾不击，避其锐也。今而击之，待其衰也。所击疲师，非归众也。国众且走，莫有斗志。以整击乱，非穷寇也。"遂独进击之，使卓为后拒。连战大破，斩首万余级，国走而死。

又曰：曹操击陶谦，不能克，乃还。过拔取虑、睢陵、夏丘，皆屠之。杀男女数十万人，鸡犬无余，泗水为之不流。

又曰：廉范迁云中太守。会匈奴大入塞，烽火日通。故事，虏入过五千人，移书傍郡。吏欲传檄求救，范不听，自率士卒摧之。虏众盛，范兵不敌。乃令军中蓐食，晨往赴之，斩首数百级。

《续汉书》曰：耿弇字伯照，扶风人。少学诗礼。见郡督尉试骑士，建旗鼓，肄驰骋，由是心善将率。后上闻弇为张步所攻。欲自往。陈俊曰："步兵盛，可且闭营，待上至。"弇曰："上且到，臣子当击牛酾酒以待百官，反欲以贼虏遗君父耶？"遂合战破之。

《蜀志》曰：夏侯渊败，曹公争汉中地，运米北山下，数千万囊。黄忠以为可取，赵云遣兵随忠取米。忠过期不还，云将数十人轻行出围，迎视忠等。值曹公扬兵大出，云势逼，且斗且却，入营更大开门，偃旗鼓。公军至，疑有伏兵。云雷鼓，于后射公，公军惊骇，自相蹂践，堕汉水死者甚多。先主明旦自来至云营，围视昨战处，曰："子龙一身都为胆。"子龙，赵云字也。作乐饮宴至瞑。

《晋中兴书》曰：桓温步骑四万，自江陵向关中，伐伪立荆州刺史郭敬，进击青泥，皆破之。至于灞上，戎首多降，居民皆壶浆路侧，耆老或泣曰："不图今日复见官军！"兵师符健以五千人守长安小城，时运道艰难，而关中大饥，温率众还，诏遣侍中黄门慰劳，于襄阳犒军。十一年，温进征讨大都督督司翼诸军事，委以专征之任。温乃合众治兵。七月，率众伐羌。十月，温次伊水。羌师姚襄来逆，军屯于北，遣使诣温，奉身归命，愿敕前锋小却，当拜伏路左。温答曰："我自修复中原，展敬山陵，无豫君事，欲来相迫，何复求却？"于是方轨齐进，襄率骁勇万余人距水前战。温命小弟冲及诸将奋击，襄大败奔北，自相杀害，死者数千，越北芒而奔走。温屯故太极殿前，贼周成率众降温，徙入金墉，谒先帝诸陵，被侵毁者皆缮复之，选陵令守护。

又曰：谢玄进号冠军将军，加领徐州刺史，还于广陵，以功封东兴县侯。八年玄至，苻坚倾国大出，众号百万。先遣苻融、慕容炜、张蚝、苻方四师至颖口，梁成、王先等守洛涧。诏加卫将军安马征讨大都督。玄为前锋、都督徐、兖、青三州、扬州之晋陵、幽州之燕国诸军事，与叔父征虏将军石、从弟辅国将军琰、西中郎将桓伊、龙骧将军玄等拒之，众凡八万。玄先遣广陵刘牢之五千人直指洛涧，即斩梁成及成弟云，步骑崩溃，争赴淮水，斩首万级，生擒五千余人。十月，苻融进屯寿阳。玄与琰等选精锐八千人决战肥水南，临阵斩苻融，俘获万计，得伪辇及云母车，其余宝器山积，锦罽数万端，牛马驴骡骆驼十万疋。

又曰：苻坚率众五十万向寿春，谓融曰："晋人若知朕来，便一时还南，固守长江，虽百万之众，无所用之。今秘吾来，令彼不知，彼顾江东，在此必当战。若其溃败，求守长江，不复可得，则吾事济矣。"乃秘不言坚自来，于是以小将旗列屯肥北。晋征虏将军谢石、冠军将军谢玄、辅国将军谢琰、西中郎将桓伊等并阻水南，一时涉渡肥水。融曰："及吴未成列击之，必克也。"坚曰："不然。我长于步，彼便于水，今舍步入水，是以所短击其所长，非良策矣。可须彼过水，一时击之。彼既背水，进退无术，乃可尽杀，然后船舫渡江，直指会稽观禹朝万国之处，不亦乐乎。"列陈以待晋军。晋军既济，战于肥北。坚被重疮，三军溃乱。坚驰还长安。

《晋书》曰：刘毅溯江追桓玄，战于峥嵘洲。于时官军数千，玄兵甚盛，而玄惧有败衄，常漾轻舸于舫侧，故其众莫有斗心。官军乘风纵火，尽锐争先，玄众大溃。

又曰：将军王敦反，兵至石头，欲攻晋将刘隗。五罪切。其将杜弘曰："刘隗死士众多，未易可克，不如石头。其守将周礼少恩，兵不为之用，攻之必败。礼败，隗自走。"敦从之。礼果开城门纳弘。诸将与敦战，晋师大败。

又曰：前秦苻坚率兵来伐，晋将军谢石、谢玄拒之。坚遣其尚书朱序说石等，以众盛，欲胁而降之。序谓石曰："若秦百万之众皆至，则莫可以敌也。及其众未集，宜在速战。若挫其前锋，可以得志。"晋将遣使请战，许之。坚师列阵逼肥水。晋师不得度。晋将使谓坚将苻融曰:“君悬军深入,置阵逼水,此持久之计,岂欲战者乎?若小退师,令将士周旋,仆与君公缓辔而观之,不亦美乎!”坚众皆曰:“宜阻水,莫令得上。我众彼寡,势必万全。”坚曰:“但却军,令得过,我以铁骑向水,逼而杀之。不然,因其济水而覆之。”于是麾军却阵,军遂奔退,制之不可止。玄以八千精卒度肥逼之。融驰骑略阵,马倒被杀,军遂大败。晋师乘胜追击,死者相枕。坚为流矢所中,单骑遁走。

又《慕容超载记》曰:于是贺赖卢、公孙五楼为地道出战,王师不利。

崔鸿《十六国春秋》曰:前秦苻坚遣将吕光领兵伐龟兹。光军其城南五里为营,深沟高垒,广设疑兵,以木为人,被之以甲,罗之垒上。龟兹王帛纯婴城自守,乃倾国财宝,请诸国来救。温宿、尉头等国王,合七十余万众以救之。胡便弓马,善矛矟,铠如连锁,射不可入,众甚惮之。诸将咸欲每营结阵按兵以拒之。光曰:“彼众我寡,众营又相远,势分力散,非良策也。”于是迁营相接,阵为勾锁之法,精骑为游军,弥缝其阙,战于城西,大败之。纯遁走,王侯降者三十余国。

又曰:西魏末,东魏遣将侯景、高敖曹等围西魏将独孤信于洛阳。东魏大将齐神武继后。西魏大将周文帝率军救信,进军瀍东。景等夜解围去。及晨,周文率轻骑追之,至于河上。景等北据河桥,南属邙山为阵,与诸[illegible]合战。周文马中流矢,惊逸,遂失之,因此军中扰乱。都督李穆下马授周文帝以复振,于是大捷,斩高敖曹,虏其甲士万五千,赴河死者以万数。是日置阵既大,首尾悬远,从辰至未,战数十合,氛雾四塞,莫能相知。独孤信、李远居右,赵贵、怡逢居左,战并不利,又不知周文所在,皆弃其卒先归开府。唐公等为后军,遇信等退,即与俱还。由是乃班师,洛阳亦失守。大军至弘农,守将皆已弃城西走。

又曰:后魏末,贼莫折后炽所在寇掠州人。李贤率乡兵与泾州刺史史宁讨之,后炽列阵以待。贤谓宁曰:“贼聚结岁久,徒众甚多,数州之人,皆为其用,我若总为一阵,并力击之,彼既同恶相济,理必总萃于我，势既不分，众寡莫敌，我便救，首尾无以制之。今若令诸军分为数阵，多设旗鼓，掎角而前，以胁诸栅，以别统精兵直指后炽，按甲而待，莫与交锋；后炽欲前，则惧我疑兵。令其进不得战，退不得走，以俟其懈击之，必破。后炽一败，则众栅不攻自拔矣。”宁不从，屡战频北。贤乃率数百骑径入后炽营，收其妻子僮隶五百余人，并辎重等。属后炽与宁战胜，方欲追奔，忽与贤遇。乃弃宁与贤接战，贼遂大败，后炽单骑遁走。

《北史》曰：后魏孝文南伐齐，齐将陈显达率众拒战。元嵩身备三仗，免胄直前，勇冠三军，将士从之，显达奔溃。帝大悦，曰：“任城康王大有德福，文武顿出其门，以功赐爵高平县侯。”

《后周书》曰：天和六年，宇文宪帅众二万出自龙门。齐将新蔡王康德以宪兵至，潜军宵遁。宪乃西归，仍掘移汾水水南堡，复入于齐。人谓略不及远，遂弛边备。宪乃渡河攻其伏龙等四城，二日尽拔。又进攻张辟，克之，获其军实，夷其城垒。斛律明月时在华谷，不能救之，乃北攻姚襄城，陷之。时汾州又见围日久，粮援路绝，宪遣柱国宇文盛运粟以馈之。宪自入两乳谷，袭克齐相杜成，进军姚襄，齐人婴城固守，以为汾州之援。齐平原王段孝先、兰陵王高长恭引兵大至，宪命将士阵而待之。大将军韩欢为齐人所乘，遂以奔退。宪身自督战，齐众稍却。会日暮，乃各收军。

又曰：齐神武遂度河逼华州，刺史王罴严守，知不可攻，涉洛，军于许原西。太祖据渭南，征诸州兵皆会，乃占诸将，谓之曰：“高欢越山度河，远来至此，天亡之时也。吾欲击之何如？”诸将咸以众寡不敌，请待欢更西，以见其势。太祖曰：“欢若得至咸阳，人情转骚扰。今及其新至，便可击之。”即造浮桥于渭，令军人赍三日粮轻骑渡渭，辎重自渭南夹渭而西。冬十月壬辰至沙苑，距齐神武军六十余里。齐神武闻太祖至，引军来会。癸巳旦，候骑告齐神武军且至，望太祖军少，竟驰而进，不为行列，总萃于左。军兵将交，太祖鸣鼓，士皆奋起，于谨等六军与之合战，李弼等率铁骑横击之，绝其军为二，遂大破之，斩六千余级，临阵降者二万余人。

《通典》曰：后周末，隋文帝作相，辅少主。相州总管尉迟迥举兵不从，隋文遣将韦孝宽讨之。迥男惇率众十万入武德，军于沁东拒之，与孝宽隔水相持。乃布兵二十余里，麾军小却，欲待孝宽军半度而击之。孝宽因其却，乃鸣鼓齐进，惇遂大败。

又曰：后周末，隋文帝遣将韦孝宽率兵讨尉迟迥于相州，军进至州，迥悉出其卒十三万，阵于城南。迥旧习军旅，虽老犹被甲临阵，其麾下三千兵皆关中人，为之力战。孝宽等军失利而却，邺中士女观者如堵，高颎与李询乃整阵先犯观者，因其扰而乘之，迥众大败，遂拔其城。

又曰：后汉末，曹公征张鲁于汉中，使张辽与乐进、李典等将千余人守合肥，教与护军薛悌，署函边曰："贼至乃发。"俄而，吴主孙权率十万众围合肥。乃共发教，教云："若权至者，张、李将军出战；乐将军守，护军勿得与战。"诸将皆疑。辽曰："公征在外，比救至，败我必矣。是以教及其未合逆击之，折其盛势，以安众心，然后可守。成败之机，在此一战，诸君何疑？"李典亦与辽同。于是辽夜募敢死之士，得八百人，椎牛飨将士，明日大战。平旦，辽被甲持戟，先登陷阵，杀数十人，斩二将，大呼自名，冲垒入，至权麾下。权大惊，众不知所为，走登高冢，以长戟自守。权不敢动，遥见所将众少，乃聚围辽。辽左右麾围，直前急击，围开，辽将麾下数十人得出，余众号呼曰："将军弃我乎？"辽复还突围，拔出余众。权人马皆披靡，披，匹靡反。无敢当者。自朝战至日中，吴人夺气，还修守备，众心乃安，诸将咸服。权攻合肥十余日，城不可拔，乃引退。辽率诸军追击之，几复获权。孙盛曰：夫兵固诡道，奇正相资，若将帅不知，则弃师之道也。至于合肥之守，悬弱无援，专任勇者则好战生患，专任怯者则惧心难保。且彼众我寡，心必怀贪堕，以致命之兵，击贪堕之卒，其势必胜，胜而后守必固。是以魏武杂选武力，参以同异，为之密教，宜其用事。至是而应，若合符契，妙矣！

《北齐书》曰：慕容绍宗与侯景战于涡阳，大破景军，溺死于涡水，水不为流。景走淮南。

太平御览卷第三百十 兵部四十一

战下

《后周书·梁台传》曰：时大军围洛阳，久而不拔。齐骑奄至，齐公宪率兵御之，乃有数人为敌所执。已去阵二百余步，台望见之，愤怒，单马突入，射杀两人，敌皆披靡，执者遂得还。齐王宪每叹曰："梁台果毅胆决，不可及也。"

又曰：田弘讨西平反羌及凤州叛兵等，并破之。弘每临阵，摧锋直前，身被一百余箭，破骨者九，马被十矟，朝廷壮之。

又曰：李标字灵杰。长不盈五尺，性果决，有胆气。少事尔朱氏。累迁右将军。魏孝武以标从为太祖帐内都督。从复弘农，破沙苑。标时跨马运矛，冲坚陷阵，隐身披甲之中。敌人见之，皆曰："避此小儿"。太祖初亦闻标骁悍，未见其能，至是方嗟叹之。谓标曰："但使胆决如此，何必要须八尺之躯也。"

又曰：贺若敦，太祖时群盗蜂起，各据山谷。大龟山贼张世显潜来袭统，敦挺身赴战，手斩七八贼，贼乃退走。父统大悦，谓左右僚属曰："我少从军旅，战阵非一，如此儿年时胆略者，未见其人。非唯成我门户，亦当为国名将。"

又曰：王雅从战邙山。时大军不利，为敌所乘，诸将皆引退，雅独回骑拒之。敌人见其无继，步骑竞进。雅左右奋击，频斩九级，敌众稍却，雅乃还军。太祖叹曰："王雅举身悉是胆也。"

又曰：蔡祐字承先，从太祖战于河桥，祐乃下马步斗，手杀数人。左右劝乘马以备急卒。祐怒之曰："丞相养我如子，今日岂以性命为念！"遂率左右十余人，齐声大呼，杀伤甚多。敌以其无继，遂围之十余重，谓祐曰："观君似是勇士，但弛甲来降，岂虑无富贵耶。"祐骂之曰："死卒！吾今取头，自当封公，何假贼之官号也。"乃弯弓持满，四面拒之。东魏人弗敢逼，乃募厚甲长刀者，直进取祐。去祐可三十步，左右劝射之，祐曰："吾曹性命，在一矢耳，岂虚发哉。"敌人渐进，可十步，祐乃射之，正中其面，应弦而倒，便以矟刺杀之。因此，战数合，惟失一人。敌乃稍却。祐徐引退。是战也，我军不利。太祖已还。祐至弘农，夜中与太祖相见。太祖见祐至，字之曰："承先，尔来，吾无忧矣。"太祖心惊，不得寝，枕祐股上，乃安。

又曰：王雄从晋公护东征。至邙山，与齐将斛律明月接战。雄驰杀三人，明月退走，雄追之。明月左右皆散，矢又尽，唯余一奴一矢在焉。雄案矟不及明月者丈余，曰："惜尔不杀得，但生将尔见天子。"明月反射雄，中额，雄抱马退走，至营而薨。

又曰：耿豪本名令贵。沙苑之战，豪杀伤甚多，血染甲裳尽赤。太祖见之，叹曰："令贵武猛，所向无前，观其甲裳，足以为验，不须更论级数也。"

又曰：王勇从讨赵青雀，平之，论功居最，除卫大将军、殷州刺史，加通直散骑常侍，兼太子武卫。邙山之战，勇率敢死之士三百人，并执短兵，大呼直进，出入冲击，杀伤甚多，敌人无敢当者。是役也，大军不利，唯勇及王文达、耿令贵三人力战，皆有殊功。太祖于是赏帛二千匹，令自分之。军皆拜上州刺史。以雍州、岐州、北雍州拟授勇等，然州颇有优劣，又令探筹取之。勇遂得雍州，文达得岐州，令贵得北雍州。仍赐勇名为勇，令贵名豪，文达名杰，以彰其功。

又曰：耿豪从太祖战于邙山，豪谓所部曰："大丈夫见贼，须右手拔刀，左手把矟，直刺直斫，慎莫皱眉畏死。"遂大呼独入，敌人锋刃乱下，当时咸谓豪殁。俄然奋刃而还。战数合，当豪前者，死伤相继。又谓左右曰："吾岂乐杀人，但壮士除贼，不得不尔。若不能杀贼，又不为人所伤，何异逐坐人也。"太祖嘉之，拜北雍州刺史。

《隋书》曰：突厥入寇，隋将杨素击之。先是，诸将与虏战，每虑胡骑奔突，皆戎车步骑相参，舁鹿角为方阵，骑在其内。素谓之曰："此乃自固之道，非取胜之方也。"于是悉除旧法，令诸军为骑阵。突厥达头可汗闻之大喜，率精骑十余万而至。素奋击，大破之。素多权略，乘机赴敌，应变无方，然大抵驭戎严整，有犯军令者，立斩之，无所宽贷。每将临寇，求人过失而斩人，多者百余人，少不下十数。流血盈前，言笑自若。及其对阵，先令一二百人赴敌，陷阵则已，如不能陷阵而还者，无问多少，悉斩之。又令二三百人复进，还如向法。将士股栗，有必死之心，由是战无不胜，时称名将。

又曰：张须陀将兵拒东郡贼翟让，前后三十余战，每破走之。转荥阳守。时李密说让取洛口仓，让惮须陀，不敢进。密劝之，让遂与密率兵逼荥阳，须陀拒之。让惧而退，须陀乘之，逐北十余里。时李密先伏数千人于林木间，邀击须陀军，遂败绩。密与让合军围之，须陀溃围辄出，左右不能尽出，须陀复跃马入救之。往来数四，众皆散，乃仰天曰："兵败如此，何面见天子乎？"乃下马战死。时年五十二。其所部兵，昼夜号泣，数日不止。

又曰：麦铁杖辽东之役，将渡辽，谓其三子曰："阿奴当备浅色黄衫，吾荷国恩，今是死日。我既被杀，尔当富贵，唯诚与孝，尔其勉之！"及济，桥未成，去东岸尚数丈，贼大至，铁杖跳上岸，与贼战死，武贲郎将钱士雄、孟金又亦死之，左右更无及者。帝为之流涕，购得其尸。

又曰：权袭庆仕周，从武元皇帝与齐师战于并州，被围百余重。袭庆力战矢尽，短兵相接，杀伤甚众，于是刀矟皆折，脱胄掷地，向贼大骂曰："何不来斫头也！"贼遂杀之。

又曰：高智惠作乱江南，史万岁以行军总管从杨素击之。万岁率众二千，自东阳别道而进，逾岭越海，攻陷浮洞不可胜数。前后七百余战，转斗千余里，寂无声闻者十旬，远近皆以万岁为没。万岁以水陆阻绝，信使不通，乃置书竹筒中，浮之于水。汲者得之，以言于素。素大悦，上其事。高祖嗟叹。

又曰：宇文庆从周武帝攻河阴，先登攀堞，与贼短兵接战，良久，中石乃坠，绝而后苏。帝劳之曰："卿之余勇，可以贾人也。"复从武帝拔晋州，其后齐师大至，庆与宇文宪轻骑觇，卒与贼相遇，为贼所窘。宪挺身而遁，庆退据汾桥，众贼争进，庆引弓射之，所中人马必倒，贼乃稍却。及破高纬，拔高辟，克并州，下信都，擒高谐，功并居最。

《唐书》曰：高祖为山西、河东抚慰大使，至龙门县，有贼母端儿帅众数千人奄至城下。时诸军无备，为贼所乘。高祖亲率十余骑横出击之，所射应弦而倒，贼大溃，逐北数十里，伏尸相继于道。时高祖射七十发，明日斩首筑为京观，于尸上尽得所射箭，其妙如此。

又曰：至德中，宜春郡太守刘秋子率士卒攻贼。兵尽矢穷，秋子张空拳大呼于军前，死战而胜。诏嘉其忠勇，授淮阳太守。

又曰：白孝德，胡人也，骁悍有胆力。乾元中，李光弼为偏裨。史思明攻河阳，使骑将刘龙仙率铁骑五十临河挑战。龙仙勇捷自恃，举右足加马鬣上，手运两矢，嫚骂光弼。光弼登城望之，诸将皆侍，顾曰："孰可取者？"仆固怀恩前请行，光弼曰："此非大将所为。"历选其次无可，于是左右窃议曰："孝德可"。光弼闻之，乃招孝德前问："可得乎？"孝德曰"得。"光弼问："所加几何人而可？"曰："独往则可，加人不可。"光弼曰："壮哉！"终问所欲，对曰："愿备五十骑于壁门候。既入然后进，及诸大军鼓噪以借威，他无所用。"光弼抚其背以遣。孝德挟二矛，策马截流而渡。半济而怀恩贺曰："克矣。"光弼曰："未及，何知其克？"怀恩曰："观其揽跂便辟，可万全者。"龙仙始见其独来，甚易之，足不降鬣。稍近，将动，孝德摇手示之，若使其不动，然龙仙不测，又止。孝德呼："太尉使予致辞，非他。"龙仙去三十步与之言，亵骂如初。孝德息马伺便，久之，因瞋目曰："贼识我乎？"龙仙曰："谁？"曰："我，国之大将白孝德。"龙仙曰："是猪狗乎？"孝德发声虓然，执矛突前而搏之，城上万鼓齐噪，五十骑以继进。龙仙矢不及发，环走堤上。孝德以匹马逐之，胡骑五十皆披靡，若猛犬之猎群狐也。遂斩之，提首而归。

又曰：王难得试卫尉卿，至凤翔为都知兵马使，兼兴平军事。尝有裨将靳元曜，当合战，堕马，呼难得，难得俯马救之。贼射难得，中眉，皮穿，下蔽目。难得乃拔去箭，并皮掣弃之，勇冠三军，由是士众多附之。

《五代·周史》曰：王殷迁奉国右厢都指挥使。汉祖受命从征杜重威于邺下。殷与刘词皆率先力战，矢中于首。久之出，折镞于口中。以是汉祖嘉之。

《三国典略》曰：茹茹寇肆，齐主自晋阳讨之，虏骑散走，大军遂还。齐主率二千余骑为殿，夜宿黄爪堆。茹茹别部数万骑扣鞍而进，四面围逼麾下。齐主安卧，平明方起，神色自若，指画军形，溃围而出。虏骑追击之，伏尸二十里，获奄罗辰妻子生口三万余，令都督高阿那肱率骑数千塞其走道。那肱以兵少请益，齐主更减其半，那肱骑奋击，亦大克捷。

战不顾亲

《史记》曰：项王为高俎，置太公其上，告汉王曰："今不急下，吾烹太公。"汉王曰："吾与项羽俱北面受怀王，约为兄弟，吾翁即乃翁。必欲烹而翁，即幸分我一杯羹。"项王怒，欲烹之。项伯曰："天下事未可知，且为天下者不顾家，虽杀之无益，祗益祸耳。"项王从之。

《后汉书》曰：邳彤，字伟君，世祖拜为后将军，常从战攻信都。复反为王郎所置信都王捕击彤父弟及妻子，使为手书呼彤曰："降者封爵，不降者族灭。"彤涕泣报曰："事君者不得顾家。彤亲属所以至今得安于信都者，刘公之恩。公方争国事，彤不得复念私也。"会更始所遣将攻拔信都，王郎，郎兵败走，彤家得免。

又曰：世祖遣宗正刘延攻天井关，与上党太守田邑连战十余合，延不得进。邑迎母弟妻子，为延所获。冯衍乃遗邑书，邑报书曰："仆虽驽怯，亦欲为人者也，岂苟贪生而畏死哉。闻老母诸弟见执于军，而邑安然不顾者，岂非重其节乎？若使人居天地，寿如金石，要长生而避死地可也。今百年之期未有能至，老壮之间相去几何？诚使故朝尚在，忠义可云？虽老亲受戮，妻儿横分，邑之愿也。"

又曰：赵苞字威豪，迁辽西太守。到官，遣使迎母及妻子，垂当到郡，道经柳城，值鲜卑万余人入塞寇钞，苞母及妻子遂为所劫质，载以劫郡。苞率步骑二万，与贼对阵。贼出母以视苞，苞悲号谓母曰："为子无状，欲以微禄奉养朝夕，不图为母作祸。昔为母子，今为人臣，义不得顾私恩，毁忠节，唯当万死，无以塞罪。"母遥谓曰："威豪，人各有命，何得相顾，以亏忠义！尔其勉之。"苞即时进战，败之，其母妻皆为所害。

《东观汉记》曰：孔奋为武都郡丞，时在郡为隗嚣余党所攻，杀太守，得奋妻子。奋追贼，贼推奋妻子于军前。奋年五十，唯有一子，不顾，遂擒贼，而其子见屠。帝嘉其忠，迁武都太守。

《九州春秋》曰：初，清河李雍以隃叛袁绍，而降公孙瓒，遣兵卫之。绍遣朱灵攻之。灵家在城中，瓒以灵母、弟置城上，诱呼灵，灵望城上泣曰："丈夫一出身与人，岂复顾家耶！"战遂拔之，生擒雍，而灵家皆死。灵字文博。

《蜀志》曰：姜维与母相失。孙盛《杂记》曰：姜维得母书，并求当归。维曰：良田百顷，不在一亩；但有远志，不见当归。

《续帝王世纪》曰：晋师度岘，慕容超使拒之，闻晋兵盛，自将四万继之。及晋人战于临昭，燕兵大败，超单马奔入城。八月，将封。融自河北奔晋师，使诏诱城内，超怒，缚其母，悬诸城上。融曰："姜维有言，良田百顷，不在一亩。"

《梁书》曰：羊侃长子鷟，为侯景所获，执来城下示侃。侃谓曰："我倾宗报主，犹恨不足，岂得计此一子？幸尔早能杀之。"数日复持来，侃谓鷟曰："久以汝为死，犹在耶？吾以身许国，誓死行阵，终不以汝而生进退。"因引弓射之。贼感其忠义，亦不害也。

战伤

《左传》曰：齐晋将战，郤克伤于矢，流血及屦，未绝鼓音。

《魏书》曰：孙观迁青州刺史，从征孙权于濡须口，为流矢所中，穿左足，力战不顾，太祖劳之曰："将军被疮深重，而猛气益奋。"及疮甚，遂卒。

《魏志》曰：诸葛亮出祁连山，诏张郃督诸军至洛阳。亮还保祁连山，郃追至木门，与亮军交战，飞矢中郃右膝，薨。

又曰：夏侯惇字元让。太祖自徐州还，惇从征吕布，为流矢所中，伤左目。

又曰：公到宛，张绣降，既而悔之。复反，公与战，军败，为流矢所中。《魏书》曰：公所乘马名绝影，为流矢所中，伤颊及足，并中公右臂。

《蜀志》曰：先主进围络县，庞统率众攻城，为流矢所中，卒。

《三国典略》曰：陈薛安都引兵破留异，成州刺史韩子皋单马入阵，伤顶之左，一髻半落。安都为流矢所中，血流至踝，乘舆车，容止不变。

《北史》曰：彭乐天平四年，从神武西讨，与周文相拒，神武欲缓持之。乐气奋，请决战，曰："我众贼少，不可失也。"神武从之，乐因醉入，深被刺，肠出，内之，不尽，截去复战，身被数疮，军势遂挫，不利而还。神武每追论以戒之。

《后周书》曰：河桥之战，王思政下马，用长矟左右横击，揞数人。时陷阵既深，从者死尽，思政被重创闷绝。会日暮，敌亦收军。思政久经军旅，每战唯着破弊甲，敌疑非将帅，故免。有帐下督雷五安于战处哭求思政，会其已苏，遂相得。乃割衣裹创，扶思政上马，夜久方得还。仍镇弘农。思政以玉壁地在险要，请筑城。即自营度，移镇之，迁并州刺史，仍镇玉壁。

又曰：韦法保每与敌人交兵，每身先士卒，单马陷阵，是以战必被伤。尝至关南与东魏人战，流矢中颈，从口中出，当时气绝。舆至营，久之乃苏。

又曰：李弼从太祖，与齐战于河桥。弼深入，陷阵。身被七创，遂为所获。弼佯殒绝于地，守者稍解。弼睥睨，傍有马，因跃上西驰，得免。

《隋书》曰：开皇二年，突厥叶护及潘那可汗众十余万，寇掠而南，诏以达奚长儒为行军总管，率众二千击之。遇于周槃，众寡不敌，军中大惧，长儒慷慨，神色愈烈。为虏所冲，突厥散而复聚，且战且行，转斗三日，五兵咸尽，士卒以拳殴之，手皆见骨，杀伤万计，虏气稍夺，于是解去。长儒身被五疮，通中者二；其战士死伤者十八九。突厥本欲大掠秦、陇，既逢长儒，兵皆力战，虏意大沮。明日，于战处焚尸恸哭而去。

太平御览卷第三百一十一　兵部四十二

请战

《左传》曰：帅师以来，固敌是求，敌至不击，将何俟矣。

又曰：晋师至于靡笄之下，齐侯使请战。

又曰：子玉使伯棼请战，曰："非敢必有功也。愿以间执谗慝之口。"

又曰：晋侯逆秦师，使韩简视师，韩简，晋大夫，韩万之孙。复曰："师少于我，斗士倍于我。"公曰："何故？"对曰："出因其资，谓奔梁求秦也。入用其宠，为秦所纳。饥食其粟，三施而无报，是以来也。今又击之，我怠秦奋，倍犹未也。"公曰："一夫不可狃，况国乎？"狃，忕也。言辟秦则使忕来。遂使请战，曰："寡人不佞，能合其众而不能离也。君若不还，无所逃命。"秦伯使公孙枝对曰："君之未入，寡人惧之；入而未定列，犹吾忧也；苟列定矣，敢不承命！"

又曰：子玉使斗勃请战，曰："请与君之士戏，君凭轼而观之，得臣与寓目焉。"晋侯使栾枝对曰："烦夫子谓二三子，戒尔车乘，敬尔军事，诘朝将见。"

《谷梁传》曰：请一战，不克请再，再不克请三，三不克请四，四不克请五，五不克举国而授，于是而与之盟。

《史记·楚世家》曰：六年，秦使白起伐韩于伊阙，大胜，斩首三十四万。秦乃与楚王书曰："楚倍秦，秦且率诸侯伐楚，争一旦之命。愿王之饬士卒，得一乐战。"楚顷襄王患之，乃谋与秦平。

《后汉书·王霸传》曰：霸军中壮士路润等数十人，断发请战。

挑战

《孙子》曰：忿速可侮。急疾之人可忿怒而致死。忿速，易怒者也。主不可以怒而兴军，将不可以愠而致战。合于利而用，不合于利而止。人主聚众兴军，以道理胜负之计，不可以己之私。举兵则以策，不可以愠恚之故而合战也。怒而可以复喜，愠而可以复悦，亡国不可以复存，死者不可以复生。主怒兴伐，人无素谋明计，则破亡矣。将愠怒而斗，仓卒而合战，所杀伤必多。怒忿复可以悦喜，言亡国不可以复存，死不可以复生，言当须慎之也。故曰：明王慎之，良将儆之，此安危之道也。儆，戒也。

《左传》曰：赵旃求卿未得，且怒于失楚之致师者。请挑战，弗许。请召盟，许之。

《左传》曰：楚许伯御乐伯，摄叔为右，以致晋师。许伯曰："吾闻致师者，御靡旍摩垒而还。"靡，近也。靡于驰也。乐伯曰："吾闻致师者，代御执辔，御下两马，掉鞅而还。"摄叔曰："吾闻致师者，右入垒，折馘，馘，断耳也。执俘而还。"皆行所闻而复。晋人逐之，左右角之。乐伯左射马而右射人，角不能进，矢一而已。麋兴于前，射麋丽龟。

《战国策》曰：魏武侯问吴起曰："两军相常，不知其将欲击，何如？"起曰："令贱而勇者，将而击锐，交合而北，告而勿罚，观敌进取，一来一起，其政以理，奔北不追，见利不取，此将有谋。若其众追北，旗帜杂乱，自止自行，或纵或横，贪利务得，凡若此类。将令不行。"

《史记》曰：《吴世家》曰：夏，吴伐越，越王勾践迎击之檇李。贾逵曰：越地也。越使死士挑战，三行造吴师，自刭。《左传》曰：使罪人三行属剑于颈。吴师观之，越因伐吴，败之姑苏。

又曰：汉王项羽相与临广武间而语。项羽欲与汉王独身挑战。汉王数项羽十罪，项羽大怒，伏弩射中王胸，汉王扪足曰："虏中吾指！"

又曰：王翦代李信击荆，荆兵数挑战，终不出。久之，翦使人问："军中戏乎？"曰："方投石超距。"翦曰："士卒可用矣。"

《汉书》曰：项羽使人谓汉王曰："天下匈匈，以吾两人。愿与王挑战，决雌雄，无徒罢天下父子为。"汉王笑谢曰："吾宁斗智，不斗力。"羽令壮士出挑战。三合，楼烦辄射杀之。羽大怒，自被甲挑战。

楼烦欲射，羽嗔目叱之。楼烦目不能视，手不能发，走还入壁，不敢复出。汉王使问之，乃羽。汉王大惊。

又曰：楚汉相持彭城，数绝楚粮道。项羽欲讨越，谓其将曹咎曰："谨守成皋，即汉欲挑战，慎勿与战，无令得东。我十五日必诛彭越，定梁地。"汉果数挑战，楚军不出，使人辱之。五六日，曹咎怒，度兵汜水，汉击之，大破楚军，尽得楚国货赂。曹咎自刎汜水上。

《后汉书》曰：张堪为谒者。使送委输缣帛，并领骑七千匹，诣大司马吴汉代公孙述，在道追拜蜀郡太守。时汉军余七日粮，阴具舡欲遁去。堪闻之，驰往见汉，说述必败，不宜退师之策。汉从之，乃示弱挑敌，述果自出，战死城下。

又曰：王霸讨苏茂，贼聚众挑战，霸坚不出，方飨士作倡乐。茂雨射营中，中霸前酒樽，霸安坐不动。军吏皆曰："茂前日已破，今易击也。"霸曰："不然。苏茂客兵远来，粮食不足，故数挑战，以徼一切之胜。徼，要也。一切犹权时也。令闭营休士，所谓不战而屈人之兵，善之善者也。"茂既不得战，乃引还营。

又曰：李宪叛，马成拜扬武将军，发会稽、丹阳、九江、六安四郡兵击李宪，进围宪于舒，令诸军各深沟高垒。宪数挑战，成坚壁不出，守之岁余，至六年春，城中食尽，乃攻之。遂屠舒，斩宪。

《魏志》曰：公西征马超，进军度渭。超等数挑战，不许。公乃克日会战，先以轻兵挑之，战良久，乃纵虎骑夹击，大破之。

《魏氏春秋》曰：诸葛亮遇司马宣王，因挑战，致巾帼妇人之饰，以怒宣王。

《魏略》曰：太祖在汉中，而刘备栖于山领，使刘封下挑战，太祖骂曰："卖履舍长，使假子拒汝公乎？呼我黄须儿来，令击之。"乃召曹彰晨夜进追，西到长安，而太祖已还。

崔鸿《十六国春秋》曰：姚襄据黄落，前秦苻坚遣将黄眉、邓羌等率步骑讨之。襄深沟高垒，固守不战。邓羌说黄眉曰："伤弓之鸟，落于虚发。襄频为晋将桓张平所败，锐气丧矣。今固垒不战，是穷寇也。

襄性刚很，易以刚动。若长驱鼓行，且压其垒，襄必忿而出师，可一战擒也。”黄眉从之。遣羌追骑三千军于襄垒。果怒，尽锐出战。羌伪不胜，引骑而退。襄追至于三原，羌回骑拒襄。俄而，黄眉至，大战，斩之，尽俘其众。

《宋书》曰：沈攸之反，自江陵举兵东下，分兵出夏口，据鲁山。攸之既至郢，以郢城弱小足攻，宋郢州，今江夏郡。遣人告郢州守将柳世崇曰：“被太后令，当暂还都，卿既相与奉国，想得此意。”世崇答曰：“东下之师，久承声问，郢城小镇，自守而已。”攸之将去，世崇遣军于西渚挑战。攸之果怒，令诸军登岸烧郭邑，筑长围攻之。世崇随宜拒应，众皆披却，攸之军因久败溃。

《隋书》曰：陈茂从高祖与齐师战于晋州。贼甚盛，高祖将挑战，茂固止不得，因捉马鞚。高祖忿之，拔刀斫其额，流血被面，词气不挠。高祖感而谢之，厚加礼敬。

又曰：窦荣定之击突厥也，史万岁诣辕门请自效。荣定素闻其名，见而大悦。因遣人谓突厥曰：“士卒何罪过，令杀之。但当各遣一壮士决胜负耳。”突厥许诺，因遣一骑挑战。荣定遣万岁出应之，万岁驰斩其首而还。突厥大惊，不敢复战，遂引军而去。

《唐书》曰：高祖初起，师次霍邑，隋将宋老生拒之。上谓诸将曰：“老生若婴城自守，当即攻之。主客势悬，卒难致力，其计若何？”太宗进曰：“老生勇而无谋，请以轻兵挑之。必出战，则成擒矣。”从之。太宗以数骑诣其城下，举鞭指麾，若将围城者。老生果怒，开门出兵。太宗驰白高祖曰：“事谐矣。”高祖因谓陇西公建成曰：“汝看两阵将交，引左军直趋东门。”令太宗引右军直趋南门，以断其归路。老生之军背城而阵，高祖以中军与建成合阵于城东，太宗及柴绍阵于城南。老生麾兵疾进，先薄高祖，而建成坠马，老生乘之，中军与左军咸却。太宗自南原遥见尘起，知义师退，率二百骑驰下峻坂，杀一贼将，遂衡断其军，出于阵后，表里齐噪，响若崩山，隋师大溃，各舍杖而走。悬门发，老生不得入城，乃弃马投堑，甲士斩之，致其首于麾下，流血数里，僵死尸相枕，四面乘胜进薄其城。时无攻具，士卒缘稍而上，一时攀堞，无敢当者，遂平霍邑，抚其余众而用之。

又曰：杜伏威既败隋师，炀帝又遣将军陈棱讨之，棱不敢战，伏威知其怯懦，因遗棱妇人之服以激怒之，棱果大怒恚，率众而至。伏威逆拒，杀数千人，棱仅以身免。

又曰：窦建德自荥阳西上，太宗以数百骑出武牢关二十余里以挑之。往往设伏，比至贼营才四骑而已，谓左右曰："贼见我而旋是其上计，乘险逐我，是其下策。"贼初见骑少，疑为斥候。太宗谓曰："我秦王也。"因引弓射之，毙其一将。贼以兵六十骑并援枪而至，从者咸失色。太宗谓之曰："尔但前去，我自殿后。"于是按辔徐行，贼至，引弓射之，毙一将，贼惧而止。止而复来，如是再三，每来必毙，贼乃不敢复逼。太宗且挑且还，伏兵相次而发，合击破之，获其大将殷秋、石瓒，斩首数百级。

决战上

《六韬》曰：周武王将伐纣，问太公曰："今敌人围我，断后绝粮，吾欲徐以为阵，以败为胜，奈何？"太公曰："不可。"此天下困兵也，暴用之则胜，徐用之则败。可为四冲阵，以骁骑惊其亲君，左军疾左右，右军疾右，中军迭前迭后，往敌之空。吾军疾击鼓而当之。"

又曰："敌疏其阵，又远其后，跳我流矢以弱我弓弩，劳我士卒，为之奈何？"太公曰："发我锐士先击其前，军骑猎其左右，引而分队，以随其后，三军疾战。凡以少击众，避之于易，要之于险，避之以昼，取之于夜。故曰：以一击十，莫善于厄；以十击百，莫善于险；以千击万，莫善于阻。用众者务易，用少者务厄也。"

《左传》曰：晋师伐齐，阵于莘。所臻切。晋解张御郄克，郑丘缓为右。及战，郄克伤于矢，流血及屦，未绝鼓音。中军将自执旗鼓，故虽伤而击鼓不息也。曰："余病矣！"张侯曰："自始合，而矢贯余手及肘，余折以御，左轮朱殷，岂敢言病。吾子忍之。"丘缓曰："自始合，苟有险，余必下推车，子岂识之？然子病矣！”以其不识己推车也。张侯曰：“师之耳目，在吾旗鼓，进退从之。此车一人殿之，可以集事，殿，镇也。集，成也。若之何以病败君之大事也？擐甲执兵，固即死也。擐，贯。即，就也。擐，音患。病未及死，吾子勉之！”左并辔，并，毕正切。右援枹音桴。而鼓，马逸不能止，师从之。晋师从郄克车。齐师败绩。

又曰：齐侯伐晋夷仪。敝无存之父将室之，辞，以与其弟，无存，齐人也。室之，为取妇。曰：“此役也不死，反，必娶于高、国。”高氏、国氏，齐贵族也。无存欲必有功还，取卿相之女也。先登，求自门出，死于溜下。既入城，夷仪人不服，故斗死于门屋溜下也。齐侯克夷仪，谓夷仪人曰：“得敝无存者，以五家免。”给五家不使役。乃得其尸。公三襚之；襚，衣也。比殡三加襚，深厚礼之也。与之犀轩直盖，犀轩，卿车。直盖，高盖也。亲推之三。齐侯自推丧轮三转也。

《国语》曰：齐庄公且伐莒，为车五乘之宾，而杞梁、华舟独不与焉，故归而不食。其母曰：“汝生而无义，死而无名，则虽非五乘孰不汝笑也；生而有义，死而有名，则五乘之宾尽汝下也。”趣食乃行，杞梁、华舟同车侍于庄公，而行至莒，莒人逆之。杞梁、华舟下斗，获甲首三。庄公止之曰：“子止与子同齐国。”杞梁、华舟曰：“君为五乘之宾，而舟、梁不与焉，是少吾勇也；临敌涉难，止我以利，是恶吾行也；深入多杀者，臣之事也。齐国之利，非吾所知也。”遂进斗，坏军陷阵，三军不敢当。

《战国策》曰：齐上将田单率师将攻狄，鲁仲连子曰：“将军攻狄，必不能下也。”单曰：“单以破亡余卒破万乘之燕，今攻狄而不能下，何也？”上车不谢而去。遂攻狄，三月不克。齐婴儿谣曰：“大寇若箕，修剑柱归。”单乃惧，问仲连子。对曰：“将军在即墨之时，坐即织蒉，立即杖插，为士卒唱，当此之时，将军有死之心，而士卒无生之气。闻是言莫不掩泣奋臂而欲战，此所以破燕也。当今将军东有掖邑之封，西有淄上之宝，足以乐生而恶死。此以不胜也。”田单明日结发励气，立于矢石间，引枹而鼓之，狄人乃下。

《汉书》曰：御史大夫韩安国曰："魏其言灌夫父死事，荷戟驱不测之吴军，身被数十创，名冠三军，此天下壮士也。非有大恶，争杯酒，不足引他过以诛之。"

《后汉书》曰：刘伯升起兵，光武守昆阳，莽将王寻、王邑来讨，兵号百万。先至昆阳已十万，围数重。时伯升已拔宛三日，而光武尚未知，乃伪使持书报城中，云宛下兵到而佯堕其书，寻、邑得其书，不喜。诸将既经累捷，胆气益壮，无不一当百。光武乃与敢死者三千人从城西水上冲其中坚，寻、邑阵乱，乘势崩之，遂杀王寻。城中亦鼓噪而出，中外合势，震呼动天，莽兵大溃，走者相腾践。

又曰：郑令冯鲂力战死，帝曰："此健令。"

又曰：吴汉率兵围苏茂于广乐。刘永将周建来救，汉将轻骑迎战，不利，堕马伤膝，还营。诸将谓汉曰："大敌在前而公伤卧，众心惧矣。"汉乃勃然裹疮而起，椎牛飨士，令军中曰："贼众虽多，皆劫掠群盗，胜不相让，败不相救，非有杖节义者也。今日封侯之秋，诸君勉之！"于是军士激怒，人倍其气。明日，建、茂出兵围汉。选四部精兵三千余人，齐鼓而进，建军大溃，还，奔城。汉长驱追击，大破之。

李陵《答苏武书》曰：昔先帝授陵步卒五千，出征绝域，五将失道，陵独遇战。单于谓陵不可复得，便欲引还，而贼臣教之，遂便复战，故陵不得免耳。

司马迁《报任少卿书》曰：且李陵提步卒不满五千，深践戎马之地，足历王庭，垂饵虎口。横挑强胡亿万之师，与单于连战十有余日，所杀过当。

太平御览卷第三百一十二　兵部四十三

决战中

《后汉书》曰：贾复与五校战于真定，大破之。复伤疮甚。光武大惊曰："我所以不令贾复别将者，为其轻敌。果然，失吾名将。闻其妇在孕，生女耶，我子娶之！生男耶，我女嫁之，不令其忧妻子也。"复病寻愈，追及光武于蓟，相见甚欢。

又曰：铫期从击王郎将兒刘宏、奉于钜鹿下，兒，五奚反。期先登陷阵，手杀五十余人，被疮中额，摄愤复战，摄犹正也。遂大破之。

又曰：祭遵与景丹诸将南击弘农、厌新、柏华蛮中贼。《东观记》曰：柏华，聚名。弩中遵口，洞出血流。众见遵伤，稍引退，遵呼叱止之，士卒战皆自倍，遂大破之。

又曰：帝在鲁，闻耿弇为张步所攻，自往救之，未至。陈俊谓弇曰："剧虏兵盛，可且闭营休士，以须上来。"弇曰："乘舆且到，臣子当击牛酾酒以待百官，反欲以贼虏遗君父耶？"乃出兵大战，自旦及昏，复大破之，杀伤无数，城中沟堑皆满。

又曰：岑彭征公孙述，乃令军中募攻浮桥，先登者授上赏。于是偏将军鲁奇应募而前。时天风狂急，彭、奇船逆流而上，直冲浮桥，而攒柱钩而不能去。《续汉书》曰：时天东风，其攒柱有反把钩，奇船不得去。奇等乘势殊死战，因飞炬焚之，风急火盛，桥楼崩烧。彭复悉军顺风并进，所向无前。蜀兵大乱，溺死者数千人。

又曰：张步攻耿弇营，与刘歆等战。弇升王宫瑰台望之，临淄本齐国所都，即齐王宫中有环台也。《东观记》作瑰台。视歆等锋交，乃引精兵以横突步阵于东城下，大破之。飞矢中弇股，以佩刀截之，左右无知者。

又曰：袁绍使曲安攻公孙瓒，绍在后十数里，闻瓒已破，发鞍息马，唯卫帐下强弩数十张，大戟士百许人。瓒散兵二千余骑卒至，围绍数重，射矢雨下。田丰扶绍，使却入空垣。绍脱兜鍪抵地，曰："大丈夫当前斗死，而返逃垣墙间耶？"促使诸弩并发，多伤瓒骑。众不知是绍，颇稍引却。会曲义来迎，骑乃散退。

又曰：邓禹还长安，张宗夜将锐士入城袭赤眉，中矛贯胛。胛，背上两腋间。又转攻诸营保，为流矢所激，皆几至于死。

又曰：贾复从上击青犊于射犬，大战至日中，贼阵坚不却。光武传召复曰："吏士皆饥，可但朝饭。"复曰："先破之，然后食耳。"于是被羽先登，被，犹负也。折羽为旌。将军先所执。先登，先敌也。所向皆靡，贼乃败走。诸将咸服其勇。

又曰：陈俊字子昭，拜强弩将军，所向皆破。世祖曰："战将尽如此，岂有忧乎？"

《魏志》曰：毌丘俭字仲恭，有干策，为幽州刺史、度辽将军。俭以高句骊数侵叛，督诸军出玄菟，从道滑讨之。句骊王宫将步骑逆军沸水上，大战，宫连破走。俭遂束马悬车，登九都山，屠高丽，所斩获首虏以千数。使玄菟太守王颀追，过沃沮千余里，至肃慎界，刻石纪功，刊九都之山，铭不耐之城。

又曰：代郡乌桓反，以任城王彰为北中郎将，行骁骑将军。临发，太祖诫彰曰："居家为父子，受事为君臣。动以王法从事，尔其诫之。"彰北征入涿郡界，叛胡数千骑卒至，时兵马未集，唯有步卒千人，骑数百匹，用田豫计，固守要隙，虏乃散退。彰追之，身自战射，胡骑应弦而倒者，前后相属。战过半日，彰铠中数箭，意气益广，乘胜逐北，至于乘乾，臣松之案：乘乾，县名，属代郡，今北虏居之，号为乘乾郡。去代二百余里。长史诸将皆以为新涉远，士马疲，又受节度不得过代，不可深进，遗令轻敌。彰曰："率师专行，唯利所在，何节度乎？胡走未远，追之必破，从令纵敌，非良将也。"遂上马，令军中后出者，斩。一日一夜与虏相及，击，大破之，斩首获生以千数。彰乃倍常科大赐将士，将士无不悦喜。时鲜卑大人轲比能将数万骑观望强弱，见彰力战，所向皆破，乃请服，北方悉平。时太祖在长安召彰，彰自代过邺。太子谓彰曰："卿新有功，今西见上，勿宜自伐。"彰到，如太子言，归功诸将。太祖喜，持彰须曰："黄须儿竟大可用。"

又曰：庞德与曹仁讨关羽。德屯樊北十里，会天霖雨十余日，汉水暴溢，樊下平地五六丈。德与诸将避水上堤。羽乘船攻之，以大船四面射堤上。德披甲荷弓，箭不虚发。将军董冲、部曲将董超等欲降，德皆收斩之。自平旦力战至日过中，羽攻益急。德谓督将成何曰："吾闻良将不怯死以苟免，烈士不毁节以求生，今日，我死日也。"战益怒，气愈壮，而水浸盛，吏士皆降。德与麾下将一人，伍伯二人，弯弓傅矢，登小船欲还仁营。水盛船覆，失弓矢，独抱船覆水中，为羽所得，立而不跪。羽谓曰："卿兄在汉中，我欲以卿为将，不早降何为？"德骂羽曰："竖子，何谓降也！魏王带甲百万，威振天下。汝刘备庸才耳，岂能敌耶！我宁为国家鬼，不为贼将也。"遂为羽所杀。

《吴志》曰：孙权讨黄祖，祖横两蒙冲侠守沔口，以栟榈大绁系石为碇，上有千人，以弩交射，飞矢雨下，军不得前。董袭与陵统俱为前部，各将敢死百人，被两铠乘大船突入蒙冲，袭身以刀斫两绁，蒙冲横流，大兵遂进，祖便开门走，兵追斩之。明日大会，权举觞属袭曰："今之会，断绁之功。"

《晋书》曰：刘毅等诛桓玄，兵至竹里，玄使其将皇甫敷、吴甫之拒毅军，遇之于江乘，临陈斩甫之，进至罗洛桥，又斩敷首。玄大惧，使桓谦、何澹之屯覆舟山。毅等军至蒋山，裕使羸弱登山，多张旗帜，玄不之测，益以危惧。谦等士卒多北府人，素惧伏裕，莫敢出斗。裕与毅等分为数队，进突谦陈，皆殊死战，无不一当百。时东北风急，毅军放火，烟尘张天，鼓噪之音震骇京邑，谦等诸军一时奔散。

又曰：周处攻齐万年于六陌。将战，处军人未食，齐王肜促命速进，而绝其后继。处知必败，赋诗曰："去去世事已，策马观西戎。藜藿甘粱黍，期之克命终。"言毕而战，自旦及暮，斩首万计。弦绝矢尽。左右劝退，处案剑曰："此是吾效节授命之日，何退之为！且古者良将受命，凿凶门以出，盖有进无退也。今诸军负信，势必不振。我为大臣，以身殉国，不亦可乎！”遂力战而殁。

又曰：明威将军朱伺随陶侃讨杜弢有殊功。石勒夏口之战，伺用铁面自卫，以弩的射贼大帅数人，皆杀之。贼挽船上岸，于水边作阵。伺逐水上下以邀之，箭中其胫，气色不变。诸军寻至，贼溃，追击之，皆弃船投水，死者太半。贼夜还长沙，伺追至蒲沂，不及而反。加威远将军，赤幢曲盖。

又曰：朱伺、刘浚与郑攀战杨口垒。伺常所调弩忽噤不发，伺甚恶之。及贼攻陷北门，伺退入船。初，浚开诸船底，以木掩之，名为船械。伺既入，贼举铤擿伺，伺逆接铤，反以擿贼。贼走上船屋，大唤云：“贼帅在北！”伺从船底沉行五十步，乃免。

又《载记》曰：刘曜使其将军平先、丘中伯率劲骑追陈安。安与壮士十余骑于陕中格战，安左手奋七尺大刀，右手执丈八蛇矛，近交则刀矛俱发，辄害五六人；远则带双鞬，左右驰射而走。平先亦壮健绝人，勇捷如飞，与安搏战，三交，夺其蛇矛而退。会日暮，雨甚，安弃马，与左右五六人步逾山岭，匿于溪涧。翌日寻之，遂不知所在。会连雨始霁，辄振威呼延青寻其径迹，斩安于涧曲。陇上歌之曰：“陇上壮士有陈安，丈八蛇矛左右槃。战始三交失蛇矛，为我外援而悬头。西流之水东流河，一去不还奈子何！”刘曜命乐府歌。

又曰：秃发傉檀追赫连勃勃。遣善射者射之，中勃勃左臂。勃勃乃勒众逆击。败之，追奔八十余里，杀伤万计，斩其大将十余人，以为京观，号“髑髅台”，还于岭北。

又曰：前秦苻坚为姚苌所攻。苻坚率兵攻姚苌，皆刻锋铠为死休字，示以战死为志。每战以长稍钩刃，为方圆大阵，知有厚薄，从中分配，故人自为战，所向无前。

又曰：后赵再闵之乱，石琨及张举、王朗率众七万伐邺。石闵帅骑千余拒之城北，闵执两刃矛驰骑击之，皆应锋摧溃，斩级三千。琨等大败，归于冀州。

又曰：朱伺善战，人或问之。伺答：“诸人以舌击贼，伺唯以刀耳。”又问曰：“将军前后击贼，何以每得胜耶？”伺曰：“两敌共对，唯当忍之。彼不能忍，我能忍，是以胜耳。”

又曰：周访讨江沔间贼杜曾。访有众八千，进至张阳。曾锐气甚盛，访曰：“先人有夺人之心，善谋也。”使将军李恒督左甄，许朝督右甄，访自领中军，高张旗帜。曾果先攻左右甄。曾勇冠三军，访甚恶之，自于阵后射雉以安众心。令小将赵胤领其父余兵属左甄，力战，败而复合。胤驰马告急，访怒，叱令更进。胤号哭，还战，自辰至申，两甄皆败。访选精锐八百人，自行酒饮之，敕不得妄动，闻鼓音乃进。贼未至三十步，访亲鸣鼓，将士皆腾跃奔赴，曾遂大溃，杀千余人。遂定汉沔。

又曰：刘裕举兵伐后秦姚泓，王镇恶为前锋，军至渭桥，镇恶所乘皆蒙冲小舰，镇恶登岸。渭水流急，倏忽间诸舰悉逐流去。时泓屯军在长安城下，犹数万人。镇恶抚慰士卒曰：“卿诸人并家在江南，此是长安门外，去家万里，而舫乘衣粮并已逐流去，岂复有生之计耶？唯宜死战可以立大功，不然，则无遗类矣。”乃身先士卒。众亦知无复退路，莫不腾踊争先。泓众一时奔溃，即陷长安城。

崔鸿《十六国春秋》曰：前秦苻坚将王猛讨前燕慕容暐。暐遣将慕容评屯于潞川以拒之。猛与评相持，遣裨将郭庆以锐卒五千，夜从间道出评营后，傍山起火，烧其辎重。暐惧，遣使让评，催之遣战。猛知评卖水鬻薪，不抚将士，有可乘之会。评又求战，乃陈于潞原，而誓众曰：今与诸君深入贼地，宜各勉进，不可退也。愿戮力行间以报恩，愿受爵明君之朝，庆觞父母之室，不亦美乎！“众皆勇奋，破釜弃粮，大呼竞进。猛睹评师之众也，恶之。谓邓羌曰：“今日之事，非将军莫可以捷，将军其勉之。”羌曰：“若以司隶见与者，公无以为忧。”猛曰：“此非吾之所及，必以本郡太守万户侯相处。”羌不悦而退。俄而，兵交，猛召之，羌寝而弗应，猛驰就许之。羌于是大饮帐中，与张蚝七吏切、徐成等跨马运矛，驰入评军。出入数四，傍若无人，搴旗斩将，搴，居辇反。杀伤甚众。战及日中，评众大败，俘斩五万。

裴子野《宋略》曰：左将军刘康祖闻虏寇寿阳，自虎牢率七千人来赴。虏至者八万骑。康祖令军中曰："顾望者斩首，转步者斩足。"士皆用命，贼死者万余，血流没踝，流矢贯颈，堕马死。

《宋书·邓琬传》曰：殷孝祖屯军鹊洲。沈冲之谓陶亮曰："昔孝祖枭将，一战便死。孝祖与贼合战，每战常以鼓盖自随军中，人相谓曰：'殷统兵可谓死将矣。'今与贼交锋，而以羽仪自显，欲不毙得乎？"

又曰：傅弘之，字仲度，凉伪太子。赫连瓌率从袭长安，弘之领步骑五千大破之。瓌又抄渭南，弘之又于寡妇渡破瓌，获贼二百。及义真东归，赫连佛佛倾国追蹑，于青泥大战，弘之射贯甲胄，气冠三军。阵败陷没，佛佛逼令降，弘之不为屈也。

又《高祖纪》曰：于时北师始还，伤痍未复，战士才数千，贼众十余万，舳舻亘千里。孟昶、诸葛长仁惧，欲拥天子过江。帝曰："今兵士虽少，犹足一战，若其克济，臣主同休，如其不然，不复能草间求活，吾计决矣。"

又曰：薛安都北征至陕下，魏多纵突骑，众军患之。安都怒甚，乃脱兜鍪，解所带铠，唯着绛衲两裆衫，马亦去具装，驰入贼阵，猛气咆勃，所向无敌。当其锋者，无不应刃而倒。如是数四，每入，众无不披靡。

又曰：高祖义军进至覆舟山东，张疑兵以油帔冠株，布满山谷。帝先驰之，将皆殊死战，无不一当百，呼声动天地，因风纵火，烟焰张天，谦等大败。

《齐书》曰：薛安都讨鲁爽。及沈庆之济江，安都望见爽，便跃马大呼，直往刺之，应手而倒。左右范双斩爽首。爽世枭猛，咸云万人敌。安都单骑直入，斩之而返，时人皆云：关羽斩颜良，不足过也。

《梁书》曰：大同初，魏军复围南郑，杜怀瑶命第三子嶷帅二百人与魏前锋战于光道寺溪。矢中其目，失马。敌人交稍将至，嶷斩其一骑，跃而上，驰以归。嶷旅力绝人，便马善射，一日战七八合，所佩霜明朱弓，四石余力，班丝緾矟，长二丈五，同心敢死士百七十人，每出，杀伤数百人。敌人惮之，号为杜彪。

又曰：侯景围王僧辨于巴陵。元帝乃引僧祐于狱，拜为假节武猛将军，封新市县侯，令援僧辨。将行，泣下，谓其子玘曰：“汝可开朱白二门，吾不捷则死。吉则由朱，凶则由白也。”元帝闻而壮之。

又曰：蔡道班为湖阳戍主，攻蛮锡城，反为蛮困。冯根年十六，救之，匹马交战，提双剑左右奋击，杀伤甚多。道班以免，由是知名。

又曰：武帝师次秣陵东，昏遣大将王珍国盛兵朱雀门，众号二十万。及战，梁武军引却，王茂匹马单刀直前。外生韦欣庆，勇力绝人，执铁缠矟，翼茂而进，故大破之。茂勋第一，欣庆力也。

《陈书》曰：武帝入援建邺，杜僧明为前锋，与蔡路养战于南野。僧明马被伤，武帝驰救之，以所乘马援僧明，明上马复进，杀数十人。因而乘之，遂败路养。

《南史》曰：陈将萧摩诃随都督吴明彻济江攻秦郡。时齐遣大将尉破胡等率众十万来援，其前队有苍头犀角大力之号，皆身长八尺，膂力绝伦，其锋甚锐。又有西域胡人，妙于弓矢，弦无虚发，众军尤惮之。及将战，明彻谓摩诃曰：“若殪此胡，则彼军夺气，君有关、张之名，可斩颜良矣。”摩诃曰：“愿得识其形状。”明彻乃召降人，有识胡者云：“胡着绛衣华皮，装弓两端骨弭。”明彻遣人觇伺，知胡在阵，仍自酌酒饮摩诃，摩诃饮讫，驰马冲齐军。胡挺身出阵前十余步，彀弓未发，摩诃遥掷铣鋧，正中其额，应手而仆。齐军大力十余人出战，摩诃又斩之。于是齐师退走。

《后魏书》曰：吕罗汉父温佐秦州，罗汉随侍。陇右氐杨难当率众数万寇上邽，秦人多应之。镇将元意头知罗汉善射，共登西城楼，令罗汉射，难当队将及兵二十三人应弦而殪。贼众转盛，罗汉进计曰：“今又不出战，示敌以弱，众情携贰，大事去矣。”意头善之，即简千余骑令罗汉出战。罗汉与诸骑策马大呼，直冲难当军，众皆披靡。杀难当左右队骑八人，难当大惊。

又曰：宇文延字庆寿，体貌魁岸，眉目疏朗。永平中，释褐奉朝请，直后、员外散骑常侍。以父福老，诏听随侍在瀛州。属大乘妖党突入州城，延率奴客战，死者数人，身被重疮，贼乃小退，而纵火烧斋阁。福时在内，延突火而入，抱福出外，支体灼烂，发尽为烬。于是勒众与贼苦战，贼乃散走。以此见称。

又曰：赵遐为荥阳太守。时萧衍将马仙琕率众攻围朐城，戍主傅文骥婴城固守。以遐为别将，与刘思祖等救之。次于鲍口，去朐城五十里，夏雨频降，厉涉长驱，将至朐城。仙琕见遐营垒未就，径来逆战，思祖率彭沛之众，望阵奔退。遐孤军奋击，独破仙琕，斩其直阁将军、军主李鲁生。仙琕先分军于朐城之西，阻水列栅，以围固城。遐身自潜行，观水深浅，结草为筏，衔枚夜进，破其六栅，遂解假固城之围。进救朐城，都督卢昶率大军继之。未几而文骥力竭，以城降贼，众军大崩。昶弃其节传，轻骑而走，唯遐独握节而还。

太平御览卷第三百一十三 兵部四十四

决战下

《隋书》曰：文帝遣将贺若弼伐陈，后主令中领军鲁广达陈兵白土岗，居众军之南偏，镇东大将军任忠次之，护军樊毅、都官尚书孔范又次之，侍中车骑大将军萧摩诃军最居北，众军南北亘二十里，首尾进退，各不相知。贺若弼初谓未战，将轻骑登山观视形势，及见众军，因驰下置阵。广达首率所部进薄，弼军屡却，俄而复振，更分军趣地突诸将，孔范出战，于交而走。诸将支离，阵犹未合，骑卒会散，驻之弗止，因而大败。

又曰：杨义臣拜朔州总管。汉王谅作乱并州，时代州总管李景为汉王将乔锺葵所围，诏义臣救之。义臣率马步二万，夜出西陉，迟明行数十里。锺葵觇见义臣兵少，悉众拒之。锺葵亚将王拔骁勇，善用矟，射之者不能中。将军杨思恩请当之，义臣见思恩气貌雄勇，顾之曰："壮士也！"赐以卮酒。思恩望见拔立于阵后，投觞于地，策马赴之。再往不克，义臣后选骑士十余人从之。思恩遂突击，杀数人，直至拔麾下。短兵方接，所从骑士退，思恩为拔所杀。拔遂乘之，义臣军北者十余里。

又曰：炀帝征高丽，隋大将宇文述与九军过鸭绿水，又东注萨水，去高丽平壤城三十里，因山为营。高丽国相乙支文德遣使伪降，请述曰："遂旋师者，奉其主高元朝行在所。"述见士卒疲弊，不可复战，又平壤险固，卒难致力，遂因其诈而还。众半济，贼击后军，于是大溃不可禁止。九军败绩，一日一夜还至鸭绿水，行四五十里。初，度辽九军三十万人，还至辽东城，唯二千七百人。

《唐书》曰：太宗尝谓群臣曰："朕自兴兵，每执金鼓，必自指挥，习观其阵，即知强弱。常以吾弱对其强，以吾强对其弱。敌犯吾弱，追奔不逾百数十步；吾击其弱，必突过其阵，自背而反击之，不无溃，多用此而制胜。思得其理深也。”

又曰：武德中，李靖随河间王孝恭讨萧铣于江陵，不从靖谋，致败。委舟大掠，人皆负重。靖见其兵乱，进兵击之，贼大败。又乘胜进入其郛郭，攻其水城，克之。悉取其舟楫散于江中。贼救兵见之，谓城以陷，莫敢轻进。铣内外阻绝，城中携贰，由是惧而出降。

又曰：光宅初，武太后临朝称制。徐敬业于扬州起兵，以匡复皇家为辞，月余，致精卒数万。太后遣将军李孝逸领兵讨之，敬业率军拒于下呵溪。方成列，敬业谓其徒曰：“自知衣甲非厚者居后。”众乃争退。孝逸之师因其动噪而奔击，乃大破焉。

又曰：建中初，田悦反，以兵围临淄、洺、邢州，诏以李晟为神策先锋都知兵马使，与河东节度使马燧、昭义军节度使李抱真合兵救临淄，寻加兼御史中丞。河东昭义军攻杨朝光于临淄南，晟与河东骑将李自良、李奉国击悦于双岗，悦兵却，遂斩朝光。战于临淄，诸军皆却。晟引军渡淄水，乘冰而济，横击悦军，诸军复振，击悦，大破。败悦于洹水，以功加检校左散骑常侍，实封百户。

又曰：德宗以李晟兼魏府左司马。居无何，朱滔、王武俊皆反，联兵救田悦。悦深壁不战，以老王师。时武俊遣兵围康日知于赵州。晟乃献状请解赵州围，因合义武节度使张孝忠以军图范阳。上大壮之，乃加晟御史大夫，俾禁兵将莫仁擢、赵光铣、杜季玭皆隶焉。晟乃自魏州直趋赵州，贼解围而去。晟留赵州三日，与义武合军，而北略恒州，围朱滔将郑济于清苑，决水灌之。田悦、朱滔、王武俊皆遣兵来救，战于白楼。贼犯义武，义武军却，晟引步骑数百击破之，景济所乘马连中流矢。逾月，城中益急，滔、武俊大惧，乃自魏县悉兵来救，复围晟军。晟内围景济，外与滔等拒战，日数合，自正月至于五月。会晟病甚，不知人数焉，军使合谋，乃以马与晟，引军还定州，贼不敢逼。

《三国典略》曰：后周军围晋阳，齐人望之，如黑云四合。高延宗胜兵四万人，婴城布阵，躬与齐王宪交兵，自申至酉，死者甚众。帝遂北入城，当天门顿营，焚佛寺，光烛天地。延宗率众排军向前，我军遂却，人相蹂死者颇众。齐人欲闭门，以阃下积尸，扉不得阖。帝从数骑崎岖危险，仅得出门，侍臣歼焉。唯左仕上士库狄嵚侍从，时四更也。延宗以帝长须，使于积尸之下求之，不得。士卒既胜，乃入坊饮，延宗不复能整顿之。帝出城饥甚，将谋遁免，开府宇文忻进曰："陛下乘胜至此，今者破竹其势已成，奈何弃之而去？"会延宗使开府段畅以千人击帝，畅以众降，盛言城内空虚，更无继援。帝乃驻马召兵，旗鼓复振，攻三门，克之。延宗率众苦战，尸骸塞路。辰时力屈，轻骑走出城北，于人家擒之。延宗见帝，自投于地，帝欲执其手，固辞曰："死人手也，恐逼至尊。"帝强执之，曰："两国天子，有何怨恶，直为百姓而来耳，勿怖。"终不杀。

又曰：齐师伐梁，大至于锺山龙尾，周文育请战，陈霸先曰："兵不逆风。"文育曰："事急矣，当决之，何用古法？"抽槊上马，杀伤数百人。齐军乃移营于莫府山。

又曰：侯景次于涡阳，有车数千两，马数千匹，甲士四万人。慕容绍宗戎卒十万，旗甲耀日。方轨长驱，鸣鼓并进，景使谓之曰："公等为欲送客，为欲定雌雄？"绍宗对曰："当欲公决胜负。"遂顺风以阵，景闭其垒，风止乃出。绍宗曰："侯景多诡诈，好掩人背，咸宜备之。"景果令入阵者皆短兵，但斫人胫及马足。东魏军大败，绍宗坠马。

又曰：陈霸先众军自覆舟东移，顿郊坛北，齐人相对，侯安都谓萧摩诃曰："卿骁勇有名，千闻不如一见。"摩诃对曰："今日令公见矣。"命众军秣马蓐食，迟明攻之。侯安都坠马被围，萧摩诃独骑大呼，直冲齐军，齐军披靡。安都乃免。霸先自率帐内麾下出莫府山南，吴明彻、沈泰等众军首尾击之，齐人大溃，自相蹂藉，壅川塞谷。

《庄子》曰：惠子见戴晋人，戴晋人曰："有所谓蜗者，君知之乎？"曰："然。""有国于蜗之左角者，曰触氏；有国于蜗之右角者，曰蛮氏。时相与争地而战，伏尸数万，逐北旬有五日而后返。"诚知所争者若此之细，则天下无争矣。

《文子》曰：庙战者帝，神化者王。庙战者，法天道也；神化者，明四时也。

《列子》曰：黄帝与炎帝战于阪泉之野，率熊罴狼豹貙虎而前，驱雕鹖鹰鸢为旗帜，此以力使禽兽也。

《孟子》曰：争地以战，杀人盈野；争城以战，杀人盈城。此所为率土地而食人肉，罪不容于死也。

《六韬》曰：以少击众，必以日之暮；以众击众，必以日之早。

《穰苴兵法》曰：以战去战，战虽战，可也。战，春不东，秋不西，月食还师，所以止战也。

《古司马兵法弱》曰：凡军，使法在己曰专，与下畏法曰法。军无小听，战无小利。小听谓轻听敌人，称其虚弱，危败易胜，以喜士众，沮备预也。小利谓小敌击诱于饵，数为小战也。

又曰：凡五兵，长以卫短，短救长；迭战则久，皆战则强。迭，更也。言更息则可堪久。悉举兵战，众多者强。

《孙子》曰：兵以诈立，以利动，以分合，变者也。兵一分合，以敌为变。兵法诡诈，以利动敌心或合离，为变化之术也。故其疾如风，言进退应机。其徐如林，不见利不前也。如风吹林木，小动而其大不够。侵掠如火，疾也，抄掠财物，如炎火之猛烈。不动如山，守也，不信敌之诳惑，安固如山。难知如阴，莫测如天之阴云，不见列宿之象。动如雷霆。盛猛速疾，不及应也。故太公曰：疾电不及瞋目也。指向分众，因敌而制胜也。旌旗之所指向则往分离其师众也。先知迂直之计者胜，此军争之法也。

又曰：我专而敌分。我专一而敌分散也。我专为一，敌分为十，是以十共其一也，我料见敌形，审其虚实，故所备者少，专为屯以我之专击彼之散卒，为十击其一也。则我众而敌寡。我专为一，故众；敌分为十，故寡。能以众敌寡者，则吾所与战者约矣。言约少而易胜。吾所与战之地不可知也，言举动微密，情不可使彼知吾所举，知吾所集也。不可知则敌所备者多，敌所备者多则吾所与战者寡矣。形藏，故疑则分离其众备我也，言少而易击故也。故备前则后寡，备后则前寡，备左则右寡，备右则左寡，无不备者无不寡。言敌之所备者多，则士卒无不分散而少。寡者备人者也，敌分散而少，皆先备人也。众者使人备己者也。敌所以备多己者，由我分其众散故也。故知战之地，知战之日，则千里而会战；以度量知空虚，先知战地之形又必战日，则可千里期会，先往以待之。若敌以先至，不往可以劳之。不知战地，不知战日，则左不能救右，右不能救左，前不能救后，后不能救前，而况远者数十里，近者数里乎？敌以先居形势之地，已方趋利欲战，则左右前后，惑疑进退，不能相救，况数十里之间也。故善用兵者，譬如帅然。帅然者，常山之蛇也，击其首则尾至，击其尾则首至，击其中则首尾俱至。夫善战也必知战之日，知战之地，度道假期，分军离卒，远者先进，近者后发。千里之会，同时而合。若会都市，其会地之日，无令敌知，知之则所备处少，不知所备处多，备寡则专，备多则分，分则力散，专则力并也。

又曰：夜战多火鼓，昼战多旌旗，所以变民之耳目也。故三军可夺气，将军可夺心。《左氏传》言：一鼓堕作气，再而衰，三而竭也。是故朝气锐，昼气堕，暮气归。故善用兵者，避其锐气，击其堕归也。

又曰：胜者之兵先胜而后求战；败者之兵先战而后求胜。

又曰：围地则谋，死地则战。疾战则存、不疾战则亡者，为死地。

《吴子》曰：用兵之道，先明四轻二重。使地轻马，使马轻车，使车轻人，使人轻战。锋锐甲坚则人轻战。

《吕氏春秋》曰：赵氏攻中山，中山之多力者五兵鸠，衣铁甲，操铁杖以战，所击无不碎，所冲无不陷。以车投车，以人投人。

又曰：赵简子攻卫，自将兵。及战，且远立又居于犀橹之下，鼓之而士不起，简子投桴而叹曰："呜呼！士之弊一若此乎？"行人烛过免胄横戈而进曰："君不能耳，士何弊之有？"简子艴然作色曰："寡人之无使，而身自将是众也，子亲谓寡人无能，有说则可，无说则死。"对曰："昔吾先君献公即位五年，兼国十九，用此士也。惠公即位二年，淫色暴慢，身好玉女，秦人袭我，去绛七十里，用此士也。文公即位二年，砥之以勇，三年而士尽果敢；城濮之战，五败荆人；围魏取曹，拔石社；定天子之位，成尊名于天下；用此士也。亦有君不能耳，士何弊之有?”简子乃去犀蔽犀橹而立于矢石之所及,一鼓而士毕乘之。简子曰:“与吾得革车千乘也,不如闻行人烛过之一言。”行人烛过可谓能谏其君矣。

又曰:昔荆恭王与晋厉公战于鄢陵,荆师败,共王伤。临战,司马子反渴而求饮,竖阳谷操参酒而进之。酒器受三升曰参。子反曰:“訾!退!酒也。”竖阳谷曰:“非酒也。”子反曰:“訾退,却。”竖阳谷又曰:“非酒也。”子反受而饮之。子反之为人也嗜酒,甘之而不能绝于口,醉。战既罢,共王欲复战而谋事,使人召司马子反。子反辞以心疾。共王驾而往视之,入幄中,闻酒臭而还,曰:“今日之战,不谷亲待,所恃者司马也。而司马又若此,是忘荆国之社稷,而不恤吾众。不谷无与伤战矣。”于是罢师去之,斩司马子反以为战。故竖阳谷之进酒也,非以醉子反也,其心以忠也,而适足杀之。故曰小忠,大忠之败也。

又曰:齐、晋与战,平阿之馀子亡戟得矛,平阿,齐邑。馀子,官氏。退而去,不自快,谓路之人曰:“亡戟得矛,可以归乎?”路之人曰:“戟亦兵也,矛亦兵也,亡兵得兵,何为不可以归?”去行,心犹不自快也,遇高堂之孤叔无孙,孤,特,位尊也。叔,姓。无孙,名。馀子当其马前曰:“今者战,亡戟得矛,可以归乎!”叔无孙曰:“矛非戟也,戟非矛也,亡戟得矛,岂亢责也哉?”亢,当。平阿馀子曰:“嘻!还反战,趋尚及之。”遂战而死。

又曰:吴起谓商文曰:“马与人敌在前,援桴一鼓,三军之士,乐死若生,子与我孰贤?”商文曰:“吾不如子。”

《淮南子》曰:昔晋文公将与楚战城濮,问于咎犯曰:“为之奈何?”咎犯曰:“仁义之军,不厌忠信;战阵之戎,不厌诈伪。君其诈之而已。”问雍季,雍季对曰:“焚林而猎,偷多兽,必无兽。以诈伪愚人,虽偷利厚,亦无复利,其正之而已矣。”于是不听雍季之计,而用咎犯之谋,与楚人战,大破。还赏有功者,先季雍,左右曰:“城濮之战,咎犯之谋也,赏先季雍者,何也?”文公言曰:“咎犯之言一时之权也。季雍之言,万世之利,吾岂可以一时之权而先万世之利哉!”

又曰：敌溃而走，后必可移；适迫而不动，名之曰奄迟；击之如雷霆；斩之若草木；耀之若火电。欲疾以速，人不及步，车不及以转毂，兵如植木，弩如羊角。人虽众多，势莫敢格。

《春秋感精符》曰：强杰并侵，兵雷合龙门，血溺骖。宋均曰：龙门，鲁门也。时与宋齐战败，相杀血溺骖马者也。

贾谊《新书》曰：黄帝行道，炎帝不听，故战涿鹿之野，血流漂杵。

《三辅旧事》曰：武帝发兵攻卫太子，连斗五日，白虎门前沟中血流没足。

《列女传》曰：汤受命而伐桀，战于鸣条。鸣条，南夷地名。桀师不战，汤遂放桀，与末嬉嬖妾同舟浮海，死于南巢之山。

《诸葛亮兵法》曰：山陵之战，不仰其高；水上之战，不逆其流；草上之战，不涉其深；平地之战，不逆其虚，此兵之利也。故战斗之利，唯气其形也。

《卫公兵法》曰：凡事有未形同而势异者，亦有势同而形别者。若顺其可，则一举而功济；如从未可，则暂动而必败。故孙膑曰："计者因其势而利导之。"《兵法》曰："百里趋利则蹶上将，五十里而趋利者半至。"善动敌者，形之而敌从之，与之而敌取之，以奇动之，以本待之。此战势之要术也。若我士卒以齐，法令以行，奇正以设，置阵以定，誓众以毕，上下已怒，天时已应，地利已据，鼓角以震，风势以顺，敌人虽众，其奈我哉？譬虎之有牙，兕之有角，身不蔽捍，手无寸刃，而欲搏之，势不可触，其亦明矣。故兵有三势：一曰气势，二曰地势，三曰因势。若将勇轻敌，士卒乐战，三军之众，志厉青云，气等飘风，声如雷霆，此所谓气势也。若关山狭路，大阜深涧，龙蛇蟠阴，羊肠狗门，一夫守险，千人不过，此所谓地势也。若因敌怠慢，劳役饥渴，风波惊扰，将吏纵横，前营未舍，后军半济，此谓因势也。若遇此势，当潜我形，出其不意，用奇设伏，乘势取胜。是以良将用兵，审于机势，而用兵仍须鼓而怒之，感而勇之，赏而劝之，激而扬之。若鸷之攫，兽之搏，必修其牙距，度力而下，远则气衰而不及，近则形见而不得。故良将之战，必整其三军，砺其锋甲，设其奇伏，量其形势，遥则力疲而不及，近则敌知而不应。若不通此机，乃智不及于鸟兽，亦何能取胜于勍寇乎？仍须怒士励众，使之奋勇，故能无强阵于前，无坚城于外。以弱胜强，必因势也。

杨子云《长杨赋》曰：高祖奉命，顺斗极，运天关，横巨海，漂昆仑，提剑而叱之。所过麾城撕邑，下将降旗。一日之战，不可殚纪。

潘安仁《西征赋》曰：追皇驾而骤战，望玉辂而纵镝。

潘安仁《射雉赋》曰：若夫多疑少决，胆劣心捐，内无固守，出不交战。

《谢玄晖诗》曰：炎灵剑遗玺，当涂骇龙战。

《李少卿答苏武书》曰：疲兵载战，一以当千。

陆士衡《辨亡论》曰：我陆公挫之西陵，覆师改绩，因而后济，绝命永安。续以濡须之寇，临川摧锐；蓬茏之战，只轮不反。

太平御览卷第三百一十四 兵部四十五

突围

《汉书》曰：赵充国，武帝时以假司马从贰师将军击匈奴，大为虏所围。汉军乏食数日，充国乃与壮士百余人溃围陷阵，贰师引军随之，遂得解。身被二十余疮。

又曰：灌夫父张孟，尝为颍阴侯灌婴舍人，蒙灌氏姓为灌孟。师古曰：蒙，冒也。孟年老，颍阴侯强请之，郁郁不得意，故战尝陷坚，遂死吴军中。军法，父子俱，有死事，得与丧归。夫奋曰："愿得吴王下将军头以报父仇。"于是夫被甲持戟，募中军壮士所善愿从数十人。及出壁门，莫敢前。独两人及从奴十余骑驰入吴军。至戏下，师古曰：戏，大将之旗，音与麾同。所杀伤数十人。不得前，复还走汉壁，亡其奴，独与两骑归。

《后汉书》曰：袁尚征袁谭于平原，使其将审配守邺，曹公攻邺城。尚闻邺急，弃平原而求入城，以计事者主簿李孚请行。尚曰："当何所办？"李曰："今邺围甚急，多人则不可。"孚乃自选温信者三人，不示其谋，各给骏马，令释戎器，著平上冠，持问事杖，投暮直抵邺下，自称曹公都督巡历围垒，所过呵责，失候者辄捶之。自东历西，径出曹公营。当城门，复怒守闱者，收缚之。因开围，驰入城下，配以縋引之。孚得入，城中鼓噪，皆呼万岁，守围者以状闻公，笑曰："此非徒入，方且复出。"孚计事讫，欲还而外围益急，谓配曰："城中谷少，无用老弱为，不如驱出之省谷。"配乃夜简得一千人，皆令秉白幡，持脂烛，从三门而出请降。孚所将来骑随降人而出。时守围吏闻城中悉降，火光照耀，但共观火，不复视围。孚出北门，突围而归尚。明日，曹公闻孚以得去。曰："果如吾言。"

又曰：公孙瓒除辽东属国长史。常从数十骑出行塞下，卒逢鲜卑数百骑。瓒乃退入空亭，纳其从者曰："今不奔之，则死尽矣。"乃自持两刃矛，驰出冲贼，杀伤数十人，瓒左右亦亡其半，遂得免。

又曰：贾复从征伐，未尝丧败，数与诸将溃围解急，身被十二疮。帝以复敢深入。希令远征。而壮其勇节，尝自从之。

《魏志》曰：张辽为杂号将军，守合肥。为孙权所围，独出麾下，从者千余人溃围，刺之，已出。复入复出，权众破走。由是威震江东。

又曰：曹仁字子孝，太祖从弟也。行征南将军，留屯江陵，拒吴将周瑜。瑜未渡，前锋数千人始至。仁募得三百人，遣部曲将军牛金逆与挑战，遂为所围，长史陈矫在城上望见金等垂没，左右皆失气。仁气奋怒，遂被甲上马，将其麾下壮士数十骑出城。径前，冲入阵，金等乃解。余众未尽出，仁复直还突之，拔出金兵，贼众乃退。矫等初见仁出，皆惧，及见仁还，乃叹曰："将军真天人也！"三军服其勇。太祖益壮之。

《晋书》曰：李矩将张皮与刘粲战于盟津，矩进救之，使壮士三千泛舟迎皮。贼临河列阵，作长钩以钩船，连战数日不得渡。夜遣部将格增济入支垒，与皮选精骑千余，而杀所获牛马，焚烧器械，夜突围而出，奔武牢。

《宋书》曰：刘康祖世居京口。便弓马，膂力绝人，浮荡蒲酒为事。每犯法，为郡县所录，辄越屋逾墙，莫能擒之。夜入人家，为有司所围，突围去，并莫能追。因夜还京口，半夕便至，明日，守门诣府州要职。俄而建康移书录之，府州执事者并证康祖其夕在京口，遂得无恙。

追奔

《孙子》曰：归师勿遏。若穷寇退还，依险而行，人人怀归，敢于死战，徐观其变，勿远截也。

《后汉书》曰：曹公围张绣于穰，刘表遣兵救绣，以绝军后。公将引还，绣兵来追，公军不得进。连营稍前到安众，绣与兵合守险，公军前后受敌。公乃夜凿险为地道，悉过辎重，设奇兵。会明，贼谓公为遁也，悉军来追，纵奇兵，步骑夹攻，大破之。公谓荀彧曰："虏遏吾归师，而与吾死地，吾是以知胜矣。"

又曰：曹公征张绣于穰，一朝引军退，绣自追之。贾诩谓绣曰："不可追，追必败。"绣不从，大败而还。诩谓绣曰："更追之，更战必胜。"绣曰："不用公言，以至于此。今已败，奈何复追？"诩曰："兵势有变，亟往必利。"亟，记力切。绣信之，遂收散卒赴追，战，果胜。以问诩，曰："绣以精兵追退军，而公曰必败，乃以败卒击胜兵，而公曰必胜。悉如公言，何其皆验？"诩曰："此易知耳。将军虽善用兵，非曹公敌也。军新退，曹公必自断后；追兵虽精，将既不敌，彼士亦锐，故知必败。曹公攻将军无失策，力未尽而退，必国内有故；故以破，必轻车速进，留诸将断后，诸将虽勇，亦非将军敌，故虽用败兵而战必胜也。"绣大服。

又曰：睢阳人复返城迎刘永，盖延复率诸将围之百余日，收其野谷。永乏食突走，延追击，尽得辎重。永为其将所杀，永弟防举城降。

又曰：玺书拜马援为伏波将军，以扶乐侯刘隆为副。扶乐，县名，属九真郡。督楼船将军段志等南击交阯。军至合浦，而志病卒。诏援并将其兵，遂缘海而进，随山刊道千余里。刊，除也。十八年春，军至浪泊上，与贼战，破之，斩首数千级，降者万余人。援追征侧等至禁溪，数败之，贼遂散走。明年正月，征侧、征贰传首洛阳。

又曰：陈俊与五校战于安次，俊下马手接短兵，所向必破，追奔二十余里，斩其渠帅而还。光武望而叹曰："战将尽如是，岂有忧哉！"

又曰：鲜卑万余骑寇辽东，祭肜率数千人迎击之，自披甲陷阵。虏大奔，投水死过半。遂穷追出，虏急，皆弃兵裸身散走，斩首三千余级，获马数千匹。

又曰：邓禹进围安邑，更始遣将王匡、成丹、刘均等合军十余万，复共击禹，禹军不利，樊崇战死。会日暮，战罢，军帅韩歆及诸将见兵势已摧，皆劝禹夜去，禹不听。明日癸亥，匡等以甲穷日不出，禹因得更理兵勒众。明旦，匡悉军出攻禹，禹令军中无妄动；既至营下，因传发诸将鼓而并进，大破之。匡等皆弃军亡走，禹率轻骑急追，获刘均及河东太守杨宝、持节中郎将弭强，皆斩之，收得节六，印绶五百，兵器不可胜数，遂定河东。

又曰：窦固与耿忠引兵出酒泉塞，至天山，即祁连山也。今在西州交河县东北，今名祁县罗浸山。击呼衍王，斩首千余级。呼衍王走，追至蒲类海。蒲类海，今名蒲悉海，在今庭州蒲昌县东南。留吏士屯伊吾卢城。伊吾，今伊州县也。

又曰：马防拜车骑将军，击羌军到冀，而羌豪布桥等围南部都尉于临洮。防欲救之，临洮道险，车骑不得方驾，防乃别使两司马将数百骑，分为前后军，去临洮十余里为大营，多树幡帜，扬言大兵且当进。羌候见之，驰还，言汉兵盛不可当。明旦遂鼓噪而前，羌虏惊走，因走击破之，斩首虏四千余人，遂解临洮围。

《晋书》曰：王逊为宁州刺史，越巂、李骧寇宁州。逊使将军姚崇、爨琛拒之，战于堂狼，大破骧等，崇追至泸水，透水死者千余人。崇以道远不敢渡水，逊以崇不穷追也，怒囚于郡，执崇，鞭之，怒甚，发上冲冠，冠为之裂，夜中遂卒。

又《载记》曰：慕容宝与魏战，谋还中山，乃引归。魏军追击之，宝弃大军率骑二万奔还。时大风雪，冻死者相枕于道。宝恐为魏军所及，命去袍杖戎器，寸刃无返。

崔鸿《十六国春秋》曰：前秦符坚自征晋于寿春，败还长安。慕容泓起兵于华泽，竖将符叡、窦冲、姚苌讨之。叡，以芮切。符叡勇果轻敌，不恤士众。泓闻其至也，惧，率众将奔关东，叡驰兵邀之。姚苌谏曰：“鲜卑有思归之心，宜驰令出关，不可遏也。”叡弗从。战于华泽，睿败绩，被杀。

又曰：夏赫连勃勃伐南凉秃发傉檀，大败之，驱掠二万七千口、牛马羊数十万而还。傉檀率众追之，其将焦朗曰："勃勃天姿雄警，御军齐肃，未可轻也。今因抄掠之资，率思归之士，人自为战，难与争锋，不如从温围北渡，趣万斛堆，阻水结营，制其咽喉，百战百胜之术也。"傉檀不从。勃勃闻而大喜，乃于杨武下峡，凿陵埋车以塞路。勃勃乃勒众逆击，大败之。杀伤万计。

又曰：后凉吕弘攻段业于张掖，不胜，将东走。业议欲击之，其将沮渠蒙逊谏曰："归师勿遏，穷寇弗追，此兵家之戒也，不如纵之以为后图。"业曰："一日纵敌，悔将无及。"遂率众追之，为弘所败。业叹曰："不能用子房之言，以至于此。"

《后周书》曰：晋公护东伐高齐，遣将尉迟迥围洛阳，为敌所败。周将达奚武与齐王宪于邙山御之。至夜，收军。宪欲待明更战，武欲还，固争未决。武曰："洛阳军散，人情骇动。若不因夜速还，明日欲归不得。武在军旅久矣，备见形势。大王少年未经军事，岂可将数营士众，一旦弃之乎。"宪从之，遂全军而返。

《隋书》曰：张金称既败，将数百人遁逃，后归漳南，招集余党。杨善会追捕斩之，传首行在所。帝赐以尚方甲稍弓剑，进拜清河通守。

《唐书》曰：武德初，刘武周入寇。仆射裴寂拒战于度索原，寂军败，周进过河东，太宗出兵拒之。江夏王道宗，年十七，从征。太宗登玉壁城望贼，谓道宗曰："贼恃其众，来邀我战，汝谓如何？"对曰："贼乘胜而来，其锋不可当，易以计屈，难与力竞。但深沟高垒以挫其锋。乌合之徒，安得持久？粮饷既竭，自当离溃，可不战而擒也。"太宗曰："汝意暗与我合。"武周食尽，夜遁，追及会州，一战灭之。

又曰：段德操领延州道行军总管，镇北境。梁师都与突厥之众数千骑来寇延安，营于野猪岭。德操以众寡不敌，按甲以挫其锐。后伺贼稍怠，遣副总管梁礼率众击之，德操以轻骑出其不意。贼与礼酣战久之，德操多张旗帜，掩至其后，贼大溃，逐北二百余里，克其魏州，虏男女二千余口。经数月，师都又以步骑五千来寇，德操击之，俘斩略尽，师都与百余骑而遁。以功拜上柱国，封平原郡公，邑一千户，赐以貂裘金带，布帛千匹。

《卫公兵法》曰：诸战锋等队打贼败，其驻队队别量抽骁健二十人逐北，其辎重队遥叫作声援，不得辄动。跳荡队、奇兵队趁贼退，不得过百步。如审知贼徒败散，仍须取机追逐。

乘势

《左传》曰：晋侯围曹，门焉，多死，攻曹城门。曹人尸诸城上，磔晋死人于城上也。晋侯患之，听舆人之诵："称舍于墓。"舆，众也。舍墓为将发冢也。师迁焉，曹人凶惧，迁至曹人墓也。凶凶，恐惧声也。音吁勇切。为其所得者棺而出。因其凶也而攻之。遂入曹也。

《史记》曰：汉王遣将韩信破陈馀，后信购致广武君李左车，师事之。韩信曰："仆欲北伐燕，东伐齐，何若而有功？"对曰："今将军涉西河，虏魏王，擒夏说阏与，一举而下井陉，不终朝破赵二十万众，诛成安君，名闻海内，威振天下，此将军之所长也。然而众劳卒罢，其实难用。今将军欲举倦弊之兵，顿之燕坚城之下，欲战恐力不能拔，情见势屈，旷日粮竭。而弱燕不服，齐必距境以自强也。燕、齐相持而不下，刘、项之权未有所分也。若此者，将军所短也。故善用兵者，不以短击长，而以长击短。为将军计，莫如案甲休兵，镇赵，抚其孤弱，百里之内，牛酒日至，以飨士大夫醳兵，《魏都赋》曰：醳者顺时。刘逵曰：醳，酒也。北首燕路，而后遣辩士奉咫尺之书，暴其所长于燕，燕必不敢不听从。燕以从，使宣言者东告齐，齐必从风而服，虽有智者，亦不知为齐计矣。如是则天下事可图也。兵固有先声而后实者，此之谓也。"韩信并从之，燕、齐从风而靡。

《后汉书》曰：王莽兵攻昆阳，光武自将步骑千余，前去大军四五里而阵。寻、邑亦遣人数千合战。光武奔之，斩首数十级。秦法：斩首一，赐爵一级。故因谓斩首为级。诸部喜曰："刘将军平生见小敌怯，今见大敌勇，甚可怪也，且复居前。请助将军！"光武复进，寻、邑兵却，诸部共乘之，斩首数百千级。连胜，遂前。时伯升拔宛已三日，而光武尚未知，乃伪使持书报城中，云宛下兵到，而阳堕其书。寻、邑得之，不喜。喜，音许记切。诸将既经累捷，胆气益壮，无不一当百。光武乃与敢死者三千人，从城西水上冲其中坚，敢死，谓果敢而死者。凡军事中军最尊居以坚锐自辅，故曰中坚也。寻、邑陈乱，乘锐崩之，遂杀王寻。城中亦鼓噪而出，中外合势，震动天地。莽兵大败，走者相腾践，奔殪百余里间。殪，仆也。会大雷风，屋瓦皆飞，雨下如注，滍川盛溢，《水经》曰：滍水出南阳鲁阳县西尧山南，经昆阳城北东入汝。滍音直理切。虎豹皆股战，士卒争赴，溺死者以万数，数过于万，故以万为数。水为不流。王邑、严尤、陈茂轻骑乘死人渡逃去。尽获其辎重，车甲珍宝，不可胜算。

又曰：曹公征张鲁，定汉中，刘晔进说曰："明公以步卒五千，将诛董卓，北破袁绍，南征刘表，九州百郡，十并其八，威震天下，势慑内外。今举汉中，蜀人观风，破胆失守，推此而前，蜀可传檄而定也。刘备，人杰也，有智度而迟新，得，蜀人犹未附。今破汉中，蜀人震恐，其势自倾。以公之神明，因其倾而压之，无不克也。若小缓之，诸葛亮明于理而为相，关羽、张飞勇冠三军而为将，蜀人既定，据险守要，则不可犯也。今不取，必为后忧。"曹公不从。居数月，蜀降者说"蜀中一日数十惊，备斩之而不能禁也"。曹公悔之，又问晔，曰："今已小定，未可击也。"

《晋书》曰：何无忌南追桓玄，与振武将军刘道规俱受刘毅节度。玄留其龙骧将军何澹之、前将军郭铨、江州刺史郭昶之守盆口。无忌等次桑落洲，澹之等率军来战。澹之常所乘舫旌旗甚盛，无忌曰："贼帅必不居此，欲诈我耳，宜亟攻之。"众咸曰："澹之不在其中，徒得无益。"无忌谓道规曰："今众寡不敌，战不全胜。澹之虽不居此舫，取则易获，因纵兵腾之，可一鼓而败之也。"道规从之，遂获贼舫，因传呼曰："已得何澹之矣。"贼中惊扰，无忌之众亦为嗗然。道规乘胜迳进，无忌又鼓噪赴之，澹之遂溃。

又曰：镇南将军、都督荆州杜元凯袭吴乐乡，在今江陵郡松滋县东六十里。虏都督孙歆，沅湖以南至于交、广，睹风送款。时众会议，或曰："百年之寇，未可尽克。今将暑热，水潦方降，疾疫将起，宜俟来冬大举。"凯曰："昔燕乐毅藉济西一战，以并强齐。今王师兵威已震，譬如破竹，数节之后，皆迎刃而解也。"遂指授群帅，直指秣陵，所过城邑，莫不束手，遂平吴国。先议者惭而谢焉。

又曰：朱龄石伐蜀贼谯纵，纵将谯道福重兵守涪。龄石师次平模，去成都二百里，纵遣将侯晖、谯悦屯平模，夹岸连城，层楼立栅。龄石谓裨将刘钟曰："天方暑热，贼今固险，攻之难拔，祇困我师。吾欲蓄锐息兵，伺隙而进。卿以为何如？"钟曰："不然。前扬声言大众由涪水，故谯道福不敢舍涪，今重军逼之，出其不意，侯晖之徒已破胆矣。只可因其凶惧而攻之，势当必克。克平模 之后，自可鼓行而前，成都必不能守。若缓兵相持，虚实相见，涪军复来，难为敌也。进不能战，退无所资，二万余人悉为蜀子虏耳。"从之。翌日，进攻皆克，斩侯晖等，纵之城守者相次瓦解。

又曰：卢循率众数万，方舰而下。刘裕率兵拒之，出轻利斗舰，躬提幡鼓，命众军齐力击之。又上步骑于西岸。右军参军庾乐生乘舰不进，斩而徇之。于是众军并腾踊争先。军中多万钧神弩，所至莫不摧陷。裕自于中流蹙之，因风水势，舰悉泊西岸上。军先备火具，乃投火焚之，烟焰翳天，贼众大败，追奔至夜乃归。循等还寻阳。初，分遣步兵，莫不疑怪，及烧贼舰，众乃悦服。

又曰：周访讨贼杜曾，曾大溃，杀千余人。访夜追之，诸将请待明，访曰："曾骁勇能战，尚之败也，彼劳我逸，是以克之，宜及其衰，乘之可灭。"鼓行而进，遂定汉，沔。

崔鸿《十六国春秋》：蜀李特攻晋将张徽，败徽军，特议欲释徽还涪。音浮诸将进曰："徽军连战，士卒伤减，智勇俱竭，宜因其弊遂擒之，若舍而宽之，徽养病收亡，余众更合，图之未易也。"特从之，复进攻徽，徽溃围走。特遣将水陆追之，遂害徽。生擒徽子存，以徽丧还之也。

《唐书》曰：太宗进逼西河，宋金刚果遁走。太宗追之，身先士卒，奋击，大破之。乘胜逐北，一日一夜行二百余里，转战数十合，士卒疲弊。至高壁岭，总管刘弘基执马而谏曰："大王功效于此足矣，亦宜思自安之计。方今草创，敌可尽乎？且喉粮已竭，士卒疲顿，更欲何之？愿且停营，待兵粮咸集而后决战。"太宗曰："功者难成易败，机者难得易失。金刚走到汾州，众心已沮，我及其未定，当乘势击之，此破竹之义也。如更迟留，必为贼计，此失机之道。吾国家之事，当竭忠尽力，岂顾身之安危乎？"遂策马去，诸军乃进，莫敢以饥乏为辞。夜宿于雀鼠谷之西原，太宗不食二日，不解甲三日矣。军中若饥，此夕惟有一羊。太宗抚将士与之同食，三军感悦，皆饱而思奋激，明日趋汾州，金刚列阵，南北七里，以抗官军。太宗遣总管李勣、程咬金、秦叔宝当其北；翟长孙、秦武通当其南；亲御中军以临之。诸军战小却，为贼所乘。太宗率精骑三千直趣金刚，贼众大溃，斩首三千余级，追奔数十里。至张难堡，有浩州行军总管樊伯通、张德政先据此堡，望见太宗轻骑而来，初未识之，太宗免胄曰："我也。"堡人欢噪，既而涕泣曰："不图今日生谒大王，死无所恨。"左右以太宗不食告之，乃奉浊酒脱粟饭。太宗曰："今日饥渴并解，虽公孙豆粥，何以加之。"

又曰：武德初，太宗征薛仁杲，大破之。乘胜遂逼，折抚城。窦抗等苦谏曰："贼主犹据坚城，虽破其将宗罗侯，未可即逼，请按兵以候其变。"太宗曰："算之久矣，破竹之势不可失也。贼大军以败，余众何足为虞，凶魁之计尽于此矣。"遂率众而进，至夜半，军临贼城，守陴者皆乱争，自投而下，仁杲穷蹙，开门请降。

太平御览卷第三百一十五　兵部四十六

水战

《国语·吴语》曰：越王军于江南，明日将舟战于江。

《晋书·慕容超载记》曰：水战，国之所短，吴之所长。

又曰：陈敏作乱，陶侃时镇江夏，以朱伺能水战，晓作舟舰，乃遣作大舰，署为右甄，据江口，摧破敏前锋。

又《何无忌传》曰：卢循遣别将徐道覆顺流而下，舟舰皆重楼。无忌将率众拒之，长史邓潜之谏曰："今以神武之师抗彼逆众，回山压卵，未足为譬。然国家之计，在此一举。闻其舟舰大盛，势居上流。蜂虿之毒，邾鲁成鉴。宜决破南塘，守二城以待之，其必不敢舍我远下。蓄力俟其疲老，然后击之。若弃万全之长策，而决成败于一战，如其失利，悔无及矣。"无忌不从，遂以舟师拒之。既及贼，令强弩数百登西岸小山以邀射之，而薄于山侧。俄而西风大起，无忌所乘小舰被飘于东岸，贼乘风以大舰逼之，众遂奔败，无忌尚厉声曰："取我苏武节来！"节至，乃躬执以督战。贼众云集，登舰者数十人。无忌辞色无挠，遂握节死之。

《梁书》曰：王琳帅兵东下，陈遣太尉侯瑱、司空侯安都等拒之。瑱等以琳军方盛，引军入芜湖避之。进西南风至急，琳谓得天道，将直取扬州，侯瑱等徐出芜湖，蹑其后。比及兵交，西南风翻为瑱用，琳兵放火燧以掷瑱船者，皆反烧其船，琳舰溃乱，兵士透水，死十二三，其余皆弃船上岸，为陈军所杀殆尽。

《隋书》曰：杨素伐陈，率水军东下，舟舻被江，旌甲曜日。素坐平乘大船，容貌雄伟，陈人望之惧曰："清河公即江神也。"陈南康内史吕仲肃屯歧亭，正据江峡，于北岸凿岩，缀铁锁三条，横绝上流，以遏战船。素令仁恩登陵俱发，先攻其栅。仲肃军夜溃，素徐去其锁。

又《李安传》曰：伐陈之役，蜀兵顺流东下。时陈人屯白沙，安谓诸将曰："水战非北人所长。今陈人依险泊船，以夜袭屯，贼可破也。"

《越绝书》曰：伍子胥水战法，大翼一艘，广丈六尺，长十二丈，容战士二十六人，櫂五十人，舳舻三人，操长钩斧者四吏，仆射长各一人，凡九十一人。当用长钩矛、长斧各四，弩各三十二，矢三千三百，甲兜鍪各三十二。

《庄子》曰：宋人有善为不龟手之药者，世世以洴澼絖为事。不过数金。一朝而鬻伎百金，请与之。客得之，以说吴王。越有难，吴王使之将。冬，与越人水战，大败越人，裂地而封。能不龟手一也。

《阮元瑜为曹公与孙权书》曰：若恃水战，临江塞要。欲令王师终不得渡，亦未必也。

《孙子荆为石仲恭与孙皓书》曰：自顷国家整治器械，修造舟楫，简习水战。

掩袭上

《白虎通》曰：袭者何？谓行不假涂，掩人不备也。人衔枚，马缠勒，昼伏夜行，为袭也。

《左传》曰：凡师有钟鼓曰伐，无曰侵，轻曰袭。

又曰：初，周人与范氏田，公孙庞税焉。赵氏得而献之，吏请杀之。赵孟曰："为其主也，何罪？"止而与之田。及铁之战，以徒五百人宵攻郑师，取蜂旗于子姚之幕下。

又曰：齐侯还自晋，不入。遂袭莒，门于且于，莒子伤股而退。明日，将复战，期于寿舒。

又曰：秦伯使大夫杞子戍郑，使告于秦，曰："郑人使我掌其北门之管，管，钥。若潜师以来，国可得也。"穆公访诸蹇叔，蹇叔曰："劳师以袭远，非所闻也。蹇叔，秦大夫。师劳力竭，远主备之，无乃不可乎！且师行千里，其谁不知？"公辞焉。辞，不受其言。召孟明、西乞、白乙，使出师于东门之外。蹇叔哭之，曰："孟子，吾见师之出而不见其入也。”“晋人御师必于殽。殽有二陵焉：大阜曰陵。其南陵，夏后皋之墓；皋，夏桀之祖也。其北陵，文王之所避风雨。此道在二陵之间，南谷中各深委曲，两山相嵚，故可以避风雨。古道由此。魏武帝西讨巴汉，恶其险而更开北山高道也。必死是间，余收尔骨焉。”秦师遂东，晋原轸曰：“秦违蹇叔，而以贪勤人，天奉我也。奉，与。奉不可失，敌不可纵。纵敌患生，违天不祥。必伐秦师。”栾枝曰：“未报秦施而伐其师，其为死君乎？”先轸曰：“秦不哀吾丧而伐吾同姓，秦则无礼，何施之有？吾闻之，一日纵敌，数代之患。谋及子孙，可谓死君乎？”言不可谓背君。遂发命，遽兴姜戎。子墨縗绖，晋文未葬，故襄公称子。子以凶服从戎，故墨之也。遂败秦师于殽，获百里孟明视、西乞术、白乙丙以归。

《家语》曰：吴越遂遇于黄池，越王袭吴之国。吴王归，与越战，灭焉。

《战国策》曰：苏秦谓楚威王曰：“王兴师袭秦，此所谓两虎相据也。”

《后汉书》曰：渔阳太守彭宠反，自将二万余人攻幽州刺史朱浮于筋，光武使将军邓隆救筋。隆军潞南，浮军雍奴，遣吏奏状。帝读檄，怒谓使曰：“营相去百里，其势岂得相及？比若若，汝也。还，北军必败矣。”宠果盛军临河以拒隆，又别发轻骑三千袭其后，大破隆军。朱浮远，遂不能救，引而去。

又曰：苏茂、周建与马武合战。良久，王霸军中壮士路润等数十人，断发请战，霸知士心锐，乃开营，后出精骑袭其背，茂、建前后受敌，惊乱走散。

又曰：邓训发湟中六千人，令长史任尚将之，缝革为船，置于箄上以渡河，箄，木残也。音步佳反。掩击迷唐庐落大豪，多所斩获。

又曰：马援讨诸羌，羌引精兵聚北山上，援陈军向山，而分遣数百骑绕袭其后，乘夜放火，击鼓叫噪，虏遂大溃，凡斩首千余级。援以兵少，不得穷追，收其谷粮畜产而还。

又《曹瞒传》曰：公闻许攸来，跣出迎，攸劝公袭绍将，公大喜，乃选精锐步骑，皆执袁军旗帜，衔枚缚马口，夜从间道出，人把束薪，所历道有问者，语之曰："袁公恐曹操钞掠后军，还兵以益备。"问者信以为然。既至，围屯，大放火，营中惊乱。大破之，尽燔其粮谷宝货，斩督将睢元晋等，割得诸军淳于仲简鼻，杀士卒千余人，皆取鼻，牛马割唇舌以示，绍军将士皆惶惧。

又曰：曹公征张鲁至阳平，张鲁使弟卫据阳平关，横山筑城十余里。攻之不拔，乃引军还。贼见大军退，其守备懈，公乃密遣骑将等乘险夜袭，大破之。

又曰：庐江太守刘勋理明城，今同安郡。恃兵强士勇，横于江、淮之间，无出其右者，孙策恶之。时已有江左，自领会稽太守，使人卑辞厚币而说之曰："海昏上缭宗人，数欺下国，患之有年矣。击之路由不便，幸因将军之神武而临之。且上缭国富廪实，吴娃越姬，充于后庭，明珠大贝，被于帑藏，帑，他朗切。取之可以资军。虽蜀郡成都金碧之府，未能过也。策愿举弊邑士卒以为外援。"勋然之。刘晔谏曰："上缭虽小，而城坚池深。守之则易，攻之则难，不可旬月而拔也。且见疲于外而国虚于内。孙策多谋而善用兵，乘虚袭我，将何御之？而将军进屈于敌，退无所归。羝羊触藩羸其角，不能退不能进，其在兹乎？"勋不从。遂大兴师伐上缭，其庐江果为策所袭。勋穷蹙，遂奔曹公。

《魏志》曰：遣将钟会、邓艾伐蜀，蜀将姜维守剑阁。钟会攻维未能拔。艾上言："请从阴平江由邪径经汉德阳亭趣涪，出剑阁西四百里，去成都三百里，奇兵冲其腹心。剑阁之守必还赴涪，则会方轨而进；剑阁之士不还，则应涪之兵寡矣。《军志》有之曰：攻其不备，出其不意。今掩其空虚，破之必矣。"冬十月，艾自阴平行无人之地七百余里，凿山通道，造作桥阁。山高谷深，至为艰险，又粮运将匮，频于危殆。艾以毡自裹，推转而下。将士皆攀木缘崖，鱼贯而进。先登至江油，蜀守将马邈降。诸葛瞻自涪还绵竹，列阵相拒，大破之。斩瞻及尚书张遵等首，进军至成都。蜀主刘禅面缚舆榇诣军门降。

又曰：杨阜字义山，天水苹人也。韦康以为别驾。马超率万余人攻冀城，阜率国士大夫及宗族子弟胜兵千余人，使弟岳于城上作偃月营，与超接战，自正月至八月拒守而救兵不至。超入拘岳于冀，杀刺史太守。阜内有报超之志，而未得其便。外兄姜叙屯历城，阜少长叙家，见叙母，说前在冀中时事，歔欷悲甚。叙曰："何乃尔？"阜曰："守臣不能见，君亡不能死，亦何面目以视息天下乎！"时叙母慨然，敕叙从阜计。超闻阜等兵起，自将出，袭历城，得叙母。叙母骂之曰："若背父之逆子，弑君桀贼，天地岂久容？敢以面目视人乎！"超怒，杀之。阜与超战，身被五疮，宗族昆季死者七人。

《吴志》曰：蜀将关羽遣糜芳守南郡，羽领兵围樊。吴主遣将吕蒙屯陆口，外倍修恩厚，与关羽结好。羽多留兵备南郡，恐蒙有变。蒙上疏曰："羽计樊而多留备兵，必恐蒙图其后故也。蒙常有病，乞分众还建业，以理病为名。羽闻之，必撤备兵。徐以大军溯江驰上，袭其空虚，则南郡可不战而羽易擒耳。"吴主然之。蒙遂称病而还建业。羽果稍撤备，而悉众赴樊城。蒙遂发兵逆流而上，伏甲于舟，使更衣为商人，以理征棹，达曙兼行，过羽所置屯戍，辄缚之。羽遂失惊，师次于南郡，袭夺其城。羽吏士攻樊城未下，闻城以陷而家属无恙，见待甚于平时，无复斗心，稍稍散，羽竟为吴师所擒，荆州遂平。

又曰：建安二十四年，关羽围曹仁于襄阳，曹公遣左将军于禁救之。会汉水暴起，羽以舟兵尽生虏禁等步骑三万送江陵，唯城未拔。权内惮羽，外欲以为己功，笺与曹公，乞以讨羽自效。权征羽，先遣吕蒙袭公安，获将军士仁。蒙到南郡，南郡太守糜芳以城降。蒙据江陵，抚其老弱，释于禁之囚。

《晋书》曰：王如，京兆人也。初为州武吏，遇乱流移至宛。时诸流人有诏并遣还乡，如等以关中荒残，不愿归，征南将军山简、南中郎将杜蕤各遣兵送之，而促期令发。如遂潜结无赖少年，夜袭二军，大破之。又陷攻襄城。于是流人诸郡各率其党攻诸城镇，多杀令长以应之。未几，众四五万，号大将军，后如连年种谷，皆化为莠，军中大饥。

又曰：石勒遣其将石良率精兵五千袭李矩，矩逆击不利。郭诵弟元复为贼所执，贼遣元以书说矩曰：“去年东平曹嶷，西平猗庐，矩如牛角，何不归命？”矩以示诵，诵曰：“昔王陵之母在贼，犹不改意，弟当何论！”勒复遗诵麈尾马鞭，以示殷勤，诵不答。

又曰：张骏为凉州牧。咸和初，骏遣武威太守窦涛，金城太守张阆、武兴太守辛岩、扬烈将军宋辑等率众东会韩璞，攻讨秦州诸郡。刘曜遣其将刘胤来拒，屯于狄道城。韩璞进渡沃干岭。辛岩曰：“我握众数万，籍氐羌之锐，宜速战以灭之，不可以久，久则变生。”璞曰：“自夏末以来，太白犯月，辰星逆行，白虹贯日皆变之大者，不可以轻动。轻动而不捷，为祸更深。吾将久而毙之。且曜与石勒相攻，胤亦不能久也。”积十七日，军粮竭，遣辛岩督于金城。胤闻之，大悦，谓其将士曰：“韩璞之众，十倍于吾，羌胡皆叛，不为之用。吾粮廪将悬，难以持久。今虏分兵运粮，可谓天授吾也。若败辛岩，璞等自溃。彼众我寡，宜以死战。战而不捷，当无匹马得还，宜厉尔戈矛，竭汝智力。”众咸奋。于是率骑二千，袭岩于沃干岭，败之，璞军遂溃，死者二万余人。面缚归罪，骏曰：“孤之罪也，将军何辱！”皆赦之。

王隐《晋书》曰：祖逖军大饥，进据食犬丘城。樊雅遣六十余人入逖营，拔戟大呼向逖，逖军人夜不知何贼多少，皆欲散走。逖疑非多人，但摧左右拒之。会督护董昭入，共讨贼，贼散故道出。

太平御览卷第三百一十六 兵部四十七

掩袭下

《晋书》曰：石勒伪推奉晋幽州刺史王浚，浚不疑勒。于是轻骑袭幽州，以火宵行。至易水，浚督护孙纬驰遣白浚，引军拒勒。浚将佐咸请出军击勒，浚怒曰："石公来，正欲奉戴我也，敢言击者斩！"乃命设飨以待之。勒晨至蓟北，门者开门，疑有伏兵，先驱牛羊数千头，声言上礼，实欲填诸街巷，使兵不得发。浚乃惧，或坐或起。勒入城升其厅事，命甲士执浚，立之于前，数其罪恶而诛之。遂陷幽州。

又曰：刘裕秉政，刘毅为荆州刺史，每多异同之议，裕帅兵讨之。遣裨将王镇恶先袭，至豫章口。豫章口去江陵城二十里，自镇恶进路，扬声刘蕃上。先是毅称病，表请从弟兖州刺史蕃为副，毅谓信然，不知见袭。镇恶自豫章口舍船步上，小将蒯思军在前，镇恶次之。舸留一乙士，卒之次也。对舸岸上竖六七旗，每旗下安一鼓。语所留人："计我将至城，便长严令，如后有大军状。"又分队在后，令烧江津船舰。镇恶迳前袭城，语前军："若有问者，但云刘兖州至。"津戍及百姓皆言刘蕃实上，晏然不疑。未至城五六里，逢毅亲将朱显之，将千余骑，从者数十，欲出江津。问是何人，答曰："刘兖州至。"显之骑前问蕃在所，答云："在后。"显之既至后，不见蕃，而见军人担鼓排战具，又遥见江津船舰已被焚烧，烟焰涨天，而鼓严之声甚盛，知其非蕃上，便跃马驰去告毅："外有大军，似从下上，垂已至城，江津船悉被火烧矣。"行命闭诸城门。镇恶亦驰进，军人缘城得入，门犹未及下关，因得开大城东门入城内。毅凡有八队余，已得戒严。蒯恩入东门，便北回击射堂前军，攻金城东门。镇恶入东门，便直西击金城西门。军分攻金城南门。毅金城内东从旧将士，犹有六队千余人。食时就关，中晡西入退散及归降略尽。镇恶入城，便因风放火，烧大城南门及东门。又遣人以诏及赦文并高祖手书凡三篋示毅，毅皆烧不视。金城内亦未信裕自来。镇恶至军，门人与毅东来将士，或有是父兄子弟中表亲者，镇恶命因斗且共语，众并知刘裕自来，人情离懈。一更许，听事前阵散溃。毅左右兵犹闭东南阁拒战，镇恶恐虑夜暗自相伤犯，乃引军出绕金城，开其南面以退。毅虑南有伏兵，三更中，率左右三百许人开北门突出。毅于佛寺自缢。

《梁书》曰：侯景反，陷建业，高州刺史李迁仕据大皋图逆，召高梁太守冯宝，宝欲往，其妻沈氏止之曰："刺史无故不合召太守，此诈君欲为反耳。顷者京师危逼，羽檄征兵，遍于郡县。刺史称疾不赴，缮甲治兵，今已备矣；而更召君往，必见留，追君兵众，此意可知矣。鱼不可脱于泉，愿且勿行。遣使谕之，曰'身疾笃，谨遣妻传意，并送土物以省之'。彼闻喜，必无防，为君取之，如反掌矣。"宝从之。于是沈氏自将千人，皆藏短兵，步担杂物，唱言賝货。賝，音琛。先书报迁仕曰："太守冯宝疾笃，谨令妻沈氏传启，并奉土贡以资军费。"迁仕大悦，出迎沈氏。沈氏因释担出刃，大破之，迁仕脱身而遁，沈氏入据其城，尽收其众。

《后魏书》曰：晋王伏罗督高平、源州诸军讨吐谷浑慕利延。军至乐都，谓诸将曰："若从大道，恐军声先振，必当远遁。若潜军出其非意，此邓艾擒蜀之计也。"诸将咸难之，伏罗曰："夫将军制胜，万里择利，专之可也。"遂间道行。至大母桥，利延众惊奔白兰，慕利延兄子拾寅走河曲，降其一万余落。

又曰：陆俟，代人也。长安卢永、刘超等聚党以叛。世祖诏俟以本官镇长安，使以方略定之。于是俟单马之镇，超闻之欣然，以为无能为也。既至，申扬威信，示以成败，诱纳超女，外若姻亲。超犹自警，初无降意。俟乃率其帐下，往见超，观其举措。超使人逆曰："三百人以外，适当以弓马相待，三百以内当以酒食相供。"乃将三百骑诣超，超设备甚严。俟遂纵酒以尽醉而返。后谓将士曰："超可取。"乃密选精兵五百人激厉之，言至恳切。士卒答曰："以死从公，必无二也。"遂伪猎诣超，与士卒约曰："今会发机，当以醉为限。"俟于是诈醉，上马大呼，手斩超。将士皆应声纵击，遂平之。世祖大悦，征还，转外都大官。

又曰：魏使萧宝寅伐梁。梁堰淮水滥溢，将为扬、徐之患。寅于堰上流，凿新渠，引注淮泽。乃遣将士千余夜渡淮，烧其营聚，破贼，斩其将军而还。

又曰：慕容白曜南征宋，以郦范为副帅，次无盐，宋将申纂凭城拒守。议者佥以攻具未周，不宜便进。范曰："今轻军远袭，深入敌境，无宜淹留，久稽机候，且纂必以我军来速，不在攻守，谓方城可凭，弱卒可恃。今若外潜威形，内整戎旅，密厉将士，出其不意，可一攻而克之。"白曜遂潜军伪退，示以不攻。纂果不设备。于是即夜部分，晨便腾城，崇朝而克。

又曰：幽州刺史刘灵助以庄帝被尔朱兆所弑，遂举兵唱义，诸州豪右咸相通结。灵助屯于定州之安固，兆遣将叱列延庆讨之。诸将谓延庆曰："灵助善于卜占，百姓信惑，所在响应，未易可图，若万一战有利钝，则大事去矣。未若还师西入，据关拒险，以待其变。"延庆曰："刘灵助，庸人也。天道深远，岂其所识。大兵一临，彼皆恃其妖术，坐看符厌，宁肯戮力致死，与吾争胜负哉？如吾计者，欲出城营外，诡言西归，灵助闻之，必信而自宽。潜军往袭，可一举而擒。"乃出顿城西，声云将还。简精骑一千夜发，诘朝造灵助垒，战于城北，遂破，被擒之。

又曰：宕昌羌獠甘作乱，逐其王弥定。魏遣将史宁讨破之。甘将百骑走投生羌巩廉王，弥定遂得复位。宁以未获獠甘，密欲图之，乃扬声欲还。獠甘闻之，复招引叛羌，依山起栅，欲攻弥定。宁谓诸将曰："此羌人入吾术中，当进兵擒之耳。"诸将思归，咸曰："羌人聚散无常，依据山谷。今若追讨，恐引日无成。且弥定还得守藩，将军功已立矣。獠甘势弱，定能制之。此还军，策之上者。"宁曰："一日纵敌，数世之患，岂可舍垂灭之寇，更烦再举？人臣之礼，知无不为，此观诸军，不足与计事也。如更沮众，宁岂不能斩诸将！"遂进军，獠甘众亦至，与战，大破之。生擒獠甘并巩廉王。

《后周书》曰：刘亮初从贺拔岳西征，常先锋陷阵，以功拜大都督。及岳被害，亮与诸将谋迎太祖。豳州刺史孙定儿据州不下，泾、秦诸州悉相与应，众至数万，推定儿为主，以拒义师。太祖令亮袭之。定儿以义兵犹远，未之为备。亮轻将二十骑，先竖一纛于近城高岭，即驰入城中。定儿方致洒高会，卒见亮，众皆骇愕，莫知所为。亮乃麾兵斩定儿首，悬首，号令贼党。仍遥指城外纛，命二骑曰："出追大军。"贼党大惧，一时降附。于是诸州皆归款伏。太祖置十二军，诸将将之，亮领一军。每征讨，与怡峰俱为骑将。

又曰：贺拔岳从尔朱天光讨万俟丑奴，宣言远近曰："今气候渐热，非征讨之时，待至秋凉，更图进取。"丑奴闻之，遂以为实，分遣诸军散农，营于岐州之北百里纲州。岳与天光诸军尽发，掩之，丑奴乃弃平亭而走。岳轻骑急追，明日，及丑奴于平凉之长坑，一战擒之。

《隋书》曰：遂州獠反，命将周法尚讨之。军将至，贼弃州城，走散山谷间，法尚捕不能得。于是遣使慰谕，假以官号，伪班师，自行二十里。军再舍，潜遣人觇之，知其首领尽归栅，聚饮相贺。法尚选步骑数十人，袭击破之。

又曰：李彻从元帅卫王爽击突厥。行军总管李充言于爽曰："周、齐之世，有同战国，中夏力分，其来久矣。突厥每侵边，诸将辄以全军为计，莫能死战。由是突厥胜多败少，所以每轻中国之师。今者沙钵略悉国内之众，屯据要险，必轻我而无备，精兵袭之，可破也。"爽从之。诸将多以为疑，唯彻奖成其计，请以同行。遂与充率精骑五千，出其不意，掩击，大破之。沙钵略弃所服金甲，潜草中而遁。以功加上大将军。

又曰：李安为尚书右丞、黄门侍郎。下陈之役，以为杨素司马，仍领行军总管，率蜀兵顺流东下时陈人屯白沙，安谓诸将曰："水战非北人所长，今陈人依险泊船，必轻我而无备。以夜袭之，贼可破也。"诸将以为然。安率众先锋，大破陈师。高祖嘉之，诏书劳曰："陈贼之意，自言水战为长，险隘之间，弥谓官军所惮。开府亲将所部，夜动舟师，摧破贼徒，生擒虏众，益官军之气，破贼人之胆，副朕所委，闻以欣然。”进位上大将军。

又曰：李密击宇文化及，精兵良将多有死伤。王世充在东都乘其弊而击之。率步骑二万，营于洛南。李密军于偃师北。世充潜遣二百骑，夜伏于北山，自统其众，迟明渡水，人奔马驰，以袭密营。密遽出兵以拒之，阵未成列，两军已合，伏兵于北山中乘高而下，驰入密营，烧其庐舍。密见营中火发，因而遁走。

又曰：炀帝末年，群盗起，遣将张须陀击卢明月于下邳。贼连营十余万，须陀才万人，力势不敌。去贼六七里，立栅相持，经十余日，粮尽，欲退，谓将士曰：“贼见兵却，必轻来追我，其众若出，营内即虚，欲以千人袭营，可有大利。此乘危险，谁能去者？”人皆莫对，唯秦叔宝与罗士信皆曰：“愿行。”于是须陀委栅而遁，使二人分领千兵潜伏于草莽，既而明月悉兵追之。叔宝、士信驰至其栅，栅门闭不得入。二人超升其楼，拔贼帜，各杀数人，营中大乱。叔宝斩关而纳外兵，因散，纵火焚其三十余栅，烟焰涨天。明月奔还，须陁却逐之，大破贼众。明月以数百骑遁去，余皆虏之。

又曰：李密起兵于雍丘。是时河南、山东大水，死者将半。密将李勣言于密曰：“今人多阻饥，若据得黎阳仓，大事济矣。”密乃遣勣领麾下五千人，自原武济河掩袭，即日克之。开仓恣食，一旬之间，胜兵二十余万人。

《唐书》曰：高宗遣将薛仁贵、郭待封等伐吐蕃大非川。将赴乌海，仁贵谓待封曰：“乌海险远，车行艰涩，若引辎重，将失事机，破贼即回，又烦转运。彼多瘴疠，无宜久留。大非川岭上宽平，足堪置栅，可留二万人作两栅，辎重并留栅内。吾等轻锐倍道，掩其未整，即扑灭之矣。”仁贵遂率众先行，至河口遇贼，击破斩之，所获甚众，收其牛羊万余头。

又曰：贞观初，突厥颉利可汗牙于定襄。时诸部离散，代州道行军总管李靖选骁骑三千，径赴恶阳岭，出其不意击之，突利惊走，靖遂收定襄之地。颉利可汗惧退宝铁山，遣使入朝谢罪，请举国内附；又命靖往迎之。颉利虽外请入朝，犹持两端，待草青马肥，将逾沙碛。其年，太宗遣唐俭、安修仁往颉利牙慰抚之。靖揣知其意，谓副将张公谨曰："诏使到彼，虏必自宽。若选精骑一万，赍二十日粮，引兵自白道袭之，破虏必矣。"公谨曰："诏许其降，行人在彼，未宜置讨。"靖曰："此兵机也，时不可失，韩信所以破齐。如唐俭等辈，何足可惜。"督军疾进，师至阴山，遇其斥候千余帐，皆俘以随军。颉利见诏使大悦，不虞官兵之卒至。靖军将逼其牙帐十五里，虏始觉，颉利乃走。靖俘斩万余级，获口千余万，得可汗妇隋义城公主，杀之。颉利奔吐谷浑，西道行军张宝相擒之以献。俄而突利可汗来降，靖始复定襄、恒安故地，开拓北境自阴山已北至于大漠。太宗初闻突厥国灭，谓侍臣曰："朕闻主忧臣辱，主辱臣死。昔国家草创，太上皇以百姓之故，称臣于突厥，朕未尝不痛心疾首，志灭匈奴，坐不安席，食不甘味。今暂举偏师，无往不捷，单于款塞，耻其雪乎！"因大赦天下，大酺五日。

又曰：李愬将袭蔡州，先七日使判官郑澥告师期于裴度。乃以李祐帅突将三千为先锋，李忠义副之，愬自帅中军三千，田进诚以后军三千殿而行。初出文成栅，众请所向，愬曰："东六十里而止。"至贼境，曰张柴，围入之，而尽杀其众，令军士少息，分食缮羁，勒兵甲胄，发刃彀弓，复建旆而出。是日，阴晦雨雪，大风裂旗旆，马慄而不能跃，士卒苦寒，抱戈僵仆者道路相望。其川泽梁径险夷，张柴以东，师人未尝蹈其境，皆谓投身不测。初至张柴，诸将请所止。诉曰："入蔡州取元济也。"诸将失色。监军使驻马哭曰："果落李祐计中矣！"愬不听，促进师，其下皆谓其必不生还；然以从愬之令，无敢为身计者。愬道分五百人断洄曲路桥，其夜冻死者十二三。又分五百人断朗山路。自张柴行七十里，北至县瓠城，夜半，雪愈甚。城傍有鹅鸭池，愬令惊击之，以杂其声。贼恃吴房、朗山之固，晏然无一人知者，李祐、李忠义持镢坎城而先登，敢锐者从之，尽杀守门卒而登其门，留击柝者以安之。及鸡鸣，雪亦止，愬以众人，止元济外宅，田进诚续至，乃合众攻其子城。子城防卒及杂役者尚千余人，乘城拒战。初有告，元济不信，又告城陷矣。元济曰："是洄曲子弟归求寒衣耳。"及出，听闻愬号令云："常侍传语。"乃曰："何常侍乃得至此？"遂操弓挟矢，麾其左右奴仆尽乘城而自督战。愬计元济犹望董重质来救，乃访质家安恤之，使其子持书礼召质。质见子言城已陷及元济孤窘之状，又见李祐辈已立奇功，乃慨然以单骑归愬，白衣叩伏愬前，愬揖登阶，以宾礼与之食。时田进诚既毁其城外门，得甲仗库，易其器甲。明日后薄城，焚其南门，百姓争负薪蒿以委之，元济城上以请罪，进诚授梯而下之，愬得元济，槛送京师。其申、光二州城镇兵尚二万余人，相次来降。自元济就执，愬不戮一人，其为元济执事帐下及厨厩之间者，使复其职，使之不疑。乃屯军鞠场以候裴度也。

又曰：石雄为刘沔裨将，会昌初，回鹘寇天德，诏命刘沔为招抚回鹘使。三年，回鹘大掠云、朔北边，牙于五原。沔以太原之师屯于云州，沔谓雄曰："黠虏离散，不足驱除。国家以公主之故，不欲急攻。今观其所为，气凌我辈。若禀朝旨，或恐依违。我辈捍边，但能除患，专之可也。公乃选骁健，乘其不意，径趋虏帐，彼以疾雷之势，不暇枝梧，必弃公主亡窜。事苟不捷，吾自继进，亦无患也。"雄受教，自选劲骑，得沙陀李国昌三部落，兼契苾拓拔杂虏三千骑，月暗夜发马邑，径趋乌介之牙。时虏帐逼振武，雄既入城，登堞视其众寡。见毡车数十，从者皆衣朱碧，类华人服饰。雄令谍者讯之："此何大人？"虏曰："此公主帐也。"雄喻其人曰："国家兵马欲取可汗，公主至此，国家也，须谋归路，俟其兵合时不得动帐幕。"雄乃大率城内牛马杂畜及大鼓，夜穴城为十余门。迟明，城上立旗张炬火，乃于诸门纵其牛畜，鼓噪从之，直犯乌介牙帐。炬火烛天，鼓噪动地，可汗惶骇莫测，率骑而奔。雄率劲骑追之，至杀胡山，急击之，斩首万级，生擒五千，羊马车帐皆委之而去。遂迎公主还太原。

又曰：黄巢既陷长安。时郑畋帐下小校窦玫者，骁敢无敌，每夜率敢死之士百人直入京师，放火燔诸门，斩级而还，贼人悚骇。

《吕氏春秋》曰：齐令章子将攻荆，荆令唐篾将拒之。与荆人夹沘水而军，章子令人视水可绝者，荆人射之，水不可得近。有刍水旁者，告齐候者，曰："水浅深甚易知，荆人所盛守，尽其浅者也，所简守，皆其深者也。"使载刍者与见章子，因夜奄荆人所盛守，果杀唐篾也。

《太公阴谋书》：武王伐殷，兵至牧野，晨举脂烛，推掩不备。

太平御览卷第三百一十七 兵部四十八

攻围上

《孙子》曰：下政攻城。攻城之法为不得已，修橹、轒辒，具器械，三月而后成，距闉又三月而后已。修，治也。橹，大楯也。轒辒，车也。轒状，其下四轮，从中推之至城。器械者，机关攻守总名，蜚临，云梯之属，距闉勇士积而前以附其城也。将不胜其忿，而蚁附之，则杀士三分之一分，而城不拔者，攻之灾也。将忿，不得攻器，而使卒缘城上，如蚁缘墙，杀士也。善用兵者，屈人之兵而非战，拔人之城而非攻，毁人之国而非久，必以全争于天下，故兵不顿而利可全，此谋攻之法也。不以敌战而必全得之，意胜于天下，不顿兵血刃也。

又曰：不可胜则守，可胜则攻。敌攻已，可胜也。守则不足，攻则有馀。吾所守者，力不足也。所以攻者，力有馀也。所以善守者藏于九地之下，因其山水丘陵之固。善攻者动于九天之上，因天时地利之变，若动于九天之上也。故能自保而全胜也。

又曰：攻而必取者，攻其所不守也。守而必固者，守其所必攻也。谓敌之惜者也。故善攻者，敌不知其所守；善守者，敌不知其所攻。情不泄也。微乎微乎，故能隐于常形；神乎神乎，故能为敌司命。进不可御者，冲其虚也；退而不可追也，速而不可及也。卒往攻其虚，解退又疾也。故我欲战，敌虽高垒深沟，不得不与我战者，攻其所必救之。绝粮道，守归路，攻君王也。我不欲战，画地而守之，军不烦也。敌不得与我战者，乘其所之。乖，戾也，戾其道示以利害，使疑之。我未修垒堑，敌人不敢敌我者，以形势之长，攻，就能加之于敌也。

《左传》曰：晋荀吴帅师伐鲜虞，围鼓。鼓白，狄之别种也。巨鹿郡曲阳县有鼓聚。鼓人或请以城叛，穆子弗许。曰："或以吾城叛，吾所恶也。人以城来，我独何好焉？"使敌杀叛人而缮守备。围鼓三月，鼓人请降，使其民见，曰：“犹有食色，姑修而城。”军吏曰：“获城而弗取，何以事君？”穆子曰：“吾以事君也。获一邑而教民怠，将焉用邑？人能事其君，我亦能事吾君。卒义不爽，爽，差。好恶不愆，城可获而民知义所。知义所在。有死命而无二心，不亦可乎！”鼓人告食竭力尽，而后取之。克鼓而反，不戮一人，以鼓子鸢鞮归。鼓君名。

又曰：齐高发帅师伐莒。初，莒有妇人，莒子杀其夫，已为厘妇。及老，托于纪鄣，纪彰，莒邑。纺焉以度而去之。因纺纑连所以度城藏，欲待外攻以报仇也。及师至，则投诸外，投绳城外。或献诸子占。子占使师夜缒而登。缘绳登城。登者六十人，缒绝，师鼓噪。城上之人亦噪。莒共公惧，启西门而出。七月丙子，齐师入纪。《传》言：怨不在大。

又曰：晋侯，秦伯围郑，晋军函陵，秦军泛南。佚之孤言于郑伯曰：“国危矣，若使烛之武见秦君，师必退。”佚之狐，烛之武，皆郑大夫也。公从之。辞曰：“臣之壮也，犹不如人，今老矣，无能为也。”公曰：“虽然，郑亡，子亦有不利焉。”许之，夜缒而出，见秦伯。

又曰：齐侯曰：“以此众战，谁能御之？以此攻城，何城不克？”

又曰：楚子围郑。旬有七日，郑卜行成，不吉。卜临于太宫，临，哭也。太宫，郑太祖庙。且巷出车，吉。示将见迁。国人大临，守陴者皆哭。陴者，城上脾睨也。皆哭者，告楚穷也。楚子退师，郑人修城，进复围之，三月克之，哀其穷，故为退师，尚不服，故获围之九十日。入自皇门，至于逵路。方九轨曰逵。郑伯肉袒牵羊以逆，示服为臣仆也。曰：“孤实不天，不为天所佑。不能事君，使君怀怒以及敝邑，孤之罪也。敢不唯命是听。其俘诸江南以实海滨，亦唯命。其剪以赐诸侯，使臣妾之，亦唯命。若惠顾前好，世有盟誓。使改事君，夷于九县，楚灭九国以为县也。君之惠也，孤之愿也，非所敢望也。敢布腹心，君实图之。”

又曰：齐侯伐我北鄙，围龙。鲁邑。顷公之嬖人卢蒲就魁门焉，攻龙门也。龙人囚之。齐人曰：“弗杀！吾与而盟。”弗听，杀而膊诸城上。膊，磔也。齐侯怒，亲鼓，士陵城，三日，取龙。

《国语》曰：晋献公见翟柤之氛，归寝不寐。翟相国名也。言有亡国之气也。一曰敌国有善祥，则己国凶恶也。郄叔虎朝，公语之。遂伐翟柤，叔虎乘城，被羽先登，克之。羽，羽衣。登，并其城也。

《战国策》曰：平原君谓冯忌曰："寡人欲出兵攻燕，何如？"对曰："不可！夫以秦将伐武安君公孙起乘十胜之威，与马服子战于长平之下，大败赵师，自以余兵围邯郸之城。赵以十败之余众，收破军之弊，而秦罢于邯郸之下。赵守而不可拔者，以攻难而守易也。今赵非有十克之威，而燕非有长平之祸也。今一败之祸未复，而欲以罢赵攻强燕，强秦以兵承赵之弊，此乃强吴所以亡，而弱越所以霸也。故臣未见燕之可攻也。"平原曰："善！"

又曰：乐羊为魏将，而攻中山。其子在中山，中山之君烹其子而遗羹，乐羊坐于幕下而啜之，尽一杯。文侯曰："乐羊以我故，食其子之羹，赏其功而疑其心。"

又曰：秦攻赵，苏子说秦王曰："臣闻王之于民也，多听而时用之，是故事无败也。臣闻怀重宝者不夜行，任大功者不轻敌，是以贤者任重而行恭，智者功大而辞顺。故民不恶其尊，世不妒其业。"秦乃解兵，诸侯休，天下安，不相攻二十九年。

《史记》曰：秦末，沛公破南阳，南阳守齮走，保城守宛。齮，鱼绮切。张良曰："沛公虽欲急入关，秦兵尚众，距险。今不下宛，宛从后击，强秦在前，此危道也。"于是沛公乃夜引军从他道还，更张旗帜，黎明，围宛城三匝。黎，未也，未明之貌。顷已围之，事毕方明。又言：黎，黑色，亦未明也。南阳守欲自刭。其舍人陈恢曰："死未晚也。"乃逾城见沛公，曰："臣闻足下约，先入咸阳者王之。今足下留守宛。宛，大郡之都也，连城数十，人庶众，积蓄多，吏人自以为降必死，故皆坚守乘城。今足下尽日止攻，士死伤者必多；引兵去宛，宛必随足下后。足下前则失咸阳之约，后又有强宛之患。为足下计，莫若约降，封其守，因使止守，引其甲卒与之西。诸城未下者，闻声争开门而待，足下通行无所累矣。"沛公曰："善。"乃以宛守为殷侯，封陈恢千户。引兵而无有不下者。

又曰：武安君白起攻韩，拔九城，斩首五万。

又曰:《周本纪》曰:古公积德行义,国人皆戴之。獯育戎狄攻之,欲得财物,与之。已复攻,欲得地与民。民皆怒,欲战。古公曰:"今戎翟所为攻战,以吾地与民。民之在我,与其在彼,何异?民欲以我故战,杀人父子而君之,予不忍为。"

《汉书·李陵传》曰:单于急攻陵,陵居谷中,虏在山上,四面射之,矢下如雨。

又曰:李广利及郡国恶年少数万人至贰师,取善马,故号"贰师将军"。当道小国各坚守,不肯给食。攻郁城,杀伤甚众,引而还。天子闻之大怒,使使遮玉门关,曰:"军有敢入辄斩之。"贰师恐,益发恶少年及边骑六万人伐宛。宛城外流水,于是遣水工徙其城下水,攻之三十余日。宛贵人相与谋,遣人到贰师军约:"汉无攻我,我尽出善马。"贰师许之,取善马、中马以三千匹余。

《后汉书》曰:河南贼董宪招诱五校余贼步骑数千人屯建阳,去昌虑三十里。光武亲征至番音波,去宪百余里。诸将请进,帝不听。知五校乏食当退,敕各各坚壁,以待其弊。顷之,五校粮尽,果引去。帝乃亲临,四面攻宪,三日大破之。

又曰:王郎起兵,光武自蓟至信都,使郑禹发奔命,得数千人。令自将之,别攻,拔乐阳。

又曰:庞萌、董宪反,与苏茂校音效强合兵三万,急围桃城。光武时在蒙,闻之,乃留辎重,自将轻骑二千、步骑数万,晨夜驰赴,师次任城,去桃城六十里。且曰:"诸将请进。"贼亦挑战,帝不听,乃休士养锐以挫其锋。城中闻车驾至,众心固。时吴汉等在东都,驰使召之。萌等乃悉兵攻城二十余日,众疲困而不能下。及吴汉等到,乃率众军进桃城,帝亲自搏战,大破之。

又曰:张步据齐地,汉将耿弇总兵讨之。张步使其大将费邑军历下,又分守祝阿、锺城。弇先击祝阿,自晨攻城,未日中而拔之,故开围一角,令其众得奔归锺城。锺城人闻祝阿已溃,大恐惧,遂空壁亡去。

又曰：汉将朱儁与荆州刺史徐璆共讨黄巾，击贼帅赵弘，斩之。贼余帅韩忠复据宛乞降，司马张超请听之。儁曰："兵有形同而势异者。昔秦项之际，人无定主，故赏降附劝以来耳。今海内一统，唯黄巾造寇，纳降无以劝善，讨之足以惩恶。今若受之，更开逆意，贼利则进战，钝则乞降，纵敌长寇，非良计也。"因急攻，连战不克。儁登土山睹之，顾谓张超曰："吾知之矣。贼今外围周固，内营逼急，乞降不受，欲出不得，所以死战也。万人一心，犹不可当，况十万乎！其害甚矣。不如彻围，并兵入城。忠见围解，势必自出，出则意散，易破之道也。"既而解围，忠果出战，儁因击，大破之。忠等皆降。

又曰：曹公破袁尚，拔邺，进围壶关。令曰："城拔，皆坑之。"连日不能下。其将曹仁谓公曰："夫围城必开之，所以开其生路也。今许之必死，将卒自以为守。且城固而粮多，攻则士卒伤，守则旷日持久。今顿兵坚城之下，攻必死之，虑非良计也。"曹公从之，遂降其城。

《东观汉记》曰：张步都临淄，使弟玄武将军蓝将兵守西安，去临淄四十里，耿弇引军营临淄、西安之间。弇视西安城小而坚，蓝兵又精，未易攻也。临淄诸郡太守相与杂居，人不专一，其声虽大而虚，易攻。弇内欲攻之，告令军中治攻具，后五日攻西安，复纵生口令归。蓝闻之，晨夜守城。至其日夜半，令军皆食，会明，求乞攻西安，临淄不能救也。弇曰："然吾故扬言欲攻西安，今方自忧治城具，而吾攻临淄，一日必拔，何救之有？吾得临淄即西安孤，必复亡矣，所谓一举而两得者也。且西安城坚，精兵二万人，攻之未可卒下，卒必多死伤。正使得其城，张蓝引兵突临淄，更强勒兵，凭城观人虚实，吾深入敌城，后无转输，旬月之间，不战而困，诸军不见是尔。"弇遂击临淄，至日中破之。张蓝闻临淄破，果将其众亡。

《江表传》曰：郭典字君业，为钜鹿太守，与中郎将董卓攻黄巾贼张宝于下曲阳。典作围堑而卓不肯。典曰："受诏攻贼，有死而已。"使诸将引兵屯东，典独于西当贼之冲，昼夜进攻。宝由是城守不敢出。时为之语曰："郭君围堑，董将不许，几令狐狸，化为豺虎。赖我郭君，不畏强御，转机之间，敌为穷虏。猗猗惠君，实邈疆土。”

《英雄记》曰：袁尚使审配守邺，曹操进军攻邺。审配将冯礼为内应，开突门内操兵三百余人，配觉之，从城上以大石击门，门闭，入者皆死。操乃凿堑围，回四十里，初令浅，示若可越。配望见，笑而不出。操令一夜浚之，广深二丈，决漳水灌之，自五月至八月，城中饿死者过半。尚闻邺急，将兵万余人还救。操逆击，破之。尚走，依曲漳为营，操复围之。尚惧，遣阴夔、陈球琳请降，不听。尚还走蓝田，操复进，急围之，尚将马延等临阵降，众大溃，尚奔中山。尽收其辎重，得尚印绶、节钺及衣物，以示城中，城中崩沮。审配命士卒曰：“坚守死战，操军疲矣。幽州方至，何忧无主？”以其兄子荣为东门校尉，荣夜开门内操兵，配犹拒战，城陷，生获配。意活之，配意气壮烈，终无挠辞，见者莫不叹息。遂斩之。

《魏志》曰：袁绍围太祖于官渡，粮乏。问计于贾诩，诩曰：“公明胜绍，勇胜绍，用人胜绍，决机胜绍。有此四胜，而半年不定者，但顾万全故也。必决其机，须臾可定。”太祖曰：“善。”乃弃兵出，为围击绍，绍军大溃，河北平。

太平御览卷第三百一十八　兵部四十九

攻围下

王隐《晋书》曰：祖约为豫州刺史，胡骑至，攻城大战。其日西风，兵火俱攻。贼以绳系铁钩擿挽城楼，楼住拔坏，又作铁钩搧音劚城登梯得上，所挽楼城北角行墙三十步坏。约始大怖，使戴洋呼："孙叔敖、伍子胥！卿若使胡奴得城，当持白酒寸脯着卿前；急令转风却贼，当上肥牛。"中后风转下，晡，贼退，亦不知风偶自转为能感动。

《晋书》曰：赵王伦、孙秀为义师所讨，日蹙，乃与秀谋，或欲收馀卒出战，或欲焚烧宫室，诛杀不赴已者，或欲乘船东走入海。计未决，王与率营兵七百余人，自南掖门入敕宫中，兵各守卫诸门，三部司马为应于内，与自往攻秀，秀闭中书南门，与放兵登墙烧屋。秀及左右遽走出，左卫将军赵泉，斩秀等以徇。

又曰：刘裕率兵伐后秦姚泓，后魏遣将鹅青等步骑十万屯河北，有数千骑缘河随晋军进止。时军人缘河南岸，牵百丈，河流迅急，有漂渡北岸者，辄为魏人所杀掠。遣军才过岸，即退；军还，复来。宋武乃遣白直队王丁旿音午，率七百人，及车百乘，于河北岸上，去水百余步，为却月阵，两头抱河，车置七仗士，事毕，使竖一白毦。乃吏切，羽毛饰。魏人见数百人步牵车上，不解其意，并未动。宋武先命朱超石戒严二千人，白毦既举，超石驰往赴之，并赍大弩百张，一车益二千人，设彭排辕上。魏人见营阵，乃进围营，超石先以软弓小箭射敌，敌以众少兵弱，四面俱发，寅薄攻营。于是百弩俱发，又遣善射者丛箭射之，魏众既多，弩不能制。超石初行，别赍大槌并千余张矟，乃断矟长四尺，以槌槌之，一矟辄洞贯三四人。魏众不能当，一时奔溃。

《宋书》曰：晋义熙五年六月，伪燕主慕容超留羸老守广固，使其广宁王贺剌卢及公孙五楼悉力据临朐。去城四十里，有臣梦水，超告五楼："急据之。"比至，为龙符所保，五楼乃退大军，分四千两车为二翼，方轨徐行，车悉张幰，御者执矟，以骑为游军。军令严肃。比及临朐，贼骑交至。帝命兖州刺史刘藩、荆州刺史刘道邻等陷其阵。日向昃，战犹酣，帝用参军胡藩策袭克临朐，贼乃大奔。超遁还广固。获其玉玺、豹尾、辇等送于都。景子克广固大城，超固其小城。乃筑长围以守之，馆谷于青土，停江淮转输。

又曰：朱循之随右军到彦之北，自河南回。循之留戍滑台，被魏将安颉攻之，围，粮绝，将士熏鼠食之。循之被围既久，母常悲忧。忽一旦乳汁惊出，母号恸告家人曰："我年老，非复有乳汗时，今如此，儿必没矣。"魏果以其日克滑台，囚之。

又曰：宗越为长水校尉。竟陵王诞据广陵反，越领军马隶沈庆之攻诞。及城陷，孝武使悉杀城内男丁，越受旨行诛，躬临其事，莫不先加捶楚，或有鞭其面者，欣然有所得，杀凡数千人。改封始安县子。

《三国典略》曰：侯景收其余众步骑八百，南过小城，城人登埤诟之曰："跛脚奴。"景怒，攻城，拔之，杀诟者而去。

又曰：周王思政固守颍川，高岳久围不解。陈元康言于齐王澄曰："公自匡辅朝政，未有殊功，虽败侯景，本非外贼，颍城将陷，愿公因而乘之，足以取威定业。"王从之。于是亲至颍川，益发其众，号曰："决命夫"。更起土山，王坐于堰上。赵道德言于王曰："箭头有铁，不避大王。"引王带而下，箭集于王坐之所。

《梁书》曰：武帝自襄阳率兵东下，至郢州，攻未拔。萧颖胄在江陵遣卫尉席阐文劳军，因谓梁武曰："今顿兵两岸，不并军围郢，定西阳、武昌，取江州，此机已失；莫若请救于魏；与北连和，犹为上策。"梁武谓阐文曰："汉口路通荆、雍，控引秦、梁，粮运资储，听此气息，兵若进鲁山，必阻河路，所谓扼喉。若粮运不通，自然离散，何谓持久？邓元起近欲以三千往定寻阳，彼若欢然悟机，一郦生亦足；脱拒我师，固非三千能下。西阳、武昌，取便得耳，得便应镇守，守两城不减万人，粮储称足，卒无所出。脱东军有上者，万人攻一城，两城势不相救。若我分军应援，首尾俱弱；如其不遣，孤城必陷。一城既没，诸城相次土崩，天下大事于是去矣。若郢州既拔，席卷沿流，西阳、武昌，自然风靡，何遽分兵散众，自贻其忧？且丈夫举动，言静天步；况拥七州之兵，以诛群竖，悬河注火，奚有不灭？岂容北面请救，以自示弱！彼未必能信，徒贻我丑声。此之下计，何谓上策？”及拔郢城，向下城戍无不风靡，遂克建业。

崔鸿《十六国春秋》曰：前燕将慕容恪率兵讨段龛于广固，恪围之。诸将劝恪宜急攻之。恪曰：“军势有宜缓以克敌，有宜急而取之。若彼我势均，且须强援，虏腹背之患者，须急攻之以速大利。如其我强彼弱，外无寇援，力足制之者，当羁縻守之，以待其弊。兵法十围五攻，此之谓也。龛恩结贼党，众未离心，今凭固天险，上下同心，攻守势倍，军之常法，若其促攻，不过数旬，克之必矣。但恐伤吾士众，当持久以取耳。”乃筑室返耕，严固围垒，终克广固。

又曰：燕将吕护据野王，阴通晋，事觉，燕将慕容恪等率众讨之。将军傅颜言于恪曰：“护穷寇假合，王师既临，则上下丧气，必士卒摄魂，败亡之验也。殿下前以广固天险，守易攻难，为长久之策。今贼形便不与往同，宜急攻之，以省千金之费。”恪曰：“护老贼，经变多矣。观其为备之道，未易卒图。今圈之穷城，樵采路绝，内无蓄积，外无强援，不过十旬，其毙必矣，何必遽残士卒之命，而趋一时之利哉！吾严浚围垒，休养将卒，以重官美货间而离之，事淹势穷，其衅易动，我则未劳而寇已弊，此谓兵不血刃，坐以制胜也。”遂列长围守之。凡经六月，而野王溃，护南奔于晋，悉降其众。

《后魏书》曰：齐神武起义兵于河北，被尔朱兆、天光、度律、仲远等四将同会邺南，士马精强，号二十万，围于邺南韩陵山。时神武马二千，步不满三万。兆等及围不合，神武连系牛驴自塞之，于是将士死战，四面奋击，大破兆等。

又曰：燕凤，字子章，代人也。少好学，博综经史，明习阴阳谶纬。昭成以礼迎致之，凤不应聘。命诸军围代城，人曰：“燕凤不来，吾将屠汝。”代人惧，送凤。昭成与语，大悦，待以宾礼。

《北史》曰：西魏将王思政守颍川郡城，东魏师十万攻之，备尽攻击之术，以颍水灌城陷之。思政知事不济，率左右据土山，谓之曰：“吾受国任，遂辱王命，力屈道穷，计无所出。唯当效死，以谢朝恩。”因仰天大哭，左右皆号恸。思政向西再拜，便欲自刭。先是，齐文襄告城中人曰：“有生致王大将军者，封侯，重赏。若大将军身有损，亲近左右，皆从大戮。”都督骆训谓思政曰：“公常语训等，但将我头降，非但得富贵，亦是活一城人。今高襄既有此语，公岂不哀城中士卒也！”固共止之，不得引决。齐文襄遣其散骑常侍赵彦深就土山执手申意。引见文襄，辞气慷慨，涕泗交流，无屈挠之容。文襄以其忠于所事，礼遇甚厚。思政初入颍川，士卒八千人，及城陷之日，存者才三千人，遂无叛者。

《后周书》曰：武帝建德五年，东伐齐，六军攻晋州城，帝屯于汾曲。齐王宪攻洪洞、永安二城，并拔之。是夜，虹见于晋州城上，首向南，尾入紫宫，长十余丈。帝每日自汾曲赴城下亲督战，城下惶窘。庚午，齐行台左丞侯子钦出降。壬午，齐晋州刺史崔景嵩守城北面，夜密遣送款上，开府王轨率众应之。未明，登城鼓噪，齐众溃，遂克晋州，擒其城主，俘甲士八千人，送关中。

《隋书》曰：大业中，炀帝征天下骁果之士以伐辽左，沈光预焉。同类数万人，皆出其下。光将诣行在所，宾客送至灞上者百余骑。光酹酒而誓曰：“是行也，若不能建功立名，当死于高丽，不复与诸君相见矣。”及从帝攻辽东，以冲梯击城，竿长十五丈，光升其端，临城与贼战，短兵接，杀十数人。贼竞击之而坠，未及于地，适遇竿上有垂絙，光接而复上。帝望见，壮异之，驰召与语，大悦，即日拜朝请大夫，赐宝刀良马，恒致左右，亲顾渐密。

又曰：陈稜，大业三年拜武贲郎将，后三岁，与朝议大夫张镇周，发东阳兵万余人，自义安泛海击流求国。月余而至。流求人初见船舰，以为商旅，往往诣军中贸易。稜率众登岸，遣镇周为先锋。其主欢斯渴刺兜遣兵拒战，镇周频击破之。稜进至低没檀洞，其小王欢斯老摸率兵拒战，稜击败之，斩老摸。其日雾雨晦暝，将士皆惧，稜刑白马以祭海神。既而开霁，分为五军，趋其都邑。渴刺兜率众数千逆拒，稜遣镇周又先锋击走之。稜乘胜逐北，至其栅，渴兜背栅而阵。稜尽锐击之，从晨至未，苦斗不息。渴刺兜自以军疲，引入栅。稜遂填坟堑，攻破其栅，斩渴刺兜，获其子岛槌，虏男女数千而归。帝大悦，进稜位右光禄大夫，武贲如故。

《唐书》曰：武德初，宇文化及据聊城。淮安王神通进兵蹑之，秘书丞征谓神通曰："化及今据聊城，莘人为其固守。若至莘，即宜攻取。但拔莘县，聊城益惧，因而逼之，易同俯拾。须以攻具自随，一足威敌，二不乏用。不然，兵至莘城，见无攻具，不下，如不能克莘，而还追化及，恐亦无功，则化及非旬月可获。莘人阻我粮运，士及为之外援，恐非计之善者。"神通不从，军次莘，果不下而退败。

又曰：武德中，李靖随河间王孝恭讨辅公祏音石，贼一军舟师三万，顿于当塗，栅断江口，傍江筑城。又遣六军二万据当塗南路，亦造栅自固，并蓄力养锐，以抗大军。诸将皆云："二军并是强兵，为不战之计，城栅既固，卒不可攻。请直指丹阳，掩其巢穴。若丹阳既破，二军可不战而破。"靖曰："公祏精锐，虽在水陆二军，然其自统之兵，亦是劲勇。二军城栅尚不可攻，公祏既保石头，岂应易拔？若我帅师至丹阳，留停旬日，进则石头未平，退则归路已绝，此便腹背受敌，恐非万全之计。然此二军皆是百战余贼，必不惮于野战。今若攻其城栅，乃是出其不意，灭贼之机，唯在此举。"靖乃率诸将水陆，俱苦战，破之。二军悉溃走。靖遂率轻兵先至丹阳，公祏余众虽多，不敢战，拥兵东走，并相次擒获。

又曰：高祖率众攻屈突通于河东，士卒登城南面者已千余人。高祖在东原望之而不见，会暴雨至，鸣角止军，由是不克。或劝遂攻之，高祖曰："屈突通习兵而无勇，若决战非其所长，婴城难以必胜，此自守虏耳，不足为虞。"遂收军营于河渚。

又曰：薛万均围梁师都，突厥不敢来援。诸将见贼城险固，皆有惮色。万均谓之曰："城中无气，鼓声不彻，此见败亡之候，平在旦夕。诸君勿以为忧。"俄而师都见杀，城降。

又曰：天宝末，安禄山反，尚衡起义兵讨禄山，以王栖曜为牙旗将，下兖、郓诸县，军威稍振。兼衙前总管，复下曹州。初，逆将邢超然乘城号令，栖曜曰："彼可取也。"一箭殒之，城中气慑，遂下。

又曰：马燧自京还太原。初，田悦新代承嗣统兵，恐人不附己，诈示诚款，燧上疏明其必反，宜先备之。其年，悦果与淄青、恒冀通谋，自将兵五万围邢州，攻临洺，筑重城，内绝其外，以拒救兵。邢州将李洪、临洺将张伾，皆坚守不拔。昭义军数告急，乃诏燧将救临洺。燧军出崞口，兵未过险，乃遣人持书喻说，且示之好，悦谓燧畏之。十一月，师次邯郸，悦遣使至，燧皆斩之以徇；遣兵击破其支军，射杀其将成炫之。悦自攻临洺，遣大将杨朝先将兵万余，于临洺南双岗下东西列二栅以御燧。燧乃率李抱真、李晟进军，营于二栅之中。其夜，东栅走归悦。燧进军营明山，取其弃栅以置辎重。悦谓将吏曰："朝先守坚栅不下万人，彼令燧等尽锐攻之，此数月不能下，杀伤必甚。吾此必破临洺，赏劳军士而与之战，必胜之术也。"悦乃分恒州李惟岳救兵五千以助朝先。燧率军攻朝先，田悦将万馀人救之。燧乃令大将李自良、李奉国将兵合神策军据双岗御之，令曰："令悦得过，当斩尔！"燧令推火车以焚其栅，自晨及暮，急击，大破之，拔其栅，斩朝先及大将卢子昌，斩首五千余级，生虏八百余人。居五日，进军径战。燧自将锐兵扼其冲口，凡百余合，士皆决死，悦兵大败，斩首万余，生虏九百人，得谷三十万斛，器甲称是。悦收兵夜走邢州。

《五代周史》：慕容彦超，汉祖即位授澶州节度使。检校太尉杜重威叛于邺下，以郓州节度史高行周为行营都部署，彦超为副。兵至城下，二帅不协，杜重威之子妇即行周之息女也。行周用兵持重，彦超举措轻躁。彦超欲速于攻城，行周以为未可，彦超乃扬言称行周以爱女之故惜贼而不攻，行周忿之。汉祖闻其事，惧有他变，以是亲征。

及车驾至邺，彦超数因事凌迫行周，行周不胜其憾。尝一日至于行宫幕次雨泣告于执政，又自掬粪茄于口中，声气甚厉，闻于御坐。汉祖深知彦超之曲，遣近臣和解。行周亦召彦超于帐中责之，兼令首过于行周。行周稍解。时彦超独排群议，累请攻城，汉祖信之，乃亲督诸军四面齐进，损伤者万余人，死者千余人。众议无不归罪于彦超，自是不复敢言攻城矣。

《说苑》曰：田单为齐上将，兴师十余万，将以攻翟，往见鲁仲连子，仲连子曰："将军之攻翟必不能下矣。"田将军曰："单以五里之城，十里之郭，复齐之国，何谓攻翟不能下也？"及攻翟，三月不下，齐之童儿谣曰："大冠如箕，长剑拄颐，攻翟不能下，累于吾兵。"于是田单恐骇，往见仲连子曰："先生何以知单攻翟不能下也？"仲连子曰："夫将军即墨之时，坐则织蒉，立则杖棰，为士卒唱，曰：恐宗庙亡矣！故将有死之心，无生之气。今将军东有掖邑之封，西有淄上之宝，黄金横带，驰乎淄渑之间，是以乐生而恶死也。"田单明日结发，径立于矢石之间，乃引桴而鼓之。翟人下之。

《淮南子》曰：赵简子死未葬，中牟入齐。中牟自入于齐也。已葬五日，襄子起兵攻之，围未合，而城自坏者十丈，襄子击金而退之。军法：鼓以进众，钲以退之。军吏谏曰："君诛中牟之罪而城自坏，是天助我，何故去之？"襄子曰："吾闻之叔向曰：君子不乘人于利，不迫人于险。使之治城，城成而后攻之。"中牟闻其义，乃请降。

《古司马兵法》曰：众以合寡，为远裹而阙。合有交兵，众者以寡合对追逐也，围也。以众击寡，逐而围之，闻其去道，无令死战。敌若众，则受裹。敌众已寡，则依利道而受围以坚众心。分其四向而受敌，则众以死为生，故能冲逐四出，以克胜也。敌若寡若畏，则譬之开之。敌家少弱恐惧者，则开去道，无令为穷寇，必死战也。

《韩子》曰：世有三亡：以乱攻治者亡，以邪攻正者亡，以逆攻顺者亡。清济浊河足以为限，长城巨防足以为塞。

《管子》曰：善攻者料众以攻，料食以攻，食料备以攻。备以众攻众，众存不攻，以食攻食，食存不攻，以备攻备，备存不攻。

《列子》曰：楚攻宋，围其城，民易子而食之，析骸而炊之，丁壮者皆乘城而战者太半。